21 世纪全国高等院校财经管理系列实用规划教材

国际市场营销学

主 编 董 飞
副主编 桂黄宝 郜俊钊 黄志启
参 编 张如云 邢 毅 张秀峰
田 娴

北京大学出版社
PEKING UNIVERSITY PRESS

内 容 简 介

本书依据现代市场营销理念，紧紧抓住国际市场的特点与发展趋势，全面、系统地阐述了国际市场营销的相关战略与策略，主要内容包括国际市场营销绪论、国际市场营销环境、国际市场营销信息系统与市场调研、国际市场营销战略、国际市场营销竞争战略、国际市场目标营销战略、国际市场产品战略、国际市场定价策略、国际市场分销渠道策略、国际市场促销策略、国际市场服务营销及国际市场营销管理等内容。

本书不仅全面介绍了国际市场营销的基本理论，而且详尽地介绍了这些理论的运用技巧，每章开篇均有导入案例，同时穿插营销故事、营销案例等，课后附有多种形式的练习题及案例分析，以锻炼和提高学生分析实际问题的能力。

本书可作为高等院校经济管理类相关专业教材，也可作为国际营销从业人员的参考用书。

图书在版编目(CIP)数据

国际市场营销学/董飞主编. —北京：北京大学出版社，2013.1

(21世纪全国高等院校财经管理系列实用规划教材)

ISBN 978-7-301-21888-4

Ⅰ. ①国… Ⅱ. ①董… Ⅲ. ①国际营销—高等学校—教材 Ⅳ. ①F740.2

中国版本图书馆CIP数据核字(2013)第002508号

书　　名：国际市场营销学
著作责任者：董　飞　主编
策 划 编 辑：林章波　李　虎
责 任 编 辑：葛　方
标 准 书 号：ISBN 978-7-301-21888-4/C·0859
出 版 发 行：北京大学出版社
地　　址：北京市海淀区成府路205号　100871
网　　址：http://www.pup.cn　新浪官方微博：@北京大学出版社
电　　话：邮购部62752015　发行部62750672　编辑部62750667　出版部62754962
电 子 信 箱：pup_6@163.com
印　刷　者：北京虎彩文化传播有限公司
经　销　者：新华书店
787毫米×1092毫米　16开本　25.25印张　580千字
2013年1月第1版　2020年1月第5次印刷
定　　价：45.00元

丛 书 序

我国越来越多的高等院校设置了经济管理类学科专业，这是一个包括经济学、管理科学与工程、工商管理、公共管理、农业经济管理、图书档案学6个二级学科门类和22个专业的庞大学科体系。2006年教育部的数据表明，在全国普通高校中，经济类专业布点1518个，管理类专业布点4328个。其中除少量院校设置的经济管理专业偏重理论教学外，绝大部分属于应用型专业。经济管理类应用型专业主要着眼于培养社会主义国民经济发展所需要的德智体全面发展的高素质专门人才，要求既具有比较扎实的理论功底和良好的发展后劲，又具有较强的职业技能，并且又要求具有较好的创新精神和实践能力。

在当前开拓新型工业化道路，推进全面小康社会建设的新时期，进一步加强经济管理人才的培养，注重经济理论的系统化学习，特别是现代财经管理理论的学习，提高学生的专业理论素质和应用实践能力，培养出一大批高水平、高素质的经济管理人才，越来越成为提升我国经济竞争力、保证国民经济持续健康发展的重要前提。这就要求高等财经教育要更加注重依据国内外社会经济条件的变化，适时变革和调整教育目标和教学内容；要求经济管理学科专业更加注重应用、注重实践、注重规范、注重国际交流；要求经济管理学科专业与其他学科专业相互交融与协调发展；要求高等财经教育培养的人才具有更加丰富的社会知识和较强的人文素质及创新精神。要完成上述任务，各所高等院校需要进行深入的教学改革和创新。特别是要搞好有较高质量的教材的编写和创新工作。

出版社的领导和编辑通过对国内大学经济管理学科教材实际情况的调研，在与众多专家学者讨论的基础上，决定编写和出版一套面向经济管理学科专业的应用型系列教材，这是一项有利于促进高校教学改革发展的重要措施。

本系列教材是按照高等学校经济类和管理类学科本科专业规范、培养方案，以及课程教学大纲的要求，合理定位，由长期在教学第一线从事教学工作的教师编写，立足于21世纪经济管理类学科发展的需要，深入分析经济管理类专业本科学生现状及存在的问题，探索经济管理类专业本科学生综合素质培养的途径，以科学性、先进性、系统性和实用性为目标，其编写的特色主要体现在以下几个方面：

（1）关注经济管理学科发展的大背景，拓宽理论基础和专业知识，着眼于增强教学内容与实际的联系和应用性，突出创造能力和创新意识。

（2）体系完整、严密。系列涵盖经济类、管理类相关专业以及与经管相关的部分法律类课程，并把握相关课程之间的关系，整个系列丛书形成一套完整、严密的知识结构体系。

（3）内容新颖。借鉴国外最新的教材，融会当前有关经济管理学科的最新理论和实践经验，用最新知识充实教材内容。

（4）合作交流的成果。本系列教材是由全国上百所高校教师共同编写而成，在相互进行学术交流、经验借鉴、取长补短、集思广益的基础上，形成编写大纲。最终融合了各地特点，具有较强的适应性。

（5）案例教学。教材具备大量案例研究分析内容，让学生在学习过程中理论联系实际，特别列举了我国经济管理工作中的大量实际案例，这可大大增强学生的实际操作能力。

（6）注重能力培养。力求做到不断强化自我学习能力、思维能力、创造性解决问题的能力以及不断自我更新知识的能力，促进学生向着富有鲜明个性的方向发展。

作为高要求，财经管理类教材应在基本理论上做到以马克思主义为指导，结合我国财经工作的新实践，充分汲取中华民族优秀文化和西方科学管理思想，形成具有中国特色的创新教材。这一目标不可能一蹴而就，需要作者通过长期艰苦的学术劳动和不断地进行教材内容的更新才能达成。我希望这一系列教材的编写，将是我国拥有较高质量的高校财经管理学科应用型教材建设工程的新尝试和新起点。

我要感谢参加本系列教材编写和审稿的各位老师所付出的大量卓有成效的辛勤劳动。由于编写时间紧、相互协调难度大等原因，本系列教材肯定还存在一些不足和错漏。我相信，在各位老师的关心和帮助下，本系列教材一定能不断地改进和完善，并在我国大学经济管理类学科专业的教学改革和课程体系建设中起到应有的促进作用。

刘诗白

2007年8月

刘诗白 现任西南财经大学名誉校长、教授，博士生导师，四川省社会科学联合会主席，《经济学家》杂志主编，全国高等财经院校资本论研究会会长，学术团体“新知研究院”院长。

前　　言

随着全球经济一体化的发展，各国经济融合的步伐在不断加快，进入国际市场的中国企业越来越多，企业之间的竞争也日趋激烈。如何在激烈的竞争中能够脱颖而出，是我国已进入和即将进入国际市场的企业必须考虑的现实问题。走向国际市场的中国企业急需一批既拥有良好的外语水平、又深谙国际市场营销知识的专业人才来破解困局。正是在这种背景下，我们在北京大学出版社的支持下，由一批多年从事国际市场营销一线教学的专业教师撰稿，编写了本书。

本书共分 12 章，第 1 章系统介绍了国际市场营销的相关理念、基本理论及中国企业进入国际市场的必要性；第 2 章全面剖析了国际市场营销环境及其构成因素；第 3 章详尽阐述了国际市场信息系统及市场调研；第 4 章—第 6 章分别介绍了国际市场营销战略、国际市场竞争战略及国际市场目标营销战略；第 7 章—第 10 章是本书的核心内容，即国际市场的 4P 营销组合策略，分别论述了国际市场产品及其品牌策略、影响国际市场产品定价的因素及产品定价的方法和策略、国际市场产品分销渠道的选择策略、国际市场促销组合策略；第 11 章分析了国际市场服务营销管理及其营销战略；第 12 章介绍了国际市场营销管理的相关知识，包括国际市场营销计划、组织及控制等内容。

本书的主要特点表现在以下几个方面。

一是在介绍传统营销理论的同时，紧紧跟踪国际市场营销理论和营销现象的最新发展，如介绍了价值营销、营销竞合及营销共享等前沿理论和网络广告、国际物流等新现象，在介绍相关的国际市场营销概念与理论体系时，力求简洁、清晰，以便于读者在较短的时间内迅速理解与掌握。

二是紧密结合国内外知名企业的国际市场营销活动实践，在每章的开篇部分均有导入案例，并对其进行了精辟分析；每章内各节穿插了知识链接、特别提示、营销故事及营销案例；每章后又附有分析案例和阅读资料，旨在提高读者对企业营销活动中实际问题的分析能力及拓展读者的营销视野。

三是加强了专业训练设计，在每章后附有多种类型的复习题，如选择题、填空题、判断题及案例分析，以便读者更好地把握所学内容，同时还附有关键词。本书融知识性、理论性、应用性于一体，既可作为营销专业和工商管理等专业的教材，也可作为企事业单位营销业务的培训教材。同时，对于从事国际市场营销教学和理论研究人员也具有一定的参考价值。

本书编写大纲由董飞起草，并由全体参编人员多次讨论修改完善最后定稿。本书由董飞任主编，桂黄宝、郜俊钊、黄志启任副主编。具体编写分工如下：第 1 章、第 10 章由董飞编写，第 2 章、第 12 章由张如云编写，第 3 章、第 5 章由桂黄宝编写，第 4 章由张秀峰和田娴编写，第 6 章、第 7 章由郜俊钊编写，第 8 章、第 9 章由黄志启编写，第 11 章由邢毅编写。全书由董飞、桂黄宝通稿并定稿。

在本书的编写过程中，我们参阅了大量的国际市场营销方面的经典著作与教材，以及国内外管理学和营销学方面的最新相关研究成果，部分书目已列于本书后面的主要参考文献中，这些文献资料为本书的编写成稿奠定了基础，在此一并向其作者表示衷心的感谢！我们在本书的编写过程中，还采集了近期报刊和互联网上的大量信息资料，由于网上的信息资料大都没有署名，又由于篇幅有限，我们未能将所引用的资料的作者的名字全部列上，在这里我们向这些未曾谋面的同仁们，致以衷心的感谢和崇高的敬意！

本书作者在编写过程中，力求准确，并有所创新，但由于作者水平有限，不当之处在所难免，恳请各位读者不吝赐教，以便我们修订时完善。

编　者

2012 年 5 月

目　录

第 1 章 国际市场营销绪论

教学目标

通过本章的学习，了解国际市场营销学的产生及相关概念，掌握国际市场营销学的基本理论及国际市场营销观念的演绎过程。同时，掌握国际市场营销学的研究方法和研究意义。

教学要求

知识要点	能力要求	相关知识
国际市场营销学概述	(1) 理解与运用国际市场营销概念 (2) 掌握国际市场营销主要内容	(1) 市场营销的概念 (2) 国际市场营销的概念 (3) 国际市场营销的主要内容 (4) 国际市场营销的研究方法
国际市场营销学的基本理论	(1) 理解国际市场营销学基本理论 (2) 实际运用国际市场营销学基本理论	(1) 绝对成本论 (2) 比较成本论 (3) 相互需求理论 (4) 垄断优势理论 (5) 创新扩散理论 (6) 需求层次理论 (7) 一般管理理论
国际市场营销观念	(1) 理解传统营销观念 (2) 理解和应用现代营销观念 (3) 理解和应用国际营销观念 (4) 理解国际营销观念未来趋势	(1) 生产观念、产品观念及推销观念 (2) 市场营销观念、社会营销观念及绿色营销观念 (3) 关系营销观念与整体营销观念 (4) 观念营销 (5) 先营销管理 (6) 营销竞合 (7) 价值营销 (8) 营销共享 (9) 营销社会
中国企业与国际市场	(1) 了解我国企业进入国际市场诱因 (2) 我国企业国际营销从业者的任务与责任	(1) 国内市场日趋饱和且竞争呈现白热化 (2) 寻找新的经济增长点以实现经济效益最大化 (3) 延长我国企业产品生命周期 (4) 政府的出口鼓励政策助推企业走向国际市场 (5) 规避国际贸易壁垒，应对贸易保护主义 (6) 科技的飞速发展提供的保障

理念的领先几乎决定企业的命运，可以这样讲，没有思路就没有出路。

——张瑞敏

基本概念

市场营销　国际市场营销　比较成本论　相互需求论　垄断优势论　创新扩散论　需求层次论　社会营销　绿色营销　关系营销　先营销管理　整体营销　营销竞合　价值营销　营销共享

导入案例

宝洁之道

始创于1837年的宝洁已经成功地守业160多年了。全世界很少有公司能够像宝洁一样，通过理解和把握消费者价值，将食品、纸品、药品、洗涤用品、肥皂、护肤、护发产品以及化妆品等300个品牌，如此成功地畅销于160多个国家或地区。

宝洁为什么如此成功？宝洁前董事长艾德·哈尼斯的解释是："虽然我们最大的资产是我们的员工，但指引我们方向的却是原则及理念的一致性。"这个原则及理念就是著名的"宝洁之道"。"宝洁之道"由3方面组成。

(1) 强调内部高度统一的价值观。为了保证价值观的统一，宝洁甚至做到了中高层只从内部选拔，从CEO到一般管理人员，宝洁基本上没有空降兵。

(2) 领导消费趋势的经营理念。宝洁的市场理念是"尽早发现一个发展趋势，然后领导这种发展趋势"。宝洁拒绝接受传统的产品生命周期观念，相信只要不断地进行品牌管理与创新，就能保持消费者忠诚。例如象牙香皂有100多年的历史，汰渍洗衣粉也已经近50年，但每个产品都仍然是行业中的领先者。

(3) 建立在对消费者负责之上的业务管理系统。全球第一个品牌经理就出在宝洁，著名的产品经理管理体制也是宝洁的发明。在宝洁，高层管理者会亲自参与许多重大决策，如所有新产品的启动，投资10万美元以上的项目，三层级别内的任命及提升等。

点评：理念决定命运

顾客关系是宝洁最有力的竞争优势来源，正是对消费者价值的独特理解与把握，对消费者需求实施的"精耕细作"，使宝洁公司不断走向新的成功。

1.1　国际市场营销学概述

国际市场营销学是在市场营销的基础之上产生和发展起来的，要全面系统地认识和学习国际市场营销，首先应该从了解市场营销学着手。

1.1.1　市场营销的含义

市场营销源自英语单词Marketing一词，最初在香港被译为"市务学"，在台湾被译为

“行销学”，在大陆被译为“市场学”，后来逐渐被“市场营销学”所代替。20世纪初，市场营销学从经济学科中被分离出来，成为一门独立的学科。随着企业营销活动的频繁开展，市场营销得以广泛应用。几十年间，不同的学者从不同的角度出发对其进行了定义，其中比较权威的定义有两个，其一是美国市场营销学会(AMA)的定义，营销是计划和执行关于商品、服务和创意的构想、定价、促销和分销，以创造符合个人和组织目标的交换过程。其二是著名的营销大师美国人菲利普·科特勒所给出的定义，他认为市场营销是通过交换活动来比竞争对手更有效地满足顾客的需要和欲望。结合国内外专家及学者的观点，本书将市场营销的含义概括如下：市场营销是指计划和执行关于商品、服务和创意的观念、定价、促销和分销，以创造符合个人和组织目标的交换过程。

知识链接

菲利普·科特勒(Philip Kotler)博士生于1931年，是现代营销集大成者，被誉为“现代营销学之父”，现任西北大学凯洛格管理学院终身教授，是西北大学凯洛格管理学院国际市场学S·C·强生荣誉教授，具有麻省理工大学等多所大学的博士及荣誉博士学位。现任美国管理科学联合市场营销学会主席、美国市场营销协会理事、杨克罗维奇咨询委员会成员。除此以外，他还是许多美国和外国大公司的营销顾问。他多次获得美国国家级勋章和褒奖，他是美国营销协会(AMA)第一届“营销教育者奖”的获得者，也是至今唯一3次获得过《营销杂志》年度最佳论文奖——阿尔法·卡帕·普西奖的得主。科特勒博士著作众多，许多都被翻译为20多种语言，被58个国家的营销人士视为营销宝典。其中，《营销管理》一书更是被奉为营销学的圣经。

1.1.2 国际市场营销的含义

20世纪50年代—70年代，第二次世界大战后的西方各国经济得以迅速恢复和发展，跨国公司和国际企业快速崛起，较多的产品涌入国际市场，市场形势发生了天翻地覆的变化，市场开始由卖方市场转向买方市场，竞争日趋激烈，现有的营销理论已无法适应现实经济生活的需要，正是在这种情形下，现代市场营销观念应运而生。

在新技术革命浪潮的推动下，新兴工业和信息产业获得了快速发展，世界经济和国际分工随之发生了巨大变化，世界贸易总额不断攀升，国际市场更加多样化。在国际市场竞争日趋激烈的背景下，现代市场营销理论被不断地运用到国际市场营销活动之中，20世纪60年代，国际市场营销理论体系逐渐形成。

由于国际市场营销是在国内市场营销的基础之上产生的，因此，可以将国际市场营销定义为：国际市场营销是指企业根据目标市场国消费者的消费习惯和需求，把生产的产品和服务提供给国外的消费者的跨越国界的营销行为。国际市场营销的实质是企业通过为国际市场上的消费者提供满足其需要的产品和服务从而获得利润的经营活动。国际市场营销和国内市场营销并无本质区别，然而，并不能就此将二者简单地等同起来，相对于国内市场营销活动，国际市场营销更具有复杂性、差异性、风险性、困难性等。

1. 营销环境的差异性

国际市场营销是企业在国际市场进行的，由于各国在经济、政治、文化等方面都存在一定的差异，因此市场需求千差万别。企业在进行国际市场营销活动时，必须充分调研各国的商业政策和市场特点，营销决策应因地制宜，尊重各国的文化特点。企业制订国际市场营销战略计划及进行营销管理，既要考虑国际市场需求，又要考虑企业决策中心对计划和控制承担的责任，进而使企业在国际市场营销中取得有利的地位。

2. 营销系统的复杂性

国际市场营销的范围是本国以外一国乃至全球市场，其环境必然有其复杂性。构成国际营销系统的参与者既有来自本国的，又有来自东道国的，还有来自第三国的，它们比国内营销更为复杂。企业面对这些复杂的环境，必须准确地找准自己的目标定位，与竞争伙伴共同发展，营销要求的是合作，营销的目的是盈利。企业与竞争伙伴之间一定要合作发展，达到双赢的局面。

3. 营销过程的不确定性

由于环境的差异，国际营销人员无法确切地把握国外市场的各种情况，难以开展有效的营销活动，这要求企业必须对目标市场进行充分的调研和开发，把握目标市场的动态，针对国际市场营销环境，制定国际市场营销组合策略，参与国际竞争，努力在市场上建立持久的竞争地位，并且对自己的营销人员进行充分培训，使企业的国际市场营销人员具有更丰富的经验面对纷繁复杂的国际市场环境，从而使企业的发展更进一步。

4. 营销管理的困难性

由于营销和生产以及管理策划都很可能在不同的地方，因此营销管理具有很大的困难性。在国际营销活动中需要对各国的营销业务进行统一的规划、控制与协调，使母公司与分散在全球各国的子公司的营销活动成为一个整体，实现总体利益最大化。

1.1.3 国际市场营销的基本内容

国际市场营销是企业从事国际营销的基础理论，它的主要内容包括国际市场营销环境、国际市场营销战略、国际市场目标营销战略及国际市场产品策略等。

(1) 国际市场营销环境。主要包括国际政治法律环境、国际经济环境、国际技术环境、国际自然环境、国际社会文化环境等内容。

(2) 国际市场营销信息系统与市场调研。主要包括国际市场营销信息系统、国际市场营销调研的内容、国际市场预测的方法等内容。

(3) 国际市场营销战略。主要包括国际市场营销战略类型、国际市场营销竞争战略与策略等内容。

(4) 国际市场目标营销战略。主要包括国际市场细分战略、国际目标市场战略、国际市场定位战略、国际市场的进入战略等内容。

(5) 国际市场产品策略。主要包括国际整体产品概念、国际市场产品组合策略、国际市场产品生命周期、国际市场品牌策略与包装策略、国际市场的新产品开发策略等内容。

(6) 国际市场定价策略。主要包括影响国际市场产品定价的因素、国际市场的定价方法、国际市场定价策略、国际市场价格调整及其策略等内容。

(7) 国际市场分销渠道策略。主要包括国际市场分销渠道、国际市场分销渠道成员类型、国际市场分销渠道设计与管理、国际市场物流决策等内容。

(8) 国际市场促销策略。主要包括国际市场促销概述、国际市场广告策略、国际市场人员推销策略、国际市场营业推广策略、国际市场公共关系策略等内容。

(9) 国际市场服务营销。主要包括国际市场服务营销概述、国际市场服务质量管理、国际市场服务营销战略等内容。

(10) 国际市场营销管理。主要包括国际市场营销计划、国际市场营销组织、国际市场营销控制等内容。

1.1.4 国际市场营销的研究方法

国际市场营销学主要研究企业如何通过科学的营销方法与手段进入国际市场，这其中既有企业可控制因素，也有企业不可控制因素。因此，在研究国际目标市场这门课程时，要多策并举，且要结合国内外市场营销的实际情况，只有这样才能学好这门课程。

1. 宏观分析和微观分析相结合的方法

国际市场营销所研究的对象既有宏观方面的内容，也有微观方面的内容。宏观方面如国际市场营销环境，它包括政治、经济、科技、文化、自然等层面的内容，微观方面如产品的研发策略、定价策略、分销策略及促销策略等。因此，在研究这些相关内容时，就要运用宏观分析和微观分析相结合的方法分析各种问题与现象，以便企业能够把握各种市场机会，制定出相应的营销战略与策略，更好地掌控市场，开展国际市场营销活动。

2. 静态分析和动态分析相结合的方法

当今国际市场风云变幻莫测，国际市场上的各个企业也在随着市场环境的变化不断地调整自己的营销战略与策略。然而，在某些国家及区域市场，政府的政策、法律及其他市场环境相对稳定，所以，企业在制定相应的营销战略与策略时，要运用静态分析和动态分析相结合的方法，积极地去适应不同的市场情况，以使自己能够在千变万化的市场上站稳脚跟，进而更加主动地把握国际市场。

3. 定量分析与定性分析相结合的方法

企业在从事国际市场营销活动时，对于国际市场需求的预测、产品价格的确定、经销商和代理商绩效的评估等都需要运用定量分析与定性分析相结合的方法。如果仅仅使用其中的一种方法，很难得到比较科学和合理的结果。例如，在确定某国市场或地区的市场销售潜力时，既要考虑到该市场现在的经济发展状况和未来的发展趋势，同时还要考虑该市场居民的实际收入以及购买力水平，这时就需要用定量分析与定性分析相结合的方法。

4. 理论分析与实证分析相结合的方法

国际市场营销学的产生和形成是众多专家学者长期研究的智慧结晶，但同时它又是一门实用性很强的学科，其理论也来源于国际市场营销的实践活动，又被应用于实践中，指导实践环节的新国际市场营销理论层出不穷，也正是基于国际市场营销活动新的变化而形成的。因此，在研究国际市场营销学时，就必须使用理论分析与实证分析相结合的方法。

例如，在多变的市场格局下，要开展有效的国际市场促销活动，不能仅仅使用已有的营销策略，还要根据实际情况不断创新国际营销策略，只有这样，各种营销活动才能取得理想的效果，甚至超乎想象的结果。

1.2 国际市场营销学的基本理论

在国际市场营销产生和形成的过程中，许多相关学科的理论都对其产生了重大影响，这些理论既有国际贸易方面的，也有国际企业管理方面的，主要包括亚当·斯密的绝对成本理论、大卫·李嘉图的比较优势理论、约翰·穆勒的相互需求理论、海默的垄断优势理论、埃弗里特·M·罗杰斯的创新扩散理论、马斯洛的需要层次理论及法约尔的一般管理理论等。

1.2.1 绝对成本理论

18 世纪，随着产业革命的开展，英国的经济实力超过了其他西欧国家。新兴的资产阶级为了从海外市场获得更多的廉价原料并销售其产品，迫切要求扩大对外贸易，而重商主义的一系列贸易保护政策却严重束缚了对外贸易，阻碍了资本主义大工业的发展。古典学派提出了“自由放任”的口号，在理论上为资本主义的自由发展铺平道路，为新兴的资产阶级服务。其代表人物是英国经济学家亚当·斯密(Adam Smith，1723—1790 年)，他出生于苏格兰东岸的克卡尔迪，是英国工厂从手工业向机器大工业过渡时期的经济学家，是古典经济学的杰出代表和理论体系的建立者。他最重要的著作《国富论》(全名为《国民财富的性质和原因的研究》)于 1776 年出版。亚当·斯密在创建古典经济学的同时，也为西方国际贸易学说奠定了理论基础，他首先提出了绝对成本理论。

知识链接

亚当·斯密是经济学的主要创立者之一。亚当·斯密是一个很平常的人，只不过他爱好学习和思考。14 岁便进入格拉斯哥大学学习，由于用功和成绩优良，他得以转入当时名气最大的贵族式大学牛津大学学习。斯密曾经回到他读过书的格拉斯哥教书，可能是丰富多彩的社会生活的吸引，1764 年，他放下了枯燥的教鞭，去当年轻的比克勒公爵的私人教师，并与这位公爵到欧洲旅行。在法国的一年，他有机会结交了魁奈和杜尔阁。斯密，这位爱好思考的年轻哲学家，觉得重农主义的学说让人耳目一新，但又觉得它什么地方有毛病。1767 年，他回到了故乡，理清他与重农主义者们争论所激发的思想。隐居近 10 年之后，在 1776 年，一部伟大的著作诞生了，这就是《国富论》。这部划时代的著作一经出版，立刻轰动了世界。

亚当·斯密认为，人是经济的动物，是“经济人”，即人首先是从事经济活动的人，人类经济活动的动力是人类的利己心，每个人都会为自己的利益而奋斗。他认为，每人都去追求自己的利益，往往可以更有效地促进社会利益。国家应该尽量少过问经济，对经济采取自由放任的政策，应该允许自由经营、自由贸易，只要不违背社会利益就可以。在进行经济活动时，如果牵涉到别人利益，则应予以补偿，这叫做“等价交换”，认为这种等价交换可以使双方利益都不受损失。因此，等价交换成为资本主义经营的原则。

斯密这种理论的核心是要求自由竞争、自由贸易，依靠市场这个“看不见的手”来对供求关系进行自发调节，维持均衡，控制社会利益，从而使社会获得进步和稳定。这种主张符合当时新兴资产阶级的要求，为突破封建统治对生产力的束缚提供了理论根据。

在批判重商主义的同时，亚当·斯密提出了自己的国际贸易理论，即绝对成本理论。

斯密认为，一国在某种产品的生产上所花费的成本绝对低于他国，就称为“绝对优势”。如果这种绝对优势是该国所固有的“自然优势”或已有的“获得优势”，它就应该充分利用这种优势，发展某种产品的生产，并出口这种产品，以换回他国在生产上占有绝对优势的产品，这样做对贸易双方都更加有利。斯密的这种国际贸易理论被称为“绝对优势说”，也称为“绝对成本论”，又称为“地域分工论”。

斯密所说的优势包括自然优势和获得优势。所谓自然优势，是指一国先天所具有的气候、土壤、矿产和其他相对固定的状态的优势。所谓获得优势，是指一国后天所获得的优势，如发展某种产品生产的特殊技术和设备以及长期积累起来的大量生产资金。

亚当·斯密的绝对成本论的理论要点体现在以下两个方面。

1. 分工极大地提高了社会劳动生产率

斯密认为，人类有一种天然的倾向，就是交换。交换是出于利己心并为达到利己的目的而进行的活动。交换的倾向形成分工，分工使社会劳动生产率得到极大提高。斯密在《国富论》一书中以制针为例，说明在工场手工业中实行分工协作可以大大提高劳动生产率。他说，由一个人制针，所有的18道制针工序都由他自己来完成，每天最多只能生产20枚。如果实行分工生产，由10个人分别去完成各种工序，平均每人每天能生产4 800枚。这种劳动生产率的极大提高，显然是分工的结果。分工之所以能够提高劳动生产率，斯密认为原因主要有3点：一是劳动者的技巧因分工而日进；二是分工免除了从一个工序转到另一个工序所损耗的时间；三是分工促进了专业化机械设备的发明和使用。

2. 国内的分工原则也适用于国家之间

斯密认为，适用于一国内部不同职业之间及不同工序之间的分工原则，也同样适用于国家之间。他认为，国际分工是各种分工形式中的最高阶段。国家之间进行分工能够提高各国的劳动生产率，使产品成本降低，劳动和资本得到正确的分配和运用，通过自由贸易用较少的花费换回较多的产品，这样就增加了国民财富。斯密主张，如果外国的产品比自己国内生产的便宜，那么最好从国外进口而不要自己生产这种产品。他举例说，苏格兰这个国家气候寒冷，不适宜种植葡萄，因而应从国外进口葡萄酒。但如果采用建造温室等方法，苏格兰也能自己种植葡萄并酿造出葡萄酒，只是其成本要比从国外购买高3倍。斯密认为，在这种情况下，如果苏格兰政府限制进口葡萄酒，并鼓励在本国种植葡萄和酿造葡萄酒，显然是一种愚蠢的行为。斯密主张，各国都应积极参加国际分工和国际贸易，用本国的优势产品去交换别国的优势产品，这对贸易双方都有利。斯密所说的优势指的是绝对优势。

1.2.2 比较优势理论

比较优势理论是英国资产阶级在争取自由贸易的斗争中产生和发展起来的。1815年英国颁布了《谷物法》，引起粮价上涨，地租猛增，这对地主贵族有利，却严重损害了工业资产阶级的利益。围绕《谷物法》的存与废，双方展开论争。李嘉图代表工业资产阶级发表了《论谷物低价对资本利润的影响》一文，主张实行谷物自由贸易，从而提出了比较优势理论。

李嘉图全面继承了斯密的经济思想，并在诸多问题上有了更深一步的发展和提高。在国际贸易理论问题上，李嘉图十分赞同斯密关于国际分工可以极大地提高生产力水平的观点，并对斯密关于一个国家应以自己具有“绝对优势”的产品进入国际分工体系的论点做了修正和完善，指出一个国家不仅能以具有“绝对优势”的产品进入国际分工体系，而且也能以具有“相对优势”的产品参加到国际分工体系中来。

李嘉图认为，一国不仅可以在本国商品相对于别国同种商品处于绝对优势时出口该商品，在本国商品相对于别国同种商品处于绝对劣势时进口该商品，而且即使一个国家在生产上没有任何绝对优势，只要与其他国家相比，生产各种商品的相对成本不同，那么，仍可以通过生产相对成本较低的产品并出口，来换取它自己生产中相对成本较高的产品，从而获得利益。这一学说当时被大部分经济学家所接受，时至今日仍被视为决定国际贸易格局的基本规律，是西方国际贸易理论的基础。

1.2.3 相互需求理论

20 世纪 30 年代前，廉价学派提出了相互需求论，约翰·穆勒承上启下，对李嘉图的比较优势理论进行了重要的补充，在 1848 年提出了相互需求理论，用以解释国际间商品交换的比率。他使用比较利益的概念来解释贸易双方在利益分配中各占多少的问题。英国经济学家马歇尔在穆勒理论的基础上，提出了供应条件(或提供条件)曲线，用几何方法来证明供给和需求如何决定国际交易比率。

穆勒和马歇尔的理论共同构成了相互需求理论，相互需求理论又称为“国际需求方程式”。它论述了贸易条件，即国际贸易中两国产品交换形成的国际交换比率是如何决定和达到均衡的，又从需求和交换比率方面论述了国际分工和国际贸易的理论。穆勒认为，两国进行交换，其交换比率取决于双方对各该项商品需求的大小，并稳定在输出货物恰好能抵偿输入货物的水平上。例如，以同一劳动量，英国可生产呢绒 10 码或亚麻布 15 码，德国可生产呢绒 10 码或亚麻布 20 码。在此情况下，英国可专门生产呢绒，德国可专门生产亚麻布，然后相互进行贸易，英国以 10 码呢绒换取德国的 17 码亚麻布，这样对两国都有利。但若英国对亚麻布的需求减少或德国对呢绒的需求增加，交换比率成为 10 码呢绒对 18 码亚麻布时，贸易条件对英国较有利；若交换比率成为 10 码呢绒对 16 码亚麻布时，贸易条件对德国较有利。在这两种情况下，贸易都不易展开。只有在两国相互需求的商品价值相等时，贸易才能实现稳定的均衡。因此，相互需求理论只适用于经济规模相当、双方的需求对市场价格有显著影响的两个国家。

相互需求理论是对比较优势理论的重要补充，因为比较优势理论虽然揭示了分工和交换能为分工国带来利益，但是却有两个问题没有解决：一是贸易给各国带来的利益有多大；二是在这个范围内双方占的比例各是多少。而相互需求理论正好对这两个问题做出了补充，从而使比较成本论更完善。相互需求理论主要包括以下内容。

1. 国际贸易条件的决定因素

国际贸易条件，即用本国出口商品数量表示的进口商品的相对价格，其水平高低取决于两方面因素：其一，外国对本国商品需求的数量及其增长同本国对外国商品需求的数量及其增长之间的相对关系；其二，本国可以从服务于本国消费需求的国内商品生产中节省下来的资本数量。因而，在国际贸易中享有最为有利的贸易条件的国家正是那些外国对它们的商品有着最大需求，而它们自己对外国商品的需求最小的国家。

2. 一个国家出口商品的意愿取决于它从外国获得的进口商品数量

一国的出口规模随其国际贸易条件而变化。国际贸易条件由两国间的相互需求决定，在某一特定贸易条件下，一国愿意提供的出口商品的数量正好等于其贸易伙伴国在同一贸易条件下所愿意购买的进口商品的数量，或一国的出口总额恰为它愿意支付的进口总额。也就是说，某一特定的贸易条件由贸易双方共同遵守。在这样的贸易条件下，两国的进口需求与出口供给两两对等，国际贸易处于均衡状态。

3. 贸易双方之间的相对需求强度决定着国际贸易条件的最终水平

在双边贸易中，对对方出口商品的需求，以及贸易双方共同遵守的国际贸易条件，随着由各国消费者的消费偏好等因素决定的对对方出口商品的需求强度的相对变动而发生变化。倘若外国对本国出口商品的需求超出本国对外国出口商品的需求，外国的相对需求强度较大，本国的相对需求强度较小，则外国在同本国的竞争中就不得不做出某些让步，本国就可以享有比较有利的国际贸易条件。

具体说来，对对方出口商品的相对需求强度较小的国家，在贸易双方的相互竞争中占有较为有利的位置，最终决定的国际贸易条件比较靠近外国的国内交换比率，因此本国可以获得相对较大的贸易利益。简言之，贸易双方之间的相对需求强度决定了国际贸易条件的最终水平，进而决定了国际贸易总利益在交易双方间的分割。

1.2.4 垄断优势理论

20 世纪 50 年代以后，美国跨国公司呈现如火如荼迅速发展之势，利润差异论的局限性暴露无疑，因此迫切需要具有较强解释力的理论出现。

1960 年，美国学者斯蒂芬·海默在麻省理工学院完成的博士论文《国内企业的国际化经营：关于跨国直接投资的研究》中，首次提出了垄断优势理论，而后其导师 C·P·金德尔伯格于 20 世纪 70 年代对该理论进行了补充和完善，它是一种阐明当代跨国公司在海外投资具有垄断优势的理论。

此理论认为市场的不完全性是对外直接投资的根本原因，同时跨国公司的垄断优势是对外直接投资获利的条件。

1. 市场具有不完全性

不完全性产生于以下 4 种情况。

(1) 产品市场不完全。这主要与商品特异、商标、特殊的市场技能或价格联盟等因素有关。

(2) 生产要素市场不完全。这主要是由特殊的管理技能、在资本市场上的便利及受专利制度保护的技术差异等因素造成的。

(3) 规模经济引起的市场不完全。

(4) 由政府的有关税收、关税、利率和汇率等政策造成的市场不完全。

2. 垄断优势

(1) 市场垄断优势，如产品性能差别、特殊销售技巧、控制市场价格的能力等。

(2) 生产垄断优势，如经营管理技能、融通资金的能力优势、掌握的技术专利与专有技术。

(3) 规模经济优势，即通过横向一体化或纵向一体化，在供、产、销各环节的衔接上提高效率。

(4) 政府的课税、关税等贸易限制措施产生的市场进入或退出障碍，导致跨国公司利用其垄断优势对外直接投资。

(5) 信息与网络优势。

垄断优势论从理论上开创了以国际直接投资为对象的新研究领域，使国际直接投资的理论研究开始成为独立学科。这一理论既解释了跨国公司为了在更大范围内发挥垄断优势而进行横向投资，也解释了跨国公司为了维护垄断地位而将部分工序，尤其是劳动密集型工序，转移到国外生产的纵向投资，因此对跨国公司对外直接投资理论发展产生很大影响。

垄断优势理论对企业对外直接投资的条件和原因进行了科学的分析和说明。该理论的最大贡献在于将研究从流通领域转入生产领域，摆脱了新古典贸易和金融理论的思想束缚，为后来者的研究开辟了广阔的天地。但该理论无法解释不具有技术等垄断优势的发展中国家为什么也日益增多地向发达国家进行直接投资。

1.2.5 创新扩散理论

1962 年，美国新墨西哥大学埃弗雷特·罗杰斯(Everett M. Rogers)教授研究了多个有关创新扩散的案例，出版了《创新的扩散》(Diffusion of Innovations)一书，他考察了创新扩散的进程和各种影响因素，总结出创新事物在一个社会系统中扩散的基本规律，提出了著名的创新扩散理论。主要内容有以下几个方面。

知识链接

埃弗雷特·罗杰斯是著名的传播理论家，在学术界，罗杰斯的名字几乎就是研究“创新扩散”的同义词。他最早出版于 1962 年的著作《创新的扩散》几乎成为新科技传播研究的奠基之作。1973 年，他和休梅克(F. Shoemaker)对这方面的研究做了有代表性的综合和分析，对创新扩散的过程进行了描述，他的这个理论直接为杰弗里·摩尔提供了基础，摩尔经过修正和发展，将其应用于高科技营销方面，成就了《跨越鸿沟》这本杰作，并以“鸿沟理论”成为高科技营销领域最具影响力的人物。

1. 创新采用者的分类

(1) 创新者：热衷并且大胆尝试新观念，更见多识广的社会关系。

(2) 早期采用者：地位受人尊敬，通常是社会系统内部最高层次的意见领袖。

(3) 早期众多跟进者：深思熟虑，经常与同事沟通，但很少居于意见领袖的地位。

(4) 后期众多跟进者：疑虑较多，通常是出于经济必要或社会关系压力而创新的。

(5) 滞后者：因循守旧，局限于地方观念，比较闭塞，参考资料是以往的经验。

2. 创新的过程

(1) 获知：接触创新并略知其如何动作。

(2) 说服：有关创新的态度形成。

(3) 决定：确定采用或拒绝一项创新活动。

(4) 实施：投入创新运用。

(5) 确认：强化或撤回关于创新的决定。

3. 影响采用率的创新特征

(1) 相对优越性：某项创新优越于它所取代的旧主意的程度。

(2) 兼容性：某项创新与现有价值观、以往经验、预期采用者需求的共存程度。

(3) 复杂性：某项创新理解和运用的难度。

(4) 可试验性：某项创新在有限基础上可被试验的程度。

(5) 可观察性：某项创新结果能被他人看见的程度。

1.2.6 需要层次理论

需要层次理论，也称为“基本需求层次理论”，由美国心理学家亚伯拉罕·马斯洛于1943年在其《人类激励理论》论文中提出。

亚伯拉罕·马斯洛(Abraham Harold Maslow, 1908—1970年)出生于纽约市。美国社会心理学家、人格理论家和比较心理学家，人本主义心理学的主要发起者和理论家，心理学第三势力的领导人。1926年考入康乃尔大学，3年后转至威斯康星大学攻读心理学，在著名心理学家哈洛的指导下，1934年获得博士学位，之后留校任教。1935年在哥伦比亚大学任桑代克学习心理研究工作助理。1937年任纽约布鲁克林学院副教授。1951年被聘为布兰戴斯大学心理学教授兼系主任。1969年离任，成为加利福尼亚劳格林慈善基金会第一任常驻评议员。第二次世界大战后转到布兰代斯大学任心理学教授兼系主任，开始对健康人格或自我实现者的心理特征进行研究。1967年—1970年任美国心理学学会主席。

马斯洛提出，人有一系列复杂的需要，按其优先次序可以排成梯式的层次。一般来说，只有在较低层次的需求得到满足之后，较高层次的需求才会有足够的活力驱动行为。满足较高层次需求的途径多于满足较低层次需求的途径。

马斯洛需求层次理论把需求分为生理需求、安全需求、社交需求、尊重需求和自我实现需求5类，层次由低到高，如图1.1所示。

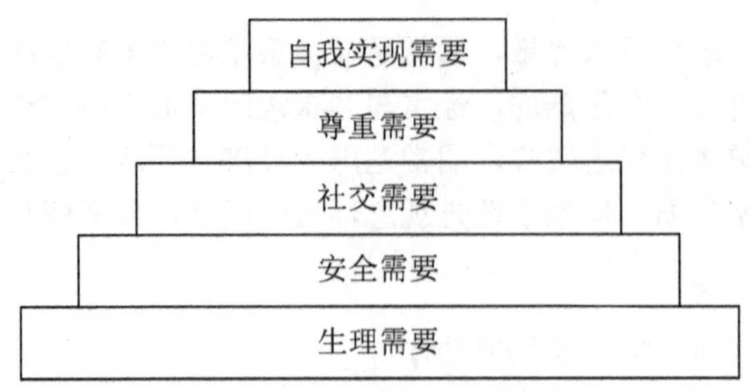

图 1.1　需求层次图

1. 生理需求

这类需求是人们最基本的需求，对食物、水、空气和住房等的需求都是生理需求，人们在关注较高层次的需求之前，总是使这类需求得到满足。一个人在饥饿时不会对其他任何事物感兴趣，他的主要动力是得到食物。即使在今天，还有许多人的这些基本生理需求得不到满足。

2. 安全需求

安全需求包括对人身安全、生活稳定以及免遭痛苦、威胁或疾病等的需求。和生理需求一样，在安全需求没有得到满足之前，人们唯一关心的就是这种需求。对许多员工而言，安全需求表现为安全而稳定以及有医疗保险、失业保险和退休福利等。主要受安全需求激励的人，在评估职业时，大体上把它看做不致使基本需求得不到满足的保障。

3. 社交需求

社交需求包括对友谊、爱情以及隶属关系的需求。当生理需求和安全需求得到满足后，社交需求就会突出出来，进而产生激励作用。在马斯洛需求层次中，这一层次是与前两层次截然不同的另一层次。

4. 尊重需求

尊重需求既包括对成就或自我价值的个人感觉，也包括他人对自己的认可与尊重。有尊重需求的人希望别人按照他们的实际形象来接受他们，并认为他们有能力，能胜任工作。他们关心的是成就、名声、地位和晋升机会，这是通过使他们的才能得到认可来获得的。当他们得到这些时，不仅赢得了人们的尊重，同时就其内心而言因对自己价值的满足而充满自信。这类需求得不到满足时，就会使他们感到沮丧。如果不是根据一个人的真才实学来给予荣誉，也会对他们的心理构成威胁。在激励员工时应特别注意有尊重需求的管理人员，应采取公开奖励和表扬的方式。布置工作要特别强调工作的艰巨性以及成功所需要的高超技巧等。颁发荣誉奖章、在公司的刊物上发表表扬文章、公布优秀员工光荣榜等手段都可以提高人们对自己工作的自豪感。

5. 自我实现需求

自我实现需求的目标是自我实现，或是发挥潜能。达到自我实现境界的人接受自己，也接受他人。解决问题能力增强，自觉性提高，善于独立处事，要求不受打扰地独处。要满足这种尽量发挥自己才能的需求，他应该已在某个时刻部分地满足了其他的需求。当然自我实现的人可能过分关注这种最高层次需求的满足，以致于自觉或不自觉地放弃满足较低层次的需求。自我实现需求占支配地位的人会受到激励，从而在工作中运用最富于创造性和建设性的技巧。

马斯洛的需求层次理论阐明人们究竟会重视哪些目标，也说明了哪些类型的行为将影响各种需求的满足，但是对为什么会产生需求涉及得很少。这些理论也指出，大多数人都存在着较高层次的需求，而且只要环境不妨碍这些较高层次的出现，这些需求就能激励大多数人。

1.2.7 一般管理理论

亨利·法约尔(Henri Fayol，1841年—1925年)出生于法国资产阶级家庭，是著名管理思想家、古典管理理论的杰出代表、矿冶工程师、总经理、管理教授。法约尔曾就读于法国一所矿业学院，于1860年作为一名采矿工程师进入法国康门塔里——福尔香包采矿冶金公司工作，并在此度过了其整个管理职业生涯。

知识链接

亨利·法约尔的职业生涯

1860—1872年间，亨利·法约尔作为年轻的管理人员、技术人员，主要关心的是采矿工程方面的事，特别是防止火灾方面的事，于1866年被任命为康门塔里矿井的矿长。1872—1888年，他被提升为领导一批矿井的经理，这一阶段，他主要考虑决定矿井经济方面的因素：技术、管理和计划等。这就促使他对管理进行研究。1888年，当公司处于破产边缘时，他被任命为总经理，同时，在法国军事大学任管理教授。他于1918年退休，成立了管理研究所，致力于宣传他的管理理论，直到去世。

法约尔在管理方面的著作主要有《工业管理和一般管理》、《国家管理理论》、《管理的一般原则》等。他一生获得多种奖章和荣誉称号，被称为“经营管理理论之父”，他还被誉为“欧洲为确定管理内涵迈出第一步的人”。法约尔的背景和经历不同于泰罗，他们俩的管理理论的侧重面也就不同。法约尔虽然也是工程师出身，但早期就参加了企业的领导阶层，并担任企业最高领导达30年之久。他的研究是从“办公桌前的总经理”开始而向下发展的。他的管理理论是以作为一个整体的大企业为研究对象的，不仅适用于公私企业，也适用于军政机关和宗教组织等。因此，他的管理理论被称为“一般管理理论”。

1. *经营活动*

法约尔认为，企业的生产经营管理包括以下6种活动。

(1) 技术活动，指设计、生产、制造和加工等。

(2) 商务活动，指采购、销售和交换等。

(3) 财务活动，指确定资金的来源和使用计划。

(4) 安全活动，指保证员工劳动安全、设备使用安全和财产安全等。

(5) 会计活动，指货物盘点、各种会计报表的编制、成本核算和统计等。

(6) 管理活动，指计划、组织、指挥、协调和控制 5 种管理职能。

法约尔认为，任何类型的企业都存在 6 种活动，特别是管理活动，体现了管理的主要职能，是现在管理定义的核心部分，至今都被人们所接受。

2. 管理原则

法约尔根据自己多年的管理经验，归纳总结出了简明扼要的 14 条管理原则。

(1) 分工。分工是有关劳动专业化的古典概念。法约尔认为分工不仅适用于技术工作，也适用于管理工作、职能的专业化和权限的划分。分工能降低操作培训费用，使企业扩大生产规模和降低生产成本。

(2) 权力与责任对等。权力是指下达命令、指挥和要求别人服从的力量，而责任是指承担的职责和任务。权力与责任相互一致，互为因果。若权力大、责任小，就可能滥用职权，以权谋私；若责任大、权力小，就可能无法完成任务。

(3) 纪律。法约尔认为，纪律的实质是遵守公司各方达成的协议，职工对组织的服从和尊重。纪律松弛必然是领导不善的结果，而严明的纪律则产生于良好的领导以及企业管理当局同职工之间关于规则明确的协议和赏罚的审慎应用。

(4) 统一命令(统一指挥)。法约尔的这条原则同泰罗关于职能工长制的想法正好相反。法约尔指出，一个下属人员在工作中只应接受一个领导者的命令、指挥，这就是“统一指挥”原则。这是一条普遍的、永久必要的原则。统一命令的实质是在组织机构建立后运转中，一个下级不能接受两个上级的命令。

(5) 统一领导。统一领导是指组织机构的设置问题，是指一个下级只能有一个直接上级。一项活动有一个领导和按一项计划开展工作。

(6) 个人利益要服从整体利益。整体利益大于个人利益总和，实现组织目标比实现个人目标更重要。所以在一个组织中，个人或部门利益不能置于整个组织之上。协调个人与组织利益关系的办法有：一是领导者要做出榜样；二是尽可能签订公平的协议；三是认真的监督。

(7) 人员报酬要公平。法约尔是以“经济人”的观点阐述这一原则的，他指出，人员的报酬是其服务的价格，应该合理，这样才能调动员工的积极性。同时，也要尽量使企业与员工都满意。

(8) 集权。集权是指组织的权力相对集中在高层管理者手中，权力集中的程度依据管理人员的个性、品质、能力，下级的可靠性，企业规模等情况而定。

(9) 等级链(法约尔桥)。等级链就是指由从最上级到最下级的各层权力连成的等级结构，它显示出权力执行的路线和信息传递的渠道。为了提高信息传递和命令执行的速度，法约尔设计了一种“联系桥”，以便横跨过权力执行的路线而直接联系，即在紧急情况下，不经上级批准而直接同有关人员联系，事后报告上级，但只有在有关方面都同意而上级又始终知情的情况下，才能这样做，如图 1.2 所示。

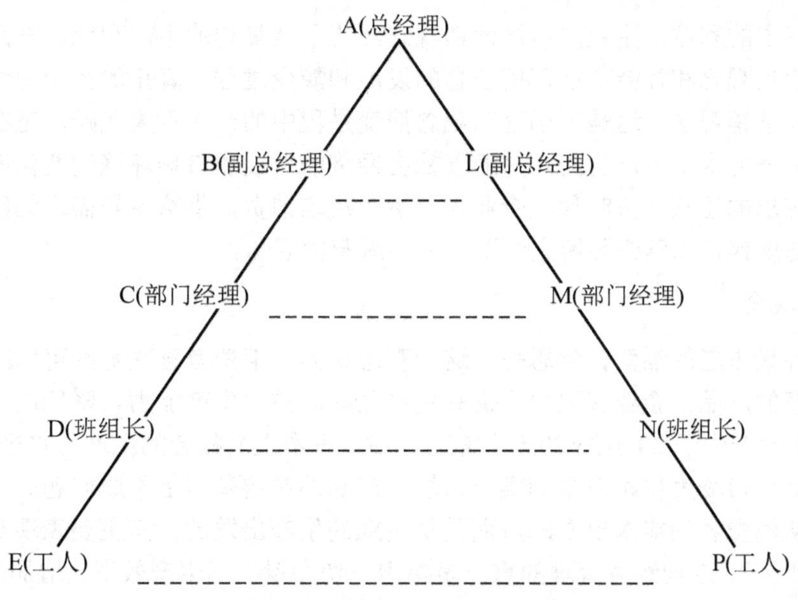

图 1.2 法约尔桥

(10) 秩序。秩序是指有放东西和人的位置，每件东西和人都应在恰当的位置上。这样就做到了物尽其用，人尽其才，避免物资、时间、人才的浪费和损失。

(11) 公平。公平并不排斥刚毅，也不排斥严格，只要一视同仁，规章制度对谁都是一样的，员工受到平等的待遇就是公平。

(12) 保持人员的稳定。把员工培养成能胜任目前的工作的人，需要花费时间和金钱，所以管理当局应采取措施，鼓励员工尤其是管理人员长期为本组织服务。兴旺发达的组织通常都拥有一批稳定的管理人员。

(13) 首创精神。首创精神是创立和推动一项计划的动力。领导者不仅本人要有首创精神，还要鼓励全体员工发挥首创精神，尽一切可能调动员工的积极性、主动性和创新性。

(14) 团结精神。生活在集体中的人员要有合作精神，有集体荣誉感。作为管理者，在组织内部要努力建立起和谐与团结的气氛，形成一种凝聚力。

法约尔的管理思想具有较强的系统性和理论性，他提出的一般管理理论对西方管理理论的发展具有重大的影响，成为管理过程学派的理论基础，也是以后各种营销管理理论和营销实践的重要依据之一。

1.3 国际市场营销观念及其演绎过程

国际市场营销观念是在市场营销观念的基础之上产生的，两者自诞生之日起，一直处在不断的演变过程之中，而且，在世界各国众多专家和学者的推动下，新的观念不断涌现。

1.3.1 传统市场营销观念的演绎过程

市场营销观念产生于 20 世纪初期的美国，是企业进行市场营销活动时的指导思想和行为准则的总和。企业的市场营销观念决定了企业如何看待顾客和社会利益，如何协调企业、社会和顾客三方的利益。企业的市场营销观念经历了从最初的生产观念、产品观念、推销观念到市场营销观念和社会市场营销观念的发展和演变过程。真正的营销观念形成于第 4 个阶段的市场营销观念，这是市场营销观念演变进程中的一次重大飞跃，是在一定的社会经济条件和生产力水平下产生的，并随着社会经济的发展和市场环境的变化而不断变化。在产品供不应求的短缺经济时代，企业信奉生产决定消费，供给主导需求的经营哲学，于是便形成了与现代市场营销环境完全不同的传统营销观念。

1. 生产观念

这是一种最古老的经营哲学思想。这一观念认为，消费者喜欢那些可以随处可以买到而且价格低廉的产品，企业应致力于提高生产效率，扩大生产能力，降低成本，增加市场供应。这一观念产生于 20 世纪 20 年代前。当时，资本主义社会的生产力水平还比较低下，经济相对落后，市场为供不应求的卖方市场，产品的销售基本上不成问题。因而，企业经营哲学不是从消费者的需求出发的，而是从企业的生产出发的。其主要表现是“我能生产什么，就卖什么”。企业经营管理的重点是集中一切力量提高生产效率，增加产品产量，降低成本，扩大市场供给。例如，美国的福特汽车公司在 20 世纪初期曾倾尽全力，扩大汽车的生产规模，努力降低成本，使消费者能够买得起福特公司的汽车。当时的亨利·福特就说：“不管顾客需要什么，我生产的汽车都是黑色的。”在美国市场上，福特汽车公司生产的 T 型车价格低廉，性能稳定，是大众追求的对象，即使是清一色的黑色车也不愁卖不出去。又如，美国皮尔斯堡面粉公司，从 1869 年至 20 世纪 20 年代，一直运用生产观念指导企业的生产经营。第二次世界大战后曾经一段时间的日本以及我国 20 世纪中期之前的企业，基本上都信奉生产观念。

2. 产品观念

产品观念也是一种古老的经营哲学思想。这种观念认为，消费者喜欢质量最优、性能最好和功能最多的产品。因此，企业的主要任务是致力于制造高质量的产品，并且要不断改进。这些企业认为，只要产品好就会顾客盈门，即所谓“酒好不怕巷子深”，无须考虑消费者的需求，更不需要上门推销，因而经常迷恋自己的产品，看不到市场需求的变化，这种观点必然导致市场的营销近视症，即过多地把注意力放在产品上，而不放在市场需求上，在市场营销管理中缺乏远见，只看到自己的产品质量好，却看不到市场需求在变化，致使企业陷入经营困境。例如，美国著名的爱尔琴国民钟表公司自 1869 年创立以来，至 1958 年以前在美国一直享有盛名，销售量也一直上升，支配了美国的钟表市场。但 1958 年以后，其销售额和市场占有率开始下降。造成这种状况的主要原因是市场形势发生了变化。这一时期的许多消费者对名贵手表已经不感兴趣，而趋于购买那些经济、方便、新颖的手表，且许多制造商已迎合了消费者的需求，开始生产低档产品，并通过廉价商店、超级市场等大众化分销渠道积极推销，从而夺得了爱尔琴钟表公司的大部分市场份额。爱尔琴钟表公司竟没有注意到市场形势的变化，仍然迷恋于生产精美的传统样式手表，仍旧借助传统渠道销售，认为自己的产品质量好，顾客必然会找上门。结果，致使企业经营遭受重大挫折。

3. 推销观念

推销观念也称为销售观念，是一种以销售为中心的营销哲学思想。推销观念认为，消费者一般不会主动购买非必需的产品，具有购买的惰性和抗拒心里，企业必须积极推销，以刺激消费者的购买欲望，进而促使他们大量购买企业的产品。这一经营哲学产生于资本主义国家发生经济大危机的时期，产生于资本主义国家由“卖方市场”向“买方市场”过渡的阶段。当时，社会生产力有了巨大提升，特别是在1929—1933年经济危机期间，产品严重积压销售不出去，从而迫使企业开始重视广告术与推销术。推销观念表现为“我卖什么，顾客就买什么”。例如，美国皮尔斯堡面粉公司在此经营哲学导向下，当时提出“本公司旨在推销面粉”。推销观念仍存在于当今的企业营销活动中。这种观念虽然比前两种观念有所进步，开始重视广告术及推销术，但仍没有脱离“以产定销”的哲学理念。根据推销观念，企业的目标是销售能够生产以及已经生产了的产品，而不是反过来，生产能够出售的产品。

1.3.2 现代市场营销观念

现代市场营销理念是以顾客需求和欲望为导向的全新的营销哲学思想，是在产品供大于求的买方市场条件下形成的观念。尽管企业信奉的现代营销哲学思想在深度和广度上还有差异，但其核心都是“以销定产，按需生产”，企业生产什么、生产多少的问题不再取决于企业拥有的资源条件和主观意愿，而是取决于市场的需要和消费者的偏好，取决于企业目标客户群体的消费倾向和购买能力。在现实营销过程中，企业推崇的现代市场营销观念包括以下内容。

1. 市场营销观念

这是一种全新的营销哲学思想。这一思想认为，企业实现各项目标的关键在于正确确定目标市场的需要与欲望，并且能比竞争对手更有效地生产或提供消费者所需要的产品与服务。企业不能将其生产经营活动仅仅看做是制造或销售某种产品或服务的过程，而应看做是一个不断满足目标客户的需要和欲望从而获得销售利润的过程。

20世纪50年代之后，由于世界大多数发达国家政局稳定，科学技术发展迅速，全球的整体生产力水平有了显著提高。美国等西方发达国家已形成典型的“买方市场”。尽管这些国家普遍实行高工资、高福利、高消费政策以刺激人们的消费需求，市场上产品供过于求的态势仍然有增无减。消费者由于收入增加，爱新颖、追时尚、求便捷的消费倾向越来越强烈。企业仅靠推销术无法保持市场份额，更不要说提高市场占有率了。于是，为了从根本上解决产品滞销的问题，以市场为导向，以消费者为中心的营销观念便应运而生。这一观念认为：市场经济本质上是一种交换经济，产品只有受到顾客欢迎，被顾客买去并消费掉，企业才能生存发展。因此，顾客的需要才是企业生存发展的基础。市场营销观念在营销科学的发展历史上第一次摆正了企业与消费者的关系。这一变革不是一般意义上的观念变革，而是一次经营思想的质的飞跃。世界经济运行的实践证明：凡是接受和实践营销观念的企业，其经营状况都比较好。于是，不少企业心甘情愿地喊出了“用户是上帝”、“用户是衣食父母”的口号。但经验证明：要想真正确立以顾客为中心的经营理念，还要对企业进行彻底改造：第一，“顾客至上”不仅仅是口号，要落实到员工的思想深处，变成员工的自觉行动和自律准则。第二，调整企业的组织结构，以“营销”为龙头。第三，改变企业传统的经营程序和工作方式，从调查预测消费者的需要开始，所有经营活动都必须围绕满足消费者的需要来安排。

2. 社会营销观念

社会营销观念是市场营销观念的发展和完善。到20世纪70年代，营销观念已在全球被广泛接受和奉行。但在生产实践中又出现了一些损害消费者利益的现象。例如，有的企业为谋取暴利做误导消费者的虚假广告，销售假冒伪劣、以次充好、少斤短两以及不安全、不卫生的商品。为了保护消费者利益，许多国家陆续成立了消费者联盟，于是消费者主义兴起。另有一些企业虽然依法正当经营，但因其经营上的“短期行为”，造成资源浪费、环境污染的严重后果。例如，麦当劳公司的“汉堡包”虽然迎合了美国人的胃口，但因脂肪过多，吃了使人发胖，对健康不利。美国软饮料行业虽然适应了消费者“求便捷”的需要，采用“用后可丢的瓶子”，既浪费资源又污染环境。美国的密西西比河曾一度因废弃物排泄污染变成一条“臭河”。澳大利亚的草原也曾因超载放牧一度严重沙化，致使牧场主和国家利益受到严重损害。更有甚者，因过量采伐，使地球上的热带雨林减少；因过量捕捞，使许多珍贵海洋物种濒临灭绝。如此等等，引起了人们对营销观念的怀疑。美国管理学权威彼得·杜拉克在20世纪70年代指出，“市场营销的漂亮话讲了20年之后，消费者主义居然变成了一个强大的流行运动，这就证明没有多少公司真正奉行市场营销观念。消费者主义是市场营销的耻辱。”因此，20世纪70年代后，西方学者相继提出了“人性观念”、“明智的消费观念”、“生态强制观念”等新营销哲学思想来修正市场营销观念。这些新观念的实质就是强调企业在制定自己的经营战略时必须把企业利益、消费者利益和社会利益有机结合起来，在谋求眼前利益的同时更要注重资源的永续利用、环境的有效保护和企业的可持续发展。

3. 绿色营销观念

绿色市场营销观念萌发于20世纪80年代，但直到1992年，在里约热内卢召开的联合国环境与发展大会上通过了《21世纪议程》，正式确定“可持续发展战略”是人类发展的总目标，标志着世界开始进入“保护、崇尚自然，促进可持续发展”的“绿色时代”，这一观念才被企业界普遍认同和接受，而且它必将成为21世纪世界市场营销管理哲学的主流。

所谓绿色市场营销观念是指在绿色消费的驱动下，企业应从保护环境、合理开发利用资源的角度，通过生产销售无污染的绿色产品，满足消费者健康、营养、安全的绿色需求，在提升消费者期望价值的前提下实现企业的营销目标。这一观念主要强调企业的生产经营活动与销售的产品既要有益于消费者的身心健康，又不能对人们的生产、生活环境造成负面影响。进入20世纪90年代以来，随着人们社会生活水平的全面提高，人们的消费观念发生了巨大变化，绿色消费已成为一种新的消费趋势。企业要生存和发展下去，就应向消费者提供营养、安全、卫生的绿色产品，在设计和选择包装材料时，要考虑残余物对环境的影响，而且在生产销售过程不能将大量的废水、废气、废物不做任何处理就排放到环境中去。绿色消费必将成为21世纪人们的消费主流，企业唯有适应这一消费潮流，才能不断发展壮大。

实施绿色营销战略，需要贯彻“5R”管理原则，即研究(Research)：重视研究企业对环境污染的对策；减少(Reduce)：减少或消除有害废弃物的排放；循环(Recycle)：对废旧物进行回收处理和再利用；再开发(Rediscover):变普通产品为绿色产品；保护(Reserve)：积极参与社区的环保活动，树立环保意识。实施绿色营销是国际营销战略的大趋势。

4. 关系市场营销观念

关系市场营销观念是较之交易市场营销观念而形成的，是市场竞争激化的结果。传统的交易市场营销观念的实质是卖方提供一种商品或服务以向买方换取货币，实现商品价值，是买、卖双方价值的交换，双方是一种纯粹的交易关系，交易结束后不再保持其他关系和往来。在这种交易关系中，企业认为卖出商品赚到钱就是胜利，顾客是否满意并不重要。而事实上，顾客的满意度直接影响到重复购买率，关系到企业的长远利益。由此，从 20 世纪 80 年代起，美国理论界开始重视关系市场营销，即为了建立、发展、保持长期的、成功的交易关系进行的所有市场营销活动。它的着眼点是与和企业发生关系的供货方、购买方、侧面组织等建立良好稳定的伙伴关系，最终建立起一个由这些牢固、可靠的业务关系所组成的“市场营销网”，以追求各方面关系利益最大化。这种从追求每笔交易利润最大化转化为追求同各方面关系利益最大化是关系市场营销的特征，也是当今市场营销发展的新趋势。

关系市场营销观念的基础和关键是“承诺”与“信任”。承诺是指交易一方认为与对方的相处关系非常重要而保证全力以赴去保持这种关系，它是保持某种有价值关系的一种愿望和保证。信任是当一方对其交易伙伴的可靠性和一致性有信心时产生的，它是一种依靠其交易伙伴的愿望。承诺和信任的存在可以鼓励营销企业与伙伴致力于关系投资，抵制一些短期利益的诱惑，而选择保持发展与伙伴的关系去获得预期的长远利益。因此，达成“承诺——信任”，然后着手发展双方关系是关系市场营销的核心。

5. 整体营销观念

1992 年美国市场营销学界的权威菲利普·科特勒提出了跨世纪的营销新观念——整体营销，其核心是从长远利益出发，公司的营销活动应囊括构成其内、外部环境的所有重要行为者，它们是供应商、分销商、最终顾客、职员、财务公司、政府、同盟者、竞争者、传媒和大众。前四者构成微观环境，后六者体现宏观环境。公司的营销活动就要从这 10 个方面展开。

(1) 供应商营销。对于供应商，传统的做法是选择若干数目的供应商并促使他们相互竞争。现在越来越多的公司开始倾向于把供应商看做合作伙伴，设法帮助他们提高供货质量及其及时性。因此，一是要确定严格的资格标准以选择优秀的供应商；二是积极争取那些成绩卓著的供应商使其成为自己的合作者。

(2) 分销商营销。由于销售空间有限，分销商的地位变得越来越重要。因此，开展分销商营销，以获取他们主动或被动支持成为制造商营销活动中的一项内容。具体来讲，一是进行“正面营销”，即与分销商展开直接交流与合作；二是进行“侧面营销”，即公司设法绕开分销商的主观偏好，而以密集广告、质量改进等手段建立并维持巩固的顾客偏好，从而迫使分销商购买该品牌产品。

(3) 最终顾客营销。这是传统意义上的营销，指公司通过市场调查，确认并服务于某一特定的目标顾客群的活动过程。

(4) 职员营销。职员是公司形象的代表和服务的真实提供者。职员对公司是否满意，直接影响着他们的工作积极性，影响着顾客的满意度，进而影响着公司利润。为此，职员也应成为公司营销活动中的一项重要内容。由于职员营销面对内部职工，因而也称为“内部营销”。它一方面要求通过培训提高职员的服务水平，增强敏感性及与顾客融洽相处的技巧；另一方面要求强化与职员的沟通，理解并满足他们的需求，激励他们在工作中发挥最大潜能。

(5) 财务公司营销。财务公司提供了一种关键性的资源——资金，因而财务公司营销至关重要。公司的资金能力取决于它在财务公司及其他金融机构的资信。因此，公司需了解金融机构对它的资信评价，并通过年度报表、业务计划等工具影响其看法，这其中的技巧就构成了财务公司营销。

(6) 政府营销。所有公司的经济行为都必然受制于一系列由政府颁布的法律。为此，开展政府营销，以促使其制定于己有利的立法、政策等，已成为众多公司营销活动中的内容。

(7) 同盟者营销。因为市场扩展到全球范围，所以寻求同盟者对公司来说日益重要。同盟者一般与公司组成松散的联盟，在设计、生产、营销等领域为公司的发展提供帮助，双方建立互惠互利的合作关系。如何识别、赢得并维持同盟者是同盟者营销需要解决的问题，要根据自身实际资源状况和经营目标加以选择，一旦确定，就设法吸引他们参加合作，并在合作过程中不断加以激励，以取得最大的合作效益。

(8) 竞争者营销。人们通常认为竞争者就是与自己争夺市场和盈利的对手。事实上，竞争者可以转变为合作者，只要“管理”得当，这种对竞争者施以管理，以形成最佳竞争格局、取得最大竞争收益的过程就是“竞争者营销”。

(9) 传媒营销。大众传媒，如广播、报刊、电视等直接影响公司的大众形象和声誉，公司甚至得受它摆布。为此，传媒营销的目的就在于鼓励传媒进行有利的宣传，尽量淡化不利的宣传，因此，一方面要与记者建立良好的关系；另一方面要尽量赢得传媒的信任和好感。

(10) 大众营销。公司的环境行为者中的最后一项是大众，公司逐渐体会到大众看法会对其生存与发展产生至关重要的影响。为了获得大众喜爱，公司必须广泛搜集公众意见，确定他们关注的新焦点，并有针对性地设计一些方案加强与公众的交流，如资助各种社会活动，与大众进行广泛接触、联系等。

1.3.3 国际市场营销观念

1. 国际市场营销的阶段划分

(1) 间接对外营销阶段。在这一阶段，公司并不积极地培植国外客户，公司的产品通过间接的渠道销到国外市场，可能是销售给贸易公司以及其他主动找上门来的客户，或者通过国内的批发商或分销商，经经销商或代理商销到国外市场。

(2) 偶然性对外营销阶段。生产水平和需求的变化所产生的暂时过剩会导致偶然性的对外销售。由于这种过剩是暂时的，因此，只是在有货的时候才会对外销售，很少打算或者没有打算不断地维持市场。当国内需求增加，消化了过剩的商品时，就会取消对外销售活动。

(3) 经常性对外销售阶段。在此阶段，企业有持久的生产能力从事商品生产以及在国外市场连续销售。企业可以雇佣在国外的或者国内的国外业务中间商，或者在重要的国外市场拥有自己的销售力量或销售子公司。生产和经营的中心是服务于国内的市场需求，随着海外需求的增加，加强针对国外市场的生产能力，并调整产品结构以满足国外市场需求。海外利润不再被视为对正常国内利润的奖励，公司依赖对外销售额和利润以实现公司目标。

(4) 跨国营销阶段。在此阶段，公司全面参与国际营销活动，公司在全球范围内寻求市场，有计划地将产品销往多个国家市场，或者在国外组织生产，这时公司成为国际的或跨国的营销公司。

(5) 全球营销阶段。在全球营销阶段，最深刻的变化是公司的市场导向及其计划。在这一阶段，公司将世界包括国内市场在内，视为一个市场，根据国家间市场需求的共性制定策略，通过经营活动的全球标准化使收益最大化。整体经营、组织机构、资金来源、生产和销售等都从全球角度出发。

2. 国际市场营销观念的演绎

(1) 国内市场延伸观念。国内市场延伸观念是指国内公司力图把国内产品销售到国外市场上去，国内业务得到优先考虑，国外业务被视为国内业务有利可图的延伸，其主要目的是解决国内生产能力过剩的问题。

(2) 国别市场观念。公司一旦意识到海外市场差异的重要性以及海外业务的重要性，公司的国际业务导向可能会转变到国别市场策略。以这一观念为导向的公司，高度意识到国别市场大相径庭。要针对每一个国家市场制定独立的营销计划和不同的营销策略，销售才能成功。以此观念为导向的企业以国别为基础销售，对于每一个国家，分别采取不同的营销策略，各子公司独立制订营销计划和目标，国内市场和国别市场都有单独的营销组合方案，彼此之间几乎没有影响，广告活动当地化，定价和分销决策也是如此，持有这一观念的公司并不寻找营销组合因素之间的相似性，而是强调适应每一个国外市场。

(3) 全球营销观念。全球营销观念强调企业营销活动的全球化。持有这种营销观念的企业的营销范围是整个世界市场，企业通过满足世界各国消费者的共性需求，来实现企业整体效益的最大化。企业通过全球性布局与协调，使其在世界各地的营销活动一体化，从而获取全球性竞争优势。依据这一观念，企业试图在全球范围内实施标准化。部分营销策略在世界范围内普遍适用，而另一部分策略则需要考虑对不同国家的营销环境进行调整。

营销故事

可口可乐的全球化营销

关于全球化营销，可口可乐前总裁罗伯特·戈佐塔说得最为直截了当，他说：“可口可乐的文化已经从一家美国公司在国际上开展业务变为一家总部碰巧在亚特兰大的全球公司，这一变化在我们的组织中到处可见。如果回头看看我们 1981 年的年度报告，你会发现境外销售或境外收入的提法，如今，境外一词在我们的公司语言中已经是门外话了。在全球化流行之前，可口可乐公司就已经全球化了。”

1.3.4 国际市场营销的未来发展趋势

1. 观念营销

“观念营销”就是把新的消费理念及消费情趣等消费思想传播给消费者，使其接受新的消费理念，一改传统的消费习俗与方式，使消费转向一个新的消费层次的营销行为。企业要想取得消费者的肯定与认同，采用传统的“产品营销”方式无疑是低层次的被动营销，而“观念营销”则快于市场节奏，能够引导消费者的主动消费，只要消费者接受了新的营销观念，就会出现一种新的消费热潮，实现消费的飞速增长。法国巴黎时装展按季节进行，目的就是向全球消费者推销时装的最新时尚观念，制造与引导消费者接受流行趋势。“观念营销”之所以胜过“产品营销”，就是因为消费观念决定着消费取向，影响着消费行为。

特别提示

思想决定行动，行动决定习惯，习惯决定性格，性格决定命运。

营销故事

“销售快乐”的迪斯尼

美国的迪斯尼乐园，欢乐如同空气一般无所不在。它使得来自世界各地的每一位儿童的美梦得以实现，使各种肤色的成年人产生忘年之爱。因为迪斯尼乐园成立之时便明确了它的目标：它的产品不是米老鼠、唐老鸭，而是快乐。人们来到这里是享受欢乐的，公园提供的全是欢乐，公司的每一个人都要成为欢乐的灵魂。游人无论向谁提出问题，都必须用“迪斯尼礼节”回答，决不能说“不知道”。因此游人们一次又一次地重返这里，享受欢乐，并愿付出代价。

2. 先营销管理

在传统的营销活动中，“后营销管理”普遍受到重视，它是指企业以维持现有客户为中心并不断扩展市场的营销行为，它以维持为出发点，把营销重点放在现有的顾客身上，满足现有顾客的需求，从而达到以低营销成本、高营销效率扩大市场的目标。近些年来，“先营销管理”理念的产生拓宽了营销管理创新思维，它是指把营销放到制造产品之前的服务中的创新行为，青岛海尔公司在实现从传统经营向现代经营方式转变的过程中，其重点之一就是创新企业“先营销管理”理念，把为消费者服务放在了产品营销之前，海尔公司推出的“市场链”模式就突出了“先服务后制造”的营销理念。

3. 营销竞合

对于传统的营销思维来说，营销就是竞争，就是通过多种营销方式和手段击败竞争对手。在全球化营销时，精明的营销者更乐于接受“营销竞合”的新理念。20 世纪 90 年代初，美国市场竞争趋于白热化。对此，美国苹果公司提出了“营销竞合”的理念，成功地挑战了市场，制定了转向战略，强调建立“苹果生态联盟系统”，提出要像“生态链”那样集成企业产销群体，充分发挥销售商、供应商等协作者们的积极性，从而使苹果公司率先走出困境，实现了高速发展。

4. 价值营销

面对激烈的市场竞争，许多企业采用价格竞争策略，有时甚至不惜亏本“放血”甩卖，进而激发企业间的“价格大战”。精明的企业营销者则主动摒弃“价格营销”的传统做法，实行“价值营销”的新思维，从根本上摆脱“价格战”的困惑。近年来，春兰公司坚持产品创新和质量保证，不卷入价格战之中，以创新产品高质量品牌和售后服务赢得了国内外广大消费者青睐。在同类产品中，春兰产品报价高出其他企业，正是由于存在价值上的优势仍大面积占有国内、外市场，成为国外经销商争先选购的企业，市场经营在同行业中居领先位置。

传统营销观念认为，营销竞争与价格密不可分，从某种意义上说，市场营销就是“价格营销”，然而，企业过度竞争往往会导致两败俱伤，不仅造成企业因价格大跌而丧失元气，还会造成国内、外用户对其产品的不信任，从而观望等待，不利于开拓经营。而“价值营销”不同于“价格营销”，它是通过向顾客提供有价值的产品与服务，创造出新的竞争优势。著名市场营销学权威菲利普·科特勒认为，“顾客是价值最大化者，要为顾客提供最大、最多、最好的价值”。

特别提示

价格战只会对中间商有利，对扩大市场容量和提高销售业绩意义不大。

5. 营销共享

长期以来，企业追求的都是市场竞争的“营销独占”利益，以取得更大的市场独有利润。针对全球化竞争和微利时代的新情况，知名企业家提出并实行“营销共享”新理念，寻求营销业绩和效益的不断扩大。美国科用公司在国际化经营中，提出“三赢经营”新策略，更加重视产品的最终用户、原料及配套产品供应商和自身三方利益的同时实现，建立企业“三赢”利益循环体系。他们把经营利润分成三部分，一部分让给消费者，一部分划归销售商和供应商，一部分留给自己。由于坚持“三赢”原则，该企业迅速成长为全美排名第 41 位的企业。

“营销共享”就是企业把市场视为一个生态体系，企业与市场之间，企业与消费者之间是相互依存、相互发展的关系。因此，应当确立寻求企业营销“共赢”的竞争思维，将消费者、供应商、销售商和企业内部员工都视为市场生态体系中的组成部分，共同组成企业市场利益的生成源泉和利益循环系统，谋求市场营销长远效益的增长。

6. 营销是买

海尔公司张瑞敏指出，营销说到底不是“卖”，而是“买”，营销买的是客户对企业的忠诚度。海尔坚持广泛买进客户意见，培养更多的忠诚客户，海尔派出了大量营销力量进行市场调研，在国内外设立了50多个营销中心和数以万计的专卖店，源源不断地把顾客的意见反馈到企业总部。与此同时，公司经营决策层还经常深入到市场调研，及时掌握用户的意见，指导企业技术创新与产品开发。海尔的定制产品，左开门冰箱等都充分体现了"买忠诚"的企业营销本质。"营销是卖"还是"营销是买"，这在营销指导思想上有着本质的区别。前者注重的是把产品卖出去，而后者则注重赢得顾客的心，这才是永久的市场。

美国著名营销大师菲利普·科特勒精辟地说："营销说到家是营销一直的需求，是营销潜在的需求"。在国际化经营中，"买"得大量的忠诚用户才是企业生存的根本。

7. 营销社会

传统营销观念认为，企业做营销，其实质是"营销企业"，就是千方百计把企业推销出去，现在这种观念明显已经落伍，企业要想做得长久，必须学会"营销社会"，就是将企业作为社会的一份子，通过企业的公益营销活动，确立回报社会的战略经营观，树立良好的企业形象，实现企业与社会共同发展。

企业"营销社会"充分体现了企业来自于社会，回报于社会，得益和发展于社会。"营销社会"能够引起社会的广泛认同，实现企业与社会利益的相互转化，最终赢得更大的发展空间。著名的美国沃尔玛公司特别注重社会形象，沃尔玛公司在每年的业绩评价会议上，不仅总结经营业绩，还要检查为社会做了多少公益事业，救助了多少残废人，向社会福利基金捐了多少款等。回报社会的结果是改变了企业形象，声誉成为消费者优先选购的对象。企业要充分认识到经营者是社会公益的提供者，然后才是受益者。置企业效益于社会效益之中，企业的营销路子就会更宽。

8. 知识营销

知识营销指的是向大众传播新的科学技术以及它们对人们生活的影响，通过科普宣传，让消费者不仅知其然，而且知其所以然，重新建立新的产品概念，进而使消费者萌发对新产品的需要，达到拓宽市场的目的。随着知识经济时代的到来，知识成为发展经济的资本，知识的积累和创新成为促进经济增长的主要动力源。因此，作为一个企业，在搞科研开发的同时，还要想到知识的推广，将一项新产品研制成功的市场风险降到最小，而要做到这一点，就必须运作知识营销。

上海交大昂立的"知识营销"

上海交大昂立公司开展的"送你一把金钥匙"科普活动，通过在社区举办科普讲座，向市民赠送生物科学书籍，举办科普知识竞赛等，提高了市民的科学健康理念，引发了人们对生物科技产品的需求，达到了其他任何形式的产品营销所达不到的目的，使微生态试剂市场在短短的10年间，从零发展到如今的近百亿元，创造了广阔的市场。

1.4 中国企业与国际市场

在经济一体化浪潮席卷全球的背景下，大多数企业无疑都会受到一定的影响与冲击，每一个企业对外部环境的依存度也越来越高，部分生产经营活动需要在区域国际市场或全球范围内展开。进入21世纪以来，越来越多的中国企业开始进入国际市场，但在国际市场上的表现大多差强人意，尽管如此，很多企业却乐此不疲。

1.4.1 我国企业进军国际市场的诱因

近些年来，中国企业进军国际市场的呼声越来越高，数量也一直在不断地增加，其原因多种多样，综合起来，主要有以下5个方面。

1. 国内市场日趋饱和且竞争呈现白热化

改革开放30余年来，社会主义市场经济获得迅猛发展。尤其是近些年来，国内很多行业的产品出现供过于求的状况。随着消费者收入的增加及消费观念的转变，消费者对产品的选择更加挑剔，此外，大批量的外国产品如潮水般汹涌进入，如美国的电脑、日本的家用电器、欧洲的汽车及化妆品等充斥中国市场，使得我国国内市场趋于饱和状态。在这种情形下，企业之间的竞争越来越激烈。企业要生存与发展，必然要寻找新的市场，拓展国际市场就成为了我国企业的重要选择。

创立于1984年的青岛海尔集团，在应对国内激烈竞争的同时，积极开拓海外市场。创业26年来，已经从一家濒临倒闭的集体小厂发展成为全球拥有7万多名员工的全球化集团公司。目前，海尔已跃升为全球白色家电第一品牌，并被美国《新闻周刊》(Newsweek)网站评为全球十大创新公司，这一切都归功于其海外市场的开发。截至2010年，海尔在全球建立了29个制造基地，8个综合研发中心，19个海外贸易公司。2010年，海尔全球营业额实现1357亿元，折合207亿美元，其中海尔品牌出口和海外销售额达55亿美元，占总营业额的26%。又如深圳华为公司，已成为全球领先的信息与通信解决方案供应商，目前，华为的产品和解决方案已经被应用于140多个国家，服务全球1/3的人口，获英国《经济学人》杂志2010年度公司创新大奖。早在2005年，海外合同销售额首次超过国内合同销售额。2009年，无线接入产品市场份额跻身全球第二。2010年，其销售收入实现1852亿人民币，同比增长24.2%，这主要源于华为在海外销售收入的大幅增长，及在电信网络、终端和服务产业的均衡、快速发展。由此可见，海外市场是我国企业的重要选择。

2. 寻找新的经济增长点以实现整体经济效益最大化

在国内市场趋于饱和的状况下，许多企业发展缓慢，利润徘徊不前甚至呈现负增长。为了寻求新的增长点，部分企业开始步出国门，走向国际市场。尤其是那些实力雄厚的公司先行了一步，当然，这些企业走向国际市场获得的不仅仅是市场，同时通过兼并重组，还可以获得先进的品牌、管理经验和技术等。市场多样化以后，可以扩大销量，而且通过整合国内外各种资源，促使企业的各项运营成本与研发费用大大降低，从而实现整体经济效益最大化。

例如，我国联想集团于 2005 年 5 月完成收购 IBM 全球 PC 业务，合并后的新联想以 130 亿美元的年销售额一跃成为全球第三大 PC 制造商。2011/12 财年营业额更是高达 210 美元。联想与 IBM 结成了独特的营销与服务联盟，联想的 PC 将通过 IBM 遍布世界的分销网络进行销售，新联想将成为 IBM 首选的个人计算机供应商。在新兴市场，联想 2010 年第一季度综合销售额为 10 亿美元，占集团全球总销售额的 17.5%。集团在新兴市场的整体市场份额上升至 6.9%，其在印度市场的市场份额上升了 3.6%，取得 10.8%的双位数新高。在成熟市场，联想第一季度综合销售额为 21 亿美元，占集团全球总销售额的 34.6%。值得注意的是，集团在北美洲的销量年比年上升了 30.8%，联想在当地市场的份额提升了 1.9 个百分点。在日本市场，联想的个人计算机销量年比年增加 14%，同期整体市场的增幅为 2.9%。2011 年 6 月，联想宣布收购 Medion AG，一家在个人计算机、多媒体产品、移动通信服务及消费电子领域的德国领先企业。该收购将使联想在德国的市场份额扩大一倍，成为在这个欧洲最大个人计算机市场的第二大厂商，并且将有助于推动联想在消费电脑业务以及高增长的移动互联网领域的业务拓展。

3. 延长我国企业产品生命周期

产品生命周期理论是美国哈佛大学教授雷蒙德·弗农(Raymond Vernon)于 1966 年在其《产品周期中的国际投资与国际贸易》一文中首次提出的。弗农认为：产品生命是指其市场上的营销生命，产品和人的生命一样，要经历形成、成长、成熟、衰退这样的周期。就产品而言，也就是要经历一个开发、引进、成长、成熟、衰退的阶段。而这个周期在不同技术水平的国家里，发生的时间和过程是不一样的，期间存在一个较大的差距和时差，时差表现为不同国家在技术上的差距。它反映了同一产品在不同国家市场上的竞争地位的差异，一种产品在发达国家已经上市，在其他欠发达国家可能无人知晓；在发达国家处于成熟期或衰退期时，在发展中国家可能刚刚进入萌芽期。例如，我国的黑白电视早已经退出市场，而在非洲部分市场销售依然看好。

4. 我国政府的出口鼓励政策助推企业走向国际市场

我国政府鼓励出口政策的不断出台，是推动我国企业持续走向国际市场的主要动因。目前，我国已经形成了一整套较为完整的出口鼓励政策体系。出口鼓励政策具有两个层面的含义，狭义的出口政策指的是政府对待出口的政策导向；广义的体系则包含财政、金融等各个方面的出口鼓励措施。

从狭义的角度看，在改革开放初期，我国曾面临外汇短缺的问题，20 世纪 90 年代，又遇到内需不足的困难，并受到亚洲金融危机的冲击，为此，千方百计扩大出口，并使之带动经济发展，成为这一时期政府的重要任务。从广义的角度看，可以将各种出口鼓励措施分为 3 种类型：其一，直接影响进、出口汇率的因素；其二，政策本身不直接涉及进、出口汇率中的变量，但却能够间接影响其取值；其三，政策本身并不对变量产生影响，但能为企业的出口和进口提供便利。直接影响类变量包括 20 世纪 90 年代前实施的外汇额度补贴、出口贷款利息补贴、出口优惠利率等以及此后实施的出口退税、进口关税以及内外资企业差别所得税税率政策。间接影响类变量包括海关特殊监管区域、区域经济一体化政策等。此外，我国还成立了专门的贸易促进部门，在国外举办各种展会，加大我国出口产品的宣传力度，并为企业出口提供指导。上述政策措施并不影响上文中的变量，但却为出口的增长创造了有利条件，也是我国鼓励出口政策体系中的重要组成部分。

5. 规避国际贸易壁垒及应对贸易保护主义的需要

随着我国出口贸易额的不断攀升，我国遭遇的贸易壁垒也不断升级，贸易摩擦频繁上演，各种贸易争端已经愈演愈烈。由于金融危机使世界经济低迷，越来越多的国家及地区采取提高关税、支持国内产业发展政策等对贸易产生影响，以劳动保护、环境保护为理由，利用产品质量标准、反倾销等手段构筑贸易壁垒。同时，新一轮贸易保护主义正从发达国家蔓延到发展中国家。在南美，2009 年 1 月，巴西政府宣布将对包括玩具、鞋子、成衣和照相机在内的 24 种进口产品实行许可证制度，部分中国出口产品可能因此而受到影响。同年 2 月，印度宣布禁止进口我国玩具，包括从第三方转口的玩具。中国出口正在遭遇越来越多的贸易壁垒。

在国际贸易摩擦加剧的背景下，到境外设立窗口，不失为一个规避贸易摩擦、扩大出口的有效方法。中国企业通过在海外建立生产和销售公司、跨国并购以及与外方建立战略联盟等方式在全球发展，有利于企业增加国际市场份额并且绕过各种贸易壁垒，使企业能更有效地开展国际市场营销活动。最近一项调查显示,有八成以上受访企业的海外子公司承担着中国产品的出口业务。

知识链接

贸易壁垒(Barrier to trade) 又称为贸易障碍，是指对国与国之间商品劳务交换所设置的人为限制，主要是指一国对外国商品劳务进口所实行的各种限制措施。一般分为关税壁垒和非关税壁垒两类。从广义上讲，凡属正常贸易受到阻碍、市场竞争机制作用受到干扰的各种人为措施，均属于贸易壁垒的范畴。

6. 科技的飞速发展为我国企业的国际营销活动提供了保障

现代科技日新月异，使企业走向国际市场更加便捷。技术革命特别是信息技术革命，使得全球经济呈现出网络化、数字化特征，传统的以实物交换为基础的交易方式被以数字交换为基础的无形交易所代替。网络化和数字化技术使得世界各地市场被无形地连接在一起，在不同地区市场之间进行交换是透明的，不受地理位置和时间约束，信息的交换变得非常容易并且成本低廉，通过网络获取国际市场信息和开展国际营销变得异常简捷，同时国际营销中的交易活动也变得更加灵活、直接，通过网络与国外市场交易如同在国内市场交易一样便捷。因此，信息技术发展推动交易的全球化、交易的直接化和便捷性，开展国际营销必须充分利用世界性网络进行信息交互和沟通，降低国际交易的费用和交易风险。另外，快捷的交通运输网络使我国与世界各国的时空距离大大缩短，减少了跨国经营的时空障碍。

1.4.2 我国企业的国际市场营销现状

目前，我国已成为世界制造大国，多种产品在世界市场的销售看好，但距离成为世界制造强国的路途依然遥远，究其原因，我国多数企业的国际营销策略存在着各种各样的弊端，它们影响着我国产品将来在世界市场上的发展。

1. 对市场调查的重要性认识不足

长期以来，我国企业不重视市场调查，主要原因是在计划经济体制下，产品从投产到销售完全由政府主管部门负责，市场调查对失去自主权的企业来说已毫无意义。改革开放以来，许多企业虽然花了很大的精力进行广告宣传，但对市场调查仍重视不足。如果把现代企业营销看做是一个完整的经济链条，市场调查就是其中最基本的一环，它将直接影响产品的开发、生产、销售甚至售后服务，不了解市场行情就不可能建立合理、顺畅的营销体系。更为严重的是产品积压，不仅会影响企业资金周转、企业经济效益，而且关系到企业生死存亡。

2. 分销渠道不顺畅，出口产品竞争力不强

目前在我国出口产品中附加值低、加工程度浅、技术含量低的劳动密集型产品仍占较大比重，加上我国产品向来重质量、轻包装，这将严重影响我国出口产品的形象。我国企业的产品出口层级太多，分销渠道通路长，由此产生了较高的分销费用，很多企业商品的出口都要借助于专业性的外贸公司，没有自己的销售渠道，这是一种典型的产销分离渠道。专业外贸公司没有实体相依托，生产企业又缺乏必要的销售渠道，两者的作用均受到限制，加上国家对工贸企业之间的利益分配缺乏协调，常导致工贸间矛盾激化。外贸公司为垄断出口常封锁信息，这对生产企业不利，进而对外贸公司自身造成更大影响，严重影响出口产品的竞争力。

3. 缺乏科学的产品质量观

产品竞争力最终取决于产品的质量，我国企业缺乏科学的产品质量观。科学的产品质量应包括核心产品的优质化、形式产品的高质量和多样化、优质的服务，企业往往以生产技术质量标准作为产品的代用质量标准，常导致核心产品质量下降。我国企业出口产品的质量问题突出反映在忽视后两方面的质量内容。例如，作为我国出口强项的机电产品，由于售后服务未跟上而直接影响到该类产品的出口。除了以上问题外，我国企业在国际营销中还存在着诸如异国文化的适应性较差，企业间开展国际营销活动时缺乏支持、配合等问题。

4. 品牌管理缺乏品牌国际化战略

虽然我国很多企业已经认识到了品牌的重要性，开始有意识地进行品牌管理，但由于缺乏专门的品牌国际化战略，往往不能从战略层次考虑品牌的建设和维持，不能把品牌的核心价值、品牌的定位、品牌的延伸范围等列入企业发展的远景中。品牌的附加价值低，缺乏自主知识产权，竞争力不强。我国商品出口以劳动密集型、低端产品为主，附加值不高，高新技术产品比重较小。以往我国出口增长依靠的是我国劳动力成本低的比较优势，重商品出口，轻品牌建设，造成我国品牌附加值低，国际认可度不高。此外，我国品牌缺乏国际知名度，致使国际市场的顾客忠诚度较低。

1.4.3 我国企业国际营销从业者面临的任务与责任

我国企业在国际营销中存在的问题是体制上、观念上等多方面复杂因素相互作用的结果，要解决这些问题，需要政府和企业共同努力采取相应的对策。

1. 树立全球化营销观念

观念创新是企业营销的先导，我国企业不能仅满足于树立市场营销观念，而应追求与环境相适应的新的营销观念。一些实力雄厚的跨国公司早已把全球市场置于自己的营销范围内，以一种全球营销观念来指导公司的营销活动。如可口可乐公司在世界几十个国家占有生产据点，在100多个国家拥有市场，成为一个总部设在美国的全球化公司。只有树立了全球化营销概念，我国企业在世界市场上的份额才会不断提升。

2. 加强产品创新，提高产品的国际竞争能力

提高产品竞争力主要是提高产品市场占有率和获利能力，从我国出口产品状况分析，即要提高产品的国际竞争力。确立整体产品观，提高产品质量，加强产品创新是提高产品国际竞争力的关键。产品创新应从产品整体概念出发，包括产品标准创新，产品品种、花色、样式创新，产品包装创新，产品品牌创新，产品服务创新等。狠抓产品质量，确保核心产品优质化。另外，企业应不断吐故纳新，确保产品形式的多样化，其重点是做好产品包装工作；要结合我国实际，切实做好包装、装潢的标准化、多样化；加强出口产品的售后服务工作，不断改进和提高服务水平和服务质量，不断推出新的服务项目和服务措施，力图让消费者得到最大的满足。

3. 加强市场创新，扩大市场发展空间

随着我国买方市场的出现，企业之间的竞争也步入商界的战争时代，面对越演越烈的营销战争，企业是拼力争夺已有的市场，还是去寻找消费者的需求尚未得到满足的潜在市场，或创造一种新的需求市场呢？有的企业面对强大的竞争压力，采用让利不让市的低价位策略苦苦支撑已有的市场，结果往往是得不偿失，而高明的企业则把视野投向新的市场。以洗衣机为例，城市洗衣机市场饱和了，海尔就拓展农村洗衣机市场，当海尔总裁获知四川等地农民用洗衣机洗地瓜、土豆时，立即组织研发力量开发出能洗地瓜、土豆的洗衣机，备受当地消费者的青睐。另外，企业应增强品牌意识，重视商标的地域性，注意商标注册工作，并制定以质取胜、以科技为基础的名牌发展战略。

4. 政府深化外贸体制改革

政府应从单纯的被动管理向积极服务的方向转变，从宏观上为我国企业开展国际营销创造条件。首先，政府要进一步深化外贸体制改革，鼓励企业特别是一些国有大中型企业走外向型道路，充分放权，提高企业积极性和主动性，对一些符合条件的企业允许进出口自营。其次，政府应从法规、政策方面加以引导，促使企业实现两个根本性转变，促进企业进行集约化经营，推动有条件企业向国际化、集团化、综合商社方向发展。

5. 增加出口渠道，做好促销工作

国际营销中的促销手段很多，针对我国企业的具体情况，首先应做好企业宣传工作，主要是提高企业知名度，企业可通过广告进入国际互联网等手段来宣传自己。其次，企业可利用中国在国际政治舞台上越来越大的影响力实行官方促销。我国企业应从目前的工贸分离逐步走向工贸一体化，使工贸有机结合，推行代理制，逐步完善外贸领域价格体系，消除工贸之间利益分配不合理的现象，允许生产者根据供求关系自由定价，并根据市场价

格安排生产规模。

总之，提高产品国际竞争力是一项系统工程，需要社会各方面支持，但主要还在于企业本身。我国企业开展国际营销的时间不长，存在一些问题在所难免，只要政府和企业共同努力，下决心去解决，国际营销活动一定会迅速地发展起来。

本章小结

本章主要介绍了国际市场营销的概念、主要内容及研究方法，国际市场营销的基本理论，国际市场营销观念的演绎过程，中国企业与国际市场等内容。国际市场营销的基本理论部分主要介绍了绝对成本论、比较成本论、相互需求论、垄断优势理论、创新扩散理论、马斯洛需求层次论等理论观点。国际市场营销观念部分主要介绍了传统营销观念的演绎过程、现代营销观念的演绎过程、国际市场营销观念演绎过程及其发展趋势，传统营销观念主要包括生产观念、产品观念、推销观念等；现代营销观念主要包括市场营销观念、社会营销观念、绿色营销观念、关系营销观念及整体营销观念；国际市场营销观念部分主要介绍国内市场延伸观念、国别市场观念、全球营销观念等；国际营销观念的未来发展趋势部分主要介绍了观念营销、先营销管理、营销竞合、价值营销、营销共享、营销是买、营销社会等新观点。本章最后介绍了我国企业进入国际市场的诱因，我国企业国际营销的状况，我国国际营销从业者肩负的责任等内容。

名人名言

在美国，新的观念就是一种货币。

——美国市场学家沃尔特·里斯顿

不创新，就死亡。

——美国企业家李·艾柯卡

没有顾客的忠诚度，就没有生存权。

——美国企业家山姆·沃尔顿

在购买时，你可以用任何语言；但在销售时，你必须使用购买者的语言。

——玛格丽特·斯佩林斯

零增长不等于零需求。

——张瑞敏

习　题

一、复习题

1. 选择题

(1) 被誉为“现代营销之父”的人是(　　)。

A. 法约尔　　B. 麦肯锡　　C. 菲利普·科特勒　　D. 梅奥

(2) 20 世纪(　　)年代，国际市场营销理论体系逐渐形成。

A．40　　B．50　　C．60　　D．70

(3) 创新扩散理论是(　　)提出的。

A．李嘉图　　B．罗杰斯　　C．巴纳德　　D．孔茨

(4) 《国富论》是(　　)的代表作。

A．法约尔　　B．海默　　C．亚当·斯密　　D．梅奥

(5) 需求层次理论是(　　)提出的。

A．科特勒　　B．马斯洛　　C．海默　　D．金德尔伯格

(6) 市场链模式是我国(　　)公司提出来的。

A．联想　　B．海尔　　C．康佳　　D．华为

2. 填空题

(1) ＿＿＿＿＿就是企业把市场视为一个生态体系，企业与市场之间，企业与消费者之间是相互依存、相互发展的关系。

(2) 关系市场营销观念的基础和关键是＿＿＿＿＿。

(3) ＿＿＿＿＿是最古老的经营哲学思想。

3. 判断题

(1) 国际市场营销远比国内市场营销复杂。　(　　)

(2) 比较优势理论是由亚当·斯密提出来的。　(　　)

(3) 约翰·穆勒提出了相互需求理论。　(　　)

(4) 斯蒂芬·海默首次提出了垄断优势理论。　(　　)

(5) 国际市场营销产生于二战之前。　(　　)

(6) 马斯洛理论把需求分成生理需求、安全需求、社交需求、尊重需求和自我实现需求 5 类，层次由低到高。　(　　)

(7) 市场营销观念首先产生于英国。　(　　)

(8) 绿色市场营销观念萌发于 20 世纪 50 年代。　(　　)

4. 问答题

(1) 国际市场营销的含义是什么？

(2) 国际市场营销和国内市场营销之间有哪些区别？

(3) 国际市场营销的主要研究方法有哪些？

(4) 国际市场营销的基本理论有哪些？

(5) 传统营销观念有哪些？

(6) 国际市场营销的发展趋势是什么？

(7) 简述我国企业走向国际市场的诱因。

5. 讨论题

(1) 阐述我国企业在现实的营销中应如何践行绿色营销观念。

(2) 结合现代营销理论，分析我国企业成功走向国际市场的营销策略。

二、案例应用分析

海尔的国际化三部曲

海尔集团成立于 1984 年，其总裁张瑞敏在上任伊始就提出了海尔的名牌发展战略，自此也拉开了海尔逐步快速发展和逐步国际化的序幕。外界将海尔 20 年不平凡的发展概括为其国际化的 3 个阶段。

1. 第一阶段(1984—1991 年)：海尔的名牌发展战略

在这个阶段，海尔的发展具有以下一些特点：

第一是坚持质量和技术的高起点。海尔从 1985 年起，不断地从发达国家引进先进技术和管理，并坚持在消化吸收的基础上不断创新，使自己领先于国内其他企业。

第二，强化产品质量管理。多年来，海尔一直致力于生产具有国际品质的产品，努力使产品质量与国际接轨。海尔把质量看做是产品的生命线，是国际市场的入场券和通行证，认为只有国际化的品质，产品才有可能进入国际市场。“砸冰箱”是这一时期强调产品质量的典型事件，通过砸掉 76 台有质量问题的冰箱唤醒了员工的质量意识，并在员工中树立了“不合格产品就是废品”和“高标准、精细化、零缺陷”的质量观。与此同时，严格的管理也使员工的素质有了质的提高。目前，海尔产品已通过美国 UL、德国 VDE 和加拿大 CAS 等 10 余项国家质量认证，是我国取得国际认证最多的家电企业，这为海尔产品走向国际市场领取了通行证。

第三，在这一阶段，海尔只做冰箱一种产品，通过做冰箱逐步树立起品牌的良好声誉和高质量、技术先进、信用度高的市场形象。

2. 第二阶段(1992—1998 年)：海尔的多元化发展阶段

在这一时期，海尔通过在证券市场上市打通资金渠道，横向扩展产业，纵向延伸产品线，逐步培育起了强大的产品研发能力、多门类多产品的大规模生产制造能力和庞大产业体系的综合管理能力。国外把家电分为白色、黑色和米色 3 类，到 1998 年海尔实现了 3 类家电一起做，之后又涉足信息家电、通信产业，形成了比较庞大的产业体系。

1991 年底，青岛电冰箱总厂合并青岛电冰柜总厂和青岛空调器厂，组建了海尔集团公司，经营范围也随之从电冰箱扩展到电冰柜和空调器。

1993 年 9 月，海尔集团先后收购了青岛红星电器股份有限公司、莱阳家电总厂，这样，海尔经营范围又扩展至洗衣机、微波炉、热水器和小家电产品。海尔仅用两年时间就将经营范围扩大到几乎全部白色家电产品领域。1997 年，海尔又兼并了杭州西湖电子集团，开始生产经营彩电、VCD、电话等黑色家电。1998 年 6 月，海尔集团与北京航空航天大学和美国 C-MOLD 公司合资组建“北航海尔软件公司”，标志海尔进入了米色家电行业。此后不久，海尔开始生产电脑。目前，海尔共生产约 70 大系列、10800 个门类产品，成为综合家电制造商。

由于坚持实行名牌战略，海尔的市场份额和利润不断增长，这为其快速扩张提供了资金保障。1993 年 11 月，海尔公司股票在上海证券交易所上市，也为海尔资本运营和筹集国际化资金打开便利通道。

海尔认为，多元化不是要不要搞的问题，而是能不能搞的问题。如果企业有能力，必须搞多元化，多元化就是国际化，多元化能够增强企业的竞争力。海尔还认为，多元化不仅是产业多元化，还包括市场多元化。企业取胜要靠国际化，要像可口可乐那样，具备征服全球市场每一个角落的能力。

在这一阶段，海尔国际化的经营活动主要是建立海外市场销售网络，并逐步尝试海外建厂。

海尔产品出口是以创立世界名牌为目标的。但在 20 世纪 90 年代初期，海尔出口的产品多以 OEM 的方式进入国际市场。但 2～3 年后，海尔产品以其 100%的合格率和优质服务赢得海外经销商的信赖，海尔产品开始打自己的品牌，并一直坚持到现在。在这一时期，海尔在海外建立了 31 个专营店，经销网点达 8000 余个。

1996年12月，海尔集团在印尼投资建厂，成立海尔莎保罗有限公司，首次实现跨国生产。1997年6月，菲律宾海尔LKG电器有限公司成立。1997年8月，马来西亚海尔工业有限公司成立。1997年2月，南斯拉夫海尔生产厂成立。

3. 第三阶段(1998年底至今)：全面国际化阶段

1998年底，海尔集团明确提出了要建设“国际化的海尔”的战略目标。从1998年开始，海尔利用前十多年积累的竞争优势、国际市场进入经验和初步建立的销售网络，海尔开始整合全球资源，进行海外投资，开展真正的跨国经营。

1999年4月，海尔做出迄今为止最大胆的海外投资决定，投资3000万美元进军美国市场。2000年3月，美国海尔工业园竣工投产。2001年4月，合资兴建的巴基斯坦海尔工业园奠基；几天后，孟加拉海尔工厂开工建设。

截止2001年底，海尔已在海外建立13个生产基地，56个海外贸易中心，12000个服务网点和约40000个销售网点，全球销售收入600亿人民币，其中，海尔(美国)公司收入达1.5亿美元。

在这一阶段，海尔公司进一步加大了投入力度来提高企业的技术创新能力。海尔始终保持产品技术和质量上的发展和创新，使它具备了“生产一代、研制一代、构思一代”的能力，平均每天开发出200多种新产品，其中包括能够满足国际主流市场需要的产品。目前，海尔科研中心聚集了一大批具有丰富经验的科研开发人员，拥有世界领先水平的计算机辅助设计系统，“产品实验室”已经同世界接轨。

不管外界如何总结划分，张瑞敏坚持把近20年的发展概括为国际化的3个阶段：播种阶段、扎根阶段和结果阶段。也可以这么认为，名牌战略的实施为海尔国际化播下了种子，多元化使国际化扎根，近几年海尔开始收获国际化的果实。张瑞敏还认为，这十八九年是一气呵成的，始于产品出口，终极目标是跨国公司。

问题：

(1) 概括海尔的国际化战略的基本思路。

(2) 海尔的国际化战略模式需要企业具备哪些条件？

(3) 海尔要取得成功，今后要着重解决哪些问题？

(资料来源：海尔的国际化经营战略．百度文库)

第2章 国际市场营销环境

教学目标

通过本章的学习，了解国际市场营销环境的含义，理解营销环境的特征及其在国际市场营销中的地位和作用，掌握国际市场营销环境的分类及其构成要素，并能够应用这一章的知识分析国际市场营销案例。

教学要求

知识要点	能力要求	相关知识
国际营销环境的含义及特征	(1) 了解国际营销环境的含义 (2) 理解国际营销环境的特征	(1) 菲利普·科特勒关于营销环境的定义 (2) 营销环境的概念的理解 (3) 国际营销环境的5个特征 (4) 营销环境对企业的影响 (5) 分析营销环境对企业的重要意义
国际宏观营销环境	(1) 理解国际宏观营销环境概念 (2) 掌握国际宏观营销环境包含的内容	(1) 国际宏观营销环境概念 (2) 人口、自然、经济、科学技术、政治法律和社会文化环境的分析
国际微观营销环境	(1) 国际微观营销环境概念的理解 (2) 掌握国际微观营销环境包含的内容	(1) 国际微观营销环境概念 (2) 企业内部环境及其营销渠道、目标顾客、竞争者和各种公众环境的分析
国际营销环境分析	(1) 掌握SWOT分析方法 (2) 能够运用这一方法对企业面临的营销环境进行分析，并提出营销对策	(1) SWOT分析方法 (2) 机会威胁综合矩阵 (3) 企业对环境的反应策略

欲使江河停止奔腾是办不到的，最好的办法就是学会能把握方向的游泳。

——佚名

基本概念

营销环境　宏观营销环境　人口环境　经济环境　自然环境　科技环境　政治和法律环境　社会文化环境　微观营销环境　企业自身　营销中介　竞争者　市场　公众　环境机会　环境威胁　公众　SWOT分析

导入案例

在沙特人家做客

麦加其是我在沙特阿拉伯认识的第一个好朋友。一天，他热情地邀请我和翻译去他家做客。在他家的客厅里，我被墙上一幅精美的人物画吸引住了。我目不转睛地观赏着，禁不住连连夸道："这副画真的不错，这是我见过最好的人物画。"话音刚落，我的腰立即被翻译狠狠碰了一下，我陡然一惊，马上想起了在当地做客的一个大忌：不能随便夸赞人家的摆设或死死盯住物品，否则主人会以为你想要，就会把这件东西送给你，而且主人送的东西客人必须收下，不收等于瞧不起他。想到这儿，我马上闭上嘴巴，然而已经迟了，麦加其看我赞叹不已，微微一笑，就把这副画拿下来，用纸包好，塞在我手中。麦加其告诉我，画中的人物是他先父。饭后，我们又在聊天，不知不觉天渐渐暗了下来。我没有戴表，心有点急，这时我又犯了一个同样的错误：向麦加其问时间。他二话没说，又十分慷慨地把表给了我。有此教训，我再也不敢把目光停留在物品上了，而是把头朝上仰着，死死盯住天花板，我想：你总不能把天花板拆下来给我吧。麦加其看我不断朝上张望，十分纳闷地说："我的朋友，你是不是想要那吊灯？等一下我把它拆下来吧。"

点评：入乡问俗

对于初到异地的客人而言，入乡问俗可以避免尴尬和冒犯，使其旅途愉快。对于一家想进军国际市场的公司而言更是如此，目标市场的营销环境对于企业的重要性就好比"水之于水手"，"适者生存"是亘古不变的规律。本章主要介绍国际市场营销环境的内涵、特点和国际宏观与微观营销环境的内容。

2.1　国际市场营销环境概述

任何事物的存在和发展都离不开特定环境的影响，市场营销活动也是这样。从本质上看，市场营销活动就是营销者努力使企业可控制的因素同外界不可控制的因素相适应的过程。因此，认识与分析营销环境成为营销管理的基础和重要内容，而对环境的认识和分析过程也就是不断地发现机会和识别威胁，以选择达到企业营销目标最佳途径的过程。

2.1.1 国际市场营销环境的含义和类型

1. 市场营销环境内涵

环境是指事物外界的情况和条件。按照美国著名市场学家菲利普•科特勒的解释：市场营销环境(Marketing Environment)指的是影响企业的市场和营销活动的不可控制的参与者和影响力。这些因素和条件是企业营销职能外部的不可控制的因素和力量，如竞争、经济、政治、法律规定、技术和社会文化因素。它们影响着企业管理当局发展和维持为目标顾客提供令其满意的产品或服务的能力。因此，市场营销环境是指直接或间接影响组织营销投入产出活动的外部力量，这些因素和力量是与企业营销活动有关的影响企业生存和发展的外部条件。

这些环境因素对于企业的营销实践影响很大，企业作为一个开放的系统，所有活动都发生在一定环境中，并不断地与外界环境发生着这样或那样的交流，从外界吸纳各种物质和信息资源的同时，也通过企业自身的活动输出产品、劳务和信息，进而对外界施加影响。企业在进行任何市场营销活动时，都要对这些环境因素可能造成的影响加以考虑。虽然企业营销活动必须与其所处的外部与内部环境相适应，但营销活动绝非只能被动地接受环境的影响，营销管理者应采取积极主动的态度能动地去适应营销环境。企业市场营销策略能否成功，在很大程度上取决于企业对市场营销环境的适应和应变能力，特别是应变速度如何而定。为了避免受到不利情况的影响，企业必须预先对市场环境因素加以分析及预测，根据这些分析或预测的结果，再制定适当的市场营销策略来应对能出现的情况，以期获得最有效的营销效果。

2. 市场营销环境的分类

不同的环境因素对营销活动各个方面的影响和制约也不尽相同，同样的环境因素对不同的企业所产生的影响和形成的制约也会大小不一。根据影响力的范围和作用方式，营销环境可以分为微观营销环境(Micro Environment)和宏观营销环境(Macro Environment)。微观营销环境是指与企业紧密相联，直接作用于企业为目标市场服务的能力，从而又被称为作业环境或直接营销环境，包括企业的供应商、营销中间商、顾客、竞争者以及社会公众和影响营销管理决策的企业内部各个部门。宏观营销环境诸要素与企业不存在直接的经济联系，是通过直接环境的相关因素作用于企业营销活动的，包括影响企业微观环境的一系列巨大社会力量，如人口、经济、政治、法律、科学技术、社会文化及自然地理等多方面的因素。这两种环境之间不是并列关系，而是包容和从属的关系，微观(直接)环境受宏观(间接)环境的大背景所制约，宏观(间接)环境则借助于微观(直接)环境发挥作用。它们共同构成多因素、多层次、多变化的企业市场营销环境的综合体。

概括而言，国际市场营销环境的概念反映出了如下信息：一是影响企业进行国际市场营销的客观因素；二是各种直接或间接影响的因素的集合；三是包括宏观环境和微观环境。

2.1.2 国际市场营销环境的特点

国际市场营销环境是一个多因素、多层次而且不断变化的综合体。其特点主要表现在以下几方面。

1. 客观性

客观性是营销环境的首要特征。营销环境的存在不以营销者的意志为转移。主观地臆断某些环境因素及其发展趋势，往往造成企业盲目决策，导致企业在市场竞争中的惨败。企业总是在特定的社会经济和其他外界环境条件下生存、发展的。企业只要从事市场营销活动，就不可能不面对着这样或那样的环境条件，也不可能不受到各种各样环境因素的影响和制约。一般说来，营销部门无法摆脱和控制营销环境，特别是宏观环境，企业难以按自身的要求和意愿随意改变它，如企业不能改变人口因素、政治法律因素、社会文化因素等。

2. 差异性

不同的国家或地区之间，宏观环境存在着广泛的差异。不同的企业，微观环境也千差万别。例如，不同的国家、民族、地区之间在人口、经济、社会文化、政治、法律、自然地理等各方面存在着广泛的差异性。正因营销环境的差异，企业为适应不同的环境及其变化，必须采用各有特点和针对性的营销策略。环境的差异性也表现为同样一种环境因素的变化对不同企业的影响也不相同。例如，中国加入世界贸易组织，意味着为大多数中国企业进入国际市场拓宽了道路，减少了障碍，而这一经济环境的变化，对有的行业而言，却意味着将在国内迎来更多的外来竞争者。

3. 相关性

市场营销环境是一个系统，在这个系统中，营销环境诸因素相互影响、相互制约，某一因素的变化，会带动其他因素的相互变化，形成新的营销环境。这是由于社会经济现象的出现往往不是由某一单一的因素所能决定的，而是受到一系列相关因素影响的结果。例如，企业开发新产品时，不仅要受到经济因素的影响和制约，更要受到社会文化因素的影响和制约。再如，竞争者是企业重要的微观环境因素之一，而宏观环境中的政治法律因素或经济政策的变动，均能影响一个行业竞争者加入的多少，从而形成不同的竞争格局。又如，市场需求不仅受消费者收入水平、爱好以及社会文化等素的影响，政治法律因素的变化，往往也会产生决定性的影响。

知识链接

中国加入WTO，快递行业四巨头入驻中国

按照中国加入WTO的承诺，中国将逐步扩大外资在中国快递市场的发展。2003年1月10日，中国已将外资快递企业在华成立合资企业的最高股权比例提高到了75%，2005年12月18日，国内门到门速递业务大门对国际快递企业敞开。入世承诺的实施为天地快运(TNT)、敦豪(DHL)、联合包裹(UPS)、联邦快递(FedEx)等四大国际快递公司在中国境内的业务开展提供了政策支持，同时也意味着国内从事快递的企业将迎来更为严峻的竞争环境。

4. 动态性

市场营销环境是一个动态系统。构成营销环境的诸因素相互影响，每一环境因素都随着社会经济的发展而不断变化。20世纪60、70年代，中国处于短缺经济状态，短缺几乎成为社会经济的常态。改革开放30年后，中国已遭遇“过剩”经济，不论这种“过剩”的性质如何，仅就卖方市场向买方市场转变而言，市场营销环境已产生了重大变化。再如顾客的消费需求偏好和行为特点在变，宏观产业结构在调整等无疑会对企业的营销行为产生最直接的影响。当然，市场营销环境的变化是有快慢大小之分的，有的变化快一些，有的则变化慢一些；有的变化大一些，有的则变化小一些。例如，科技、经济等因素的变化相对快而大，因而对企业营销活动的影响相对短且跳跃性大；而人口、社会文化、自然因素等相对变化较慢较小，对企业营销活动的影响相对长而稳定。营销环境的变化，既会给企业提供机会，也会给企业带来威胁，虽然企业难以准确无误地预见未来环境的变化，但企业必须密切关注营销环境的变化趋势，以便随时发现市场机会和监视可能受到的威胁。

5. 可影响性

市场营销环境的可影响性是指企业可以通过对内部环境要素的调整与控制，来对外部环境施加一定的影响，最终促使某些环境要素向预期的方向转化。企业对营销环境的影响主要表现在两方面。

首先，营销环境虽然有不可控性，企业仍可借助科学的营销研究手段认识并预测环境的变化趋势，及时地调整营销计划。例如，目前许多企业意识到消费者对自身健康和社会环境的关注将对市场需求发生深远影响，纷纷开发绿色产品，力争在市场竞争中获得先机。据预测：环保、休闲、健康是21世纪最时尚、最持久的时装主题，天然纤维的棉、麻、丝或高新技术合成的特殊保健纤维面料将成为消费者的偏好。美国、日本、韩国的企业都已发展了有利健康和环保的各种成衣以进入我国市场。

其次，企业可以通过各种宣传手段，例如，广告、公共关系等，来创造需求、引导需求，促使某些环境因素向有利的方向发展变化。在现实生活中，绝大多数的消费流行或时尚潮流都是由企业所创造出来的。牛仔服刚进入我国市场时，被人们视为“异物”，与游手好闲、不三不四的形象联系在一起，后来，服装企业通过一系列的营销努力，使牛仔服成为广大消费者喜爱的一大服饰种类。而一句“温饱以后要健身”的广告揭开了健身器材热销的序幕，企业正是通过引导生活水平有了提高的人们追求健康美丽，来创造对自己产品的需求。

从企业的营销实践来看，企业对环境的反作用既受企业实力影响，也与环境因素本身有关。一般说来，企业对直接环境的影响比对间接环境的影响更容易做到。这显然是因为企业与其直接环境因素联系得更紧密，互相作用更直接。例如，供应商是企业的直接环境因素之一，但同时企业又是供应商的客户，企业可利用商务谈判、长期订单等方法影响或改善与供应商的关系，获得一定的优惠条件。又如，企业无法控制人口规模，但可以通过营销宣传影响特定顾客群的态度，刺激他们的购买欲望；无法控制人均收入，但可以通过分期付款等方式加快潜在需求向现实需求的转化。

两名推销员

美国有两名推销员曾到南太平洋某岛国去推销企业生产的鞋子，他们到达后却发现这里的居民没有穿鞋的习惯。于是，一名推销员给公司拍了一份电报，称岛上居民不穿鞋子，这里没有市场，随之打道回府。而另一位推销员则给公司的电报称，这里的居民不穿鞋子，但市场潜力很大，只是需要开发。他让公司运了一批鞋来免费赠给当地的居民，并告诉他们穿鞋的好处。逐步地，人们发现穿鞋确实既实用又舒适而且美观，渐渐地，穿鞋的人越来越多。这样，该推销员通过自己的努力，打破了当地居民的传统习俗，改变了企业的营销环境，获得了成功。美国著名市场学家菲利普·科特勒正是针对该种情况，提出了"大市场营销"理论。该理论认为企业可以运用能控制的方式或手段，影响造成营销障碍的人或组织，争取有关方面的支持，使之改变做法，从而改变营销环境。

2.1.3 分析市场营销环境对企业营销的意义

1．营销环境对于企业的影响

1) 市场营销环境对企业营销带来双重影响作用

环境给企业营销带来威胁。比如，营销环境中会出现许多不利于企业营销活动的因素，由此形成挑战。环境也会给企业营销带来机会。营销环境也会滋生出对企业具有吸引力的领域，带来营销的机会。对企业来讲，环境机会是开拓经营新局面的重要基础。所谓营销机会是指有助于企业实现经营目标的机遇，也即发现了企业能够满足的某些顾客需求的可能性。企业应对市场机会的吸引力和成功的可能性做出恰当的评价。结合企业自身的资源和能力，及时将市场机会转化为企业机会，即符合企业实力范围的、企业可真正获利的机会。所谓环境威胁是指营销环境中对企业营销不利的趋势。例如，房贷利率上调、限购令的出台对房地产行业的威胁；酒驾入刑对酒类行业发展的威胁；低碳标准对传统污染行业的威胁等。营销者应善于识别所面临的或潜伏的威胁，并正确评估其严重性和可能性，进而制订应变计划。在现实生活中，机会和威胁往往是同时出现的，营销机会往往隐身于环境威胁的背影中，比如，在低碳排放标准对传统污染性行业的威胁下，对提前完成节能环保技术革新的企业而言就存在着市场机会。

环境对于企业就好比水之于游泳的人，没有不对的水，只有不善把握水情的水手。善于分析环境并尊重环境变化规律的企业就能够从中把握住机会，反之，则会受到环境变化带来的威胁。

2) 市场营销环境是企业营销活动的资源基础

市场营销环境是企业营销活动的资源基础。企业营销活动所需的各种资源，例如资金、信息、人才等都是由环境来提供的。企业生产经营的产品或服务需要哪些资源、多少资源，从哪里获取资源，必须分析研究营销环境因素，以获取最优的营销资源来满足企业经营的需要，实现营销目标。

3) 市场营销环境是企业制定营销策略的依据

企业营销活动受制于客观环境因素，必须与所处的营销环境相适应。但企业在环境面前决不是无能为力、束手无策的，而是能够发挥主观能动性，制定有效的营销策略去影响环境，在市场竞争中处于主动，占领更大的市场的。

2. 能动地适应环境

企业的营销活动离不开营销环境，但又不能改变营销环境，需要根据市场环境的特点组织生产；需要从市场环境中获取生产所需各种资源；需要在市场环境中建立营销渠道，实现再生产的继续。因此分析市场营销环境的意义在于能动地适应营销环境，寻求营销机遇和避免环境威胁。

企业对营销环境的适应，既是营销环境客观性的要求，也是企业营销观念的要求。现代营销观念以消费者需求为出发点和中心，它要求企业必须清楚地认识环境及其变化，发现需求并比竞争对手更好地满足需求，否则就会被无情的市场竞争所淘汰。而且，因为环境的复杂性和动态性，企业对环境的适应必须是永不松懈的。消费者的需求不断变化，市场上就不存在永远正确的营销决策和永远受欢迎的产品。对企业来说，唯有通过满足消费需求实现盈利目标的任务是永恒的，而成功地完成这一任务，适应环境是关键。

营销案例

日本汽车开进美国

20世纪70年代初，美国被称为“车轮上的国家”，其发达的汽车工业是美国人引以为傲的资本。但因为美国几大汽车巨头对能源危机反映迟钝，在能源趋紧的环境条件下，依然生产着大型、耗能高的传统汽车，而日本企业却适时地研制出小型节能汽车，成功地占领了大片美国市场。美国人曾以为高枕无忧的国内市场，在日本人的进攻下痛失“半壁江山”。美、日企业对石油危机这一营销环境变化的不同敏感性和适应能力造成它们的市场地位戏剧性变化。

这个例子说明了，在客观环境面前，强与弱的划分标准是对环境的适应能力，善于适应环境就能创造竞争优势。市场营销学认为，企业营销活动的成败，营销目标能否实现，在于企业能否适应环境的变化，并以创新的对策去驾驭变化的营销环境，做到“以变应变”。在风云变幻的市场竞争中，“适者生存”同样是颠扑不破的真理。企业的大小决策、各种活动都应是有理有据的，这便有赖于对市场营销环境的分析。而企业的营销活动从本质上说，就是企业利用自身可控的资源不断适应外界环境不可控因素的过程。

值得注意的是，企业对环境的适应并不仅仅是被动地接受，而应该是主动地适应，既有对环境的依赖，又有对环境的改造，即采取积极主动的行为影响营销环境因素。在企业和环境这对矛盾之中，我们要承认客观环境的制约作用，但也不可忽视企业营销活动对环境的反作用。在企业与环境的对立统一中，企业是居于主动地位的，成功的营销者往往是那些主动地认识、适应和改造环境的人。

2.2 国际市场宏观营销环境

宏观营销环境(Macro Environment) 指那些作用于微观营销环境，并因此造成市场机会或环境威胁的主要社会力量，包括人口、自然、经济、科学技术、政治法律和社会文化等企业不可控制的宏观因素。企业及其直接环境都受到这些社会力量的制约和影响，由于直接营销环境作用于企业的营销活动，因此宏观营销环境也被称作间接营销环境。

2.2.1 人口环境分析

人口是构成市场的最基本因素。因为市场是由那些想购买商品同时又具有购买力的人构成的。因此，人口的多少是决定消费需求量的主要因素，人口越多，市场规模就越大。而人口的年龄结构、地理分布、婚姻状况、出生率、死亡率、人口密度、人口流动性及其文化教育等特性，会对市场格局产生深刻影响，并直接影响企业的市场营销活动和企业的经营管理。

1. 人口数量分析

人口数量是决定市场规模的一个基本要素。如果收入水平不变，人口越多，对食物、衣着、日用品的需要量也越多，市场也就越大。因此，按人口数目可大略推算出市场规模。企业营销首先要关注所在国家或地区的人口数量及其变化，尤其对人们生活必需品的需求内容和数量关注要大。随着世界科学技术进步、生产力发展和人民生活条件改善，世界人口平均寿命延长，死亡率下降，全球人口尤其是发展中国家的人口持续增长。据估计，目前世界总人口已经超过 60 亿人，并将在 2025 年达到 79 亿人以上。20 世纪的最后 20 年中，世界人口居然增长了近 18 亿人。世界人口的迅速增长意味着人类需求的增长和世界市场的扩大。东亚地区被人们誉为“最有潜力的市场”，除了因为该地区近年来经济发展迅速外，也因为它的人口数量庞大且增长较快，使得该地区的市场需求日益扩大。

世界人口的增长呈现出极端不平衡。发达国家的人口出生率下降，人口甚至出现负增长，导致这些国家市场需求增长缓慢，有的甚至开始萎缩。例如，欧洲儿童数量的减少，给以儿童市场为目标顾客的企业造成威胁，却因为年轻夫妇有更多的闲暇和收入用于旅游和娱乐，为另一些行业带来佳音。世界人口的 80%在发展中国家，而且人口增长最快的往往是那些落后、欠发达的国家。贫穷问题困扰着这些国家的人民，在人口呈几何级数上升的同时，消费者的购买力并没有提高多少，市场需求层次较低，以追求基本需求的满足为主。世界人口的过度膨胀给有限的地球资源带来巨大的压力，由此，可持续发展战略的研究为市场营销提出了新的课题。

2. 人口结构分析

人口结构可从其自然结构(年龄、性别)和社会结构(家庭、文化素质、职业和民族)两方面进行分析。

1) 年龄结构

人口年龄结构是企业分析市场环境的主要内容之一，不同年龄层次的消费者因为生理和心理特征、人生经历、收入水平和负担状况的不同，有着不同的消费需要、兴趣爱好和消费模式。例如，老年消费者形成的保健用品、营养品、老年人生活必需品市场，青年人形成的运动、休闲、教育、结婚用品市场，儿童形成的婴幼儿用品、培训、亲子互动市场等。目前，人口老龄化是世界人口年龄结构变化的新特点，其原因在于许多国家尤其是发达国家的人口死亡率普遍下降，平均寿命延长。这一人口环境动向对市场需求的影响是十分深刻的：市场对摩托车、体育用品等青少年用品的需求将会减少，而且由于老年人对添置住宅、汽车等高档商品兴趣不大，这部分产品的市场需求也呈下降趋势；另一方面，老年人的医疗和保健用品、生活服务、旅游和娱乐的市场需求将会迅速增加。据中国老年协会介绍，中国目前60岁以上的老年人口已达1.6亿人，并以每年3%的速度递增。预计到2030年，中国老年人口将超过欧洲人口。我国老年产品与服务的多种需求构成了一个十分庞大、丰富多彩的市场。据测算，仅其潜在消费每年也在3000亿元人民币以上，老年人的消费需求以人寿保险、医疗保健和生活服务为热点。有关人士预测说，在未来的相关产业中，第一产业将出现为老年人饮食特需的农副产品，第二产业将出现老年人专用商品，第三产业中将出现照料老年人生活的特殊行业，信息产业中还会出现为老年人提供精神慰藉的服务。

知识链接

中国人口老龄化问题严重

我国的老年人口已达1.43亿人，占总人口的11%，预计到2025年将超过2.8亿人，占总人口的19.34%。按联合国的规定，60岁以上老年人口占总人口的10%以上称老年型人口国，我国目前已经步入老年型人口国行列。据统计，我国目前平均5个有工作能力的人负担一位老人，预计到2025年减少到3人负担一位老人，有关人口学专家认为，要努力使社会的劳动人口与退休人口比例保持在3:1以上，这个比例是支撑社会的最低界限，一旦超过，不仅会导致社会养老负担过重，通货膨胀等经济问题，而且会引起一系列政治、社会问题。

2) 性别结构

人口的性别构成与市场需求的关系密切。男性和女性在生理、心理和社会角色上的差异决定了他们不同的消费内容和特点。一些产品有明显的性别属性，只为男性或女性专用，而男女不同的性别心理和社会角色对消费行为有直接影响。一般来说，男性以阳刚粗犷为美，崇尚冒险精神，以事业为重，决策果断，因而男性消费者的需求特征常常表现为粗放型、冒险型、冲动型和事业型；女性比较温柔细腻，善于谨慎从事，以生活和家庭为重，因而女性消费者的需求特点多为谨慎型、生活型和唯美型。随着社会经济的发展，男女的性别角色也在悄然变化，并影响到市场需求的变动。越来越多的女性摆脱传统观念的束缚，走向社会寻求与男性同样的发展机会，女性就业的人数和领域在不断增加和扩大，她们的家庭和社会地位都有所改善。女性不仅在家庭中参与消费决策的权利有所提高，而且职业女性本身日益成为被商家瞩目的消费者群。

知识链接

中国人口性别比例

据调查，在我国0~62岁年龄组内，男性略大于女性，其中37~53岁的年龄组内，男性约大于女性10%左右，但到73岁以上，女性约多于男性20%左右。反映到市场上就会出现男性用品市场和女性用品市场。例如，我国市场上，妇女通常购买自己的用品、杂货、衣服，男子购买大件物品等。

3) 家庭结构

家庭是社会的细胞，也是某些商品的基本消费单位，例如，住房、成套家具、电视机、厨房用品等商品的消费数量就和家庭单位的数量密切相关。三代同堂，是我们国家在过去几十年最熟知的家庭模式。“传统家庭”由丈夫、妻子、孩子、祖父母组成，而今天的家庭有些是由离婚或非传统家庭组成的，包括独身生活、与一个异性或同性的成年人生活在一起、单亲家庭、无小孩夫妇等，各个家庭群体都有自己的需求和购买习惯。随着经济、科学、文化的发展，人们思想意识、生活方式的变化，以及计划生育的推行，我国的家庭规模不断向小型化发展，家庭数量剧增。家庭人口数量的剧增必然会引起对炊具、家具、家用电器和住房等需求的迅速增长，而家庭人口减少会使需求转向小型轻便的商品。然而，值得注意的是，曾经崇尚“核心家庭”的英美国家目前却正在走向“三代同堂”的传统之路。

知识链接

英、美重回“大家庭”模式

以英国为例：在维多利亚时代，大家庭也曾是英国社会的顶梁柱，但过去几十年几乎销声匿迹了。现在，核心家庭(Nuclear Family)占据英国家庭总数的2/3左右。近来，英国人开始借鉴他乡和过去的经验，把目光盯到了三代同堂上。2008年，保诚(Prudential)金融集团的调查显示，当前在英国，有8万个以上三代同堂的家庭。这种新的生活方式，被冠以“3G家庭”的美名，听起来很有现代气息。2008年底英国哈利法克斯家庭保险公司对2000名成年人所作的调查显示，经济衰退正在迫使越来越多的人考虑和家人住在一起来节省开支。接受调查的人中有26%表示，会考虑换购更大的住房或是扩建现在的房子，以便更多的家庭成员能够住在一起；27%的人甚至说，愿意和父母或是公婆(岳父岳母)集资买房。建房互助协会Skip ton曾预测，今后20年内，英国3G家庭的总数会翻3番，增加到20万以上。在美国老百姓中，三代同堂也在逐渐增加。官方统计数字说，在2000—2007年之间，65岁以上和孩子共同生活的人总数增加了50%。2007年美国社区调查显示，目前美国有3750万“老年人”，其中210万人和儿女住在一起。

核心家庭是英、美关于家庭模式的一种形象描述：就是一对开始、一对结束。一男一女结婚了或者同居了，组织起一个小家庭，生了小孩后养到18岁，小孩走出家门。然后，变成一对老夫妻，直到住进养老院，最后去见上帝。

4) 文化素质、职业和民族结构

人口的文化素质对市场消费需求的影响亦不能忽视。一般来说，随着受教育人数和受教育水平的提高，市场将增加对优质高档产品、旅游、书籍杂志等文化消费品的需求，而且人们的需求会更加追求个性化和多样化。此外，企业采用的营销手段及其效果也因目标顾客的受教育程度而异。

职业是消费者的社会角色。不同的职业往往和相应的收入水平联系在一起，直接制约消费者的购买能力。特定的职业常常和一定的生活方式联系，进而影响消费方式、消费习惯。即使收入水平相同，出租车司机和大学教授的消费兴趣也不会相同。

不同民族的消费者在各自传统民族文化的影响下，其消费行为、消费内容有鲜明的民族性。我国是一个多民族的国家，除占人口绝大多数的汉族外，还有满、藏、回、壮、维吾尔、蒙古等50多个少数民族。每个民族都有特殊的需求和消费习惯，以不同民族消费者为目标顾客的营销者必须尊重民族文化，理解民族文化间的差异。

3. 人口的地理分布及区间流动

人口的地理分布指人口在不同的地理区域的密集程度。由于各区域的自然条件、经济发展水平、市场开放程度以及社会文化传统和社会经济与人口政策等因素的不同，不同区域的人口具有不同的需求特点和消费习惯。例如，在我国，不同区域的食品消费结构和口味上就有很大差异，俗话说“南甜北咸，东辣西酸”，也因此形成了如粤菜、川菜、鲁菜、徽菜等著名菜系。

人口密度是反映人口分布状况的重要指标。人口的地理分布往往不均匀，各区域的人口密度大小不一。人口密度越大，意味着该地区人口越稠密、市场需求越集中。准确地了解这一指标有益于营销者制订有效的营销计划。人口的地理分布并不是一成不变的，它是一个动态的概念，这就是人口流动问题。近几十年来，世界上人口“城市化”是普遍存在的现象，有些国家的城市人口高达百分之七、八十。但近来，在一些发达国家，与城市化倾向相反，出现了城市人口向郊区及卫星小城镇转移的“城市空心化”趋势。这些人口流动现象无一不造成了市场需求的相应变化，营销者必须充分考虑人口的地理分布及其动态特征对商品需求及流向的决定性影响。

城市化对房地产市场的影响

以美国20世纪20年代为例，美国中心城区人口增长为23%，而郊区为34%，此后郊区人口增长一直高于市区。此时美国中心城市人口开始向周边扩散，逐步形成大城市格局，打破了城乡格局，模糊了城市与农村的区别，使得市区和郊区融为一体，至此美国的城市化完全成熟，成为一个城市化国家。而当时美国人口在1915年达到一亿人；也就是说在美国成为一个城市化国家时，美国人口只有一亿多人。对比中国现状，1979年中国城化开始起步，城市人口为20%，80%生活在农村。到2010年城市化率为45%，预计到2013年达到50%。如果按照自然发展，之后会进入大城市化阶段，即中心人口开始向外扩散，形成大规模的都市圈。

比较后发现，美国在婴儿潮出现之前已经完成了城市化进程，而中国婴儿潮(62～80年)与城市化进程同时在发生。中国这批人口增长高峰降生的一代，目前正值人生黄金时期，有多半居住在城市，他们对房市的影响是显而易见的。

此外还有两个人口环境的变化趋势也是国际市场营销中需要注意的。

一是妇女就业水平提高。妇女参加工作在增加家庭收入的同时，也使得她们做家务的时间减少了，这样省时、减轻家务劳动的产品需求大大上升，例如，洗衣机、电冰箱、微波炉、吸尘器、方便食品就是适应这种需求的产品。由于妇女没有更多时间去采购商品，她们的丈夫就会更多地参与采购活动，这就要求企业必须重新修订其推销与广告方式。

二是人口教育程度提高。教育程度与消费者的收入、社交、居住环境及消费习惯均有密切的关联性。从购买习惯来说，通常受教育程度较高的消费者，购买时的理性程度也较高。教育水平的提高，会使未来的消费者购买商品时更加挑剔，他们还可能大量地购买书籍、智力开发玩具、计算机，喜欢旅游、文娱活动和休假，而不喜欢购买危险的商品、劣质商品、不富有个性的商品。

2.2.2 经济环境分析

市场营销学认为，人的需求只有在具备经济能力时才是现实的市场需求。在人口因素既定的情况下，市场需求规模与社会购买力水平成正比关系。经济环境包括许多因素，如产业结构、经济增长率、货币供应量、利率等，而社会购买力正是以上一些经济因素的函数。企业必须密切注意其经济环境的动向，尤其要着重分析社会购买力及其支出结构的变化，敏感于促成其变化的各种因素。

1. 消费者收入水平

消费者的收入是消费者购买能力的源泉，包括消费者个人工资、奖金、津贴、股息、租金和红利等一切货币收入。消费者收入水平的高低制约了消费者支出的多少和支出模式的不同，从而影响了市场规模的大小和不同产品或服务市场的需求状况。

对消费者收入的分析决非简单问题，必须准确理解一系列相关概念。首先，个人可支配收入和个人可任意支配的收入是一对重要概念。个人可支配收入指在个人总收入中扣除税金后，消费者真正可用于消费的部分，它是影响消费者购买力水平和消费支出结构的决定性因素。个人可任意支配收入是在个人可支配收入中减去消费者用于购买食品、支付房租及其他必需品的固定支出所剩下的那部分收入，一般还要扣除稳定的储蓄。非必需品的消费主要受它的限制。

个人可任意支配收入＝个人全部收入－税费－固定开支－储蓄＋现金

在这两种收入中，由于国家税收政策的稳定性，个人可支配收入变化趋势缓慢，而个人可随意支配收入变化较大，且在商品消费中的投向不固定，成为市场供应者竞争的主要目标。

个人可支配收入影响我国旅游业

在对旅游业发展的影响因素中，个人可支配收入作为一个最基本因素，已经得到一些学者的认同。付春晓认为，按照消费经济学和行为科学的有关原理，我国城市和农村居民国内旅游出游率及客流量的变化，主要受居民个人可支配收入的制约； 孙根年、薛佳认为，旅游是居民在满足了基本生活需求基础上提高层次的生活消费，个人可支配收入是影响和制约居民国内旅游需求的基本因素。

(资料来源：周海燕. 2010 年 7 月个人可支配收入对我国旅游业影响的实证研究[J].合肥学院学报)

另一对重要概念是货币收入和实际收入。它们的区别在于后者通过了物价因素的修正，而前者没有。货币收入只是一种名义收入，并不代表消费者可购买到的实际商品的价值。所以，货币收入的上涨并不意味着社会实际的购买力提高，而货币收入的不变也不一定就是社会购买力的不波动。惟有考虑了物价因素的实际收入才反映实际社会购买力水平和变化。假设消费者货币收入不变，但物价下跌，消费者的实际收入上升、购买能力有提高；相反，如果物价上涨，消费者的实际收入下降，购买能力降低。即使货币收入随着物价上涨而增长，如果通货膨胀率大于货币收入增长率，消费者的实际收入仍会减少，社会购买力下降。

另外，消费者的储蓄额占总收入的比重和可获得的消费信贷也影响实际购买力。一般说来，储蓄意味着推迟了的购买力，储蓄额越大，当期购买力越低，且对以后的市场供给造成压力，有人以“笼子里的老虎”形象地比喻它对未来市场的冲击。与储蓄相反，消费信贷是一种预支的幸福能力，它使消费者能够凭信用取得商品使用权在先，按期归还贷款在后。消费信贷有短期赊销、分期付款和信用卡信贷等多种形式。发达的商业信贷使消费者将以后的消费提前了，所谓“寅吃卯粮”，对当前社会购买是一种刺激和扩大。

除了分析研究消费者的平均收入外，营销者还应了解不同社会阶层、不同地区、不同职业的收入和收入增长率的差别，深入认识各个细分市场的购买力分布。

独具慧眼的日本电视厂商

我国居民有勤俭持家的传统，长期以来养成储蓄习惯。近年来，我国居民储蓄额和储蓄增长率均较大。据调查，居民储蓄的目的主要用于供养子女和婚丧嫁娶，但从发展趋势看，用于购买住房和大件用品的储蓄占整个储蓄额的比重将逐步增加。我国居民储蓄增加，显然会使企业目前产品价值的实现比较困难，但另一方面，企业若能调动消费者的潜在需求，就可开发新的目标市场。比如 1979 年，日本电视机厂商发现，尽管中国人可任意支配的收入不多，但中国人有储蓄习惯，且人口众多。于是，他们决定开发中国黑白电视机市场，不久便获得成功。当时，西欧某国电视机厂商虽然也来中国调查，却认为中国人均收入过低，市场潜力不大，结果贻误了时机。

2. 消费者支出模式

消费者支出模式指消费者各种消费支出的比例关系，也就是常说的消费结构。社会经济的发展、产业结构的转变和收入水平的变化等因素直接影响了社会消费支出模式，而消费者个人收入则是单个消费者或家庭消费结构的决定性因素。对这个问题的分析要涉及“恩格尔定律”。德国经济学家和统计学家恩斯特·恩格尔(Christian Lorenz Ernst Engel，1821—1896 年)1857 年在对英国、法国、德国、比利时不同收入家庭的调查基础上，发现了关于家庭收入变化与各种支出之间比例关系的规律性，提出了著名的“恩格尔定律”并得到其追随者的不断补充修正。目前，该定律已成为分析消费结构的重要工具。该定律指出：随着家庭收入增加，用于购买食品的支出占家庭收入的比重就会下降；用于住房和家庭日常开支的费用比例保持不变；而用于服装、娱乐、保健和教育等其他方面及储蓄的支出比重会上升。其中，食品支出占家庭收入的比重被称作恩格尔系数。恩格尔系数是衡量一个国家、一个地区、一个城市、一个家庭的生活水平高低的标准。恩格尔系数越小表明生活越富裕，越大则生活水平越低。企业从恩格尔系数可以了解市场的消费水平和变化趋势。

消费者支出模式除了主要受消费者收入的影响外，家庭生命周期阶段和家庭所在地点的不同也会造成不同的消费结构。一个家庭的新婚阶段是家用电器、家具等耐用品的需求旺盛期；家庭中有了孩子，消费支出的重心便转移到孩子的需求上，家庭收入的很大比重都用于孩子的食品、服装、教育和文娱等方面；待到孩子长大成人、独立生活后，父母的消费多用于医疗、保健、旅游或储蓄。家庭由于所在地点不同开支也不一样，比较居住在城市中心和郊区的家庭，会发现在交通、住房和食品等方面有不同的支出比例。

信贷收紧拉低我国房价

2010 年 4 月，银监会已经开始要求各银行提高房地产开发企业向银行申请贷款的抵押品标准，一律要求以在建工程为抵押。最近，银监会要求银行业金融机构实行名单式管理，即使在名单之列的，也必须以在建工程为抵押，覆盖面进一步扩大。伟业我爱我家市场研究院认为,今年以来 6 次上调存款准备金率政策抑制货币信贷过快增长，对于房地产市场来讲，信贷资金减少，开发贷款、购房贷款已受到不同程度的影响，上半年房地产市场成交同比明显下滑。而如今，低迷的市场环境下，再次提高开发贷款发放门槛，这意味着监管层对房地产行业信贷风险的担心。银监会提高放贷门槛，在一定程度上将加速开发企业“以价换量”的步伐，促使楼市房价进入下降通道。

2.2.3 政治法律环境分析

企业的市场营销决策在很大程度上受政治法律环境的影响。法律是充分体现政治统治的强有力形式，政府部门利用立法及各种法规表现自己的意志，对企业的行为予以控制。政治法律环境由法律、政府机构和在社会上对各种组织及个人有影响和制约的压力集团构成。

1. 政治环境分析

政治环境是指企业市场营销活动的外部政治形势和状况以及国家方针政策和国际关系

的变化对市场营销活动带来的或可能带来的影响。

1) 政治局势

政治局势指企业营销所处的国家或地区的政治稳定状况。一个国家的政局稳定与否会给企业营销活动带来重大的影响。如果政局稳定，生产发展，人民安居乐业，就会给企业营造良好的营销环境。相反，政局不稳，社会矛盾尖锐，秩序混乱，这不仅会影响经济发展和人民的购买力，而且对企业的营销心理也有重大影响。在对外营销活动中，一定要考虑东道国政局变动和社会稳定情况可能造成的影响。像中东地区的一些国家，虽然有较大的市场潜力，但由于政治不稳定，国内经常发生宗教冲突、派系冲突，还有恐怖组织的恐怖活动，国家之间也常有战事，这样的市场有较大的风险，需要认真评估。

知识链接

俄罗斯近年对华商重大查封事件

2004年2月12日，俄罗斯30多名荷枪实弹的警察带着搬运工和大货车，查收了大批华商货物。

2005年3月12日晚，俄警方以打击走私为名突袭检查了位于莫斯科环城公路14公里处的“花鸟市场”，将10余名温州鞋商存放在仓库内的价值1亿多美元的114个集装箱的温州鞋查封没收，并于次日将货主拘押。

2008年，俄罗斯针对中国商人发动有史以来最大规模打击“灰色清关”事件，9月11日晚，俄罗斯官方对莫斯科的阿斯泰(ACT)市场进行突击检查，查封了华商在仓库里的鞋、服装、袜子等日用品，货物价值大约21亿美元。

另请查阅资料：切尔基佐沃事件

中国公司在利比亚投资受损

2011年利比亚局势动荡给中国造成的损失，不仅体现于中国政府为撤离3万多名中国员工而耗费巨资，而且体现于中国在利比亚基建项目全面搁浅，公司失去正常的运营收入。根据国资委披露的信息，中国目前有75家企业在利比亚投资，共涉及50个项目的工程承包，总合同额约188亿美元的业务面临损失。

2) 方针政策

各个国家在不同时期，根据不同需要颁布一些经济政策，制定经济发展方针，这些方针、政策不仅要影响本国企业的营销活动，而且还要影响外国企业在本国市场的营销活动。从对国外企业的影响来看，目标市场国的方针、政策是外国企业营销的重要环境因素，会直接和间接影响到外国企业在市场国的营销活动。例如，改革开放之初，我国的外贸政策还比较谨慎，有关外贸的法律制度既不健全，又缺乏稳定性和连续性，因此，外国资本来华投资很多表现为短期行为，投资期限短，抱着捞一把算一把想法的投资者也不乏其人。随着我国改革的进一步深入和对外开放的进一步扩大，特别是对外开放政策的进一步明朗化和外贸、外商投资法律制度的进一步完善，外资看到了在华投资的前景，因而扩大投资规模，延长投资期限(由最初的1～3年，延长到5年以上，甚至10年、20年、50年)，来华投资的外国企业也越来越多。这说明，市场国的方针、政策对外来投资有非常大的影响作用。

目前，国际上各国政府采取的对企业营销活动有重要影响的政策和干预措施主要有以下几种。

(1) 进口限制。这指政府所采取的限制进口的各种措施，如许可证制度、外汇管制、关税、配额等。它包括两类：一类是限制进口数量的各项措施；另一类是限制外国产品在本国市场上销售的措施。政府进行进口限制的主要目的在于保护本国工业，确保本国企业在市场上的竞争优势。

(2) 税收政策。政府在税收方面的政策措施会对企业经营活动产生影响。比如对某些产品征收特别税或高额税，则会使这些产品的竞争力减弱，给经营这些产品的企业效益带来一定影响。

(3) 价格管制。当一个国家发生了经济问题时，如经济危机、通货膨胀等，政府就会对某些重要物资，以至所有产品采取价格管制措施。政府实行价格管制通常是为了保护公众利益，保障公众的基本生活，但这种价格管理直接干预了企业的定价决策，影响企业的营销活动。

(4) 外汇管制。它指政府对外汇买卖及一切外汇经营业务所实行的管制。它往往是对外汇的供需与使用采取限制性措施。外汇管制对企业营销活动特别是国际营销活动产生重要影响。例如，实行外汇管制，使企业生产所需的原料、设备和零部件不能自由地从国外进口，企业的利润和资金也不能或不能随意汇回母国。

(5) 国有化政策。它指政府由于政治、经济等原因对企业所有权采取的集中措施。例如为了保护本国工业避免外国势力阻碍等原因，将外国企业收归国有。

3) 国际关系

这是国家之间的政治、经济、文化、军事等关系。发展国际间的经济合作和贸易关系是人类社会发展的必然趋势，企业在其生产经营过程中，都可能或多或少地与其他国家发生往来，开展国际营销的企业更是如此。因此，国家间的关系也就必然会影响企业的营销活动。这种国际关系主要包括两个方面的内容：①企业所在国与营销对象国之间的关系。例如，中国在国外经营的企业要受到市场国对于中国外交政策的影响。如果该国与我国的关系良好，则对企业在该国经营有利；反之，如果该国对我国政府持敌对态度，那么，中国的企业就会遭到不利的对待，甚至攻击或抵制。比如，中美两国之间的贸易关系就经常受到两国外交关系的影响。美国经常攻击中国的人权状况，贸易上也常常采取一些歧视政策，如搞配额限制，“反倾销”等，阻止中国产品进入美国市场。这对中国企业在美国市场上的营销活动是极为不利的。②国际企业的营销对象国与其他国家之间的关系。国际企业对于市场国来说是外来者，但其营销活动要受到市场国与其他国家关系的影响。

营销案例

可口可乐与以色列

海湾战争后，由于联合国对伊拉克的经济制裁，阿拉伯国家也曾联合起来，抵制与以色列有贸易往来的国际企业。当可口可乐公司试图在以色列办厂时，引起阿拉伯国家的普遍不满，因为阿拉伯国家认为，这样做有利于以色列发展经济。而当可口可乐公司在以色列销售成品饮料时，却受到阿拉伯国家的欢迎，因为他们认为这样做会消耗以色列的外汇储备。这说明国际企业的营销对象国与其他国家之间的关系，也是影响国际企业营销活动的重要因素。

2. 法律环境分析

法律环境是指国家或地方政府所颁布的各项法规、法令和条例等，它是企业营销活动的准则，企业只有依法进行各种营销活动，才能受到国家法律的有效保护。近年来，为适应经济体制改革和对外开放的需要，我国陆续制定和颁布了一系列法律法规，例如《中华人民共和国产品质量法》、《企业法》、《经济合同法》、《涉外经济合同法》、《商标法》、《专利法》、《广告法》、《食品卫生法》、《环境保护法》、《反不正当竞争法》、《消费者权益保护法》、《进出口商品检验条例》等。企业的营销管理者必须熟知有关的法律条文，才能保证企业经营的合法性，运用法律武器来保护企业与消费者的合法权益。对从事国际营销活动的企业来说，不仅要遵守本国的法律制度，还要了解和遵守国外的法律制度和有关的国际法规、惯例和准则。

美国贸易法规

1. 1994年，美国发生了多次因儿童玩弄打火机而不慎失火的事件，美国著名的打火机生产厂商ZIPPO公司为保护自身利益，借机游说有关立法机构，促成美国出台了CR法规，规定凡售价2美元下的打火机都必须执行该法规，加装一个防止儿童开启的安全装置，否则不能在美国市场销售。

2. 美国联邦贸易委员会实行纤维和纺织品签定和标签法(TEPLA)，该法是美国国会于1959年制定的，它要求制造商进行登记，并向消费者提供关于服装和其他纺织品的产品名称、产品成分及原产地国名。美国联邦贸易委员会执行注意服装标签法，该法由美国国会于1971年通过，旨在使消费者知道如何保护服装的权利，内容包括水洗、干洗、染、烫等指示，以前服装上有用英文书写的永久性标签名册，现在可将符号标明在手写的永久性标签上。

2.2.4 社会文化环境分析

社会文化深远地影响着人们的生活方式和行为模式。消费者的任何欲望和购买行为都深深地印有文化的烙印，例如，我国的春节和西方人的圣诞节是有着两种不同文化背景的消费高峰期，不同的节日风俗使节日消费各具特色。另一方面，营销者本身也深受文化的影响，表现出不同的经商习惯和风格。

要理解社会文化环境对市场营销活动的影响，首先应认识到，社会文化是一个涵盖面非常广泛的概念，是“一种复杂的总体，包括知识、信仰、艺术、道德、法律、风俗和任何人作为一名社会成员获得的所有能力和习惯”。这其中既有物质的外壳，又有精神的内核。根据人的社会实践和不同的文化现象的特殊性，社会文化基本上可以分成三大要素：物质文化、关系文化和观念文化。物质文化是指人们在从事以物质资料为目的的实践活动过程中所创造出来的文化成果，以生产力为首要；关系文化是人们在创造、占有和享受物质文化的过程中形成的社会关系，包括以生产关系为基础的经济关系、阶级关系、民族关系、国际关系等，还包括为维护这些关系而建立的各种社会组织形式和与之相应的政治法律制度、社会道德规范等；观念文化是在前两种文化基础上形成的意识形态文化，包括人们在长期的文化历史发展中积淀而成的社会文化心理、历史文化传统、民族文化性格等，以及社会有意识地宣传和倡导的思想理论、理想精神和文学、艺术、宗教、道德等。任何一个社会文化都是这三方面的统一。其中，以价值观为内核的观念文化是最深沉的核心文化，有高度的连续性，不会轻易改变。营销者应分析自己的市场营销活动将涉及哪些层次的文化因素，灵活地采取相应的策略。

营销案例

美国公司的日本口号

一家美国公司在日本市场推销某产品时用的鼓动性口号是曾风靡美国市场的“做你想做的！”，但没有达到效果，让人颇感意外。调查后得知，日本文化与美国文化在价值观上有很大差异，并不喜欢标新立异、突出个性，而是非常强调克己、规矩。后来，这家公司更改口号为“做你应做的！”，市场反应转好。口号中虽一字之差，引发的思考却耐人寻味。

营销者在进行社会文化环境分析时，还要着重研究亚文化群的动向。每一种文化内部都包含若干亚文化群，即那些有着共同生活经验或生活环境的人类群体，例如，青少年、知识分子等。这些亚文化群的信念、价值观和风俗习惯既与整体社会文化相符合，又因为他们各有不同的生活经历和环境，而表现出不同的特点来。这些不同的人群也是消费者群，根据各种亚文化群所表现出来的不同需求和不同消费行为，营销人员可以选择这些亚文化群作为他们的目标市场。

知识链接

图 腾 文 化

图腾文化是民族文化的源头。图腾是一种极其古老的东西，简单地说，就是原始社会作为个部落或民族血统的标志并当作祖先来崇拜的动物或植物等。古老的图腾文化渗透到现代文化中，形成各种风俗习惯和禁忌，进而形成特别的消费习惯。例如，由于古文化中对牛的崇拜，一些民族至今不吃牛肉；由于古文化中对猪的厌恶，伊斯兰教徒们不食猪肉。再例如，中华民族对龙凤呈祥、松鹤延年的美好祈盼，在消费者对产品设计、包装、商标、色彩和推销方式的特殊心理偏好上都有反映。

社会文化的影响深远而广泛，在国际营销活动中尤其如此。国际营销是跨国界、跨文化的活动，不同国家文化差异对其影响很大：在本国市场上成功的营销策略在他国文化中可能行不通，甚至招来厌恶、抵制；在本国文化中属于表层文化的因素，在他国文化中可能是必须严肃对待的“禁区”……这所有的一切，都需要营销者仔细分析，并在充分尊重他国文化的基础上，有创新地实现跨文化营销目标。那些有民族特色，又不对他国文化构成厉害冲突的营销努力往往会受到欢迎。

2.2.5 自然环境分析

自然环境是指自然界提供给人类各种形式的物质资料，例如，阳光、空气、水、森林、土地等。随着人类社会进步和科学技术发展，世界各国都加速了工业化进程，这一方面创造了丰富的物质财富，满足了人们日益增长的需求；另一方面，面临着资源短缺、环境污染等问题。从 20 世纪 60 年代起，世界各国开始关注经济发展对自然环境的影响，成立了许多环境保护组织，促使国家政府加强环境保护的立法，这些问题都对企业营销形成了挑战。对营销管理者来说，应该关注自然环境变化的趋势，并从中分析企业营销的机会和威胁，制定相应的对策。

1. 自然资源日益短缺分析

自然资源可分为两类，一类为可再生资源，如森林、农作物等，这类资源是有限的，可以被再次生产出来，但必须防止过度采伐森林和侵占耕地。另一类资源是不可再生资源，如石油、煤炭、银、锡、铀等，这种资源蕴藏量有限，随着人类的大量开采，有的矿产已近处于枯竭的边缘。自然资源短缺，使许多企业将面临原材料价格大涨、生产成本大幅度上升的威胁；但另一方面又迫使企业研究更合理的利用资源的方法，开发新的资源和代用品，这些又为企业提供了新的资源和营销机会。

2. 环境污染日趋严重分析

工业化、城镇化的发展对自然环境造成了很大的影响，尤其是环境污染问题日趋严重，许多地区的污染已经严重影响到人们的身体健康和自然生态平衡。环境污染问题已引起各国政府和公众的密切关注，这对企业的发展是一种压力和约束，要求企业为治理环境污染付出一定的代价，但同时也为企业提供了新的营销机会，促使企业研究控制污染技术，兴建绿色工程，生产绿色产品，开发环保包装。

3. 政府干预不断加强分析

自然资源短缺和环境污染加重的问题，使各国政府加强了对环境保护的干预，颁布了一系列有关环保的政策法规，这将制约一些企业的营销活动。有些企业由于治理污染需要投资，影响扩大再生产，但企业必须以大局为重，要对社会负责，对子孙后代负责，所以企业应该加强环保意识，在营销过程中自觉遵守环保法令，担负起环境保护的社会责任。同时，企业也要制定有效的营销策略，既要消化环境保护所支付的必要成本，还要在营销活动中挖掘潜力，保证营销目标的实现。

2.2.6 科技环境分析

科学技术是社会生产力中最活跃的因素，它影响着人类社会的历史进程和社会生活的方方面面，对企业营销活动的影响更是显而易见。现代科学技术突飞猛进，科技发展对企业营销活动影响作用表现在以下几个方面。

1．科技发展促进社会经济结构的调整

每一种新技术的发现、推广都会给有些企业带来新的市场机会，促进新行业的出现。同时，也会给某些行业、企业造成威胁，使这些行业、企业受到冲击甚至被淘汰。例如，电脑的运用代替了传统的打字机，复印机的发明排挤了复写纸，数码相机的出现将夺走胶卷的大部分市场等。

2．科技发展促使消费者购买行为的改变

随着多媒体和网络技术的发展，出现了“电视购物”、“网上购物”等新型购买方式。人们还可以在家中通过“网络系统”订购车票、飞机票、戏票和球票。工商企业也可以利用这种系统进行广告宣传、营销调研和推销商品。随着新技术革命的进展，“在家便捷购买、享受服务”的方式还会继续发展。

3．科技发展影响企业营销组合策略的创新

科技发展使新产品不断涌现，产品寿命周期明显缩短，要求企业必须关注新产品的开发，加速产品的更新换代。科技发展运用降低了产品成本，使产品价格下降，并能快速掌握价格信息，要求企业及时做好价格调整工作。科技发展促进流通方式的现代化，要求企业采用顾客自我服务和各种直销方式。科技发展使广告媒体多样化，信息传播快速化，市场范围广阔性，促销方式灵活性。为此，要求企业不断分析科技新发展，创新营销组合策略，适应市场营销的新变化。

4．科技发展促进企业营销管理的现代化

科技发展为企业营销管理现代化提供了必要的装备，例如，电脑、传真机、电子扫描装置、光纤通讯等设备的广泛运用，对改善企业营销管理，实现现代化起了重要的作用。同时，科技发展对企业营销管理人员也提出了更高要求，促使其更新观念，掌握现代化管理理论和方法，不断提高营销管理水平。

2.3 国际市场微观营销环境

市场微观营销环境指对企业服务其目标市场的营销能力构成直接影响的各种力量，包括企业内部环境及其营销渠道企业、目标顾客、竞争者和各种公众等与企业具体业务密切相关的个人和组织，也被称为直接营销环境。营销活动通常由企业中的营销部门具体执行，但是也需要企业其他部门，例如，生产、研发、财务、人力资源部门的配合，因此企业内部环境通常也涵盖在微观营销环境中。所以从严格意义上来讲，组织的微观营销环境包括企业本身、市场营销渠道企业、顾客、竞争者和社会公众。

1．企业内部环境分析

除市场营销管理部门外，企业本身还包括最高管理层和其他职能部门如制造部门、采购部门、研究开发部门及财务部门等，这些部门与市场营销管理部门一起在最高管理层的领导下，为实现企业目标共同努力着。正是企业内部的这些力量构成了企业内部营销环境。

而市场营销部门在制订营销计划和决策时，不仅要考虑到企业外部的环境力量，而且要考虑到与企业内部其他力量的协调。

首先，企业的营销经理只能在最高管理层所规定的范围内进行决策，以最高管理层制定的企业任务、目标、战略和相关政策为依据，制订市场营销计划，并得到最高管理层批准后方可执行。

其次，营销部门要成功地制订和实施营销计划，还必须有其他职能部门的密切配合和协作。例如，财务部门负责解决实施营销计划所需的资金来源，并将资金在各产品、各品牌或各种营销活动中进行分配；会计部门则负责成本与收益的核算，帮助营销部门了解企业利润目标实现的状况；研究开发部门在研究和开发新产品方面给营销部门以有力支持；采购部门则在获得足够的和合适的原料或其他生产性投入方面担当重要责任；而制造部门的批量生产保证了适时地向市场提供产品。

2. 供应商分析

供应商是影响企业营销微观环境的重要因素之一。供应商是指向企业及其竞争者提供生产产品和服务所需资源的企业或个人。供应商所提供的资源主要包括原材料、设备、能源、劳务、资金等。它对营销的影响表现为资源的可靠性、资源的供应价格和资源的质量水平对营销的影响。

资源的可靠性。原材料、零部件、能源及机器设备等货源的保证，是企业营销活动顺利进行的前提。例如粮食加工厂需要谷物来进行粮食加工，还需要具备人力、设备、能源等其他生产要素，才能使企业的生产活动正常开展。供应量不足，供应短缺，都可影响企业按期完成交货任务；资源的供应价格，供货的价格会直接影响企业的成本。如果供应商提高原材料价格，生产企业亦将被迫提高其产品价格，由此可能影响到企业的销售量和利润；资源的质量水平，供应货物的质量直接影响到企业产品的质量。

针对上述影响，企业在寻找和选择供应商时，应特别注意两点：第一，企业必须充分考虑供应商的资信状况。要选择在质量和效率方面都信得过的供应商，并且要与主要供应商建立长期稳定的合作关系，保证企业生产资源供应的稳定性。第二，企业必须使自己的供应商多样化。企业过分依赖一家或少数几家供货人，受到供应变化的影响和打击的可能性就大。为了减少对企业的影响和制约，企业就要尽可能多地联系供货人，向多个供应商采购，尽量注意避免过于依靠单一的供应商，以免当与供应商的关系发生变化时，企业陷入困境。

本田公司的供货商关系

本田总成本的 80%都是外部采购——在全球汽车制造商中比例最高。本田的成功离不开强大的供应库。本田公司与供货商之间创造一种彼此信赖的氛围，本田对供货商的尊重使它与供货商之间能保持长久的信用关系，满足本田标准的供货商就是其终身的供货商。即使供货商有暂时的绩效问题，本田也依然支持供货商。有时，它会得到供货商的一小部分产权，这样供货商会把它看为重要客户。

Donnelly 公司和本田公司间的关系就是很好的例子。本田 1986 年就选择 Donnelly 公司为其美国出产的汽车生产所有的内部反光镜。那时，Donnelly 是生产内部反光镜的专家。几年后，由于具有相同的文化和价值观，双方发展了密切的关系。本田请求 Donnelly 和它们一块讨论关于外部反光镜的问题，而 Donnelly 不太了解这一领域。在本田的帮助下，Donnelly 建立了一个新品牌的工厂专门生产本田所需的外部反光镜。Donnelly 与本田第一年的业务额为 500 万美元，到 1997 年，已增加到 6000 万美元。这种发展的努力要求两个公司间有承诺，而不单是在采购和销售人员之间。

3. 中间商分析

中间商是协助公司寻找顾客或直接与顾客进行交易的商业企业。中间商分两类：代理中间商和经销中间商。代理中间商包括代理人、经纪人、制造商代表等，专门介绍客户或与客户磋商交易合同，但并不拥有商品所有权。经销中间商如批发商、零售商和其他再售商等，购买产品，拥有商品所有权，再售商品。中间商对企业产品从生产领域流向消费领域具有极其重要的影响。在与中间商建立合作关系后，要随时了解和掌握其经营活动，并可采取一些激励性合作措施，推动其业务活动的开展，而一旦中间商不能履行其职责或市场环境变化时，企业应及时解除与中间商的关系。

4. 顾客分析

顾客是企业产品或服务的购买者，是企业经营活动的出发点和归宿，是企业生存之本，企业的营销活动是以满足顾客需要为中心的。顾客变化着的需求，要求企业以不同的服务方式提供不同的产品，制约着企业营销决策的制定和服务能力的形成，因此企业必须认真地研究为之服务的顾客，研究顾客的类型、需求的特点、购买欲望和动机、购买规律以及从事购买的人员或组织的特点、购买方式等，在全面细致地了解目标顾客的基础上进行营销决策。顾客可以从不同角度以不同的标准进行分类。按照购买动机，整个市场分为消费者市场、产业市场、中间商市场、政府市场和国际市场，每一种市场都有其独特的顾客。

疏忽顾客分析，台蕉失之东瀛

我国台湾香蕉在 1965 年至 1966 年间，占据日本总输入量的 80%以上，被称为台蕉输出的黄金时代。可是到了 1993 年，台蕉在日本市场的占有率却从 80%降到了 10%以内，不管下跌因素如何，从行销观点看，不外乎有以下几个原因。

(1) 不太重视包装。随着生活水平的提高，日本消费者对食物的选择已由“量”向“质”转变。但台蕉固守老一套，不太重视包装及香蕉的外观质量，所以略逊中南美香蕉一筹。

(2) 没有注意到日本消费者嗜好的转变。只是满足于台湾香蕉味道好，日本人习惯于吃台蕉，市场十拿九稳，殊不知日本人热衷西化，容易接受新观念，味觉也会随之改变。尤其是年轻一代的日本人，对于香蕉的色香味的印象不是建立在台蕉，而是建立在中南美蕉，特别是“奇基达”和广告印象上。

5. 竞争者分析

一个组织很少能单独为某一顾客市场服务。公司的营销系统总会受到一群竞争对手的包围和影响。企业竞争对手的状况将直接影响企业的营销活动，企业要成功，必须在满足消费者需要和欲望方面比竞争对手做得更好。大体来说，一个企业在市场上所面对的竞争者主要有以下几类。

愿望竞争者指提供不同产品以满足当前顾客不同需求的竞争者。消费者的需要是多方面的，但很难同时满足，在某一时刻可能只能满足其中的一个需要。消费者经过慎重考虑做出购买决策，往往是提供不同产品的厂商为争取该消费者成为现实顾客竞相努力的结果。假定一个人劳累之后需要休息一下，这个人会问："我现在要做些什么呢？"他(她)的脑际可能会闪现社交活动、体育运动和吃些东西的念头。我们把这些称为愿望竞争因素。

属类竞争者指提供不同产品以满足同一种需求的竞争者。属类竞争是决定需要的类型之后的次一级竞争，也称平行竞争。还是上面的例子，假如这个人很想解决饥饿感，那么问题就成为"我要吃些什么呢？"各种食品就会出现在心头，如炸土豆片、糖果、软饮料、水果。这些能表示满足同一需要的不同的基本方式，我们可称之为属类竞争因素。

产品形式竞争者指满足同一需要的产品的各种形式间的竞争者。同一产品，规格、型号不同，性能、质量、价格各异，消费者将在充分收集信息后做出选择。如购买彩电的消费者，要对规格、性能、质量、价格等进行比较后再做出决策。如果他(她)决定吃糖果，那么又会问："我要什么样的糖果呢？"于是就会想起各种糖果来，如巧克力块、甘草糖和水果糖，这些糖果都是满足吃糖欲望的不同形式，它们称为产品形式竞争因素。

品牌竞争者指满足同一需要的同种形式产品不同品牌之间的竞争。如购买彩电的顾客，可在同一规格的长虹、海尔、康佳、TCL 等品牌之间做出选择。消费者认为他要吃巧克力块，这样又会面对几种牌子的选择，如雀巢和火星等牌号，这些称为品牌竞争因素。

6. 公众分析

公众是指对一个企业实现其目标的能力有实际的或潜在的兴趣或影响的任何团体。公众可能有助于增强一个企业实现自己目标的能力，也可能妨碍这种能力。鉴于公众会对企业的命运产生巨大的影响，精明的企业就会采取具体的措施，成功地处理与主要公众的关系。大多数企业都建立了公共关系部门，专门筹划与各类公众的建设性关系。公共关系部门负责收集与企业有关的公众的意见和态度，发布消息、沟通信息，以建立信誉。如果出现不利于公司的反面宣传，公共关系部门就会成为排解纠纷者。

当然，一个企业的公共关系事务完全交给公共关系部门处理，那将是一种错误。企业的全部雇员，从负责接待一般公众的高级职员到向财界发表讲话的财务副总经理，到走访客户的推销代表，都应该参与公共关系的事务。

每个企业的周围基本都有 7 类公众。

1) 融资公众

融资公众是指影响企业融资能力的金融机构，如银行、投资公司、证券经纪公司、保险公司等，他们影响企业获得资金的能力。企业可以通过发布乐观的年度财务报告，回答关于财务问题的询问，稳健地运用资金，在融资公众中树立信誉。

2) 媒体公众

媒体公众是指那些刊载、播送新闻、特写和社论的机构，特别是报纸、杂志、电台、电视台。企业必须与媒体组织建立友善关系，争取有更多更好的有利于本企业的新闻、特写以至社论。

3) 政府公众

政府公众是指负责管理企业营销业务的有关政府机构。这些机构就产品的安全性、广告的真实性等方面进行监督，此外企业管理当局在制订营销计划时，必须认真研究与考虑政府政策与措施的发展变化。企业的发展战略与营销计划，必须和政府的发展计划、产业政策、法律法规保持一致，注意咨询有关产品安全卫生、广告真实性等法律问题，倡导同业者遵纪守法，向有关部门反映行业的实情，争取立法有利于产业的发展。

4) 公民行动团体

一个企业营销活动可能会受到消费者组织、环境保护组织、少数民族团体等的质讯。企业营销活动关系到社会各方面的切身利益，必须密切注意来自社团公众的批评和意见。

5) 地方公众

每个企业都同当地的公众团体，如邻里居民和社区组织，保持联系。企业必须重视保持与当地公众的良好关系，积极支持社区的重大活动，为社区的发展贡献力量，争取社区公众理解和支持企业的营销活动。

6) 一般公众

一般公众是指上述各种关系公众之外的社会公众。企业需要关注一般公众对企业产品及经营活动的态度。虽然一般公众并不是有组织地对企业采取行动，然而企业在一般公众中的形象直接影响到他们是否购买本企业的产品。

7) 内部公众

企业的员工，包括高层管理人员和一般职工，都属于内部公众。企业的营销计划，需要全体职工的充分理解、支持和具体执行。企业要经常向员工通报有关情况，介绍企业发展计划，发动员工出谋献策，关心职工福利，奖励有功人员，增强内部凝聚力。当企业雇员对自己的企业感到满意的时候，他们的态度也就会感染企业以外的公众。在一般情况下企业的形象是靠企业的员工传达给外部顾客的，特别是在服务性企业。员工的责任感和满意度，必然传播并影响外部公众，从而有利于塑造良好的企业形象。

2.4 营销环境分析

营销环境分析的任务就是对外部环境各要素进行调查研究，以明确其现状和变化发展的趋势，从中区别出对企业发展有利的机会和不利的威胁并根据企业自身情况作出相应的对策。市场营销环境分析常用的方法为 SWOT 分析法(自我诊断方法)，它是一种能够较客观而准确地分析和研究一个单位现实情况的方法。利用这种方法可以从中找出对自己有利的、值得发扬的因素，以及对自己不利的、去避开的东西，发现存在的问题，找出解决办法，并明确以后的发展方向。根据这个分析，可以将问题按轻重缓急分类，明确哪些是目前急需解决的问题，哪些是可以稍微拖后一点儿的事情，哪些属于战略目标上的障碍，哪些属于战术上的问题。它很有针对性，有利于领导者和管理者在企业的发展上做出较正确的决策和规划。

SWOT 是 4 个英文字母，分别代表优势(Strength)、劣势(Weakness)、机会(Opportunity)、

威胁(Threat)。从整体上看，SWOT 可以分为两部分：第一部分为 SW，主要用来分析内部条件；第二部分为 OT，主要用来分析外部条件。

2.4.1 内部环境分析(优势与劣势分析)

企业的优势是指在执行策略、完成计划以及达到确立的目标时可以利用的能力、资源以及技能。企业的劣势是指在能力和资源方面的缺少或者缺陷。识别环境中有吸引力的机会是一回事，拥有在机会中成功所必需的竞争能力是另一回事。每个企业都要定期检查自己的优势与劣势，这可通过“营销备忘录优势／劣势绩效分析检查表”的方式进行。管理当局或企业外的咨询机构都可利用这一格式检查企业的营销、财务、制造和组织能力。每一要素都要按照特强、稍强、中等、稍弱或特弱划分等级。

波士顿咨询公司的负责人乔治•斯托克(Gregory Stock)提出，能获胜的公司是取得公司内部优势的企业，而不仅仅是只抓住公司核心能力。每一公司必须管好某些基本程序，如新产品开发、原材料采购、对订单的销售引导、对客户订单的现金实现、顾客问题的解决时间等。每一程序都创造价值和需要内部部门协同合作。虽然每一部门都可以拥有一个核心能力，但如何管理这些优势能力开发仍是一个挑战。

有时，企业发展慢并非因为其各部门缺乏优势，而是因为它们不能很好地协调配合。例如有一家大电子公司，工程师们轻视销售员，视其为“不懂技术的工程师”；而推销人员则瞧不起服务部门的人员，视其为“不会做生意的推销员”。因此，评估内部各部门的工作关系作为一项内部审计工作是非常重要的。

2.4.2 外部环境分析(机会与威胁分析)

1. 对机会和威胁的分析

环境机会的实质是指市场上存在着“未满足的需求”。它既可能来源于宏观环境，也可能来源于微观环境。随着消费者需求不断变化和产品寿命周期的缩短，引起旧产品不断被淘汰，要求开发新产品来满足消费者的需求，从而市场上出现了许多新的机会。环境机会对不同企业有不同的影响力，企业在每一特定的市场机会中成功的概率，取决于其业务实力是否与该行业所需要的成功条件相符合。例如，人们对节约水资源的关注，为海尔节水洗衣机提供了强大的竞争优势。环境机会能否成为企业的机会，要看此环境机会是否与企业目标、资源及任务相一致，企业利用此环境机会能否比其竞争者带来更大的利益。

环境威胁是指对企业营销活动不利或限制企业营销活动发展的因素，对企业形成挑战，对企业的市场地位构成威胁。这种环境威胁，主要来自两方面：一方面，是环境因素直接威胁着企业的营销活动，如国内外对环境保护要求的提高，某些国家实施“绿色壁垒”，对某些生产不完全符合环保要求的产品的企业，无疑是一种严峻的挑战；另一方面，企业的目标、任务及资源同环境机会相矛盾，特定的营销环境条件只对于那些具有相应内部条件的企业来说是市场机会。

因此，市场机会是具体企业的机会，市场机会的分析与识别必须与企业具体条件结合起来进行。如人们对自行车的需求转为对摩托车的需求，给自行车厂的目标与资源同这一环境机会造成矛盾。自行车厂要将“环境机会”变成“企业机会”，需淘汰原来产品，更换全部设备，必须培训、学习新的生产技术，这对自行车厂无疑是一种威胁。摩托车的需求量增加，自行车的销售量必然减少，给自行车厂又增加一份威胁。

任何企业都会面临着属于自己的特殊的环境，这一特殊的环境既有威胁，也包含着市场机会，但并不是所有的环境威胁都一样大，也不是所有的市场机会都有同样的吸引力。因此企业应该采取“矩阵分析法”对这些机会和威胁进行分析。

根据机会与威胁程度的高低，我们就可以把企业的业务划分为4种类型(如图2.1所示)。

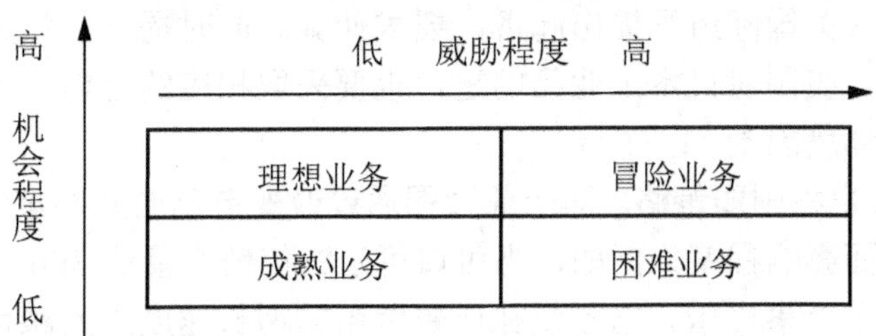

图2.1　机会威胁综合矩阵

理想业务，即高机会和低威胁的业务。

冒险业务，即高机会和高威胁的业务。

成熟业务，即低机会和低威胁的业务。

困难业务，即低机会和高威胁的业务。

2. 企业对机会和威胁的反应

企业在进行环境分析的基础上还要针对不同的威胁和机会采取不同的措施，具体来说，企业对机会和威胁的反应主要体现在以下几方面。

对机会的反应。最高管理层对企业所面临的市场机会，必须慎重地评价其质量。美国著名市场营销学者西奥多·莱维特(Theodore Levitt，1925—2006年)曾警告企业家们，要小心地评价市场机会。他说：“这里可能是一种需要，但是没市场；或者这里可能是一个市场，但是没有顾客；或者这里可能有顾客，但目前实在不是一个市场。又如，这里对新技术培训是一个市场，但是没有那么多的顾客购买这种产品。那些不懂得这种道理的市场预测者对于某些领域(如闲暇产品、住房建筑等) 表面上的机会曾做出惊人的错误估计。”

(1) 企业面临环境机会时，通常有以下3种策略。

① 及时利用策略。当环境机会与企业的营销目标一致，企业又具备利用这种机会的资源条件，并享有竞争中的差别利益时，企业应及时调整自己的营销组合策略，充分利用市场机会，求得新的盈利与发展。

② 等待时机，适时利用策略。有些市场机会相对稳定，在短时期内不会发生变化，而企业又暂时不具备利用这一环境机会的必要条件，可以积极准备，创造条件，待时机成熟时，再加以利用。

③ 果断放弃策略。有些市场机会十分有吸引力，但是与企业的目标和资源都有一定距离。缺乏利用这一市场机会的必要条件，企业不能对其加以利用。此时，企业不应犹豫不决，顾此失彼，应该果断放弃。

(2) 对威胁的反应。面对环境对企业可能造成的威胁，企业常用的方法也有3种。

① 对抗策略，也称抗争策略。即试图通过自己的努力限制或扭转环境中不利因素的发展，如通过各种方式促使(或阻止)政府通过某种法令或有关权威组织达成某种协议、努力促使某项政策或协议的形成以用来抵消不利因素的影响。例如，长期以来，日本的汽车、家用电器等工业品源源不断地流入美国市场；而美国的农产品却遭到日本贸易保护政策的威胁。美国政府为了对付这一严重的环境威胁，一方面，在舆论上提出，美国的消费者愿意购买日本优质的汽车、电视、电子产品，为何不让日本的消费者购买便宜的美国产品？另一方面，美国向有关国际组织提出起诉，要求仲裁。同时提出，如果日本政府不改变农产品贸易保护政策，美国对日本工业品的进口也要采取相应的措施。通过这一系列举措，美国扭转了不利的环境因素。

② 减轻策略，也称削弱策略。即企业力图通过改变自己的某些策略，达到降低环境变化威胁对企业的负面影响程度。例如，当可口可乐的年销售量达300亿吨时，在美国的饮料市场上突然杀出了百事可乐。它不仅在广告费用的增长速度上紧跟可口可乐，而且在广告方式上也针锋相对。可口可乐面对这种环境威胁，及时调整市场营销组合，来减轻环境威胁的严重性：一方面，聘请社会上的名人(如心理学家、精神分析家、应用社会学家、社会人类学家等)，对市场购买行为新趋势进行分析，采用更加灵活的宣传方式，向百事可乐展开了宣传攻势；另一方面，花费比百事可乐多50%的广告费用，与之展开了一场广告战，力求将广大消费者吸引过来。经过上述努力，收到了一定的效果。

③ 转移策略，也称转变或回避策略。即企业通过改变自己受到威胁的主要产品的现有市场或将投资方向转移来避免环境变化对企业的威胁，包含以下不同的“转移”：企业原有销售市场的转移；企业往往不仅仅限于目标市场的改变，而常常是作自身行业方面的调整；企业依据营销环境的变化，放弃自己原有的主营产品或服务，将主要力量转移到另一个新的行业中。例如，烟草公司可以适当减少香烟业务，增加食品和饮料等业务，实行多元化经营。

本章小结

本章主要介绍了市场营销环境的含义、国际市场宏观营销环境、国际市场微观营销环境和国际市场环境的分析等。市场营销环境含义主要介绍了其含义、特征和主要分类，以及营销环境对于企业经营的作用和分析营销环境对于企业开展营销工作的重要意义等。国际市场宏观营销环境主要介绍了宏观环境的概念和主要内容，包括人口、自然、经济、科学技术、政治法律和社会文化等企业不可控制的宏观因素。国际市场微观营销环境部分主要介绍了微观营销环境的概念和主要内容，包括企业内部环境及其营销渠道企业、目标顾客、竞争者和各种公众等与企业具体业务密切相关的个人和组织等。市场环境分析部分主要介绍了SWOT分析方法的含义，以及在进行营销决策时如何应对市场机会和威胁等。

名人名言

人被环境所影响，人是一个环境的动物。

——安利

知己知彼百战不殆；不知彼而知己一胜一负；不知己不知彼每战必殆。

——孙武

智者顺时而谋，愚者逆时而动

——庄子

近水知鱼性，近山知鸟音

——《古今贤文》

习　　题

一、复习题

1. 选择题

(1) 根据影响力的范围和作用方式，营销环境可以分为微观营销环境和(　　)。

A. 宏观营销环境　　B. 直接营销环境
C. 国际营销环境　　D. 国内营销环境

(2) 国际市场营销环境的特点有(　　)。

A. 客观性　B. 差异性　C. 相关性　D. 动态性　E. 可影响性

(3) 下面哪些选项是关于企业对营销环境施加影响的描述？(　　)

A. 营销环境虽然有不可控性，企业仍可借助科学的营销研究手段认识并预测环境的变化趋势，及时地调整营销计划
B. 构成营销环境的诸因素都受众多因素的影响，每一环境因素都随着社会经济的发展而不断变化
C. 企业可以通过各种宣传手段，如广告、公共关系等，来创造需求、引导需求，促使某些环境因素向有利的方向发展变化
D. 市场营销环境是一个系统，在这个系统中营销环境诸因素间，相互影响、相互制约，某一因素的变化，会带动其他因素的相互变化，形成新的营销环境

(4) 营销环境可从以下哪些方面对企业产生影响？(　　)

A. 市场营销环境对企业营销带来双重影响作用
B. 市场营销环境是企业营销活动的资源基础
C. 为企业提供市场机会
D. 市场营销环境是企业制定营销策略的依据

(5) 下列哪个因素是企业的宏观环境因素？(　　)

A. 人口　B. 自然环境　C. 经济
D. 科学技术　E. 政治法律和社会文化

(6) 下列哪个因素是企业的微观环境因素？(　　)

A. 渠道商　B. 目标顾客　C. 竞争者　D. 公众　E. 家庭结构

2. 填空题

(1) ________、________、________和________属于 SWOT 分析的内容。

(2) 当前，自然环境呈现出变化的趋势有自然资源日益短缺、________，以及政府干预不断加强。

(3) 供应商对企业的影响表现为资源的可靠性、________和资源的质量水平对营销的影响。

3. 判断题

(1) 微观环境中的公众不包括媒体公众。 ( )

(2) 根据影响力的范围和作用方式，营销环境可以分为直接营销环境和间接营销环境。 ( )

(3) “市场营销环境是一个系统，在这个系统中营销环境诸因素间，相互影响、相互制约”。这句话说明了营销环境的客观性。 ( )

(4) 供应商对营销的影响表现为资源的可靠性、资源的供应价格和资源的质量水平对营销的影响。 ( )

(5) 宏观营销环境是不可加以影响的。 ( )

(6) 人口结构包括自然结构(年龄、性别)和社会结构(家庭、文化素质、职业和民族)。 ( )

(7) 在人口因素既定的情况下，市场需求规模与社会购买力水平成正比关系。 ( )

(8) 消费者货币收入增加，意味着市场规模的扩大。 ( )

4. 问答题

(1) 什么是市场营销直接和间接环境？为什么说企业对营销环境能动的适应是其营销成功的关键？

(2) 目前企业的自然环境方面的主要动向是什么？它们对企业的市场营销有何影响？

(3) 科技发展对企业营销活动影响作用表现在哪几个方面？

(4) 企业如何分析研究消费者收入？消费者支出模式受哪些因素的影响？

5. 讨论题

(1) 企业如何分析、评价环境威胁和市场机会？试举例说明企业对其面临的主要威胁和理想机会应做出什么反应。

(2) 按竞争层次分，一个企业在市场上所面对的竞争者主要哪几类？试举例说明一个家电企业面对的竞争者有哪些。

二、案例应用分析

韩国汽车打入美国市场

美国是世界上最大的小轿车市场，而且也是世界利润最高的轿车市场。据分析，日本汽车制造商的利润大部分来自北美市场。不难想象，各国汽车制造商都想打入美国市场。但在过去的几年中，进入美国的汽车商中韩国的现代汽车取得显著的成功。分析原因有 3 个有利因素，即:

(1) 时机有利。当前世界贸易保护主义盛行，但由于国与国之间的经济发展不平衡，对一个国家的贸易壁垒可能成为其他国家打入市场的绝好机会。由于日本对美国的汽车出口受到所谓“自愿配额”的限制，出口数量停留在每年230万辆上。日本采取了向高档车转移的方针，逐步提高售价。美国的三大汽车商出于最优利润的考虑，采取了保持销量、提高售价的做法。这就使低档小型的经济车的市场出现了缺口，给韩国汽车提供了打入美国市场的机会。

(2) 币值有利。由于韩元对美元是稳定的，比价基本不变。因美元对日元大幅度贬值，韩元对日元也就相对贬值，这就使韩国汽车的美元成本大大低于日本汽车的美元成本。

(3) 员工素质有利。美国轿车工业趋向于“夕阳工业”，三大美国汽车商相继关闭多条生产线、解雇工人，新一代有才华的青年都不愿去汽车业谋职，使得工人年龄相对上升，素质相对下降。而韩国的汽车工业正处于上升时期，汽车工人社会地位很高，汽车厂可毫不费力地招到最优秀、最能干的工人，而其工资只是美国汽车工人的1/10。现在韩国汽车工人的平均年龄只有27岁，比日本的34岁还要年轻7岁。

在自己的产品上，现代汽车采用的并不是当代最先进的汽车技术，而是20世纪80年代初日本三菱汽车公司技术，这一技术在美国市场上已有5年历史，产品可靠、耐用、标准度高，维修非常方便。与之成为对照的日本铃木汽车，采用的是当代最新技术生产的马达，油耗量是轿车问世以来最低的，但其维修难度相应上升，产品成本也相应偏高，而其可靠性、耐久性还是一个问号。

在产品的价格上，现代汽车采用了快速渗透定价策略，比同等级的日本车定价约低1 000美元，被美国汽车界评为“日本技术，韩国价格”。

现代汽车采取了在产品的开发与生产过程中联合，但在销售环节上独立，保证100%的销售控制的市场运作方法。

在渠道上，现代汽车选择了先出口加拿大，后打入美国的迂回路线。加拿大市场与美国市场极为相似，世界主要厂商均在加拿大销售汽车。由于加拿大市场比美国市场小得多，有问题易于发现，也易于及时解决，代价也小得多。现代汽车采取了“少而精”的网点策略，在全美只建立了总共200个经销点，使每个经销点都有较高的销售量，保证了经销商有厚利可图。

现代汽车充分考虑了政治因素，把零部件的采购纳入到整个经营战略中统一考虑，尽可能地采用美国零部件，以保证其产品有较高的“美国成分”。而在加拿大，现代汽车中的“加拿大成分”也是进口国中最高的。现代汽车集团总经理说，我们必须考虑双向贸易。

问题：

(1) 从市场营销环境的角度分析韩国汽车如何能够成功打入美国市场。

(2) 试从营销组合策略的角度分析韩国汽车进入美国市场的成功之处。

第3章 国际市场营销信息系统与市场调研

教学目标

通过本章的学习，了解国际市场营销调研和市场营销信息系统的基本概念，掌握如何建立和使用国际市场营销信息系统。同时，掌握国际市场营销调研的程序、方法及国际市场营销调研中常见的问题及解决办法，在此基础上，了解和掌握常用的国际市场预测方法。

教学要求

知识要点	能力要求	相关知识
国际市场营销信息系统	(1) 了解国际市场信息和国际市场营销信息系统的含义 (2) 了解国际市场营销信息系统的概念和作用，掌握国际市场营销信息系统的内容	(1) 国际市场信息的概念、作用、内容 (2) 国际市场营销信息系统的概念、作用、内容
国际市场营销调研	(1) 了解国际市场营销调研的含义、作用、内容 (2) 掌握国际市场营销调研的程序和方法	(1) 国际市场营销调研的概念、作用和内容 (2) 国际市场营销调研的类型 (3) 国际市场营销调研的程序 (4) 国际市场调研组织
国际市场预测	(1) 了解国际市场预测的含义 (2) 掌握国际市场预测常用的定性预测方法和定量预测方法	(1) 国际市场预测的概念、分类、步骤 (2) 定性预测方法：个人经验判断法、集体经验判断法、专家小组法 (3) 定量预测方法：时间序列预测法、回归分析预测法

> 工欲善其事，必先利其器。
>
> ——卫灵公《论语》

基本概念

国际市场信息　市场调研　产品策略　营销计划　社会压力　需求结构　价格弹性　销售渠道　竞争结构　竞争强度　案头调研　实地调研　市场预测　定性预测　定量预测

导入案例

进军日本的“苹果”市场

在日本不管是销售食用苹果还是销售苹果牌计算机可能都非易事。在这两种情况下，要想制定出有效的、具有竞争力的营销策略都必须对买方的行为有深刻的了解，这种行为也许与营销者在美国所碰到的有明显的不同。

华盛顿州的苹果种植者花了24年时间才使自己的苹果通过日本海关的检查，1995年日本市场的大门终于向红苹果和金苹果打开，此年日本消费者共吃掉近8 500吨苹果。但是到了1996年，销售量急剧降至800吨，销售量下滑的部分原因是美国的苹果种植者没能预料到日本消费者强烈的季节性偏好。美国人一年到头都买苹果吃，而日本人则不然。种植者们也没能预料到存在于许多日本人中的民族主义的持续影响。一位年龄较大的日本妇女在给她在美国的妹妹的信中这样写道：“年龄较轻的日本人根本不自重。他们毫不知耻地购买那些美国的苹果。他们一点也不忠于日本农民。他们所关心的只是较低的价格。”不仅仅是消费者的行为使华盛顿的苹果种植者大为吃惊，而且竞争者也正积极抢占日本的苹果市场。新西兰的水果已经摆在了东京的货架上。另外，日本当局现在也已批准从法国进口苹果，虽然多年来它一直抱怨欧洲的果蝇与真菌。

至于计算机，苹果计算机公司在日本一直非常成功。在计算机销售商中它名列第二，仅次于日本国内生产者——日本电器公司。它在日本计算机市场上所占的份额为14%，是在美国市场上所占份额的两倍，但是继续从300亿美元的日本个人计算机市场争得更大份额绝非易事。苹果公司在国内困难重重，它在美国市场上所占份额及声誉的丧失肯定会影响日本购买者的看法。而且个人电脑在日本所起作用不同于美国。一个例子是日本公司在使用个人计算机提高生产率方面进展相对缓慢。经理们更喜欢面对面的接触而不是通过电脑联络。另外，与美国相比，日本的专业信息人员很少。这些情况表明日本工作场所个人计算机的使用率无法与美国相比，这意味着苹果公司面对的是一个较小的市场。

点评：没有调查就没有发言权

在日本，不管销售哪类苹果，都需要美国公司花最大努力进行市场调研，至关重要的需求预测是营销预算的基础，进行需求预测需要统计分析来自日本的宏观经济资料。但是在收集这些资料之前，必须确定目标用户，进行市场调查。美国的营销者还必须越过太平洋，到日本走访杂货店和办公楼，在这些发展中的市场的核心获取第一手资料。

资料来源：http://www.apple.com

随着经济全球化的发展，国际市场竞争愈加激烈。在这种环境下，企业要从事国际市场营销活动，其关键就在于正确地选择目标市场。而目标市场的选择需借助于必要的市场调研，在对大量信息进行整理、分析的基础上进行市场的宏观细分与微观细分，并在此基础上做出对目标市场的决策，在整个过程中需要进行全面、深入、细致的市场调查、市场分析和市场预测，也即通过科学、系统、客观、全面地收集、整理和分析国际市场上与产品营销有关的信息，帮助企业做出对国际市场营销的分析、计划、执行和控制等各项决策，在掌握充分的信息资料的基础上，及时发现新的市场机会和需求，开发新的产品去满足这些需求，以保证企业国际市场营销目标的顺利实现。

3.1 国际市场营销信息系统

在开展国际市场营销活动中，企业不仅要获得人才、资金、技术等方面的要素资源，更需要获得信息资源。信息资源在国际市场营销中所发挥的作用越来越大，参与国际市场竞争的企业要生产和经营能够满足国际市场需要的产品和服务，制定相应的营销策略，必须以全面、及时、准确、系统的国际市场信息作为决策的首要依据，为此，企业需要建立一个有效的营销信息系统以便及时准确地收集、加工与运用有关的信息，从庞杂的信息来源中提炼出适合自身需要的营销信息，使营销信息准确可靠，并且具有系统性，从而使得企业在激烈的竞争中占据信息资源的优势地位。

3.1.1 国际市场信息

1. 国际市场信息的概念

国际市场信息是指国际市场上各种经济活动和相关环境的数据、资料、情报的统称，它反映了市场活动和环境的变化、特征和趋势等情况；或指在一定时间和条件下，国际市场产品营销及与之相联系的多功能服务的各种消息、数据、资料等的总称，一般以文字、数据、凭证、图表、符号、报表、商情等形式表现出来。

2. 国际市场信息的作用

国际市场信息的作用主要表现在以下几个方面。

(1) 国际市场信息是企业制定市场营销策略，参与国际市场竞争的重要依据。企业内部的各种条件，国际市场上消费者需求和竞争对手营销战略的变化情况都会以一定的信息形式出现，企业要制定正确的市场营销策略，必须充分搜集国际市场信息，并分析和利用这些信息，才能灵活地适应外部环境，在国际市场竞争中立于不败之地。

(2) 国际市场信息是企业发掘国际市场营销机会的源泉。市场营销机会来源于企业对自身主观条件的改变和客观环境的变化的关注。而自身优势的发现，市场营销机会的把握，都离不开一定的市场信息的获取。通过及时搜集和分析国际市场信息，可以及时发现市场营销机会。

(3) 国际市场信息是企业进行产品研发、生产经营的先行条件。当前国际市场竞争已由最初单一的价格竞争发展到非价格竞争的更高级形式，消费者购买商品时更加注意品牌、产品特色和产品品质，市场的变化及其发展趋势变得愈加复杂，企业只有通过这些信息的搜集、整理、传递、存储、运用来制定本企业的产品研发、销售服务、促销活动与价格策略等，才能使企业在激烈的市场竞争中求得生存和发展。

3. 国际市场信息的特征

(1) 时效性。信息的获取和利用必须要讲究时间效应，只有最新的市场信息，才能真正反映当前国际市场的现实状况，才能为企业制定市场营销决策提供客观的依据。国际市场信息是对国际市场的客观反映，先有事实，后有信息，这就使得信息具有一定的滞后性。因此，国际市场信息一经生成并获取，就应加快信息的传输，提高市场信息的时效性。

(2) 价值性。国际市场信息本身不是实实在在的产品，但它一经生成并物化在载体上，就是一种资源，具有可采纳性或称之为有用性，它可以为人们带来不同程度的效益，或是经济效益，或是社会效益，或者同时带来两种效益，也就是说，国际市场信息具有使用价值，能够满足人们某些方面的需求，被人们用来为企业或社会服务。通过市场信息的作用，产品的成本得以下降，效率得以提高，风险得以减小，这正是信息价值的体现。

(3) 不可分割性。所谓不可分割性是指信息内容不能脱离信息载体而存在，信息只有借助于物质载体，经过传递才能被人们感知。各种国际市场信息必须借助于文字、图像、光盘等物质形态的载体，才能够存储和表现出来，人们才能够识别和利用。

(4) 可存储性。国际市场信息反映的内容是客观的，它生成后具有客现存在性。信息的客观性决定了信息具有可存储性。信息可以通过体内存储和体外存储两种主要方式被存储起来。体内存储指人通过大脑的记忆功能把信息存储起来；体外存储指通过各种文字性的、音像性的、编码性的载体把信息存储起来。而大容量的国际市场信息的存储则一般是通过体外存储实现的，通过对国际市场信息的存储和积累，使人们能够对信息进行系统的、全面的分析和研究，从而使得国际市场信息得以延续和继承。

4. 国际市场信息的主要内容

国际市场信息所包含的内容比较复杂，一般来说，与参与国际市场竞争的企业相关度较高的国际市场信息主要包括国际市场产品信息、国际市场渠道信息、国际市场消费者信息、国际市场环境信息、国际市场竞争对手策略信息和国际市场战略信息。

(1) 国际市场产品信息。产品信息是市场信息的基础，因为一切竞争均源于产品，国际市场产品信息不仅包括行业内的，也包括一些和行业相关联的内容。具体来说有产品品名、形状、包装、规格、价格体系、产品特点及未来发展趋势等。

(2) 国际市场渠道信息。国际市场渠道信息主要是指在国际市场产品从生产、出口到消费者手中这一过程中，有关流通环节、流通渠道、流通方式的信息，即有关销售渠道和实体分配的信息。渠道信息具体包括行业的渠道构成、渠道成员的特点、利益分配机制、如何避免渠道冲突、渠道进入成本等。

(3) 国际市场消费者信息。在国际市场上，由于各个国家之间的历史文化、风俗习惯、消费理念等方面存在差异，从而导致了消费者的差异巨大，这就要求企业对各个不同国家的消费者构成、消费者心理、消费行为及消费习惯进行调查和分析。调查方法一般可分为定量调查和定性调查，一般定量调查需要聘请专门的调查公司，通过科学的调查方法对目标市场的消费者进行调查，对调查数据进行统计与分析。定量调查的调查结果相对比较准确，对企业进行市场决策有较大的借鉴意义，但这种方式周期过长，费用较高，所以多数企业以定性调查为主，即由市场人员和销售人员采用询问、观察及座谈的方式，凭借知识和经验对目标国家的市场消费者进行消费行为分析。

(4) 国际市场环境信息。国际市场环境信息是指对企业所处的国际市场的各种经济活动和与之相关的环境数据、资料、情报的统称，它反映了市场活动和环境的变化、特征及趋势等情况。市场环境信息主要包括与企业营销活动有关的经济、政治、法律、社会文化、人口、技术和自然等方面的信息。

(5) 国际市场竞争对手策略信息。通过对竞争对手的市场行为进行判断，分析其所使用的市场策略，了解竞争对手的市场动向。只有深入了解了竞争对手的想法和行为，确定了竞争对手在市场上所采取的竞争策略，才能做到知己知彼，在此基础上结合自身的实际情况制定准确的市场竞争策略。

(6) 国际市场战略信息。主要是指国际市场上整个行业内的重大变化，可分为几个方面，一是某个重要国家的政策调整给整个行业带来的变化；二是行业内知名企业的重大战略变化，如破产、兼并、重组等；三是行业危机及机会把握，行业危机对某些企业来说是危机，但对另外一些企业来说则可能是机遇。战略信息获取是企业决策层应对市场、把握机遇的前提，能够对企业战略制定和规划发展产生深远的影响。

5. 国际市场信息的基本要求

企业要在国际市场上开展市场营销，必须有市场信息作为保证，而要使得市场信息发挥有效的作用，就必须符合准确、及时、系统、适用、经济和动态性等基本要求。

(1) 准确性。准确性是国际市场信息搜集、加工、处理的第一要求。只有保证市场信息的准确性，才能保证市场信息的有效利用。国际市场信息一定要尊重客观事实，真实地、准确地反映国际市场活动的变化特征。

(2) 及时性。国际市场信息的搜集、加工、传递一定要快速及时，以保证信息的时效性。现代国际市场瞬息万变，市场信息不断地变化更迭，如果信息的收集、加工、传递不够及时，可能会导致市场决策滞后甚至是失误。

(3) 系统性。国际市场信息要注意保持系统性，从国际市场总体情况出发，将影响市场活动有关方面的信息按照系统化的要求进行搜集和整理，全面、系统、有序地反映国际市场活动的变化。

(4) 适用性。在国际市场上，由于各个企业所面临的内部条件和外部环境不同，开展市场营销工作的条件不同，对市场信息的适用性要求也不尽相同。同时，市场信息还存在着技术上的先进性、经济上的合理性与企业自身条件和实际需求之间的矛盾，因此，必须保证选择合适的国际市场信息为企业所用。

(5) 经济性。企业在搜集、加工和分析处理国际市场信息的过程中，要始终坚持经济效益优先的原则，处理好国际市场信息的价值与信息开发费用之间的关系，即用较少的费用获取最有价值的信息，或者获得最有价值的信息用尽可能少的费用。

(6) 动态性。动态性要求国际市场信息能够及时反映国际市场的发展变化态势，企业能够用动态的观点去看待国际市场，用过去的信息分析现在的市场，用现在的信息预测未来的市场。

3.1.2 国际市场营销信息系统

1. 国际市场营销信息系统的概念

国际市场营销信息系统是指由人员、设备和程序组成，为参与国际市场营销的决策者收集、挑选、分析、评估和分配信息的系统。该系统可以为企业营销管理人员制订、改进、执行和控制营销计划提供依据。

2. 国际市场营销信息系统的作用

(1) 整合市场信息，寻求市场机会。通过国际市场营销信息系统，可以对分散的国际市场信息进行聚集和整合，并通过整合市场信息，分析潜在的市场机会，同时通过系统设计的经济指标体系和风险指标体系，对各国目标市场进行收益评估和风险评估。借助于国际市场信息系统，企业能大致把握各国的投资环境，识别国际市场营销机会，同时回避在营销决策中可能遇到的各种风险。

(2) 监测营销环境，控制营销计划。国际市场营销环境复杂多变，但也有规律可循，通过国际市场营销信息系统广泛、快速的信息收集技术和先进的信息处理及管理技术，对国际市场营销环境及动向进行实时监测，且能够根据不同的时期、不同的阶段有不同的侧重点，通过对国际市场营销环境的实时监测，根据国际市场变化情况及时调整和修正市场营销策略，控制营销计划。

(3) 反馈市场状况，改进营销策略。通过国际市场营销信息系统可以动态反馈企业的产品在国际市场上的详细销售状况，再通过对不同阶段在不同目标市场上的营销效果进行投资效益分析，依据信息系统提供的统计分析及决策模型分析功能，对企业的国际营销资源分配进行优化组合，不断改进企业在国际市场上的营销策略。

3. 国际市场营销信息系统的内容

一般来说，国际市场营销信息系统主要包括 4 个子系统，即企业内部报告系统、国际市场情报系统、国际市场调研系统和国际市场决策分析系统。

(1) 企业内部报告系统。企业内部报告系统是国际市场营销决策者使用的最基本的信息系统，它主要反映企业内部的经营状况，包含的信息主要有订单、销量、存货水平、应收账款、生产进度、现金流量、市场占有率、库存情况、成本水平等。内部报告系统主要包括接受订单——加工制造——收款处理——售后服务循环系统和销售报告系统，这一循环涉及企业的生产、销售、财务等不同的部门和环节的业务流程，其中接受订单——收款处理循环系统处于核心地位，即销售人员将顾客、经销商、销售代表的订单送交企业，订单处理部门会通过计算机网络了解存货情况，并将订单副本迅速传达相关部门，使各个部门之间协调行动，提高企业内部经营效率。

(2) 国际市场情报系统。国际市场情报系统是指企业开展国际市场营销、获得国际市场营销环境变化信息的一整套程序和来源。市场情报系统的主要作用是向企业内部的营销部门及时提供外部环境变化的有关情报，这些情报对企业的生产和国际营销具有重要意义。企业的国际市场情报系统由母公司和位于各国分公司的各级营销人员、中间商及训练有素的专职情报人员组成，形成由情报定向、情报收集、情报的管理与分析到情报的传递与使用的循环。国际市场营销情报系统的关键是建立有效的计算机信息处理和计算机网络系统，提高获取和传递信息的速度，向企业营销部门及时有效地提供准确的国际市场信息，才有可能获得竞争上的优势，否则就会失去市场机会。

(3) 国际市场调研系统。除了收集企业内部信息和国际市场营销情报之外，企业还需要对特定的国际营销问题和机会进行有针对性的集中调查研究，客观地调查、收集和传递有关的信息，做出系统的分析和评价，提出并报告研究结果，以便用来解决这些特定的具体问题。如通过特定的渠道和方式开展消费者动机和购买行为调查，对市场占有率进行分析，研究市场的发展趋势，预测销售额，对未来市场潜力进行测量等。该系统主要调研国际市场营销的客观结果，有时也调研结果产生的原因。

(4) 国际市场决策分析系统。国际市场决策分析系统是指在计算机信息处理系统的软件与硬件的支持下，利用各种数学工具、统计分析方法、决策模型，对国际市场营销信息、数据和资料进行分析处理，帮助国际营销决策者进行信息分析和辅助决策的系统。国际营销决策分析系统一般由统计分析库和决策模型库两个部分组成。统计分析库由一系列统计分析方法所组成，目的在于通过分析现有数据，预测未来发展趋势，其主要工具有多元回归分析、判别分析、因子分析、聚类分析、联合分析等；模型决策库是一组数学决策模型，在既定的条件约束下寻求最优决策，这种决策包括最优的静态决策和动态对策，主要的模型有消费者行为模型、最佳产品功能模型、国际市场广告模型和价格模型、营销决策模型等。企业可充分利用国际市场决策分析系统来分析处理国际市场信息，并以此作为国际营销科学决策的依据。

国际市场营销信息系统的 4 个子系统相互依存，企业内部报告系统是整个系统的基础，记录了企业生产经营和市场销售的基本数据和信息，是企业进行国际市场营销分析的基础；市场情报系统是国际市场营销信息系统的信息来源，是营销调研系统和营销决策分析系统的基础；营销调研系统和营销决策分析系统作为分析决策层面的系统，是企业营销管理决策层根据国际市场环境变化，确定企业应采取相应的营销策略和改进营销管理手段所必需的分析手段和工具。在整个系统中，营销调研系统和营销决策分析系统依赖于企业内部报告系统和市场情报系统。

3.2 国际市场营销调研

面对海外纷繁复杂的国际市场环境，企业需要不断寻求新的市场机会，以尽可能少的风险获得尽可能高的投资回报，成功地开拓海外市场。寻求新的市场机会的关键在于正确地选择目标市场，而目标市场的选择则需要借助于必要的国际市场调研，通过进行国际市场调研，企业尽最大可能充分地认识国际市场，了解国际市场，分析企业的生产经营和国际市场需求之间的内在联系，研究国际市场需求的特征及变化规律，用以指导企业的生产经营和市场营销活动，提高企业的管理水平和经济效益。

3.2.1 国际市场营销调研的概念及作用

1. 国际市场营销调研的概念

国际市场营销调研是指运用科学的调研方法与手段，系统地搜集、记录、整理和分析与国际市场营销活动相关的各种基本信息及其影响因素，以帮助企业把握国际市场的变化规律，制定有效的国际市场营销决策，实现企业的经营目标。

在现代市场营销观念的指导下，国际市场营销调研以满足消费者需求为中心，研究产品从生产领域拓展到包括消费领域在内的全过程，其主要具有以下几个方面的特点。

(1) 调研方法的科学性。有效的国际市场营销调研活动必须使用科学的调查研究方法，在调研活动的整个过程中都要按照科学的原则和步骤来实施。

(2) 调研程序的系统性。一项国际市场营销调研活动对调查和研究程序都有周密的规划和安排，研究人员一般要遵循既定的程序、日程安排来开展调研活动。

(3) 调研分析的客观性。国际市场营销调研活动要求调研人员在调研过程中以公正和客观的态度对信息进行搜集、整理和分析，而不应当受个人或其他权威人士的价值取向及信仰的影响。

(4) 调研方案的针对性。这是指国际市场营销调研往往是针对某个特定的市场营销问题而展开的，并不是企业组织中的一项连续的营销职能，而是根据需要间断地进行的。

(5) 调研信息的局限性。通过知识信息管理的工具和手段，国际市场营销调研能够在一定程度上为营销决策者提供所需要的信息，降低决策风险和失误率，但是它不能保证决策一定是正确的。

特别提示

国际市场营销调研为营销决策者提供的信息虽然不能保证决策一定是正确的，但它能降低决策风险和失误率，且能提高企业经营者决策的成功率。

2. 国际市场营销调研的作用

国际市场营销调研是企业进入国际市场的前提和基础，也是企业经营成功的关键因素。企业要想顺利进入国际市场，必须以国际市场营销调研为先导。通过调研，企业可以及时了解国际竞争对手的动态，掌握企业产品在国际市场上所占份额的大小，根据竞争对手的策略，对自己的工作进行调整和改进，做到知己知彼，百战不殆；根据调研所获得的市场信息，预测未来国际市场可能发生的变化，抓住发展机会，对可能发生的不利情况及时采取应变措施，减少损失；同时企业通过对国际市场进行调研，还可以发现企业现有产品的不足及经营中的缺点，及时进行更正或改进，具体来说，国际市场营销调研的作用主要表现在以下几个方面。

(1) 有助于企业发现国际市场营销机会，开拓潜在国际市场。企业要想拓展国际目标市场，获得国际营销的成功，就必须了解其他国家的地理、文化、政治和经济状况，以便判断企业产品在哪些国外市场的销售前景将更为广阔，以及采取何种策略进入该市场，预计销售多少等问题。因此，企业在决定拓展某个国际目标市场之前，首先要对这个市场进行深入细致的调查研究，以帮助企业寻找和选择有利的市场机会，扩大其产品的市场范围，避免不必要的费用支出及盲目的营销行为造成的损失。

(2) 为企业制定国际营销决策提供科学的依据。通过国际市场调研，获取详细的市场信息和数据，帮助企业了解和把握国际市场的现实与潜在需求的变化，使企业的产品策略更具有针对性，在此基础之上帮助企业制定合理的产品、价格、分销和促销等策略，并在运用中对这些策略进行有效的协调，使企业的产品能稳步占领目标市场。

(3) 反映国际市场的变化，监测和评价企业国际营销活动的实施效果。参与国际市场营销的企业决策者需要经常了解购买企业产品的对象，掌握企业在国外市场上所占市场份额的大小及其变化情况，摸清影响企业销售的竞争者的行动，以及衡量本企业市场营销活动是否按计划认真执行。通过开展国际市场营销调研，广泛收集国际市场信息，监测国际市场营销活动中出现的各种问题，并针对问题有的放矢地加以解决，根据营销活动的实施效果，对企业现行的营销策略进行必要的评估和修正，及时调整市场营销战略，以保证企业营销活动的正常运转。

(4) 帮助企业分析和预测国际市场未来发展趋势。在通过对国际市场现状进行调研和分析的基础上，对国际市场的变化发展趋势进行预测和估计，帮助企业决策者及时调整和制订合理的营销计划，应对可能出现的市场变化，使企业在国际市场营销的竞争中占据主动权。

(5) 为政府制定政策提供参考。国际市场营销调研不仅可以为参与国际市场竞争的企业提供有关国际市场的准确信息，而且还可以将营销调研所得到的各种信息资料反馈给政府机构，为政府在国际进出口贸易管理和投资管理方面提供重要的信息，成为政府机构制定相关政策的有价值的信息来源。

3. 国际市场营销调研与国内市场营销调研的区别

市场营销调研可分为国际市场营销调研和国内市场营销调研，两者在企业市场营销活动中所起到的作用没有太大区别，在调研的基本程序和方法上也大致相同。不同的是两者在调研范围、调研复杂程度、调研难度、调研成本等方面存在较大差别，具体如下。

(1) 调研范围不同。一般来说，国际市场营销的调研地域范围和信息范围要远远大于国内市场营销调研。在地域范围方面，国际市场调研是在拥有着 200 多个国家和地区的国际大市场上展开的，如果同时在几个国家开展市场调研活动，就要比单纯在本国进行市场调研的地域大得多，不同的市场调研地域也就意味着国际市场营销调研的组织安排、调研经费预算等方面与国内市场调研存在着较大差异。在信息范围方面，国际市场营销调研要考虑的因素更多、更复杂，国际市场上往往存在更多的变数，那些在国内市场稳定的因素，如法律政策和分销渠道等，在国际市场上都可能成为不确定的因素，需要重新进行研究，因此也就需要收集更多的资料。

(2) 调研复杂程度不同。由于国际市场营销调研的信息范围较广，再加上调研活动是在一个完全陌生的国家进行的，存在着语言、思维等方面的沟通障碍，而且在不同的目标市场国家，在不同的政治环境、法律环境、经济环境、人口环境等条件下开展调研，涉及该市场的政治与法律体系、经济发展规模、速度及趋势、外汇管制政策、人口规模与结构、宗教信仰和科技发展水平等多个方面，因此，调研的组织工作要比国内营销调研复杂得多。

(3) 调研难度不同。在调研难度方面，国际市场营销调研比国内市场营销调研更困难，更复杂。在资料和信息获取方面，由于不同国家的政治、法律环境，人文环境差异较大，使得信息获取变得十分困难。

知识链接

在数据统计和信息分析方面，由于不同国家在统计方法、统计年度上存在着差异，统计资料的可比性不强，使得调研信息处理难度加大。

(4) 调研成本不同。国际市场营销调研与国内市场营销调研相比，调研成本更高，这主要是因为在国际市场营销调研过程中，不仅存在着语言沟通障碍，另外还要详细研究目标国家市场的人文环境、风俗传统、消费者习惯等，所花费的人力、物力和财力都较大，例如，在国际市场营销调研活动中，需要聘请翻译人员与国外渠道进行沟通，或者将大量的调查问卷翻译成当地文字，有时需要将各国的统计资料进行换算，这些不仅加大了工作量，还需要支付额外的翻译成本。

3.2.2 国际市场营销调研的内容

1. 国际市场营销环境调研

国际市场营销环境调研是对国际市场外部影响因素的研究，是为企业寻找国际目标市场、适应国际市场服务的。国际市场营销环境错综复杂，各种环境因素都可能对企业的生产经营和市场营销活动产生影响。企业无法改变这些环境因素，只有认识、了解和适应国际市场环境，避开国际市场上的风险因素，充分利用有利因素，才能帮助企业发现有利的目标市场。

(1) 国际经济环境调研。国际经济环境调研主要是对全球经济形势和目标国家市场经济状况、经济条件和经济政策等进行调研。需要调研的主要内容有：①全球经济发展形势，具体包括全球经济增长率、主要国家的就业形势、通货膨胀指数、国际行业发展趋势等；②目标国家市场的经济状况，主要包括国民生产总值、国民收入、物价指数、国际贸易以及其他经济指标；③目标国家市场的经济政策和行业发展政策，具体包括经济发展计划、财政政策和货币政策、产业振兴和产业扶持政策等。调研人员不仅要了解这些静态指标，还要对其可能变动的情况进行分析，以便预测总体经济形势变动的趋势及其对市场状况的影响。

特别提示

以上所列的指标是主要的经济发展指标，在进行具体的市场营销调研时还要充分考虑目标国家的实际情况，选择合适的经济指标分析目标国家市场的经济环境。

(2) 国际政治环境调研。国际法赋予了国家这样的主权，即国家可以允许或禁止公司或个人在其境内从事经营活动，控制其国民经营的地域范围。因此，国际政治环境是企业参与国际市场营销必须关心的重要问题。国际政治环境主要包括目标国家市场的社会性质、政治体制、国家主权、政府政策的稳定性、民族主义、社会压力、政治风险等。社会性质和政治体制是指所在国是社会主义国家，还是资本主义国家；是发达国家，还是发展中国家；是两党制，还是多党制。各种政治风险包括国有化政策、外汇限制、进口限制、税收

控制、价格控制、罢工、暴乱及战争等。社会压力包括自宗教的或其他意识形态方面的压力、群众性的环境保护运动等。对于企业来说，了解一国各主要政党的政治观点显得尤其重要，因为其中任何一种政治观点都有可能取得支配地位，并改变现行的一些贸易和商务政策。这些国际政治环境因素都会对企业参与国际市场营销活动产生影响。

(3) 国际法律环境调研。国际法律环境是指主权国家颁布的各种经济法规法令，如商标法、广告法、投资法、专利法、竞争法、商检法、环保法、海关税法及保护消费者的种种法令，同时也包括各国之间缔结的贸易条约、协定和国际贸易法规等。各国都具有特有的法律、条例和惯例的体系，其影响着全球企业的经营活动，也影响着全球营销者在一个国家获得市场机会的能力。企业从事国际市场营销必须了解目标国家市场有关的法律法规，如进入目标国市场的政策限制，其中包括进口的关税额及税率、进口配额及其分配状况、对外汇的管制状况、各种国内税对进口产品的影响以及其他法规的影响。

(4) 国际技术环境调研。国际技术环境调研的主要内容有国际上与企业生产产品相关的科技水平、技术引进、技术合作、专利发明项目和产业结构技术状态等。科技发展水平对国际市场营销所产生的影响是深远且多方位的，科技水平的不断进步不仅关系到参与国际营销企业的生存，同时也改变了其面临的经济和社会文化环境。现代化的生产流水线不仅大大提高了企业的生产效率，使得工人的劳动时间缩短，闲暇时间增加，使彩色电视机、MP3 等新产品得以热销。同时，企业的产品设计要在对目标国家市场的技术环境进行调研的基础上采用相应的产品技术，产品技术水平过高或过低都不利于产品在目标国家市场上的销售。此外，各国科学技术水平发展的差异对各国的进出口商品的结构也会产生直接影响。

(5) 国际社会文化环境调研。不同的国家或地区由于历史、地理、政治、经济等多种因素影响造成了各个国家之间的社会文化差异。世界各国不同的社会文化环境对人们的消费行为有着重要的影响。企业需要调查了解的社会文化环境主要包括语言宗教、价值观念、伦理道德、社会组织、风俗习惯、教育状况等。语言的多样性必然会给企业出口营销带来难题，但同时也是一种机遇。不同的宗教信仰和风俗习惯有不同的文化倾向和禁忌，从而决定着人们认识事物的方式、行为准则和价值观念，影响着人们的消费行为、消费习惯，并进而影响市场消费模式。而教育状况则决定了一个国家消费者的文化素质，消费者文化素质的不同会对产品有不同的需求，会对企业的市场营销活动产生影响。

2. 国际市场动态状况调研

企业需要通过市场动态状况研究，对国际市场内部的各个动态要素进行了解和分析，在此基础上使企业营销决策人员选定出良好的目标市场。市场动态状况调研要求调研人员必须确定该市场的现有规模、供给和需求状况、市场类型、市场可能的变化趋势以及其产品能争取到多大的市场份额。国际市场动态状况调研主要包括以下几个方面。

(1) 国际市场需求状况调研。国际市场需求状况调研是指对在一定时期内国际市场或目标国家市场上的消费者在一定购买力条件下对某种产品的需求量进行调研。满足国际市场上消费者的需求是企业一切活动的中心，消费者的数量、结构、偏好、行为等直接影响着市场规模和市场需求结构。国际市场需求状况调研根据目标国家市场人口状况、居民收入、购买力的投向、消费者偏好等具体情况，了解消费者对产品或服务的需求变化以及具体对各种产品在数量、质量、品种、规格、式样、价格等方面的要求及其变化发展趋势等，在此基础之上，分析目标国家市场的产品潜在需求量、产品市场占有率、细分市场对某种产品的需求情况、国内外市场的变化和趋势等。

(2) 国际市场供给状况调研。国际市场供给状况直接关系到某种产品在国际市场上的饱和程度，也是调研中一个不可缺少的内容。国际市场供给状况调研主要是对产品供应的渠道、来源，国外生产厂家的生产能力、数量及库存情况进行调研，同时还要对供应渠道和生产厂家的未来规划进行调研，据此测算产品产量和产品结构及其发展变化趋势，掌握行业供给现状及其发展变化，同行业竞争者的地位和作用、优势和劣势等。

(3) 国际市场价格状况调研。国际市场价格状况调研是在通过对某种产品在国际市场上的供求状况、库存状况和市场竞争状况等影响市场产品价格运动因素进行调查的基础上，分析和预测该产品的国际市场价格变动情况。通常供求关系的变动会对产品价格产生直接的影响，在通过对国际市场需求状况和供给状况进行调研的基础上，对产品在国际市场上的供求关系进行分析，预测国际市场产品价格走势。

特别提示

国际市场价格状况调研是以市场需求状况调研和市场需求供给调研为基础的，市场需求状况和市场供给状况的变化共同影响着国际市场产品价格的变动。

3. 国际市场营销实务调研

企业参与国际市场营销活动，要使企业产品顺利进入国际市场并争取到最大的市场份额和利润，必须采用有效的营销策略组合，包括开发或改进适应市场的产品，选择适合的分销渠道和促销手段，制定合理的价格等。因此，除了进行营销环境调研和市场动态状况调研之外，还需要进行市场营销实务调研，具体包括以下几个方面。

(1) 产品信息调研。产品是企业满足客户和消费者需要的客观实体，一个企业要想在国际市场的激烈竞争中求得生存和发展，关键是能否始终如一地提供令顾客满意的产品。就产品本身而言，不同国家和地区对产品需求的偏好不同，对性能方面的要求也各不相同。一般来说，产品信息调研内容主要包括国际市场和每个细分市场产品的总供给量和需求量、供求结构、供求特点及其变化趋势，消费者对产品的各种信息反馈资料，国际市场产品生命周期和产品发展趋势，国际市场上该产品的替代品和互补品及相关产品的情况等。

(2) 价格信息调研。在国际市场上，价格是影响企业产品的销售量和盈利大小的直接因素，及时开展产品的价格调研，对企业合理地确定价格水平和制定价格策略具有非常重要的意义。价格的决定受多种因素的影响，只有进行深入的调查研究，才能掌握国际市场上的产品价格变动情况，价格信息调研的主要内容有影响价格变化的因素，产品生命周期不同阶段的定价原则，竞争产品的现行价格，提价或降价的方法，该国政府对价格的管制状况，国际市场上替代品和互补品的价格走向，不同企业在国际市场上就同类产品所实行的定价方法和定价策略以及定价目标，产品价格弹性或产品需求弹性，国际市场上中间商对价格的调整幅度及调整方法，国际市场上有关定价的法律法规和国际惯例等。

知识链接

产品价格弹性，也称为产品需求弹性，是指需求量对价格变动的反应程度，是需求量变化的百分比除以价格变化的百分比。需求量变化率对商品自身价格变化率反应程度的一种度量，等于需求变化率除以价格变化率。需求量变化的百分比除以价格变化的百分比。

(3) 渠道信息调研。企业能否通过销售渠道以最高的效率和最快的速度将产品销售到消费者手中，直接关系到企业的资金周转、渠道成本和最终效益。因此，渠道信息调研也是国际市场营销调研的重要内容，销售渠道信息调研的主要内容包括国际市场产品销售渠道及中间商的结构、种类、分布及各个国家的市场惯例，国际市场直接销售、间接销售的种类和特点，国际市场各类代理商、经销商的背景资料，国际市场分销渠道和中间商的发展趋势等。

(4) 促销信息调研。促销信息调研是国际市场营销信息调研中的一项基本活动，促销的目的在于宣传企业及其产品，进而说服消费者进行购买。需要收集的有关国际市场营销促销的信息主要有促销形式、种类及相关法律规定和促销预算的制定，国际市场营销推广方式在不同国家的表现以及中间商、消费者的反应等。

4. 国际市场竞争信息调研

在国际营销市场上，各企业、各集团为了自身的利益，经常展开激烈的竞争。因此，参与国际市场营销的企业在确定国际市场营销策略之前，必须了解市场上的竞争状况，而且在进入国际市场之后，必须认真地调研竞争对手可能做出的种种反应和各种动向，充分了解竞争对手的信息。对国际市场竞争信息的调研应当从企业自身竞争条件、市场竞争结构和市场竞争强度 3 个方面入手。

(1) 企业自身竞争条件。企业自身竞争条件主要是指国际企业本身所具备的参与国际市场营销竞争的资源和条件。它主要包括企业本身的技术创新能力、产品生产能力、产品质量、企业组织架构以及企业能够调动的社会力量等因素。

(2) 市场竞争结构。市场竞争结构一般是指在一定国际市场范围内的同一行业或相近行业中，可能参与国际市场营销竞争的同类企业或能够生产替代性产品的竞争性企业的数量，以及这些企业的基本情况、综合实力、营销战略等。

(3) 市场竞争强度。市场竞争强度是指在一定国际市场范围内由现实的和潜在的竞争者及其竞争行为所构成的竞争氛围和状况。一般而言，市场竞争强度取决于市场竞争结构以及竞争者的竞争行为。对市场竞争强度进行调研，应注意搜集的资料有：①国际市场上现有的竞争对手及产品，潜在的竞争对手及产品；②竞争对手现有的市场份额，以及竞争对手为扩大市场份额可能采取的措施；③竞争对手所提供的产品与本企业提供的产品相比所具有的特色和优势；④与竞争对手相比，自身在研发、生产和销售方面所具有的优势或劣势；⑤现有竞争对手的产品生产规模和市场营销能力，以及竞争对手的生产和营销计划；⑥竞争对手提供的产品价格；⑦竞争对手使用的销售渠道信息；⑧竞争对手的促销策略及成功概率；⑨竞争对手的产品售后服务质量。

通过对国际市场竞争信息进行调研，分析国际市场的竞争强度和竞争结构，确定产品是否进入该市场，以及进入后采取何种策略以应对可能面临的竞争。只有这样，企业才能在竞争中不断地发展和完善自己，进而在竞争中占据有利地位。

3.2.3 国际市场营销调研的类型

要确定一个完整的市场调研方案，首先要确定调研的目的。在确定调研目的时，要有针对性地选择具有实际意义的问题进行营销调研，调查问题要明确、具体、中心突出，并要做到主次分明，确定调研的目的是把企业在实际运作之前需要了解和解决的营销问题转换为有待调查的各种因素，划出范围，明确目的，形成书面文字。它是营销调研的起点，是调研工作确有成效的保证。

由于国际市场营销调研所面临的目标国家市场之间的政治、经济、文化存在较大差异，其市场调研与国内市场调研相比，范围更加广泛，环境更加复杂，因此，明确调研的范围、性质和目的就显得格外重要。

1. 依据调研问题的性质和目的划分

(1) 探测性调研。探测性调研通常是一种非正式的定性分析，常用于企业对需要调研的问题尚不十分清楚，因而无法确定应调查哪些内容的情况。探测性调研的主要目的是快速、间接地从各种信息源中收集有关信息，以启发思路，找出症结所在，确定今后调研的目的和方向。探测性调研的目的是明确的，但研究的问题和范围较大，在方法上比较灵活，事先不需要进行周密的策划，在研究过程中可根据情况随时进行调整。探测性调研的资料主要来源于二手资料或请教一些行业专家，或参照过去类似的实例来进行，多以定性研究为主。在探测性调研过程中要注意三项原则：确立广泛的产品类别范围；注重调研设计的规律；最大限度地发挥与消费者的互动作用。

(2) 描述性调研。描述性调研是通过详细的调查和分析，对市场营销活动的某个特定方面进行客观的描述，以说明它的性质与特征，主要包括国际市场容量调研、国际市场占有率调研、消费者行为调研、国际分销渠道调研、产品调研等。描述性研究就是要了解和掌握市场的诸多因素关系，从中找出“关联因素”，即找出各因素之间的关系。描述性调研的结果通常是事物的表征，并不涉及事物的本质及影响事物发展变化的内在原因，是一种最基本、最常见的市场调研形式，与探测性调研相比，它研究的问题更加具体，数据收集的具体目标也已经明确，而且通常事先往往已形成了具体的研究假设。然后通过描述性调研去验证这些假设，以对研究的问题给出明确的答复。探测性调研的研究方法比较灵活，事先不需要进行周密的策划，在研究过程中根据情况随时调整。描述性调研则会事先拟定周密的调研方案，包括准备收集的资料、收集资料的方法和步骤以及调研活动的程序、路线和进度安排。

(3) 因果性调研。通常是在搜集、整理资料的基础上，通过逻辑推理和统计分析方法，找出不同事实之间的因果关系或函数关系。因果性调研的目的是为了证明一种变量的变化能够引起另一种变量的变化，这种调研方法是以实验为基础的调研，因此又被称为实验调研。在这种调研中，研究人员成了研究过程的积极参与者，他们会改变一些因素(自变量)，观察这些因素的变化对其他因素(因变量)有什么影响。在营销实验中，必须明确有关变量之间的关系，也就是要找出因变量和自变量，因变量经常是衡量销售的一些指标，如总销售额、市场份额等，而自变量则经常是营销组合中的一些因素，如价格、广告支出、产品质量等。因果性调研是指在描述性调研的基础上进一步分析问题发生的因果关系，弄清原因和结果之间的数量关系，揭示和鉴别某种变量的变化究竟受哪些因素的影响及影响程度。

知识链接

任何一个系统(或模型)都是由各种变量构成的，当分析这些系统(或模型)时，可以选择研究其中一些变量对另一些变量的影响，那么选择的这些变量就称为自变量，而被影响的量就称为因变量。

(4) 预测性调研。预测性调研是指专门为了预测未来一定时期内某一环节因素的变动趋势及其对企业市场营销活动的影响而进行的市场调研，如市场上的消费者对某种产品的需求量变化趋势进行的调研，对某产品供给量的变化趋势进行的调研等。预测性调研是企业制订有效的营销计划和进行市场营销决策的前提，因为只有对未来的需求进行有效的预测，企业才能合理地进行生产、财务、人事、组织等规划，减少未来的不确定性造成的风险。预测性调研所反映的是市场长期的总体趋势，对企业的营销活动具有重要的参考价值，因此，预测性调研意义十分重大。

2. 依据调研范围划分

(1) 专题性调研。专题性调研是指企业为了解决生产经营或市场营销过程中的某个具体问题而专门进行的市场调研。这种调研具有组织实施灵活方便，所需人力、物力较少，对调研人员的要求也相对较低的特点。由于不是大范围的全面性的市场调查，专题性调研在一定程度上获取的信息是有局限性的。但一般来说只要能够满足某方面的具体要求，专题性调研也是可行的选择。

(2) 综合性调研。综合性调研是指为了从多个角度全面了解市场的状况而对市场各个方面进行的全面性的调查。与专题性调研相比，综合性调研涉及市场的各个方面，提供的信息能够从多个角度全面反映市场的概况，有助于企业准确了解和把握国际市场的基本状况。但同时综合性调研涉及面相对较广，需要投入较多的人力和物力，花费的成本相对高昂，对调研人员的要求也较高，因此综合性调研只在必要时采用。

3. 依据资料来源划分

(1) 案头调研。案头调研也称为二手资料调研，是指对已经存在并已为某种目的而收集起来的信息进行调研的活动，也就是对二手资料进行搜集、筛选，并据此判断它们的问题是否已局部或全部地解决。案头调研是相对于实地调研而言的，通常是市场调研的第一步，为开始进一步调研先行收集已经存在的市场数据。案头调研法一般来讲，花费的时间短，成本低，适合对目标市场的宏观环境进行调研。但是，案头调研的弊端是由于它依赖于国际市场上的第二手资料，而第二手资料常常表现出 3 个缺点：①许多市场缺乏详细资料；②现有资料的可靠程度不稳定；③现有资料的可比性和通用性不易把握等。

案头调研的资料来源和收集渠道主要包括：①企业内部资料；②公共图书馆、大学、科研机构、银行、企事业职能部门所能提供的有关国外市场情况的调查资料、考察报告；③国外组织和商会、消费者组织等所能提供的贸易统计资料、税制、海关规定、进口商、零售商和厂商名单、编制的各种统计资料；④本国驻外机构，我国政府在许多国家设有商务处，可以提供各国的市场情报，包括该国市场的关税情况、进口商、零售商、制造商的名录等；⑤国际组织发布的可供市场调研参考的资料等；⑥联机检索情报系统所提供的数据库终端检索功能。

(2) 实地调研。所谓实地调研，就是指对第一手资料的调查活动。在某些情况下，案头调研无法满足调研目的，当收集的资料不够及时准确时，就需要适时地进行实地调研来解决问题，取得第一手的资料和情报，使调研工作有效顺利地展开。一般来说，实地调研又可分为实地观察法、询问调查法和实验法。

① 实地观察法是指由调研人员直接到现场，通过肉眼观察或通过工具、机器记录方法，观察被调查者的行动，收集原始资料。具体可采用录音、录像或直接观察等方式。实地观察法适合于商店的顾客行为观察、客流量观察，以及在展览会、展销会、订货会上进行观察等，这种方法能直接反映客观现实。但是，这种方法的缺点是不能调查出顾客的心理活动。

② 询问调查法是指采取访问方式向具有代表性的被调查者了解情况，从而获取原始信息资料的一种方法。这种方法的特点是通过直接或间接的访问方式来了解被调查者的看法和意见。询问法根据询问方式的不同又可分为当面询问、电话询问、邮寄问卷和网络在线询问 4 种形式。

③ 实验法是指在一定的小范围市场(样本空间)内，对某一购买行为进行实验性的统计性观察，从而了解其因果关系的一种重要方法。例如，从影响销售量变动的几个因素中选择价格因素进行实验，在其他因素不变的情况下，从销售量的变动上便可发现价格的影响。

实验法在市场调查中应用范围很广，凡是改变某一商品的品种、包装、设计、价格、广告、陈列方法等因素时，都可以用这种方法。常用实验法的方式有事前事后实验法、有控制组的事后实验法、有控制组的事前事后实验法等。实验法的优点主要是方法科学，在市场上进行客观的现场实验，可有控制地分析市场变量的因果关系，从而获得较正确的原始资料。缺点是不易选择社会经济因素相类似的实验市场，且干扰因素多，成本较高。

3.2.4 国际市场营销调研的程序

国际市场营销调研是一项复杂的系统工程，要顺利完成市场营销调研任务，必须制订科学的计划，依据严密的程序，有计划、有组织、有步骤地开展和实施。一般来说，营销调研的程序包括以下步骤。

1. 确定调研问题与目标

国际市场营销调研的第一步是确定调研问题和调研目标，调研的目的在于帮助企业准确地做出经营战略和营销决策。这一过程看似简单，却是国际营销调研过程中最重要也是最困难的步骤之一，对整个国际营销调研及营销决策都至关重要。

制定调研课题，确定调研目的，是在实际开展国际市场调研之前，把企业需要了解和决定的营销问题进行分析和提炼，从而提出有待调查的、影响企业开展营销活动的各种因素。影响企业国际营销活动的因素很多，各种因素在不同时期的作用不一样，在同一时期各种因素之间也是相互影响、相互制约的。在企业出现营销问题之后，营销人员必须首先找出造成该问题的真正原因，也就是确定要调研的问题。问题明确了，调研的目标也就可以确定了。

2. 制订调研计划与方案

在明确了调研问题及调研目标之后，需要制订一个周密、完善的市场调研计划，以提高调研活动的效率和针对性。调研计划主要包括确定调研内容、选择市场调研方法、调查问卷设计和抽样设计 4 个方面的内容。

1) 确定调研内容

调研内容就是根据调研的目的确定调研的范围以及信息资料的来源。调研的范围是根据调研的目标，确定所需信息资料的内容和数量，包括企业营销的宏观经济环境调研、企业的市场营销手段调研等。信息资料的来源是指获取信息资料的途径。市场营销调研所需的信息资料可以从企业内部和企业外部两方面得到。如果企业已经建立了市场营销信息系统，则可以通过数据库得到信息资料。除此之外，还要确定搜集信息资料的地区范围。

2) 选择市场调研方法

市场调研方法主要有三大类：询问法、观察法和实验法，每类方法的适用面不同。究竟采用何种调研方法，要依据调研的目的、性质以及研究经费的多少而定。

3) 调查问卷设计

调查问卷也被称为市场调查表，是指使用访问调查法时记录调查内容、被调查者意见的问卷。调查问卷设计关系到问题的提出和答案，影响到调研的结果，因此，调查问卷设计非常重要，调查问卷设计主要包括调查问卷构成、调查提问方式、调查遵循的原则等。

4) 抽样设计

抽样设计就是根据调研的目的确定抽样总体、样框、样本数量以及抽样方法。样框即向什么人调查的问题。样本数量即对多少人进行调查。在其他条件相同的情况下，样本越大越有代表性，样本数量的多少会影响结果的精度，但样本数量过大也会造成经济上的浪费。

(1) 确定抽样总体。抽样总体是指调研人员根据既定的调研目标而规定的调查对象的全体。确定的总体必须是一个可实际操作的范围。调研总体是根据具体的调研目的和范围来确定的，但实际操作起来，还需要确定具体的抽样清单。在确定抽样总体的过程中，需要遵循相关性、完整性和经济性原则，即抽样总体要与抽样目标相关，抽样总体的内容能全面反映项目的实际情况，同时抽样总体的确定还要符合成本效益原则。

(2) 选择抽样方法。抽样方法一般包括概率抽样法、系统抽样法和非概率抽样法。

① 概率抽样法。概率抽样法也称为随机抽样，是指严格遵守随机的原则，通过某种随机化过程，使总体中的每一个单位都有被选中的机会的方法。概率抽样包括简单概率抽样法、分层概率抽样法和分群随机抽样法。

a. 简单概率抽样法：指依据随机原则，直接从总体中抽取若干元素作为样本的一种方法。由于总体规模大，因此采用这种方法会造成巨大的工作量和成本消耗，因此在实际操作中不常使用。

b．分层概率抽样法：指基于对总体的了解，按一定标准将总体划分为若干个子总体，这个子总体被称为层(Stratum)，并从每个层中采用简单随机抽样法抽出样本的方法。

c．分群随机抽样法：指将总体按照一定原则划分成若干个组(被称为群)，再以群为单位进行简单随机抽样的方法。

② 系统抽样法。系统抽样法也称为等距抽样或机械抽样，是将总体按照一定顺序进行排列，规定抽样起点，然后按照一定间隔抽取样本的方法。这种方法的准确性介于概率抽样和非概率抽样之间，操作较简单易行。

③ 非概率抽样法。非概率抽样法是指调查人员根据自己的主观判断进行抽样的一种方法。非概率抽样法又分为以下3种。

a．方便抽样法：以方便调查为原则进行随意抽样的方法。

b．判断抽样法：基于调查人员对总体的了解和经验，从总体中抽出“有代表性的”或“典型的”单位，将其作为样本的方法。

c．定额抽样法：根据总体结构特征，给实地调查人员分派抽样数量，以取得与总体大致相似的样本的方法。

(3) 计算抽样规模。抽样规模也称为样本容量，即从总体中抽选出的被调查对象的数量。一般来讲，样本数量越大，越能代表总体的特征，但调查费用会增加。因此，选择样本数量时要掌握既能够代表总体特征又能节约成本的原则。

样本容量的计算公式：

$$N = \frac{t^2\sigma^2}{E^2}$$

其中，N——样本容量；

E——调研允许误差；

t——置信度；

σ——总体标准差。

3．执行调研计划

调研计划制订以后，最重要的一步就是具体执行调研计划。这一步实际上是整个调研活动中花费时间和精力最多的阶段，也是能否获得所需数据资料、完成调研目标要求的关键。参加调研的有关人员必须具备基本的素质，因此，在进行调研活动前，必须对有关人员进行选拔和培训，使他们熟悉调研的内容及相关的要求。此外，为了保证调研活动的顺利进行和资料质量，还要对调研人员进行严格的监督与管理，如对回收的问卷进行审查、核实，以避免资料失真，使整个调研结果失去应有的价值。

4．分析调研数据

1) 整理原始资料

搜集到的原始资料往往是杂乱无章的，而且可能存在很多错误和问题，因此需要在分析前对其进行检查、核实。例如对问卷调查中存在明显逻辑错误及缺项太多的问卷予以剔除。有时对来源不同的资料是按照不同的统计方法计算的，对这类资料也要进行分析和整理。如在北欧国家，啤酒被列为酒精饮料，而在地中海沿岸国家，啤酒被算作软饮料，导致这些国家酒类统计口径不同，数据可比性较差。

2) 资料分析处理

(1) 统计分析法。常用的统计分析方法有频率分析、回归分析、时间序列分析、相关分析等。统计分析常用指标有两种。

① 描述集中趋势的指标具体如下。

众数：某一组数据中出现频率(次数)最多的那个数字。

中位数：将一组数据按大小数据排列，其中位于中间的那个数。

平均数：全部数据加总后除以总个数。

② 描述数据变动性的指标具体如下。

频率分布：通过对一组数据进行分组汇总后得到的每个不同值的数据出现的频率。

极差：一组数据最大值与最小值的差值。

平均差：以平均值为基准，每一个数据对平均值的差值(绝对值)的平均数。

(2) 模型分析法。模型分析法是利用现代化办公工具将数据转变为图形，来满足人们对数据的形象思维进行分析的方法。模型分析是配合统计分析的常用方法。例如：对顾客购买产品时选择的零售形式和品牌的调查，得出的结果可以用柱状图或饼状图表示。

5. 撰写调研报告

营销调研的最后一步是对调查结果做出解释和说明，得出结论，撰写并提交报告。调研报告的格式应当合乎规范，内容应当真实可靠，结论应当具有针对性和可行性。调查报告不是数据的简单罗列，一般以汇总表和图表的形式提供简明扼要的结论和依据。在报告中不宜发表过多的意见，尤其是无益的和不切实际的结论。报告用语尽量简单，通俗易懂。

一般调研报告在结构上分为 3 部分：第一部分是前言，指出调研的目的，说明调研的方法和步骤等；第二部分是报告主体，介绍调研的结果和结论以及政策性建议；第三部分是附录，包括此次国际营销调研的原始调查表、汇总表、统计图表、引用的数据资料及参考文献等。

3.2.5 国际市场调研组织

随着经济全球化的发展，国际竞争日趋激烈，市场需求变化发展速度不断加快，市场营销的手段和方法不断更新，专业化水平也在不断提高，目前已经有一批专门从事国际市场营销调研的组织机构在国际市场领域中成功地开展营销调研活动。这些机构不仅拥有一批全面掌握调研目标和内容，并熟练运用调研方法和技巧的调研人员，而且其设置、组织形式、技术手段也有很高的水平，从而保证了企业国际市场调研活动的顺利展开。

根据目前国内外情况，可将市场调研机构分为两大类：一是企业内部市场调研机构；二是专业市场调研机构。具体包括以下几种类型。

1. 市场调研公司

市场调研公司是专门负责市场调研任务的机构。市场调研公司有些是综合性的，即调研范围涉及面广，可以承担多种类型和行业的调研；有些是专业性的，它精通某一专业或相关行业的知识，并有一定的联系渠道和某一专业的大量信息资料，它主要承担设计相关行业或专业的调研任务。例如，国际上著名的市场调研机构——美国的兰德公司、斯坦福国际咨询研究所、尼尔逊市场调查公司，日本的野村综合研究所等均属于这类公司。

知识链接

兰德公司是美国最重要的以军事为主的综合性战略调研机构。它先以研究军事尖端科学技术和重大军事战略而著称于世，继而又扩展到内外政策各方面，逐渐发展成为一个研究政治、军事、经济科技、社会等各方面的综合性思想库，被誉为现代智囊的"大脑集中营"、"超级军事学院"以及世界智囊团的开创者和代言人。它可以说是当今美国乃至世界最负盛名的决策咨询机构。

2. 广告公司的调研部门

广告公司普遍设有自己的调研部门，这是广告业务所必需的。一般广告公司经常承办与广告有关的各种调研业务，在市场调研方面的经验比较丰富，因此，一些企业经常委托广告公司进行市场营销调研。

3. 咨询公司

咨询公司是指从事软科学研究开发并出售"智慧"的公司，又称为"顾问公司"。这类公司一般由资深的专家、学者和富有丰富实践经验的人员组成，为企业和一些部门的生产、经营提供指导性的建议，即充当顾问。他们在进行咨询的同时，还要进行市场调研，对企业的咨询目标进行可行性分析。

4. 政府机构研究部门

政府机构研究部门主要是根据整个国家宏观经济形势的发展和制定经济、行业政策的需要，对现实的市场经济状况进行调研。

3.3 国际市场预测

面对复杂多变的国际市场，企业在参与国际市场营销活动之前，需要对国际市场的未来发展趋势和企业的国际市场营销行为所产生的社会及经济后果做出较为准确的估计和判断。因此，从多个角度提高企业分析和预测市场的能力，可以帮助企业合理地制定经营决策，提高企业在国际市场竞争环境中的应变能力，使企业的生产经营和市场营销符合预期的目标，取得自身的竞争优势。

3.3.1 国际市场预测的概念

预测是指对未来不确定时间的推断和测定，是对事物未来发展变化的趋势以及对人类实践活动的后果所做的估计和测定。

国际市场预测是指企业在对国际市场进行调研的基础上，运用判断推理、统计分析、数学模型等科学的分析预测方法，对各个国际市场组成要素及国际市场环境因素的发展趋势和未来状况进行推测和分析，从而为企业确定发展战略、制定营销策略提供科学的决策依据。

市场预测与市场调研有着密切的关系，市场调研是市场预测的基础，而市场预测则是市场调研的深入。市场调研的目的是在了解市场状况的基础上，认识市场的本质，而市场预测则是在市场调研的基础上对市场未来的不确定性进行估计和推测，因此，首先必须做好市场调研，掌握大量的市场信息，运用科学的分析和预测方法，才能做出科学准确的市场预测。

3.3.2 国际市场预测的分类

按照不同的分类标准，可以将国际市场预测分为以下几类。

1. 按预测期划分

根据预测期的长短，市场预测可以分为长期预测、中期预测和短期预测。

(1) 长期预测：一般指 5 年或 5 年以上的预测。长期预测一般时间跨度较长，不确定因素较多，因此预测的精确度相对较低。长期预测一般是对较长时间内的国际市场变化趋势的预测，可以为企业制定长远发展战略和规划提供科学的依据。

(2) 中期预测：一般指 3～5 年时间长度的预测。中期预测一般是企业对产品的市场潜力、价格变化、供求变动趋势以及政府政策措施等方面进行的预测，为企业的中期经营决策提供科学的依据。

(3) 短期预测：一般指一年以内的年度、季度或月度预测。短期预测与中长期预测相比，目标更加明确，不确定因素更少，资料容易获得，预测结果比较准确。短期预测主要是为企业制订年度计划和日常经营决策服务的，以帮助企业确定营销策略和调整企业的生产计划，适应国际市场需求的变化。

2. 按预测范围划分

根据预测范围划分，市场预测可以分为宏观预测和微观预测。

(1) 宏观预测。宏观预测是为了帮助企业制定全局发展战略和规划而进行的一种扩大的市场预测，它从比较广泛的角度去研究国际市场的变化情况。

(2) 微观预测。微观预测是为了帮助企业有效地实施经营管理，更好地满足市场需求而进行的一种狭义的市场预测，它主要从企业自身的角度出发考虑分析研究国际市场变化情况。

3. 按预测性质划分

根据预测性质划分，市场预测可分为定性预测和定量预测。

(1) 定性预测，是对未来市场的发展趋势在性质上或程度上进行的预测，它主要是根据以往的经验和现有的资料对国际市场中的有关现象做主观的判断和估计。

(2) 定量预测，是利用历史统计数据，建立预测模型，对未来市场的发展趋势在数量上做出估计，将一系列定性问题都转化为定量问题，研究和推测国际市场发展状况及其结构关系，预测生产、销售和市场需要等各种变化趋势。

3.3.3 国际市场预测的步骤

一般来说，一项完整的市场预测工作大致要经历以下几个步骤。

1. 确定预测目标

这是国际市场预测工作的第一步，即根据国际市场营销决策的需要，拟定预测项目，制订预测计划。预测目标决定了预测的内容、范围、要求、期限，它是预测的主题，直接影响预测方案的拟订和预测模型的选择。预测目标要准确、具体，还要考虑企业在市场预测方面的资源、能力及预算等。

2. 拟定预测方案

根据市场预测目标的内容和要求，拟定完善的预测方案，为全面开展市场预测工作做好各方面的准备。

3. 搜集相关资料

根据预测目标的要求和预测计划的安排，组织市场调查，收集有关的信息情报资料，这是市场预测的基础性工作。通过各种市场调研方式，为预测提供必要的数据。如用时间序列分析预测明年的市场需求量，需搜集近年来的市场需求量数据，以及其他相关的市场数据，如通货膨胀等。

4. 选择预测模型

在获取相关数据的基础上，根据预测目标的要求及预测的可行性，选择适当的预测方法，确定经济参数，分析各种变量间的关系，建立起反映实际的预测模型进行市场预测。

5. 分析评估预测结果

为了使市场预测更具有科学性和实用性，应该对影响未来国际市场的各种内外部因素进行详细的分析、研究和评价，利用选定的预测模型和方法实施预测后，还需要对得到的预测结果进行跟踪分析，检验预测值和实际测出值是否相符，分析误差的大小及其产生的原因。

6. 修正预测结果

国际市场预测一般都可以建立预测模型并通过计算机进行预测模拟，但模型及计算机只能确定主要因素及变量之间的关系，而且这些数据模型的方法都是有前提假设的，因此，预测结果不可能完全正确。因此还需要对未考虑到的因素进行分析，以修改和充实模型的预测结果，不断提高预测质量。

特别提示

一般来说市场预测都不可能做到百分之百正确，在预测过程中由于模型缺陷、变量中存在干扰因素以及无法考虑到所有影响因素，预测不可避免地会存在误差，而对预测结果进行修正则是减少误差、提高预测质量的重要手段。

3.3.4 国际市场预测方法

国际市场预测的具体方法有很多，基本上可以归纳为定性预测和定量预测两大类型。

1. 定性预测方法

定性预测方法是根据已经掌握的历史资料和直观材料，主要依靠和直接运用预测者的经验、知识及综合判断能力，对市场未来发展趋势做出性质和程度上的判断，以定性分析技术为主，得出预测结论的方法。

定性预测方法更侧重于对事物发展的趋势、方向、重大转折点的分析，适用于影响因素极为复杂多变、综合抽象程度高、难以量化的社会因素较多的情况，尤其是在缺乏定量数据资料的情况下进行的预测，具体来说适用于预测世界经济和国民经济形势发展、各国经济政策的演变、市场总体形势的变化、科学技术进步对市场供求关系的影响、新产品开发、新市场开拓、企业经营环境分析和战略决策方向、企业市场营销组合及对市场销售的影响等。定性预测方法具有简便、通用、灵活、经济的特点，但缺乏严格论证，受主观因素影响较大，分析预测结果比较片面，因此，定性预测方法需要与定量预测方法配合使用，才能取得较好的预测效果。

1) 个人经验判断法

个人经验判断法是凭借个人的知识经验和分析综合能力，对预测目标的未来发展趋向做出的推断。推断的成功和准确与否取决于个人所掌握的资料，以及分析、综合和逻辑推理能力。个人经验判断法在使用的过程中可采用相关推断法和对比类推法。

(1) 相关推断法。相关推断法是根据因果关系原理，依据已知的相关经济现象和经济指标，推断和预测目标的未来发展趋势的方法。运用相关推断法，应先根据理论分析和实践经验，找出影响预测目标的主要因素，再根据因果关系原理，进行详细的推断。

知识链接

农村用电的普及和收入的提高与农村家电产品的销量成正比关系。在调查到农村用电的户数和收入增加时，就可以大概推断出农村家电产品的销售量增加额。儿童玩具的需要量增加，可从儿童人数和家庭购买力的提高去推断。

(2) 对比类推法。对比类推法是依据类比原理，从已知的相类似的经济事件去推断预测目标的未来发展趋势的方法。例如，需要预测今后一段时间全国数码照相机市场的需求状况，只需选取若干大、中、小城市及一些有代表性的农村地区进行调查分析，根据调查结果类推全国总需求的情况。这是一种应用较广泛的局部——总体类推法，除此之外，对比类推法还有产品类推法(根据产品的相似性进行类推)、地区类推法(根据地区的相似性进行类推)、行业类推法(根据行业的相似性进行类推)等。在应用对比类推法时，还需要注意相似事物之间的差异。相似不等于相等，在进行类推时，需要根据相似事物的差异对预测进行一定的修正，才能提高类推预测法的精度。

2) 集体经验判断法

集体经验判断法是在个人判断的基础上，利用集体的经验和智慧，通过分析思考、判断综合，将专家个人的见解综合起来，对市场未来的发展变化趋势做出估计和判断的一种方法。集体经验判断法，相对于个人经验判断法有十分明显的优点，它利用了集体的经验和智慧，避免了因个人掌握的信息量有限和观点片面造成的预测失误。集体经验判断法在使用的过程中可采用意见交换法、意见汇总法、消费者意向调查法和意见测验法。

(1) 意见交换法。意见交换法是指参加市场预测的人员，通过现场座谈讨论，相互交换意见，提出个人主观的估计预测结果，或者提出个人主观的估计预测结果，然后由预测主持者集中各方面的意见，综合形成一种或几种预测结果的方法。

(2) 意见汇总法。意见汇总法是指在对市场进行预测时，由企业内部所属各个部门分别进行预测，然后把各部门的预测意见加以汇总，形成集体的预测意见的一种判断预测法。

(3) 消费者意向调查法。消费者意向调查法是指在调查消费者或用户在未来某个时间内购买某种商品意向的基础上，对商品需求量或销售量做出推断的方法。

(4) 意见测验法。意见测验法是指向企业外部的有关人员征求关于企业产品的意见，加以综合分析并做出预测推断的一种方法。经常采用的有消费者或用户现场投票法、调查问卷法、商品试销或试用征求意见法等。

3) 专家小组法

专家小组法又称为德尔菲法，是一种采用某种通信方式分别将需要解决的问题单独发送到各个专家手中，征询专家意见，然后回收汇总全部专家的意见，并整理出综合意见。随后将该综合意见和预测问题再分别反馈给专家，再次征询意见，各专家依据综合意见修改自己原有的意见，然后再汇总。这样多次反复，最终取得比较一致的预测结果的决策方法。

(1) 德尔菲法的特点具体如下。

① 资源利用的充分性。由于吸收不同的专家预测，充分利用了专家的经验和学识，提高了预测结果的准确度。

② 最终结论的可靠性。由于采用匿名或背靠背的方式，能使每一位专家独立地做出自己的判断，不会受到其他复杂因素的影响。

③ 最终结论的统一性。预测过程必须经过几轮的反馈，使专家的意见逐渐趋同。

(2) 德尔菲法的实施步骤具体如下。

① 组成专家小组。按照市场预测所需要的知识范围，确定专家人选。专家人数的多少，可根据市场预测的难易程度和涉及知识的范围而定，一般不超过20人。

② 向所有专家提出需要预测的问题及有关要求，并附上有关市场预测的所有背景材料，同时请专家提出预测需要的其他材料。然后，由专家做出书面答复。

③ 各个专家根据他们所收到的材料，提出自己的预测意见，并说明自己是怎样利用这些材料并提出预测值的。

④ 将各位专家第一次的判断意见进行汇总，列成图表，进行对比，之后再分发给各位专家，请专家比较自己与他人的意见不同之处，修改和完善自己的意见和判断。也可以把各位专家的意见加以整理，或请级别更高的专家加以评论，然后将这些意见再分送给各位专家，以便他们参考后修改自己的意见。

⑤ 将所有专家的修改意见进行汇总，再次分发给各位专家，以便做第二次修改。逐轮收集意见并为专家反馈信息是德尔菲法的主要环节。在向专家进行反馈的时候，只给出各种意见，但并不说明发表各种意见的专家的具体姓名。这一过程将重复进行，直到每一个专家不再改变自己的意见为止。

⑥ 对专家的意见进行综合处理，分析得出预测结果。

2. 定量预测方法

定量预测法是根据比较完备的历史和现状统计资料，运用数学方法对资料进行科学的分析、处理，找出预测目标与其他因素的规律性联系，从而推算出未来的发展变化情况。

定量预测法具有预测精度高、预测方法科学、预测结果稳定等特点，在历史数据相对比较完整、准确，市场发展变化的环境和条件比较稳定，产品处于生命周期的成长期或成熟期，预测对象与某些相关因素之间呈现比较明显的制约关系，或预测对象随时间推移呈现比较明显的趋势等情况下，运用定量预测方法比较适宜，但定量预测方法成本较高，使用起来比较复杂，因此一般与定性预测方法结合使用，用定性的方法充分研究各种因素与市场的关系，在充分分析研究影响市场变化的各种因素的基础上确定预测值。

定量预测法一般包括时间序列预测法、回归预测法和概率预测法 3 种方法。

1) 时间序列预测法

时间序列，也称为时间数列、历史复数或动态数列。它是将某种统计指标的数值，按时间先后顺序排序所形成的数列。时间序列预测法就是通过编制和分析时间序列，根据时间序列所反映出来的发展过程、方向和趋势，进行类推或延伸，借以预测下一段时间或之后若干年内可能达到的水平。

时间序列分析法内容包括：收集与整理某种社会现象的历史资料；对这些资料进行检查鉴别，排成数列；分析时间数列，从中寻找该社会现象随时间变化的规律，得出一定的模式；以此模式去预测该社会现象将来的情况。

(1) 简单平均法。简单平均法就是在对时间序列进行分析研究的基础上，计算时间序列观察值的某种平均数，并以此平均数为基础确定预测模型或预测值的市场预测方法。

① 简单算术平均法。简单算术平均法是将观察期内的预测目标时间序列值加总平均，求得算术平均数，并将其作为下期预测值。

预测公式为

$$\hat{X}=\overline{X}=\frac{\sum_{i=1}^{n}X_i}{n}$$

简单算术平均法的优点是计算简便。当预测对象无显著长期趋势变动和季节变动时，采用此法，其预测结果大致可以令人满意。缺点是所有观察值不论新旧，在预测中一律同等看待，这是不符合市场发展的实际情况的。为了克服此缺点，在预测中可根据每个观察值的重要性赋予不同的权数，这就是加权平均法。

② 加权平均法。加权平均法预测公式为

$$\hat{X}=\overline{X}_W=\frac{\sum_{i=1}^{n}W_iX_i}{\sum_{i=1}^{n}W_i}$$

加权平均预测法的关键是确定权数，而权数完全是根据预测值和对时间序列的观察分析而定的。一般考虑两点，首先考虑距离预测期的远近。其次考虑时间序列本身的变动幅度大小，对于变动幅度较大的时间序列，给予的权数差异就大些；反之则小些。

加权平均预测法是考虑问题的一种思路，它为一些时间序列具体预测方法的建立提供了一定的基础，但在实践中一般不直接应用这种预测方法。这是因为，对于无趋势变动的时间序列，可以采用时序平均数法进行预测；而对于趋势变动明显的时间序列，无论怎样加大权重，均值也跟不上实际值的变动，它小于后期的实际观察值，更不能作为预测值。只有根据加权平均法的思路进行相应的转换，才能建立应用性很强的预测方法。

③ 几何平均法。几何平均法的预测公式为

$$\hat{X}=G=\sqrt[n]{X_1\bullet X_2\bullet\cdots\bullet X_n}$$

式中，G为几何平均数；X_i为观察期内环比发展速度或逐期增长率；n为数据的个数。

此公式用观察期内的各期实际数据a_i还可以表示为

$$\hat{X}=\sqrt[n]{\frac{a_1}{a_0}\bullet\frac{a_2}{a_1}\bullet\cdots\bullet\frac{a_n}{a_{n-1}}}$$

几何平均市场预测法适合用于有明显趋势的市场现象时间序列，其趋势变动规律表现为发展速度大致相同。此预测模型比较适合用于近期预测，若用于中期预测，则必须充分考虑现象在预测期的变化情况，并对预测值加以调整。

(2) 移动平均法。移动平均法是对时间序列观察值由远及近按一定跨越期计算平均值的一种预测方法，它保持期数不变。随着观察期向后推移，平均值也跟着向后移动，形成一个由平均值组成的新的时间序列。

移动平均法可以在一定程度上消除时间序列历史数据随时间变化引起的不规则变动的影响，修正了时间序列。另外，它是利用前T期的平均值作为下一期预测值的方法，其数据存储量较少。移动平均法适用于既有趋势变动又有随机波动的时间序列。

移动平均的具体方法有一次移动平均法、二次移动平均法和加权移动平均法。

① 一次移动平均法。一次移动平均法也称为简单移动平均法。它是指对于由连续移动形成的各组数据，用算术平均法计算其移动平均值，并将其作为下一期预测值。其公式为

$$\hat{X}_{t+1}=M_t^{(1)}=\frac{X_t+X_{t-1}+X_{t-2}+\cdots+X_{t-(n-1)}}{n}$$

一次移动平均法可以消除由于偶然因素引起的不规则变动，同时又保留了原时间序列的波动规律，而不是像简易平均法那样，仅用若干个观察值的一个平均数作为预测值。另外，每个移动平均值只需要几个观察值即可计算，需要存储的数据较少。

一次移动平均市场预测法也有其局限性：一方面，这种方法只能向未来预测一期；另一方面，对于有明显变动趋势的市场现象时间序列，一次移动平均法是不适合的，因为一次移动平均值大大滞后于实际观察值。

② 二次移动平均法。运用一次移动平均法求得的移动平均值存在滞后偏差，特别是在时间序列数据呈线性趋势时，移动平均值总是落后于观察值数据的变化。

二次移动平均法正是利用这一滞后偏差的演变规律，通过建立预测目标与时间的线性关系数学模型求得预测值的。二次移动平均法适用于时间序列数据呈线性趋势变化的市场预测。

二次线性移动平均法是对时间序列的一次移动平均值再进行第二次移动平均，以一次移动平均值和二次移动平均值所构成时间序列的最后一个数据为依据，通过建立线性预测模型进行预测。但同时要注意的是，一次移动平均值和二次移动平均值并不直接用于预测，只是用以求出线性预测模型的平滑系数和修正滞后偏差。

二次移动平均值的公式为

$$M_t^{(1)}=\frac{Y_t+Y_{t-1}+Y_{t-2}+\cdots+Y_{t-(n-1)}}{n}$$

$$M_t^{(2)}=\frac{M_t^{(1)}+M_{t-1}^{(1)}+M_{t-2}^{(1)}+\cdots+M_{t-(n-1)}^{(1)}}{n}$$

上面两个表达式分别是第 t 期的一次移动平均值和二次移动平均值，n 为计算移动平均值的跨越期。

二次移动平均预测法的预测模型为

$$F_{t+T}=a_t+b_t\cdot T$$

式中，T 为向未来预测的期数；a_t 为截距，即第 t 期市场现象的基础水平；b_t 为斜率，即第 t 期市场现象单位时间变化量。a_t 和 b_t 的计算公式如下：

$$a_t=2M_t^{(1)}-M_t^{(2)}$$

$$b_t=\frac{2}{n-1}\times(M_t^{(1)}-M_t^{(2)})$$

从计算公式中可以看出，二次移动平均预测模型的截距和斜率的确定是以一次和二次移动平均值为依据的，且各期的截距和斜率是变化的。二次移动平均法不但可以用于短期预测，也可以用于近期预测。二次移动平均法比一次移动平均法的适用面更广，在实践中应用较多。

③ 加权移动平均法。加权移动平均法是对市场观察值按预测期的远近给予不同的权数，并将其加权以计算移动平均值，以移动平均值为基础进行预测的方法。权数的确定与前面的加权平均数一样。

加权移动平均法的公式为

$$F_{t+1}=\frac{W_tY_t+W_{t-1}Y_{t-1}+W_{t-2}Y_{t-2}+\cdots+W_{t-(n-1)}Y_{t-(n-1)}}{\sum_{i=0}^{n-1}W_{t-i}}$$

式中，F_{t+1} 为加权移动平均预测值，Y_t 为时间序列中第 t 期的观察值；W_t 为移动平均的权数；n 为跨越期。加权移动平均法不但可以与一次移动平均法结合使用，还可以与二次移动平均法结合使用。

(3) 指数平滑法。指数平滑预测法是一种特殊的加权移动平均法，它的特点在于：第一，对离预测值较近的市场现象观察值给予较大的权数，而对离预测值较远的观察值给予较小的权数，这使得预测值能够在远期观察值影响未被完全忽视的前提下，敏感地反映市场现象的变化，减小了市场预测的误差。第二，对于同一个市场现象连续计算其平滑值，对于较早期的市场现象观察值不是一概不予考虑，而是给予递减的权数。

① 一次指数平滑法。一次指数平滑法是根据前期的实测数和预测数，以加权因子为权数，进行加权平均，来预测未来时间趋势的方法。为了使指数平滑值敏感地反映最新观察值的变化，应取较大的平滑常数α；如果所求指数平滑值是代表该时间序列的长期趋势值，则应取较小的平滑常数α。

在实际应用一次指数平滑法的时候，为了简化计算过程，常常将一次指数平滑值计算公式变形为一次指数平滑的预测模型，其公式为

$$\hat{Y}_{t+1}=S_t^{(1)}=\alpha Y_t+(1-\alpha)S_{t-1}^{(1)}$$

一次指数平滑预测模型的实际意义是：某期市场现象预测值等于前一期的一次指数平滑值。从一次指数平滑预测值公式和一次指数预测模型可见，指数平滑法是依次以旧平滑值或预测值为基础，计算新平滑值或预测值的过程。它所需要存储的数据只有Y_t、S_{t-1}，这使得预测过程得以简化。在使用过程中还要注意以下问题。

a．初始值的选取。对于第一个指数平滑值(即初始值)，一般可以采用两种方法来确定。一是令$S_0^{(1)}=Y_1$；二是取观察值前几期的平均值作为初始值。

b．平滑常数的选择

$$\begin{aligned}\hat{Y}_{t+1}&=S_t^{(1)}\\&=\alpha Y_t+(1-\alpha)S_{t-1}^{(1)}\\&=\alpha Y_t+(1-\alpha)(\alpha Y_{t-1}+(1-\alpha)S_{t-2}^{(1)})\\&=\cdots\\&=\alpha Y_t+(1-\alpha)\alpha Y_{t-1}+(1-\alpha)^2\alpha Y_{t-2}+\cdots+(1-\alpha)^N\alpha Y_{t-N}+(1-\alpha)^N S_{t-(N-1)}^{(1)}\end{aligned}$$

由此可见，平滑常数α的大小直接影响过去各期的数据对预测值的作用。α的值必须根据市场现象时间序列本身的规律而定。当时间序列变化剧烈时，宜选择较大的α值，以便很快跟上其变化。但要注意，取值越大，风险也就越大。当α取值接近于0时，则各期数据的作用缓慢减弱，呈比较平稳的状态。当时序的变化较为平缓时，α值可取得较小。通常在对同一市场现象进行预测的过程中，同时选择几个α值进行测算，并分别测算出各α值预测结果的误差，最后选择误差较小的α值。

② 二次指数平滑法。二次指数平滑法是指对市场现象实际观察值计算两次平滑值，并在此基础上建立预测模型，对市场现象进行预测的方法。二次指数平滑法与一次指数平滑法有着紧密的联系，二次指数平滑值必须在一次指数平滑值基础上进行计算。更重要的是，二次指数平滑法解决了一次指数平滑法不能解决的两个问题：一是解决了一次指数平滑法不能用于有明显趋势变动的市场现象的预测问题；二是解决了一次平滑只能向未来预测一期的不足。

二次指数平滑法的计算公式为

$$S_t^{(1)}=\alpha Y_t+(1-\alpha)S_{t-1}^{(1)}$$
$$S_t^{(2)}=\alpha S_t^{(1)}+(1-\alpha)S_{t-1}^{(2)}$$

式中，$S_t^{(1)}$为第 t 期的一次指数平滑值；$S_t^{(2)}$为第 t 期的二次指数平滑值；Y_t为第 t 期的实际观察值；α 为平滑常数。

二次指数平滑法的预测模型为

$$F_{t+T} = a_t + b_t \cdot T$$

式中，F_{T+t}为第 $t+T$ 期预测值；T 为向未来预测的期数；a_t 和 b_t 分别为模型参数。

二次指数平滑法预测模型实际上是近似的线性方程形式。a_t 是截距，b_t 是斜率。a_t 和 b_t 的计算公式如下：

$$a_t = 2S_t^{(1)} - S_t^{(2)}$$

$$b_t = \frac{\alpha}{1-\alpha}(S_t^{(1)} - S_t^{(2)})$$

对于二次指数平滑这种线性模型，在市场现象的观察期内第 t 期的模型参数 a_t 和 b_t 是随着观察值和一次、二次指数平滑值的变动而变动的，由此保留了市场现象的一些波动。而在预测期内，a_t 和 b_t 是固定的，即观察期内最后一期的 a_t 和 b_t 值。根据二次指数平滑预测模型，预测者不仅可以向未来预测一期，还可以预测两期或两期以上。

由此可见，二次指数平滑预测模型在一定程度上克服了一次平滑模型的不足，适合于具有明显趋势变动的市场现象的预测，可对市场现象向后预测两期或两期以上。它不但可以用于短期预测，而且还可以用于近期或中期预测。

(4) 趋势延伸法。趋势延伸法是遵循事物连续原则，分析预测目标时间序列资料呈现的长期趋势变动轨迹的规律性，用数学方法找出拟合趋势变动轨迹的数学模型，据此进行预测的方法。

应用趋势延伸法有两个假设：一是决定预测目标过去发展的因素在很大程度上仍将决定未来的发展；二是预测目标发展过程一般是渐进变化，而不是跳跃式变化。

常见的时间序列变化趋势线如图 3.1～图 3.6 所示。

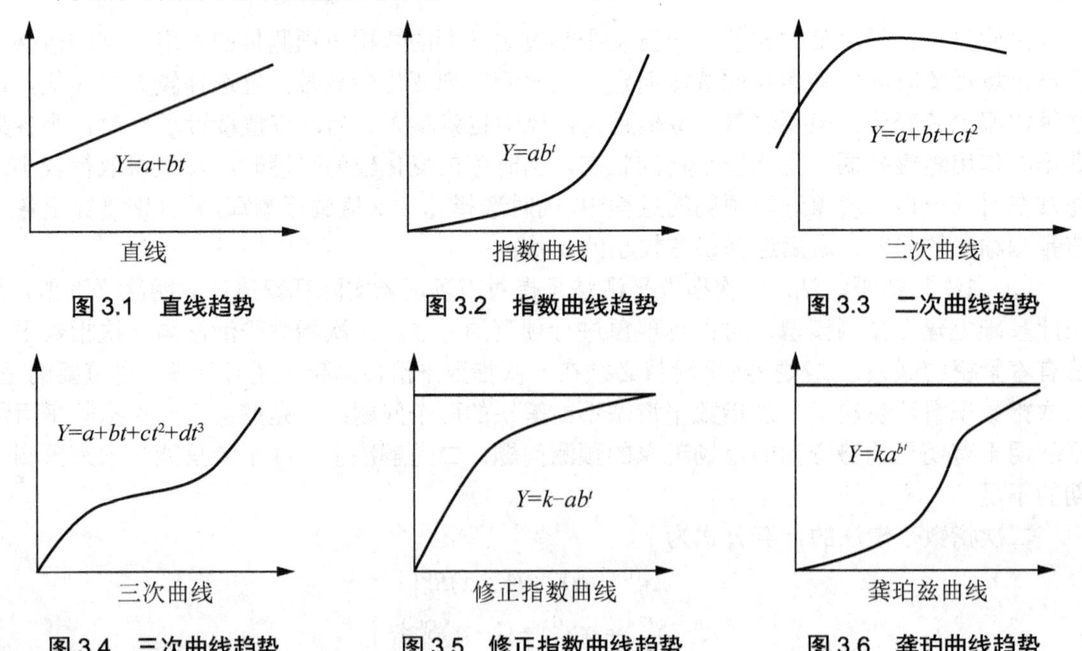

图 3.1　直线趋势

图 3.2　指数曲线趋势

图 3.3　二次曲线趋势

图 3.4　三次曲线趋势

图 3.5　修正指数曲线趋势

图 3.6　龚珀曲线趋势

正确掌握时间序列长期趋势变化轨迹是正确选择模型的关键。简便的方法是画时间序列的直角坐标的散点图，通过目估判断而定。确定了时间序列趋势线的数学模型之后，要设法确定数学模型中的参数，才能进行外推预测。

① 直线趋势延伸法。预测目标的时间序列资料逐期增(减)量大体相等时，长期趋势就基本上呈现出线性趋势，此时可选用直线趋势延伸法进行预测。

直线趋势延伸法的预测模型为

$$\hat{Y}_t = a + bt$$

其中

$$\begin{cases} \sum Y = na + b\sum t \\ \sum tY = a\sum t + b\sum t^2 \end{cases}$$

$$b = \frac{n\sum tY - \sum t \sum Y}{n\sum t^2 - (\sum t)^2}$$

$$a = \bar{Y} - b\bar{t}$$

直线趋势延伸模型较适合趋势发展平稳的预测对象的近期、中期预测；用平滑技术建立的线性模型更适合趋势发展中有波动的预测目标的短、近期预测。总之，两者各有特色，在很多场合相互配合使用效果更好。

② 曲线趋势预测法。在市场预测中，时间序列资料呈现的曲线形态很多，这里主要介绍时间序列资料呈现指数曲线、二次曲线、三次曲线和龚珀兹曲线的预测模型的建立及应用。

a．指数曲线趋势法。应用指数曲线趋势法的条件是：时间序列反映预测目标的发展趋势变动基本上表现为大体稳定地按一定比例增长的趋势。

指数预测模型为

$$Y = b_0 e^{b_1 t}$$

b．多次曲线趋势法。由微积分的知识可知，在一定的条件下，任意曲线可以用多项式(多次曲线)去逼近。如果观察时间 t 和观察值 Y 是非线性关系，多次曲线的预测模型为 $Y_t = a + bt + ct^2 + \cdots + Qt^m$，在实际应用中，最常见的就是二次或三次曲线。

二次曲线趋势法适合用于时间序列资料的变动属于由高到低然后再升高，或由低到高然后再降低的趋势形态的预测，即各数据点呈抛物线轨迹形态。若将二次曲线预测模型表示为

$$Y_t = a + bt + ct^2$$

当 $a>0$，$b>0$，$c>0$ 时，二次曲线开口向上，有最低点，曲线呈正增长趋势($t>0$)。

当 $a>0$，$b<0$，$c>0$ 时，二次曲线开口向上，有最低点，曲线呈负增长趋势($t<-b/2c$)。

当 $a>0$，$b>0$，$c<0$ 时，二次曲线开口向下，有最高点，曲线呈正增长趋势($t<-b/2c$)。

当 $a>0$，$b<0$，$c<0$ 时，二次曲线开口向下，有最低点，曲线呈负增长趋势($t>0$)。

上述 4 种形式二次曲线的轨迹如图 3.7 所示。

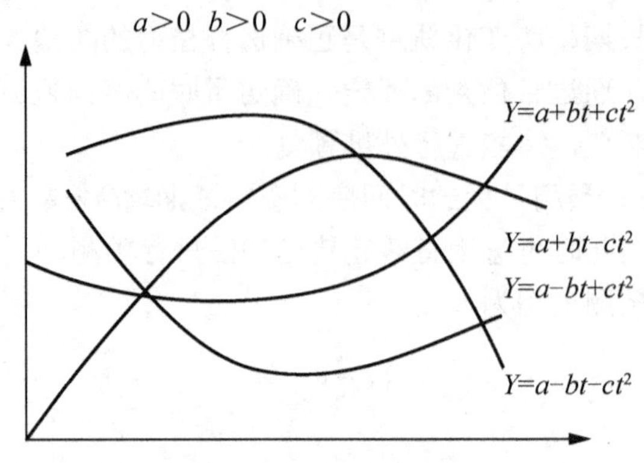

图 3.7 二次曲线轨迹

c．龚珀兹曲线法。企业市场营销管理通常要研究产品寿命周期，试图区分产品销售历史上的不同阶段，可通过确定产品所处的阶段或将要进入的阶段制订更好的营销计划。有关产品寿命周期大都认为一般商品的销售历史表现为一条 S 型增长曲线。该曲线一般分为萌芽期、成长期、成熟期和衰退期，如图 3.8 所示。

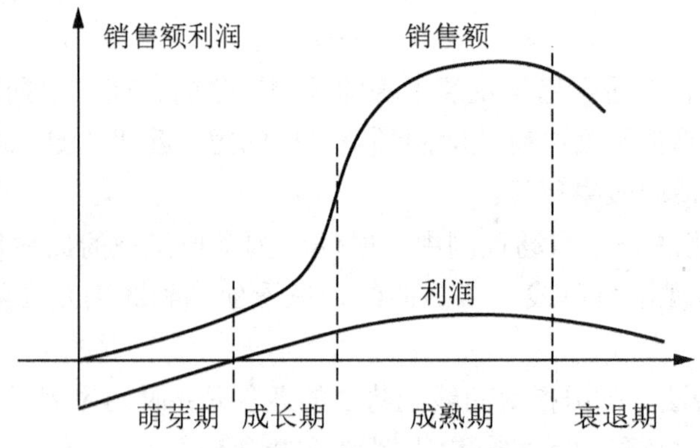

图 3.8 产品生命周期图

在市场预测中，如遇到预测目标销售历史资料发展趋势变动呈 S 型增长曲线，必须考虑发展过程极限值的影响时，就必须采用反映 S 型曲线的预测模型。

龚珀兹曲线是以英国科学家 B.龚珀兹命名的，其模型为

$$Y_t = ka^{b^t} \quad (0<a<1，<0<b<1，k>0)$$

逻辑曲线模型为

$$Y_t = \frac{k}{1+b_0 k b_1^t}$$

式中，Y_t 为历史发展 t 时期产品销售额(量)；t 为一个观察期中的某时间周期；k、a、b 为曲线的参数，k 表示产品开发过程市场的极限值。在掌握产品销售历史资料的情况下，通常利用三和值法计算 k、a 和 b 这 3 个参数。

三和值法是将时间序列分成相等的 3 个间距，分别求出每一个间距内各期时序值的和，再利用 3 个间距时序值的和计算参数的方法。它只能用来对参数进行粗略的估计，常用来确定具有 3 个参数的预测模型。用三和值法估计龚珀兹模型中参数的步骤如下。

对原时间序列做对数变换。将所得到的新时序数据平均分为3段，每段的间距期为n。分别求出三段的和，即

$$U_1=\sum_1 \lg Y_t\text{；}\ U_2=\sum_2 \lg Y_t\text{；}\ U_3=\sum_3 \lg Y_t$$

按下面的公式计算k、a、b。

$$b=\sqrt[n]{\frac{U_3-U_2}{U_2-U_1}}\text{；}\ \lg a=\frac{b-1}{b^n-1}(U_2-U_1)\text{；}\ \lg k=\frac{1}{n}\left[U_1-\frac{b^n-1}{b-1}\lg a\right]$$

(5) 季节变动预测法。季节变动是市场现象时间序列普遍存在的一种变动规律。对季节变动进行分析研究，可以掌握其季节变动规律，并由此对其预测期内的季节变动值做出预测。研究市场现象季节变动所收集的资料一般是月度或季度的，而且一般必须至少有4年或4年以上的资料。时间序列的季节变动往往不是单独存在的，而是伴随着趋势变动而存在的。对于含有季节变动的时间序列，可以建立季节模型加以预测。

① 无趋势变动的季节模型。对于不含趋势变动、只含季节变动的时间序列，一般采用季节水平模型对其进行预测。季节水平模型为

$$\hat{Y}_t=Y^*\cdot f_t$$

式中，Y^*为时序平均水平；f_t为季节指数。Y^*可以是预测前一年的月或季平均水平，也可以是已知年份所有数据月或季的平均水平。f_t称为季节指数，它表示季节变动的数量状态。它的计算公式为

$$f_t=\text{同月(或同季)平均数/已知年份月(月)总平均数}$$

② 含趋势变动的季节模型。市场现象中的季节变动大部分都是和趋势变动交织在一起的。对于这些市场现象，在研究其季节变动的同时，还必须考虑其长期趋势变动，即采用含趋势变动的市场现象季节变动预测模型。根据趋势变动和季节变动之间相互作用的方式不同，在研究时可采用不同的方法。

a. 季节型迭加趋势预测模型。若所研究和预测的时间序列既有季节变动又有趋势变动，而且其每年都出现的季节变动的变动幅度不随市场现象的趋势变动而变化，则需要采取季节型迭加趋势模型。

季节型迭加趋势模型为

$$\hat{Y}_t=a+bt+d_i$$

式中，$a+bt$为现象的趋势值部分；d_i为季节增量。模型的建立分两步：先分离趋势变动，再计算季节增量。

首先确定趋势直线方程。趋势直线的参数a和b可用最小二乘法确定，于是得到直线：$F_t=a+bt$，由直线方程可以计算出时间序列各期的趋势值F_t。

然后确定季节增量d_i。先利用下式计算已知各月的季节增量d_i：

$$d_i=Y_i-F_i$$

再根据下式计算已知年份同月季节增量d_i：

$$d_i=\frac{d_i+d_{i+T}+\cdots+d_{i+(m-1)T}}{m}$$

式中，i=1，2，3，4(对于季度数据)或 i=1，2，3，…，12(对于月度数据)；T 为时序数据的季节周期数；m 为已知时序数据季节数。

b．季节型交乘趋势模型。有些时间序列，既存在明显的季节变动，又含有长期趋势变动，而且时间序列的季节变动幅度随着现象的趋势变动而加大。对于这样的市场现象，在预测时要采用季节型交乘趋势模型。

季节型交乘趋势模型为

$$\hat{Y}_t = (a + bt) \cdot f_i$$

式中，$a+bt$ 为时间序列线性趋势变动部分；f_i 为时间序列各月(季)的季节指数。

模型的建立分两步进行，先分离出时序趋势变动，再求出季节指数。

首先确定趋势直线方程。趋势直线的参数 a、b 可用最小二乘法确定。

然后计算季节指数。先用下式计算样本季节指数 S_t：

$$S_t = \frac{Y_t}{F_t}$$

由于这些季节指数是直接用样本指数计算的，所以称为样本季节指数。它只反映季节影响给各期带来的实际波动。反映时间序列季节变动规律的是理论季节指数 f_t，它通过对各个周期内相应的样本季节指数进行平均而得到，即

$$f_t = \frac{S_i + S_{i+T} + \cdots + S_{i+(m-1)T}}{m}$$

2) 回归分析预测法

(1) 回归预测分析法概念。回归分析预测法，是在分析市场现象自变量和因变量相关关系的基础上，建立变量之间的回归方程，并将回归方程作为预测模型，根据自变量在预测期的数量变化来预测因变量的变化情况，自变量和因变量之间的关系大多表现为相关关系。

回归分析预测法是一种重要的市场预测方法，在对市场现象未来发展状况和水平进行预测时，如果能将影响市场预测对象的主要因素找到，并且能够取得其数据资料，就可以采用回归分析预测法进行预测。它是一种具体的、行之有效的、实用价值很高的常用市场预测方法。

回归分析预测法有多种类型。依据相关关系中自变量的个数不同分类，可分为一元回归分析预测法和多元回归分析预测法。在一元回归分析预测法中，自变量只有一个，而在多元回归分析预测法中，自变量有两个以上。依据自变量和因变量之间的相关关系不同，又可分为线性回归预测和非线性回归预测。

(2) 回归分析预测法的步骤具体如下。

① 根据预测目标，确定自变量和因变量。明确预测的具体目标，也就确定了因变量。如预测的具体目标是下一年度的销售量，那么销售量就是因变量。通过市场调查和查阅资料，寻找与预测目标的相关影响因素，即自变量，并从中选出主要的影响因素。

② 建立回归预测模型。依据自变量和因变量的历史统计资料进行计算，在此基础上建立回归分析方程，即回归分析预测模型。

③ 进行相关分析。回归分析是对具有因果关系的影响因素(自变量)和预测对象(因变量)

所进行的数理统计分析处理。只有当变量与因变量确实存在某种关系时，建立的回归方程才有意义。因此，作为自变量的因素与作为因变量的预测对象是否有关，相关程度如何，以及判断这种相关程度的把握性多大，就成为进行回归分析必须要解决的问题。进行相关分析，一般要求出相关关系，以相关系数的大小来判断自变量和因变量间的相关性大小。

④ 检验回归预测模型，计算预测误差。回归预测模型是否可用于实际预测，取决于对回归预测模型的检验和对预测误差的计算。回归方程只有通过各种检验，且预测误差较小，才能将回归方程作为预测模型进行预测。

⑤ 计算并确定预测值。利用回归预测模型计算预测值，并对预测值进行综合分析，确定最后的预测值。

(3) 回归分析法计算。回归方程可分为线性回归和非线性回归；一元回归(简单回归，一个自变量)和多元回归(复回归，两个或多个自变量)，其中最基本、最常用的是一元线性回归方程 $y=a+bx$， x 不是简单的时序数，而是一个有量纲的自然或社会经济变量，$\sum x_i \neq 0$，回归系数 b 和参数 a 可用以下公式先后求得：

$$b=\frac{n\sum x_i y_i-\sum x_i\sum y_i}{n\sum x_i^2-(\sum x_i)^2}=\frac{\sum(x_i-\bar{x})(y_i-\bar{y})}{\sum(x_i-\bar{x})^2}$$

$$=\frac{\sum x_i y_i-n\bar{x}\cdot\bar{y}}{\sum x_i^2-n\bar{x}^2}$$

$$a=\bar{y}-b\bar{x}=\frac{\sum y_i-b\sum x_i}{n}$$

得出回归方程后，需进行显著性检验(假设检验)以避免“失拟”：如果变量之间的线性相关程度足够高，回归系数显然不接近于零。若利用方程能较准确地解释统计数据的变化情况，就表明该方程回归效果显著，可有效地用于市场预测，使预测结果比较准确和可靠。检验方法有多种，如计算相关系数 $r(|r|\leqslant 1)$：

$$r=\frac{n\sum x_i y_i-\sum x_i\sum y_i}{\sqrt{\left[n\sum x_i^2-(\sum x_i)^2\right]\left[n\sum y_i^2-(\sum y_i)^2\right]}}$$

$$=\frac{\sum(x_i-\bar{x})(y_i-\bar{y})}{\sqrt{\sum(x_i-\bar{x})^2\sum(y_i-\bar{y})^2}}$$

除了 $|r|=1$ 表明 y 与 x 完全线性相关和 $|r|=0$ 表明 y 与 x 不相关这两个极端情况以外，$|r|$ 越接近于 1，表示线性相关程度越高；$|r|$ 越接近于 0，表示线性相关程度越低。一般把 $0.5\leqslant|r|\leqslant 0.8$ 称为显著相关，把 $0.8<|r|<1$ 称为高度相关。

回归方程检验有效后，将预测期自变量的取值代入方程中，即可求得因变量的预测值。该预测值只是一个可能的平均值，而实际值会在其上下一定幅度范围内波动。故除了做点估计外，还可以通过计算标准差做区间估计，测出预测值大致的波动范围，确定置信区间(一般要使实际值落入该区间的概率在 95%以上，达到较高置信度，但区间又不过宽)，以便实施控制。

本章小结

本章主要介绍了国际市场营销信息系统、国际市场营销调研和国际市场预测。国际市场营销信息系统部分主要介绍了国际市场信息和国际市场营销信息系统的内容。国际市场营销调研部分主要介绍了国际市场营销调研的概念、作用，市场营销调研的主要内容，调研的类型以及调研的程序，同时还简要介绍了国际市场调研组织。国际市场预测部分主要介绍了国际市场预测的概念、国际市场预测的分类以及国际市场预测的步骤，国际市场预测方法部分主要介绍了定性预测方法和定量预测方法。定性预测方法主要有个人经验判断法、集体经验判断法和专家小组法。定量预测方法部分主要介绍了时间序列预测法和回归分析法，其中时间序列预测法包括简单平均法、移动平均法、指数平滑法、趋势延伸法和季节变动预测法。

人们买的不是东西，而是他们的期望。

——物德·莱维特，营销大师

宁可模仿别人做得好，也不自己做得差。

——Mombengen，法国企业家

取得大量客户信息是不够的，关键是要利用这些信息，为各种客户创造个性化的服务。

——KenRobb，迪克超级市场营销总监

商人没有所谓景气不景气。无论情况如何，非赚钱不可。

——幸之助，松下电气创始人

习　　题

一、复习题

1. 选择题

(1) 国际市场营销调研和国内市场营销调研在以下哪个方面差别不大？(　　)

A．调研范围　B．调研程序　C．调研难度　D．调研成本

(2) 对目标国家的产业政策进行调研属于(　　)。

A．经济环境调研　B．政治环境调研　C．法律环境调研　D．技术环境调研

(3) 国际市场动态状况调研不包括(　　)。

A．市场需求状况　B．市场供给状况　C．市场反应状况　D．市场价格状况

(4) 依据调研问题的性质和目的划分，国际市场营销调研不包括(　　)。

A．描述性调研　B．因果性调研　C．专题性调研　D．预测性调研

(5) 实地调研方法不包括(　　)。

A．实地观察法　B．抽样调查法　C．询问调查法　D．实验法

(6) 国际市场预测工作的第一步是(　　)。

A．选择预测模型　B．拟定预测方案　C．确定预测目标　D．选择预测模型

2．填空题

(1) 一般来说，国际市场营销的调研________范围和________范围要远远大于国内市场营销调研。

(2) 对国际市场竞争信息的调研应当从________、________和________3 方面入手。

(3) 依据调研范围划分，国际市场营销调研可划分为________和________。

(4) 抽样调查方法一般包括________、________和________3 种方法。

(5) 根据预测性质划分，市场预测可分为________和________。

3．判断题

(1) 市场竞争结构分析中不仅要分析现有的竞争对手，而且还要分析潜在的竞争对手。(　　)

(2) 要确定一个完整的市场调研方案，首先要制定调研的方案。(　　)

(3) 描述性调研涉及事物的本质及影响事物发展变化的内在原因。(　　)

(4) 案头调研适用于对目标市场的微观环境进行调研。(　　)

(5) 市场调研是市场预测的基础，而市场预测则是市场调研的深入。(　　)

4．简答题

(1) 国际市场营销实务调研包括哪几个方面的调研？

(2) 国际市场营销调研计划包括哪 4 个方面的内容？

(3) 国际市场预测的步骤有哪几步？

5．思考题

(1) 一个完整的市场营销调研方案应包含哪些内容？

(2) 试举例说明如何进行市场预测分析。

二、案例应用分析

肯德基跟进选址策略

肯德基对快餐店选址是非常重视的，选址决策一般是两级审批制，要得到两个委员会的同意，一个是地方公司，另一个是总部。其选址成功率几乎是百分之百，这是肯德基的核心竞争力之一。

通常肯德基选址按以下几步骤进行。

1．商圈的划分与选择

(1) 划分商圈。肯德基计划进入某城市，就先通过有关部门或专业调查公司收集这个地区的资料。有些资料是免费的，有些资料需要花钱去买。把资料买齐了，就开始规划商圈。

商圈规划采取的是记分的方法，例如，这个地区有一个大型商场，商场营业额达到 1 000 万元算一分，5000 万元算 5 分，有一条公交线路加多少分，有一条地铁线路加多少分。这些分值标准是多年平均下来的一个较准确经验值。

通过打分把商圈分成好几大类，以北京为例，有市级商业型(西单、王府井等)、区级商业型、定点(目标)消费型、还有社区型、旅游型和社、商务两用型等。

(2) 选择商圈。即确定目前重点在哪个商圈开店，主要目标是哪些。在商圈选择的标准上，一方面要考虑餐馆自身的市场定位；另一方面要考虑商圈的稳定度和成熟度。餐馆的市场定位不同，吸引的顾客群不一样，商圈的选择也就不同。

例如，马兰拉面和肯德基的市场定位不同，顾客群不一样，是两个“相交”的圆，有人吃肯德基也吃马兰拉面，有人可能从来不吃肯德基专吃马兰拉面，也有反之。马兰拉面的选址当然也与肯德基不同。

而肯德基与麦当劳的市场定位相似，顾客群基本上重合，所以在商圈选择方面也是一样的。可以看到，在有些地方同一条街的两边，一边是麦当劳，另一边是肯德基。

商圈的成熟度和稳定度也非常重要。例如，规划局说要开某条路，在什么地方设立地址，将来这里有可能成为成熟商圈，但肯德基一定要等到商圈成熟稳定后才进入，例如说这家店 3 年以后效益会有多好，对现今没有帮助，肯德基投入一家店要花费好几百万元，当然不会冒亏损的风险，一定要遵循稳健的原则，保证开一家成功一家。

2. 聚客点的测算与选择

(1) 要确定这个商圈内最主要的聚客点在哪。例如，北京西单是很成熟的商圈，但不可能西单的任何位置都是聚客点，肯定存在最主要的聚集客人的位置。肯德基开店的原则是：努力争取在最聚客的地方和其附近开店。

过去古语说“一步差三市”。开店地址差一步就有可能差三成的买卖。这跟人流动线(人流活动的线路)有关，可能有人走到这，该拐弯，则这个地方就是客人到不了的地方，差不了一个小胡同，但生意差很多。这些在选址时都要考虑进去。

人流动线是怎么样的，在这个区域里，人从地铁出来后是往哪个方向走等。这些都应派人去掐表，去测量，有一套完整的数据之后才能据此确定地址。

例如，对店门前人流量的测定，是在计划开店的地点掐表记录经过的人流，测算单位时间内多少人经过该位置。除了该位置所在人行道上的人流外，还要测马路中间和马路对面的人流量。马路中间的只算骑自行车的，开车的不算。是否算马路对面的人流量要看马路宽度，路较窄就算，路宽超过一定标准，一般就是隔离带，顾客就不可能再过来消费，就不算对面的人流量。

肯德基选址人员将采集来的人流数据输入专用的计算机软件中，就可以测算出，在此地投资额不能超过多少，超过多少这家店就不能开。

(2) 选址时一定要考虑人流的主要动线会不会被竞争对手截住。因为人们现在对品牌的忠诚度还没到只吃肯德基看见麦当劳就烦的程度。只要你在我跟前，我今儿挺累的，我干嘛非再走那么一百米去吃别的，我先进你这儿了。除非这里边人特别多，找不着座了，我才往前挪挪。

但人流是有一个主要动线的，如果竞争对手的聚客点比肯德基选址更好就会有影响。如果两个一样，那么就无所谓了。例如，北京北太平庄十字路口有一家肯德基店，如果往西一百米，竞争业者再开一家西式快餐店就不妥当了，因为主要客流是从东边过来的，再在那边开，大量客流就被肯德基截住了，开店效益就不会好。

(3) 聚客点选择影响商圈选择。聚客点的选择也会影响到商圈的选择。因为一个商圈有没有主要聚客点是这个商圈成熟度的重要标志。例如，北京某新兴的居民小区，居民非常多，人口素质也很高，但据调查显示，找不到该小区哪里是主要聚客点，这时就可以先不去开店，待这个社区成熟了或比较成熟了，知道其中某个地方确实是主要聚客点再开。

为了规划好商圈，肯德基开发部门付出了巨大的努力。以北京肯德基公司而言，其开发部人员常年跑遍北京各个角落，对这个每年建筑和道路变化极大，当地人都易迷路的地方了如指掌。经常发生这种情况，北京肯德基公司接到某顾客电话，建议肯德基在他所在地方设点，开发人员一听地址就能随口说出当地的商业环境特征，是否适合开店。在北京，肯德基已经根据自己的调查划分出商圈，成功开出了56家餐厅。

肯德基与麦当劳市场定位相似，顾客群基本上重合，所以人们经常看到一条街道一边是麦当劳，一边是肯德基，这就是肯德基采取的跟进策略。因为麦当劳在选择店址前已做过大量细致的市场调查，挨着它开店不仅可省去考察场地的时间和精力，还可以节省许多选址成本。当然肯德基除了采取跟进策略外，它自己对店址的选择也有独到之处值得借鉴。

有了店址的评估标准和一些成功案例，就可以开发出一套店址的评估工具，它主要由下面几个表格组成：租赁条件表、商圈及竞争条件表、现场情况表、综合评估表。它是进行连锁经营店址评估的标准化管理工具。

(资料来源：《世界经理人》，网站：www.icxo.com)

问题：

(1) 肯德基在开店之前所做的市场调查对其选址有何作用？

(2) 结合肯德基的选址经验，讨论中国零售业进军海外市场时在市场调研方面的主要注意事项。

第 4 章 国际市场营销战略

教学目标

通过本章的学习，了解企业总体战略及其包含的稳定战略、发展战略和防御战略，理解和掌握国际市场营销战略的基本类型以及知识经济时代的国际市场营销战略类型。同时，掌握SWOT分析法、波士顿矩阵分析法和麦肯锡矩阵分析法3种主要的战略分析方法。

教学要求

知识要点	能力要求	相关知识
企业总体战略的确定	(1) 理解企业总体战略 (2) 理解稳定战略、发展战略和防御战略 (3) 战略选择分析方法的运用能力	(1) 企业总体战略的概念 (2) 安索夫矩阵 (3) SWOT分析法、波士顿矩阵分析法和麦肯锡矩阵分析法
国际市场营销战略类型	(1) 理解和掌握国际市场营销战略的基本类型 (2) 了解知识经济时代的国际市场营销战略 (3) 掌握国际市场营销战略的制定	(1) 国际市场营销战略的概念 (2) 企业国际市场营销战略的基本划分 (3) 知识经济时代的国际市场营销战略类型 (4) 制定国际市场营销战略的主要步骤

在任何场合，企业的资源都不足以利用它所面对的所有机会或回避所受到所有威胁，因此，战略基本上就是一个资源配置的问题，成功的战略必须将主要的资源用于最有决定性的机会。

——威廉·科恩

基本概念

总体战略　稳定战略　发展战略　防御战略　密集型发展战略　一体化战略　多元化战略
市场引力　全球化营销　市场定位

导入案例

羚羊与狮子

每天早上，一只非洲羚羊醒来，它就知道，必须要比跑的最快的非洲狮子还要快，否则它就会被吃掉；每天早上，一只非洲狮子醒来，它就知道，必须要比跑的最慢的非洲羚羊还要快，否则它就会被饿死；不管你是狮子，还是羚羊。太阳升起来的时候你就得开始跑了！

点评：战略决定成败

营销启示：奔跑起来吧，在这个竞争的社会中，如果企业停滞不前，还沉浸在旧日的辉煌里，那么最终的命运就是或者被吃掉，或者被饿死！

4.1　企业总体战略的确定

国际市场营销战略涉及的是设计和维持使国际化公司的目标、能力、资源与国际市场提出的挑战相匹配的战略。在复杂、瞬息万变的国际环境中国际市场营销战略使公司的资源和国际化目标两者之间建立起了联系。

4.1.1　企业总体战略

企业总体战略是指为实现企业总体目标，对企业未来发展的方向所作出的长期性、总体性、全局性的谋划。总体战略决定企业其他各战略业务单位在战略规划期限内的资源分配、业务发展方向，是指导企业未来若干年总体发展的战略，是制定企业各个经营领域战略和各职能战略的依据。总体战略是企业最高层次的战略，在企业战略体系和战略过程中居于首要地位。经营单位战略和职能战略都是为了实现总体战略目标而制定的。一般来讲，企业总体战略包括稳定战略、发展战略和防御战略。

1. 稳定战略

稳定战略(Stability Strategy)是企业在充分分析内外部环境变化的基础上，计划在未来一段时期内基本不改变企业内部原有资源分配和经营风格的战略，企业遵循与过去相同的战略目标，保持一贯的成长速度，同时不改变基本的产品或经营范围。它是在产品、市场等方面采取以守为攻，以安全经营为宗旨，不冒较大风险的一种战略。

1) 稳定战略的基本类型

稳定型战略是一种内涵型的经营战略，在市场需求及行业结构基本稳定的外部环境下，企业针对在经营管理等各方面存在的问题，在尽量不增加生产要素投入的条件下，调整企业内部结构，挖掘内部潜力，使企业的产品组合、组织结构以及其他各项工作合理化，以提高技术水平、优化产品工艺来实现企业扩大再生产。

企业稳定型战略主要有以下 3 种类型。

(1) 无变化战略。采用这种战略的企业除了每年按通货膨胀率调整其目标外，其他都暂时保持不变。这种战略一般出于两种情况考虑：一是先前的战略并不存在重大经营问题；二是过去采用的战略确保了企业经营的重大成功。在这两种情况下，企业高层战略管理者认为没有必要调整现行战略，或者害怕战略调整会给企业带来利益损失和资源配置的困难。

(2) 暂停战略。企业在持续经历一个快速发展的时期后，容易出现效率下降、组织功能弱化的趋势。战略管理者为了进一步优化内部资源配置，谋求今后更大的发展，可能会采用暂停战略。在暂停战略实施期间，企业可以获得储备内在能量的时间，为以后更大发展做好准备。例如：企业兼并后，为了更好地融合兼并企业与被兼并企业的经营业务，就可能采用暂停战略。

(3) 谨慎战略。企业所面临的外部经营环境变化短期内无法预测其发展趋势，而一旦错误地判断了环境变化趋势，实施了错误战略后则会给企业带来重大损失。在此情况下，企业将会有意识地放慢战略调整和战略实施的速度，耐心等待环境变化的趋势明朗化。这种战略称之为谨慎战略。

2) 采用稳定型战略的原因

企业采用稳定型战略可能有以下 4 种原因。

(1) 企业满足于过去所创造的经营业绩，希望保持或追求与过去大致相同的业绩水平。

(2) 当企业外部宏观环境或行业环境恶化，而企业短时期内又找不到进一步发展的机会，企业将维持原有的战略。

(3) 企业不愿冒改变现行战略而带来的风险。如果企业采用新的发展战略，企业经营者常会感到对新的产品或新的市场尚缺乏足够的认识和必要的准备，所以，采用稳定型战略使其感到更加保险。

(4) 企业内部刚上任的高层领导者，由于不太熟悉企业发展水平和发展趋势，一旦轻易调整或改变现行战略可能给企业造成动荡，所以，往往倾向于稳定一段时期，维护既有的产销规模和竞争地位。

2. 发展战略

发展战略(Growth Strategy)是指企业尽可能地利用外部环境中的机会，避开威胁，充分发掘企业内部资源潜力，以求得企业长足发展的战略。具体地讲，发展型战略是一种使企业在现有的战略水平基础上向更高一级的目标发展的战略。它以发展作为自己的核心内容，引导企业不断地开发新产品、开拓新市场，采用新的生产方式和管理方式，以便扩大企业的产销规模，提高竞争地位，增强企业的竞争实力。

发展型战略适用于处于有利发展环境，在产品、技术、市场上占有较大优势的企业。实施发展型战略，一方面会改善企业的经营效果，扩大企业的产品与市场范围，能动地改造市场战略环境，与处于同样环境的其他企业相比而言，销售收入和利润的增长都快得多。这样一来，企业可以通过发展提升自身的价值，获取新的成长机会，避免企业组织的老化，使企业充满生机和活力。但另一方面，发展战略也可能对企业形成风险。在采用发展战略获得初期的效果之后，很可能导致盲目地发展或为发展而发展，从而破坏企业的资源平衡。另外，过快地发展会造成企业新增机构、设备、人员协调性差，进而降低企业的综合经营能力，出现内部危机和混乱。当企业在资源和能力尚不足以支撑发展的企业时，采用发展战略的风险将更为巨大，一不小心“馅饼”就会变成“陷阱”。因此，企业必须对自身生存和发展做到有清晰的远景规划和明确的成长目标。

一般来说，发展战略包括密集型发展战略、一体化战略和多元化战略等几种基本类型。

企业总希望扩大生产经营规模，不断发展和壮大自身实力。针对发展战略，安索夫曾经提出一种探测新的成长机会的框架，见表4-1。

表4-1　安索夫矩阵

产品 市场	现有产品	新产品
现有市场	市场渗透战略	产品开发战略
新市场	市场开发战略	多元化战略

首先，管理者应该考虑在现有市场中，现有产品是否还能得到更多的市场份额(市场渗透战略)；考虑是否能为其现有产品开发一些新的市场(市场开发战略)；还应该考虑是否能为其现有市场发展若干有潜在利益的新产品(产品开发战略)。市场渗透战略、市场开发战略和产品开发战略统称为密集型增长战略，它们是企业在原有的业务范围内，充分利用其在产品和市场方面的潜力来求得成长的战略。

其次，管理者还可以利用自己在产品、技术、市场等方面的优势，采用使企业不断向纵深发展的一体化战略。企业如果在目前业务范围以外的领域发现了好机会，为了更多地占领现有市场和开拓新市场，避免经营单一的风险，还可以采用主动进入多种经营领域的多元化发展战略。

知识链接

伊戈尔·安索夫是战略管理的鼻祖，在战略管理中的特殊地位表现在对战略管理的开创性研究。作为战略管理的一代宗师，他首次提出了公司战略概念、战略管理概念、战略规划的系统理论、企业竞争优势概念，以及把战略管理与混乱环境联系起来的权变理论。他于1975年提出安索夫矩阵，以产品和市场作为两大基本面，区别出4种产品/市场组合和相对应的营销战略，是应用广泛的营销分析工具之一。

1) 发展战略的类型及适用条件

(1) 密集型发展战略也称加强型战略，它是指企业充分利用现有产品或服务的潜力，以快于过去的增长速度来求得成长与发展，强化现有产品或服务竞争地位的战略。该战略有时也称为集约型发展战略。具体包括以下内容。

① 市场渗透战略。所谓市场渗透战略是指实现市场逐步扩张的拓展战略，该战略可以通过扩大生产规模、提高生产能力、增加产品功能、改进产品用途等单一策略或组合策略提高现有产品或服务在现有市场上的份额。企业在以下情况下适合采用市场渗透战略：企业现有产品或服务未达到饱和状态；使用者可以提高对产品的使用率；在产品市场中，主要竞争者的市场份额有下降趋势；扩大规模可以给企业带来更多利益等。

② 市场开发战略。所谓的市场开发战略是指将现有的产品或服务增加到新的市场中，以增加销售量的战略。企业在以下情况下适合采用市场开发战略：具有可靠、便捷以及高质量的新的分销渠道；有未开发或是未饱和的市场；企业存在过剩的生产能力；企业的基础工业正在迅速发展等。

③ 产品开发战略。所谓的产品开发战略是指通过改进老产品或开发新产品的办法来增加企业在已有市场的销售量的战略。企业在以下情况下适合采用产品开发战略：公司产品处于生命周期的成熟期；企业在技术快速变革的行业中进行竞争；在同等价格下，竞争者可以提供更高质量的产品；企业在高速增长的产业中参加竞争；企业拥有非常强的研发能力等。

(2) 一体化发展战略指企业充分利用自己在产品、技术、市场上的优势，向经营领域的深度和广度发展的战略。一体化增长战略研究企业如何确定其经营范围，主要解决与企业当前活动有关的竞争性、上下游生产活动的问题。特别是纵向一体化是企业确定最佳经营范围时要涉及的核心问题之一，它主要涉及交易费用在决定企业边界以及企业内、外部关系方面的作用。

一体化战略分为横向一体化战略和纵向一体化战略。横向一体化战略也叫水平一体化战略，它是指为了扩大生产规模、降低生产成本、巩固企业市场地位、提高企业的竞争优势、增强企业实力而与同行业企业进行联合的一种战略。其实质是资本在同一产业和部门内的集中，目的是实现扩大规模、减低产品成本、巩固市场地位。纵向一体化战略又叫垂直一体化战略，它是指企业将生产与原料供应，或者生产与产品销售联合在一起的战略形式，是企业在两个可能的方向上扩展现有经营业务的一种战略，是将公司的经营活动向后扩展到原料供应或向前扩展到销售终端的一种战略体系。

营销案例

雅戈尔的一体化战略

雅戈尔集团创建于1979年，经过30多年的发展，逐步确立了以品牌服装、地产开发、金融投资三大产业为主体，多元并进、专业化发展的经营格局，成为拥有员工5万余人的大型跨国集团公司，旗下的雅戈尔集团股份有限公司为上市公司。2010年集团实现销售收入334.8亿元，利润总额48.99亿元，实现税收22.31亿元。总资产达到581亿元，净资产达到182亿元。

品牌服装是雅戈尔集团的基础产业，经过30年的发展，已形成了以品牌服装为龙头的纺织服装垂直产业链。2010年，雅戈尔在优化产业链、构建品牌方阵、加快生产基地梯度转移并向品牌运营型转型、推进面向未来的汉麻产业发展等方面精耕细作，品牌服装板块取得突破性发展。

目前，雅戈尔在全国拥有100余家分公司，400多家自营专卖店，共2 000余家商业网点。拥有衬衫、西服、西裤、茄克、领带和T恤6个中国名牌产品，主打产品衬衫为全国衬衫行业第一个国家出口免检产品，连续16年获得市场综合占有率第一位，西服连续11年保持市场综合占有率第一位。雅戈尔品牌多次获评最受消费者喜爱品牌和行业标志品牌。

2010年，雅戈尔在北京发布新品牌战略，公司旗下MAYOR、YOUNGOR、GY、“汉麻世家”和Hart Schaffner Marx首次集体亮相，标志雅戈尔在创建品牌道路上又立新的里程碑。MAYOR 、YOUNGOR 、GY由现有雅戈尔品牌细分而来，分别面向行政公务人员、商务人员、年轻时尚人群，目标是进一步在品牌定位、风格和内涵上建立鲜明的个性；“汉麻世家”为雅戈尔自主研发了绿色环保的汉麻系列产品；Hart Schaffner Marx则为雅戈尔代理的美国知名品牌。

雅戈尔目前已拥有一条厚实的商业链条，使得企业稳固发展，并具有抗击风浪的能力。雅戈尔不再只是雅戈尔自己的雅戈尔，它将纺织、服装和分销零售网络结合在了一起，实现了纵向一体化发展。

(3) 多元化战略是企业最高层为企业制定多项业务的组合，是为公司涉足不同产业环境中的各业务而制定的发展规划，包括进入何种领域，如何进入等。当企业拥有额外的资源、能力及核心竞争力并能在多处投放时，就应该实施多元化战略。同时，采用该种战略的企业的经理层应具备独特的管理能力，以同时管理多项业务，并能增强企业战略竞争能力。

① 相关多元化战略。相关多元化战略是企业为了追求战略竞争优势，增强或扩展已有的资源、能力及核心竞争力而有意识采用的一种战略。实行这种战略的企业增加新的但与原有业务相关的产品与服务，这些业务在技术、市场、经验、特长等方面相互关联。例如，我国的海尔、长虹等知名的家电企业都实行相关多元化的战略，它们在电视机、冰箱、空调器、洗衣机等多种家电产品中经营，广义地说，前面讲的纵向一体化也是相关多元化的一种形式。

相关多元化战略匹配关系给企业带来的优势主要从两个方面体现，一是产生范围经济；二是增加市场力量。

相关多元化战略的适用条件体现在：可以将专有技能、生产能力或者技术由一种经营转到另一种经营中去；能将不同的经营业务的相关活动合并在一起，降低成本；可以在新的经营业务中借用公司的品牌和信誉；以能够创建有价值的竞争能力的协作方式实施相关的价值链活动等。

索尼的多元化战略

长期以来，索尼公司一直致力于推行全方位的向音乐、电影、游戏和通信方面集中的战略。众所周知，索尼的优势在于制造电子设备，并通过这些设备来传输索尼的其他产品。作为索尼的主席，出井伸之在实施相关多元化战略方面一直阔步前进。许多索尼的随身听不仅可以播放磁带，而且可以从互联网上下载音乐；Clie 个人数字助理(PDA)同照相机一起使用；CoCoonhome 录像机可以通过手机来设定程序。东京 West LB Securities 的分析师 Lee Kun Soo 说："到目前为止，还没有哪个公司能做到这样。"

在不断推行相关多元化战略的同时，索尼也不可避免地面对许多挑战。例如其内容部门同电子消费品部门中小电器生产商目标的矛盾。前者要求严密保护版权，而后者则支持消费者自由交换音乐、软件、电影等产品。

不仅如此，在实施相关多元化战略的同时，业务单元的结合也会导致领导层的变动。例如索尼音乐的负责人穆托拉让位于 NBC 电视台执行官莱克。前者的离职源自于他不愿与索尼的同事商讨一种新的商业模式。

除此之外，相关多元化战略所创造的价值也超过其所涉及业务所创造的价值。从这一角度来看，尽管索尼在运营层面推行相关多元化战略比较成功，但是在运营层面和公司层面同时成功地推行相关多元化战略，还有很长的一段路要走。

虽然实现相关多元化战略绝非易事，但是出井伸之认为互联网与音乐、软件和电影等产品的结合前景广阔。相关多元化战略将为索尼带来丰厚的盈利。正如索尼目前所做的那样，索尼记忆棒的使用使得索尼的照相机、电脑等电子产品能够自由地交换数据。同时，索尼也将 1 200 部索尼电影中的 1/3 交给哥伦比亚影像数码化了，这样使得它们可以在很多硬件上使用。从目前战略实施的整体情况来看，索尼基本取得了一个较好的盈利效果。

② 非相关多元化战略。非相关多元化战略是指企业增加新的与原有业务不相关的产品或服务的经营战略，又称混合型多元经营战略或复合多元化、跨产业经营战略等，即企业所开拓的新业务与原有的产品、市场都没有相关之处，所需要的生产技术、经营方法、销售渠道等必须重新取得。例如，美国通用电气公司 20 世纪 80 年代收购了美国业主再保险公司和美国无线电公司，从而从单纯的工业生产行业进入金融服务业和电视广播行业，这种状况就属于非相关多元化战略。

非相关多元化战略的优势体现在以下几个方面：多个行业可以分散经营风险；通过投资于利润最佳的产业将公司的财力资源发挥到最大；公司获利能力更加稳定；在公司获利的基础上，保证增加股东财富等。

非相关多元化战略的适用性体现在：企业所在行业处于衰退期，销售额和利润下降；企业没有能力进入相邻产业；企业具有进入新产业所需的资金和人才；企业有机会收购一个有良好投资机会的企业等。

3. 防御战略

防御战略(Defense Strategy)是企业应付市场可能给企业带来的威胁，采取一些措施企图保护和巩固现有市场的一种战略。在某个有限的市场中，防御型组织常采用竞争性定价或高质量产品等经济活动来阻止竞争对手进入它们的经营领域，以此来保持自己的稳定。需要明确的是，防御型战略并不完全排斥进攻。和"战略"一词来源于军事一样，"防御型战略"也来源于军事，在军事中，防御型战略是指作战中的一方由于实力较弱，出于长期考虑，在较长一段时间内，采取不主动进攻的战略。

1) 防御战略的类型

① 收获战略是指企业应该减少特定领域的投资，改善企业的现金流量以保持原有利润的战略。

② 转向战略是指企业在现有经营领域不能完成原有产销规模和市场规模，不得不将其缩小；或者企业有了新的发展机会，压缩原有领域的投资，控制成本支出以改善现金流为其他业务领域提供资金的战略方案。

③ 放弃战略是指在转向战略无效时，可采取放弃战略。放弃战略的目的是要找到肯出高于企业固定资产时价的买主。

④ 清算战略是指卖掉其资产或停止整个企业的运行而终止一个企业的存在。

2) 防御战略的适用条件

① 宏观经济严重不景气，通胀严重，消费者购买力很弱。

② 企业的产品已经进入衰退期，市场需求大幅度下降，企业没有做好新产品的投入准备。

③ 企业受到强有力的竞争对手的挑战，难以抵挡。

④ 企业高层领导对市场的变动敏感度不强，不主动利用资源采取措施而是被动地采取防御战略。

4.1.2 企业总体战略选择

1. 总体战略选择标准

(1) 适宜性。适宜性是指备选战略是否与组织的期望和能力相一致，以及战略是否对周围相关的事件及趋势作出适当的反应。进行适宜性分析需要考虑以下几个方面：①市场份额。例如，当管理者因自身临近退休而希望企业保持现有规模时，合并可能是一个比较适合企业的战略。②市场扩张。当企业在所处的某一市场中增加市场份额时，会发生市场渗透，这一战略可能是比较适用的。例如，当企业有多余的生产能力或分销能力时，可能会导致现有客户增加购买量。③市场紧缩。当市场份额下降时会带来收益，这一战略可能看来是比较适用的。例如，当企业没有资金运作大型的投资改善经营策略而为保持市场份额，或当企业的市场受到廉价产品的侵蚀时。

(2) 可行性。可行性指企业所制定的战略在现实中是否可行，即评估一种战略实现的可行程度。实施可行性时必须考虑以下因素：①该战略是否能得到足够的资金支持；②企业的绩效是否能达到必须的水平，例如，质量或服务是否达到必须的水平；③是否能达到必须的市场地位，并且是否具有必要的营销技巧；④企业是否能处理来自竞争对手的挑战；⑤企业的管理层和经营层是否具有必要的能力；⑥是否具有足以在市场中进行有效竞争的技术(与产品和流程相关的技术)；⑦是否能获得必要的原料和服务；⑧企业是否能够交付该战略中指定的商品和服务；⑨是否有足够的时间来实施该战略。

(3) 可接受性。可接受性主要是所有股东对企业所制定的战略的看法及接受程度，特别是那些拥有重大权力且愿意行使权力的股东。它涉及股东对战略的期望值和战略的预期绩效。这包括对投资回报率(股东可能得到的好处)和风险(不能达到目标的风险以及相关后果)进行考虑。实施可接受性时一般须考虑以下因素：①环境因素。选定的战略应该能解决主要威胁和利用重大机会，无论是现在还是将来的；②内部能力和特征。这是指应该将谁的能力和技能包含在战略中，以便对其进行强调；应该提及谁的缺点以便在恰当的时间内对其进行纠正。另一个内部特征是指管理能力，即现有的或未来的管理层必须能够实施该战略；③该战略必须适用于企业现在和未来可获得的实物设施和财务资源。未来的资源必须是企业的能力范围以内可获得的资源，并且必须对其有详细的了解；④风险偏好。这涉及确保选定的战略完全适用于管理层和所有者的风险收益偏好。喜欢冒险的人会倾向于选择包含高风险但可能带来高回报的战略，而逃避风险的人喜欢防御性较强、比较保守的战略。

2. 总体战略选择分析方法

1) SWOT 战略分析法

SWOT 战略分析法是 20 世纪 80 年代初由美国旧金山大学管理学教授韦里克提出的战略分析方法。这种方法是把企业内外部环境所形成的机会(Opportunities)、风险(Threats)、优势(Strengths，企业所擅长、能够提高企业竞争力的方面)、劣势(Weaknesses，企业缺少的或者做不好的事情，因而在竞争力方面落后于竞争对手)4 个方面的情况结合起来进行分析，以寻找制定适合本企业实际情况的经营战略和策略的方法。

在 SWOT 战略分析法之前有迈克尔·波特提出的竞争理论，该理论从产业结构入手对一个企业“可能做的”方面进行了透彻的分析和说明，而能力学派管理学家则运用价值链解释企业的价值创造过程，注重对公司的资源和能力的分析。SWOT 战略分析法在综合了前面两者的基础之上，以资源学派学者为代表，将公司的内部分析(即 20 世纪 80 年代中期管理学界权威们所关注的研究取向，以能力学派为代表)与产业竞争环境的外部分析(即更早期战略研究所关注的中心主题，以安德鲁斯与迈克尔·波特为代表)结合起来，形成了结构化的平衡系统分析体系。

SWOT 战略分析方法自形成以来，广泛应用于企业战略研究与竞争分析，成为战略管理和竞争情报的重要分析工具。分析直观、使用简单是它的主要优点，即使没有精确的数据支持和更专业化的分析工具，也可以得出有说服力的结论。

(1) 理论基础。SWOT 战略分析法寻求企业外部环境与内部资源的良好匹配，使企业领导者能清晰地了解企业在资源和能力方面存在的优劣势、企业目前及未来将要面临的机遇和威胁，这对制定企业战略有极为重要的意义，战略制定者的任务就是要尽量使机遇与企业相结合，尽量避开威胁与劣势，使企业在未来竞争中取得胜利。

(2) 因素分析。因素分析包括外部环境因素分析和内部能力因素分析。外部环境因素包括机会因素和威胁因素，它们是外部环境对公司的发展有直接影响的有利和不利因素，属于客观因素。内部能力因素包括优势因素和弱点因素，它们是公司在其发展中自身存在的积极和消极因素，属于主动因素。在调查分析这些因素时，不仅要考虑到历史与现状，而且更要考虑未来发展问题。

(3) 战略选择。SWOT 战略分析法有 4 种不同类型的组合：优势—机会(SO)组合、弱点—机会(WO)组合、优势—威胁(ST)组合和弱点—威胁(WT)组合。

① 优势—机会(SO)战略是一种发展企业内部优势与利用外部机会的战略，是一种理想的战略模式。当企业具有特定方面的优势，而外部环境又为发挥这种优势提供有利机会时，可以采取该战略。例如良好的产品市场前景、供应商规模扩大和竞争对手出现财务危机等外部条件，配以企业市场份额提高等内在优势，可成为企业收购竞争对手、扩大生产规模的有利条件。

表 4-2 SWOT 分析表

潜在资源力量	潜在资源弱点	公司潜在机会	外部潜在威胁
• 有利的战略 • 有利的金融环境 • 有利的品牌形象和美誉 • 被广泛认可的市场领导地位 • 专利技术 • 成本优势 • 强势广告 • 产品创新技能 • 优质客户服务 • 优质产品质量 • 战略联盟与并购	• 没有明确的战略导向 • 陈旧的设备 • 超额负债与恐怖的资产负债表 • 超越竞争对手的高额成本 Higher • 缺少关键的技能和资格能力 • 利润损失部分 • 内在的运作困境 • 落后的 R&D 能力 • 过分狭窄的产品组合 • 市场规划能力的缺乏	• 服务独特有客户群体 • 新的地理区域的扩张 • 产品组合的扩张 • 核心技能向产品组合转化 • 垂直整合的战略形式 • 分享竞争对手的市场资源 • 竞争对手的支持 • 战略联盟与并购带来的超额覆盖 • 新技术开发通路 • 品牌形象拓展的通路	• 强势竞争者的进入 • 替代品引起的销售下降 • 市场增长的减缓 • 交换率和贸易政策的不利转换 • 由新规则引起的成本增加 • 商业周期的影响 • 客户和供应商的杠杆作用的加强 • 消费者购买需求的下降 • 人口与环境的变化

② 弱点—机会(WO)战略是利用外部机会来弥补内部弱点，使企业改变劣势而获取优势的战略。存在外部有利机会，但由于企业存在一些内部弱点而妨碍其利用该机会，在这种情况下企业可采取措施先克服这些弱点。例如，若企业弱点是原材料供应不足和生产能力不够，从成本角度来看，前者会导致开工不足、生产能力闲置、单位成本上升，而后者会导致加班加点，从而增加一些附加费用。在产品市场前景看好的前提下，企业可利用供应商扩大规模、新技术设备降价、竞争对手财务危机等机会，实现纵向整合战略，重构企业价值链，以保证原材料供应，同时可考虑购置生产线来克服生产能力不足及设备老化等缺点。通过克服这些弱点，企业可能进一步利用各种外部机会，取得成本优势，最终赢得竞争优势。

③ 优势—威胁(ST)战略是指企业利用自身优势，回避或减轻外部威胁所造成的影响。如竞争对手利用新技术大幅度降低成本，给企业造成很大的成本压力；同时材料供应紧张，其价格可能上涨；消费者要求大幅度提高产品质量；企业还要支付高额环保成本；等等，这些都会导致企业成本状况进一步恶化，使之在竞争中处于非常不利的地位，但若企业拥有充足的资金、熟练的技术工人和较强的产品开发能力，便可利用这些优势，开发新工艺，简化生产工艺过程，提高原材料利用率，从而降低材料消耗和生产成本。另外，开发新技术产品也是企业可选择的战略。新技术、新材料和新工艺的开发与应用是最具潜力的成本降低措施，同时它可提高产品质量，从而使企业回避外部威胁。

④ 弱点—威胁(WT)战略是一种旨在减少内部弱点，回避外部环境威胁的防御性战略。当企业存在内忧外患时，往往会面临生存危机，降低成本也许会成为改变自身劣势的重要措施。当企业成本状况恶化，原材料供应不足，生产能力不够，无法实现规模效益，且设备老化，使企业在成本方面难以有大作为时，将迫使企业采取目标聚集战略或差异化战略，以回避成本方面的劣势，并回避成本原因带来的威胁。

SWOT 战略分析法运用于企业成本战略分析可发挥企业优势，利用机会克服弱点，回避风险，获取或维护成本优势，将企业成本控制战略建立在对内外部因素分析及对竞争势态的判断的基础上。

特别提示

SWOT 方法的基本点就是企业战略的制定必须使其内部能力(优势和弱点)与外部环境(机遇和威胁)相适应，以获取经营的成功。

营销案例

沃尔玛 SWOT 分析

沃尔玛公司由美国零售业的传奇人物山姆·沃尔顿先生于 1962 年在阿肯色州成立。经过 40 多年的发展，沃尔玛公司已经成为美国最大的私人雇主和世界上最大的连锁零售商，多次荣登《财富》杂志世界 500 强榜首及当选最具价值品牌。

目前，沃尔玛在全球 15 个国家开设了超过 8 400 家商场，下设 55 个品牌，员工总数 210 多万人，每周光临沃尔玛的顾客两亿人次。2010 财政年度(2009 年 2 月 1 日至 2010 年 1 月 31 日)销售额达 4 050 亿美元，2010 财年慈善捐赠资金及物资累计超过 5.12 亿美元，比 2009 年增长超过 20%。2010 年，沃尔玛公司再次荣登《财富》世界 500 强榜首，并在《财富》杂志“2010 年最受赞赏企业”调查的零售企业中排名第一。

沃尔玛与其他连锁超市的不同之处在于，它总是想尽一切办法从进货渠道、分销方式以及营销费用、行政开支等各方面节省成本，提出了“天天平价、始终如一”的口号，并努力实现价格比其他连锁超市更便宜的承诺。严谨的采购态度、完善的发货系统和先进的存货管理是促成沃尔玛做到成本最低、价格最便宜的关键因素。

此外，沃尔玛采用了仓储式经营方式，因而在商品销售成本上充分体现出了规模效益。例如：山姆会员店内装修简洁，尽量利用所有的货架空间储存、陈设商品。价格不是标在每件商品上，而是统一标于货架，只要通过扫描商品的条形码，收银机便会准确地收取价款。商品多以大包装出售，以减低单独包装的成本。

随着世界经济的发展，沃尔玛也在不断改进自己的经营和管理水平，例如，人力资源的管理、物流与供应链管理、配送作业的方式等方面。

下面对沃尔玛进行 SWOT 分析。

1) 优势 Strengths

(1) 沃尔玛是著名的零售业品牌，它以物美价廉、货物繁多和一站式购物而闻名。

(2) 沃尔玛的销售额在近年内有明显增长，并且在全球化的范围内进行扩张。

(3) 沃尔玛的核心竞争力之一是由先进的信息技术所支持的国际化物流系统。在该系统的支持下，每一件商品在全球范围内的每一间卖场的运输、销售、储存等物流信息都可以清晰地看到。同时信息技术也提高了沃尔玛的采购效率。

(4) 沃尔玛的一个焦点战略是人力资源的开发和管理。优秀的人才是沃尔玛在商业上成功的关键因素，为此，沃尔玛投入了大量的时间和金钱对优秀员工进行培训，并采取多种措施建立员工忠诚度。

2) 劣势 Weaknesses

(1) 沃尔玛建立了世界上最大的食品零售帝国。尽管它在信息技术上拥有优势，但因为其巨大的业务拓展，可能导致对某些领域的控制力不够强。

(2) 因为沃尔玛的商品涵盖了服装、食品等多个部门，它可能在适应性上比起更加专注于某一领域的竞争对手存在劣势。

3) 机会 Opportunities

(1) 采取收购、合并或者战略联盟的方式与其他国际零售商合作，专注于欧洲或者大中华区等特定市场。

(2) 沃尔玛可以通过新的商场地点和商场形式来获得市场开发的机会。更接近消费者的商场和建立在购物中心内部的商店可以使过去仅仅是大型超市的经营方式变得多样化。

(3) 沃尔玛的机会存在于对现有大型超市战略的坚持。

4) 威胁 Threats

(1) 沃尔玛在零售业的领头羊地位使其成为了所有竞争对手赶超的目标。

(2) 沃尔玛的全球化战略可能使其在开展业务的国家遇到政治上的问题。

(3) 多种消费品的成本趋向下降，原因是制造成本的降低。造成制造成本降低的主要原因是生产外包给了世界上的低成本地区。这导致了价格竞争，并在一些领域内造成了通货紧缩。恶性价格竞争对沃尔玛来说是一个不小的威胁。

2) 波士顿矩阵分析法

波士顿矩阵(Boston Consulting Group, BCG Matrix)，又称市场增长率—相对市场份额矩阵、波士顿咨询集团法、四象限分析法等，是由美国著名的管理学家、波士顿咨询公司创始人布鲁斯·亨德森于1970年首创的一种用来分析和规划企业产品组合的分析方法。

波士顿矩阵认为一般决定产品结构的基本因素有两个：市场引力和企业实力。

市场引力包括企业销售量(额)增长率、目标市场容量、竞争对手强弱及利润高低等。其中最主要的是反映市场引力的综合指标—销售增长率，这是决定企业产品结构是否合理的外在因素。

企业实力包括市场占有率、技术、设备、资金利用能力等，其中市场占有率是决定企业产品结构的内在要素，它直接显示出企业竞争实力。销售增长率与市场占有率既相互影响，又互为条件：市场引力大，销售增长率高，可以显示产品发展的良好前景，企业也具备相应的适应能力，实力较强；如果仅有市场引力大，而没有相应的高销售增长率，说明企业尚无足够实力，则该种产品也无法顺利发展。相反，企业实力强，而市场引力小的产品也预示了该产品的市场前景不佳。

通过以上两个因素相互作用，会出现4种不同性质的产品类型，形成不同的产品发展前景：①销售增长率和市场占有率“双高”的产品群，即明星类产品；②销售增长率和市场占有率“双低”的产品群，即瘦狗类产品；③销售增长率高、市场占有率低的产品群，即问号类产品；④销售增长率低、市场占有率高的产品群，即现金牛类产品。

(1) 基本原理。波士顿矩阵分析法是将企业所有产品从销售增长率和市场占有率角度进行再组合的分析方法。在坐标图上，以纵轴表示企业销售增长率，横轴表示市场占有率，各以10%和20%作为区分高、低的中点，将坐标图划分为4个象限，依次为“问号(?)”、“明星(★)”、“现金牛(￥)”、“瘦狗(×)”。在使用中，企业可将产品按照各自的销售增长率和市场占有率归入不同的象限，使企业对现有产品组合一目了然，同时便于对处于不同象限的产品做出不同的发展决策。其目的在于通过产品所处不同象限的划分，使企业采取不同的策略，以保证其不断地淘汰无发展前景的产品，保持“问号”、“明星”、“现金牛”产品的合理组合，实现产品及资源分配结构的良性循环，如图4.1所示。

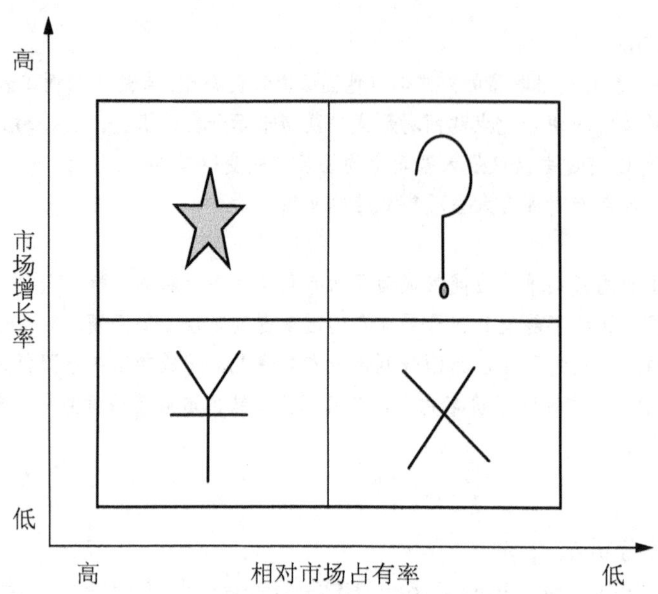

图 4.1 波士顿矩阵

(2) 基本步骤。核算企业各种产品的销售增长率和市场占有率。销售增长率可以用本企业的产品销售额或销售量增长率。时间可以是一年或是三年以至更长时间。市场占有率，可以分为相对市场占有率或绝对市场占有率。基本计算公式为

相对竞争地位(相对市场占有率)

=经营单位的销售额(当年)/主要竞争者的销售额(当年)

=经营者的绝对市场占有率/主要竞争对手的绝对市场占有率

市场增长率

=(当年是市场需求-去年市场需求)/去年市场需求

(3) 各象限产品的定义及战略对策具体如下。

① 明星产品。它是指处于高增长率、高市场占有率象限内的产品群，这类产品可能成为企业的现金牛产品，需要加大投资以支持其迅速发展。采用的发展战略是：积极扩大经济规模和市场机会，以长远利益为目标，提高市场占有率，加强竞争地位。对明星产品适合采用事业部形式，由对生产技术和销售两方面都很内行的经营者负责。

② 现金牛产品。它是指处于低增长率、高市场占有率象限内的产品群，已进入成熟期。其财务特点是销售量大，产品利润率高，负债比率低，可以为企业提供资金，而且由于增长率低，也无须增大投资。因而企业可以利用该类产品回收资金，支持其他产品，成为明星产品投资的后盾。对这一象限内的大多数产品，市场占有率的下跌已成不可阻挡之势，因此可采用收获战略，即所投入资源以达到短期收益最大化为目的。把设备投资和其他投资尽量压缩；采用榨油式方法，争取在短时间内获取更多利润，为其他产品提供资金支持。对于这一象限内的销售增长率仍有所增长的产品，应进一步进行市场细分，维持现存市场增长率或延缓其下降速度。对于现金牛产品，适合于用事业部制进行管理，其经营者最好是市场营销型人物。

③ 问号产品。它是处于高增长率、低市场占有率象限内的产品群。前者说明市场机会

大，前景好，而后者则说明在市场营销上存在问题。其财务特点是利润率较低，所需资金不足，负债比率高。例如在产品生命周期中处于引进期、因种种原因未能开拓市场局面的新产品即属此类问题的产品。对问题产品应采取选择性投资战略，即首先确定对该象限中那些经过改进可能会成为明星的产品进行重点投资，提高市场占有率，使之转变成“明星产品”；对其他将来有希望成为明星的产品则在一段时期内采取扶持的对策。因此，对问题产品的改进与扶持方案一般均列入企业长期计划中。对问题产品的管理组织，最好是采取智囊团或项目组织等形式，选拔有规划能力，敢于冒风险、有才干的人负责。

④ 瘦狗产品。它是处在低增长率、低市场占有率象限内的产品群。其财务特点是利润率低，处于保本或亏损状态，负债比率高，无法为企业带来收益。对这类产品应采用撤退战略：首先应减少批量，逐渐撤退，对那些销售增长率和市场占有率均极低的产品应立即淘汰。其次是将剩余资源向其他产品转移。最后是整顿产品系列，最好将瘦狗产品与其他事业部合并，统一管理。

3) 麦肯锡矩阵分析法

麦肯锡矩阵(McKinsey Matrix)是对公司的战略事业单元(SUBs)进行业务组合分析的一个管理模型。该矩阵将每一个战略事业单元的经营情况和外部行业情况结合在一起进行分析，目的是描述不同的战略事业单元的竞争状况，并帮助指导各战略事业单元之间合理配置资源。

麦肯锡矩阵是在 BCG 的基础上对行业吸引力和战略事业单元的竞争实力做了广义定义后作出的战略规划。按行业吸引力和事业单元的竞争实力两个维度评估现有业务，每个维度分三等级，共分成 9 个格以表示两个维度上不同级别的组合。两个维度上可以根据不同情况确定评价指标，如图 4.2 所示。

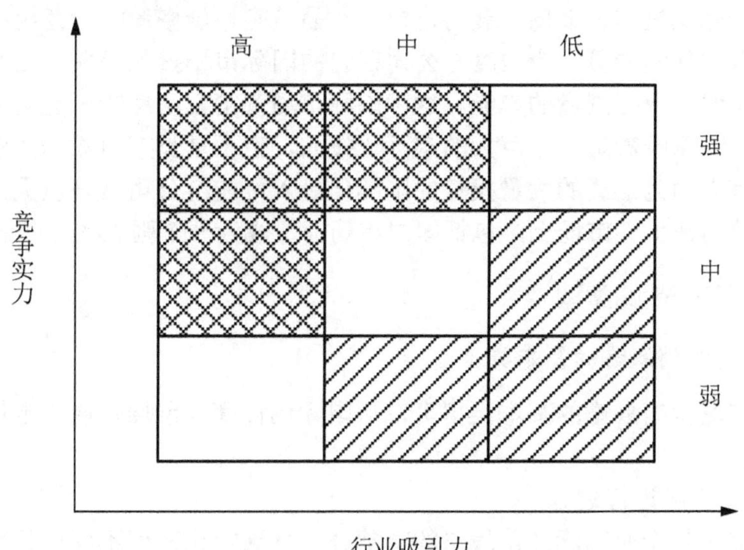

图 4.2 麦肯锡矩阵

(1) 行业吸引力。根据行业的相对吸引力，在 3 个横行中确定行业的位置。通常将行业吸引力划分为高、中、低 3 个等级。在确定行业吸引力时，需要综合考虑多种因素，如市场的绝对规模、市场的未来发展潜力、竞争格局、财务因素、技术因素、社会和政治因素等。

(2) 竞争实力。根据战略事业单元的竞争优势，在 3 个纵列中确定战略事业单元的位置。通常将经营优势划分为强、中、弱 3 个等级，在确定位置的过程中，需要考虑战略事业单元的规模、市场份额、竞争地位和比较优势等。

(3) 根据 GE 确定投资定位。如果战略事业单元位于矩阵的右下角，则表示其战略事业单元在没有吸引力的行业中处于竞争地位相对较弱的位置，可以考虑加大投资。如果战略事业单元位于矩阵的左上角，则表示在吸引力较高的行业中处于竞争地位相对较强的位置，可以考虑行业缩减。如果战略事业单元处于矩阵从左下角到右上角的中间对角线部分，则表示战略事业单元在行业吸引力和竞争地位二者的综合方面处于中等的位置，可以考虑进行行业平稳发展。

该矩阵是对 BCG 的改进，首先用行业吸引力代替了市场成长被引入进来作为一个评价维度。行业吸引力较之市场成长包含了更多的考虑因素。然后，用竞争实力代替了市场份额作为另一个维度，由此对每一个事业单元的竞争地位进行评估。同样的，竞争实力较市场份额也包含了更多的考虑因素。

4.2 国际市场营销战略类型

国际市场营销战略是指企业对于国际化进程中较为长期的总体打算及其实施的原则意见，它对于企业在国际市场上的生存和发展具有决定性的指导意义，也是拟定短期或年度国际营销策略的重要依据。主要包括企业国际营销目标和实现目标将采取的基本策略的原则等，如企业国际化进程、市场扩展与定位、产品策略、价格策略、营销渠道策略、促销策略等。国际营销战略的另一个维度与公司在它的国际市场投入相关，一些公司只是利用国际市场进行试水或分担过量的产能。这种国际市场营销方法尽管可能会为公司带来长期机遇，但是这并不意味着是一个巨大的国际化投入，也不是长期内成功的前提。一个长期的承担以资源和人力为形式的大量投资的国际化投入可能给公司带来巨大的回报。这样一种战略能够使公司在世界市场上，包括国内市场上，成为一个强大的竞争者。

4.2.1 国际市场营销战略类型

1. 国际市场营销战略的基本类型

企业国际市场营销战略的基本类型可以从国际化程度、市场扩展与定位和国际竞争 3 个方面进行划分。

1) 按国际化程度进行划分

国际营销战略是企业国际经营战略的一部分。从国际化程度不同进行划分，国际市场营销战略有 3 种基本方案：国际化战略、多国化战略和全球化战略。

国际化营销战略是指由国内市场向国际市场扩展，营销活动的重点在国内市场，供应国际市场的产品一般来自国内的制造商，与国内销售的产品没有什么差异，也称国际营销的本国中心主义。

多国化营销战略指企业选择若干不同国别、不同地区、不同细分市场的国外市场作为其国际营销的目标市场，并分别制定不同的营销组合，通常在不同市场地域分别生产适应当地市场需求的产品。这种战略国外市场与国内市场并重，营销中心多元化，也称为国际营销的多中心主义。

全球化营销战略指综合利用全球各个市场的资源优势，实现以资金调配为中心的全球资源调配和全面跨国营销管理。这一战略也称为国际营销的全球中心主义。全球化营销战略把若干地区或整个世界当做市场，在市场营销策略上强调一体化。

2) 按市场扩展与定位进行划分

市场扩展与定位战略是指企业为了实现其经营目标，不断调整其目标市场范围，同时结合企业和目标市场的特色完成市场定位的加强或调整。所谓市场定位，就是根据竞争者现有产品在市场上所处的位置，针对消费者或用户对该种产品某种特征或属性的重视程度，在消费者心目中塑造出本企业产品与众不同的形象。企业通常将选择目标市场与市场定位放在一起加以考虑，因为这两者之间存在着密切的联系。

根据是否开拓新的国别市场和是否在现有国别内寻求新的细分市场，国际市场扩展策略可以分为集中化战略、市场专门化战略和多元化战略 3 种。

① 集中化战略也称为专一化战略或者目标聚集战略，一般主攻某个特殊的顾客群、某产品线的一个细分区段或某一地区市场，在国际市场营销中是指将业务集中在已经进入的少数国家的少数细分市场，通常适用于刚刚开始实行国际化战略的企业。

② 市场专门化战略是指通过保持现有的细分市场而不断进入新的国家或国别市场来实现市场扩展，是配合多国化战略的典型策略，也往往作为企业实施全球化战略的一种过渡。

③ 多元化战略又称多角化战略，它是指企业同时经营两种以上基本经济用途不同的产品或服务的一种发展战略。多元化战略是相对企业专业化经营而言的，其内容包括产品的多元化、市场的多元化、投资区域多元化和资本多元化。在国际市场营销中该战略是指通过不断进入新的国家或国别市场和进入现有国家或国别市场的新的细分市场实现市场扩展，是大型跨国公司典型的国际营销策略，与全球化战略相匹配。

3) 按竞争战略的角度进行划分

从国际竞争的角度来区分国际营销战略有 3 种类型，即产品竞争战略、市场竞争战略和企业形象战略。

① 产品竞争战略指产品生产(经营)企业在激烈的市场竞争中，发挥自身优势，克服劣势，适应产品竞争环境的变化，确定正确的经营指导思想，制定企业的产品经营战略目标，选择达到目标的最佳手段和途径，以达到行为和经济效益的最优化的战略。在国际市场营销中，把企业的战略重点放在产品本身，强调高质量和低成本，其产品定位战略有成本降低、异样化和综合优势。其一般包括低成本战略(总成本领先战略)、差别化战略(别具一格战略)和专一化战略三大类。

② 市场竞争战略把眼光集中在不同市场上的人们的知觉上，强调采用恰当的营销手段加速市场接受能力，并牢固占领市场。在国际市场营销中，其竞争战略可以包括高质量竞

争战略、低成本竞争战略、差异优势竞争战略以及集中优势竞争战略等。与此同时，企业可以有 3 种市场竞争战略目标可以选择，即市场领导者、市场挑战者和市场追随者。

③ 企业形象战略，即CIS(Corporate Identity Strategy)，它是指对企业形象的有关要素(理念、行为、视觉)进行全面系统的策划、规范，并通过全方位、多媒体的统一传播，塑造出独特的、一贯的优良形象，以谋求社会大众认同的企业形象战略。CIS 不是一般的管理工程，也不仅仅是视觉传达设计，更不是仅仅为企业装潢门面，是企业总体战略的重要组成部分。在国际市场营销中，其重点是放在企业在市场上所树立的综合形象上面，将产品同市场知觉的一致性通过企业理念、行为和大众传媒获得社会的认同。

企业形象战略，即 CIS(Corporate Identity Strategy)，发源于欧洲，成长于美国，深化于日本。最早感知 CI 的是德国 AEG 电气公司，早期成功导入 CI 的当属美国国际商用机器公司(IBM)，紧随其后的是可口可乐公司将其推进高潮，好学的日本人在 20 世纪 60 年代就觉察到 CI 为欧美企业带来了无限的财富，于是他们也就积极引进 CI，并加于深化形成日本式的 CI 体系。CI 战略为日本企业树立了良好的企业形象，并创造了很多的全球品牌，比如：SONY、KENWOOD(健五)、松屋百货、麒麟啤酒等。

2. 知识经济背景下的国际市场营销战略

根据知识经济时代的基本特征，国际市场营销战略可划分为以下几类。

1) 营销创新战略

创新是知识经济时代的灵魂。知识经济时代为企业创新提供了良好的外部环境。创新作为国际营销的基本战略，主要包括以下几个方面。

(1) 观念创新。知识经济对人类旧的传统观念是一种挑战，也对现代营销观念进行着挑战。为了适应新的经济时代，使创新战略卓有成效，必须树立新观念，即以观念创新为先导，带动其他各项创新齐头并进。

首先要正确认识和理解知识的价值。知识不仅是企业不可缺少的资源，也是企业发展的真正动力源。同时，在市场经济条件下，知识本身又是一种商品，也具有价值。其次，要有强烈的创新意识，自觉地提高创新能力。营销创新不是企业个别人的个别行为，而是涉及企业全体员工的有组织的整体活动。

(2) 组织创新。组织创新包括企业的组织形式、管理体制、机构设置、规章制度等广泛的内容创新，它是营销创新战略的保证。例如，在组织形式上，许多企业还没有完成现代公司制的改造，旧的组织形式在某种程度上成为企业创新的羁绊。机构设置的不合理，分工过细，都不利于创新。

(3) 技术创新。随着科技进步的加快，新技术不断涌现，技术的寿命期趋于缩短，技术创新是企业营销创新的核心。一般地说，大中型企业都要有自己的研究开发机构。要不断开发新技术，满足顾客的新需求，即使传统产品，也要增加其技术含量。

(4) 产品创新。技术创新最后要落实到产品创新上，所以产品创新是关键。由于技术创新频率加快，所以新产品的市场寿命期也越来越短，这就要求企业不断加快产品创新。

营销案例

苹果公司创新的 7 个秘诀

1976 年，苹果公司由斯蒂夫·乔布斯(Steve Jobs，1955—2011)和斯蒂夫·沃兹尼亚克(Steve Wozniak，沃兹)创立，在当年开发并销售 Apple I 电脑；1977 年，发售最早的个人电脑 Apple II；1984 年，推出革命性的 Macintosh 电脑；2001 年，推出 iPod 数位音乐随身听，苹果宣布开设苹果零售店；2003 年，推出最早的 64 位元个人电脑 Apple PowerMac G5；2005 年，斯蒂夫·乔布斯宣布下一年度将采用英特尔处理器；2007 年 1 月 9 日，苹果电脑公司正式推出 iPhone 手机，并正式更名为苹果公司；2008 年，斯蒂夫·乔布斯在 Mac World 上发布了新设计的 MacBook 和 MacBook Pro，以及全新的 24 英寸 Apple LED Cinema Display；2009 年 9 月 10 日更新全线 iPod 产品(itouch、classic 和 nano)，其中第五代 nano 支持摄像和收音机功能，推出 iTunes 9，并正式推出 Snow Lepard 系统；2010 年 4 月 3 日推出 iPad 系列产品；2010 年 6 月 8 日，斯蒂夫·乔布斯发布了苹果第四代手机 iPhone4，并于 2011 年 4 月底在大陆销售。

在苹果公司的发展历程中，乔布斯成为了公司的精神领袖和传奇。2011 年 10 月 5 日，当乔布斯与世长辞之时，苹果公司网站上这样评价其创始人乔布斯——苹果公司失去了一位富有远见和创造性的天才，世界失去了一位伟人，我们更是失去了一位亲爱的朋友和一名鼓舞人心的导师。斯蒂夫留下了只有他才能够建立的公司和他的精神，这将永远是构成苹果的基石。其一生中创新秘诀可以总结为以下 7 点。

创新秘诀一：做你乐意做的事

乔布斯曾经鼓励员工：“人有激情就能让世界变得更美好。”乔布斯一生都跟随自己的内心，正是来自内心的激情实现了所有的这些创举。只有我们怀着推动社会前进的热情，才能够拥抱创新和独树一格的理念。

创新秘诀二：要有改变世界的理想

只有激情是不够的，需要远大的理想指引方向。1976 年乔布斯与沃兹尼亚克创办苹果公司时，乔布斯的理想是让每个人拥有一台电脑。1979 年，当乔布斯在施乐公司研究中心看到一套概念阶段的图形用户界面时，乔布斯眼前浮现出未来人人拥有图形用户界面计算机远景。随后乔布斯将该技术应用于苹果的麦金塔电脑，从而掀起全球图形化电脑界面的序幕。

创新秘诀三：跨界创新

“创造力是桥梁，是纽带”，乔布斯坚信桥梁和纽带的创新一定要进行跨界，一定要从其他行业寻找灵感。无论是电话簿、冥想、访问印度、钢琴等，都可以成为乔布斯的创新灵感源泉。

创新秘诀四：卖的不是产品，是梦想

购买苹果产品的人是什么呢？是顾客吗？不，乔布斯把顾客看作有血有肉有情感有梦想的人。而苹果公司的产品正是要帮助顾客去实现自己的梦想。伟大的产品将帮助顾客激发潜能天赋，这样的产品赢得用户的心。

创新秘诀五：少即是多

苹果产品以简洁著称，从 iPod 到 iPad，从包装到官网，苹果的创新意味着消除多余的元素，奉行少即是多。乔布斯说：“我对做过的事情感到自豪，但我对决定不做的事情同样感到自豪。”

创新秘诀六：提供超酷的体验

全世界最好的零售店就是苹果商店，其体验是超酷而又简洁的。苹果商店内没有收银员，却有产品专家、顾问和天才。因为苹果不是为卖而卖，而是为了丰富用户生活体验。这两者之间相差甚远。其实每个公司都可以这样去做，但是它们能接受这样的观念吗？

创新秘诀七：要懂得说故事

乔布斯是全球最擅长演讲的CEO，每一次的产品推介都是经过精心策划设计的故事，包括每一页 PPT、每一个图片、每一句话、每一个动作，苹果的产品发布成为一种行为艺术，每一次都全球瞩目并且在全球瞩目下揭示创新的产品。

(5) 市场创新。市场是复杂多变的，消费者未满足的需求是客观存在的。国际市场营销者要善于捕捉市场机会，发现消费者新的需求，寻求最佳的目标市场。我国现在有许多企业不注重市场细分，看不到消费者需求的差异性，把全国甚至是全世界各地都看成是自己的市场，因而在市场创新中缺乏针对性，导致营销效果和竞争力的降低。在市场创新中，要在科学的细分市场的基础上，从对消费者不同需求的差异中找出创新点，这是至关重要的。

在知识经济时代，创新战略是企业生存发展的生命线。观念创新是先导，组织创新是保证，技术创新是核心，产品创新是关键，市场创新是归宿。

2) 创新人才战略

营销创新是知识经济时代的必然要求，营销创新需要高素质的营销人才。知识经济时代的竞争，其实质是人与人、人的群体与个人高科技知识、智力、智能的竞争，是人的创新能力、应变能力、管理能力与技巧的综合素质的竞争。营销人才战略主要包括以下几个方面。

(1) 人本智源观念。营销者要牢固树立人才本位思想。知识经济时代，知识和能力是主要资源。知识和能力的生命载体是人。北大方正集团就是极好的例子，方正集团用了不到 10 年的时间，使得自身的资产增长了 7 000 倍。方正集团创始人王选说得好，他们靠的就是解决“才和财”的关系。他们是用“才”发财，发了财，选好“才”，增长知识再发财。方正集团把人才引进和利润追求结合起来，形成了“才”和“财”的良性循环，这是一种真正的知识产业、高技术产业。

(2) 终身学习观念。由于知识更新节奏的加快，一个大学生毕业工作 5 年后，将有

50%～60%的知识被更新掉。对于个人来说，要树立终身学习观念。对企业来说，要树立全员培训观念。

3) 营销文化战略

企业文化包括企业经营观念、企业精神、价值观念、行为准则、道德规范、企业形象以及全体员工对企业的责任感、荣誉感等。它不仅是提高企业凝聚力的重要手段，同时，它以企业精神为核心，把企业成员的思想和行为引导到企业的确定的发展目标上来，又通过对企业所形成的价值观念、行为准则、道德规范等以文字或社会心理方式对企业成员的思想、行为施加影响、控制。价值观是企业文化的基石。许多企业的成功，是由于全体员工能够接受并执行组织的价值观。

知识经济时代企业文化战略的特殊重要性，主要在于知识经济时代所依赖的知识和智慧不同于传统经济所依赖的土地、劳动力与资本等资源，它是深埋在人们头脑中的资源。知识和智慧的分享是无法捉摸的活动，上级无法监督，也无法强制，只有员工自愿并采取合作态度，他们才会贡献智慧和知识。

知识链接

知识经济并不是一个严格的经济学概念，它的缘起大约与新经济增长理论有关。在世界经济增长主要依赖于知识的生产、扩散和应用的背景下，美国经济学家罗默和卢卡斯提出了新经济增长理论。罗默把知识积累看作经济增长的一个内生的独立因素，认为知识可以提高投资效益，知识积累是现代经济增长的源泉。卢卡斯的新经济增长理论则将技术进步和知识积累重点地投射到人力资本上。他认为，特殊的、专业化的、表现为劳动者技能的人力资本者才是经济增长的真正源泉。

这些研究，使人们对知识与经济的关系产生了全新的认识。1996 年，世界经合组织发表了题为《以知识为基础的经济》的报告。该报告将知识经济定义为建立在知识的生产、分配和使用(消费)之上的经济。其中所述的知识，包括人类迄今为止所创造的一切知识，最重要的部分是科学技术、管理及行为科学知识。从某种角度来讲，这份报告是人类面向 21 世纪的发展宣言——人类的发展将更加倚重自己的知识和智能，知识经济将取代工业经济成为时代的主流。

一般认为，“知识经济”是以知识为基础的经济，是与农业经济、工业经济相对应的一个概念，是一种新型的富有生命力的经济形态；工业化、信息化和知识化是现代化发展的 3 个阶段；创新是知识经济发展的动力，教育、文化和研究开发是知识经济的先导产业，教育和研究开发是知识经济时代最主要的部门，知识和高素质的人力资源是最为重要的资源。

4.2.2 国际市场营销战略的制定

在环境不断变化的前提下，国际化公司的战略制定不能像典型的长期规划那样，战略制定的过程必须系统、持续不断，必须能够根据新的计划和潜在的威胁重新评估目标。国际市场营销战略的制定一般包括以下步骤。

1. 战略计划的确定

战略计划是企业根据外部市场营销环境和内部资源条件而制定的涉及企业管理各方面，是企业的长期计划，一般为 5～10 年左右，有的长达 20 年，它着眼于企业今后的主要目标和应采取的重大行动以及企业的发展战略和远景规划，它明确了企业今后的发展蓝图以及实现的步骤和方略。

2. 国际环境分析

在国际市场营销中，国际化公司可采用 PEST 分析法对国际环境进行客观、冷静、准确的分析，有利于企业抓住市场机会，避免竞争威胁，促进企业发展。对环境分析主要应侧重于以下几方面。

(1) 世界贸易的发展趋势。了解国际贸易趋势是增长还是衰退，贸易保护主义是否严重，跨国公司的发展趋势等。

(2) 国际关系。重点分析国际营销对象国处于冷战、和平抑或缓和等情况。

(3) 竞争者情况。国际市场营销中要分析主要的和潜在的竞争者情况。

(4) 出口地区政策、法规等。要了解该地区的政治、法律和经济发展情况，有关政策规定等。

3. 企业内部能力分析

分析企业自身的优势和劣势以及企业发展业务所受到的条件限制，是战略计划制订的基础。其主要内容具体如下。

(1) 人才和管理：国际营销的管理人员素质、技术水平，高层决策人员的思想和能力，未来人才的培养，国际营销人员的活动能力和业务能力，管理思想和手段的现代化程度等。

(2) 产品方面：有潜力产品和拳头产品，迎合国际市场需要的程度，生产能力，原料供货情况，产品研究和开发方向的分析等。

(3) 财务方面：当前和将来的流动资金来源，资金转移能力，利润目标，成本控制和预算等。

(4) 市场营销：现有的产品市场，产品的销售情况，国际市场的分销渠道，促销措施，竞争策略等。

4. 拟订战略目标

经过上面的企业外部环境和内部能力的分析，企业可以了解自身在国际市场上的地位，从而为战略目标的制定奠定了基础，有效、科学的国际市场营销战略目标应符合以下原则。

(1) 以国际市场为导向。国际市场营销企业的战略目标应着眼于国际市场，国际市场需要什么，企业就生产经营什么。有效的目标应以市场为出发点，根据国际市场需要制定营销战略。

(2) 具有必要的措施。国际市场营销战略计划不仅要提出明确的目标，而且要列出达到目标而采取的方针和重大措施，以使企业全体员工在重大问题上达成共识，齐心协力为企业的发展而奋斗。

(3) 富有激励性。国际市场营销的战略目标应具有鼓励全体职工奋发努力的作用，使职工振奋精神，同心同德，为企业的发展多做贡献。

5. 制定战略规划

对上述问题有了明确把握之后，就应着手制定国际营销战略规划。国际市场营销战略分以下几种类型。

(1) 增长战略。大多数的国际跨国公司以增加销售额和利润为目标而制定增长战略。公司可根据不同的市场状况，采用不同的增长战略，即当公司发现现有产品和现有市场还有发展潜力，它可以采取市场渗透的密集型增长战略；当公司发现本行业具有发展前途，公司与供应商与销售商联合起来可共同盈利时，它可以实行一定程度联营的一体化增长战略；当公司发现有实力创建新厂或收买别的企业时，它可以采用多样化增长战略以扩大经营范围。

(2) 产品战略。对出口的产品，公司可根据实际情况实行4种战略：不惜放弃短期收入来扩大市场份额的产品发展战略；保持当前产品的地位和维持市场份额的产品维持战略；不顾长远影响和追求产品短期利益的产品收缩战略；停止生产和企业资源移作他用的产品放弃战略。

(3) 市场战略。企业针对国际上的目标市场可采用扩大产品种类和逐步进入市场的增长战略；用全新产品和业务开拓新市场的新产品战略；根据国外消费者需求，适应市场变化以保护原有市场的保持战略；对无利可图的产品逐步退出市场的撤退战略。

本章小结

本章主要介绍了企业总体战略的确定和国际市场营销战略类型。企业总体战略的确定主要介绍了稳定发展战略、发展战略和防御战略三大战略基本类型、特征和适用条件，战略选择主要介绍了SWOT分析法、波士顿矩阵分析法和麦肯锡矩阵分析法。国际市场营销战略类型主要介绍了国际市场营销战略的基本类型、知识经济时代的国际市场营销战略以及国际市场营销战略的制定。

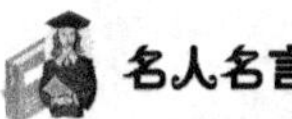

战略制定者的任务不在于看清企业目前是什么样子，而在于看清企业将来会成为什么样子。

——约翰·W.蒂兹

有什么样的战略，就应有什么样的组织结构。然而这一真理往往被人们忽视。有太多的企业试图以旧的组织结构实施新的战略。

——戴尔·麦康基

改变战略、结构和体系是不够的，除非它们赖以产生的思维方式也发生变化。

——彼得·圣吉

公司的目标可以集中企业资源，统一企业意志，振奋企业精神，从而指导、激励企业取得出色的业绩，战略制定者的任务就在于认定和表明企业的目标。

——约翰·基恩

习　　题

一、复习题

1. 选择题

(1) 在一段时期内降低成长速度、巩固现有资源的临时战略是哪种战略？(　　)
A. 无变化战略　　B. 维持利润战略　　C. 暂停战略　　D. 谨慎实施战略

(2) 以下哪种战略不属于密集型发展战略？(　　)

A．市场渗透战略　B．市场开发战略　C．产品开发战略　D．一体化战略

(3) 战略选择的标准不包括(　　)。

A．适宜性　B．可行性　C．可接受性　D．可理解性

(4) 销售增长率高、市场占有率低的产品群属于(　　)。

A．明星类产品　B．瘦狗类产品　C．问号类产品　D．现金牛类产品

(5) 国际经营战略的基本方案不包括(　　)。

A．国际化战略　B．多国化战略　C．全球化战略　D．异地化战略

(6) 知识经济时代的国际市场营销战略不包括(　　)。

A．营销创新战略　B．营销人才战略　C．营销组织战略　D．营销文化战略

2．填空题

(1) 安索夫矩阵是以________和________作为两大基本面，区别出 4 种产品/市场组合和相对应的营销战略。

(2) 防御战略包括________、________、________和________4 种类型的战略。

(3) SWOT 因素分析包括________因素分析和________因素分析。

(4) 波士顿矩阵分析法是将企业所有产品从________和________两个角度进行再组合的分析方法。

(5) 麦肯锡矩阵分析法按________和________两个维度评估现有业务。

(6) 企业国际营销战略的基本类型可以从________、________和________3 个方面进行划分。

3．判断题

(1) 稳定战略就是不发展战略。(　　)

(2) 多元化战略是指企业同时经营两种以上基本经济用途不同的产品或服务的一种发展战略。(　　)

(3) 波士顿矩阵是对公司的战略事业单元(SUBs)进行业务组合分析的一个管理模型。(　　)

4．简答题

(1) 企业总体战略可划分为哪 3 种战略？

(2) SWOT 战略分析法有哪 4 种不同类型的组合？

(3) 波士顿矩阵分析法中的 4 类产品定义及战略对策。

5．思考题

如何有效利用 3 种战略选择分析方法分析国际化企业营销战略？

二、案例应用分析

耐克的国际营销之道

有一则家喻户晓的耐克神话：在美国俄勒冈州的比弗顿市，四层楼高的耐克总部里看不见一双鞋，员

工们只忙着做两件事：一件事是建立全球营销网络，实施国际营销战略。另一件事是管理它遍布全球的公司。不用一台生产设备，耐克总公司缔造了一个遍及全球的帝国。一双耐克鞋，生产者只能获得几个美分的收益，而凭借其在全球的销售，耐克总公司却能获得几十甚至上百美元的利润。截至 2011 年 10 月，根据福布斯发布的最新财富统计数据，耐克公司又一次以 150 亿美金市值登上了最有价值体育品牌的头把交椅。

但那些将耐克公司视为企业杰出案例纷纷效尤的人们或许忘了，在 1982 年耐克曾经经历过一个举步维艰的阶段，阿迪达斯、匡威、锐步强敌环伺，销售额大幅下滑，在很多人眼里，耐克只是一家“挫败的、内部士气低落的二流制造企业”。

耐克的应对是将权力下放，增加了产品的品种，推动产品线的差异化。由原先的以篮球鞋为主转变到近几年的高尔夫运动用品系列，并以老虎伍兹为代言人，同时加强足球鞋的推广，以迎合足球运动人口的增加。目前足球运动用品系列的营业额已高达 10 亿美元，占有全球 25%的市场，在欧洲市场更高达 35%的市占率。在实施国际营销战略之下，公司用 18 个月的时间使局势稳定了下来，从 1993 年到 1997 年，耐克的销售额呈爆炸性增长，从 20 亿美元上升到 90 亿美元。

此外，和很多企业一样，耐克利用收购其他公司的方式加速扩张，继 1988 年之后，耐克相继收购了 Cole Haan 公司，在 1995 年兼并了冰鞋制造商 Bauer 公司，2002 年收购滑板及服饰制造商 Hurley International 公司，以及在 2004 年收购了运动鞋制造商 Converse 公司。耐克进行收购的策略就是寻求那些产品能互补、经营风格相似，以及有一定研发能力的企业，并利用收购打压对手。

耐克公司的现有业务结构中，Cole Haan 的鞋已经实现销售额约 3 亿美元，而耐克最初买下该公司，只花了 8000 万美元；至于 Converse 公司，在被收购前，其销售额一直下滑，但是在收购后，反而出现了 25%的增长。不仅如此，Cole Haan 公司的鞋类产品正好可以融入耐克先进制鞋技术，而如 Bauer 和 Hurley International 公司都有自己的研发中心，耐克在推出新品时，大部分都是参照他们的专业设计意见，而 Converse 则恰好弥补了耐克在帆布鞋领域的空白。

在并购的过程中，耐克也曾经犯下不少错误：在最初买下 Cole Haan 以后，耐克一厢情愿地把自己的想法贯穿到 Cole Haan 中，并沿用粗放型的管理模式，结果导致后者的强烈不满，在矛盾激化时，Cole Haan 甚至要求耐克的管理人员“滚出工厂”。在意识到自己的错误之后，耐克集团对并购的公司采取了开放的管理方式，并赋予其独立自主的权利，公司适时的反馈让耐克保证了重新获得市场的能力。

以并购作为企业扩张模式的同时，耐克继续在公司内部进行改造，把一个大的鞋类部门分为几个较小的部门，每个小部门分管一种体育项目的运动鞋，进而加快产品的开发进程。对企业的整个运作链，耐克也在进行调整，尤其是存货控制体系和海外销售体系。耐克要求经销商必须提前 6～8 个月就预定其总销量的 80%，这样才给予 10%的折扣。这使得耐克可以对订货情况了如指掌，并有足够的时间来安排，避免过多的存货，保证获得理想的出厂价。

此外，耐克在生产上采取了一种虚拟化策略，所有产品都不由自己生产制造，而是全部外包给其他的生产厂家加工，将公司的所有人才、物力、财力等资源集中起来，集中投入到产品设计和国际营销战略中去，培植公司的产品设计和国际营销能力。

虚拟企业的优点是“用最大的组织来实现最大的权能”。一个企业自身资源有限，组织结构功能有限，为实现某一国际营销战略而组成的虚拟企业中，每个成员只充当其中某部分结构功能，通过信息网络，支持着为虚拟企业依空间分布的生产而设立的复杂的后勤保障工作，这样的企业结构和传统的组织结构相比，有较大的结构成本优势，大大提高了企业的竞争力。

实施虚拟化生产，耐克公司将设计图纸交给生产厂家，让它们严格按图纸式样进行生产，尔后由耐克贴牌，并将产品通过公司的行销网络将产品销售出去。这种模式充分实现了优势互补的作用。耐克公司的这一国际营销战略的延伸，节约了大量的生产投资以及设备购置费用，将产品的生产加工外包给东南亚等地的许多发展中国家的企业，利用当地廉价的劳动力，极大地节约了人工费用，这也是耐克运动鞋之所以能以较低的价格与其他名牌产品竞争的一个重要原因。

当然，我们需要看到的是，虚拟企业的管理中有不少特殊因子。

虚拟企业从传统的权力直线制变成了平等协调制，从传统的上下级关系变成了平等的协调关系。虚拟企业的经理不再是命令发布者，而是彼此的协调者，虚拟企业要想发挥它的优势，必须进行知识管理(KM)，进行整个虚拟企业及相关合作单位之间的知识的挖掘、开发、保值、分享等业务，使个人的知识变为组织的知识，最大限度地整合资源。

同时，文化冲突对虚拟企业的负面影响会使虚拟化国际营销战略失败。因此，创造文化协同效应对国际营销战略尤为重要。面对着不确定的、不断变化的合作伙伴，如何避免沟通中信息的缺失，进行跨文化、跨背景、跨地域的沟通将对虚拟企业的成败起到非常关键的作用。

(资料来源：国际营销战略案例——耐克的国际营销之道.清华大学领导力培训项目网(2010))

问题：

(1) 耐克公司国际营销战略对中国企业有何启示？

(2) 耐克公司国际市场营销战略实施的影响因素有哪些？

第 5 章　国际市场营销竞争战略

教学目标

通过本章学习，了解国际市场竞争者的类型及国际竞争者对竞争对手的反应模式，掌握国际竞争对手分析方法和国际竞争战略。同时，掌握国际市场营销的几种竞争策略。

教学要求

知识要点	能力要求	相关知识
国际竞争者类型	(1) 了解国际竞争者类型 (2) 熟悉不同国际竞争者的反应模式	(1) 不同类型的国际竞争者 (2) 国际竞争者对竞争对手的反应模式
国际市场竞争分析	(1) 熟悉行业竞争结构分析 (2) 熟悉行业竞争对手分析	(1) 影响行业竞争的因素 (2) 竞争对手分析
国际竞争战略	掌握国际市场竞争战略	(1) 总成本领先竞争战略 (2) 差异化竞争战略 (3) 集中化竞争战略
国际竞争策略	掌握国际市场竞争策略	(1) 市场主导者竞争策略 (2) 市场挑战者竞争策略 (3) 市场追随者竞争策略 (4) 市场补缺者竞争策略

> 企业所采用的战略应能够打破正常的产业发展进程并创造不利于竞争者的新的产业条件。
>
> ——威廉·科恩

基本概念

竞争战略　行业竞争结构分析　总成本领先竞争战略　差异化竞争战略　集中化竞争战略
防御策略　进攻策略　市场追随者策略　市场补缺者战略

导入案例

农夫山泉的“差异化”

21 世纪初，中国水市竞争格局基本上已经成为定势。以娃哈哈、乐百氏为主导的全国性品牌已经基本上实现了对中国市场的瓜分与蚕食！同时，很多区域性品牌也在对水市不断进行冲击，但是往往很难有重大突破。当时，比较有代表性的水产品有深圳景田太空水、广州怡宝、大峡谷等，还有一些处于高端的水品牌，如屈臣氏等。但是，中国水市竞争主导与主流位置并没有改变。正是在此时，海南养生堂开始进入水市，农夫山泉的出现改变了中国水市竞争格局，形成了中国市场强劲的后起之秀品牌，并且，随着市场竞争加剧，农夫山泉在一定意义上逐渐取代了乐百氏成为中国市场第二大品牌，从而创造了弱势资源品牌打败强势资源品牌的著名战例。在具体的操作过程中，首先，农夫山泉买断了千岛湖 50 年水质独家开采权，在这期间，任何一家水企业不可以使用千岛湖水质进行水产品开发，不仅在瓶盖上创新，利用独特的开瓶声来塑造差异，而且打出“甜”的概念，“农夫山泉有点甜”成为了差异化的卖点；其次，为了进一步获得发展和清理行业门户，农夫山泉宣称将不再生产纯净水，而仅仅生产更加健康、更加营养的农夫山泉天然水，并且做了“水仙花对比”实验，分别将 3 株植物放在纯净水、天然水与污染水之中，我们会发现，放在纯净水与污染水中的植物生长明显不如放在天然水中生长速度快，由此，农夫山泉得出一个结论，天然水才是用营养水。其“天然水比纯净水健康”的观点通过学者、孩子之口不断传播，因而赢得了影响力，农夫山泉一气呵成，牢牢占据瓶装水市场前三甲的位置。

点评：出奇制胜，事半功倍

农夫山泉的成功，关键在于其采取了差异化竞争策略，一方面对自身的卖点不断提炼，从瓶盖的开盖声音到有点甜，从有点甜到后来的“水仙花对比”实验，宣称弱酸弱碱性；另一方面是善于炒作和造势，通过与对手进行对比来形成明显的差异，进而提升自己的品牌知名度，快速扩展市场份额。

5.1　国际市场竞争者类型

在国际市场上，由于不同企业自身的资源和条件不同，其在市场上的所处的地位不同，采取的市场营销竞争战略也不尽相同。有的企业规模大，技术先进，资金力量雄厚，在国际市场上具有广泛的影响力，这类企业属于市场主导者，如饮料业的可口可乐、汽车业的大众等国际知名企业。有的企业规模较小，技术和资金有限，在国际市场上缺乏影响力，这类企业属于被领导者，如大批的中小企业。而有的企业规模适中，拥有相当的技术和资金实力，随时可以向市场主导者发起进攻，这类企业属于市场挑战者，如饮料业的百事可乐、汽车业的福特等。企业所拥有的资源和条件不同，所处的市场地位各异，基于此它们所采取的市场营销战略也应当有所区别。

5.1.1 市场竞争者分类

1. 按竞争地位角度分类

1) 市场主导者

市场主导者是指在某个行业相关产品的市场上占有率最高的企业，在价格变化、新产品引进和研发、分销渠道覆盖和促销强度等方面对同行业的其他公司起着主导作用的公司，为同行业所公认。

2) 市场挑战者

市场挑战者是指在市场上的地位略逊于市场主导者，凭借自身的规模和实力，随时可以向市场主导者发起挑战和进攻的企业。处于市场挑战者地位的企业向市场主导者进行挑战，首先必须确定自己的挑战对象，然后选择适当的进攻策略。

3) 市场跟随者

市场跟随者是指那些安于次要地位，避免与其他企业，特别是市场主导者正面持续竞争，而宁愿跟随市场主导者，在“共处”的状态下尽可能多获利益的企业，在大多数情况下此类企业更愿意采用跟随者战略。

4) 市场补缺者

市场补缺者是指那些专心关注市场上被大企业忽略的某些细分市场，在这些细分市场上通过专业化经营来获得最大限度的收益，即在大企业夹缝之中求得生存和发展的小企业。市场补缺者的战略动机是通过专业化经营并专心为之服务，避免与主要企业竞争。市场补缺者比其他企业更能了解这些细分市场上的客户的需求，通过采取灵活巧妙的拾遗补缺的策略，提供某种具有特色的产品和服务，赢得发展的空间，甚至可能发展成为市场中的挑战者。

2. 按市场角度分类

1) 品牌竞争者

品牌竞争者是指同一行业中以不同品牌和相似的价格向相同的顾客提供同种形式产品或服务的其他企业。品牌竞争者之间的产品相互替代性较高，因而竞争非常激烈，品牌竞争者均以培养顾客品牌忠诚度作为争夺顾客的重要手段，如冰箱市场中，海尔冰箱、新飞冰箱、美菱冰箱等厂家之间的竞争关系。

2) 行业竞争者

行业竞争者是指在同一行业内为满足顾客同一种需求而提供同种或同类产品，但规格、型号、款式不同的企业。行业竞争者之间也存在彼此争夺市场的激烈竞争关系，如生产家用空调与生产中央空调的厂家、生产高档汽车与生产中档汽车的厂家之间的关系。

3) 形式竞争者

形式竞争者是指提供不同种类的产品，但满足和实现消费者同种需要的各种形式之间的竞争者。如航空公司、铁路客运、长途客运汽车公司都可以满足消费者长途旅行的需要，当汽车票价上涨时，乘汽车旅行的旅客可能会减少，乘飞机、坐火车旅行的旅客就可能会增加，它们相互之间争夺满足消费者长途旅行这一形式的需要。

4) 愿望竞争者

愿望竞争者是指提供不同产品以满足消费者的不同愿望，但目标消费者群体相同的企业。如消费者收入水平提高后，可以把钱用于旅游，也可用于购买汽车，或购置房产，因而这些企业间存在相互争夺消费者购买力的竞争关系，消费支出结构的变化，对企业的竞争有很大影响。

3. 按行业角度分类

1) 现有竞争者

现有竞争者是指本行业内现有的生产同类产品的企业，现有竞争者也是企业的直接竞争者。

2) 潜在竞争者

当行业发展前景乐观、能获取超额利润时，会引来新的企业进入该行业，使该行业增加新的生产能力，并要求重新瓜分市场份额和主要资源，这类企业称之为潜在竞争者。此外，多元化经营的大型企业还经常利用其资源优势从一个行业进入另一个行业，此类企业也属于潜在竞争者。

3) 替代品竞争者

与某一类产品具有相同功能，能满足同一需求的不同性质的其他产品，属于替代品，而生产此类替代品的企业则称之为替代品竞争者。随着科学技术的发展，替代品将越来越多，某一行业的所有企业都将面临与替代品竞争者进行竞争的情况。

5.1.2 市场竞争者目标分析

在现代市场经济条件下，企业必须根据市场需要配置资源，制定战略。因此，必须注重对市场的分析和研究。而在市场分析中，竞争者的目标分析至关重要。知己知彼，百战不殆。只有了解竞争者的目标和动向，才能在市场竞争中把握先机，争取顾客，进而在激烈的市场竞争中立于不败之地。

最初经营者认为，所有的竞争者都是以追求利润最大化为目标，并以此为出发点采取各种行动。但是，这种假设过于简单，竞争者虽然无一例外地关心其利润，但它们往往并不把利润作为唯一的或首要的目标。

特别提示

企业都是以盈利为目的的，但是企业为了实现盈利而设定的阶段性目标却是多样化的，在不同阶段为了应对市场竞争，利润就不再是唯一的或首要的目标。

在利润目标的背后，竞争者的目标是一系列目标的组合，对这些目标竞争者各有侧重，且在不同阶段都有侧重点不同的目标组合，如盈利能力、市场占有率、资金流动性、技术领先和服务领先等。企业只有了解了每个竞争者的重点目标，才能正确估计和预测他们对不同的竞争行为将会做出什么样的反应。例如，一个追求低成本领先的竞争者对于它的竞争对手因技术性突破而使成本降低所做出的反应，比对同一位竞争者增加广告宣传所做出的反应要强烈得多。同时，企业还必须注意监视和分析竞争者的行为，跟踪了解竞争者进入新的产品细分市场的目标，如果发现竞争者开拓了一个新的细分市场，那么，对于企业来说这可能是一个新的市场发展机遇；如果企业发现竞争者开始进入本公司经营的细分市场，这意味着企业将面临新的竞争与挑战，那么，本企业就应抢先下手，予以回击。对于这些市场竞争动态，企业若了如指掌，就可以争取主动，有备无患。

竞争者目标的差异也会影响到其经营模式。竞争者是寻求长期业绩还是寻求短期业绩，是提高市场份额还是提高产品利润率，将会影响到竞争者在利润与收入增长之间的权衡，日本企业一般采取以提高市场占有率为目标的经营模式，以较低的资金成本占据较高的市场份额，并保持较高的收入增长率。而美国企业则因其经营目标是股东利益最大化，一般都采取短期利润最大化的经营模式，因为美国企业每个季度都要发布一次财报，而其财报中的业绩是由股东评价的，如果短期利润下降，股东就可能会对企业失去信心，抛售股票，导致企业资金成本上升，不利于企业的发展。

5.1.3 市场竞争者的战略判断

产业、市场、顾客的全球化使企业面临的不是要不要进行全球营销的问题，而是如何进行全球营销的问题。企业只有在所面临的全球化竞争中获得比较优势才能够生存下去，否则就会在竞争中处于劣势，甚至威胁到自身的生存。

各个企业所采用的竞争战略可能各不相同，但一个行业里的某些企业却可能实行相同的或近似的战略，从而在全球范围内形成一个个实行不同经营战略的战略群，这就为识别竞争者的战略提供了一个很好的方法。企业采取的战略越相似，它们之间的竞争就越激烈。在多数行业中，根据所采取的主要战略的不同，可将竞争者划分为不同的战略群体。例如，在美国的主要电器行业中，通用电器公司、惠普公司和施乐公司都提供各种中等价格的电器，因此可将它们划分为同一战略群体。

(1) 对于市场竞争者而言，同一战略群体内的竞争最为激烈，公司最直接的竞争者就是那些处于同一行业采取同一战略的公司。

(2) 不同战略群体之间存在现实或潜在的竞争，这是因为：第一，某些战略群体可能具有相同的目标客户；第二，某些顾客可能分不清不同战略群体的产品的区别，如分不清高档货与中档货的区别；第三，属于某个战略群体的企业可能改变战略，进入另一个战略群体，如提供中档货的企业可能转向生产高档货。

(3) 不同战略群体的进入与流动障碍不同，企业进入不同战略群体的难易程度不同。一般小型企业适合进入投资和声誉门槛都较低的群体，因为这类战略群体比较容易进入；而实力雄厚的大型企业则可考虑进入竞争性强的群体。另外当企业决定进入某一战略群体时，首先要明确谁是主要的竞争对手，然后再确定自己的竞争战略。

5.1.4 市场竞争者的优劣势分析

在市场竞争中，企业需要分析竞争者的优势与劣势，做到知己知彼，才能有针对性地制定正确的市场竞争战略，以避其锋芒、出其不意、攻其不备，利用竞争者的劣势来争取市场竞争的优势，从而实现企业的营销目标。

企业估计竞争者的优势及劣势需要了解竞争者执行各种既定战略的情报是否达到了预期目标，需要大量搜集竞争者的情报和数据，如销售额、市场占有率、边际利润、投资收益、现金流量、发展战略等。企业可以通过对中间商和顾客进行调查等方式了解竞争者和自己的长处和劣势，进一步采取对策。

竞争优势是指一个企业超越其竞争对手的能力，或者指公司所特有的能提高公司竞争力的东西。例如，当两个企业处于同一市场或者说它们都有能力向同一顾客群体提供产品和服务时，如果其中一个企业有更高的盈利能力或盈利潜力，那么，我们就认为这个企业比另外一个企业更具有竞争优势。竞争劣势则是指公司缺少或做得不好的东西，或指某种会使公司处于劣势的条件。通常应当从以下几个方面分析市场竞争者的竞争优势或竞争劣势。

(1) 技术创新能力：生产技术革新能力，低成本生产方法，产品创新能力，质量控制体系，产品的适销性，以及产品系列的宽度与深度等。

(2) 资金实力：竞争企业的资金结构、筹资能力、现金流量、资信度、财务比率、财务管理能力。

(3) 生产与经营能力：企业的生产规模与生产成本水平，设施与设备的技术先进性与灵活性，生产能力的扩展性，质量控制与成本控制，原材料的来源与成本。

(4) 组织能力：组织成员价值观的一致性与目标的明确性，组织结构与企业策略的一致性，组织结构与信息传递的有效性，组织对环境因素变化的适应性与反应程度，组织成员的素质。

(5) 市场营销能力：市场营销组合的水平，市场调研与新产品开发的能力，销售队伍的培训与技能，销售渠道的广度与深度，销售渠道的效率与实力，销售渠道的服务能力。

(6) 管理能力：企业管理者的领导素质与激励能力，组织协调能力，管理者的专业知识，管理决策的灵活性、适应性和前瞻性。

(7) 人力资源能力：关键领域的技术研发人员综合研发能力，销售人员的营销能力和营销经验。

5.1.5 市场竞争者的反应模式

每个市场竞争者都有自身的经营哲学和指导思想，分析市场竞争者的目的是为了了解各个竞争对手所可能采取战略行动的实质和成功的希望；各个竞争对手对其他公司在一定范围内的战略行动倾向可能作出的反应；各个竞争对手对可能发生的产业变迁和更广泛的环境变化可能作出的反应等。竞争者的目标、战略、优势和劣势决定了它对降价、促销、推出新产品等市场竞争战略的反应，因此，企业的市场营销管理者需要深入了解市场竞争者的思想和信念，并了解当企业采取某些措施和行动之后，竞争者会有哪种反应。

(1) 从容不迫型竞争者。某些竞争企业对市场竞争措施的反应不强烈，行动迟缓，其原因可能是因为竞争者受到自身在资金、规模、技术等方面的能力的限制，无法作出适当的反应；也可能是竞争者对自身产品的竞争力过于自信，认为顾客忠实于自己的产品，不屑于采取反应行为；还可能是因为竞争者对市场竞争重视不够，未能及时捕捉到市场竞争变化的信息。

(2) 选择型竞争者。某些市场竞争者对不同的市场竞争措施的反应是有区别的，大部分竞争者对降价这样的市场竞争措施总是反应敏锐，倾向于作出强烈的反应，经常会在第一时间采取相应措施进行反击，但对其他方面(如改善服务、增加广告、改进产品、强化促销等非价格竞争措施等)却不予理会，认为不会对自己构成直接威胁。

(3) 强烈反应型竞争者。一些竞争者对市场竞争的变化十分敏感，一旦遭受到来自竞争者的挑战就会迅速地作出强烈的市场反应，进行激烈的报复和反击，势必将挑战自己的市场竞争者置于死地而后快。这种报复措施往往是全面的、致命的，甚至是不计后果的。这些强烈反应型竞争者通常都是市场上的领先者，具有某些竞争优势。例如美国宝洁公司就是一个强烈反应型竞争者，它一旦受到竞争者的挑战就会立即发起猛烈的全面反击，因此，同行业的企业都会尽量避免与它直接交锋。

(4) 随机型竞争者。这类竞争者对市场竞争所作出的反应通常是随机的，反应模式让人难以捉摸，它们在特定场合可能采取也可能不采取行动，并且无法预料它们将会采取什么行动。例如，不规则型竞争者在某些时候可能会对市场竞争的变化作出的反应不可预知，可能作出反应，也可能不作出反应；它们既可能迅速作出反应，也可能反应迟缓；其反应既可能是剧烈的，也可能是柔和的。

特别提示

上述 4 种不同类型的竞争者都是相对而言的，而且不是一成不变的，如有的企业在不同时期或不同的发展阶段会对竞争对手的同一竞争策略有不同的反应，在其发展初期由于自身实力弱小，对竞争对手的行动可能不会采取措施，此时属于从容不迫型竞争者，而当企业发展壮大之后，则可能成为强烈反应型的竞争者。

5.2 国际市场竞争分析

对于一个企业而言，其所在的行业内所有的其他企业都是其现实的竞争者。在市场竞争过程中，企业既要清楚自身的优势和劣势，更要了解同行业竞争对手的情况。因此，进行行业竞争分析是企业准确地了解竞争对手从而有效地制定和实施市场竞争战略的重要手段。

行业结构深刻地影响着竞争规则的确立以及企业的竞争战略。美国著名的战略管理专家迈克尔·波特在分析行业竞争结构时认为，行业内部的竞争状态取决于 5 种基本竞争作用力，即新进入者、买方、卖方、替代品的威胁及行业竞争对手(图 5.1)。以上 5 个方面中来自任何一方面的竞争压力都可能会限制或降低企业的盈利能力，同时这些作用力汇集起来决定了该行业的最终利润潜力，而最终利润潜力又会随着这种合力的变化而发生根本变化。

知识链接

迈克尔·波特出生于1947年，他是哈佛商学院的大学教授(大学教授，University Professor，是哈佛大学的最高荣誉，迈克尔·波特是该校历史上第四位获得此项殊荣的教授)。迈克尔·波特在世界管理思想界可谓是“活着的传奇”，他是当今全球第一战略权威，是商业管理界公认的“竞争战略之父”，在2005年世界管理思想家50强排行榜上，他位居第一。

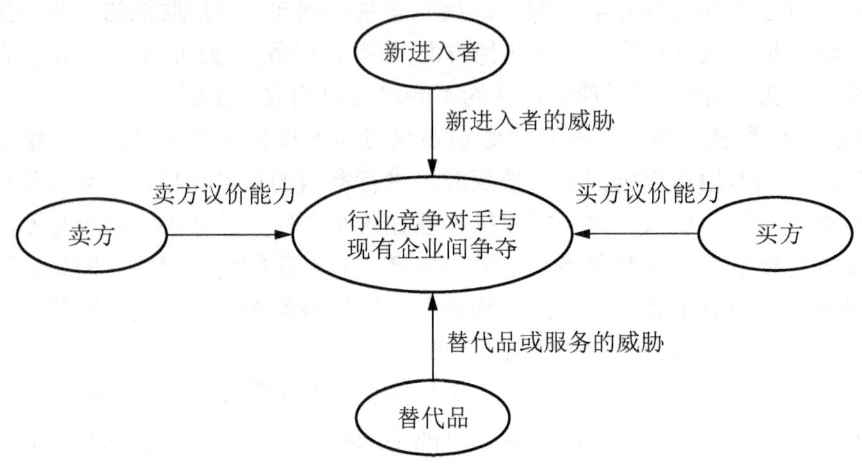

图 5.1　行业竞争结构图

资料来源：迈克尔·波特. 竞争战略[M]. 北京：华夏出版社，1997.

5.2.1　行业竞争结构分析

在某个行业中，新进入者、替代者、购买者、供应者和行业竞争对手都是企业面临的威胁，由于每个企业都有自己的竞争优势和竞争劣势，且竞争优势和竞争劣势都是动态变化的，因此行业的竞争结构也会发生变化，如果企业能够正确处理来自5个方面的威胁和压力，并能够根据竞争结构的变化而采取应变措施，便能在激烈的竞争中处于有利地位。

1. 行业竞争对手的威胁

一般来说，行业竞争对手的主要动机是扩大市场占有率或提高利润率，行业竞争对手之间的竞争手段主要有产品质量竞争、服务质量竞争、价格竞争、广告竞争、品牌形象竞争等。同行业的各个企业之间是相互依存的，当它们感受到竞争压力或看到改善企业现状的机会时，就容易采用价格战、广告战或提高顾客服务质量等手段，从而使得行业内部竞争激化，这种竞争有积极作用的一面，它有利于提高管理水平，促进技术进步，提升整个行业的竞争力，但另一方面，这种竞争也有消极作用，尤其是过度的价格战，可能会造成整个行业盈利状况恶化，甚至会造成整个行业的亏损。一般来讲，影响行业内部竞争状况的主要因素有以下几个方面。

(1) 行业所处的发展阶段。当某一行业处于起步阶段或成长阶段时，由于整个市场处于增长阶段，企业只需要采取有效措施拓展市场份额，保持与产业同步增长便可获得可观的收益。而当行业发展进入成熟阶段或衰退阶段时，企业只能通过争夺对方的市场份额拓展自己的市场，这时企业之间的竞争就会很激烈。

(2) 行业生产能力与市场需求状况。如果整个行业的生产能力大于市场的整体需求，即总供给大于总需求，此时整个行业内部的竞争就会异常激烈，特别是那些高固定成本的行业，由于“经验曲线”或技术突破等因素，积累了剩余的生产能力，产品数量的增多就会驱使企业通过价格战展开竞争，例如我国的钢铁行业。

知识链接

经验曲线是一种表示生产单位时间与连续生产单位之间的关系曲线。经验曲线效应表示了经验与效率之间的关系。当个体或组织在一项任务中习得更多的经验，他们会变得效率更高。这个概念出自英语谚语：“实践出真知”。

(3) 行业产品的同质化状况。一般来说，生产同质化产品的行业比生产非同质化产品或专用产品的行业内部竞争会更加激烈，因为同质化产品之间的竞争基本上是一种单纯的价格竞争，行业内部的竞争者要想获取更大的市场份额，只能采取价格战，因此会对企业产品利润形成巨大的压力，例如化肥行业。

(4) 行业内部竞争对手的多寡。当行业内存在众多企业时，竞争的自由度较大，强度较小。而当从事该行业的企业较少时，而且它们的规模和实力相对均衡时，它们之间的竞争程度就会比较激烈。如日本三大汽车公司之间的相互竞争使得日本汽车的更新换代速度越来越快，汽车的性能也越来越高，价格则相对降低。

(5) 行业内部的企业营销行为。如果某行业的性质决定了企业倾向于通过低价销售产品来挤占他人的市场，则该行业内部就容易引发市场竞争。

(6) 行业退出壁垒。行业退出壁垒包括经济上、战略上和情感上的因素。如果退出壁垒较高，企业退出该行业比继续留在该行业所付出的成本还要高，这将迫使企业即使是在收益甚微，甚至是投资收益为负的条件下仍然不轻易退出，这就使得该行业的竞争极为惨烈。

2. 新进入者的威胁

当某行业的投资回报率高于社会平均回报率时，该行业中就容易吸引新的加入者。而新进入者的增加，一方面会使该行业增加新的生产能力；另一方面则会导致行业成本上升，产品价格下跌，利润减少和原竞争者市场份额减少，从而引发激烈的市场竞争。

营销案例

保暖内衣之战

保暖内衣是20世纪90年代末出现的新产品，由于这类产品保暖性高，穿着舒适，有科技含量，产品一经问世就受到广泛欢迎。保暖内衣作为新产品出现在市场上时，虽然成本不过几十元，但售价却高达几百元，较高的利润率吸引了大批的竞争者蜂拥而入，以至于在不到3年的时间里，国内生产保暖内衣的企业就超过300家。随着这些企业的加入，竞争不断加剧，产品的价格一降再降，后来市场上甚至出现了几十元的低价保暖内衣，最后导致除了个别企业外的绝大多数生产保暖内衣的企业相继退出了保暖内衣市场。

任何新企业的进入都会形成对原有企业的威胁。利用行业结构分析模型可以了解行业壁垒在阻止新进入者进入该行业方面的作用。一般来说，新进入者的进入主要面临以下几种行业壁垒。

(1) 规模经济壁垒。规模经济是指由于生产专业化水平的提高等原因，企业的单位成本下降，从而形成企业的长期平均成本随着产量的增加而递减的经济。规模经济的存在阻碍了新企业的进入，因为新进入者的生产规模很难在短时间内达到规模经济的要求，同时新进入者还要承担可能遭受原有企业强烈抵制的风险，因而会导致新进入者进入新行业会遇到很大阻力。

(2) 产品差异化壁垒。对于一般的企业而言，进入一个新的行业与其他早已进入该行业的对手进行竞争是相当艰难的。这些早已进入该行业的企业已经拥有一个广为人知的品牌以及忠实的客户群，这使得新加入的企业在进入市场时，除了正常的投资之外，还需要投入非常可观的广告投资成本，这些都会成为新进入者进入该行业的障碍。

(3) 转换成本壁垒。转换成本是指买方由从原供应商处采购产品转换到另一供应商所要付出的成本。如果购买者转向购买新进入者提供的产品所带来的潜在成本太高，购买者就难以变更供应商，这样新进入者就难以在该行业中生存和发展，对新进入者将形成一种进入壁垒。

(4) 资金和技术壁垒。一个行业如果对资金需求量大，且对核心技术有较高的要求，诸如需大量投资设备制造、研究开发、广告、区域销售与服务等，会使得一般的新进入者因自身实力不足而无法进入该行业。

(5) 销售渠道壁垒。销售渠道进入障碍是非常重要的，因为最终消费者若未看到销售点，则是不会有机会购买该企业的产品的。对于新进入者而言，在行业中获得销售渠道是十分不易的，因为大部分的销售渠道已被该行业原有的企业所占据。此外，新进入者与最终销售者之间并无信任关系，以至于无法在销售市场占据一席之地。

(6) 政府政策壁垒。这些障碍主要来自于政府机构，政府有时会制定政策禁止企业竞争性地进入某些行业，这是新进入者不可能逾越的障碍，主要涉及专利、版权、环境保护、安全等项目的牌照取得。

(7) 竞争者反应壁垒。竞争者反应是指已进入某行业的现有企业根据新进入者的进入情况进行分析之后所采取的行动。这种反应可以包括侵略性的宣传活动或激烈的价格战，用来消灭这些刚进入市场获取低利润的新进入者。而新进入者如果预料到现有竞争者会对他们的进入作出强烈的反应和报复，会令其进入该行业很不顺利，则竞争者的预期反应会成为新进入者进入该行业的重要障碍。

3. 替代品或服务的威胁

替代品是指在功能上能部分或全部代替某一产品的产品，如石油能源是煤炭能源的替代品。当行业中的产品存在替代品时，替代品便对产品生产企业形成了威胁。替代品与现有产品之间由于存在着较高正值的需求交叉弹性而互为竞争产品。因此，可以说一个行业的所有企业都与生产替代产品的行业形成竞争。对于消费者而言，某种产品与其替代产品都属于同一种产品。一旦某行业出现替代产品，那么该产品的市场总份额就会被替代产品分割，会对行业内的现有企业带来极大的威胁。

4. 卖方的议价能力

卖方的议价能力主要表现在提高产品价格、降低供货质量和服务质量等方面，从而对生产者施加压力。如果供应商对行业有足够的影响力，则可以显著地影响其下游客户的利润率。如果一个行业卖方的议价能力强，则卖方会设法提高其所提供的产品的价格，而对于生产者而言则提高了其生产的成本，此时，卖方就会处于主动地位，生产者则处于被动地位；反之，则生产者方处于主动地位，卖方则处于被动地位。影响卖方议价能力的因素有以下几个方面：(1)产品的供应是否被少数几个供应商所控制和垄断；(2)供应商所提供的产品是否供不应求；(3)供应商所提供的产品的替代品是否较多；(4)行业其余竞争者与供应商联合的威胁程度。

为降低卖方的议价能力，减少卖方对自身的威胁，企业可以通过以下措施提高自己的议价能力：(1)尽可能采取分散购买原则。即增加产品供应商，提高自身议价能力；(2)鼓励新的产品供应商进入该领域，对原有的供应方造成压力；(3)促使供应方实行产品标准化，使供应方难以对其产品的差别化要求转移价格。

5. 买方的议价能力

买方议价的能力是指买方采用压低价格、要求较高的产品质量或索取更多的服务项目等竞争手段，从卖方与竞卖者彼此对立的状态中获利的能力。作为买方，其所追求的利益，一般是希望能够购买到价格低廉、质量优良并能提供良好服务的产品，买方的议价能力也会对生产者产生较大的影响，一个行业买方的议价能力强，则买方会设法降低其所购买的产品的价格，而对于生产者而言则减少了其产品的利润，此时，买方就会处于主动地位，生产者则处于被动地位，反之；则生产者方处于主动地位，买方则处于被动地位。一般来讲，决定买方议价能力的基本因素有两个：价格敏感度和相对议价能力。价格敏感度决定了买方讨价还价的愿望是否强烈；相对议价能力则决定了买方将有多大能力成功压低产品的价格。

(1) 价格敏感度。买方对价格是否敏感取决于产品对买方的成本结构是否重要。当该产品占买方成本的大部分时，买方就会更关心是否有成本较低的替代品。当然，该产品对买方产品质量的重要性也决定着价格是否能成为影响购买决策的重要因素。

(2) 相对议价能力。即使买方对价格很敏感，但若他们没有更多的选择时，即没有替代品可购买时，其相对议价能力就较弱。

5.2.2 国际市场竞争对手分析

企业在确定自身的国际市场竞争战略之前，不仅要对目标国的行业环境和行业竞争结构进行分析，还要具体和深入地分析和了解竞争对手。分析竞争对手的目的，是了解每个竞争对手所可能采取的战略行动的前提，同时还要分析各竞争对手对其他公司的战略行动可能作出的反应，以及各竞争对手对可能发生的行业变化作出的反应等。根据波特教授对竞争对手的分析模型，对竞争者的分析有 4 种诊断要素(如图 5.2 所示)，即竞争对手的长远目标、竞争对手的现行战略、竞争对手的假设和竞争对手的能力。

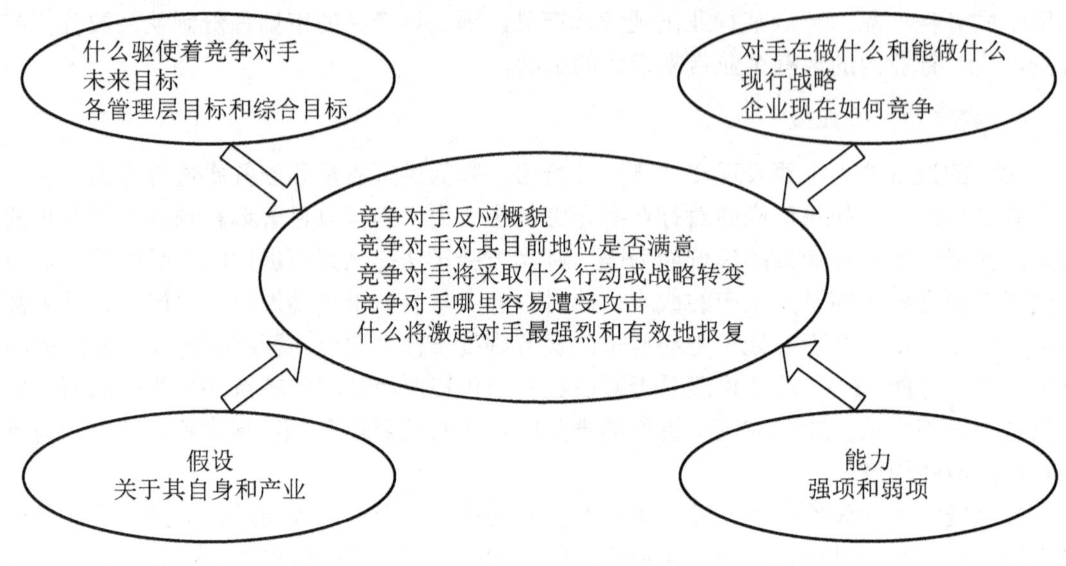

图 5.2　竞争者分析

资料来源：迈克尔·波特. 竞争战略[M]. 北京：华夏出版社，1997.

1. 竞争对手的未来目标分析

对国际竞争对手的目标进行分析，可预测每个竞争对手对其目前在国际市场上所处的市场地位是否满意，由此推测该竞争对手将采取哪种竞争战略以及它对于其他公司战略行动的反应。例如，一个注重销售额稳步增长的公司和一个注重保持投资收益率的公司对经济衰退的反应可能不同。对竞争对手目标的了解也有助于预测它对战略变化的反应。在其目标一定的情况下，某些竞争对手受到战略变化的威胁会比其他对手受到的威胁大得多。同样，对竞争者目标的了解有助于解释竞争对手所采取的行动的确定性，竞争对手为达到它的一个中心目标而采取的战略行动绝非偶然事件。最后，对竞争者目标的了解有助于了解其上级公司是否会支持下属公司所采取的行动，确定它是否愿做下属公司对付竞争对手行动的后盾。

竞争对手的未来目标广泛地存在于企业各级管理层和营销战略方面，重点体现在企业的获利能力、市场占有率、技术领先、服务领先和广告、宣传领先等方面。譬如，一个以市场占有率为目标的企业会更加关注销售额稳定增长的竞争对手，而以技术领先为目标的企业则会更加关注那些能不断推出新产品的企业的发展情况。在对竞争对手进行分析的过程中，企业关心最多的是竞争对手的财务目标。这里着重就财务目标的核心，即成本进行分析。对竞争对手的成本分析主要包括以下 3 个步骤。

(1) 分析对企业成本影响较大的因素。企业在生产经营过程中有些因素对成本的影响较大，其他因素对成本的影响相对较小。由于这些对经营成本影响较大的因素将决定企业的长期竞争地位，因此，企业对这些重要因素进行成本分析，就可以起到事半功倍的作用。

对于不同的企业来说，对企业成本影响较大的因素存在较大差异，劳动密集型行业人力资源成本所占比重较大，技术密集型行业研发成本所占比重较大，了解企业和竞争对手在这些因素上的差距，企业就可以准确地确定自己的竞争战略。

(2) 消除企业成本平均化的作用。企业在计算成本时一般是按产品品种计算的，而实际上产品在不同地区出售给了不同的用户，因而忽视了地区、用户上的差别，也就忽略了影响成本变动的因素。因此，在与竞争对手进行成本分析时，有必要消除成本平均化的作用。通过以下方法基本上可以消除企业成本平均化：①分别按不同的用户群计算产品成本。如果企业的产品同时出售给批发商、零售商和用户，企业就应该分别计算出这 3 种不同对象的产品成本。②分别按不同的市场区域计算产品成本。即区分企业在不同市场区域出售产品需提供的不同服务内容及相应的价格。③消除不稳定市场区域对成本的影响。处于特殊发展阶段的市场区域不能真实地反映企业产品的实际成本情况，在进行成本分析时应当予以剔除。

(3) 模拟竞争对手的成本。模拟竞争对手的成本的主要目的是发现竞争对手的成本优势究竟存在于哪些方面，可以从 4 个方面进行模拟。①产品种类模拟。产品种类不同，对设计工艺和生产工艺方面的要求也不同，通过对产品种类的模拟可以发现本企业与竞争对手之间在设计工艺和生产工艺方面所存在的差别。②生产地点模拟。产品的生产地点不同，企业获得各投入要素的地点也就不同，投入要素的市场价格和运输费用都会随着生产地点的不同而发生变化，因此，生产地点模拟可以发现企业与竞争对手之间在生产要素成本方面存在的差别。③劳动生产率模拟。劳动生产率的不同直接影响产品的单位成本和企业资源的使用效率，因此通过劳动生产率的模拟可以发现企业与其竞争对手之间在人力资源方面的成本差异。④生产规模模拟。通过生产规模模拟，企业可以发现自己与竞争对手在生产规模上的差别及生产规模差别对竞争优势的影响。

2. 竞争对手的假设分析

竞争对手分析的第二个内容是识别竞争对手的假设，竞争对手的假设一般有两种：一是竞争对手对自己的假设；二是竞争对手对产业及产业中其他公司的假设。

(1) 竞争对手对自己的假设。每个公司都会对自己在市场上所处的地位进行假设，如有的公司将自己视为行业里的领头羊、低成本生产者、最具创新实力的公司等。竞争对手对自己的假设必然会影响其行为方式。如果它将自己视为行业里的知名品牌公司，其战略必然会考虑对社会所带来的影响。如果它视自己为低成本的生产者，它可能规定一个削价条例使价格自行降低。竞争对手对本公司情形的假设可能正确，也可能错误，不正确的假设将有可能会为其他公司提供有利的契机。

(2) 竞争对手对行业及行业中其他公司的假设。竞争对手对行业及行业中其他公司也有一定的假设，这种假设可能正确，也可能不正确。对所有假设的检验能发现竞争对手的管理人员在认识其环境的方法中所存在的偏见及盲点。竞争对手的盲点可能是根本看不清重大事件(如战略行动)何在，也可能是没有正确认识自己，还可能只是很慢地认识自己。找出这些盲点可帮助公司采取不大可能遭到对手反击的行动或者采取即使有报复也不太奏效的行动，从而有利于公司制定正确的竞争战略。

3. 竞争对手的现行战略分析

分析竞争对手现行战略的有效方法是列出每个竞争对手的战略清单。要注意区分不同的战略群体。战略群体指在某特定行业内推行相同战略的一组企业。区分战略群体有助于认识以下 3 个问题：一是不同战略群体的进入与流动障碍不同。比如，某企业在产品质量、声誉和纵向一体化方面缺乏优势，则进入低价格、中等成本的战略群体较为容易，而进入高价格、高质量、低成本的战略群体较为困难；二是同一战略群体内的竞争最为激烈。处于同一战略群体的企业在目标市场、产品类型、质量、功能、价格、分销渠道和促销战略等方面几乎没有差别，任何一个企业的竞争战略都会受到其他企业的高度关注并在必要时作出强烈反应。三是不同战略群体之间存在现实或潜在的竞争。因为不同战略群体的顾客会有交叉。比如，实行不同营销战略的复读机制造商都会向学习英语的中学生和大学生销售产品。同时每个战略群体都试图扩大自己的市场，涉足其他战略群体的领地，在企业实力相当和流动障碍小的情况下尤其如此。

4. 竞争对手的能力分析

竞争对手的目标和假设会影响到它反击的可能性、时间性、性质及强烈程度，竞争对手的实力将决定它发起进攻或反击的战略行动的能力以及应付所处环境或发生事件的能力。对竞争对手能力强弱的分析可从两大方面进行：一是通过对产业结构分析中的 5 种关键竞争作用力的分析对竞争对手的地位进行考察；二是可对竞争对手在每个关键业务领域中的强项和弱项进行综合分析和评估，诸如对竞争对手的产品、分销渠道、营销与销售、经营、研究与开发能力、总成本、财务实力、组织机构与管理能力等方面进行评估。在分析的基础上，要重点考察竞争对手的核心能力、增长能力、适应变化的能力和快速反击能力。

5.3 国际市场竞争战略

在市场经济条件下，企业任何时候都会面临来自各方面竞争对手的竞争，企业成长的过程实际上就是不断战胜竞争对手的过程。企业战略必须立足于竞争，并致力于取得并保持持久的竞争优势。面对市场经营中的竞争活动，美国的战略专家迈克尔·波特提出了 3 种基本竞争战略模式，它们同样适用于国际市场竞争战略。

5.3.1 总成本领先竞争战略

总成本领先竞争战略是指通过有效的方式和途径，实现成本降低，以建立一种不败的竞争优势。这种战略要求企业努力取得规模经济，以经验曲线为基础，严格控制生产成本和间接费用，以使企业的产品总成本降低到最低水平。在保证产品和服务质量的前提下，通过降低产品生产成本，使自己的产品价格低于竞争对手，以争取最大的市场份额。采取总成本领先战略的企业因为较低的成本可使其通过削价与对手进行激烈竞争后，仍然能够获得盈利，从而在市场竞争中站稳脚跟。例如，我国的玩具产品制造企业就利用了玩具行业劳动力密集型的特点，发挥我国劳动力廉价的比较优势，以绝对多的市场份额占领了国际市场。

特别提示

总成本领先战略是在保证不降低产品和服务质量的前提下降低产品成本的，如果企业通过采取降低产品和服务质量的方法来降低产品成本，以次充好，则该企业所采取的战略不属于总成本领先战略。

1. 总成本领先竞争战略的内容和形式

企业及其所属各事业部可以通过各种方式实施总成本领先竞争战略，主要包括以下内容和方式。

(1) 简化产品型成本领先战略就是使产品简单化，即将产品或服务中添加的花样全部取消。例如仓库型的家具商场，没有实体店的网上店铺，节约了店面成本，以远低于同行的成本从事经营，占据了销售的有利地位。简化产品而取得的低成本可以使企业建立相对的竞争优势，但是，采取简化产品型成本领先战略的企业也存在较大的风险，即实力雄厚的同行竞争者可能会出面开展价格竞争。因此，采用这种战略的企业必须敢于承担风险，并应拥有足够的财力资源和良好的成本结构以应对可能存在的竞争。

(2) 改进设计型成本领先战略。通过改进产品的整体设计或零件构成，也能形成成本优势。采取改进设计型成本领先战略的企业可以改善和优化产品设计，在保证产品性能和质量的前提下，通过减少产品零部件数量、降低装配作业费用等取得成本优势。

(3) 材料节约型成本领先战略。企业可以通过建立企业协会，与原材料供应商进行协商和谈判，实行统一批量采购与保管，降低原材料成本，并且在产品设计和生产过程中注意节约原材料，降低产品成本，建立起成本竞争优势。

(4) 人工费用降低型成本领先战略。在劳动密集型行业，采取人工费用降低型成本领先战略的企业可通过获得更加廉价的劳动力资源，取得较大的成本优势。例如，定牌加工行业中人工成本占30%，处于劳动力成本低的地区的企业就占有较大优势。近年来定牌加工企业不断从沿海向内陆地区迁移，主要原因是内陆地区具有工资成本低的优势。此外，通过企业兼并等方式，也可以降低各项费用，同样能取得成本优势。

(5) 生产创新及自动化型成本领先战略。生产过程的创新和自动化，可以作为降低成本的重要途径。如我国的上海宝山钢铁公司通过不断的生产创新，提高生产自动化水平，取得了明显的低成本优势，在国内钢铁行业中始终处于龙头地位。

2. 总成本领先竞争战略的适用条件及风险

总成本领先竞争战略是一种重要的竞争战略，但是，它也有一定的适用范围。当具备下列条件时，采用总成本领先竞争战略会更有效力。

(1) 市场需求具有价格弹性，即降低价格会使市场需求量增加明显。

(2) 所处行业的企业都生产标准化产品，从而使价格竞争决定了企业的市场地位。

(3) 实现产品差异化的途径很少，价格成为企业竞争的唯一手段。

(4) 多数客户以相同的方式使用产品。

(5) 用户购物从一个销售商改变为另一个销售商时，不会发生转换成本，客户在购买不同销售商的产品时更多考虑价格因素，因而特别倾向于购买价格最优惠的产品。

总成本领先竞争战略是许多企业抢夺市场份额的有力武器，但同时又是一把双刃剑，企业在使用不当时有可能会伤及自身。总成本领先竞争战略的主要风险往往来自于以下 4 个方面。

(1) 竞争对手的技术创新。竞争对手可以通过不断进行技术创新，改进生产流程和工艺，以更低的成本提供产品和服务，企业原本具有的总成本竞争优势很快消失殆尽，反而将自己置于相当不利的地位。

(2) 竞争对手的模仿。如果企业只依靠价格取胜，缺乏自己的核心竞争力，则对竞争者难以形成有效的进入壁垒，因此竞争对手的模仿会使得产品与服务趋于同质化，利润率不断降低，危及企业的生存。

(3) 忽视产品创新。如果企业只专注于降低产品成本而忽视了市场对新产品的需求趋势的变化，使得企业提供的产品和服务没有新意而无法吸引新的顾客，甚至老顾客会转向其他企业提供的具有更高质量、更多功能或更高价值的产品或服务，使得低成本优势失去意义。

(4) 反倾销调查。在经济全球化的背景下，各国政府出于对本国市场的保护，不断加强对低成本产品的反倾销调查，防止恶性的价格竞争，使得总成本领先竞争战略不能在目标国家有效地实施。

企业采用总成本领先竞争战略，更重要的是保持自身的成本优势地位。企业要保持这一优势地位需要不断地进行技术创新和产品创新，改进生产流程和工艺，及时跟踪和了解竞争对手的战略和技术动向，从而降低自身风险。

5.3.2 差异化竞争战略

差异化竞争战略是指企业凭借自身的技术优势和管理优势，使企业产品、服务、企业形象等与竞争对手有明显的区别，从而获得竞争优势而采取的战略。这种战略的重点是创造被全行业和顾客都视为是标新立异的产品和服务。实现差异化竞争战略，可以培养用户对自身品牌的忠诚，比如生产在性能上、质量上优于市场上现有水平的产品或在销售上通过有特色的宣传活动、灵活的推销手段、周到的售后服务等，在消费者心目中树立起良好的企业品牌形象。因此，差异化竞争战略是使企业获得高于同行业平均水平利润的一种有效的竞争战略。

1. 差异化竞争战略的内容和形式

差异化竞争战略包括多种形式，其中最常用的差异化竞争战略是产品差异化竞争战略，产品差异化竞争战略包括产品质量的差异化竞争战略、产品可靠性的差异化竞争战略、产品创新的差异化竞争战略、产品特性的差异化竞争战略，另外差异化竞争战略还包括服务的差异化竞争战略、形象的差异化竞争战略、渠道的差异化竞争战略。不同的事业部和不同产品，可以同时采用两种或两种以上的差异化竞争战略，但需要注意的是，要对目标市场进行细分，应根据不同的细分市场采用不同的差异化竞争战略。

1) 产品差异化竞争战略

产品差异化竞争战略是最常见的差异化方式，相对而言也是较容易实现的差异化。

(1) 产品质量的差异化竞争战略。产品质量的差异化竞争战略是指企业为向市场提供竞争对手不可比拟的高质量产品所采取的竞争战略。采取产品质量差异化竞争战略的企业生产的产品具有较高的产品价值，通过吸引更多的客户，攫取更多的市场份额，进而提高销售收入，获得比对手更多的利润。例如，奔驰汽车依靠其高质量的差异，售价比一般轿车高出近一倍，从而为公司创造了很高的投资收益。青岛海尔电冰箱，以高质量形象进入国际市场，开箱合格率达100%，从而建立起质量独特的形象，赢得了国内外用户的信赖。

(2) 产品可靠性的差异化竞争战略。产品可靠性的差异化战略是指企业产品具有绝对的可靠性，甚至出现意外故障时，也不会丧失其使用价值。

营销案例

坦德姆差异化战略

美国坦德姆计算机公司开发了一种多部系列使用电子计算机系统，这种系统操作时，某一计算机发生故障，其余计算机立即可替代工作。该公司这种独特的产品可靠性在市场上影响很大，甚至连国际商用机器公司开发的操作系统都难适应。因此，公司将营销重点集中于那些使用计算机的大客户，如联网作业的金融机构、证券交易所、连锁商店等，满足了这些客户不愿因系统故障而停机的要求。

(3) 产品创新的差异化竞争战略。拥有较强研发能力的高新技术公司，普遍采用以技术创新和产品创新为主的差异化竞争战略。这类公司拥有优秀的科技研发人才和创新体制，同时建立了鼓励创新的组织架构和奖励机制，使技术创新和产品创新成为公司的自觉行动和前进动力。美国的IBM公司、中国的海尔集团都以技术创新为先导，以为市场创造功能完善、高效率、人性化的新产品为目标，成为了行业的领头羊。产品创新差异化竞争战略，不仅可以保持企业在科技领域的领先地位，而且还可以增强企业的竞争优势和获利能力。

(4) 产品特性的差异化竞争战略。企业专注于生产满足顾客特定需要的具有某种特性的产品，而其他产品不具备的该种特性，则该企业采取的便是产品特性的差异化竞争战略。有些厂商生产的产品所具有的差异化特性已为大众所熟知，例如，在世界汽车市场上，宝马轿车是优质、运动和高价格的象征，大众汽车则具有质量高、可靠性强、经济适用的特性。

2) 服务差异化竞争战略

服务差异化竞争战略是企业面对较强的竞争对手，在服务内容、服务渠道和服务形象等方面采取有别于竞争对手而又突出自己的特征，以战胜竞争对手，获取市场地位的竞争战略。通过服务差异化突出自己的优势，使自己与众多同行业竞争者区分开来，在顾客心目中形成强烈的企业品牌特征和价值区别。

海尔正是依靠其差异化的真诚服务赢得了顾客的肯定和信任，沃尔玛也是通过突出所谓的“十英尺态度”服务原则使得回头客越来越多，体现了沃尔玛差异化服务的优势和价值。对于任何企业来说，即使资金雄厚，拥有先进的科技优势和组织文化，但如果缺乏高质量的服务，也无法战胜竞争对手。日本计算机质量和IBM计算机相同，价格也不高，但其服务能力不如IBM，导致其整体竞争能力低于IBM。

3) 形象差异化竞争战略

形象差异化竞争战略是指企业在产品的核心竞争力部分与竞争者雷同的情况下塑造不同的产品形象和企业形象以获得差别优势的竞争战略。

(1) 产品名称的差异化竞争战略。产品名称也可成为企业重要的竞争优势，产品名称是连接产品和消费者之间的桥梁，通过名称定位来确定产品在消费者心中的位置，发挥市场传播效应。在大众用户心目中，“美的”是家庭电器的产品品牌代表，“联想”就是计算机服务的代表。这些产品名称在同类产品中都具有与其他产品不同的意义，使用户自然地将其与其他同类产品名称区别开来，这些产品品牌名称会为企业建立起明显的竞争优势。

(2) 企业形象差异化竞争战略。企业形象差异化竞争战略是指通过树立独特的企业产品特点、营销策略、人员风格等，建立起公众对企业的良好印象，从而建立企业的竞争优势的一种竞争战略。当企业在社会公众中具有良好企业形象时，消费者就愿意购买该企业的产品或接受其提供的服务；反之，消费者将不会购买该企业的产品，也不会接受其提供的服务，因此，树立良好的企业形象对建立企业的竞争优势有着十分重要的作用。

很多企业都通过多种方式传播企业名称、商标品牌、宣传口号，在公众心目中树立起独特的企业形象，建立起优于竞争对手的独特优势。在传播企业名称方面，宝洁公司已将其企业名称塑造成了强有力的企业品牌，在商标品牌方面哈佛大学已经成为了世界名校的代名词，在宣传口号方面沃尔玛的“天天平价”、福特汽车的“尽心竭力，让世界更美好”、松下企业的“Panasonic ideas for life”、海尔的“真诚到永远！”已经家喻户晓，为企业赢得了良好的声誉。

4) 渠道差异化竞争战略

渠道差异化竞争战略是指企业基于不同的产品体系对应不同的渠道体系，不同的渠道里的消费人群有着不同的需求，在渠道策略、渠道设计、渠道建立、渠道管理、渠道维护、渠道创新等方面进行差异化的建设，建立自身的竞争优势。

营销渠道差异化竞争战略

在采取渠道差异化竞争战略过程中，可通过采取社区直销、传统渠道与高科技网络相结合、渠道联合创新等方式。戴尔在电脑行业率先采用直销形式，区别于该行业绝大多数厂商通过中间商进行分销的模式；上海富尔网络销售公司经营的“易购365”是一家以食品百货为特色的专业购物电子商务网站，依托“易购365”电子商务交易平台，发挥富尔公司在商品采购、物流配送、服务管理等方面的整体优势，推出“比便利店还便利”的“易购超便利”加盟连锁体系，整合社会烟杂零售网店，这同时缓解了烟杂店小终端的竞争压力。整合的“超便利”带来了多赢，烟杂店营业额明显提高，特别是糖酒商品增长较快，总体营业额增长 35%以上；在渠道联合创新方面，娃哈哈成都市场在终端运作上由于销售人员的力量不足和二批网络的建设不够完善，一直处于被动局面。成都邮政不仅具有良好的品牌优势，还有人员优势，400多名员工，每天出没于大街小巷中，有着较强的客户关系和网络优势，但是400多名送报员人力过剩，成本过高。成都邮政局与娃哈哈通过联合营销，达到了双赢的目的。娃哈哈利用成都邮政局的优势进行渠道创新，深度分销，增长销量，提升品牌。而成都邮政局则可以利用娃哈哈的著名品牌和强势的产品结构拓展业务，增长利润，降低单人成本。通过邮政的物流配送及185信息平台，可使终端零售店和消费者购物更便利，让“娃哈哈”品牌通过中国特有的绿色通道——成都邮政传递，将产品和温暖送达千家万户。

2. 差异化竞争战略的适用条件及风险

一般来说，企业采取差异化竞争战略，适用于下列情况。

(1) 用户对产品的需求和偏好是多样化的，单一的标准化产品难以完全满足。同类的竞争对手也没有能力完全予以满足。

(2) 有多种使产品或服务差异化的方法和途径，而且这些差异化能被顾客视为是有价值的。

(3) 企业所实现的与竞争对手的同类产品或服务的差异化特征容易被顾客识别。

(4) 实行差异化竞争战略的竞争对手不多，且企业产品或服务差异化的特征和方式不易于被竞争对手模仿，而建立在技术创新、产品创新、优质服务基础之上的差异化竞争优势会更加长久和明显。

(5) 顾客对产品价格的敏感性相对不强，顾客愿意为差异化的产品或服务支付相对较高的价格。

同时，采取差异化竞争战略的企业也会面临竞争风险，所面临的主要风险如下。

(1) 可能丧失部分客户。如果采用低成本战略的竞争对手压低产品价格，使其与实行差异化战略的厂家的产品相比价格下降幅度很大，用户为了大量节省费用，可能会放弃取得差异的厂家所拥有的产品特征、服务或形象，转而选择物美价廉的产品。

(2) 用户所需的产品差异的因素下降。当用户变得越来越成熟，对产品的特征和差别体会不明显时，就可能发生忽略差异的情况，使得采取差异化竞争战略的企业丧失产品差异的优势。

(3) 大量的模仿缩小了产品之间的差异。特别是当产品发展到成熟期时，拥有较强技术模仿能力的厂家很容易通过逼真的模仿，减少产品之间的差异。

采取差异化竞争战略的企业重点是具有特色的差异化产品和服务，而不是降低产品和服务的成本。实行这种战略的企业不仅需要有强大的技术创新能力，还要有独具特色的管理制度和组织架构，即除了要有较强的研发能力，组织结构和企业文化也要做适当的调整以适应这种战略。

如果企业能形成独具特色的差异化，则会获得高于行业平均水平的利润率。如果差别化战略成功地实施了，可以提高顾客对其产品或服务的特色的偏爱和忠诚度，降低顾客对价格的敏感性，有效地防止替代品的威胁，保持企业的优势地位。但是差异化也有其自身的缺点，波特认为，推行差异化竞争战略有时会与争取占有更大的市场份额的活动相矛盾，由于产品的差异性所带来的排他性，使得差异化与提高市场份额两者难以同时兼顾。如果竞争对手开发出了类似的或者是更有差别化特色的产品，那么公司原有的差异化就没有特色了。而且在建立公司的差异化竞争战略的活动中，总是伴随着较高的研发和销售成本，这些成本都会转嫁到产品价格当中，如果这个成本太高，超过了顾客对差异化所支付的额外费用的支付极限，那么采用总成本领先竞争战略的企业所提供的产品将比采用差异化竞争战略的企业所提供的产品对顾客更有吸引力。

5.3.3 集中化竞争战略

集中化竞争战略又称为集中战略或重点集中战略，也称作集聚战略或专一战略。它是企业根据特定消费群体的特殊需求，将经营范围集中于行业内的某一细分市场，使企业的有限资源得以充分发挥效力，在某一局部超过其他竞争对手，建立竞争优势的战略。这种战略适合于自身资源和条件有限的企业，由于自身条件的限制，这类企业很难在其产品市场展开全面的竞争，因而需要重点拓展某一细分市场，以期产生巨大有效的市场力量，取得较好的市场效果。采用集中化竞争战略，能够使企业集中力量为某一战略目标而努力发挥自己的优势，以取得比竞争对手更高的效率和效益。

1. 集中化竞争战略的内容和形式

集中化竞争战略一般有两种形式，一种是成本重点集中；另一种是差异化重点集中。具体可以分为产品线集中化竞争战略、顾客集中化竞争战略、地区集中化竞争战略和低占有率集中化竞争战略。

1) 产品线集中化竞争战略

对于产品开发和工艺装配成本较高的行业，部分企业可以将产品线的某一部分作为经营重点。

2) 顾客集中化竞争战略

主要特点是将经营重点放在具有特殊需要的顾客群上。

3) 地区集中化竞争战略

地区集中化战略，即按地区为标准划分细分市场。如果一种产品能够根据特定地区的需要实行重点集中，也能获得竞争优势。

4) 低占有率集中化竞争战略

市场占有率低的事业部，通常被企业视为“瘦狗”类业务单元。对这些事业部，往往采取放弃或彻底整顿的战略。但是，根据美国哈佛大学教授哈默什等人对市场占有率低、经营业绩好的美国企业进行分析研究，结果发现，市场占有率低的企业要想经营成功，主要应将经营重点集中在某个特定的、相对狭小的领域内。

2. 集中化竞争战略的适用条件及风险

无论是基于低成本还是基于差异化，在下列情况下企业适合采取集中化竞争战略，并且在这些情况下相对来说更容易获得成功。

(1) 企业采取集中化竞争战略的目标市场容量相对来说足够大，而且具有较高的稳定性和较大的增长潜力，能够保证企业生存和发展的需要。

(2) 整个行业中有比较多的细分市场，企业的资源不允许其追求广泛的细分市场。

(3) 极少或根本没有其他的竞争对手在相同的目标市场上实行集中化竞争战略。

(4) 企业可以通过集中化竞争战略建立起的竞争优势构筑进入该目标市场的壁垒，防御行业中其他的潜在进入者。

企业实施集中化竞争战略也具有相当大的风险，主要表现在以下几点。

(1) 由于采取集中化竞争战略的企业基本上将全部力量和资源都投入到了特定的细分市场，当顾客偏好发生变化，技术出现创新或有新的替代品出现时，就会导致这部分市场对产品或服务的需求下降，企业会受到很大的冲击。例如，滑板的问世对旱冰鞋的市场构成了极大的威胁。

(2) 采取集中化竞争战略的企业的目标市场总具有一定的特殊性，目标市场独立性越强，与整体市场份额的差距就越大。实行集中化竞争战略的企业总是处于独特性与市场份额的矛盾之中，选择不恰当就可能造成集中化竞争战略的失败。例如，为愿意支付高价的顾客而进行专门设计加工服装的企业，将可能会失去中低档服装市场。

(3) 当为大范围市场提供服务的竞争对手与采取集中化竞争战略的企业之间的成本差变大时，会使采取集中化竞争战略的企业丧失成本优势。因为这种成本差的增大将降低买方效益或者降低买方使用替代品的转移成本，从而使专一化市场与广泛市场之间的渗透增大，集中化竞争战略所构成的成本优势或差别化优势则会逐渐消失。

5.4 国际市场竞争策略

企业采取何种营销竞争策略，需要依据自己的目标、资源和环境，以及在目标市场上的地位来制定。即使在同一企业中，不同的业务、不同的产品也有不同要求，不可强求一律。因此，企业应当先确定自己在目标市场上的竞争地位，然后根据自己的市场定位选择适当的营销竞争策略。

5.4.1 市场主导者的竞争策略

一般来说，大多数行业都有一家企业被公认为是市场主导者，处于市场主导者地位的企业，往往有着行业内比较大的市场占有率，在产品价格变动、新产品开发、市场覆盖率的变化、销售方式的选择等许多方面起着相对支配或者领先的作用。它是市场竞争的导向者，同时也是竞争者挑战、效仿的对象，市场主导者企业往往面临着众多其他企业的竞争威胁。因此，市场主导者企业必须保持着高度警惕，采取适当的竞争策略，以维护自己的竞争优势。一般来说，市场主导者通常可采取 3 种策略：一是设法扩大市场需求总量；二是采取有效的防守措施和攻击战术，保护现有的市场占有率；三是在市场总规模保持不变的情况下，进一步扩大市场占有率。

1. 扩大市场需求总量

一般来说，当一种产品的市场需求总量扩大时，受益最大的是处于市场主导者地位的企业，因为该企业生产和销售了某种产品的大部分，占据了该种产品的大部分市场份额。

(1) 发掘新的消费者。在发掘新的消费者方面，企业可以通过市场渗透策略、新市场策略和地理扩张策略来开发新用户，发掘新的消费者。采用市场渗透策略，可以通过说服那些未使用本产品的人开始使用，把潜在消费者转变为现实消费者。比如，部分消费者担心电淋浴器使用不安全而不愿购买，企业可大力宣传它装有多重安全保护装置，绝对不会发生意外，将这部分潜在购买者转变为现实购买者；新市场策略方面，美国强生公司婴儿洗发香波的新市场开发是一个成功范例。当美国人口出生率开始下降时，该公司制作了一部电视广告片，向成年人推销婴儿洗发香波，取得了良好效果，使该品牌生产成为了市场领先者；地理扩张策略就是寻找尚未使用本产品的地区，开发新的地理市场。例如，黑白电视机和小屏幕彩色电视机在城市已经少有购买者，长虹几年前就抓住农村电网改造的时机，着重开发农村市场。

(2) 开发产品新用途。产品用途除了主要用途之外，还包括次要用途、整合用途、情感用途、潜在用途等，公司也可通过发现并推广产品各种新用途来扩大市场。在创新产品用途方面，海尔家电应该说做到淋漓尽致了，将普通洗衣机进行改进，给四川农民开发可以洗地瓜的洗衣机，通过改进冰箱设计，给美国在校住宿生开发了书桌袖珍型冰箱，将硬盘与彩电相结合，为球迷开发了时光追视硬盘彩电，创造了属于自己的“蓝海市场”。

现存的市场由两种海洋所组成：即红海和蓝海。红海市场代表现今存在的所有产业，也就是我们已知的市场空间；蓝海市场则代表目前还不存在的产业，这就是未知的市场空间。

(3) 刺激原有消费者群体增加产品消费量。通过改进产品设计或广告宣传，使消费者增加消费量也是扩大需求的一种重要手段。通常有 3 种方式：一是增加每次使用量。例如牙膏生产厂家通过加粗牙膏管口，增加了消费者每次对牙膏的使用量，使得牙膏销售量明显增加；二是提高使用频率。如时装制造商每年都不断推出新的流行款式，消费者就不断购买新装，流行款式的变化越快，购买新装的频率也就越高；三是增加使用场所。电视机生产企业可以宣传在卧室和客厅等不同房间分别摆放不同类型电视机的好处，使有条件的家庭乐于购买两台以上的电视机，增加电视机销售量。

2. 维护市场占有率

市场主导者企业在努力扩大整个市场需求总量的同时，经常还会面临竞争对手的攻击，因此，防止和抵御其他企业的强攻，维护自己现有的市场占有率，保护现有的市场份额不被竞争者所侵占，是市场主导者企业守住现有阵地的有效竞争策略。具体来说，市场主导者可采取以下防御策略来维护自己的市场占有率。

(1) 阵地防御策略。阵地防御就是在现有阵地周围建立防线，以此种方式抵御对方的进攻。这是一种静态的防御，是防御的基本形式，在许多情况下是有效的、必要的，但不能作为唯一的形式。海尔集团没有局限于赖以起家的冰箱市场，而是积极从事于多元化经营，开发了空调、彩电、洗衣机、电脑、微波炉和干衣机等一系列产品，成为了我国电器行业的著名品牌。

(2) 侧翼防御策略。侧翼防御是指企业在自己主阵地的侧翼建立辅助阵地以保卫自己的周边和前沿，并在必要时将辅助阵地作为反攻基地对竞争对手进行反击。20 世纪 70 年代美国各大汽车公司生产的主要产品是豪华型轿车，未注意小型省油车这一侧翼产品，最终因受到日本和欧洲汽车制造商生产的小型省油车的攻击而失去了经济适用型轿车市场。

(3) 先发制人防御策略。先发制人防御策略是指在竞争对手尚未向本企业采取进攻行动之前或尚未对本企业构成严重威胁之前抢先发起攻击以削弱或挫败竞争对手。这种策略的具体做法是：在竞争对手的市场份额接近于某一水平可能危及自己的市场地位时向对手发动进攻，或在竞争对手推出新产品或推出重大促销活动之前抢先发动进攻。如日本精工集团把它的 2 000 多个款式的手表分销到世界各地，造成全方位的威胁；长虹电视机曾数次率先降价，使未取得规模效益的竞争者陷于困境。

(4) 反攻防御策略。反攻防御策略是指市场主导者受到竞争者攻击后，选择合适的反击时机采取反击措施。如果竞争者的攻击行动并未造成本公司市场份额迅速下降，可采取延迟反击策略，先弄清竞争者发动攻击的意图、战略、效果和其薄弱环节后再实施反击。在反击方式选择上，可实行正面反击，侧翼反攻或发动钳形攻势等。当市场主导者在它的本土遭到攻击时，一种很有效的方法是反击攻击者的主要领地，以迫使其撤回部分力量守卫其本土，即采取“围魏救赵”的策略。富士与柯达公司就是这样的例子，当富士在美国向柯达公司发动攻势时，柯达公司报复的手段是以牙还牙，攻入日本市场，逼迫富士撤回部分力量守卫其本土市场份额。

(5) 机动防御策略。机动防御策略是指市场主导者不仅要积极防守现有的产品和业务，还要扩展到一些有潜力的市场阵地，以作为将来防御和进攻的中心。市场扩展可通过两种方式实现：一是市场扩大化，是指企业将其注意力从目前的产品上转到有关该产品的基本需要上，并全面研究与开发该项产品需要的科学技术。如把“石油”公司变成“能源”公司就意味着市场范围扩大了，不限于一种能源——石油，而是要覆盖整个能源市场，但是市场扩大化必须有一个适当的限度，否则就违背了两条基本原则，即目标原则(确定明确可行的目标)和优势集中原则(集中优势兵力打击敌军薄弱环节)；二是市场多元化，即向无关的其他市场扩展，实行多元化经营。如美国的烟草公司由于社会对吸烟的限制日益增加，纷纷转向其他产业，如酒类、软饮料和冷冻食品等。

(6) 收缩防御策略。收缩防御策略是指企业在所有市场阵地上进行全面防御会力不从心，从而顾此失彼的情况下，主动从实力较弱的领域撤出，将力量集中于较强的领域。即企业在所有市场阵地上全面防御有时会得不偿失，在这种情况下，最好实行战略收缩策略。例如，美国西屋电器公司将其电冰箱的品种由 40 个减少到 30 个，撤销了 10 个品种，竞争力反而增强了。

3. 扩大市场占有率

市场占有率与投资报酬率密切相关，一般来说企业的市场占有率越高，其投资收益率相应就越大。许多企业都把提高市场占有率作为自己的营销目标，市场主导者企业可以根据经济规模的优势，降低成本，扩大市场占有率。在美国许多市场上，市场份额提高一个百分点就可能意味着数千万美元的收益。例如咖啡市场份额每增加一个百分点，收益便会增加 4 800 万美元，软饮料则为 1.2 亿美元。因此，许多企业都致力于扩大市场份额，以取得第一或第二位的支配地位，否则便撤出该市场。美国的一项被称为“企业经营战略对利润的影响”(PIMS)的研究表明，市场占有率是影响投资收益率最重要的变数之一，市场占有率越高，投资收益率也越大，随着企业在其所服务的市场上获得的市场占有率超过其竞争对手，盈利也相应增加。奔驰公司获得高额利润，是因为它在其所服务的豪华汽车市场上是一个占有率高的公司，尽管它在整个汽车市场上占有率并不是很高。但企业不能简单地认为提高市场占有率就一定会增加企业利润，这同时还取决于企业为扩大市场份额所采取的营销策略。为扩大市场占有率所付出的代价，有时可能会高于它所获得的收益。因此，企业在采取扩大市场占有率策略时应考虑以下因素。

(1) 考虑企业的边际经营成本。许多产品往往有这种现象，当市场份额已达到一定水平时，再进一步提高市场份额会使得企业的边际经营成本高于边际收入，即当市场份额持续增加而未超出某一限度的时候，企业利润会随着市场份额的提高而提高；而当市场份额超出这一限度继续增加时，经营成本的增加速度就会大于利润的增加速度，企业利润反而会随着市场份额的提高而降低，主要原因是随着市场份额的不断提高，进一步提高市场份额会变得愈加困难，用于提高市场份额的费用会进一步增加。美国的一项研究表明，企业的最佳市场占有率是 50%。因此企业有时为了保持市场主导地位，甚至要在较疲软的市场上主动放弃一些份额。

(2) 要采取正确的营销组合策略。有些市场营销组合对扩大市场份额很有效，却不一定会增加收益。在以下两种情况下市场份额同收益率成正比：一是单位成本随市场份额的提高而下降；二是在提供优质产品时，销售价格的提高大大超过了为提高质量所投入的成本。如果企业实行了错误的营销组合战略，比如过分地降低商品价格，过高地支出公关费、广告费、渠道拓展费、销售员和营业员奖励费等促销费用，承诺过多的服务项目导致服务费大量增加等，则市场份额的提高反而会造成利润下降。

(3) 避免引起反垄断法的制裁。许多国家为了维护正常的市场竞争秩序，都制定了反垄断法，当企业的市场份额超过一定限度时，就可能面临反垄断法的制裁，被强行地分解为若干个相互竞争的小公司。西方国家的许多著名公司都曾经因为触犯这条法律而被分解，美国的微软公司就曾遭到了美国《反垄断法》的起诉。

5.4.2 市场挑战者的竞争策略

市场挑战者一般是在行业中名列第二、第三名等次要地位的企业，例如汽车行业的福特公司、软饮料行业的百事可乐公司等。这些企业有能力对市场主导者和其他竞争者采取攻击行动，并有希望夺取市场主导者地位。大多数市场挑战者的目标是增加自己的市场份额和利润，减少竞争对手的市场份额。然而，作为市场挑战者的企业，盲目地进攻是愚蠢甚至有害的，市场挑战者如果要向市场主导者和其他竞争者挑战，首先必须确定自己的战略目标和挑战对象，然后再选择适当的进攻策略。

1. 确定挑战目标

明确企业的竞争对手和主攻方向，是市场挑战者企业成功的基础，一般情况下市场挑战者企业会选择以下 3 种目标进行攻击。

(1) 攻击市场主导者策略。向处于市场主导者地位的企业挑战，意在夺取其市场份额和产品优势。这一策略风险大，潜在利益也大。当市场主导者在其目标市场上的服务效果较差而令顾客不满或对某个较大的细分市场未给予足够关注的时候，适合市场挑战者采取该种策略。例如，美国施乐公司开发出更好的复印技术(用干式复印代替湿式复印)，于是从 3M 公司中夺走了复印机市场。后来佳能公司也如法炮制，通过开发台式复印机，又从施乐那里夺去了部分市场份额。

(2) 攻击实力相当者策略。向与自己实力相当的企业挑战，意在扩展自身市场份额以改变市场地位。攻击此类公司可选择其中因经营不善发生亏损者，或资金不足者作为进攻对象，设法夺取它们的市场阵地。在攻击此类公司之前，应当仔细调查竞争者是否满足了消费者的需求，是否具有产品创新的能力，如果竞争者在这些方面有缺陷，就可作为重点攻击对象。

(3) 攻击实力薄弱者策略。进攻力量薄弱的小企业，意在夺取其市场份额或进行兼并，扩充自身实力。由于一些地方性中小企业规模较小，又遇上经营不善、资金缺乏的话，可将这些实力薄弱者作为攻击对象。例如，美国现有的几家主要的啤酒公司能成长到目前的规模，就是靠吞并一些小啤酒公司，逐步蚕食小块市场而得来的。这种情况在我国也比较普遍，许多实力雄厚的外国企业一进入国内市场，很快就击败资金不足、管理混乱的中小企业。海尔也是通过兼并，并用其文化激活大量被其称为“休克鱼”的企业，使自己很快发展成为了国内家电行业的龙头。

知识链接

所谓“休克鱼”是指硬件条件很好，管理不行的企业。由于经营不善落到市场的后面，一旦有一套行之有效的管理制度，把握住市场很快就能重新活起来。

2. 确定进攻策略

(1) 正面进攻策略。正面进攻策略就是集中力量向对手的主要市场发起进攻的策略，打击的目标是敌人的强项而不是弱点。当市场挑战者企业实力明显高于竞争对手时，适合采用正面进攻的策略。降低价格是一种有效的正面进攻策略，如果让顾客相信挑战者的产品同竞争对手的质量相同而价格更低，这种进攻就容易取得成功。因此，一方面，企业可投入大量研究与开发经费，使产品成本降低，从而以价格手段向竞争对手发动进攻，这是持续实行正面进攻战略最可靠的基础之一；另一方面，企业通过巨额投入以实现更低的生产成本，然后以此来向对手发起价格攻击。

(2) 侧翼进攻策略。侧翼进攻就是寻找和攻击对手的弱点。有时可采取“声东击西”的战略，佯攻正面，实则攻击侧面或背面。侧翼进攻采取的是“集中优势兵力攻击对方的弱点”的战略原则。当市场挑战者难以采取正面进攻时，或者是使用正面进攻风险太大时，往往会考虑采用侧翼进攻策略。在采取侧翼进攻策略时，可以通过两种方式进行进攻：一种是地区性侧翼进攻策略，选择竞争对手力量薄弱的地区发动进攻，IBM 公司的挑战者就是选择一些被 IBM 公司忽视的或无法顾及的中小城市建立强大的分支机构，获得了顺利的发展。另一种是细分性侧翼进攻策略，即按照收入水平、年龄、性别等因素辨认细分市场，选择对手尚未重视或尚未覆盖的细分市场作为攻占的主要目标。例如，日本的汽车生产厂商就是通过发掘一个尚未被美国汽车生产厂商重视的细分市场，即对节油的小型汽车的需要而获得快速发展的。侧翼进攻策略是一种相对有效和经济的进攻策略，一方面它避免了攻守双方为争夺同一市场而造成的两败俱伤的局面；另一方面引导了企业更多地去关注和满足各类市场需求。侧翼进攻策略最好地体现了现代市场营销的思想，即市场营销的目的在于发现需求并满足它们，侧翼进攻策略要比正面进攻策略的成功率高很多。

(3) 多面进攻策略。多面进攻策略是挑战者在多个领域同时向竞争对手发动进攻以夺取对手的市场的进攻策略。多面进攻策略是一种全方位、大规模的进攻策略，它在几个战线发动全面攻击，迫使对手在正面、侧翼和后方同时全面防御。当挑战者拥有优于对手的资源时，适合于采用此种策略。

营销案例

本田的“多面进攻”

日本本田公司曾经采用了多面进攻的策略，成功地将本田摩托车打入了美国市场。本田公司一方面采用产品围攻策略，推出轻型高质量的摩托车，增加三级变速、自动变速装置，向哈雷的豪华重型车发起围攻。另一方面又采用市场围攻的策略，以洛杉矶的销售子公司为基地，逐渐从西部向东部扩大销售区域，建立包括运动器材商店、汽艇销售店在内的广泛销售网络，努力做好维修工作和零部件的供应工作，终于使本田摩托车顺利打入了美国市场。

(4) 迂回进攻策略。迂回进攻策略是避开竞争对手的现有业务领域和现有市场，进攻竞争对手尚未涉足的业务领域和市场，以壮大自己的实力。这是一种最间接的进攻策略，完全避开对手的现有阵地而进行迂回进攻。如果竞争对手的实力较强，正面的防御阵线非常严密，市场挑战者企业就可以采用此种策略。具体来说可以通过 3 种方法对竞争对手进行迂回进攻。一是多元化地经营与竞争对手现有业务无关联的产品。高露洁公司为了避开与宝洁公司发生正面冲突，采取了多元化经营的迂回进攻策略，进入了纺织业、医药业、化妆品业及运动器材业和食品业，结果获得了很大的成功。二是将现有产品打入新的地区市场。百事可乐公司为了在中国地区取得对可口可乐公司的优势，将其新建的灌装厂建在了四川等内陆地区，远离了竞争激烈的沿海地区，取得了较大的市场份额。三是用竞争对手尚未涉足的高新技术新产品取代现有产品。挑战者可以通过研发新产品和新技术，用新产品向竞争对手发起挑战。任天堂公司在电视游戏机市场的成功很大程度上得益于引入高新技术并重新划定市场，从而夺取了大量的市场份额。

(5) 游击进攻策略。游击进攻策略是向对手的有关领域发动小规模的、断断续续的进攻，逐渐削弱对手，使自己最终夺取永久性的市场领域的进攻策略。如果挑战者企业规模较小，力量较弱的话，可以采用游击进攻的策略，根据自己的力量针对竞争对手的不同侧面，进行小规模的、时断时续的游击式攻势。主要方法是在某一局部市场上有选择地降价、开展短促的密集促销及向对方采取相应的法律行动等。游击进攻能够有效地骚扰对手、消耗对手、牵制对手、误导对手、瓦解对手的士气，打乱对手的战略部署而己方不冒太大的风险。应该注意的是，不能认为游击战一定适合于财力不足的小企业，持续不断的游击进攻，也是需要大量投资的。还应指出，如果要想打倒竞争对手，只靠游击进攻策略不可能达到目的，还需发动更强大的攻势。

上述市场挑战者的进攻策略是多样的。一个挑战者不可能同时运用所有的策略，但同时也很难单靠某一种策略取得成功。通常挑战者企业需要设计出一套策略组合即整体策略，借以改善自己的市场地位。例如，美国百事可乐对可口可乐来说是一个典型的挑战者，它在 1950—1960 年之间，发动了多种攻势，取得很大成功，销售量增长了 4 倍。但是，并非所有居于次要地位的企业都可充当挑战者，如果没有充分把握，不应贸然进攻主导者，最好是跟随而不是挑战。

5.4.3 市场追随者的竞争策略

在市场竞争中，优胜劣汰的竞争法则是无情的，持续的正面竞争往往会造成两败俱伤，因此许多企业会避免与市场主导者企业正面发生冲突。同时，对于相当一部分中小企业而言，在产品创新上所需的大量人力、财力、物力以及相应的市场风险，它们无力承担。因此在实际营销活动中，许多企业采用追随策略，从事产品仿造或改良，在投资少、风险小的基础上，获取较高的利润，并保持企业相对有利的竞争地位。市场追随者可让市场主导者和挑战者承担新产品开发、信息收集和市场开发所需的大量经费，自己坐享其成，减少支出和风险，并避免向市场主导者挑战可能带来的重大损失，许多在行业中位居第二位及以后位次的公司往往选择追随而不是挑战。跟随并不等于被动挨打，或是单纯模仿主导者，市场追随者必须要找到一条不会招致竞争者报复的成长途径。具体来说，跟随策略可分为以下 3 类。

(1) 紧密跟随策略。紧密跟随策略是指企业在各个细分市场和产品、价格及广告等市场营销组合方面模仿市场领先者，完全不进行任何创新的跟随策略。市场追随者企业在进行营销活动的所有市场范围内，都尽可能仿效市场主导者企业，以借助先行者的优势打开市场，并跟着获得一定的份额。但是要注意，所谓的紧密追随并不等于直接侵犯市场主导者企业，那样的话会遭到被追随者凶狠的报复。而有的紧密跟随者则发展成为了赝品制造者，如苹果公司、劳力士公司都被赝品制造者搞得疲惫不堪，尤其是在远东市场上。

(2) 有限跟随策略。有限跟随策略是指跟随者在目标市场、产品创新、价格水平和分销渠道等方面都追随市场主导者，但仍与市场主导者保持若干差异。在采取有限跟随策略时，市场追随者企业在营销策略的主要方面紧跟市场主导者企业，比如选择同样的目标市场，提供类似的产品，紧随其价格水平，模仿其分销渠道等。在企业营销策略的其他方面则发展自己的特色，争取和主导者企业保持一定的差异。在钢铁、肥料和化工等同质产品行业，不同企业的产品相同，服务相近，不宜实行差异化策略，价格几乎是吸引购买的唯一手段。价格敏感性高，随时可能爆发价格大战。正因如此，各企业常常模仿市场主导者，采取较为一致的产品、价格、服务和促销策略，市场份额保持着高度的稳定性。

(3) 改进跟随策略。改进跟随策略是指在某些方面跟随市场主导者，同时对市场主导者的产品或市场策略进行学习和改进，甚至对这些产品或市场策略进行改进或创新。市场追随者企业根据自身的具体条件，部分地仿效市场主导者企业，择优追随。同时在其他方面自行其是，坚持独创。比如主动地细分和集中市场、有效地研究和开发等，尽量在别的企业想不到或者做不到的地方去争取一席之地。

5.4.4 市场补缺者的竞争策略

处于市场补缺者地位的企业，其目的在于利用自身特长寻找市场中的空隙并努力去满足。在现实营销活动中，这类企业可以在市场、消费者、产品、渠道等各个方面实现自己的目标，比如为一些特殊的消费者群体提供服务。市场补缺者企业的竞争策略关键在于专业化、精细化营销，由于营销目标和营销力量的相对集中，所实现的产品高度差别化，会使企业具有其他人无法轻易仿效的特殊竞争力量。一般来说，这种细分市场应当具备以下特点才能保证其成功：①具有一定的规模和能力；②有发展的潜力；③此类市场对主要竞争者不具备吸引力；④市场补缺者具有在市场上经营的必要资源能力；⑤市场补缺者已经建立起来的良好信誉足以抵御竞争者的攻击。

采用这一竞争策略的关键是实现专业化，即在市场、顾客、营销组合等方面实现专业化，主要有以下几种实现途径。

(1) 最终用户专业化指专门致力于为某类最终用户服务，例如，航空食品公司专门生产为民航飞机乘客提供的航空食品。

(2) 垂直专业化是指公司可以专门为处于生产与分销循环周期的某些垂直层次提供服务，如铝制品厂可专门生产铝锭和铝制部件。

(3) 顾客规模专业化指专门为某一种规模(大、中、小)的客户服务，如有些小企业专门为那些被大企业忽略的小客户服务。

(4) 特定顾客专业化，即只对一个或几个主要客户服务。如美国一些企业专门为西尔斯百货公司或通用汽车公司供货。

(5) 地理区域专业化，即专为国内外某一地区或地点服务。

(6) 产品或产品线专业化。在实验设备行业中，有的公司只生产显微镜，而有的公司则只生产显微镜上的镜头等。

(7) 产品特征专业化是指公司专门经营某一种类型的产品或者产品特色。萝莉多尔公司在日本经销 27 种不同种类的家庭甜点(均为小批量生产)，而且还按照特定的配方与当地风味相结合来制作。

(8) 客户订单专业化，即专门按客户订单生产预订的产品。

(9) 质量与价格专业化指专门生产经营某种质量和价格的产品。惠普公司在电脑市场上专门选择优质高价的微型电脑这一细分市场进行经营。

(10) 服务项目专业化指专门提供某一种或几种其他企业没有的服务项目，如银行可以专门承办电话贷款业务，并为客户送款上门，将现金交予客户。

(11) 分销渠道专业化指专门服务于某一特定的分销渠道。如某些饮料公司只向加油站提供大容量包装的软饮料服务。

同时，作为市场补缺者，要在大企业的夹缝中求得生存和发展，在维护原有的补缺市场的同时，还需要不断创造新的补缺市场，这样才能在细分市场上通过专业化经营来不断获取最大限度的收益。

(1) 创造补缺市场。市场补缺者企业要积极适应特定的市场环境和市场需要，努力开发专业化程度很高的新产品，从而创造无数的补缺市场。著名的运动鞋制造商耐克公司通过不断开发出适合不同运动练习项目的特殊运动鞋，如登山鞋、旅游鞋、自行车鞋、冲浪鞋等，创造了无数的补缺市场。

(2) 扩大补缺市场。市场补缺者企业在开发出专业化程度很高的新产品以后，还要进一步提高产品组合的深度，创造更多需要这种专业化产品的市场需求者，以扩大市场占有率。耐克公司在开辟了新的补缺市场之后，继续为各种鞋开发了不同的款式和品牌，如耐克充气式乔丹鞋、耐克哈罗克鞋等，以此不断扩大市场规模。

(3) 保护补缺市场。市场补缺者企业需要时刻关注竞争者的动向，及时采取相应的策略，提高市场忠诚度，全力维护自己在特定市场的领先地位。

企业在实施市场营销竞争策略的过程中，在密切注意竞争者的同时还要加强对顾客的关注，不能单纯强调以竞争者为中心而忽视了以顾客为导向的市场原则。以竞争者为中心是指企业行为完全受竞争者行为支配，企业逐个跟踪竞争者的行动并迅速作出反应。这种模式的优点是使营销人员保持警惕，注意竞争者的动向；缺点是被竞争者牵着走，缺乏事先规划和明确的目标。以顾客为中心是指企业以顾客需求为依据制定营销策略。其优点是能够更好地辨别市场机会，确定目标市场，根据自身条件建立具有长远意义的策略规划；缺点是有可能忽视竞争者的动向和对竞争者的分析。因此，在现代市场竞争中，企业营销竞争策略的制定既要关注竞争者，又要以顾客为导向，实现顾客导向与竞争者导向的双平衡。

本章小结

本章主要介绍了不同类型的国际市场竞争者、影响行业竞争的因素、3种国际市场竞争策略、4种不同类型的国际市场竞争策略。国际市场竞争者类型主要从竞争地位、市场和行业3个角度进行分类，分析了不同类型竞争者的目标、优劣势和反应模式。在国际市场竞争分析中，分析了影响行业竞争的各种因素，在此基础上对国际市场竞争者进行了全面的策略分析。在国际市场竞争策略中，依据美国策略专家迈克尔·波特的策略理论，提出了3种竞争策略，即总成本领先策略、差异化策略和集中化策略。在国际市场竞争策略中，针对不同类型的竞争者提出了相应的竞争策略，包括市场主导者竞争策略、市场挑战者竞争策略、市场追随者竞争策略和市场补缺者竞争策略。

名人名言

真正的问题不在于你比过去做得更好，而在于你比竞争者做得更好。

——唐纳德·克雷斯

品牌是一种错综复杂的象征，它是品牌属性、名称、包装、价格、历史声誉、广告方式的无形总和。品牌竞争是企业竞争的最高层次。

——大卫·奥格威

战略不仅在于知道做什么，更重要的是，要知道停下什么。

——乔·图斯

没有“尽善尽美”的战略决策。人们总要付出代价。对相互矛盾的目标、相互矛盾的观点及相互矛盾的重点，人们总要进行平衡。最佳的战略决策只能是近似合理的，而且总是带有风险的。

——彼得·德鲁克

习 题

一、复习题

1. 选择题

(1) 提供不同种类的产品，但满足和实现消费者同种需要的竞争者属于( )。
A. 品牌竞争者　　B. 行业竞争者
C. 形式竞争者　　D. 愿望竞争者

(2) 哪种市场竞争者对不同的市场竞争措施的反应有区别？( )
A. 从容不迫型竞争者　　B. 选择型竞争者
C. 强烈反应型竞争者　　D. 随机型竞争者

(3) 在某个行业中，企业所面临的威胁不包括( )。
A. 新进入者　　B. 替代者
C. 政府机构　　D. 购买者

(4) 我国玩具企业通过采取哪种竞争战略占领了国际市场？( )
A. 总成本领先竞争战略　　B. 差异化竞争战略
C. 集中化竞争战略　　D. 多元化竞争战略

(5) 以下哪种条件适合企业采用差异化竞争战略？( )
A. 市场需求具有价格弹性　　B. 顾客偏好多样化服务
C. 用户购物改变购买商不会发生转换成本
D. 目标市场容量相对来说足够大

2. 填空题

(1) 波特在分析行业竞争结构时认为，行业内部的竞争状态取决于 5 种基本竞争作用力，即________、________、________、________及________。

(2) 国际竞争战略包括________、________及________。

(3) 当挑战者拥有优于对手的资源时，适合采用________策略。

(4) 国际市场竞争策略包括________、________、________及________。

3. 判断题

(1) 总成本领先战略是在尽企业所能降低成本的一种战略。 ( )

(2) 差异化竞争战略是指企业凭借自身的技术优势和管理优势，使企业产品、服务、企业形象等与竞争对手有明显的区别，从而获得竞争优势而采取的战略。 ( )

(3) 迂回进攻策略是避开竞争对手的现有业务领域和市场，是间接的进攻策略。( )

(4) 形象差异化竞争战略是指企业在产品的核心竞争力部分与竞争者雷同的情况下塑造不同的产品形象和企业形象以获得差别优势的竞争战略。 ( )

4. 简答题

(1) 国际市场竞争者的类型有哪些?

(2) 国际市场竞争者的反应模式有哪些?

(3) 行业结构分析中企业面临哪 5 个方面的威胁?

(4) 常用的竞争策略有哪些?

5. 思考题

(1) 在国际营销市场上如何分析竞争对手?

(2) 讨论 3 种竞争战略的利弊和应用条件。

(3) 以家电行业或钢铁行业为例，阐明如何分析行业竞争结构，并讨论行业中的企业如何制定竞争战略。

二、案例应用分析

格兰仕竞争战略解读

格兰仕集团是一家世界级综合性白色家电品牌企业。自 1978 年创立至今，格兰仕由一个 7 人创业的乡镇工厂发展成为拥有近 5 万名员工的跨国白色家电集团，是中国家电业最具影响力的龙头企业之一。格兰仕微波炉和空调及其小家电已进入全球 100 多个国家和地区的主流市场，格兰仕正在成为“全球家电制造中心”已是一个不争的事实，格兰仕变成了让跨国公司也望而生畏的“狼”，日韩同行企业干脆就直呼其为“中国狼”。格兰仕成为让跨国公司敬畏的“中国狼”，不仅是一个中国企业竞争力的一种显示，也是中国在 WTO 框架下的全球经济策略格局中国家竞争力的一种显示。2010 年，格兰仕集团制定“十二五”发展规划，计划在未来三到五年间实现年销售额 1 000 亿元的经营目标，稳健推进综合性、领先性白电集团战略。

一、格兰仕的价格战与竞争策略

格兰仕 1993 年进入微波炉行业，1998 年就成为世界第一；2003 年，格兰仕微波炉产销规模已经超过 1 500 万台；2004 年微波炉产销规模已经超过 1 800 万台，为全球 250 多家微波炉生产商贴牌生产，出口量 1 300 万台，格兰仕产微波炉基本上已经占据了全球 1/2 的市场。2010 年国家商务部公布的一份针对“中国制造企业品牌知名度”的调查报告中，格兰仕品牌在外商最喜欢的中国品牌中，名列第一。是什么成就了格兰仕？格兰仕是靠什么打造“全球微波炉制造基地”？国内企业界和传媒界比较一致的答案是“价格战”。格兰仕早被同行、记者和专家贴上了多个标签：如价格杀手、价格屠夫、家电大鳄等，格兰仕的辉煌历程在国内外同行业企业看来，就是一部血腥的价格战史。据报道资料，格兰仕自转产微波炉行业后 12 年里，除了转行初期 3 年打基础外，1996 年至今，格兰仕微波炉降价 10 余次，国内微波炉市场价从 3 000 元降到 300 元以下，国内微波炉生产厂家从上百家减少至不到 10 家，格兰仕占全球产销量 50%。就此可以说格兰仕的成长史还真是一部硝烟弥漫的价格战史。但是，谁以为降价就是格兰仕的竞争策略，那他便没有真的读懂格兰仕策略。

读过迈克尔·波特的《竞争策略》一书的人，都知道著名的三大竞争策略：总成本领先策略、差别化策略和专一化策略。我认为，格兰仕是中国企业乃至全球企业中，运用波特竞争策略理论最标准和最成功的实践者之一。格兰仕完全执行了波特三大竞争策略的第一种——总成本领先策略，仅用 5 年时间，就打败所有竞争对手，成为世界第一。很显然，格兰仕降价打价格战并不是策略，而是实现总成本领先策略下的战术行动或策略。格兰仕并不是为打价格战而降价，而是为了持续确保实现总成本领先策略而降价，即降价→扩大规模→降低成本→再降价→再扩大规模→直至垄断。当格兰仕微波炉生产规模在80万台时，就以60万台的成本作为定价基础，在市场上大幅度降价。产能在60万台以下的企业就会亏损。格兰仕靠这种价格策略赢得了市场，迅速扩大了规模，每上一个台阶，就不断降低成本和降低售价，由此而转化为价格竞争优势，获得更大的市场份额。我们从格兰仕总成本领先策略运作模式已经可以很清楚地解读格兰仕竞争策略，格兰仕把波特竞争策略特别是总成本领先策略运用到了极致。因此，国内企业界和传媒界应该为格兰仕“正名”，应该用“竞争策略高手”、“总成本领先策略大师”来替代那些略显血腥的标签。到此，我们解读了格兰仕竞争策略的上篇。这是格兰仕学习波特竞争策略理论和借鉴许多成功企业经验的成功实践，而格兰仕独创的最有价值的是其策略竞合模式。

二、格兰仕竞争战略模式

常胜军队都是善于在战争中学习战争的军队。格兰仕就是中国最善于在竞争中学习竞争的成功企业之一。早在1998年，格兰仕就实现了世界第一，清华大学把格兰仕作为中国企业的竞争策略典范，列为MBA教学典型案例。格兰仕并未止步于总成本领先策略的成功，并未满足于打败国内市场所有竞争对手，又开始全面实施国际化策略。但是，格兰仕决策者很清楚自己面对的是实力强大的跨国公司和风险莫测的国际市场，尚无与其对垒降价竞争的实力。于是，格兰仕决策者采取一种超常规创新策略：与当时全球微波炉制造业三强——欧美日三大跨国公司进行策略合作，利用国际资源实现自身低成本扩张。由此创造了一种国际化经营竞争模式，可称为“格兰仕竞合模式”。

所谓“格兰仕竞合模式”就是指格兰仕依托以低成本人力资源优势为主的动态比较优势先与欧美日三大跨国公司结成策略联盟，不花钱将其微波炉制造工厂全部搬到格兰仕工业区，按照协议优势互补、互惠互利，合作生产微波炉关键配件。此合作方式又吸引来全球200多家微波炉制造或经营企业与格兰仕建立这种策略联盟。格兰仕不仅无偿获得了先进设备和技术，还将竞争对手都变为策略合作者。

“格兰仕竞合模式”的具体产生过程：20世纪90年代中期，韩国以LG为主的家电企业凭借其成本优势异军突起，在微波炉国际市场上大幅降价，夺取市场份额，把市场价打压到欧美日企业的成本价一线，使欧美日企业几乎无利可赚，陷入困境。格兰仕人洞察并准确分析国际微波炉市场竞争策略态势，果断出招——“合纵”欧美日，即与欧美日三大跨国公司策略合作结成策略联盟。据报道，格兰仕是先找了著名的日本S公司商谈合作，被其拒绝，转而与欧洲的法国T公司商谈合作，一举成功。格兰仕人的合作谈判充满着创造性智慧。格兰仕充分利用了自己的低成本优势，与法国T公司在微波炉生产成本这个平台上展开谈判。谈判是从具体的微波炉零部件合作生产及其价格谈起。以微波炉的主要部件变压器为例，格兰仕此前一直是从法国T公司和日本S公司进口，进口价分别为30美元和23美元。格兰仕是这样说服法国T公司的：你们的工厂生产线一天开工不足6小时，周工作日只有四五天，一周不到30小时。而我们格兰仕的生产线24小时3班倒，一天就差不多等于你们一周，生产效率大不一样。而且，我们的用工成本比你们不止低20倍。所以，我们的生产成本比你们低得多。如果双方合作，彼此优势互补、互惠互利，结成策略联盟，你们把生产线设备搬到格兰仕工厂来，让我们来生产，给你供货只要8美元，不到你们现有成本价的1/3。这个办法和方式太诱人。仅一个变压器就可降低成本2/3达10多美元，加上其他零部件，微波炉整体生产成本就可以降低一大块。法国T公司权衡利弊，遂签约合作。这样，格兰仕不花钱就把法国T公司先进的微波炉生产线设备全部搬到了格兰仕工厂。格兰仕又以此方法与美国H公司谈判成功，照此方式结成策略联盟。当欧美两大跨国公司的微波炉在国际市场获得价格优势，销售看好时，日本S公司就坐不住了，也与格兰仕谈判合作结盟。格兰仕摆平日本S公司的条件更优惠，变压器合作供货价是6美元。欧美日三大跨国公司与格兰仕结成策略联盟，将其微波炉制造生产线设备都搬到格兰仕工业区，从零部件合作生产逐渐到整机贴牌生产。策略联盟使双方优势互补、互惠互利各得其所，在国际市场实现了双赢。于是，这种双赢合作方式吸引了200多家跨国公司来与格兰仕结成策略联盟。格兰仕大规模整合全球的微波炉关键核心元器件和零部件的生产、制造、研发、环节，生产和市场规模不断扩大，专业化、集约化程度和生产力不断提高，生产成本也大幅度下降，如变压器实际成本只有4美元，就是合作供货价也有较高利润。

格兰仕合作方式是中国企业在当代商场中独创的一种市场竞争模式，从竞合理论角度看，这就是一种竞合模式，可以称为“格兰仕竞合模式”。这证明了，格兰仕并非是只靠“价格战”，还精彩地运用了“格兰仕竞合模式”，才创造了“全球微波炉制造第一”的业绩。

三、格兰仕竞争战略给中国企业的启示

启示一：企业应先做强后做大。中国企业大多寿命不长，一个致命的原因就是把“做强”与“做大”搞颠倒了，往往是先做大后做强，结果就有许多像爱多这类速生速亡的短命企业。格兰仕的竞争策略是依靠已有的比较优势和市场竞争力，去扩大规模优势，再扩大比较优势，再扩大规模优势，逐步形成较高水准的微波炉制造方面的竞争力，最终形成企业的核心竞争力——大规模超一流生产力。

启示二：企业国际化应以我为主。近10年，中国企业的国际化道路走得并不很顺利，甚至连长虹、TCL这样著名大企业的国际化经营都出现重大失误和亏损。格兰仕国际化的策略与策略成功的秘诀就是“以我为主”。而一些中国企业与跨国公司合作由于未“以我为主”，往往是失去企业控制权，甚至是衰败消亡。例如曾是中国第一的雪花冰箱和蚬华微波炉，都是与美国惠尔浦合资后衰败消亡的。一些著名跨国公司成了消灭中国企业及品牌的“杀手”。格兰仕“以我为主”与跨国公司竞合，采取价值链分工整合策略，空手套设备，进一步扩大自己的比较优势，构建起全球第一的微波炉制造方面的核心竞争力。

启示三：企业名牌策略应循序渐进。中国企业大多数太想一夜成名。这就出现了许多暴生暴亡的“礼花型”知名企业，如秦池、爱多、三株、巨人等。无论别人怎样评说“格兰仕只做市场不做品牌”，格兰仕依然按“先成事再成名”的循序渐进策略在打造自己的品牌。这是一种既积极又稳妥的策略。企业打造真正的国际品牌，必须积聚实力，稳扎稳打，循序渐进，逐步建立起以核心竞争力为支撑的全方位竞争力。今天的格兰仕已成为较高国际知名度的品牌。

启示四：市场“蛋糕”是共享的。自1995年以来，不仅中国微波炉市场“蛋糕”扩大了20倍以上，全球市场“蛋糕”也扩大了10倍以上。格兰仕微波炉的年产量将超过2 000万台，销往国际市场约50%，而国内市场占有率却从74%降到不足50%。格兰仕微波炉在阿根廷就因市场占有率超过30%而受到反垄断处罚。这表明，在经济全球化的环境下，任何一家企业都难以长期地垄断某一市场，更不可能独吞市场“蛋糕”。既然市场“蛋糕”是共享的，企业明智的选择就是做市场领导者和领跑者，共同把市场“蛋糕”做大做好，以期达到共生共享共赢，而市场领导者和领跑者自然就是最大的赢家。

随着中国市场经济体制的不断完善、经济全球化的加速，竞合策略是现在市场竞争共赢趋势发展的必然。竞合策略优势互补，资源共享，既竞争又合作，实现共赢，开拓出更大的市场空间。彼德·德鲁克曾说过，竞合策略是企业从不协调中创造出协调的最灵活的手段。“格兰仕竞合模式”就是这样一种“最灵活的手段”。

(资料来源：《解读格兰仕竞争战略与竞合模式》，作者：龚绍东)

问题：

(1) 分析格兰仕竞争策略的成功经验与特点。

(2) 分析格兰仕竞争战略模式的显著特点和竞争优势。

(3) 格兰仕的成功经验，对我国企业有哪些重要启示？

第6章　国际市场目标营销战略

教学目标

通过本章的学习，了解国际市场细分的意义和有效细分的条件，理解并能熟练运用国际市场细分的标准以及选择国际目标市场的策略；了解国家市场定位战略及进入国际市场的不同途径。

教学要求

知识要点	能力要求	相关知识
国际市场有效细分的条件、标准	(1) 理解国际市场有效细分条件 (2) 运用国际市场细分标准的能力	(1) 国际市场细分的概念及意义 (2) 国际市场有效细分的条件 (3) 国际市场细分的标准
选择国际目标市场的策略	(1) 理解国际目标市场选择策略 (2) 运用国际目标市场选择策略的灵活能力	(1) 选择国际目标市场的标准 (2) 选择国际目标市场的策略
进行国家市场定位的方法	灵活运用国家市场定位方法的能力	(1) 国家市场定位的依据 (2) 国家市场定位的策略
国际市场进入战略	理解不同的国际市场进入方式的优劣及适用性	(1) 国际市场进入方式 (2) 国际市场进入方式的决策影响因素

基本概念

国际市场细分　国际市场定位　进入国际市场方式　单一细分市场策略　有选择的专门化策略　产品专门化策略　市场专门化策略　完全市场覆盖　对抗定位　回避定位　依附定位　重新定位　“高级俱乐部”定位　间接定位　国际战略联盟

导入案例

女性香烟市场

女性吸烟的心理因素形形色色，归纳起来，主要有以下 3 个方面：①寻求男女平等，争取社会地位；②展示个人风采，树立前卫形象；③缓解工作压力，释放紧张情绪。欧美的烟草企业一直围绕这 3 个方面向女性消费者开展营销活动，成效卓著。

20 世纪之前，欧美的妇女一般不吸烟，吸烟的女性总是与堕落、放纵、淫荡联系在一起。在 19 世纪的维多利亚女王时代，香烟是色情摄影作品中的常用道具。到了 20 世纪初，女烟民开始增加，女性吸烟渐渐被社会认可，主要原因有两点：①卷烟制造技术的发展，使机制卷烟替代了手工卷烟，香烟变得越来越卫生、便宜、易用，对女性消费者有很强的吸引力；②随着第一次世界大战的爆发，女权主义运动开始萌芽，妇女不再甘心做男人的附属品和家庭的牺牲品。不少妇女尝试从事一直是男人在做的工作，而且开始穿长裤、剪短发、抽香烟。

面对新兴的女性香烟市场，美国烟草公司的总裁希尔(Hill)先生激动地说：“这好比在我们自家的院子里挖到了一个金矿。”为了开采这个金矿，各大烟草公司费尽心机，开展了大量的营销活动。他们紧紧抓住妇女社会经济地位的变化趋向，极力宣扬女性吸烟不是见不得人的事，而是妇女解放的象征，他们将香烟喻为“自由火炬”，为女权主义运动推波助澜。1929 年，美国烟草公司聘请几名年轻女郎在纽约街头的复活节游行队伍里公开吸“好彩”(Lucky Strike)牌香烟，以此号召妇女对抗不平等的社会地位。菲利普·莫里斯公司的“维珍妮”(Virginia Slims)牌女士香烟的宣传口号从 1968 年的“宝贝，你辛苦了”，到 1990 年代中期的“这是女人的事”，再到后来的“找到你的声音”，都巧妙地将吸烟与妇女的自由和解放联系在一起。

1920 年代的美国，妇女追求短发、短裙和苗条的身材。美国烟草公司抓住这个时尚潮流，紧紧地将他们的产品与苗条身材联系在一起。他们将旗下的“好彩”牌香烟定位成可以帮助妇女减肥，并在广告中号召女士们“别吃糖了，抽‘好彩’吧!”这一招真灵，“好彩”香烟的销量在广告发布的第一年就翻了 3 翻。在这方面，菲莫公司做得更绝。他们将旗下的“维珍妮”牌女士香烟设计成细细的、长长的、白白的，为的是让女性消费者产生联想，希望自己的身体也能像“维珍妮”香烟一样苗条。

欧美烟草企业还常常将女性吸烟定位成“时尚的”、“新潮的”、“有个性的”、“交际需要的”、“有女人味的”。为了让女性消费者能够在交际活动中自信地抽烟，菲利普·莫里斯公司甚至举办巡回讲座，专门教授妇女吸烟的指法与姿势。

针对女性消费者，欧美烟草企业除了将传播主词放在“独立”、“时尚”、“减肥”、“成熟”之上以外，还对女性香烟市场进行细分，然后准确聚焦自己的消费群体。1990 年，雷诺公司推出 Dakota 牌女士香烟，将其消费群体定位于 18 至 24 岁的“有男子气”的女子，这类女子没接受过大学教育，社会地位较低，爱看肥皂剧，她们大多从事体力劳动，工作压力大，吸烟率也最高。

**点评：因势利导，方能决胜千里**

面对着复杂多变的国际市场，任何一个国际企业都无法充分有效地满足市场的所有需求。国际企业必须在对所有希望进入的国别市场进行有效细分的基础上，选择那些有较大潜力、能充分发挥自己资源优势和竞争优势的子市场作为自己的目标市场，并在为企业准确定位之后，选择合适的国际市场进入方式。

6.1 国际市场细分

6.1.1 市场细分策略思想的形成

1. 市场细分的概念

市场细分是1956年由美国市场学家温德尔·史密斯(Wendell Smith)提出来的一个重要概念，是随着目标市场营销阶段的到来而最后形成的。所谓市场细分(Market Segmentation)，就是企业根据总体市场的不同消费者明显的需求特征、购买行为和购买习惯，把它们细分为彼此有区别的不同的子市场，每个子市场由需要与欲望相同的消费者组成，其内部需求特点相类似。

2. 市场细分的目的及依据

细分的目的是选择和确定企业的目标市场，然后针对目标市场的需求，从产品计划、分配渠道、价格政策直至促销宣传，采取相应的整套市场营销策略，使企业经营的产品更符合各国不同消费者阶层和集团的需要，从而在细分市场中提高竞争力，增加销售，提高市场占有率。

市场细分的依据是顾客需求的异质性理论。根据顾客需求的差异程度，可将市场分为同质市场和异质市场。当顾客对产品的需求大致一致，而且对企业同一营销策略反应也十分相似时称为同质市场；当顾客对产品的质量、款式、价格等有不同要求，而且对企业的同一营销策略会做出不同反应时，称为异质市场。在异质市场上，具有类似需求的顾客群就构成了一个细分市场。

**营销故事**

啤酒市场的细分

在1970年以前，啤酒业者一直认为啤酒市场是个同质市场，只要推出一种产品和一种包装，消费者就能得到满足。既然是同质市场，就无法进行细分，于是业者们把大把的钞票投到广告、促销上面，而不管喝啤酒的人是男是女，是胖是瘦，是豪宅中的百万富翁还是流浪在街头的穷光蛋。然而，通过细心地观察就会发现，饮啤酒的人有着不同的风格：有人喜欢开怀畅饮，有人浅尝辄止，有人酗酒如命，有人则从不贪杯。

应该说，这种不同古已有之，只有当它能够促使消费者对啤酒的口味、包装、形象等诸多方面产生不同需求并且这种需求达到一定规模时，才最终引导啤酒市场从同质走向异质。

20世纪70年代初，啤酒市场的“变质”悄悄发生了。菲利普·莫里斯敏锐地发现了这一变化，并聚然采取了行动，从此改变了美勒啤酒公司的命运。

菲利普·莫里斯认为，对啤酒的不同需求源于饮酒者不同的饮用量，于是以此为依据，将整体市场划分成狂饮者市场和偶饮者市场。调查表明：占饮酒人数30%的狂饮者喝掉了80%的啤酒，他们大多是年轻人，从事重体力劳动，收入中下。而另外70%的偶饮者喝掉了剩下的20%，这些人主要是妇女和高收入者。

针对狂饮者市场，公司在广告中展示了石油钻井成功后，两名工人豪饮的画面，以及年轻人在沙滩上冲刺后开怀畅饮的场景，从而塑造了精力充沛的形象，并以“有空就喝美勒”为口号引导消费，结果成功占据狂饮者市场达10年之久。

至于偶饮者市场，公司将原来的“高生”牌重新定位，美其名曰“啤酒中的香槟”，不出所料，偶饮者市场的主要构成者：妇人和富人一下就“爱”上这种高贵的的啤酒。

成功的第一步使菲利普·莫里斯更加坚信啤酒市场“变质”所具有的潜能。随后公司专为怕胖的妇女和老年人推出7盎司的“小马力”啤酒，因为这些人觉得原来的12盎司太多，一次喝不完。1975年，公司推出名为“生命”的低热量啤酒，专门提供给啤酒喝多了会觉得肚胀的消费者。后来，又针对特殊场合如宴会、典礼，开发了名为“努文伯罗”的啤酒，并以高质高价与当时市场领先者分庭抗争。

经过5年的努力，菲利普·莫里斯公司把美勒啤酒送上了美国啤酒行业的第二把交椅，市场占有率从4%跃至21%，仅次于第一名布什公司的34%，并将第三、第四名远远抛在后面。菲利普·莫里斯公司的胜利是灵活运用市场细分策略的胜利。

3. 市场细分策略思想的形成

市场细分策略思想的形成大约经过3个发展阶段。

1) 大量营销阶段

其经营策略是把消费者看成具有相同需求的整体市场，力求降低生产成本，提高产量，采用最普遍的营销渠道、相同单一的广告形式，尽可能多地提供价格低廉的某种产品。市场上，企业间的竞争主要是价格竞争。

2) 产品差异化营销

其经营思想是为消费者提供多样的产品以便其有较大的选择余地。在此阶段企业还未能有意识地根据细分后的各个市场的需求特性设计、生产、销售产品，不过在市场营销的实践中，已经突破了价格竞争的框框。

3) 目标市场营销

所谓目标市场营销，就是企业把整个市场按一定因素细分为许多不同的子市场，然后从中选择某些市场作为自己的营销对象，从而开发不同的产品或采用不同的市场营销方法，尽量获得较大的市场占有率。

在现实的市场营销实战中，上述3种营销方式并非只能单独存在，而是可以同时采用的。因为不同的产品有不同的适应性，不能只限于采用一种市场营销策略。

6.1.2 国际市场细分的含义及意义

1. 国际市场细分的含义

国际市场细分就是识别对产品和相关营销组合产生良好反应的具有关键相似特征的国家和消费者。它是市场细分概念在国际营销中的运用。由于国际营销的特殊性和复杂性，国际市场细分必须分成两步进行：第一步是宏观细分。根据一定的标准将世界市场细分为若干个子市场，每个子市场存在基本相同的营销环境，企业可以选择一个或几个国家作为自己的宏观目标市场。第二步是微观细分。企业进入某一个国家或地区的市场以后，针对该国顾客千差万别的需求，再按一定的标准对该国的市场继续进行细分，然后根据自己的条件满足一个或几个市场的需求。

2. 国际市场细分的意义

(1) 有利于企业发现和发掘新的营销机会。一个企业要进行国际营销，它首先必须对市场进行细分，以在激烈的市场缝隙中寻找空间，求得企业的生存和发展。

(2) 有利于企业针对市场开发适销对路的新产品。国际市场细分为出口企业按目标市场的需求改良现有产品和设计开发新产品提供了有利条件，企业的营销目标与市场的需求更加协调一致，产品更加适销对路，从而增加销售量，获得更高的利润。

(3) 促使企业针对目标市场制定适当的营销组合策略，增强竞争优势。

6.1.3 国际市场有效细分的条件

不管细分分析是在国家层面还是在个体消费者层面开展，要完成有效的市场细分必须满足以下条件。

(1) 可测量性(Measurability)——具体的细分市场必须容易识别和测量，否则企业就不能分配适量资源来开发该细分市场。

(2) 可接近性(Accessibility)——指企业可以达到并服务于该市场的程度。它主要取决于企业与目标市场的沟通能力。

(3) 规模性(Substantiality)——即细分市场的规模应足够大，企业服务该细分市场应能获得足够多的利润。因为服务于细分市场就失去了规模经济效益，如果细分市场不够大，就难以抵偿提高了的成本。

(4) 可操作性(Actionability)——即企业能够有效地吸引并服务于细分市场的可行程度。

(5) 稳定性(Stability over Time)——按照一定标准划分出来的细分市场在一定时间内必须能够保持相对稳定，企业才能据此制定出相应的营销战略和策略。变化太快的市场显然具有额外的风险。

(6) 反应差异性(Differential Response)——细分市场应该容易彼此区分开，应该与其他细分市场对营销战略产生不同的反应。

6.1.4 国际市场细分的标准

1. 国际市场宏观细分标准

1) 地理位置标准

划分国家的一个最常用的方法是使用地理标准，许多企业在组织其国际营销业务时，习惯于把世界分成西欧、东欧、北美、南美、亚洲、中东以及非洲。对于从事海外营销的企业来说，地理细分法是可行的方法之一。这是因为：第一，地理上接近便于管理；第二，有时，处于同一地理区域的各国具有相似的文化背景；第三，第二次世界大战以后，区域性贸易和经济上的一体化发展迅速，如欧洲经济共同体等。有时企业进入了某一组织中的某一个国家，就相当于进入该组织中的其他所有国家。从上述 3 点来看，地理细分是有用处的，表 6-1 是一个地理细分市场的例子。

表 6-1 根据地理特点细分市场举例

细分标准	细分标准举例
洲际	非洲、美洲、欧洲、亚洲
地区	中东、东亚、加勒比地区
区域性经贸组织	东盟自由贸易区、北美自由贸易区、欧盟
国别	中国、日本、美国、英国
气候	热带、温带、寒带
地形	平原、山区、高原、丘陵
人口密度	城市、小镇、乡村
人口总数	10～20 万人、20～30 万人、50～10 万人
老龄化程度	高、中、低
城市化程度	＞20%，＞30%，＞50%
国家类型	高度发达、发达、次发达、不发达、最不发达
基础设施	完善、较完善、不完善

例如，加拿大马西–弗格森公司是专业生产农业机械的公司，20 世纪末，它就将世界农机市场划分为北美与非北美两大市场，并将其业务重点放在非北美市场，结果由于避免了与其他几个农机行业的巨人如福特汽车公司、迪尔公司、国际收割机公司的直接竞争而取得成功，在非北美市场获得较高市场份额并持续盈利。

但地理细分并不是万能的，在有些地区如中东、非洲，相邻的国家在文化背景、生活习俗等方面相去甚远，如果也这么做，势必事倍功半。

2) 经济水平标准

根据运输、能源、农业生产、人均消费指数、国民生产总值、对外贸易、人口统计等特点，将不同国家划分为几个大类。例如，美国芝加哥大学地理学研究小组把 95 个国家划分为 5 大类。在发达国家的消费者市场上，消费者较重视产品的款式、性能、特色等，因此，广告、营销推广、质量等方面的竞争效果好于价格竞争；超级市场和购物中心是消费者习惯的购买场所，因此企业的营销应侧重于大规模的自助性零售机构。在发展中国家消费者市场上，消费者不仅注重商品功能及实用性，更加重视产品的价格，消费者习惯于就近、零星购买。表 6-2 是一个经济细分市场的例子。

表 6-2 根据经济特点细分市场举例

细分标准	细分标准举例
经济发展阶段	传统、起飞前夕、起飞、趋向成熟、高度消费
人均收入(GDP)	小于 650 美元、650～8 000 美元、大于 8 000 美元
失业率	高、中、低
劳动生产率	高、中、低
对外部依赖性	高、中、低
政府管制程度	高、中、低
市场化程度	高、中、低
经济自由度	高、中、低
通货膨胀率	高、中、低

这种方法也有例外之时，如今东、南美一些石油富国，虽然人均 GDP 均已进入发达国家之列，但对其只能进行特殊处理，否则难免会发生偏颇。

3) 社会文化标准

文化是一个高度概括的词语，其中又可以用若干标准来细分，如宗教、艺术、语言、教育、美学、价值观和社会组织等。

应注意的是，单纯地用文化作为细分市场的标谁在很多情况下是不可行的。以宗教为例，法国和菲律宾的主要信仰都是天主教，但决不能使用同样的营销策略进入这两个国家，原因很简单，两国在其他方面实在相去甚远。

4) 组合划分标准

组合细分法要求从国家潜量、竞争力和风险 3 个方面分析世界各国，从而把各国分成 18 类(见表 6-3)。

表 6-3　国际市场组合细分

<table>
<tr><td></td><td></td><td colspan="3">竞争力</td><td></td><td></td></tr>
<tr><td></td><td></td><td>强</td><td>中</td><td>弱</td><td></td><td></td></tr>
<tr><td rowspan="6">风险</td><td rowspan="3">高</td><td></td><td></td><td></td><td>大</td><td rowspan="6">国家潜量</td></tr>
<tr><td></td><td></td><td></td><td>中</td></tr>
<tr><td></td><td></td><td></td><td>小</td></tr>
<tr><td rowspan="3">低</td><td></td><td></td><td></td><td>大</td></tr>
<tr><td></td><td></td><td></td><td>中</td></tr>
<tr><td></td><td></td><td></td><td>小</td></tr>
</table>

国家潜量是指企业的产品或服务在一国市场上的销售潜量。衡量国家潜量的依据包括人口、收入、工业生产和消费模式等数据资料。对竞争力的衡量主要考察内部因素和外部因素两方面。内部因素是指企业在该国市场上所占的份额、企业资源便利条件以及企业适应该国特点的能力和优势。外部因素包括该行业中竞争对手的竞争力、来自替代产品行业的竞争以及国内外的行业结构。风险是指企业在该国面临的政治风险、财务风险和业务风险，以及各种影响利润、资金流动和其他经营结果的因素。

组合法是企业进行国际市场宏观细分的一个很有用的方法，可以作为企业分析国外市场机会的基础，但这种方法要求企业事先进行大量的调查和研究。

2. 国际市场微观细分标准

国际营销中微观市场细分的方法与国内营销中的市场细分方法基本相同。因此，这里仅对微观细分的方法进行简单介绍。

1) 消费品市场的细分标准

(1) 地理标准。地理细分影响着消费者的需求和反应，不同地区的自然条件、传统文化、经济发展水平各不相同，于是形成了不同的消费习惯和偏好，从而对营销刺激产生不同的反应。

(2) 人口标准。人口标准对于细分消费者市场是一个十分重要的标准。因为消费者的欲望、偏好和使用频率往往与人口变数存在着一定的因果关系，而且人口变数比其他变量更易测量。

(3) 经济标准。该标准主要是根据经济发展水平、人均收入水平等因素来划分市场。根据企业的实际经营需要细分这些市场，就可以有针对性地组织营销，减少生产、供应的盲目性。

(4) 心理标准。所谓心理标准，就是企业按消费者的生活方式、生活态度、个性、消费习惯等心理变数细分消费者市场。生活格调是指人们对工作、消费、娱乐的特定习惯和倾向性方式。不同的生活格调会产生不同的需求偏好。从购买动机来细分市场，也是心理细分的常用方法。

(5) 行为标准。该标准主要考虑以下方面：①购买时机；②寻求利益；③使用状况；④使用频率；⑤忠诚程度；⑥待购阶段；⑦态度。

特别提示

对消费者的消费行为进行研究是成功营销人员的必修课。具体可参阅相关的专门课程。

总之，消费者市场细分的依据大致有以上几种，但究竟以哪个变量为主，还要根据具体情况灵活运用，以便获得最好的营销机会。这 5 种细分标准对消费者来说，往往相互影响，不能截然分开。企业可以根据本企业产品的特点选择某种标准进行市场细分。

2) 工业品市场的细分标准

工业品的购买决策大多取决于以下 5 个购买因素：性能、质量、服务、交货、价格。根据用户对这 5 个因素的不同选择进行细分，企业可获得较大的市场优势。具体讲，工业品市场的细分标准主要有以下几种。

(1) 地理位置。对某些产品的需求因地区的不同而存在很大的差异。

(2) 用户性质。根据用户性质(如生产企业、中间商、政府部门等)进行市场细分使营销人员能够调整营销组合策略以适应特定类型的组织或产业的特殊需求。

(3) 用户规模。用户的资产和购买量(大量、中量、少量)通常用来作为生产者细分的依据。另一个细分依据是进行购买的组织的规模，它会影响购买过程、所需要的产品类型和数量以及对不同营销组合的反应。许多企业分别建立联系和接待大顾客与小顾客的制度。

(4) 用户要求。按用户要求的不同，国际工业品市场可分为质量型、经济型、方便型 3 种。

(5) 用户的经济用途。在工业品市场，不同行业用户虽然可能采购同一种产品，但其目的往往并不相同。例如，同是载重汽车，有的用于货物运输，有的用于工程车，有的成为军用车。

现代技术变化迅猛、因素复杂，企业应经常对产品进行细分评价，寻找有利的市场机会。

6.2 国际目标市场战略

企业通过分析国际市场营销环境来决定是否进入国际市场，之后还要进一步确定进入哪个或哪一些国际市场。在国际营销活动中选择目标市场同样是极其重要的。国际市场细分则是选择市场的前提，选择国际目标市场必须依据一定的标准，而且还要估计市场潜量和销售潜量，这样才能为选择目标市场提供依据。

6.2.1 选择国际目标市场的必要性

由于企业资源有限，国际市场规模巨大，企业在进入国际市场时需要选择目标市场。其必要性表现在以下几方面。

(1) 选择国际目标市场有利于企业发现潜在的国际购买者，开辟国际新市场企业的发展方向。

(2) 选择国际目标市场可以扬企业所长、避企业所短，发挥自己的竞争优势，既满足了顾客的需求，又有利于战胜竞争对手。

(3) 选择国际目标市场对企业集中精力于某些有利于自己产品的市场很有益处，促使市场营销更准确、更有效。

以日本手表企业为例，其在 20 世纪 50 年代调查了发达国家的市场后，认为美国市场对廉价表的需求量很大，而这一市场又没有太多的企业光顾，且自己在这方面有一定实力，因此抓住美国市场廉价表顾客群这一目标市场展开营销，结果十分成功。根据美国学术界对英、法、德等 360 家出口大企业的调查，其出口的 90%集中在少数的目标市场上，而利润较其他无目标市场的企业高出 30%～40%，因此选择目标市场对企业来说是非常必要的。

6.2.2 选择国际目标市场的标准

在国际营销中要选择适宜的目标市场，否则就难以取得营销的成功。选择目标市场要依据如下标准。

1. 市场规模

考察市场规模，一要看它的人口，二要看它的收入水平。从人口来看，工业发达国家的人口只占世界人口的 1/6，但其进口额却占世界进口额的 2/3，所以这些国家是世界上最大的市场，但也不能忽视人口大国的市场潜力，如中国、印度等。从产品结构来看，20 世纪 50 年代以后世界贸易中制成品的份额高于农矿产品和燃料的份额，因此制成品市场是世界上最大的商品市场。此外，世界市场上服务市场的规模也在逐渐扩大。有时，单个国家的某个细分市场可能太小，而如果在几个国家内存在同样的细分市场，那么这个子市场就要大得多，企业可以通过采用标准的产品为其服务并获得利润。

市场规模，即市场容量，是指一个特定市场供应品的购买人数。市场规模大小与竞争性可能会直接决

定对设计和开发新产品的投资规模。市场规模主要是研究目标产品或行业的整体规模，具体可能包括目标产品或行业在指定时间的产量、产值等，是根据人口数量、人们的需求、年龄分布、地区的贫富度调查所得到的结果。

特别提示

市场规模的研究方法较多，常用的几种方法是：(1) 从供应端和专家得到的信息和数据，并以此进行市场推估。这个方法比较适用于下游应用领域众多、消费不集中的情况。(2) 从消费端进行分层抽样再进行数据汇总，适用于下游市场比较单一、应用领域相对集中的市场。(3) 同时采集供应端和消费端数据，并进行数据交叉验证，适用于产品或行业相对垄断，供应和消费行业都较为集中的产品或行业。

2. 市场增长速度

人口规模和经济规模是动态变化的，因此，企业应根据在若干个时点上收集到的静态资料，估算一个国家的人口和经济近年来增长的速度和趋势。如果市场增长速度快，可以认为这是一个较好的市场。一般来说，一个国家经济发展比较快，政治稳定，对外开放，它应该是一个较好的潜在市场。如中国，近 20 年来国民经济平均增长速度非常快，21 世纪的前 10 年，中国经济增长率仍保持在 7%以上，是一个潜力巨大的市场。正因为如此，企业纷纷看好中国。在美国《财富》杂志提名的世界 500 家大企业中，在华投资的就超过 40 家，分布于众多领域。

3. 贸易费用

贸易费用会影响营销成本并最终决定利润的高低。贸易费用涉及运费、保险费、市场营销研究费用等。有地缘优势的国家间的贸易机会多，重要原因就是贸易费用(如运费)低，如中国是日本、韩国及其他东南亚国家的大贸易伙伴。

4. 竞争的相对优势

国际市场的竞争优势主要表现在以下 3 个方面。

(1) 目标市场的国别——如果目标市场与企业所在国的经济技术水平比较相似，则具有竞争优势，因为两者在消费水平和教育水平上比较接近。

(2) 进入目标市场的产品——如果与市场要求的趋势相吻合，就有相对优势。例如，国际市场上的制成品需求上升，如果出口的结构和这一趋势吻合，就是好现象。

(3) 利用自己的价格优势，把产品打入有空缺的市场，特别是发达国家市场。

公司应避开竞争过于激烈的细分市场。柯达在美国 24 亿美元的彩色胶卷市场上是无可争议的领导者，但这并未阻挡富士胶卷发动的竞争攻势。富士迅速占领市场的一个办法是引入大量针对“高水平业余爱好者”细分市场的新型胶片产品，这是以往被柯达忽视的细分市场。虽然早期获得了成功，但经过近 20 年的努力之后，富士在美国的市场份额仍只有 10%～12%。部分原因在于柯达的分销威力——柯达牢牢占据着超级市场和连锁商店，但富士必须与柯尼卡、宝利来等其他新加入进来的品牌争夺这些市场。此外，柯达还同美国的几十家游乐园达成协议，确保在这些场所仅出售柯达的胶卷。由于上述原因，富士将注意力由美国市场移向欧洲，因为在那里的彩色胶卷市场上，柯达“仅仅”占40%的份额。富士目前在欧洲占有25%的份额，10年前则只有10%。

5. 公司的目标和资源

公司必须考虑对细分市场的投资与公司的目标和资源是否一致。某些细分市场虽然有较大吸引力，但不符合公司的长远目标，就应该放弃。另外，也必须考虑本公司是否具备在该细分市场获胜所必需的技术和资源，技术指的是公司能够提供优质产品的诀窍，资源包括公司在分销和人员商务旅行等方面的支撑能力。

6. 风险程度

风险来自多方面，如自然灾害、意外事故、外来风险、战争、政局不稳定、两国关系不正常以及原料供求变化、货币贬值、通货冻结等。一个好的目标市场应该是风险小的市场。

7. 道德考虑

细分市场及随后的营销策略有时会引起争议。例如，在美国和欧洲，许多人批评麦当劳对低收入的城市居民推出了高脂肪、多盐的食品，因为低收入居民是麦当劳经常的食客。许多儿童产品的营销者也受到严厉的批评，因为他们通过极具煽动力的广告向孩子们推销含糖过多的食品，孩子的分辨能力和控制能力本来就弱，在这些广告的诱惑下，容易做出错误的选择。所以，立足长远发展的公司，在细分市场时要充分考虑道德因素。

6.2.3 市场潜量和销售潜量

企业在选定目标市场后，还要估计市场潜量和销售潜量，之后决定如何进入市场。估计市场潜量和销售潜量需考虑以下5个问题。

1. 估计目前市场潜量

做这项工作需要进行认真调查研究，调研可以借助二手资料和一手资料。这项工作难度较大。通过二手资料调研成本较低，但从有些国家难以获得全面、可靠的二手资料，通过一手资料调研则要花费很多的时间和很高的成本。企业要尽量从东道国的商务部、银行、政府、协会及有关公司处获取资料，以估计东道国目前的市场潜量。估计目前市场潜量时，企业要尽量减少偏差，或者使用比较保守的数字。

2. 预期未来市场潜量

企业除了运用一般的预测方法外，还要运用其他调整因素加以综合判断。这项工作比较困难。

3. 预期市场占有率

预测市场占有率是一项很困难的工作，企业首先要分析各类竞争对手，如东道国竞争者、其他外国品牌的竞争者，从而评判自己的竞争地位。其次要估计当地消费者对自己和竞争者产品的印象和态度。最后要考虑其他不可控因素对企业产品销售的影响，如配额限制、进口关税、内地租税、规格限制。

4. 预测成本及利润

在预测未来年度可能的销售收入后，下一步就要预测成本，从而推测出相应年度的利润。成本的高低与进入国际市场的战略相关，如果采取直接出口或技术授权方式，成本应在合同中写明；如果采取当地投资当地销售方式，成本就要包括折旧、利息、职工工资、税款、管理人员及技术人员的雇佣费用等因素。

5. 估计投资收益率与分析风险

最后企业需把某一产品在某国外市场的预测利润与投资进行比较，估计出投资收益率。它必须高于公司正常的投资收益率或贷款利率，并能抵消在国外市场营销所能遇到的各种风险。因此，估计出的投资收益率又称为“风险附加收益率”。

现代证券投资理论系统地说明了风险与收益之间的关系。现代证券投资理论最先由美国经济学者马柯维茨(Markowitz)教授创立，他于 1954 年在美国的《金融》杂志上发表了一篇文章《投资组合选择》，提出了分散投资的思想，并用数学方法进行了论证，从而决定了现代投资理论的基础。1964 年美国学者夏普(Sharpe)提出了资本资产定价模型(Capital Assets Pricing Model，CAPM)。这个模型仍然以证券组合理论为基础，在分析风险和收益间的关系时，提出资产定价的方法和理论，目前已经被投资者广泛应用。1976 年，罗斯(Ross)提出了套利定价理论(Arbitrage Pricing Theory，APT)。与 CAPM 模型类似，APT 也讨论了证券的期望收益与风险之间的关系，但所用的假设与方法与 CAPM 有所不同。CAPM 可看做是 APT 在某些更严格假设下的特例。APT 在形式上把 CAPM 的单因子模型变为一个多因子模型。

6.2.4 选择国际目标市场

在对不同的细分市场进行评估后，公司必须决定进入哪些市场和为多少个细分市场服务。一般有 5 种选择策略，如图 6.1 所示。

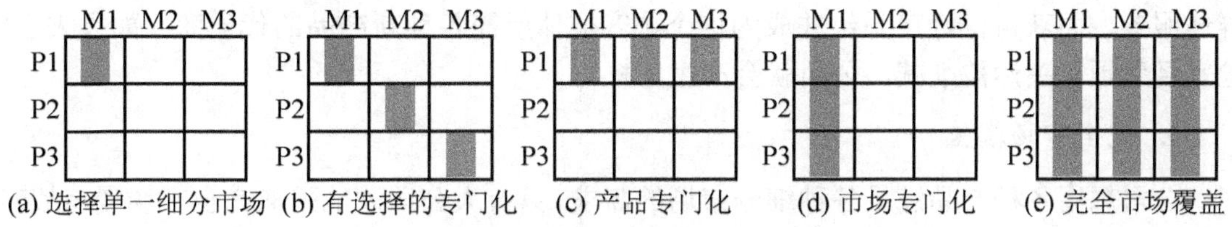

图 6.1 选择国际目标市场的策略

(P 代表产品种类，M 代表市场种类)

1. 选择单一细分市场

选择一个细分市场，提供一种非常有特色的产品和服务。很多中小型企业选择这种策略可以避免激烈的竞争，同时可以集中优势兵力在很小的范围内或市场上专注经营，以形成竞争优势，如北大方正的中文电子排版系统和金利来的男士职业服装。

公司通过专注单一市场，能够深入了解细分市场的需要，并树立了特别的声誉，因此可以在细分市场建立巩固的市场地位。另外，公司通过生产、销售和促销的专业化分工，可以使生产成本降低。

选择一个单一细分市场的风险较大，因为单一细分市场可能出现不景气的情况。在20世纪50年代，索尼公司(东通工)最初的产品之一磁带录音机曾经一度在日本的九州地区非常畅销。该地区煤炭业的蓬勃发展使得当地的经济异常景气，人们都很富有。然而索尼的产品突然又因为煤矿的纷纷破产、整个地区经济情况恶化而滞销了。当时东通工作为一个刚起步的小公司几乎完全依赖于该地区。那里销售量的突然滑坡使公司一片大乱，但后来终于通过提高其他地区的销售量渡过了这个难关。公司老板盛田先生开始意识到“仅仅依靠九州，东通工也许会垮台”。

2. 有选择的专门化

选择几个细分市场，提供不同的产品和服务。各个细分市场之间联系很少或没有任何联系，然而每个细分市场都可能盈利。选择多个细分市场可以分散公司的风险，即使在某个细分市场失败了，公司仍可在其他细分市场获取利润。

放弃一些市场，侧重一些市场，以便向主要的目标市场提供有特色的产品和服务，能够避免正面冲突和恶性竞争。对于大型集团企业来说，则可分成若干相对独立的实体，分别服务于不同的客户群，如香格里拉集团在北京国贸中心拥有中国大饭店和国贸饭店两个不同档次的饭店。

3. 产品专门化

公司集中生产一种产品，向几个细分市场提供这种产品。例如，公司向各类顾客销售传统相机，而不去提供其他产品。公司通过这种战略在某个产品方面树立起很高的声誉，但如果传统相机被数码相机代替，那么公司就会发生危机。

4. 市场专门化

选择一个细分市场，提供这个细分市场的顾客群体所需要的各种产品。例如，公司可以为大学实验室提供一系列产品，包括显微镜、化学烧瓶、试管等。公司专门为这个顾客群体服务，而获得良好声誉，并成为这个顾客群体所需各种新产品的代理商。如果大学实验室经费预算突然被削减，公司就会产生危机。

5. 完全市场覆盖

公司想用各种产品满足各种细分市场的需求。只有大公司才能采取完全市场覆盖战略，如通用汽车公司(汽车市场)、微软公司(计算机操作系统市场)。大公司可用两种方法达到覆盖整个市场的目的，即无差异(市场)营销和差异(市场)营销。

1) 无差异营销

公司不考虑细分市场的区别，仅推出一种产品来追求整个市场，它致力于顾客需求的相同之处，而非它们的不同之处。为此，公司应设计一种产品和制订一个营销计划来迎合大多数的购买者。凭借广泛的销售渠道和大规模的广告宣传，旨在树立该品牌的超级形象。可口可乐公司的早期营销就是无差异营销的例子。

因为制造业中的标准化生产和大批量生产可以降低生产、存货和运输成本。无差异的广告方案可以缩减广告成本，而不进行细分市场的营销调研和计划工作，又可以降低营销调研和产品管理的成本。

当同行业中有几个公司都采用这种战略时，就会使整个市场内的竞争加剧，而较小的细分市场的需求得不到满足。这种追求整个市场的倾向被一些研究者称为“多数的谬误”。认识到这一谬误，能增强公司进入较小的被人忽视的细分市场的兴趣。

2) 差异营销

公司同时经营几个细分市场，并为每个细分市场设计不同的产品。例如，德国大众汽车公司为“财富目的和个性”各不相同的人生产不同的小汽车。

差异营销一般能比无差异营销创造更大的总销售额。然而，差异营销也会增加经营的成本，包括生产成本、管理成本、存货成本和促销成本。

特别提示

某些公司因为过分地细分了市场，结果并不划算，于是它们转向“反细分化”拓宽顾客基础。如强生公司把洗发水市场从婴儿产品扩大到成年人产品。

6.3 国际市场定位战略

6.3.1 国际市场定位的含义

所谓国际市场定位(International Market Positioning)，是指企业在国际市场细分的基础上，根据目标消费者要求来给产品确定一个适当的位置。市场细分与市场定位是营销活动中不可分割的一对孪生兄弟。市场细分的目的是为了区别对待其有不同需求的消费者，把需求相同的消费者分为一组，以便企业选择适合自身发展的目标市场并为目标市场消费者提供合适的产品。而产品市场定位恰好就是通过研究这些不同组的消费者对某品牌产品的感知、认知、态度、需求等特性，并根据他们的需求充分优化产品中他们更为喜欢的方面，从而达到更加突出自己产品/品牌这些方面特征的目的，并使得自己的这些产品与自己的其他产品不同，与竞争对手的产品不一样。因此，市场定位所塑造的不是产品在市场中的物理位置，而是心理位置，它取决于购买者如何来认识这种产品。

6.3.2 国家市场定位的因素分析

准确的市场定位是建立在对企业内外部环境因素认真、准确分析的基础之上的。企业在进行产品的市场定位时，应注意分析以下因素。

1. 市场分析

企业的营销活动是在一定的市场环境中进行的。因此，对于某一产品市场，或将要参与竞争的市场，企业的经营者必须回答以下问题：市场的规模有多大？市场的成长性及未来发展的潜力如何？当前的市场是如何被细分的？目前企业参与竞争的是哪一细分市场？企业占有的市场份额有多大？竞争者的情况又如何？

2. 竞争者分析

在对市场进行详细分析之后，企业还要进一步审视自己的竞争对手。竞争对手的产品、价格、分析、促销策略会直接影响到本企业产品的市场地位。在市场定位中，只有尽可能多地了解对方，方可立于不败之地。

3. 本企业分析

要想在激烈的竞争中获胜，除了了解企业的外部环境之外，还要对本企业自身的情况有客观、准确的把握，才能真正做到知己知彼，做出正确的市场定位决策。关键的问题包括：企业的资产规模、财务状况、市场份额及营销经验如何？企业的管理目标是什么？企业目前的市场地位怎样？企业占有哪些对所处行业关键的资源？

6.3.3 国际市场定位的程序

目标市场定位的具体步骤主要包括以下几个。

1. 确认潜在的竞争优势

企业在进行市场定位时，首先应利用自己的竞争优势，使自己的产品比竞争对手的更能满足消费者的需求。通常有两条可能的产品竞争途径：成本比对手低；消费者认同的产品功能或特性比对手高，从而抵消高价带来的不利。在第一种情况下，企业应重点寻求降低成本的途径，在第二种情况下，应重点开发产品的独特功能，赋予产品特色。

2. 选择适宜的竞争优势

在多种竞争优势并存的情况下，企业必须运用一定的方法评估并选出对企业最适宜的竞争优势，据以建立市场定位战略，通常可以采用打分法进行选择。

3. 传达市场定位

进行正确的市场定位后，企业还必须通过一定的方式把产品的市场定位观念准确、及时、有效地传播给目标市场上的消费者。加大产品宣传力度是企业常用的方式。

6.3.4 国际市场定位战略

1. 国际市场定位的依据

1) 依产品特色定位

如果企业的产品在某个方面相对于竞争者的同类产品具有明显的差异性，则可以以此作为广告宣传的诉求点进行市场地位。它强调其他产品所不具有的、能填补市场空白的某种产品属性，往往较容易为消费者所接受。例如，全聚德烤鸭以其独特的风味获得消费者的青睐。

2) 依消费者利益定位

如果企业产品能够给消费者带来新的利益，或者解决消费者关心的某些问题，则可以以消费者利益为诉求点进行市场定位。例如，柯达公司的全自动傻瓜照相机解除了许多消费者不会操作照相机的烦恼，“只要一按快门，其余工作由我完成”的消费者利益诉求深入人心。

3) 依消费者类型定位

企业针对不同类型消费者的需求和偏好，对产品和其营销组合因素进行改进，使之符合消费者的类型和偏好，并以此作为市场定位的诉求点。这样，企业的产品能更好地满足不同类型消费者的需求和偏好，营销组合的刺激作用也更大，因此较容易实现企业的营销目标。例如，宝洁公司推出“海飞丝”、“飘柔”、“潘婷”3 种洗发水，分别满足消费者去头屑、柔顺及护发的需求。

4) 依竞争者的产品定位

依竞争者的产品定位有两种方法：与竞争产品进行针锋相对的对抗定位，把与竞争产品相同的特征作为定位依据，如可口可乐与百事可乐之间、麦当劳与肯德基之间；与竞争产品进行回避定位，把与竞争产品在某一属性或特征上的不同作为定位依据，如统一冰红茶，强调自己是一种含茶的饮料，从而与其他饮料区别开来。

2. 国际市场定位策略

1) 对抗定位

企业在目标市场上选择与竞争对手接近或相同的定位方式来确定自己的产品位置，在产品、服务、宣传、价格等方面展开针锋相对的竞争，如可口可乐与百事可乐之间、麦当劳与肯德基之间的竞争。这是一种强强对话式的市场定位方法，适用于实力雄厚的大企业。在市场上已经存在地位牢固的大企业时，这种策略有一定的风险性。采用这种定位策略需要具备 3 个条件：企业产品总体上优于或至少相当于竞争产品；目标市场具备相当的规模或潜量；这种市场定位能充分发挥企业的资源条件和竞争优势。

营销案例

以高取胜——宝洁的品牌定位

P&G 公司在国际市场上的产品一向以高价位、高品质著称。P&G 公司的一个高级顾问曾经说过：“P&G 永不甘于屈居第二品牌的地位，我们的目标是争取第一。”继承 P&G 的这种传统，广州宝洁在市场中的定位很鲜明，即“一流”、“高档”。广州宝洁设有产品开发部，专门研究如何提高产品的质量、包装技术和工艺技术，力求在满足中国消费者需求方面做得比竞争对手更好。在中国消费者的心目中，P&G 已经成为高品质的代名词。

在 P&G 打入中国市场的 1988 年，中国洗发用品市场上的同类产品种类不多。大多数国产产品质量差，包装粗糙，缺乏个性，但价格低廉；进口产品质量虽好，但价格昂贵，很少人问津。P&G 将自己的产品定在高价上，价格是国内品牌的 3 到 5 倍，如一瓶 200ml 的飘柔定价为 16.50 元，比国产同等规格的“梦思”香波贵 3 倍，但比进口品牌便宜 1～2 元。

由此可见，P&G 是以高品质、高价位的品牌形象打进中国市场的，这正切中了消费者崇尚名牌的购买心理。对于一种商品，大陆消费者首先要对其产地做出选择：国产的，进口的，还是合资生产的。多年来，与物美价高的进口货和价廉物不美的国产货相比，合资产品因其物美价廉而备受青睐，往往是优先选择的目标。P&G 的产品虽然价格稍贵，但其高品质的形象、新颖的包装却有着强大的竞争力，于是得以在洗发水用品市场上的众多品牌中脱颖而出。

2) 回避定位

避开直接竞争，而选择竞争对手忽略的市场空白作为自己的定位依据。这种策略能使企业迅速占领市场，并在消费者心目中树立企业形象，风险较低，成功率较高。例如，鉴于可口可乐在可乐市场上的支配地位，七喜把自己定位成“非可乐”的汽水而获得巨大成功。

3) 依附定位

企业通过与其他知名企业或产品建立某种内在联系来进行定位，例如，企业主动说出自己与最好的产品或服务的差距，从而增加消费者对它的信任。依附定位策略有较大的风险，如果消费者喜欢最好的产品或服务，这种策略会让企业的愿望落空。在使用此策略时，需要强调存在的差距并不会影响消费者的利益，这种策略有时也称为反向定位。

4) 重新定位

企业为了改变产品在消费者心目中的形象，采取一定的措施，重新建立产品在消费者心目中的新形象。当企业原有的市场定位出现偏差或消费者的需求偏好发生变化时，需要重新定位。

5) “高级俱乐部”定位

企业把自己与行业中公认的最强的几家企业划为一个档次，借助这几家企业来抬升自己的地位。例如，克莱斯勒公司提出美国三大汽车公司的概念，把自己与通用、福特并列，吸引消费者的注意力。

6) 间接定位

间接定位是指通过对竞争对手的产品进行定位，而事实上达到为自己的产品进行定位的目的。这种策略适用于消费者无法分清企业产品和竞争对手产品的场合。例如，Rapnael 是法国生产的一种葡萄酒，而 Dubonnet 是美国生产的一种葡萄酒，Rapnael 公司通过“每瓶少花 1 美元，你可以享受进口产品”的广告诉求，明确 Dubonnet 是美国产品，暗示自己是纯正法国葡萄酒，从而间接达到自己的市场定位目的。

3. 几种常见的市场地位失误

1) 定位过低

定位过低又称为定位不足，它导致消费者对企业产品印象模糊，与竞争产品相比显不出明显差异，或者这种差异被顾客认为不具有实际意义。

2) 定位过高

定位过高也称为定位过窄。它导致企业产品无法吸引足够的消费者。

3) 定位混乱

定位混乱导致消费者对产品印象模糊不清，使得消费者无所适从。定位混乱的原因包括定位主题太多，重点不突出，定位依据相互矛盾，频繁变换产品定位等。

4) 定位怀疑

企业的定位不符合实际，提出的目标难以实现，导致消费者不相信企业在产品特色、价格或制造商方面的宣传。

6.4 国际市场进入战略

6.4.1 进入国际市场方式

企业经过国际市场细分，为自己选定了目标市场之后，接下来就需要进一步研究如何将自己的产品、设备、技术、商标、管理等资源进行组合，选择进入国际市场的最佳方式和策略。如果企业最初选择了错误的进入策略，那么企业未来的发展会遇到巨大的威胁。因为对于企业来说，在一定时期内，一般会采用最初选定的方案，新产品是通过已建立的渠道销售的，进入新市场也沿用原有的方式，这样，最初错误的选择会一直延续下去。由于许多企业不愿轻易改变已定好的进入方案，并且改起来又比较困难，所以在如今快速变化的国际市场环境中，第一步选择进入方式对于企业运营非常关键。不过这也只是初入国际市场的企业的问题。对于许多大的跨国企业，问题不是如何进入新发现的市场，而是如何在它们的国际销售网络中更有效地开发利用商业机会。

进入国际市场方式是指企业对进入外国市场的产品、技术、技能、管理诀窍或其他资源进行系统规划的各种标准化的方式。国际市场进入方式的类型包括出口进入方式、合同进入方式、投资进入方式、国际战略联盟。这些方式的主要差异在于：出口进入方式输出的是实体产品；合同进入方式输出的是技术、服务、管理经验、营销诀窍等；投资进入方式输出的则是资本；国际战略联盟的特点是与目标国的伙伴企业优势互补。

1. 出口进入

出口进入方式指生产企业把本国生产和加工的产品输往国际市场的方式。采用这种方式时，生产地点不变，劳动力、资本没有在国际市场流动，出口的产品与内销产品相同，也可以根据国外目标市场需要做些调整，或专门为国外顾客开发出新产品。企业选择出口的动机包括获取更多的利润，实现规模经济，有独特的产品、技术优势、独享的信息，也有的是因为竞争压力、生产过剩、企业设备过剩、饱和的国内市场等被动的情况所迫。出口可以是直接的或间接的。

1) 间接出口(Indirect Exporting)

间接出口指公司出售产品给本国的代理商，后者再出口。像沃尔玛等大型零售商和一些贸易公司都有购买产品后出口海外的业务。具体做法有 3 种：一是生产企业把产品卖给出口经销商，出口经销商拥有商品所有权，在国际市场自主销售、自负盈亏；二是生产企业委托出口代理商代理出口产品。出口代理商不拥有产品所有权，受生产企业委托，为生产企业出口牵线搭桥，寻找市场机会，生产企业拥有经营出口产品的决策权；三是生产企业委托在目标市场设有销售机构的某个本国公司代销产品，或者由同行业多个制造商共同发起成立外贸企业销售产品。

采用间接出口方式的多是处于起步阶段的中小企业。他们不熟悉国际市场情况，可以利用中间商的经验、信息和国际营销渠道，节省国际市场调研、渠道建立等营销费用。但是，间接出口会导致对中间商的严重依赖，不利于企业自身国际营销经验的积累，也难以及时适应国际市场变化。另外，中间商的盘剥削减了企业的利润份额。

2) 直接出口(Direct Exporting)

直接出口指生产企业绕过国内中间商，独立承担一切出口业务，直接向国外中间商、分销商乃至最终消费者销售产品。直接出口是出口贸易的高级形式。一般地，当企业通过间接出口取得国际营销经验后，可转向直接出口，使企业成为真正的国际营销企业。

直接出口分为两种类型，其一是设立出口部或国际业务部，向目标市场的中间商出口商品，由后者在目标市场上进行产品经销或代销，或者向国外顾客或用户提供产品。其二是在目标国家设立专门的销售分支机构或子公司就地销售。

采用直接出口方式能够避免中间商的盘剥和控制，获取更高的利润，也能够积累丰富的国际营销经验，企业对国外目标市场的控制程度比较高，可以直接迅速地取得市场信息。但是，企业设立国外销售机构，需要投入大量资源，并拥有一批熟悉国际市场营销的专才。

2. 合同进入

合同进入国际市场的方式是指从事国际营销的生产企业与目标国家的法人通过签订协议，将自己的无形资产使用权授予对象国法人，允许其制造、销售经营本企业产品(服务)，或提供服务、设备、技术支持等，以获得报酬并进入国际市场。可授予使用的无形资产包括各种工业产权(如专利、商标、专有技术、管理和营销技能等)和著作权。合同进入方式的类型主要有许可证贸易、特许经营、合同生产。

1) 许可证贸易(Licensing)

企业(许可方 Licensor)与对象国法人(被许可方 Licensee)签订合同，允许其在合同期限内使用许可方的无形资产，并获得被许可方支付的报酬(提供费用或其他补偿)。企业选择这种方式进入国际市场通常是因为：确保企业无形资产在对象国不受损失；与合作方建立了利益联盟；产品的生命周期在本国处于衰退期而在对象国仍处于成长阶段。很多企业把许可证贸易作为出口和在国外生产的补充。许可证的类型主要有以下 4 种。

(1) 普通许可。许可方和被许可方在合同规定的区域、时间内，有权使用许可证的标的生产和销售相关产品，也可以把许可证的标的再转让给第三者。普通许可转让的技术多为成熟的、标准化的技术。

(2) 排他许可。许可方和被许可方在合同规定的区域、时间内有权使用许可证的标的生产和销售相关产品，但不能把许可证的标的再转让给第三者。排他许可实际上是排斥第三者，使用技术的权利由贸易双方共同分享。

(3) 独占许可。被许可方拥有在合同规定的区域、时间内使用许可证的标的生产和销售产品的独占权力，许可方在同时同地无权使用许可证标的生产和销售产品，双方都不能向第三者转让许可证的标的。

(4) 交叉许可。许可证合同双方互为许可方与被许可方，在平等互惠的基础上，双方均可取得对方技术的使用权。交叉许可是为了交换技术，或是为了技术互补。

许可证贸易能够避开进口国的贸易壁垒和投资限制，可以降低国际营销中的投资风险和政治风险，并且不需要投入大量资金和人员。但是，被许可方可能以其低劣的产品质量败坏许可方的信誉，另外，许可方把一部分技术的优势、独占的权力转让给被许可方，实际上培养了潜在的竞争对手。

2) 特许经营(Franchising)

特许经营进入方式是指特许人(Franchisor)将工业产权整个经营体系(如专利、商标、企业标志、技术诀窍、经营理念、管理方法等)特许给对象国独立的公司或个人使用。被特许人(Franchisee)必须按照特许人的政策和方法经营，并支付初始费用和销售提成。特许方要给予被特许方以生产和管理方面的帮助，例如提供设备、帮助培训、融通资金、参与一般管理等。

在特许专营交易中，特许方提供产品、系统和服务，被特许方则提供市场知识、资金和管理人员。两者结合起来，既能灵活地适应当地的市场条件，又能使母公司保持一定程度的控制力。

标准化的经营方式可最大限度地扩大特许商号、商标的影响力，用较少的资源迅速拓展国际市场并获得可观的收益，同时这种合作方式政治风险较小。但是，这种方式要求特许人的商号、商标及其产品、服务具有较大的吸引力。

营销案例

“麦当劳”的特许经营制

“特许权合同”是指两个特许经营单位之间的法律关系。特许经销商(乙方)从特许者处(甲方)购买某成套许可证，并同意执行其原则。前者与后者的经营活动是分别进行的，但前者可以接受后者的全部产品或部分产品。通常，特许权合同要求前者向后者缴纳特许经营所得的利润，而前者按照其经营总销售额的一定百分数，可从后者获得其工资。后者还要经常提供管理培训、经营设备、装置设计和全国性销售服务。

特许权合同作为一种管理手段，已被许多行业所采用，如小型计算机行业、旅馆和汽车旅馆业，以及快餐服务业。麦当劳公司就是应用这一管理手段鼓励技术普及的。下面将以它为例，对其经营情况进行讨论。

麦当劳公司是从事快餐馆特许经营的饮食业巨人，它自称是世界上最大的快餐服务组织，在全美 50 个州及其他 26 个国家开设了 6000 家快餐馆，1990 年总营业额达 62 亿美元，与 1989 年相比增长了 16%。该公司于 1955 年创立，那时创始人买下了第一家店铺。他的意愿是开办更多的店铺，安装由他的一位朋友发明的一种复式搅拌器(复式麦乳精搅拌器)。这个特许经营业的巨子，25 年前在其开创时期就渴望促进技术转让。

特许经营组织，包括麦当劳公司在内，都不鼓励特许经销商进行革新。相反，新技术产品和工艺设计的开发都是在公司总部进行的。在这里，总是不断地试验和检查饮食服务的经营情况，以评估变革的需要。在一般情况下，新设备的设想由公司的工程人员研究出来，然后由持有新产品制造许可证的小制造商进行生产。

麦当劳公司的特许经营方式最显著的特点是：它有一个高度自动化的饮食服务系统，并有很高的质量标准。设备和食品几乎全部都由特许者的总部提供，全套装备是公司按统一的设计式样建造的，这些都有利于实现高度自动化的服务。全套经营设备几乎没有试验或采用新技术的余地。虽然麦当劳公司的某些特许经销代理商已经试图在食谱上加进一些新花样，但公司主要鼓励在公司最高一级进行革新研究。

特许权双方的关系是以相互的资金和管理需求为基础的，它是高度灵活和不断变化的。按特许权合同规定，签约比方都要相互负责。合同中有专门条款保证特许经销商能使用公司总部推荐的新技术，以保持自动化经营的最高水准。由麦当劳公司的设备工程师研制、由独立制造商生产的技术产品，包括可以控制设备烹饪工序的计算机程序，包装汉堡包用的聚苯乙烯包装材料，带把柄的配套盘，用于烹饪的烤制圆面包的声像报时系统。公司管理部门负责向革新活动提供指导、管理和财务支持。

麦当劳公司在特许经营中成功地进行了技术革新，关键之一是让当地商人管理特许经营。由指定的公司成员进行管理，这样特许经营活动才能很快地开展起来。而特许经营活动的成功，使得各地的特许经销商更加欢迎公司总部提供的新技术或新管理方法。

要想对特许权合同这一管理方法做出估价，以决定它对技术革新的影响，就必须了解革新过程的每一个阶段，并根据预计的竞争者的经营情况，测定出本组织的实际经营情况。为了达到使用统一设备的目标，麦当劳公司的特许经销商都必须接受用于饮食设备服务的全部新技术。

3) 合同生产

合同生产进入方式是指企业为了开拓对象国市场，与当地企业签订订货合同，要求对方按合同规定的质量、数量、时间生产本企业所需要的产品或零部件，交由本企业用本企业的品牌销售。实际上是把生产厂设置在营销对象国，在当地生产、当地销售，使国际生产和国际销售紧密结合。这种方式可以充分利用当地的资源优势和劳动力成本低的优势。但是，企业要提供技术援助和管理支持，有可能培养未来的竞争对手。

3. 投资进入

投资进入国际市场方式指生产企业将资本连同本企业的管理技术、销售、财务以及其他技能转移到目标国家或地区，建立受本企业控制的分公司或子公司，在当地生产产品，并在国际市场销售，从而进入国际市场的方式。

企业选择对外直接投资方式进入国际市场，主要是为了扩大市场和促进公司成长的需要。另外，对外直接投资使得公司可以绕开贸易壁垒，像当地公司一样运作，不受关税和其他进口方面的限制。许多日本公司投资于欧洲以抵消日欧贸易摩擦的影响。此外，公司希望获得价格低廉的资源以确保其原料和劳动力的供应。在很多发展中国家，为了解决就业紧张和资金短缺问题，政府制定了优惠的税收等政策吸引外国直接投资进入本国，这也是外国直接投资迅速增长的原因。中国一直是世界上吸引外国直接投资最大的国家之一。

一般来说，通过投资进入国际市场必须解决好两大问题：一是在所有权类型方面以独资还是合资的形式进入国际市场；二是在以独贷方式进入国际市场时，是收购国外企业，还是在国外创建新的企业。

1) 独资

独资是指公司对在海外建立的企业拥有 100%股权。从企业自身角度看，采取独资的形式可以牢固控制所投资的公司，维持企业在技术垄断、经营诀窍、产品品质和商品信誉等方面的优势，确保投资收益的最大化。

如果子公司和总部之间的关系非常密切，以致任何的协调不到位都会给公司带来损失，那么独资是必要的。如果公司需要进行核心产品的设计、定价或广告的投资，采取独资方式也是必要的。独资企业需要投入大量资金和管理人员，能够最大程度地参与当地市场的经营。但是，建立新的设施或者采取并购的方式都意味着公司要花费大量的财力、人力和物力。今天，日本在中国的子公司多采取独资的方式。

建立独资企业的方式包括并购与创建两种。并购的方式是指国际营销企业通过在资本市场上购买现有企业的股票或在产业市场上购买股权，取得该公司的所有权与经营权。通过并购方式可以迅速抢占市场、吸收被收购企业的特长，也可以节约投资成本和时间。但是，在寻找和评估被收购企业方面存在困难，同时，在处理与被并购企业的原职工、客户和供应商的关系方面，也会遇到麻烦。另外，被收购企业与母公司的融合也需要时间。

创建的方式是指国际化经营企业通过购买厂房设备、设立组织机构、招聘人员等来建立一个全新企业。创建新的企业有利于提高运行效率，避免采用收购方式难以处理原企业中已经存在的各种契约、非契约关系等难题。但是，创建新企业需要进行大量的筹建工作，建设周期长，速度慢，灵活性差，因而整体投资风险大。

2) 合资

合资是两个或多个组织在一段较长时间内的合作，合作伙伴分享资源，共担风险，同享利润。合作者对合资企业的出资可以是资金、技术、销售组织、设备和工厂。采用合资方式可以利用双方共同的资源，创造出比每个伙伴单干更好的产出。例如，一家公司可能拥有新技术，但缺少资金，通过合资伙伴的加入，可以更快地推广新技术并抢占市场，也有利于合资公司与当地政府、金融机构和其他组织保持良好的关系。

从东道国的角度看，吸引外资的同时，又要保护民族经济，特别是要避免国外企业控制本国经济命脉。所以，国际化经营企业采用合资方式，一方面确保对所投资公司的控制权，另一方面也要满足对象国的要求，规避有关政策的限制，尽可能获得政策优惠，并在东道国树立良好形象。

合资关系的保持有时很困难，许多合资公司不能达到预期目标。意见的冲突也反映在企业决策领域的各个方面，即战略、管理风格、会计和控制、市场政策和实践、产品、研究与发展、人事等。更为明显的是，在利润的分配方面，合作伙伴间常有分歧。

一般地，影响股权选择的因素有两个。一是企业的自身情况。处于初级阶段的企业大多愿意采取合资安排，而处于高级阶段的企业倾向于采取独资或多数股权的合资安排。另外，如果企业自身的竞争优势明显，国际营销经验丰富，则倾向于采取独贷方式或集中控制。二是东道国的情况。如果东道国是发展中国家，多鼓励采用合资方式。当地企业如果有可被利用的资源、技术、当地政府关系等，也多采用合资方式。

营销案例

在巴西进行市场营销

1. 基本概况

巴西是拉丁美洲最大的国家，其国土面积为8 511 965平方千米，人口约为1.69亿(排世界第五)，其中18岁以下的未成年者占其总人口的一半左右；城市人口占81.25%，农村人口占18.75%；主要语言为葡萄牙语、西班牙语。巴西经济实力居拉美首位。2009年GDP为15 740.39亿美元，人均GDP达到8 220美元。

2. 区域发展不平衡性和收入分配两极化

巴西经济发达、经济增长速度较快的地区大多集中在里约热内卢、圣保罗和米那斯几拉斯等州，东北地区被称为“一国中的欠发达国家”，中西部及北部地区则地广人稀。巴西还是一个两极分化非常严重的国家，近年来，基尼系数没有低于过0.59。

3. 进口规定和限制

(1) 进口许可证。必须持有巴西中央银行发放的进口许可证，才能进口某种商品。

(2) 进口税。巴西对消费品的进口无一例外会征收较高的进口税，机器设备的进口税相对较低，这主要是为了促进本国工业技术水平的提高。

(3) 其他税，如营业税。虽然营业税也适用于国内产品，但在完税价值上再征收营业税，无疑是对进口货物采取的一个歧视措施。

(4) 自由贸易区主要位于马瑙斯的河港。

4. 对本国工业的保护

(1) 进口许可证和高额关税。

(2) 如果某种商品的进口对地方工业形成威胁，那么海关政策委员会可将此种商品的关税提高30%。

(3) 反倾销。近年来，巴西已成为世界上的反倾销大国。

(4) 政府采购。只要国内有同类产品，巴西政府部门、官方机构和国营企业就根本不买国外货。

5. 外商直接投资

考虑进入巴西市场，在合资经营或独资经营的基础上进行当地化生产是不错的选择。外国公司在巴西建立企业通常选择股份有限公司的形式，而且最受欢迎的是，将股份公司办成一个“开放公司”，即有多个投资者持有合资公司的股份。这样，在纳税方面就可以得到许多优惠并且可以打入巴西证券市场进行融资。

除了某些领域如银行或传播媒介部门，外国公司资本数额一般不会受到太多限制。巴西有关政策还规定：只有在巴西方面控制的公司才有权接受国家的投资鼓励，而外国独资公司是无法享受这些优惠的；在一般情况下，巴西政府仅与本国公司签定采购合同；若一个合资公司进行许可证贸易，它可以享受更多优惠。

6. 利润汇回

与投资金额一样，巴西对利润汇回在数量上没有任何限制，但对于所有的汇款，巴西政府都要征收预扣税款，当汇款超过一定比例时，预扣税款的金额会直线上升。

7. 投资鼓励政策

有许多州对进行生产性投资的投资者采取鼓励性政策，投资可以获得许多特权。而且，一项投资取得的特权可以来自不同的组织。任何一个准备在巴西建立子公司或合资企业的外国公司必须对这些投资鼓励政策加以认真考虑。

(1) 可以获得投资鼓励的项目包括：具有特殊意义的新兴工业项目，如高科技产业的某些项目；在欠发达地区建立生产企业；在各州鼓励的地区进行工业投资。

(2) 鼓励形式：免除进出口税，如对成套设备、机械产品和零部件的进口免税；免除营业税和公司所得税；出口补贴等。

8. 物价管制

目前，巴西国内正实行着一套综合的物价管理措施，意图提高商品价格的公司必须首先得到国际价格管理委员会的批准。这个委员会统管着大多数工业产品、药品和主要消费品的价格，违反了该委员会规定的公司会受到严厉的制裁。

4. 国际战略联盟

国际企业之间通过某种形式的合作结成战略联盟(Strategic Alliance)，可以增强合作各方的竞争力量，同时它还是一种进入国际市场的重要方式。这种合作可以采取交换产品专利权、共享生产设施、联合资助研究项目和利用现有的分销网络等多种形式。战略联盟中的每个企业都以自身利益为动机，同时认为合作是达到自身目标的最佳方式。国际战略联盟可以迅速开拓新市场，获得新技术，分担研发风险，提高生产效率，降低营销成本，谋求战略性竞争优势。目前，常见的国际战略联盟有以下几种。

(1) 制造联盟(Manufacturing Alliance)：包括生产、技术、工程、研发等各个方面的深度合作。

(2) 营销联盟(Market Alliance)：关注营销活动的方方面面。

(3) 分销联盟(Distribution Alliance)：在分销活动中，存在着各式各样的分销联盟。

(4) 外包(Outsourcing Alliance)：指战略性地应用外部资源来开展通常由内部员工和资源完成的活动。它已成为全世界公司有效削减成本的一种技巧，在大多数情况下，它涉及的是将服务部门的工作转交给劳动能力更高、成本更低的海外地区完成。

外包能够带来的好处显而易见，但是需要谨慎地计划和实施。近一半的外包以失败告终，失败的原因主要在于双方的沟通：外包承包商的员工都很有能力且懂得技术，但是往往不理解发包商公司的目标。因此，成功的外包活动需要做到以下几点：外包必须谨慎，并且要有清晰的目标和期望；外包合伙人必须谨慎挑选，要考虑合伙人的专业能力及其与公司文化的匹配程度；外包公司必须对战略联盟合伙人进行必要的培训，帮助对方尽快适应公司文化；外包计划必须明确外包各阶段的期望、要求和期望的收益水平。

以上 4 种进入方式实际上代表了国际营销从低到高的 4 个主要阶段，它们应用的目的和条件各不相同。出口进入方式基本上由处于国际营销初始阶段的企业采用，主要目的是为了消化过剩的生产能力，使产品赢得更广阔的市场，因此企业对国际营销的概念、意识是不自觉的，产品出口经营也带有不稳定和多变的特征。合同进入方式则前进了一步，有意识、有步骤、有针对性地在国际市场充分发挥企业的经营优势，对回避国际贸易壁垒也颇有心得，但对如何深入国际市场的战略性操作还在探索中，所以基本上不涉及国际营销中关键的股权问题。投资进入方式属于高级阶段，它以直接投资方式表明国际化经营企业渴望在对象国市场上控制自身命运，瓜分国际市场，以使货币资本和技术资本获得更广阔的运作舞台。只有国际化很成熟的企业才采用国际战略联盟的方式，在竞争激烈的国际市场上，企业之间协同竞争，实现优势互补。因此，任何一个企业在不同的发展阶段所采用的进入方式也各不同。

6.4.2 进入国际市场方式的决策影响因素

企业具有参与国际竞争的技术、资金、人力及规模优势，一旦确定进入国际市场，它们就将面临如何选择进入方式的问题，即以何种方式从事国际市场的经营活动。进入国际市场方式的决策影响因素主要包括成本因素、战略因素、环境因素。

1. 成本因素

在众多的决策影响因素中，成本因素是主要的，它是外向型企业选择进入的首要条件。

考虑成本因素影响的出发点是使所选择的进入方式具有最小的运行成本，从而获得最大化盈利。在前面关于各种进入方式特点的介绍中，成本因素已有所介绍，这里不再赘述。

在众多的成本项目中，尤其是在许可证贸易和合资经营中，交易成本值得特别关注。其来源主要有两方面，一是在草拟、谈判、签订协议及监控、实施协议的过程中所发生的费用，二是由于不可预见的偶发事件和被许可方的可能违约、投机行为给集团带来的损失。此外，在转移过程中，专有技术的价值将逐渐丧失。为了减少交易成本、降低扩散风险，企业应选择独资经营的进入方式。交易成本还受企业拥有的专有技术特性的影响。某些专有技术常有隐含特性，技术性资料和设计蓝图往往无法包含其内涵，有的诀窍隐含在企业人力资源和日常管理之中，很难将它们与载体分离。成功的技术转移不仅包括技术资料和蓝图，也应包括隐含的诀窍。不然，引进方可能因为缺少隐含诀窍而不能成功地从事生产经营，不能取得预期效果，从而减少转让方的提成收入，增加其交易成本。另一方面，若企业以自己的专有技术在国外建立子公司(或工厂)，则可将技术资料、蓝图及隐含诀窍一同转移给子公司，从而获得比许可证贸易更高的经济效益。因此，企业的专有技术隐含成分越多，越适宜采取高控制进入方式。

2. 战略因素

在进入国际市场时，企业必须确定是采取“多国经营战略”还是采取“全球经营战略”。多国经营战略是充分考虑各国市场的差别性(包括消费者的偏好、行为、竞争条件、生产条件和政治、法律、社会的结构等方面的差别)，在几个国家建立具有独立的生产、营销功能的子公司，各子公司根据所在国的消费者需求特点，生产具有不同性能的产品，根据所处的竞争环境采取不同的竞争战略，子公司具有自主组织生产经营活动的权力，集团只对其实行小范围的控制。因此实行多国战略时，集团一般采取低控制的进入方式，如许可证贸易。

然而，随着现代通信与交通运输技术的发展，不同国家的消费者的爱好和需求正趋于一致，这为标准化产品带来了巨大的全球市场，企业可通过集中生产经营标准化产品占领国际市场，从而实现企业的规模经营。实现全球战略时，企业需要一体化地组织整体的生产经营活动。为了取得规模经济效益，往往采取专业化生产协作方式；设在不同国家的工厂或子公司，仅生产一些可获得最高效率的零部件，然后由集团统一组织工厂或子公司间的零部件交换、装配和最终产品的销售，决策和指挥权集中在集团手中。因此，实施全球经营战略的企业将采取高控制的进入方式。

3. 环境因素

环境因素主要包括东道国的国家风险、地方熟悉程度、需求和竞争条件。这些因素通过影响资源委托度和战略柔性而影响企业进入方式的选择。

东道国的国家风险包括政策风险、国有化风险、价格控制风险和转移支付风险。当这些风险较高时，集团应减少对东道国的资源委托度，提高从市场迅速撤出的能力，从而减少集团可能遭受的退出损失。因此，当国家风险小时，企业应采取出口、许可证贸易等具有较低资源委托度的进入方式。

地方熟悉程度由本国与东道国在文化、经济系统和风俗习惯等方面的现实差别所决定，差别越大，地方熟悉程度越低；地方熟悉程度还与企业进入该国市场的时间长短成正比。地方熟悉程度越高，企业越适宜采取高资源委托度的方式。

东道国的需求条件对企业在该国的投资起着至关重要的作用。显然，如果需求量小于国内，企业将不能获得比在本国市场更高的盈利，并且可能承担撤出东道国的沉没成本。一般说来，在产业发展的萌芽期和衰退期，未来需求条件的不确定性最大。在这两个阶段，企业应采取低资源委托度的进入方式，而在成熟期可采取高资源委托度的进入方式。

除了市场需求条件的不确定性之外，市场竞争也是变化无常的，这就要求企业具有较强的应变能力，提高经营战略的柔性。而在东道国大量投资，将限制企业适应市场变化的能力，因此东道国市场竞争越激烈，越应选择较低资源委托度的进入方式。

本章小结

国际市场细分就是识别对产品和相关营销组合产生良好反应的具有关键相似特征的国家和消费者。它是市场细分概念在国际营销中的运用。国际市场有效细分的条件包括可测量性、可接近性、规模性、可操作性、稳定性和反应差异性。可以从宏观和微观两个层次研究国际市场细分的标准。

企业在进入国际市场时需要选择目标市场。选择目标市场主要依据如下标准：市场规模、市场增长速度、贸易费用、竞争的相对优势、公司的目标和资源以及风险程度。同时，国际企业选择目标市场时还要考虑道德方面的因素。

在对不同细分市场进行评估后，公司必须决定进入哪些市场和为多少个细分市场服务。一般有 5 种选择策略：选择单一细分市场策略、有选择的专门化策略、产品专门化策略、市场专门化策略及完全市场覆盖策略。

国际市场定位是指企业在国际市场细分的基础上，根据目标消费者要求来给产品确定一个适当的位置。国际市场定位的依据主要有产品特色、消费者利益、依消费者类型以及竞争者的产品。常用的国际市场定位策略包括对抗定位、回避定位、依附定位、重新定位、“高级俱乐部”定位、间接定位等。

进入国际市场方式是指企业对进入外国市场的产品、技术、技能、管理诀窍或其他资源进行系统规划的各种标准化的方式。国际市场进入方式的类型包括出口进入方式、合同进入方式、投资进入方式、国际战略联盟。进入国际市场方式的决策影响因素主要包括成本因素、战略因素、环境因素。

习　题

一、复习题

1. 选择题

(1) 国际市场有效细分的条件包括(　　)。

A. 可测量性　　B. 可接近性　　C. 规模性
D. 可操作性　　E. 稳定性　　F. 反应差异性

(2) 进入国际市场方式的决策影响因素主要包括(　　)。

A．成本因素 B．战略因素 C．环境因素 D．决策者偏好因素

(3) 常见的国家市场定位失误主要有( )。

A．定位过低 B．定位过高 C．定位怀疑 D．定位混乱

(4) 选择国际目标市场的策略有( )。

A．选择单一细分市场策略 B．有选择的专门化策略

C．产品专门化策略 D．市场专门化策略

E．完全市场覆盖策略

2．填空题

(1) 外包是指战略性地应用外部资源来开展通常由内部员工和资源完成的活动，其优势主要是________。

(2) 进入国际市场方式的决策影响因素主要有________。

(3) 常见的国际战略联盟形式有________。

(4) 建立独资企业的方式包括________与________两种。

3．判断题

(1) 在特许专营交易中，特许方提供产品、系统和服务，被特许方则提供市场知识、资金和管理人员。两者结合起来，既能灵活地适应当地的市场条件，又能使母公司保持一定程度的控制力。 ( )

(2) 采用间接出口方式可以利用中间商的经验、信息和国际营销渠道，节省国际市场调研、渠道建立等营销费用。但是，间接出口也会导致对中间商的严重依赖，不利于企业自身国际营销经验的积累，也难以及时适应国际市场变化。 ( )

(3) 市场定位所塑造的不是产品在市场中的物理位置，而是心理位置，它取决于购买者如何来认识这种产品。 ( )

(4) 市场细分的依据是顾客需求的异质性理论。 ( )

4．问答题

(1) 什么是国际市场定位？举例说明常见的国际市场定位策略。

(2) 国际市场有效细分的条件有哪些？

(3) 以并购方式进入国际市场的优缺点是什么？

(4) 消费品市场的细分标准有哪些？

5．讨论题

(1) 国际营销经理如何保证国际市场细分的有效性？

(2) 浏览浙江吉利控股集团公司网站，谈谈公司如何服务于不同的市场。

二、案例应用分析

欧莱雅集团进军中国市场

1．公司背景

法国欧莱雅集团为全球500强企业之一，由发明世界上第一种合成染发剂的法国化学家欧仁•舒莱尔

创立于 1907 年。历经近一个世纪的努力，欧莱雅从一个小型家庭企业跃居为世界化妆品行业的领头羊。2003 年初，欧莱雅荣登《财富》评选的 2002 年度全球最受赞赏公司排行榜第 23 名，在入选的法国公司中名列榜首。欧莱雅集团的事业遍及 150 多个国家和地区，在全球拥有 283 家分公司及 100 多个代理商、5 万多名员工、42 家工厂和 500 多个优质品牌，产品包括护肤防晒、护发染发、彩妆、香水、卫浴、药房专销化妆品和皮肤科疾病辅疗护肤品等。

1996 年，欧莱雅正式进军中国市场； 1997 年 2 月，欧莱雅正式在上海设立中国总部。目前，欧莱雅集团在中国拥有约 3 000 名员工，业务范围遍布北京、上海、广州、成都等 400 多个城市。

2. 中国市场环境分析

顾客与公众:

2001 年，中国化妆品市场销售总额为 400 亿元，2002 年，销售增长速度为 14%～15%，实际销售总额大约为 450～460 亿元。2003 年，化妆品行业发展速度保持稳定增长，增幅不低于 15%，销售总额达到 500 亿元。国内化妆品生产企业已达 2 500 家，品种 3 万余种，市场总额居亚洲第二位，在全世界范围内已经成为一个美容大国。

因此，世界名牌化妆品一致看好中国大陆的消费潜力，几乎无一遗漏地抢滩大陆，进驻中国市场，并且受到中国广大消费者的青睐，在中国市场上大放异彩。

竞争者:

目前欧莱雅集团在中国的主要竞争对手也是国际名牌化妆品，主要有雅芳(Avon)、雅诗兰黛(Este’ e Lander)、倩碧(Clinique)、P&G 公司的玉兰油(Oil & Ulan)、Cover girl 、SKII 系列、露华侬(RevLon)、圣罗兰(YSL)、克里斯汀·迪奥(Christian Dior)、歌雯琪(Givenchy)、旁氏(Ponds)、凡士林(Vasekine)、克莱伦丝(Chrins)、妮维雅(Nivea)、威娜(Wella)、花牌(Fa)、资生堂(Shiaeibo)等。这些品牌在国内都具有极高的知名度、美誉度和超群的市场表现。除了世界品牌在国内的混战外，欧莱雅集团还面临着国内本土品牌的袭击和进攻。国内的大宝、小护士、羽西(合资)、上海家化依然占有不少的护肤市场份额。

所以，目前国内的化妆品市场可以说是处于战国时代，群雄逐鹿，市场竞争极端惨烈，不时有品牌从市场上消失或者被其他公司吞并。为此，各化妆品公司无不如履薄冰，不敢大意。

企业内部:

虽然欧莱雅于 1996 年才进入中国市场，但早在 20 世纪 80 年代起就在巴黎成立了中国业务部，专门从事对中国市场的研究。20 世纪 90 年代欧莱雅在其香港的分公司里设立了中国业务部，准备开拓中国市场，并在广州、北京、上海等地都设立了欧莱雅形象专柜，测试中国消费群体对欧莱雅产品的市场反响。为进入中国市场，欧莱雅其实花费了将近 20 年的时间做准备。

营销中介:

欧莱雅采取以目标客户来选择销售渠道的策略，例如，针对高端客户生产的兰蔻等产品，只有在高档的商店中才可以买到；而走大众路线的美宝莲，则在普通商场及超市就可以买到。盖保罗的理想还不止于此，他希望有一天，大家买美宝莲就像买可乐一样方便。因为欧莱雅给美宝莲的定位是“国际化的品牌，平民化的价格，要让中国的消费者买得起，且便于购买”。

和欧莱雅的销售策略一样，广告策略也是和品牌定位及目标客户相匹配的。美宝莲是一个大众化的品牌，所以要在覆盖面最广的电视媒体做广告，让更多的消费者知道。因为薇姿和理肤泉在药房销售，卡诗和欧莱雅专业美发在发廊销售，兰蔻等高端品牌只有在高档商店才有，网点并不像美宝莲那么多。宣传渠道一定要针对目标群体才有效。

3. 市场细分策略

巴黎欧莱雅进入中国市场至今，以其与众不同的优雅品牌形象，加上全球顶尖演员、模特的热情演绎，向公众充分展示了“巴黎欧莱雅，你值得拥有”的理念。目前已在全国近百个大中城市的百货商店及超市设立了近400个形象专柜，并配有专业美容顾问为广大中国女性提供全面的护肤、彩妆、染发定型等相关服务，深受消费者青睐。回顾上述成功业绩，关键取决于欧莱雅公司独特的市场细分策略。

(1) 公司从产品的使用对象进行市场细分，主要分成普通消费者用化妆品、专业使用的化妆品，其中，专业使用的化妆品主要是指在美容院等专业经营场所所使用的产品。

(2) 公司对化妆产品的品种进行细分，如彩妆、护肤、染发护发等，同时，对每一品种按照化妆部位、颜色等再进一步细分，如按照人体部位不同将彩妆分为口红、眼膏、睫毛膏等；再就口红而言，进一步按照颜色细分为粉红、大红、无色等，此外，还按照口红性质差异将其分为保湿型、明亮型、滋润型等。如此步步细分，光美宝莲口红就达到150多种，而且基本上保持每1～2个月就向市场推出新的款式，从而将化妆品的品种细分几乎推向极限地步。

(3) 按照地区进行细分。中国地域广阔，南北、东西地区气候、习俗、文化等不同，人们对化妆品的偏好具有明显的差异。例如，南方由于气温高，人们一般比较少做白日装或者喜欢使用清淡的装饰，因此较倾向于淡妆；而北方由于气候干燥以及文化习俗的缘故，一般都比较喜欢浓妆。同样东西地区由于经济、观念、气候等的缘故，人们对化妆品也有不同的要求，欧莱雅集团敏锐地意识到了这一点，因此按照地区推出不同的主打产品。

(4) 其他相关细分方法，如按照原材料的不同有专门的纯自然产品；按照年龄细分等。

总之，通过对中国化妆品市场的环境分析，欧莱雅公司采取多品牌战略对所有细分市场进行全面覆盖，按照欧莱雅中国总经理盖保罗的金字塔理论，欧莱雅在中国的品牌框架包括了高端、中端和低端3个部分。

其中，塔尖部分为高端产品，约由12个品牌构成，如第一品牌的赫莲娜，无论是产品品质还是价位都是这12个品牌中最高的，面对的消费群体的年龄也相应偏高，并具有很强的消费能力；第二品牌是兰蔻，它是全球最著名的高端化妆品牌之一，消费者年龄比赫莲娜年轻一些，也具有相当的消费能力；第三品牌是碧欧泉，它面对的是具有一定消费能力的年轻时尚消费者。欧莱雅公司希望将其塑造成大众消费者进入高端化妆品的敲门砖，价格也比赫莲娜和兰蔻低一些。它们主要在高档的百货商场销售，兰蔻在22个城市有45个专柜，目前在中国高端化妆品市场占有率第一，碧欧泉则是第四。而赫莲娜2000年10月才进入中国，目前在全国最高档百货商店中只有6个销售点，柜台是最少的。

塔中部分为中端产品，所包含的品牌有两大块：一块是美发产品，有卡诗和欧莱雅专业美发，其中，卡诗在染发领域属于高档品牌，比欧莱雅专业美发高一些，它们销售渠道都是发廊及专业美发店。欧莱雅公司认为，除产品本身外，这种销售模式也使消费者有机会得到专业发型师的专业服务。还有一块是活性健康化妆品，有薇姿和理肤泉两个品牌，它们通过药房经销。欧莱雅率先把这种药房销售化妆品的理念引入了中国。

塔基部分是大众类产品，中国市场不同于欧美及日本市场，就在于中国市场很大而且非常多元化，消费梯度很多，尤其是塔基部分的比例大。在中国大众市场中，欧莱雅公司目前共推行5个品牌，其中，巴黎欧莱雅是属于最高端的，它有护肤、彩妆、染发等产品，在全国500多个百货商场设有专柜，还在家乐福、沃尔玛等高档超市有售。欧莱雅的高档染发品已是目前中国高档染发品的第一品牌。第二品牌是羽西，羽西秉承“专为亚洲人的皮肤设计”的理念，是一个主流品牌，在全国240多个城市的800家百货商场有售。第三品牌是美宝莲——来自美国的大众彩妆品牌，它在全球很多国家彩妆领域排名第一，在中国也毫不例外，目前已经进入了600个城市，有1.2万个柜台。第四品牌是卡尼尔，目前在中国主要是引进了染发产品，它相比欧莱雅更大众化一些，年轻时尚，在中国有5 000多个销售点。第五品牌是小护士，它面对的是追求自然美的年轻消费者，市场认知度达到90%以上，目前在全国有28万个销售点，网点遍布了国内二、三级县市。

由于欧莱雅公司对中国市场分析到位、定位明晰，因此，2003年时产品在中国市场的销售额达到15

亿人民币，比 2002 年增加 69.3%，这是欧莱雅公司销售历史上增幅最高的，比 1997 年增长了 824%。兰蔻在高档化妆品市场、薇姿在通过药房销售的活性化妆品市场、美宝莲在彩妆市场、欧莱雅染发在染发的高端市场已经占据了第一的位置。

问题：

(1) 试评价法国欧莱雅集团进军中国市场的市场细分策略。

(2) 法国欧莱雅集团的做法对我国企业有何启示？

(资料来源：封展旗，黄保海. 市场营销案例分析[M]. 北京：中国电力出版社，2008.)

第 7 章 国际市场产品战略

教学目标

通过本章的学习，理解国际整体产品的概念，了解国际市场产品组合的不同策略；理解国际市场产品生命周期理论以及在产品生命周期不同阶段的营销策略；熟练运用国际市场品牌策略、包装策略及新产品开发策略。

教学要求

知识要点	能力要求	相关知识
国际整体产品概念	(1) 理解产品概念 (2) 理解国际整体产品层次	(1) 国际整体产品概念 (2) 国际整体产品的 3 个层次 (3) 产品的分类
国际市场产品组合策略	(1) 运用国际市场产品组合相关策略 (2) 运用国际产品标准化与差异化策略 (3) 运用国际市场营销中产品—促销组合策略	(1) 国际市场产品组合的构成要素 (2) 国际市场产品组合的相关策略 (3) 国际产品标准化与差异化策略 (4) 国际市场营销中的产品—促销组合策略
国际市场产品生命周期理论	灵活运用产品生命周期各阶段的营销策略	(1) 国际市场产品生命周期理论 (2) 产品生命周期各阶段的营销策略
国际市场品牌策略、包装策略	(1) 理解、运用国际市场品牌策略、包装策略 (2) 发展国际品牌的步骤的运用能力	(1) 品牌的涵义及设计原则 (2) 国际市场品牌策略、包装策略 (3) 发展国际品牌的步骤
国际市场新产品开发策略	(1) 国际市场新产品开发战略与开发过程的运用能力 (2) 理解国际新产品市场扩散影响因素	(1) 新产品的概念与分类 (2) 国际市场新产品开发战略 (3) 国际市场新产品开发过程 (4) 国际新产品的市场扩散

基本概念

产品　核心产品　形式产品　附加产品　新产品　产品生命周期　品牌　国际市场产品组合　产品组合的宽度、长度、深度和相关性　国际产品标准化策略　国际产品差异化策略

导入案例

万宝路：从默默无闻到行业翘楚

20 世纪 20 年代的美国，被称为“迷惘的时代”。经过第一次世界大战的冲击，许多青年都自认为受到了战争的创伤，只有拼命享乐才能将这种创伤冲淡。他们或在爵士乐的包围中尖声大叫，或沉浸在香烟的烟雾缭绕当中。无论男女，他(她)们嘴上都会异常悠闲雅致地衔着一支香烟。妇女们愈加注意起自己的红嘴，她们精心地化妆，与一个男人又一个男人“伤心欲绝”地谈恋爱；她们挑剔衣饰颜色，感慨红颜易老，时光匆匆。于是“万宝路” 出世了。“MARLBORO”其实是“Man Always Remember Love Because Of Romance Only”的缩写，意为“男人们总是难忘浪漫的爱”。其广告口号是“Mild As May”(像五月的天气一样温和)，用意在于争当女性烟民的“红颜知己”。

妇女是爱美的天使，她们抱怨白色的香烟嘴常沾染了她们的唇膏。为了表示对女烟民关怀，莫里斯公司把“Marlboro”香烟的烟嘴染成红色，以期广大爱靓女士为这种无微不至的关怀所感动，从而打开销路。然而几个星期过去，几个月过去，几年过去了，莫里斯心中期待的销售热潮始终没有出现。热烈的期待不得不面对现实中尴尬的冷场。

“万宝路”从 1924 年问世一直至 20 世纪 50 年代始终默默无闻。它似乎缺乏以长远的经营、销售目标为引导的带有主动性的广告意识。它的温柔气质的广告形象没有给广大淑女们留下多少利益的考虑。“像五月的天气一样温和”的广告口号显得过于文雅，而且是对妇女身上原有的脂粉气的附和，致使广大男性烟民对其望而却步。这样的一种广告定位虽然突出了自己的品牌个性，也提出了对某一类消费者(这里是妇女)特殊的偏爱，但却为其未来的发展设置了障碍，导致它的消费者范围难以扩大。女性对烟的嗜好远不及对服装的热情，而且一旦她们变成贤妻良母，她们并不鼓励自己的女儿抽烟！香烟是一种特殊商品，它必须形成坚固的消费群，重复消费的次数越多，消费群给制造商带来的销售收入就越大。而女性往往由于其爱美之心，担心过度抽烟会使牙变黄，面色受到影响，在抽烟时较男性烟民要节制得多。“万宝路” 的命运在上述原因的作用下，也趋黯淡。

抱着心存不甘的心情，菲利普·莫里斯公司开始考虑重塑形象。公司派专人请利奥—伯内特广告公司为“万宝路”作广告策划，以期打出“万宝路”的名气销路。“让我们忘掉那个脂粉香艳的女子香烟，重新创造一个富有男子汉气概的举世闻名的‘万宝路’香烟!”——利奥-伯内特广告公司的创始人对一筹莫展的求援者说。一个崭新大胆的改造“万宝路”香烟形象的计划产生了。产品品质不变，包装采用当时首创的平开式盒盖技术，并将名称的标准字(MARLBORO)尖角化，使之更富有男性的刚强，并以红色作为外盒主要色彩。

广告的重大变化是：“‘万宝路’的广告不再以妇女为主要对象，而是用硬铮铮的男子汉”。在广告中强调“万宝路”的男子气概，以吸引所有爱好追求这种气概的顾客。菲利普公司开始用马车夫、潜水员、农夫等做具有男子汉气概的广告男主角。但这个理想中的男子汉最后还是集中到美国牛仔这个形象上：一个目光深沉、皮肤粗糙、浑身散发着粗犷和豪气的英雄男子汉，在广告中袖管高高卷起，露出多毛的手臂，手指总是夹着一支冉冉冒烟的“万宝路”香烟。从那以后，一个温文尔雅的万宝路不见了，一个粗犷豪放的万宝路出现了。这种洗尽女人脂粉味的广告于 1954 年问世，它给“万宝路”带来巨大的财富。仅 1954—1955 年间，“万宝路”销售量提高了 3 倍，一跃成为全美第 10 大香烟品牌，1968 年其市场占有率上升到全美同行第二位。1975 年，万宝路摘下美国卷烟销量的桂冠。20 年纪 80 年代中期直至现在，万宝路成为世界烟草业的领导品牌。现在，"万宝路"每年在世界上销售香烟 3000 亿支，世界上每抽掉 4 支烟，其中就有一支是"万宝路"。即使在全球"反烟"浪潮高涨的今天，万宝路在全球最具价值品牌排行榜中仍稳居前 10 位。

是什么使名不见经传的"万宝路"变得如此令人青睐了呢？美国金融权威杂志《福布斯》专栏作家布洛尼克 1987 年与助手们调查了 1 546 个"万宝路"爱好者。调查表明：许多被调查者明白无误地说他喜欢这个牌子是因为它的味道好，烟味浓烈，使他们感到身心非常愉快。可是布洛尼克却怀疑真正的使人着迷的不是"万宝路"与其他香烟之间微乎其微的味道上的差异，而是"万宝路"广告给香烟所带来的感觉上的优越感。布洛尼克做了个试验，他向每个自称热爱"万宝路"味道品质的"万宝路"瘾君子以半价提供"万宝路"香烟，这些香烟虽然外表看不出牌号，但厂方可以证明这些香烟确为真货，并保证质量同商店出售的"万宝路"香烟一样，结果只有 21%的人愿意购买。布洛尼克解释这种现象说："烟民们真正需要的是'万宝路'包装带给他们的满足感，简装的'万宝路'口味质量同正规包装的'万宝路'一样，但不能给烟民带来这种满足感"。调查中，布洛尼克还注意到这些"万宝路"爱好者每天要将所抽的"万宝路"烟拿出口袋 20～25 次。"万宝路"的包装广告所赋予"万宝路"的形象已经像服装、首饰等各种装饰物一样成为人际交往的一个相关标志。而"万宝路"的真正口味在很大程度上是依附于这种产品所创造的美国牛仔形象之上的一种附加因素。这正是人们真正购买"万宝路"的动机。

**点评：合适的产品是抢占市场的关键**

企业与国际市场的统一是通过产品来实现的。企业在国际市场营销活动中的产品、价格、分销和促销 4 个可控因素中，产品是核心，其他 3 个因素都是以产品为决策基础的。因此，企业要想使自己的产品打入国际市场并占领市场，以取得较大的经济效益，就必须认真研究和制定有关产品策略，特别是适宜于国际市场营销环境的产品策略。

7.1 国际整体产品概念

菲利普·科特勒将产品定义为可提供于消费者市场上，以引起留意、获取、使用并满足欲望或需要的一切东西。产品的范围包括有形的实体产品如电视机、音响等；无形的服务如咨询、演唱会等，人物如体育明星贝克汉姆、电影明星刘德华等，地点如夏威夷、张家界等，组织机构如美国营销协会(AMA)以及各种观念、思想，如商业伦理和环保意识等，产品的概念范围得到极大的拓展。

**知识链接**

菲利普·科特勒是国际上公认的市场营销学权威。他是美国西北大学凯洛格管理研究生院 S.C.庄臣父子公司资助的杰出国际营销学教授，曾获得芝加哥大学经济学硕士学位和麻省理工学院经济学博士学位。他还曾在哈佛大学从事数学方面的博士后和在芝加哥大学从事行为科学方面的博士后研究。 科特勒教授现在是许多大公司在营销战略和计划、营销组织、整合营销方面的顾问，包括 IBM 公司、通用电气公司、美国电话电报公司、霍尼韦尔公司、美洲银行、斯堪的纳维亚航空公司、米其林公司等。

7.1.1 产品整体概念

国际营销学的整体产品概念是广义的产品概念。它除了指具有特定物质形态和用途的物体之外，也包括了一切能满足购买者某种需求和利益的非物质形态的服务。如消费者购买住房，不仅是指住房本身，同时包括住房朝向、地段环境、物业管理服务、周边的教育设施、升值的可能性和所体现的身份等。一般来说，产品整体概念包括 3 个层次：核心产品、形式产品及附加产品。

核心产品——是指企业为顾客提供的产品或服务中所包含的能满足其基本需要的利益。核心产品引发并决定了消费者的购买行为，是产品整体概念中最基本、最主要的部分。例如，旅客在旅馆中真正购买的是“休息与睡觉”；顾客购买花是购买“观赏”或“与人联络感情”；而消费者购买化妆品则是为了“美容”或“保健”。营销人员应正确认识自己企业向国际市场消费者提供的产品或服务的核心产品是什么，并将其视为一项基本利益提供给顾客。

形式产品——是指产品的基本形态，即产品核心利益的有形物质载体，如汽车、香皂和照相机等。形式产品包含有一系列基本要素，从影响顾客购买决策的角度看，主要包括质量体积、色样、规格、造型、标准、计量、品牌、包装等。这些要素就不同的产品而言，对消费者的重要程度具有差别，国际营销者应给予注意。

附加产品——它代表了为顾客所欣赏的无形利益，主要指通过对产品提供安装、保证、信贷和售后服务而给消费者带来的附加价值。由于国际上人们需求和企业间竞争的日益多样化，顾客对企业生产和销售的产品的附加利益提出了更多的要求，今天在产品附加价值方面的竞争显得越来越重要。营销人员必须注意购买者的需求变化，延伸其所提供的产品，才能适应国际市场的需要。

为顾客设计形象

美国、德国的一些服装商店，不久前推出一种“形象设计服务”。店里专门聘请形象设计专家为每一位前来的顾客设计形象。专家根据顾客的身材、气质、经济条件等情况，出主意，做参谋，指导顾客该买什么服装，配什么领带或饰物；头发做成什么式样与服装、身材最相称；足蹬什么颜色和款式的鞋才能相得益彰等，从而使服装及其各种配套物品最能体现顾客的长处，达到风度可人的理想境界。这项服务推出后，立即受到广泛欢迎，一时间，顾客如云，而且都是服装、饰物整套地购买，商店收入顿时大增。

从市场营销角度出发看产品，产品是“整体产品”概念。这一观念认为，产品应该是一个整体的概念，它不仅包括产品本身，而且包括了各种服务，以满足需求，为消费者提供一种整体的满足。购买者所需要获得的是一个满意的整体，而不是对某一实体的占有。

在本案例中：美、德的服装店对自己产品这一整体是如何理解的？

产品核心——购买服装的目的、给购买者带来的利益、购买服装的用途。如求美、打扮、保暖和其他社会需要。

产品形体——服装的款式、花色、规格、布料等看得见、摸得着的东西。

产品附加利益——为顾客设计形象。如根据顾客身材、气质、经济条件等情况，指导顾客购买适身合体的服饰。

可见，美国、德国的服装商店服装不仅卖有形能用的服装(即前两个层次)，而且还“卖”了服务(即提供了附加利益)——为顾客设计形象。这样就使服装更有效用，也更能促进服装的销售。它与一般服装商店的主要不同点是多了第三个层次，为消费者提供了全面的服务，使顾客获得了整体的满足，因此，顾客纷纷购买，使服装店收入顿时大增。

7.1.2 产品的分类

通常对产品总体的分类采取以下两种方法。

1. 耐用性和有形性

按产品的耐用性和有形性分类，可分为以下内容。

(1) 耐用品——有形的实体的物品。

(2) 非耐用品——也是有形的实体物品，通常只能使用一次或数次，例如香烟、啤酒等。

(3) 服务——非物质实体产品，是为出售而提供的活动、利益和满足。具有无形性、服务内容不易标准化等特点。

2. 用途

按产品的用途分类，可分为以下内容。

(1) 消费品——一般又可以分为便利品、选购品和特殊品。

便利品包括日用品、急用品和临用品，是消费者常用、急用和临时冲动性购买的产品。选购品是指顾客购买前感到有必要花费一些时间和精力，从几个不同的商店进行比较和挑选的产品，如家用电器、屋内装饰等。特殊品是消费者愿意做出特别努力去购买的消费品，如古董、名画等。

(2) 工业品——可以分为主要设备、附属设备、原材料、零部件与半成品以及低耗品等5种。

主要设备是已经制造完成的工业品，供用户企业长期使用的资产项目之一，往往要经过多年使用才“报废”，如发电机、机车、机床等。附属设备使用期限较短，是企业完成生产任务所需要的一些资产项目，如生产工具、车间非生产线上固定使用的电瓶车等。原材料是未加工过的工业品，如木材、矿石等。零部件与半成品是已经经过加工、供生产工业品而使用的产品。低耗品又叫供应品，是用户企业日常购买的用品，如油漆、钉子、灯泡等。

7.2 国际市场产品组合策略

7.2.1 国际市场产品组合的相关概念

1. 国际市场产品组合(Product Mix)

它又称产品搭配(Product Assortment)，是一个企业在国际范围内生产经营的全部产品线、产品项目的集合，或者说是一个企业生产经营的全部产品的构成。构成产品组合的基本因素分别是产品组合的宽度、长度、深度和相关性。

2. 产品线(Product Line)

它又称产品大类。企业按照一定的分类标准对企业生产经营的全部产品进行划分，每一组密切相关的产品构成一个产品大类或产品线。在上面的小资料中，联合利华(中国)有限公司在中国市场上共有 3 个产品线，即三大类产品，分别是家庭护理用品、个人护理用品和食品。

3. 产品项目(Product Item)

它指的是产品线中不同规格、型号、款式、档次、特色、价格水平的具体产品，如资料中的中华金装全效牙膏、奥妙净蓝全效洗衣服、凡士林美白防晒露等都是产品项目。

4. 产品组合的宽度(Product Width)

它指一个企业生产经营的产品线的多少，产品线越多，产品组合就越宽，反之则越窄。资料中，联合利华(中国)有限公司产品组合的宽度为 3。

5. 产品组合的长度(Product Length)

它指产品组合中所有产品项目的总数。例如，联合利华(中国)有限公司目前产品项目数及产品组合长度为 76。

6. 产品组合的深度(Product Depth)

它是指产品线中的每一产品项目有多少个品种。例如多芬沐浴系列，分为多芬柔肤乳霜系列、多芬盈润系列、多芬活肤乳霜系列、多芬紧肤乳霜系列，每个系列又有 3 种不同的规格，因此，其产品的深度为 12。

7. 产品相关度(Product Consistency)

它又称产品组合的密度，是产品组合中各个产品线在生产条件、分销渠道、最终使用或其他方面相关联的程度。关联程度越高，就说产品组合的相关度越大，各个产品线之间可以共享的资源也就越多。一般来说，致力于多元化经营的企业其产品组合的关联度较低，而致力于专业化经营的企业其产品组合的关联度较高。

产品组合的 4 个基本因素决定了企业产品组合的情况。在国际市场营销中，面对复杂多变的市场环境、需求多样的消费者和更为激烈的市场竞争，企业应结合自身的发展目标和资源状况，确定适合自己的产品组合，并经常对自己的产品组合进行分析、评估和调整，以保持最适当和最优的产品组合。

营销故事

芭比智设“美金链”

在美国市场上曾出现过一种注册为“芭比”的洋娃娃，每只售价仅 10 美元 95 美分，就是这个看似寻常的洋囡，竟弄得许多父母哭笑不得，因为它“会吃美金”，且看以下的故事。

一天，当父亲将价廉物美的芭比娃娃买下并作为生日礼物赠送给女儿后，很快就忘记了此事，直到有一天晚上，女儿对父亲说："芭比需要新衣服。"原来，女儿发现了附在包装盒里的商品供应单，提醒小主人说芭比应当有自己的一些衣服。做父亲的想，让女儿在给娃娃穿衣服的过程中得到某种锻炼，再花点钱也是值得的，于是又去那家商店，花了 45 美元买回了"芭比系列装"。

过了一个星期，女儿又说得到商店的提示，应当让芭比当"空中小姐"，还说一个女孩在她的同伴中的地位取决于芭比的身份，还噙着眼泪说她的芭比在同伴中是最没"份"的。于是，父亲为了满足女儿不太过份的虚荣心，又掏钱买了空姐衣服，接着又是护士、舞蹈演员的行头。这一下，父亲的钱包里又少了 35 美元。

然而，事情没有完，有一天，女儿得到"信息"说她的芭比喜欢上了英俊的"小伙子"凯恩。不想让芭比"失恋"的女儿央求父亲买回凯恩娃娃。望着女儿腮边的泪珠，父亲还能说什么呢？于是，父亲又花费了 11 美元让芭比与凯恩成双结对。

洋娃娃凯恩进门，同样附有一张商品供应单，提醒小主人别忘了给可爱的凯恩添置衣服、浴袍、电动剃须刀等物品。没有办法，父亲又一次解开了钱包。

事情总该结束了吧？没有。当女儿眉飞色舞地在家中宣布芭比与凯恩准备"结婚"时，父亲显得无可奈何。当初买回凯恩让他与芭比成双对结对时，现在就没有理由拒绝女儿的愿望。为了不给女儿留下"棒打鸳鸯"的印象，父亲忍痛破费让女儿为婚礼"大操大办"。

父亲想，谢天谢地，这下女儿总该心满意足了。谁知有一天女儿又收到了商品供应单，说她的芭比和凯恩有了爱情的结晶——米琪娃娃！

7.2.2 国际市场产品组合的相关策略

国际企业要想在国际市场的激烈竞争中谋求生存与发展，一项关键的工作就是分析、评价并随时准备调整现有的产品组合，实现产品结构的最优化。企业调整产品组合的方式有两种：(1)产品线改进方式，增加或剔除某些产品项目，改变产品组合的深度；(2)产品线增减方式，增加或减少产品线，调整产品组合的广度。

企业在调整产品组合时，不仅要考虑各产品线的销售额对利润和现金流等关键指标的贡献，还要充分考虑企业在国际市场中的竞争地位以及将要进行的调整可能带来的竞争影响。一般来讲，企业有如下 4 种产品组合调整策略可供选择。

1. 扩大产品组合策略

这种策略又包括开拓产品组合的广度和深度两种情况。开拓产品线的广度就是增加企业产品线的数目，而加强产品线的深度则指在现有产品线的基础上增加产品项目的个数。当企业在国际市场上的销售额和盈利率开始下降时，就应该考虑增加产品线或产品项目的数量，开发更具竞争力的产品，弥补原有产品的不足。联合利华(中国)有限公司于 2007 年 3 月在个人护理产品中推出的"清扬"系列去屑洗发水就是这种策略的一次成功运用。在中国的洗发水市场上，联合利华在与宝洁公司的竞争中处于劣势地位，尤其是去屑产品的缺失成为联合利华的先天不足。"清扬"系列去屑洗发水的上市弥补了这一不足，其"男士专用去屑"概念的提出和对性别进行区分的市场细分策略也成为洗发水市场的首创。清扬系列产品的横空出世增加了联合利华洗发水产品项目的个数，加强了其个人护理产品线的深度，打破了宝洁公司子品牌海飞丝在去屑市场的垄断地位，大大提升了联合利华的市场竞争力。

扩大产品组合可以提高企业人、财、物等各项资源的利用效率。随着企业经验的积累、技术的发展和原有市场的饱和，企业往往会形成过剩的生产能力。开发新的产品线或新的产品项目可以充分利用企业的剩余生产能力。不仅如此，这种策略还会降低企业经营的系统风险，避免因某一产品市场的萎缩、衰竭而引发灭顶之灾，增强企业的抗风险能力。

2. 缩减产品组合策略

当国际市场疲软或原料能源供应紧张时，企业缩减自己的产品线或放弃某些产品项目不失为明智的选择，这就是缩减产品组合策略。它要求在客观分析产品的市场潜力和发展前景的基础上进行取舍。缩减产品组合策略并不是退出市场，而是通过缩小战线、加强优势来保持企业在国际市场上的竞争力，是一种以退为进的策略。

缩减产品组合策略可以减少企业资源占用，优化投资结构，加速资金周转，也有利于企业生产的专业化，使企业集中优势资源向市场纵深发展，在更具战略意义的市场上赢得竞争优势。

3. 产品线延伸策略

产品线延伸策略是指企业全部或部分地改变原有产品线的市场定位。具体讲，这一策略有向下延伸、向上延伸和双向延伸 3 种方式。

1) 向下延伸策略

向下延伸策略是指企业把高档定位的产品线向下延伸，加入低档产品项目。例如，以劳力士、伯爵和浪琴为代表的瑞士手表一直定位于高价、时髦市场，但是到 1981 年，瑞士的ETA公司推出了价位在40～100美元的斯沃奇(Swatch)时装表以满足追求潮流的年轻人，取得巨大成功。

企业实行向下延伸策略通常出于以下考虑：利用高端产品的良好形象和声誉，吸引购买力相对较低的顾客，促使他们购买企业产品线中的大众产品，适应各层次消费者的需求，从而提高市场占有率；拓展企业市场，实现更高的利润目标；弥补企业产品线的空白，加强企业竞争力量；对竞争对手实施遏制。

企业实施向下延伸策略必须注意避免破坏高端产品、品牌的市场形象和声誉，必要时应该考虑重新创立低档产品品牌。

2) 向上延伸策略

向上延伸策略是指把低档定位的产品线向上延伸，加入高档产品项目。企业实施这种策略主要是以下原因：高档产品市场潜力达，利润率高；低档产品市场已经饱和；企业已经具备了进入高端市场的能力。

营销人员必须意识到，对低档品牌进行重新包装，使之具有高档形象是相当困难的，必须付出相当的营销努力。重塑品牌形象是问题的关键。

3) 双向延伸策略

双向延伸策略即定位于中档市场的产品、品牌同时向高档和低档两个方向延伸，全面进入市场。当企业在中档市场取得巨大成功时，往往会采取这种策略。例如，丰田公司在其中档产品卡罗拉汽车的基础上，面向高端市场推出凯美瑞，面向低端市场推出雅力士，还为豪华市场推出雷克萨斯。

4. 产品线现代化策略

产品线现代化策略就是用现代科学技术改造企业的生产过程，实现生产的现代化。在一些情况下，企业产品组合的深度、广度、长度都适合市场需要，但是产品线的生产流程、生产技术可能已经落后，不再适应国际市场竞争的需要。这时就需要实行产品线现代化策略。在实践中，这种策略又有休克式改造和渐进式改造两种模式。

7.2.3 国际产品的标准化和差异化策略

1. 产品标准化策略

1) 产品标准化涵义

国际产品的标准化策略是指企业向全世界不同国家或地区的所有市场都提供相同的产品。实施产品标准化策略的前提是市场全球化。自20世纪70年代以来，社会、经济和技术的发展使得世界各个国家和地区之间的交往日益频繁，相互之间的依赖性日益增强，消费者需求也具有越来越多的共同性，相似的需求已构成了一个统一的世界市场。因此，企业可以生产全球标准化产品以获取规模经济效益。例如，在北美、欧洲及日本3个市场上出现了一个新的顾客群，他们具有相似的受教育程度、收入水平、生活方式及休闲追求等，企业可将不同国家相似的细分市场作为一个总的细分市场，向其提供标准化产品或服务，如可口可乐、麦当劳快餐、柯达胶卷、好莱坞电影、索尼随身听等产品的消费者遍及世界各地。

2) 产品标准化策略的意义

在经济全球化步伐日益加快的今天，企业实行产品标准化策略对企业夺取全球竞争优势无疑具有重要意义。

(1) 产品标准化策略可使企业实行规模经济，大幅度降低产品研究、开发、生产、销售等各个环节的成本而提高利润。

(2) 在全球范围内销售标准化产品，有利于树立产品在世界上的统一形象，强化企业的声誉，有助于消费者对企业产品识别，从而使企业产品在全球享有较高的知名度。

(3) 产品标准化还可使企业对全球营销进行有效的控制。国际市场营销的地理范围较国内营销扩大了，如果产品种类较多，则每个产品所能获得的营销资源相对较少，难以进行有效控制。产品标准化一方面降低了营销管理的难度，另一方面集中了营销资源，企业可以在数量较少的产品上投入相对丰裕的资源，进而对营销活动的控制力更强。

3) 选择产品标准化策略的条件

企业应根据以下几方面来决定是否选择产品的标准化策略。

(1) 产品的需求特点。从全球消费者的角度来看，需求可分为两大类；一类是全球消费者共同的与国别无关的共性需求，另一类则是与各国环境相关的各国消费者的个性需求。在全球范围内销售的标准化产品一定是在全球具有相似需求的产品。消费者对任何一种国际产品的需求，都包括对产品无差别的共性需求和有差别的个性需求这两种成分。企业营销人员应当正确识别消费者在产品需求中究竟是无差别的共性需求占主导地位，还是有差别的个性需求占主导地位。对无差别的共性需求占主导地位的产品，宜采取产品标准化策略。下列产品的需求特征表现为无差别共性需求成分偏大：大量的工业品，如各种原材料、生产设备、零部件等；某些日用消费品，如软饮料、胶卷、洗涤用品、化妆品、保健品、体育用品等；具有地方和民族特色的产品，如中国的丝绸、法国的香水、古巴的雪茄等。

(2) 产品的生产特点。从产品生产的角度来看，适宜于产品标准化的产品类别为采购、制造和分销等方面获得较大规模经济效益的产品。具体表现为，技术标准化的产品，如电视机、录像机、音响等产品；研究开发成本高的技术密集型产品，这类产品必须采取全球标准化，补偿产品研究与开发的巨额投资。

(3) 竞争条件。如果在国际目标市场上没有竞争对手出现，或市场竞争不激烈，企业可采用标准化策略，或者市场竞争虽很激烈，但本公司拥有独特的生产技能，其他公司无法效仿的，则可采用标准化产品策略。

(4) 成本因素。实施标准化产品策略必须做成本—收入分析，严格根据收益情况来进行决策。产品、包装、品牌名称和促销宣传的标准化无疑都能大幅度降低成本，但只有对大量需求的标准化产品才有意义。

此外，还应考虑各国的技术标准、法律要求及各国的营销支持系统，即各国为企业从事营销活动提供服务与帮助的机构和职能，如有的国家零售商没有保鲜设施，新鲜食品就很难在该国销售。尽管产品标准化策略对从事国际营销的企业有诸多有利的一面，但缺陷也是非常明显的，即难以满足不同市场消费者不同的需求。

2. 国际产品差异化策略

1) 产品差异化策略的涵义

国际产品差异化策略是指企业向世界范围内不同国家和地区的市场提供不同的产品，以适应不同国家或地区市场的特殊需求。如果说产品标准化策略是由于国际消费者存在某些共同的消费需求的话，那么产品差异化策略则是为了满足不同国家或地区的消费者由于所处不同的地理、经济、政治、文化及法律等环境，尤其是文化环境的差异而形成的对产品的千差万别的个性需求。

尽管人类存在着某些普通的需求共性，但在国际市场上不同国家或地区消费者的需求差异是主要的。在某些产品领域特别是与社会文化的关联性强的产品领域，国际消费者对产品的需求差异更加突出。企业必须根据国际市场消赞者的具体情况改变原有产品的某些方面，以适应不同的消费需求。

2) 产品差异化策略的优劣分析

实施产品差异化策略，即企业根据不同目标市场营销环境的特殊性和需求特点，生产和销售满足当地消费者需求特点的产品。这种产品策略更多地是从国际消费者需求个性角度来生产和销售产品，能更好地满足消费者的个性需求，有利于开拓国际市场，也有利于树立企业良好的国际形象，是企业开展国际市场营销的主流产品策略。然而，产品差异化策略对企业也提出了更高的要求。首先是要鉴别各个目标市场国家消费者的需求特征，这对企业的市场调研能力提出了很高的要求；其次是要针对不同的国际市场开发设计不同的产品，要求企业的研究开发能力跟上；第三是企业生产和销售的产品种类增加，其生产成本及营销费用高于标准化产品，企业的管理难度也会加大。因此，企业在选择产品差异化策略时，要分析企业自身的实力以及投入产出比，综合各方面的情况再作判断。

3. 产品标准化与差异化策略的选择

事实上，无论是标准化策略还是差异化策略，都有其各自的适用范围和应用弊端，过分强调哪一种策略都有失偏颇。在国际市场营销中，究竟应该采用标准化策略还是差异化策略，以及将策略应用到何种程度，取决于很多因素。例如，产品的特征以及各个国家的政策、技术标准、社会和文化倾向、经济发展水平和收入水平、基础设施、自然环境、目标市场竞争的激烈程度等。在实践中，以下做法富有启发意义。

(1) 随着经济的发展和人们生活水平的提高，消费者需求的个性化日益凸现，选择产品差异化策略应是从事国际营销企业的主要产品策略。

(2) 国际产品的差异化策略与标准化策略二者不是孤立的、互斥的，而是相辅相成的。企业的产品策略通常是产品差异化与产品标准化的一个组合，在这种组合中有时是产品差异化程度偏大，有时是产品标准化程度偏大。许多产品的差异化、多样化主要是体现在外形上，如产品的形式、包装、品牌等方面，其核心部分往往是一样的。从另一个侧面来讲，有些产品并不需很大的变动，而只需改变一下包装或品牌名称使可进入国际市场，而另外一些产品 要想让世界消费者接受则需作较大的改变。

(3) 国际产品的差异化策略和标准化策略的另一个灵活运用的方式是，有些企业将几个在地理上和文化上相近的市场合并为同一市场，采取标准化策略，而在另外一些市场则采取差异化策略。

(4) 企业在进行标准化和差异化策略的选择时，往往会用的两个非常实用的分析方法：一是根据自身特点，进行系统的跨文化分析与研究，扬长避短，选择最适合的策略；二是通过成本—收益分析，权衡成本与收益，作出最优选择。

7.2.4 国际市场营销中的产品——促销组合策略

在国际市场上，面对新的营销环境，企业不仅面临着产品标准化或差异化策略的选择，而且需要将产品决策与促销手段的调整结合起来，以达到理想的营销效果。这种产品—促销组合可分为如下 5 种类型。

1. 产品和促销直接延伸策略

这种策略是指企业对产品不加任何改变，直接推入国际市场，并在国际市场上采用相同的促销方式。如果使用的条件得当，这应该是一种最为经济、便捷的市场扩展方式，它可以大大降低企业的营销成本。许多著名的全球性大公司青睐这种产品策略，最典型的是可口可乐公司，它在全世界各个国家的产品和广告都是标准化的，这帮助它树立了良好的统一产品形象。不过，能够适用这种策略的企业和产品很少，轻易使用将会面临失败的风险。

2. 产品直接延伸、促销改变策略

企业向国际市场推出同一产品，但根据不同目标市场的国际消费者对产品的不同需求，采用适宜于国际消费者的需求特征的方式进行宣传、促销，往往能达到好的促销效果。这种策略的适用情形主要有两种：一是产品本身具有多种功能和用选，而不同的国家和地区的消费者倾向于不同的功能和用途，企业可以保持产品不变，只改变宣传信息。另外一种

情形是，由于各国语言文字和风俗习惯不同，为了让消费者接受，需要在促销方式上作必要的调整。

3. 产品改变、促销直接延伸策略

这种策略是指根据国际目标市场顾客的不同需求，对国内现有产品进行部分改进，但向消费者传递的信息不变。有些产品对国际消费者来说，其用途、功效等基本相同，但由于消费习惯、使用条件有差异，所以企业必须对产品稍作改进，以适应各国市场的需要。产品改变涉及式样、功能、包装、品牌、服务等的改变，如洗衣粉在各国的用途都是清洁去垢，但各国使用条件不同，发达国家消费者多用洗衣机洗涤，广大发展中国家消费者多用手工洗涤，且各国的水质也不尽相同，因而销往不同国家的洗衣粉应根据各国的不同情况设计配方，但宣传策略不用作大的改变。

4. 产品与促销双重改变策略

这种策略即对进入国际市场的产品和促销方式根据国际市场的需求特点作相应的改变，既改变产品的某些方面又改变促销策略。如通用食品公司销往不同国家的咖啡采用不同的混合配方，因为英国人喜欢喝加牛奶的咖啡，法国人喜欢喝不加牛奶或糖的浓咖啡，而拉丁美洲人喜欢加巧克力的咖啡。与此相适应，采用不同广告宣传内容。又如，美国的贺卡制造商发现，美国人习惯于贺卡上印有贺词，而欧洲人习惯于在空白贺卡上亲笔书写贺词，因此在欧洲进行销售时需要同时改变产品和宣传策略。

5. 产品创新策略

国际市场的产品创新策略是指企业针对目标市场需求研究和开发新产品，并配以专门的广告宣传。如果新产品开发成功，获利将很大。采用这种产品策略须谨慎，因为开发新产品的成功率在国内市场尚且很小，更何况面对国际市场，影响新产品成功的可控和不可控因素更多，企业更难把握。因此，企业通常是在对现有产品进行改进仍不能满足目标市场的需求，且目标市场发展前景好，企业又有能力去开发新产品的前提下，方采取产品创新策略。

7.3 国际市场产品生命周期

7.3.1 产品生命周期和国际产品生命周期

产品从投入市场到最终退出市场的全过程，被称为产品的生命周期，该过程一般经历产品的介绍期、成长期、成熟期和衰退期 4 个阶段。产品生命周期与产品的使用寿命不同。产品的生命周期是指产品的市场寿命或经济寿命，即产品在市场上生存的时间。其寿命的长短主要由市场因素来决定，如科学技术的发展水平和产品更新换代的速度、消费者喜好的变化、竞争的激烈程度等。产品的使用寿命指产品的自然寿命，它是指产品从投入使用到损坏直至报废所经历的时间，其寿命的长短受产品的自然属性、产品的使用强度、维修保养程度以及自然磨损等因素的影响。产品的生命周期与产品的自然寿命之间不存在直接的相关关系，有的产品市场生命周期很长，使用寿命却很短；有的产品市场生命周期很短，但使用寿命却很长。

产品的生命周期表明任何产品的市场生命都是有限的，产品的新陈代谢是不可避免的。在产品生命周期的不同阶段，产品的市场占有率、销售额、利润额是不一样的。这就需要企业认真分析和识别产品所处生命周期的具体阶段，根据产品生命周期不同阶段的特点，采取相应的营销组合策略。

美国哈佛大学教授雷蒙德·弗农从国际产品生命周期中总结出国际贸易的经验模式。他认为，在发明创新上占有优势的国家或厂商，可以在新产品创新后一段时期内，在贸易中占有优势，并成为这种产品的出口国。但新产品进入国际市场的若干时间后，会被仿制。由于模仿国具有廉价的劳动力要素以及相对丰富的资源，贸易的比较利益就会从创新国转移到模仿国，创新国的优势消失，并由出口国变为进口国。

国际产品生命周期理论是对产品在某个国家的周期理论的补充、完善和发展，是一般产品生命周期理论在国际市场上的运用。企业可以充分利用产品在不同国家市场上生命周期的差异，或者调整出口产品的地区结构，将在甲市场上处于下降阶段的产品转向尚处于上升阶段的乙市场；或者调整投资方向，到接近新市场的地区进行生产。它们的结果都是延长了产品生命周期。

知识链接

雷蒙德·弗农(Raymond Vernon) 1931 出生，是美国二战以后国际经济关系研究方面最多产的经济学家之一。他有着 20 年在政府部门任职的经历，还在短期内从事过商业。从 1959 年开始，他在哈佛大学任教，是克拉维斯·狄龙学院的国际问题讲座教授。雷蒙德·弗农早期曾致力于区位经济学的研究，后转入对信息和专业化服务的研究，受克拉伍斯(I Klar-Vas)和波斯纳(M A Posner)技术差距理论的启发，于 1966 年发表《产品周期中的国际投资和国际贸易》一文，提出了著名的产品生命周期理论。他认为，产品生命周期理论可以解释发达国家出口贸易，技术转让和对外直接投资的发展过程。

7.3.2　产品生命周期各阶段的营销策略

由于消费者需求、当代社会政治经济和科技日新月异的发展变化，国际产品生命周期的发展变化具有变化迅速、周期不断缩短等特征。同时，产品处在生命周期的不同阶段，在产品、购买者和消费者、销售额、利润、竞争者与竞争形式、促销手段等各个方面均具有不同的特征，企业应根据自己产品在市场上的特征，灵活地制定相应的营销、生产、后勤、财务和人事策略，使产品在市场销售中获取最佳的收益，并尽可能地延长产品市场生命周期。

1. 介绍阶段的营销策略

介绍阶段的营销策略主要有 4 种，即快速撇脂策略、缓慢撇脂策略、快速渗透策略和缓慢渗透策略。新产品推向市场之后，国际营销人员必须就其价格、促销、分销及产品品质对产品进行定位，以便让市场尽快知晓、认同或接受企业的产品。以上 4 种策略主要考虑价格和促销两种因素。

1) 快速撇脂策略

企业为了迅速扩大产品的销售额，获得较高的市场占有率，可以采用高价格和高促销开支策略。采取这种策略必须有一定的市场前提：目标市场的大部分潜在的消费者对这种新产品缺乏了解，这些消费者有能力也愿意尝试以较高的价格购买新产品。有时企业面临潜在竞争对手的威胁，或希望尽快树立品牌形象时会采取这一策略，以领先于竞争对手或迅速使消费者产生对自己产品品牌的喜好。

2) 缓慢撇脂策略

企业同时采用较高的价格和较低的促销费用进行营销活动，以求得到更多的利润和最大程度上节省开支。如果企业在某一容量比较小的市场上享有较好的品牌形象，加上市场上大部分的消费者已经熟悉这种新产品并愿意出高价，这种策略可以获得理想的效果。

3) 快速渗通策略

这种营销策略具有较大的攻击性，谋求快速进入市场，取得尽可能高的市场占有率。主要采用的方法是低价格、高促销开支，以最大程度上提高产品知名度和刺激消费者购买该产品。这种营销策略在以下情况下较适用：市场容量庞大，潜在的竞争激烈，产品的价格有较大的需求弹性，消费者对价格反应敏感，且对此种产品缺乏了解；同时，企业有达到规模经济以降低生产成本的能力。

4) 缓慢渗透策略

这种营销策略是企业以低价格、低促销开支来推出新产品。这种营销策略要求市场容量很大，消费者熟悉公司的产品形象，但对价格有较大的需求弹性。这样，产品虽以低价格销售，但由于成本水平较低，公司在取得大销售额的条件下也能获得较好的利润。

2. 成长阶段的营销策略

随着产品进入成长阶段，早期使用者已熟悉企业的产品，大部分追随者开始加入购买者行列，产品销售量大幅度上升，企业的销售利润向上走势强劲。与此同时，市场利润的巨大潜力吸引新的竞争对手加入竞争行列，由于新进入者在产品特征和分销形式方面具有新的特点，竞争呈现出多样化状态。因此，这一阶段的策略重点主要在于多方面加强产品竞争力，以应付日益激烈的市场竞争，尽可能地维持其市场的可持续成长。

然而，这一阶段的策略会使企业面临争取更高的市场占有率和追求目前更高的利润的两难命题。如果企业愿意将巨额的开支投资在改善产品、促销活动及销售渠道上，那么企业就有可能获得市场竞争的优势地位。但这样的话，企业有可能必须增加额外的成本，而牺牲目前的最大利润。市场成长期可供选择的营销策略主要有以下几种。

1) 改进产品质量

企业要不断改进产品质量，为产品添加新的功能，变换或提供新的产品款式等，提高产品的竞争力，满足消费者更为广泛的需求，吸引更多的消费者购买企业产品。

2) 扩大规模降低价格

企业通过扩大生产规模，可以产生规模效应，降低成本，以便在适当的时机可以采取降价措施，刺激得求扩大，使那些对价格反应敏感的消费者产生购买欲望并采取购买行动。另外，在行业竞争日趋激烈、市场平均利润水平下降的情况下，扩大规模降低价格策略可以阻止新竞争者的加入，而企业还有余力寻找和打入新的尚未饱和的细分市场。

3) 树立品牌形象

这一阶段的重点之一就是企业要把广告宣传的重心从纯粹介绍产品转到树立产品的品

牌形象，使自己的产品产生名牌差异化优势，增加顾客的购买信心，使企业的产品不仅能维持老顾客，更能吸引新顾客，提高公司在社会上的美誉度。

3. 成熟阶段的营销策略

随着产品销售量到达某一点后，销售成长率开始减缓并趋于下降，产品进入成熟阶段。这一阶段又可分为 3 个阶段：成熟期中的成长阶段，这时后期的使用者加入购买者行列，但产品销售增幅已小于以往；成熟期中的稳定阶段，此阶段所有的潜在消费者都已购买使用了企业的产品，产品销售量增长与人口增长成正比，如果人口表现为零增长，则产品销售量达到顶点；成熟期中的衰退阶段，早期顾客开始尝试购买其他企业的新产品，造成销售量下滑。一般来说，比起前两个阶段，这一阶段会持续更长的时间。由于大部分产品都处于生命周期的成熟阶段，企业须根据成熟期不同阶段的特点，尽量采用恰当的措施和策略延长成熟期。

1) 市场改良策略

这种策略通过扩大市场来增加成熟产品的销售额，而并不改变产品本身。具体有 4 种可选策略：一是寻找新使用者，企业可以寻找有潜在需求的新顾客，进入新的细分市场，包括地理、人口细分的市场，大大增加产品销售量。二是吸引竞争者的顾客，企业通过争取竞争者的顾客试用或采用本企业的产品，使他们转向购买自己的产品。三是鼓励使用者增加使用频率或增加用量。四是导求新的用途，帮助启发消费者了解产品的多种用途，以增加消费者对产品各种用法的认识。

2) 产品改良策略

改进产品策略侧重于顾客的不同需要，创新性地改进产品自身的内涵，达到吸引具有不同需求的顾客的目的。产品在销售过程中，竞争者会以更高品质的产品争夺顾客，而顾客在许多情况下希望使用表现更佳的产品。因此，为了在竞争者中取得领先地位，企业须不断改良产品的品质，并设法让购买者相信品质确已改进，有时企业不妨在成本许可的条件下，以定制的形式满足消费者需要改良的产品，如增加产品的新特性，包括规格大小、重量、材质及附属品等，使产品的多样性、安全性及便利性得以扩大。产品服务在当今国际市场上起着越来超重要的作用，它既是产品的重要附加部分，也是产品的主要组成部分之一。改进或添加新的服务应该属于企业改进产品策略的重要措施，有助于提高产品的竞争能力，使顾客买得放心、用得舒心，这对于扩大产品销售具有极大的促进作用。

3) 改变市场营销组合策略

市场营销环境的改变要求企业具有针对性地改变市场营销组合要素，以延长产品的成熟阶段。其方法是以改变定价、分销渠道和促销方式来提高产品竞争力，增加市场对产品的需求。一些常用的措施有：以降价、优惠、折扣方式进行促销，增加广告支出，改变广告媒体组合，或增加销售人员的数量和质量，加快交货速度，提高服务质量等。但是这一策略往往易为竞争者模仿，特别是在降价及额外服务方面，使企业的努力难以取得预计的效果。因此，企业必须充分利用自身的优势和结合当地的实际情况，使自己的营销组合策略具有难模仿性，以期获得预期的营销组合的效果和利润。

4. 衰退阶段营销策略

产品进入衰退阶段时，其主要特征表现为产品成熟后期缓慢下降的销售量，产品价格在激烈的竞争中已降至最低点，几乎已无利可图。即使这样，企业仍应认真分析市场形势，采取合适的策略，让产品以合理的方式退出市场。

1) 继续维持策略

继续沿用以往的策略，按照原来的细分市场，使用相同的分销渠道和促销方式，利用恰当的时机，使这种产品“全身而退”。

2) 收缩榨取策略

产品进入衰退阶段以后，这种产品在某些细分市场上尚有一定的需求。企业可以收缩战线，把资源集中在这些尚有利可图的细分市场和产品上，把促销水平大幅度降低，尽量减少开支，以尽可能的增加利润。

3) 放弃撤离策略

对于市场上确已无利可图的产品，企业应该当机立断，停止生产经营该产品。

摩托罗拉V998/V8088的产品策略

摩托罗拉的两款手机V998和V8088是“V”系列手机的代表，这一系列手机进入市场的4年多历程表明了公司针对V998/V8088系列的产品策略特点。

公司推出V998手机的市场背景是：摩托罗拉、诺基亚和爱立信3家公司雄踞手机市场的前三位，西门子、三星等品牌还没有引人注意，而国产手机更是悄无声息。

V998款手机是公司在1999年春天推向中国市场的，其特点是：双频、体积小、大显示屏和大键盘。这些特点在市场上是绝无仅有的，再加上摩托罗拉先进的市场推广手段，很快便凭借功能和品牌，受到市场青睐。当时的市场定价是13 000元左右。

伴随着新产品的推出，也产生了一系列的问题，比如手机生产工艺不成熟、原材料供应不足等。公司通过努力，使新产品的各方面情况渐趋稳定，并且新增加了“中文输入”和“录音”的功能，尤其是“中文输入”功能，深受短信息业务使用者的欢迎。此时，其市场价位也降到了7 000～8 000元。

与此同时，摩托罗拉也在发展另一款手机——V8088 。它完全是基于V998设计出来的，除了具有V998的一切功能之外，还有WAP上网、自编铃声、闹钟提示和来电彩灯提示等功能，从外观的曲线设计上也独具特色。与在美国设计的V998不同，V8088是在新加坡设计出来的，更符合亚洲人的审美观点，公司的策略也只是将这款手机投放在亚洲市场。

1999年，伴随着新千年钟声的敲响，中国的手机市场刮起了“手机上网”的旋风。而号称“摩托罗拉网上通”的V8088恰选择在此时推向市场，风靡一时，售价达到8 000元以上，比同期的V998高出了2 000元。以V998/V8088为代表的“V”系列手机属于公司4类产品特色中的“时尚型”，其市场目标是成功人士和一些追求时尚的人们。

风光了近半年以后，随着摩托罗拉以及其他公司的一些新产品的推出，V998/V8088系列手机开始逐渐离开高端市场的位置，其市场价格都降到了4 000元以下。同时，WAP上网的狂热逐渐冷却，V8088的价格也只比同期的V998高出不到1 000元。价格的降低非常有效地刺激了市场，这两款手机的市场需求量大大提高。从2000年第三季度起，V998/V8088系列手机成为摩托罗拉的主打产品，其需求量在公司手机产品中名列第一。

然而，伴随着V998/V8088需求的大幅上升，又产生了一系列质量问题。在全国的很多地方，消费者手中的产品发现有倒屏、显示不全或黑屏的现象。由于问题的突发性和数量较大、地域较广，而公司的售后服务没有跟进，致使福建、浙江、四川和贵州等地出现了消费者拒绝购买V998/V8088手机的情况，这两款手机遭受了沉重打击，并可能会影响到后续的V60、V66等还在试制阶段的系列手机。因此，公司采取了断然措施，紧急召回有问题的手机，妥善处理，向消费者真诚道歉。接下来，公司经过努力，发现了产品本身缆线上的设计缺陷，及时予以纠正，终于挽回了市场，V998/V8088系列手机市场第一的位置又失而复得。此时的产品价位已经降至2 000到2 700元，这个大众化的价位再度刺激了消费需求，使得产品的市场需求旺盛，同时也为后续产品的研发和成长提供了有利的条件。

接下来，伴随着市场的激烈竞争，这一系列的手机已定位于中低档，价位稳定在1 500～1 700元。这款手机轻巧且功能齐全，依然深受消费者的喜爱。此外，这一系列手机的工艺已经发展成熟、质量和服务稳定。因此，功能、价位和质量等多方面的特点使得这一系列的手机仍然在市场上有比较重要的地位。

值得关注的是，现在的手机市场竞争异常激烈，该系列的手机不断降价，2002年2月，在天津V998的市场定价约为1 700元，但是到了10月，就已经降至1 300元。同时，手机市场已开始向2.5G和3G发展，新的GPRS和CDMA取代GSM是一种发展趋势。因此，尚处在GSM时代的V998/V8088系列手机相对来说也进入了产品的衰退阶段。按照公司的产品策略，这一系列手机将在一年左右的时间淡出市场。

7.4 国际市场品牌策略与包装策略

在国际营销实践中，实施合理的品牌策略与包装策略，有助于突出产品的差异化，对国际产品在消费者心目中树立良好的产品形象，促进产品在国际市场上的销售起着极为重要的作用。

7.4.1 国际市场品牌策略

1. 品牌的涵义

美国营销协会将品牌定义为“用来识别一个或一些销售者的产品或服务的，并用以与竞争者的产品或服务进行区别的一个名称、符号、标志、设计或它们的组合”。

产品品牌由品牌名称和品牌标志两个部分组成。品牌名称是企业给自己的商品或服务起的一个名称，使自己生产或出售的商品或服务易于接受，并与竞争者生产或销售的商品、服务区别开来。品牌名称是品牌中用语言称呼的部分，如DELL、联想都是著名的电脑品牌名称。品牌标志是品牌中不能直接用语言称呼，但可以被识别的部分，如符号、图案、颜色等。例如，可口可乐以红色作为品牌的部分标志，而百事可乐则以蓝色作为品牌的部分标志。

商标是一个具有法律意义的名词，是产品品牌和品牌标志在政府有关部门登记注册之后，获得专用权而受到法律保护的品牌或品牌的一部分，通常被称之为注册商标。

特别提示

品牌与商标是企业宝贵的无形资产，优质的品牌形象反映商品的质量和内涵，有助于吸引国际消费者，扩大国际市场占有率，在竞争中发挥重要的作用。

国际知名品牌咨询公司 Interbrand 的“全球品牌价值排行榜”每年对全球 100 佳品牌进行排名，目前已经进行了 11 年。Interbrand 的评估方法是把品牌的持续投资和管理作为一项业务资产。该方法全面分析与品牌相关并能为企业创造价值的各层面因素——从吸引并留住人才到满足客户期望。这项评估涉及 3 个主要领域：品牌化产品或服务的财务业绩、品牌在采购决策中的角色以及品牌实力。Interbrand 的品牌实力得分基于如下 10 个因素或原则：承诺、保护、清晰度、响应能力、真实性、相关性、理解力、一致性、存在及差异化。入围全球品牌价值榜的精英企业均是具有全球影响力和营销战略的悠久品牌。2011 年 10 月，该公司发布的 2011 年排名前十的品牌包括：可口可乐、IBM、微软、谷歌、通用电气、麦当劳、英特尔、苹果、迪斯尼和惠普。

几乎同时，欧洲品牌研究所(European Brand Institute)发布的报告则显示，苹果目前是全球最具价值的品牌。欧洲品牌研究所对 24 个国家的超过 3 000 个品牌进行了研究。这一报告“从欧洲的角度对品牌管理进行了分析，因此带有地区文化和偏好”。在此次的排名中，苹果位居第一，品牌价值为 761.5 亿美元。可口可乐排名第二，品牌价值为 760 亿美元。微软(微博)排名第三，品牌价值为 708.3 亿美元。谷歌和 IBM 排名四、五位，品牌价值分别为 664.5 亿美元和 637.9 亿美元。

2. 品牌设计原则

国际产品品牌的设计除应遵循产品品牌和商标设计的一般性原则，如简单易懂、便于识别、有助记忆、构思独特新颖、引人注目、适应产品性质、便于宣传商品外，还应注意以下原则。

1) 符合各国消费者的传统文化和风俗习惯

出口商品的商标设计应注意与各国和地区的文化和习俗相适应，因此，必须充分认识和了解各国消费者对颜色、数字、动物、花卉、图案、语言等方面的喜好与禁忌。

2) 符合国际商标法和目标国商标法的规定

符合国际商标法的规定是国际产品商标设计必须遵循的一个重要原则，主要是遵循保护工业产权的《巴黎公约》和关于商标国际注册的《马德里协定》及《商标注册公约》等。这些国际公约对商标的国际注册、商标权利在不同国家互不牵连、驰名商标的保护、商标的转让以及不能作为商标注册的内容等问题都作出了明确的规定。企业还必须充分了解和遵守目标国有关商标的法规，以避免法律纠纷和蒙受经济损失，使企业的商标得到目标国的法律保护。

美国等国家采用“商标使用在先”的法律，而我国则是遵循“商标注册在先”的法律。我国一家玩具公司因不了解美国“商标使用在先”的法律原则而蒙受损失。

3. 国际市场品牌策略

1) 无品牌与商标策略

使用品牌和商标有助于对产品的宣传，帮助消费者识别本企业产品，但也会给企业增加相应的成本费用。国际市场产品是否采用商标主要应根据产品的性质、消费者购买习惯及权衡使用商标的得失来决定。下列产品通常可采用无商标策略：农、牧、矿业初级产品，电力、煤炭等这些并不会因生产经营者不同而形成不同的特点的产品；消费者购买对习惯上不辨认品牌和商标或无必要选择品牌和商标的产品，如盐、糖及品种繁多的技术含量不高的小商品等。

特别提示

近几年随着国际市场竞争的不断加剧，西方一些企业为了促进销售、吸引顾客，对一些传统无须使用品牌和商标的产品也开始使用品牌和商标。

2) 采用制造商或中间商品牌策略

企业进入国际市场的产品，可采用自己商标，也可采用中间商的商标。企业产品采用制造商的商标，其好处是可以建立起企业的国际信誉，建立消费者对本企业产品的忠诚，为以后扩大销售打下基础。但生产商常常会面临着如何迅速打开国际市场的难题，许多知名度不高，实力不雄厚的企业，为使产品能顺利迅速进入目标国市场，更倾向选择使用经销者的商标。

西方许多批发商、经销商都使用自己的商标，如美国著名的西尔斯(Sears)百货公司，它所出售的商品有90%是用自己的商标。借助于经销商的商标信誉可迅速使产品打开销路，但却抹杀了企业的功绩，不利于企业在国际市场上的进一步发展。总之，企业在选择商标归属时，应衡量生产者商标和经销商商标的声誉、费用开支、企业的未来发展以及企业进入国际市场的方式等因素。如果企业以间接出口、直接出口方式进入国际市场，通常面临的选择是采取本企业商标或者采用经销商商标；以许可证贸易方式进入国际市场的企业则是由许可方向国外的受证方提供生产制造技术的使用权、专利使用权的同时，提供其商标的使用权。如果企业采用合资和直接投资方式进入外国市场，其产品的商标策略面临以下选择：采用本企业的商标或采用合作伙伴的商标，或采用合资双方的共同商标，或根据目标国的法规及消费偏好，合资双方可共同设计新的品牌商标。

3) 统一品牌商标策略

即企业生产的各种产品都采用同一商标。采用此策略的企业常常具有较强的竞争实力，且该商标在国际市场已获得一定的知名度和美誉度。采用统一商标的产品具有较高的相同质量标准。此外该商标的名称或标识必须符合目标国的法规和风俗习惯。如日本东芝家用电器公司，其全部产品均采用“Toshiba”这一品牌，我国海尔集团的系列产品空调、彩电、冰箱等也全部采用“海尔”这一品牌。统一品牌策略有利于企业利用品牌已取得的声誉扩大企业的影响，有利于企业将其他新产品带入国际市场或扩大原有产品的国际市场份额，同时还可节约品牌及商标设计和广告促销的费用。

营销案例

统一品牌策略能成功吗

商业经营中，经营者有意无意地遵循着这样一条原则，即柜台上必须摆满各地进来的不同品牌的商品供顾客挑选。英国最大的连锁商店——马狮百货公司(Marks & Spencer)却完全违背了这一经营原则。马狮在全英国自设的 250 家商店中全部只售卖圣米高这一个品牌的商品，但是公司的盈利却雄居英国零售集团的榜首。马狮公司甚至还以每平方米销售额世界第一的纪录再入了《吉尼斯世界纪录大全》。

在马狮下属的商店中只经营“圣米高”这一品牌商品的经营原则是由马狮的前任董事会主席西门·马格斯(Simon Marks)制定的。西门·马格斯在经营中发现：顾客并不需要商店提供一大堆不同品牌的商品来挑选，顾客真正需要的是能得到一种廉价而又高品质的商品。西门认为从制造商那儿采购来的现成的各种品牌的商品往往并非是廉价而又高品质的商品。为获得这种价廉质优的商品，马狮公司自己设计产品交付制造商生产，并在选料、应用生产技术程序和技术、品质控制、生产工程等方面对制造商严加监督，生产出的产品不采用制造商的商标，而是采用马狮公司自己独立的统一商标“圣米高”。

这种品牌策略与其他连锁店采用制造商多品牌的策略相比，从长期来看，有什么优点？

首先，这种品牌策略能减少顾客挑选商品时的困难，并使顾客对商店产生信任感。西门认为，顾客对商店中日益增多的不同品牌的商品进行选购时花费了不少的时间与精力，出现了购物决策困难的局面，有时牌子越多越使顾客无所适从，而且品牌增多时，顾客往往认为价高的品牌则质优，但现实中并非如此，马狮采用在统一品牌下能进行统一定价，因此，若圣米高牌内有同类商品标价不同时，则必然只能是因为价高的产品质优。

其次，采用单一品牌策略能实现规模经济，降低成本。在采用向多个厂家进不同品牌商品的策略下，每种品牌的商品采购量小，自然采购成本高。在统一的圣米高品牌下，马狮百货公司可以向同一制造商同时订购大量的产品，因此采购成本大大低于其他的零售商，商品的售价自然也就同步下降。

再则，马狮的单一品牌策略由于保证了产品价廉物美，因此节省了大笔的广告费用，很多其他商标的商品都需要大规模的广告宣传，结果不是利润萎缩就是被迫抬高售价并把广告费转嫁给顾客。更头痛的是，多品牌策略使对手间的广告竞争日趋升级，不但令顾客无所适从，而且造成了巨大的社会资源浪费。马狮把节约广告费得来的利润以降低售价的方式转给顾客，从而促进了销售量的上升。

最后，从长期来看，单一品牌策略容易使企业创出名牌，形成优势。

4) 个别品牌商标策略

企业根据不同产品的性质和特点分别采用不同的商标。如美国杜邦公司在全世界销售 30 000 种产品，共使用约 2 000 个品牌，为保护这些品牌而注册了 15 000 个商标。此策略有助于消费者从商标上区分商品的档次、质量和价格差异，以满足不同消费者的需求，当市场机会发生变化时，可以分散企业的风险。在国际市场上运用个别商标策略的缺点也十分显著，对每一商标都必须分别做广告，其促销费用过大；一种产品采用一种商标，造成信息多，不便记忆，不利于企业树立统一的国际形象。因此，企业须根据企业规模、实力及企业已有的国际形象等谨慎选择品牌商标策略。

5) 同一产品的国际品牌商标策略

对于出口到不同国家或地区的同一产品，企业往往面临着是采取单一的国际品牌还是在不同国家或地区分别采用不同的品牌这两种策略的选择。选择单一的国际品牌的理由是：为世界市场创造一种优秀的品牌或商标比为各国市场创造品牌要容易得多。首先，在所有国家使用同一品牌可以取得促销的规模经济效益。其次，当今世界由于信息技术的快速发展、国际互联网在全球的开通、广告媒介的跨国界传播信息都将促使企业使用单一品牌，有利于企业产品信息的传递，如许多把奥林匹克运动会作为促销机会的公司，如果没有统一的国际品牌或商标，将影响其促销效果。最后，由于各国消费者的跨国旅游日趋频繁，采用单一品牌便于消费者认出企业的品牌。

但是采用单一的国际品牌和商标也会遇到许多意想不到的阻力，需要设计者充分考虑到国际市场消费者的消费需求共性，避免与各国的风俗习惯、宗教信仰、禁忌等相冲突。同一产品在不同的国家和地区采用不同的品牌和商标，其目的是为了迎合目标市场的风俗习惯和消费偏好，以增加品牌和商标的促销效果。例如，雀巢咖啡公司品牌名称是“Nescafe”，但销售到德国的品牌名称是“Nescafe gold”，销售到英国的品牌名称则是“Nescafe gold blend”。为此所花的广告宣传和销售费用将大大增加。

4. 发展国际品牌的步骤

“海尔”品牌 优质的象征

今天，冰箱已作为大众化的产品进入千家万户。每当我们谈论哪种品牌冰箱好坏时，几乎所有人会异口同声地说出青岛产的“海尔”冰箱。国外冰箱的品牌似乎在人们的心目中很淡化，而不像其他家电品种一谈到品牌问题总是国外的产品。近两年，空调产品也渐渐替代了风扇，而“海尔”空调又成为最受欢迎的品牌。“海尔”已成为中国人心目中的“优质”的象征，并且也在国外同类产品市场上享有很高的声誉。

“海尔”品牌是我国家电企业——海尔集团经过多年不懈的追求和奋斗创建起来的，它凝结着海尔人的智慧与勤劳。

海尔集团的经营策略是：要么不干，要干就是最好的。不求产量第一，先求内在质量第一。全面实施以“用户为中心”的经营活动，一是在设计上坚持以高科技创造出高品质；二是在制造过程中，坚持“精细化，零缺陷”；三是星级服务承诺。

在市场经济中，“高质量”的内涵已不是仅仅符合工厂或国家规定的标准即可，而是商品必须蕴含着高科技才能在竞争中更具优势，不仅能适应市场需求，而且还要利用高科技来创造市场，引导消费。

在过去的时间里，海尔以创造市场经营理念，在开发高科技产品方面取得了巨大成功，海尔的许多高科技、高附加值系列产品，创造了享誉世界的“海尔流派”。

1993 年，当中国人自己制造的第一台智能变频式空调器在中国大地上一出现，便引起国内外行家的瞩目。有人预言，海尔空调将带动中国空调的消费潮流。这句话是否夸大不必说。1994 年，当中国第一台海尔真正的一拖二空调投入市场后，消费者采购的场面不亚于追星渴望得到心目中偶像的签名。

继中国第一台一拖二空调器成功地投入市场后，1996 年，海尔空调一拖多技术的开发成功又标志着海尔进入一个崭新的时期。海尔空调器有限总公司由此成为中国第一家掌握一拖多设计、制造、生产技术的企业，同时也是中国第一个推出一拖多产品的企业。

海尔“中华英才”系列空调器的高效节能、超静运转、同型号体积最小、低压启动、超级热级、绿色环保、强力除湿、效能迭加八大独有的特点，创造了一个又一个的高科技神话，引起了一个又一个的轰动。

海尔一拖多技术从中国国际出发，集海尔智能变频技术和一拖多技术于一身，采用逻辑控制和模糊理论设计，多台室内机可同时使用，也可单独使用，随心所欲，互不干扰，充分体现人格化设计。海尔一拖多空调是中国第一个真正的一拖多空调。拥有此项高技术后，海尔根据用户需注，生产出一拖任意多的空调器，这是海尔空调的又一次质的飞跃，标志着海尔空调达到了世界先进水平。

1996 年 3 月，在意大利米兰召开的世界最大国际空调展上，海尔空调大出风头，被授予该届展览会居住房间最受欢迎的产品称号，唯一代表中国参展的海尔空调器有限公司展出一拖多等 11 个品种，均代表了当今世界最新技术发展趋势，各国经销商争先恐后，展台前被围得水泄不通，意大利当地经销商还在自己的名片上印有海尔标志，并以此为荣。

欧洲最大的经销商西波里一行 3 人又匆匆赶到海尔工业园，非要求追加一倍的订货合同，并兴奋地告诉大家，自博览会后 60 多天的时间内，欧洲大陆的海尔空调专业店就增加了近百家，卖势相当好。

在生产过程中，“质量是永恒的主题”已成为海尔空调员工自觉遵守的规范，正是这种自觉行为才创造出海尔的“零缺陷”。几年来，没有发生一起质量事故，海尔空调产品开箱合格率始终保持在 100%，社会总返修率不超过 4%，用户投诉率为零。

海尔集团的竞争理念是“海尔国际星级服务”。海尔人这样说：“世界上没有十全十美的产品，但可以有百分之百满意的服务”。这便是海尔的“星级服务”。海尔空调器有限总公司领导说得好：名牌产品就要为消费者提供与其质量和信誉相符的星级服务，它的水准应当与国际最优服务标准一致。

1995 年春天，青岛市有一老人买了台海尔空调，搭乘出租车回家，在上楼找人搬时，不幸被黑心的出租司机乘机将空调拉走。这件事厂家毫无责任，但海尔空调器有限总公司又免费赠送老人一台空调。海尔空调从此事发现服务上的薄弱点，有许多顾客在购买空调时，存在自己运输、搬抬等不方便的因素，因此，他们在全国率先推行了“无搬动”国际星级服务，把购物变成了真正的享受。

四川成都中科院分院聘请的美籍华人技术专家郑嘉宁先生在华工作期间，准备选购一台空调作为生日礼物送给他在四川巴县的母亲。当他考察了世界各国名牌后，最终选择了海尔空调。但海尔空调在成都各大商场一时脱销，郑先生很急，便给青岛海尔空调器有限总公司发去传真并把款付清。该公司领导知道这件事后，考虑到海外游子的一片孝心，于是决定：破例空运一台海尔空调到成都。当一台海尔空调历经从空中到地上的数次辗转周折运到四川巴县后，郑嘉宁先生激动地说：“我在外几十年，什么场面都见过了，但这样的经历还是第一次。海尔不愧是中国第一名牌，我一定广泛宣传，让全美国的华人都用上我们中国人自己的名牌空调。”海尔的爱心就是这样随着一次次的真诚送给消费者，海尔的过人之处就是它要给人以一种“意外”的惊喜。

不久前，当美国优质服务科学协会在全球范围内搜集用户对海尔产品的不满意见时，最终得出的结果竟然是零。美国人不禁惊呼：海尔人的服务意识为全球服务行业树立了典范。于是，海尔集团成为亚洲第一家也是目前惟一一家获得国际星级服务顶级荣誉——“五星钻石奖”的家电企业。

发展一个国际品牌并不存在神秘的公式，但是有证据表明某些方法更能提高成功的概率。下面的步骤虽然不一定总是有效，但却是十分实用的。

1) 准备基本条件

将一个弱小的地区性品牌转变成一个国际品牌存在一些基本的要求。在这些条件成熟之后，可以向品牌全球化方向迈进。

(1) 持久的竞争优势。企业必须高度客观性地评估本品牌与其所有的市场中可能遇到的竞争对手相比，具有哪些差别化优势。

(2) 一定的经济规模。生产成本函数并不是线性的，也就是说，成本并不总是随着产量的上升而稳定地下降。在短期内成本会急剧上升。因此，必须弄清楚当实现何种预期的国际销售水平时成本会达到一个有竞争力的水乎。

(3) 细分市场的规模。各地的细分市场不一定要有同样的规模，但是每一细分市场都必须持足够大品牌进入足够多的市场。

(4) 全球化组织的保障。实施全球营销必须对企业进行组织结构的调整。无论是集权还是分权，都必须将组织的资源集中起来。在一个集权的组织机构里，中心品牌小组制定发展战略，然后这一战略传递到所有目标国家进行实施。在一个分权的组织结构中，可以让一个品牌小组负责一个国家的品牌发展过程。

2) 界定品牌资产，发展品牌战略

在企业全面理解的本地市场、能够发挥企业优势的市场或竞争最激烈的市场(能产生对企业创造、发明和效率的激励作用)，界定品牌资产并发展整体品牌战略。这并不意味着忽视全球市场的消费者，而是使用一个特定的市场来检验品牌战略的有效性。

(1) 了解消费者。深入了解及瞄准消费者的需要，全面分析当时市场上的竞争对手形势。这也涉及企业组织的人员配备，必须要由懂市场、懂语言、懂文化的人组成。1985 年，美国宝洁公司对亚洲市场进行广泛的消费者调查测试发现，消费者真正需要的是健康亮丽的头发，于是“潘婷”品牌定位于“拥有健康，当然亮泽”。

(2) 定义品牌资产。准确了解品牌所代表的东西所能延伸的范围与界限。“护舒宝”是宝洁公司所拥有的世界强势品牌之一，它确定的基本性能资产是“一种更清洁更干爽的呵护感觉”。

(3) 设计整体品牌战略。它包括界定品牌精髓、价值观、特点、差异性、定位、个性、目标市场区域和营销组合。

3) 检查目标市场

对所有重要的目标市场进行检查，以确定哪些因素会对品牌的营销组合产生影响和制约作用。比如消费者原有的偏好可能会抵制新品牌的短期销售增长，已占有当地市场的地方企业对外来竞争会予以强烈的反击，当地政府的某些政策法规不能通融等。“潘婷”在品牌全球化过程前期，挑选数个国家作实地市场测试，先在美国和中国台湾推出广告活动，吸取当地市场经验。

4) 检查营销组合

为了适应市场而作必要的变通时，要检查重要市场中所有的营销组合要素。视情况对产品特色、品牌要素、标签、包装、颜色、材料、价格、销售促进、广告(主题、媒介和执行)等方面作相应的调整。

所有的调整要以市场测试结果为前提，不能主观臆断。多芬(Dove)香皂曾打入许多国家，但是公司很清楚这个词在意大利语中是“哪儿”的意思，这看上去好像不太合适。但市场反映表明，这并不是一个障碍。

在调整营销组合要素时要注意品牌识别系统的金字塔结构，品牌价值是最根本的要素，不能随意变动。

5) 挑选国家，迅速扩张

这是一个复杂的选择过程，涉及对很多国家的详细分析。总的目标是要保证品牌在国际市场中获得高度的市场占有率。比如，若以欧洲为总市场，则不得不先进入德国、法国、意大利、英国和西班牙；若一开始就以全球为总市场，则应先进入美国、南亚和欧洲。

对于品牌首次上市是在原产国还是在其他国家，进入多少个国家，具体是哪些国家等诸多策略性问题，要根据产品的性质、市场和竞争情况做出权衡。不过，要使利润最大化，应该在尽可能快的时间内向尽可能多的国家同时推出这一品牌，以免给竞争者留下“复制”的时间。

6) 不断创新，维护品牌资产优势

不断深入地了解消费者的内在心理和需要，开发更新的技术和生产方法。宝洁公司的经验表明这一点对维护品牌的持久生命力十分重要。它通过更深的消费者洞察、新的技术或新的制造科学等不断推出更新产品。

7.4.2 国际市场包装策略

1. 国际市场出口包装设计的基本要求

国际市场产品包装设计是一项技术性和艺术性很强的工作，应做得美观、实用、经济，具体要求如下。

1) 准确传递商品信息

世界各国一般都对产品包装上应标识的内容有明确的规定，如生产日期、重量、保质期等，企业应如实注明。另外，包装上的文字、图案、色彩均应与商品的特色和风格相一致。切忌包装物上的说明、彩色图片等夸大商品的性能、质量，“金玉其外，败絮其中”的包装要严格禁止。

2) 包装应与商品价格相适应

包装物的价值应与商品价值相配套。如高级珠宝应配以高档包装，以烘托商品的名贵。如果包装物的价值超过商品本身的价值则会引起消费者反感，从而影响销售。

3) 考虑国际目标市场的需求

进入国际市场的产品包装要考虑各个国家和地区的储运条件、分销时间的长短、气候状况、消费偏好、销售条件、环境保护、风俗习惯、审美观、收入水平及各国的法律规定等。如在非洲和拉丁美洲一些国家，由于道路状况不太理想，用玻璃作为包装材料则不太适用。在一些发展中国家，包装消费品在分销渠道中滞留的时间可长达 6 个多月，而在美国只需两三个月，这样对包装质量要求不同。出口到热带国家的食品的包装则重点要考虑产品的保质问题，以避免炎热的气候环境而导致产品变质。包装规格也要因国而异，在低收入的国家消费者更习惯于数量少的包装。在某些国家，环境保护主义者对包装材料是否造成环境污染十分关注。此外，产品包装还需考虑各国零售商的需要。

营销案例

沉默的推销员

早些年我国出口英国十八头莲花茶具，原包装是瓦楞纸盒，既不美观，又不能使人知道里面装的是什么，结果无人问津。但伦敦一家百货商店出售这些茶具时加制了一个精美的包装，上面印有茶具彩色图案，套在原包装外面，销价一下由我国出口价的 1.7 英镑提高到 8.99 英镑，购者纷纷。可见，良好的包装是一个沉默的推销员。

俗话说：“货卖一张皮”，这个“皮”就是商品的包装或外观。人靠衣裳，佛靠金装，商品靠包装，

“丑姑娘巧打扮，要找婆家也不难”，商品也要有漂亮的包装才能吸引顾客。包装是商品的第一门面，一个完整的商品，首先进入消费者视觉的，往往不是商品本身，而是商品的包装。所以，能否引起消费者的购买欲望，进而产生购买行为，在一定程度上取决于包装的好坏。古代语言中的郑国人买其椟而还其珠，是因装珠的椟(包装)比珠具有更大的吸引力。换句话说商品的包装由于漂亮美观而比商品主体更有诱惑力，更能刺激消费者的购买欲望，产生购买行为。可见，包装具有推销的作用。

推销员进行推销，一般要用谈话的方式向可能购买的顾客作口头宣传，以达到推销商品、满足需求的目的。良好的包装虽不能用“谈话”的方式推销，但包装却能达到推销的目的。因为：第一，包装本身就有语言——书面语言(即文字表达)，它是无声的、“沉默的”。一般包装物上有商品牌号、厂家地址、商品特性、作用、用途、用法、数量、质量、出厂日期、保质期等说明，有的还有获奖名称、时间和奖章。这些使人一目了然，胜过推销员的“游说”，可谓“此时无声胜有声”。第二，包装本身就是一幅广告，不过这种广告不是有声的罢了。它通过人们的视觉、触觉、嗅觉等使人感知。美丽的图案装饰、雕刻造型，比在电视上大喊大叫、自吹自播更能使人信服。十八头莲花茶具就是靠洁爽明晰的实物照片而身价倍增的。第三，包装本身重复使用的价值也能引起消费者购买欲望。

由此可见，良好的包装是一个沉默的推销员。

2. 产品包装策略

1) 类似包装策略

企业对其生产的各种产品都采用相同图案、造型进行包装，便于顾客识别出本企业产品。

2) 配套包装策略

按各国消费者的消费习惯，将数种有关联的产品配套包装在一起成套供应以便费者购买、携带和使用，同时还可扩大产品的销售。

3) 再使用包装

它指包装内的产品使用完后，包装物还有用途。

4) 附赠包装策略

即在商品包装物内附赠奖券或实物，或包装本身可以换取礼品，吸引顾客惠顾，导致重复购买。

5) 改变包装策略

即改变和放弃原有产品的包装，改用新的包装。采用新的包装可弥补原包装的不足，企业在改变包装的同时必须配合做好宣传工作，以消除消费者以为产品质量下降或其他的误解。

绿色包装设计

绿色包装，英文(Green Package)，有人也称其为环境之友包装(Eviromental Friendly Package)或生态包装(Ecological Package)，即对生态环境和人类健康无害，可循环利用和再生的包装。绿色包装是一个系统工程，它包括容器、包装材料、包装设计、生产工艺以及废弃物处理技术等多方面的知识，是包装学科的发展方向。绿色包装一般应具有5个方面的内涵：一是减量化。自然资源是包装工业赖以进行的物质基础，从人类可持续发展的高度来看，包装在满足保护、方便、销售等功能的条件下，应尽量减少原材料的使用，以造福后人。二是易于重复利用，易于回收再生。通过生产再生制品、焚烧利用热能、堆肥化改善土壤等措施，达到再利用的目的。三是废弃包装可降解。最终不形成永久垃圾，进而达到改良土壤的目的。四是包装材料对人体和生物无毒无害。包装材料中不应含有有毒性的元素，病菌、重金属或这些含有量应控制在有关标准以下；五是包装与环境保护和生态平衡密切相关。包装制品从原材料采集、加工、制造、使用、废弃回收再生直到其最终处理的全过程均不应对生物及环境造成公害。

7.5 国际市场的新产品开发策略

国际新产品开发的基本目标是寻找投资报酬率俱佳的产品，开发最能发挥本企业财务或管理方面优势的产品。

7.5.1 新产品的概念与分类

1. 新产品的概念

国际市场营销中的新产品是指产品整体概念中任何一部分的变革或创新，以及给消费者带来新的利益、新的满足的产品。它具体可以包括新发明产品、改进的产品、改型的产品和新的品牌。新产品除包含因科学技术在某一领域的重大发现所产生的新产品外，还包括如下方面：在生产销售方面，只要产品在功能或形态上发生改变，与原来的产品产生差异，甚至只是产品单纯由原有市场进入新的市场，都可视为新产品；在消费者方面则是指能进入市场给消费者提供新的利益或新的效用而被消费者认可的产品。

2. 新产品的分类

按产品研究开发过程，新产品可分为全新产品、革新产品、改进型新产品、换代新产品、仿制新产品、市场再定位型新产品和降低成本型新产品。

(1) 全新产品。即采用新原理、新结构、新技术、新材料制成的全新产品，如第一次出现的电话、火车、飞机、电子计算机、移动电话、航天飞机等产品都是新发明的全新产品。全新产品的发明一般要经过较长时间和投入巨大的人力、财力，因此只有少数在某一行业居领先地位的企业能进行这种发明。一种耗资巨大的全新产品的问世往往是多行业、多部门、多企业联合投资开发的结果。全新产品在市场上被消费者接受需要一定的时间。

(2) 革新产品。它是指为了满足消费者新的需求，在原有产品的基础上利用最新科技成果和新工艺创造出来的产品，即在原有产品的基础上，部分采用新技术、新材料制成的性能有显著提高的新产品。航空发动机在 20 世纪 40 年代以前是活塞式发动机，40 年代以后出现了涡轮喷气式发动机，60 年代以后则发展成涡轮风扇式发动机。

(3) 改进型新产品。它是指在原有产品的基础上采用各种改进技术，在性能、功能、结构、包装或款式等方面作出改进的新产品。如将模拟电视改成数字电视，普通移动闪存 U 盘改成在移动硬盘的功能上加有 MP3 音乐播放、数码录音、收音等多项功能的存储设备等。这类产品与原有产品相比在某些方面有所改进，进入市场后容易被消费者接受。

(4) 仿制新产品。这是指市场上已经出现，但本企业第一次生产的产品。有不少企业不具备生产开发能力，于是就将国际市场上的产品样本进行研究，然后如法炮制，推向市场。

(5) 市场再定位型新产品。对产品本身不作实质性改变，而只是对产品进行重新定位，给消费者提供新的利益，或者在新的目标消费者中尝试作出新的营销努力。

(6) 降低成本型新产品

在上述 6 类新产品中，全新产品是最难研制的，但如果企业率先推出，则市场竞争对手较少，企业也可获得可观的收益。仿制新产品的研制相对较易，但市场竞争激烈。目前，从全球范围来看，全新产品的研究和开发越来越困难，因此，不少企业都将其产品的开发重点放在产品的改进或改良上。

营销案例

肯德基、麦当劳：从中餐到早点

伴随着网点的高速增长，洋快餐酝酿已久的中式食品战略开始进入高速膨胀期。继先前在全国市场推出“榨菜肉丝汤”，2000 年 4 月在北方市场推出“寒稻香蘑饭”之后，肯德基又于 8 月 5 日在上海连锁店推出“海鲜蛋花粥”、“香菜鸡肉粥”两款花式早餐粥，开始进军中式早餐市场。同时，从 8 月 5 日起，上海的市民将可以坐在肯德基的任何一家专卖店中享受精美的早餐。有专家坦言，肯德基这一营销策略将引发中国餐饮市场新的一轮竞争。

肯德基的对手麦当劳也不甘示弱，在香港的门店卖起了米饭，并在 2002 年 5 月推出了“全日营养早餐”的活动——“买饮料加一元钱送汉堡”，已经培育了不少专门前来吃早点的常客。同时，北京麦当劳又请顾客吃起了免费早餐。从 2002 年 7 月 29 日至 8 月 9 日，除了节假日外，麦当劳每天都会有 6～9 家不同餐厅在早餐时段内免费送出 88 份早餐，计划一共要送出 6688 份早餐。

肯德基和麦当劳都看准了中式早餐市场这块蛋糕，致力于开发适合中国人口味的新产品。有关专业调查显示，现代人对早餐的要求是：①方便；②基本接近饮食习惯；③多样化；④价格合理；⑤卫生、安全；⑥营养合理，益于健康。从目前早餐市场来看，真正符合既方便，又有营养和品质保证的早餐网点，还存在很大的需求空缺。在国内众多餐饮企业踌躇不前的时候，洋快餐们以其规模经营的销售网络，抢占先机，开始进军早点市场。

肯德基发言人表示，为了方便上班族和学生吃到可口、满意的早餐，上海连锁店开门时间将提前至早上 7: 00。为配合早餐粥，肯德基还增加了芝士蛋堡、薯棒、港式奶茶、鲜橙汁和鲜牛奶等食品，是一个中西合璧的早餐系列。据中国百胜餐饮集团公共事务总监陈耀东介绍，肯德基在前期的市场调查中了解到，尽管上海有传统早点如油条、豆浆、生煎等，但随着新建高楼、公寓小区的不断增多，吃早餐已不如过去方便了。此外，大多数消费者对知名餐饮品牌在卫生和营养上的承诺感到放心，这就是肯德基打出早餐牌的初衷。

从“盐酥半翅”到配有中式口味调料的“薯条摇摇乐”，再到“榨菜肉丝汤”以及“寒稻香蘑饭”和这次的粥，肯德基为什么频频在中餐上亮招，敢于在中式快餐林立的中国本土采取此策略。陈耀东解释说：肯德基进入中国已 15 年，目标是成为中国消费者最受欢迎的快餐连锁品牌，虽然主打产品还是以鸡肉为主的食品。但肯德基一直致力于研发适合中国人口味的新产品，保持做“顾客最爱”这项承诺的执着。据相关资料显示，快餐业在中国已步入了快车道。快餐业年营业额近 2 000 亿元以上。肯德基很有信心在中国开出更多的肯德基连锁店，与中国快餐业本地同行们并驾齐驱，为中国消费者提供更便利、优质的服务。

而业内人士分析说，洋快餐如此积极地深入中式食品领域，与其网点激增，市场需要扩容有密切关系。

目前肯德基在中国内地的连锁店即将达到700家，而麦当劳也超过了400家，在许多城市的中心商业区，麦当劳和肯德基已到了几百米就有1家的密度。如此密度的店铺分布，单靠西式食品很难维持兴旺，更何况超过六成的中国消费者尽管不时会光临洋快餐，但他们依然对中式食品情有独钟，为此，洋快餐纷纷把目光瞄准了市场广阔的中式食品，以打开更为庞大的快餐市场。

在我国，都市早餐市场很大，然而吃早餐难，近年来一直是困扰人们生活的一件大事。北京市有近3万个餐饮业服务网点，其中只有20%的网点经营早餐。这对1 300万个北京市人来讲，实在是杯水车薪，严重失衡。

如此巨大的市场，如此可观的需求，如此诱人的前景，像麦当劳这样的世界名店是不会坐失商机，无所作为的。

7.5.2 国际新产品开发战略

伴随企业外部环境的变迁和企业战略的转换，阶段性新产品开发目标会有所不同，但追求销售额和利润的成长这一大目标是长期不变的，是大多数企业共有的目标。在这个大目标下，企业应依自身内外部环境的特点制定相应的目标。

国际新产品开发战略可分为因应型和预应型两类。前者顺应环境改变而研制新产品；后考强调争取主动，努力把握环境变化的趋势，因势利导及时推出新产品。采用哪一种战略，与市场的规模和成长性、创新产品的保护能力、竞争力的强弱以及企业的市场定位有关。另外，不同的事业单位战略也要求采取各异的新产品开发战略，如开拓型事业单位战略要求使用预应型新产品开发战略，而在防御型事业单位战略条件下，最适合运用因应型新产品开发战略。下面分别讲述两类不同的新产品开发战略。

1) 因应型新产品开发战略

此战略的内容包括以下内容。

(1) 调整和改进企业现有产品以便更好地与对手的新一代产品竞争市场。

(2) 迅速模仿竞争对手推出的新产品。

(3) 绝不率先推出新产品，但竞争对手一旦推出新产品，马上推出比竞争对手更好的产品。

(4) 根据消费者要求和偏好的变化，不断研制新产品。

营销案例

“放手去干”

“放手去干”是美国著名的运动鞋生产商耐克的企业口号，也是其文化个性鲜明的体现——“体育，表演，洒脱自由的运动员精神”。

耐克的创办者菲利普·奈特早在俄勒冈州大学田径队时即萌生了搞体育用品生意的想法。后来他与俄勒冈的田径教练彼尔·耐克合作开始设计运动鞋，并在亚洲生产。

当时，20世纪70年代初，慢跑热正逐渐兴起，数百万人开始穿用运动鞋，因为运动鞋不仅穿着舒适，而且还有年轻的象征——这是多数人向往的形象。当时在美国运动鞋市场上占领统治地位的是阿迪达斯、彪马和 Tiger(虎牌)，它们组成铁三角，但并没有意识到运动鞋市场的这一趋势，而耐克紧盯这一市场，并选定以此作为目标市场，专门生产适应这一大众化运动趋势的运动鞋。

1975 年，鲍尔曼在烤华夫饼干的铁模中弄出一种服烷橡胶，用它制成的新型鞋橡胶圆针，比市场上流行的其他鞋底弹性更强，这有力地促进了耐克的事业，产品迅速打开市场，1976 年，销售额从一年前的 830 万美元猛增至 1 400 万美元，耐克像野马一样发展起来。耐克为挤进“铁三角”，迅速开发新式跑鞋，并为此花费巨资。耐克运用雄厚的研究力量开发出 140 余种不同式样的产品，不少产品是市场上最新颖和工艺最先进的。这些式样是根据不同脚型、体重、速度、训练计划、性别而设计的。这些风格各异、价格不同和多用途的产品，吸引了成千上万的跑步者。到了 1979 年，耐克通过策划新产品的上市和强劲的推销，市场占有率达到 33%，终于打进了“铁三角”。

耐克是富有冒险精神的开拓型公司，其鲜明的反传统的企业文化，吸引着大批年轻人，而耐克还资助一些对正统派深恶痛绝的运动员，使耐克更充满挑战正统、进取活力的形象，而阿迪达斯即正统派。最终耐克打败了阿迪达斯。

耐克又将目标定在新的方向上。奈特认为，青少年的模仿能力极强，对品牌也极为敏感，校园里的明星人物的穿着经常会成为模仿的对象，因此只要设法让最有魅力的运动员穿上耐克，就能吸引全国为数众多的人模仿。最伟大的世界级篮球明星乔丹具有与耐克相称的精神气质、完美而充满活力的工作作风。耐克通过赞助这位“飞人”同时成了千百万喜爱运动者的偶像。耐克获得了进一步的成功，销售额达 40 亿美元。

然而，过去推动耐克成功的青少年消费者已纷纷放弃了运动鞋，他们厌倦了泛滥成灾的运动员参与的鞋类广告，他们在寻找新颖的少一点商业气的产品，同时阿迪达斯全线反击，将广告重点对准 12~20 岁年龄层的未来群体消费者，向广大青年人、学生和城市消费者大力推销；在一些电视广告上，一批体育明星穿上了阿迪达斯的运动鞋。此外，在美国大学生篮球联赛、在 1994 年世界杯足球赛上阿迪达斯都出尽了风头。而德国彪马这一耐克的老对手也在改革，把市场定位于那些有购买兴趣的流行追随族上，结果彪马又大肆流行。此时耐克似已陷入困境，销售额在下降，利润在下降，在近乎饱和的美国市场上再创造以前那种增长几乎不可能，这时耐克面临的问题是怎样才能既在国内外开始新的飞跃，又不丧失公司至关重要的创新、创业精神。大刀阔斧地进行改革的时候已经到了，耐克更新了“外观”技术，推出一系列新款跑鞋、运动鞋和多种训练用鞋，其户外运动部门则把销售的售点对准了雅皮士和新一代未知的顾客，实际上销售方式不仅在户外运动部门而且在整个公司都进行了变革。它遵循的信条是：思路新颖。在美国，市场已经饱和，只有不断推陈出新的公司才能得到发展。户外运动部门的成功证明了耐克的反应迅速。

针对欧洲市场这一阿迪达斯和彪马的大本营，耐克毫不犹豫地从饱和美国市场中分身闯了进来。耐克巧妙利用了欧洲人对美国超级球星出神入化的球技的崇拜心理来推销自己的产品。特别是在 1992 年巴塞罗纳奥运会上大出风头的“梦之队”，美国球星成了欧洲家喻户晓的人物后，耐克高薪聘请了美国的职业篮球巨星在欧洲大做推销广告。以各种形式加深欧洲人对耐克商标的印象。在瞄准欧洲广大市场后，耐克成功地使运动鞋从运动员脚下向普通人脚下转移，创造了以旅游鞋为时髦的风气。这一举措大见成效。耐克通过推销这种时髦的“美国形象”，使得 1992 年欧洲市场上耐克运动鞋销售额几乎是 1987 年的 6 倍。尽管如此，耐克还是觉得欧洲市场仍有潜力可挖。美国年龄在 25 岁以下的青少年，平均每人拥有 6 双至 10 双运动鞋，而欧洲同龄人则平均只有 2 双。因此，耐克像迪斯尼和美国电影一样，正利用美国形象继续塑造欧洲的“运动鞋族”。

耐克，利用其敏税的眼光去观察选择市场，放手去干，永远保持着领先。

2) 预应型新产品开发战略

此战略的内容包括以下内容。

(1) 全力开发高新技术产品——AR 美国 3M 公司明文规定，事业单位销售额的 30%必须来自上市时间少于 5 年的产品，事业单位销售额的 6.5%必须用于新产品的研究与开发活动。

(2) 研究消费者需求并开发新产品来满足这一需求。

(3) 建立新产品创新机制，使企业拥有永续创新能力。

(4) 借助资本市场和资本运营的力量，兼并或收购新产品开发能力优秀的企业。

营销案例

不断创新——最佳杜邦成功的秘密

1802 年，法国移民德鲁莽·爱雷内·杜邦在美国特拉华州威明顿市附近的白兰地河畔创建了杜邦公司。他没想到的是，在企业走过两个世纪后，杜邦成了位居美国 500 强第 13 位的大跨国公司，并被《幸福》杂志评为当今世界化工行业最成功、最受推崇的公司。1997 年销售收入达 450 亿美元，盈利 41 亿美元。

在激烈的市场竞争中，企业“其兴也勃，其亡也忽”，已经司空见惯。杜邦为什么能在其经营的领域内长盛不衰？不断创新，正是杜邦成功的秘密所在；面对不断变化的外部环境，不断地进行技术创新、产品创新、制度创新，使杜邦始终与市场前进的步伐同伍。

在 20 世纪即将过去的时候，回顾 20 世纪化学工业给人类生活带来一系列巨大改变的重大发现，如人造纤维、塑料、漆料、X 光胶片、防水赛璐玢、合成橡胶、尼龙、特富龙、中空纤维、涤纶……这一切可以说，几乎都是由杜邦研究人员研究发明的，并被发展成为产品陆续推向市场的，在给消费者带来利益的同时，企业也获得了生存的空间。

但是，在 20 世纪初杜邦公司也曾管理不善，失去了其在火药市场上的优势，在股东们正为公司向何处去进行投票时，公司创始人的 3 个重新出资收购了公司，并对公司进行了重组。为了创造出让公司立于不败之地的新产品，1903 年，公司在新泽西建立了东部试验室，然后又在威明顿建市郊建立了中央实验站，专门从事在生产火药原料纤维硝酸时发现的纤维素的化学研究，沿着这一科学发现的道路，杜邦开始了其从火药生产向多元化化工生产的转变。通过 20 世纪以来一系列重大发现和推出新产品，杜邦形成了能为自身带来滚滚财源的全球性业务和产品。如目前如全世界 39 亿人每天都在使用耐力丝牙刷，其原料主要就是杜邦公司一家提供的。而杜邦公司每年多达几百项的专利发明，也为只有 9.8 万名员工的杜邦公司确保其在国际市场上的强大竞争力提供了坚实的基础和保证。1997 年，杜邦公司自主技术生产的产品，而这其中 90%的产品是在 1997 年首次向市场推出的。

杜邦公司自创业以来，始终以“生产高质量的产品就会赢得顾客”作为自己的经营思想，在世界化工市场占据非凡的优势。然而从 50 年代中期开始，它的市场占有率不断下降。对此，杜邦公司组织专家进行了全面的市场调查分析，通过调查发现问题出在包装上，最后得出结论：论产品质量，杜邦公司好于同行，论产品包装则不如同行。于是杜邦公司在包装上做了重大改进，很快扭转市场销售不利的局面。

经过 90 多年的发展，目前杜邦设在威明顿的中央实验站已发展成为世界上规模最大、技术最先进的工业研究中心之一。但该公司总裁在与杜邦科学家进行广泛交谈之后认为，随着现代社会进入知识经济时代，为了保证杜邦公司作为美国工业领导者之一的地位，杜邦仍需继续在那些具有长期发展潜力的科学技术领导下功夫。为此，进入 90 年代后，杜邦在继续通过技术创新力争使杜邦传统产品寿命周期再延长 30～50 年的同时，也将研究的方向转到了 21 世纪的领导产品如生物工程、电子学上，重点是从改善人们的生活条件出发，研究开发用于汽车制造的新材料、新型纺织材料、食品保鲜技术、改良农作物基因技术、注重环境保护的产品以及蜘蛛、蝴蝶等生物仿生技术。

技术创新需要投入大量的人力和资金，按照杜邦的经验，开发出了一个新产品并实现商业化，一般需要对 3 000 个想法进行实验，需用 5~7 年的时间。近年来，杜邦公司为了充分提高企业的市场竞争力，对企业的研究经费和研究人员作了充实，加大了研究经费的投资，引进了大量的科学研究人员。就中央实验站来说，研究开发经费逐年增加，目前每年已达数亿美元。研究人员已达 1 200 多名，占其遍布世界的研究人员总人数的 1/4。

杜邦公司对技术创新和产品创新的不懈追求，使其始终在技术和产品上处于领先地位，在近两个世纪的拼搏之中长盛不衰，走出一条依靠创新求发展的道路。

7.5.3 新产品开发过程

国际市场新产品的开发过程是一个复杂的系统工程，它需要营销、开发、生产等各部门的参与，而且风险较大，因此遵循科学的开发程序十分重要。新产品设计开发过程分为 8 个阶段：构思产生，构思筛选，新产品概念的发展和测试，制订营销战略计划，商业分析，产品实体开发，市场试销，商业化。

1) 构思产生

具体地，国际市场新产品的构思可来源于诸多方面：国外消费者和用户对现有产品的反映以及新的需求，公司技术人员及经理人员，国外经销商和企业海外营销人员，国外科技情报，国外营销调研公司，国际竞争对手的产品启示，国际产品展览会、展销会、博览会，以及政府出版的行业指导手册等。

2) 构思筛选

新产品构思筛选是采用适当的评价系统及科学的评价方法，对各种构思进行分析比较，从中把最有希望的设想挑选出来的一个过滤过程。在这个过程中力争做到除去亏损大和必定亏损的新产品构思，选出潜在盈利大的新产品的构思。构思筛选包括以下两个步骤：首先，要确定筛选标准。其次，要确定筛选方法。对构思进行筛选的主要方法是建立一系列的评分模型。评分模型一般包括以下几方面：评价围索、评价等级、权数和评分人员。其中确定合理的评价因素和适当的权数是评分模型是否科学的关控。影响国际市场新产品开发成功的各主要评价因索可以从企业拓展海外市场目标、技术优势、生产的可能性，产品的国际市场吸引力，产品的盈利能力等方面进行评价，以提高筛选的准确程度。

3) 新产品概念的发展和测试

该产品提供的主要利益是什么?何时使用该产品?新产品概念测试主要是调查消费者对新产品概念的反应。测试的内容如下：产品概念的可传播性和可信度；消费者对该产品的需求程度；该产品与现有产品的差距；消费者对该产品的认知价值；消费者的购买意图；谁会购买此产品及购买频率。

4) 制订营销战略计划

营销战略计划包括 3 个部分：第一部分是描述目标市场的规模、结构和行为，新产品在目标市场上的定位，市场占有率及头几年的销售额和利润目标等。第二部分是对新产品的价格策略、分销策略和第一年的营销预算进行规划。第三部分则描述预期的长期销售量和利润目标以及不同时期的市场营销组合。

5) 商业分析

在新产品进入正式产品开发阶段以前还需对已经形成的产品概念进行商业分析。商业分析的主要内容是对新产品概念进行财务方面的分析，即估计销售额，估计成本和利润，判断它是否满足企业开发新产品的目标。

6) 产品实体开发

新产品的实体开发是将新产品概念转化为新产品实体的过程，主要解决产品构思能否转化为在技术上和商业上可行的产品这一问题。它是通过对新产品实体的设计、试制、测试和鉴定来完成的。新产品开发过程是对企业技术开发实力的考验，能否在规定时间内用既定的预算开发出预期的产品，是整个新产品开发过程中最为关键的环节。

7) 市场试销

市场试销是对新产品的全面检验，可为新产品是否全面上市提供全面、系统的决策依据，也为新产品的改进和市场营销策略的完善提供启示，但试销也会使企业成本增加。由于产品试销一般要花费一年以上的时间，这会给竞争者提供可乘之机，而且试销成功并不意味着市场销售就一定成功，因为各国及各地区消费者的心理本身不易准确估计，还有竞争的复杂多变等因素，因此企业对试销结果的运用应考虑一个误差范围。

8) 商业化

如果新产品试销达到了预期的结果，企业就应该决定对新产品进行商业性投放。在这一阶段，企业高层管理者应当作以下决策。

① 何时推出新产品。这是指企业高层管理者要决定在什么时间将新产品投放市场最适合。如果新产品是用来替代老产品的，就应等到旧产品的存货被处理掉时再将这种新产品投放市场；如果新产品的市场需求是高度的季节性，就应在销售季节来临时方将这种新产品投放市场：如果新产品还存在着可改进之处，就不必仓促上市，应等到完善之后再投放市场。

② 何地推出新产品。这是指企业高层管理者要决定在什么地方(某一地区、某些地区、全国市场或国际市场)推出新产品最适宜。一般是先在主要地区的市场推出，以便占有市场，取得立足点，然后再扩大到其他地区。因此，企业要制订一个市场投放计划，找出最有吸引力的市场先投放。

③ 向谁推出新产品。这是指企业高层管理者要把分销和促销目标面向最优秀的顾客群。这样做的目的是要利用最优秀的顾客群带动一般顾客，以最快的速度、最少的费用，扩大新产品市场占有率，企业高层管理者可以根据市场试验的结果发现最优秀顾客群。

④ 如仍推出新产品。企业管理部门要制定新产品开始投放市场的市场营销策略。这里，首先要对各项市场营销活动分配预算，然后规定各种活动的先后顺序，从而有计划地开展市场营销管理。企业一般选择新产品一次只进入一个国家或地区的市场，只有少数大企业选择把新产品推向几个国家。

7.5.4 国际新产品的市场扩散

在国际市场上，一个新产品投放市场后，能否尽快被消费者接受，这是国际营销入员必须重视的问题。新产品的扩散速度和扩散程度与新产品本身的创新程度因素及消费因素相关。

1. 影响新产品扩散的产品因素

(1) 新产品的相对优势。相对优势是指新产品与现有市场上的竞争产品相比，在效用、质量、款式、价格等方面是否有优越之处。新产品与名产品相比，相对优势越明显，其扩散的速度越快，程度越高。反之，新产品不具有优势或优势不明显，就会影响其扩散。

(2) 新产品的适应性。适应性是指新产品适应东道国市场的政策法规、文化特点、消费习惯的程度；新产品适应性的好坏，将影响新产品的扩散。一般来说，不适应东道国的政策法规的产品，是不可能在东道国市场上扩散的；不适应东道国文化特点的产品和不适应东道国消费习惯的新产品也难以在当地市场上扩散。例如，由于微波炉不符合中国人的烹任习惯，因此，20 世纪 30 年代在美国发明的微波炉直到 20 世纪 90 年代才广泛进入中国家庭。

(3) 新产品的简易性。简易性是指消费者认识和使用新产品的简易程度。新产品的简易程度是与其扩散程度呈正比的。一般来说，新产品越简单易用，则越容易扩散。例如，在许多发展中国家，虽然也供应发达国家的高级农机具，但这些国家的农户还是喜欢中国的农机产品，因为中国的产品虽然技术含量没有发达国家的高，但操作简单，维修简便，很受欢迎。

(4) 新产品的可试用性。可试用性是指在消费者不承担风险的前提下，产品接受试验的程度。如果新产品是小包装的，便于试用，则容易推广。反之，大包装、不便于试用的新产品则难以推广。

(5) 新产品的可传递性。可传递性是指新产品的优势容易被觉察和传递的程度。新产品的相对优势或其性能特点越容易介绍、传递，则越容易扩散；反之，则不容易扩散。德芙(Dove)巧克力在进入中国市场时，在电视广告个强调其特点是“滑得像丝一样”，由于其介绍明确、具体，得以迅速在中国市场的扩散。

2. 影响新产品扩散的消费因素

与新产品扩散有关的消费因素主要有消费观念、消费习惯、需求强度等。

(1) 消费观念。在这里，消费观念主要是指消费者对待新产品的态度。在一些国家，消费者思想较外放，创新精神强，则对新产品持欢迎的态度，新产品在这些国家和地区容易扩散；在另一些国家，消费者思想较保守，对新产品持拒绝的态度，则新产品就不易扩散。一般来说，西方人比东方人思想开放，乐意接受新产品。此外，在一个国家中，不同的群体对新产而和新事物的态度也是不同的，一般来说，年轻人往往比老年人更容易接受新产品。

(2) 消费水平。一般来说，一个国家或地区的经济收入水平越高，消费能力越强，对新产品的接受越快；反之，消费能力弱，接受新产品的可能性相应就小。

(3) 需求强度。消费者对新产品的需求强度越大，就越容易接受新产品；反之，则不易接受新广品。例如在一些国家和地区，消费者对减肥的强烈要求会促使其购买减肥新产品；仅在以胖为美的国家或地区，减肥新产品则没有市场。

3. 加快新产品扩散的对策

在分析了上述两大影响新产品扩散的因素后，国际营销人员应利用有利于新产品扩散的因素，克服或减少不利于新产品扩散的因素。

对于产品本身而言，企业可采取以下对策。

(1) 赋予产品新的功能，以提高其相对优势。

(2) 通过改进产品的款式，以提高产品的适应性。

(3) 简化产品，以减少其复杂性。

(4) 通过赠送样品，提供小包装产品等方式，提高可试用性。

(5) 通过广告策划和营业推广等手段，提高其可传递性。

就消费者而言，当目标国家市场的消费者对新产品缺乏认识，拒绝新产品时，企业应加强广告宣传工作，向消费者传播新的消费理念，介绍新产品的特点，唤起其对新产品的需求；对于消费能力低的市场，企业应通过简化包装，减少不必要的功能等手段降低成本，从而使价格能为当地消费者所接受。

总之，国际营销人员可以运用各种营销策略，有效地加快新产品的扩散速度和程度。

本 章 小 结

国际营销学的整体产品概念是广义的产品概念。它除了指具有特定物质形态和用途的物体之外，也包括了一切能满足购买者某种需求和利益的非物质形态的服务。一般来说，产品整体概念包括 3 个层次：核心产品、形式产品及附加产品。

国际市场产品组合又称产品搭配，是一个企业在国际范围内生产经营的全部产品线、产品项目的集合，或者说是一个企业生产经营的全部产品的构成。构成产品组合的基本因素分别是产品组合的宽度、长度、深度和相关性。国际企业要想在国际市场的激烈竞争中谋求生存与发展，一项关键的工作就是分析、评价并随时准备调整现有的产品组合，实现产品结构的最优化。企业调整产品组合的方式有两种：产品线改进方式和产品线增减方式。一般来讲，企业有如下 4 种产品组合调整策略可供选择：扩大产品组合策略、缩减产品组合策略、产品线延伸策略(这一策略有向下延伸、向上延伸和双向延伸 3 种方式)和产品线现代化策略。

国际产品的标准化策略是指企业向全世界不同国家或地区的所有市场都提供相同的产品。实施产品标准化策略的前提是市场全球化。国际产品差异化策略是指企业向世界范围内不同国家和地区的市场提供不同的产品以适应不同国家或地区市场的特殊需求。在国际市场营销中，究竟应该采用标准化策略还是差异化策略，以及将策略应用到何种程度，取决于很多因素。

在国际市场上，企业不仅面临着产品标准化或差异化策略的选择，而且需要将产品决策与促销手段的调整结合起来，以达到理想的营销效果。这种产品—促销组合可分为如下 5 种类型：产品和促销直接延伸策略；产品直接延伸、促销改变策略；产品改变、促销直接延伸策略；产品与促销双重改变策略；产品创新策略。

产品从投入市场到最终退出市场的全过程，被称为产品的生命周期，该过程一般经历产品的介绍期、成长期、成熟期和衰退期 4 个阶段。国际产品生命周期理论是对产品生命周期理论的发展和在国际市场上的运用。介绍期的营销策略主要有 4 种，即快速撇脂策略、缓慢撇脂策略、快速渗透策略和缓慢渗透策略。市场成长期可供选择的营销策略主要有以下几种：改进产品质量；扩大规模降低价格；树立品牌形象。成熟阶段的营销策略包括市场改良策略、产品改良策略和改变市场营销组合策略。衰退阶段营销策略包括继续维持策略、收缩榨取策略和放弃撤离策略。

品牌是“用来识别一个或一些销售者的产品或服务的，并用以与竞争者的产品或服务进行区别的一个名称、符号、标志、设计或它们的组合”。产品品牌由品牌名称和品牌标志两个部分组成。国际市场品牌策略的选择包括：无品牌与商标策略、采用制造商或中间商品牌策略、统一品牌商标策略、个别品牌商标策略。对于出口到不同国家或地区的同一产品，企业往往还面临着是采取单一的国际品牌还是在不同国家或地区分别采用不同的品牌这两种策略的选择。

国际市场产品包装设计是一项技术性和艺术性很强的工作。进入国际市场的产品包装要考虑各个国家和地区的储运条件、分销时间的长短、气候状况、消费偏好、销售条件、环境保护、风俗习惯、审美观、收入水平及各国的法律规定等因素。

国际市场营销中的新产品是指产品整体概念中任何一部分的变革或创新，并给消费者带来新的利益、新的满足的产品。它具体可以包括新发明产品、改进的产品、改型的产品和新的品牌。国际新产品开发战略可分为因应型和预应型两类。新产品设计开发过程分为 8 个阶段：构思产生、构思筛选、新产品概念的发展和测试、制订营销战略计划、商业分析、产品实体发、市场试销和商业化。新产品的扩散速度和扩散程度与新产品本身的创新程度因素及消费因素相关。

习　题

一、复习题

1. 选择题

(1) 构成产品组合的基本因素分别是(　　)。

A．产品组合的宽度　　B．产品组合的长度
C．产品组合的深度　　D．产品组合的相关性

(2) 产品的生命周期过程一般经历产品的以下 4 个阶段(　　)。

A．介绍期　　B．成长期　　C．成熟期　　D．衰退期

(3) 在国际市场上，企业往往需要将产品决策与促销手段的调整结合起来，以达到理想的营销效果。这种产品—促销组合的类型有(　　)。

A．产品和促销直接延伸策略　　B．产品直接延伸、促销改变策略
C．产品改变、促销直接延伸策略　　D．产品与促销双重改变策略
E．产品创新策略

(4) 企业产品组合调整策略有(　　)。

A．扩大产品组合策略　　B．缩减产品组合策略
C．产品线延伸策略　　D．产品线现代化策略

2．填空题

(1) 产品整体概念包括的 3 个层次是________。

(2) 产品线延伸策略的 3 种实施方式是________。

3．判断题

(1) 国际产品的标准化策略是指企业向全世界不同国家或地区的所有市场都提供相同的产品。实施产品标准化策略的前提是市场全球化。（　）

(2) 产品的生命周期与产品的自然寿命之间不存在直接的相关关系，有的产品市场生命周期很长，使用寿命却很短；有的产品市场生命周期很短，但使用寿命却很长。（　）

(3) 核心产品引发并决定了消费者的购买行为，是产品整体概念中最基本、最主要的部分。（　）

(4) 产品标准化策略可使企业实行规模经济，大幅度降低产品研究、开发、生产、销售等各个环节的成本而提高利润。（　）

4．问答题

(1) 在国际市场上，企业如何进行产品标准化或差异化策略的选择？

(2) 举例说明国际新产品开发中的因应型开发战略和预应型开发战略。

5．讨论题

(1) 描述国际市场营销中不同的品牌策略，并思考中间商品牌如何与国际品牌和本土品牌相竞争。

(2) 影响新产品的扩散速度和扩散程度的因素有哪些？

二、案例应用分析

双汇和雨润的品牌之路

新中国成立以前，延续了数千年的中国肉食文化，一直依赖着自宰自销、手工作坊的“凌晨杀猪，清晨卖肉”等传统的个体方式，从来就没有形成大规模的产业加工方式。直到 1958 年前后，新中国接受和引进了苏联的经济和技术援助，才在全国务主要区域的核心城市建立了规模化、工业化的屠宰加工厂。但计划经济时代的肉类消费凭票供应，所以肉类加工厂一直在温暖的“襁褓”中舒服地过日子。1984 年，我国进行了经济体制改革后，各肉类加工厂皆被强行“断奶”，扔进了市场。作为中国乃至亚洲前十大的北京肉联、广州肉联、哈尔滨肉联等企业皆纷纷衰落，肉类加工产业整体陷入了空前的困境。

在这种背景下，双汇集团和雨润集团却坚定不移地在既定的战略下默默耕耘，从而创造了中国肉类行业由本土品牌雄霸市场的局面，并大力推动了中国肉类产业的长足发展。

王者之道：不同战略相同结果

战略左右着企业业绩的短期增长，也决定着企业的最终成败。

双汇采取了企业品牌的经营战略，使高温、低温、速冻、中式、冷鲜等各大类肉制品在企业品牌——双汇的强大担保和品牌背书作用下，取得了消费者的信任和喜爱。而雨润在重点发展低温肉制品的同时，

采取的是产品品牌战略，分别推出了高温肉制品、中式肉制品、冷鲜肉等多个品类产品。

两大品牌各就其位，分别取得了各细分目标群体的青睐，抢占了肉类制品的各细分市场。从销售量和市场份额来看，目前双汇各种肉类制品的综合市场占有率、销售量、销售额等都比第二品牌高出数十个百分点而遥遥领先，双汇已经成为中国肉类市场当之无愧的领导品牌。目前雨润的综合市场占有率、销售额位居老二，其中在低温肉制品单一品类市场的占有率、销售量、销售额从 1998 年以来一直是第一位，低温肉制品单一品类领域里的王者地位无人能撼。在由世界品牌实验室和世界经济论坛联合主办并发布的 2004 年“中国 500 家最具价值品牌”中，雨润的品牌价值已经达到了 21.76 亿元。

双汇经历了 1997 年高温肉制品的最残酷竞争，靠采取主副品牌战略——“双汇王中王”一举扭转了局面，把春都斩于马下，登上了肉类制品市场占有率、销售额、产值综合指标第一的王者宝座。其企业销售额、产值每年以 10 亿元～20 亿元的规模递增，2003—2004 年更出现了年增 40 亿元的高速发展盛况。2004 年，双汇销售额高达 160.5 亿元，首超五粮液，不但雄踞中国食品工业百强之首，还登上了全球肉类工业前三强之列。

2000 年以前，雨润主要集中在低温肉制品品牌——雨润的打造上，销售额年增长一直在 2 亿元～4 亿元。此后，双汇等高温制品为主导的厂家看到雨润在低温市场取得的快速增长，纷纷加速对低温市场的争夺战。雨润则乘机推出多个产品品牌，分别进入了高温、中式、速冻和冷鲜肉市场，2000 年后每年增长都在 10 亿元以上，2004 年的销售额更达到了 79 亿元。实际上，如果从增长速度和发展潜力的比较指标来看，雨润较之于双汇更加出色。

品牌战略：企业品牌与产品品牌

全球战略大师迈克尔·波特说：“战略就是差异化。”

事实上，双汇采取企业品牌战略是有历史渊源的。双汇前身是 1958 年设立的漯河肉联厂，从建厂到 1984 年连续 26 年亏损。经济体制改革断掉了长期的政府补贴，双汇犹如襁褓中的婴儿一下子被“断奶”。此后，双汇的境况一直不乐观：市场遭遇打压，而可用于宣传推广的资金也有限，再加上中国长期的计划经济影响，让老百姓形成了只认规模和实力强大的企业名牌意识，因此集中资金打造企业品牌战略就成为双汇惟一的出路。于是，无论是高温、低温、中式肉制品还是速冻制品、冷鲜肉、冻分割肉全部打上了企业品牌双汇的 logo，就连内部供应的 PVDC、纸箱、骨素和香精也全部有双汇的标签。

1997 年，因自然灾害玉米减产，造成生猪收购价格和成本大幅飙升，来自山东的肉类巨头金锣则祭起价格战大旗，春都、郑荣在这场恶战中兵败如山倒。此时，双汇却成功地推出了副品牌——“双汇王中王”，并以添加大瘦肉块作为产品卖点，以热播的“狮子王”为吉祥物，以双汇这个企业品牌为强大品质背书，在价格恶战中异军突起，连续多年热销全国，“双汇王中王”成为中国高档火腿肠的代名词，双汇更成为这场大战中的胜利者，将春都和郑荣衰退的大量市场收归囊中。

1998 年，双汇为了加快低温肉制品市场的开发，与意大利著名食品企业——圣福特公司签订了紧密合作协议，向中国市场引进意大利著名品牌——马可波罗，生产低温火腿。产品投放市场后就以卓越的品质赢得了消费者的极大好感，成为东北区域市场的著名品牌。随后，双汇利用该品牌进行产品延伸，又成功地推出了高温产品。马可波罗品牌的引进，提升了企业品牌双汇的品质感、档次感和价值感，但双汇这个企业品牌始终占据着传播的主导地位。

雨润的品牌战略选择和其设立时期的行业背景紧密相关。当时双汇、春都和金锣三大巨头整个垄断了高温肉类制品 80%以上的份额，如果雨润也跟随选择企业品牌战略，在高温肉制品市场上拼个你死我活的话，恐怕无异于以卵击石。后来就连 1997 年以前的龙头老大春都也惨遭市场淘汰的命运，这足以说明高温肉制品市场竞争的惨烈。

1994 年，就在双汇、春都和金锣对低温肉制品市场前景不太看好、犹豫不决之际，雨润以敏锐的战略眼光，明智地选择了低温肉制品这个最具增长潜力的崭新品类，并把企业有限的资源集中投入到低温肉制品的打造上，从而成功地在铜墙铁壁般、以高温为主导的肉制品市场中撕开了一个缺口。等双汇、金锣等缓过神来已大大落后一步，雨润已在消费者心目中占领了低温肉制品的领导品牌位置。

尽管 1998 年以后双汇、得利斯、美国荷美尔等企业在低温肉制品市场上发起了一轮轮猛烈攻势，但雨润这个中国低温肉制品第一品牌的形象已经深深根植在中国老百姓的内心世界。

进入新世纪，雨润低温肉制品实现了单点突破，但其整体市场规模有限，而且消费者对其他类别的肉类制品需求依然非常强劲。为了取得市场份额和企业规模的快速增长，雨润在确保低温肉制品稳健发展的基础上，慎重地选择了多品牌战略，先后上马了高温肉制品、冷鲜肉、中式制品、速冻制品等。不同品类使用不同的品牌，雨润以多个品牌抢占了更多的细分市场份额，增强了企业集团的综合实力，同时还能够规避某一个品牌的危机对其他品牌的不利影响。

雨润针对低温肉制品、高温肉制品、生鲜肉产品、速冻食品、中式传统肉制品和焙烤肉制品这六大类别分别设立了雨润、旺润、福润、雪润、福润得和法香六大品牌。这六大品牌统系着 11 个系列，计 1 000 多种产品，并且每年还有 200 多种新品上市，由此组成了一个庞大的品牌家族。其中，雨润品牌下有脆皮牛肉肠、澳洲烤肉、腊肉、牛肉方腿等产品；旺润品牌下有鱼肉火腿肠、鸡肉火腿肠等产品；福润品牌下是生鲜肉系列产品，如冷鲜肉、冷冻肉等；雪润品牌下有水饺、汉堡、汤圆等产品；福润的品牌下有回卤干、梅菜扣肉等产品；法香品牌下是面包、面点系列，主要有法式面包、面点等。

上述这些品牌的品类分别面对多种不同的市场地区和销售对象，并根据不同的产品进行组合，于是针对不同的目标市场建立了其风格鲜明的品牌形象。

问题：

(1) 试评价双汇和雨润的品牌策略。

(2) 双汇和雨润在品牌建设方面有哪些成功经验？

第 8 章　国际市场定价策略

教学目标

通过本章的学习，了解并掌握影响国际市场产品定价的因素、国际市场的定价方法、国际市场定价策略与国际市场价格调整及其策略。

教学要求

知识要点	能力要求	相关知识
国际市场产品定价的影响因素	(1) 掌握国际企业产品定价目标 (2) 掌握国际企业产品定价原则 (3) 理解影响国际市场产品定价的因素	(1) 利润目标、销售额目标、市场占有率目标 (2) 产品成本 (3) 国际市场需求 (4) 国际市场竞争
国际市场的定价方法	(1) 掌握成本导向定价法 (2) 掌握竞争导向定价法 (3) 掌握顾客导向定价法 (4) 掌握国际转移定价	(1) 总成本加成定价法 (2) 目标收益定价法 (3) 边际成本定价法 (4) 盈亏平衡定价法
国际市场定价策略	(1) 掌握新产品定价策略 (2) 掌握顾客心理定价策略 (3) 掌握折扣定价策略 (4) 掌握差别定价策略	(1) 撇脂定价策略 (2) 渗透定价策略
国际市场价格调整及其策略	(1) 掌握国际企业削价和提价策略 (2) 掌握消费者和竞争者对国际市场价格变化的反应	(1) 国际企业削价策略 (2) 国际企业提价策略 (3) 消费者对国际市场价格变化的反应 (4) 竞争者对国际市场价格变化的反应

我们未来的富有不在于财富的积累，而在于观念的更新。

——彼得·德鲁克

基本概念

价格调整　定价方法　产品成本　价格策略　国际企业　顾客导向
产品定价目标　产品定价原则　成本导向定价法　竞争导向定价法

导入案例

税率变化对进口轿车的影响

按照入世规定，中国汽车关税已于 2006 年 7 月 1 日统一下降到 25%，比 2005 年低 5%。当时有关专家预计，2006 年进口汽车供给数量有望增加，价格也将出现一定幅度下降，但下降的幅度并不会太大。这主要在于 5%的关税降幅实际上只能使一辆 40 万元的进口车降价 4 000 元，这部分降幅将很有可能被 2006 年出台的新消费税所替代。据了解，国家有可能开始实施新的消费税率，提高对大排量车征税的税率。而往年进口车恰恰以大排量车为主，这些大排量进口车将成为被征收新消费税率的“重灾区”。一些经销商明确表示，消费税涨，车价就跟着涨，这就抵消了关税降 5%对车价的影响。再加上一些高端品牌汽车逐步实现国内生产，所以进口车销售量不会出现太大变化。

点评：多方考虑，适时定价

影响国际定价的因素远比国内定价多，由于国际营销环境复杂多变，这给国际企业对在海外销售的产品定价增加了许多困难。在国际市场上，许多产品由产地卖到另外的国家和地区，其价格会上升很多，这就是所谓的国际间价格的升降现象。这通常是由于该种产品在分销过程中渠道延长，被征收关税、需承担运输成本和保险费用以及汇率变动所致。

8.1 影响国际市场产品定价的因素

在市场营销的产品、促销、分销和定价 4 个基本要素中，企业通过前 3 个要素在市场中创造价值，通过定价从创造的价值中获取收益，价格是营销组合中最灵活的因素，它与产品特征和销售渠道不同，它的变化是异常迅速的。价格是企业在国际市场竞争的有力武器，这种竞争手段的作用最为直接和迅速，适当的价格竞争可以提高企业的国际市场竞争力。

国际市场定价是国际营销组合四大要素之一，合理定价是企业在国际市场顺利销售产品，实现预定营销目标的关键因素。因此，企业在国际市场上的定价决策至关重要，价格策略直接地决定着企业市场份额的大小和盈利率高低，随着国际市场营销环境的日益复杂，国际企业制定价格策略的难度越来越大，不仅要考虑成本补偿问题 ，还要考虑消费者接受能力和竞争状况。

8.1.1 国际企业产品定价目标

定价决策和任何决策一样，都是在一定决策目标的导向下进行的。在市场经济体制下，企业作为自主经营、自负盈亏的独立经济主体，其总体经营目标是获取最大利润，企业的定价决策必然要受这一总体目标的支配，并为实现这一总体目标所服务。因此，价格权限运用得好坏，产品价格制定得恰当与否，直接影响着企业市场占有率的高低、生命力的强弱以及企业成长、发展、壮大的可能性。

正如世界著名价格学家和经济学家亚瑟·马歇尔所说："一个企业将定价权委托给谁，即意味着企业命运维系于谁"。可见，企业产品的价格不是轻而易举就可制定的，必须首先确定定价目标。定价目标是指企业通过制定产品最优价格来谋求经济利益最大化的目标，是企业通过制定一定水平的价格所要达到的预期目的，是定价决策的基本前提和首要内容，是实现企业总体目标的保证和手段，也是定价策略和定价方法的依据。

国际企业作定价决策，也要先确定定价目标：是以获取最大利润为目标，还是以获取较高的投资回报为目标？是为了维持或提高市场份额，还是为了应付或防止市场竞争？一个有实力的跨国企业在进入一个新兴的富有潜力的海外市场时，大多会以获得较高的市场占有率为目标，因此在短期内，其价格或收益可能不能覆盖成本。

国际企业产品定价目标一般可分为利润目标、销量目标、市场占有率目标、稳定价格目标、竞争目标和信誉目标。

1. 利润目标

利润目标是企业定价目标的重要组成部分，获取利润是企业生存和发展的必要条件，是企业经营的直接动力和最终目的。因此，利润目标为大多数企业所采用。由于企业的经营哲学及营销总目标的不同，这一目标在实践中有两种形式。

1) 以追求最大利润为目标

最大利润有长期和短期之分，还有单一产品最大利润和企业全部产品综合最大利润之别。一般而言，企业追求的应该是长期的、全部产品的综合最大利润，这样，企业就可以取得较大的市场竞争优势，占领和扩大更多的市场份额， 拥有更好的发展前景。当然，对于一些中小型企业、产品生命周期较短的企业、产品在市场上供不应求的企业等，也可以谋求短期最大利润。最大利润目标并不必然导致高价，价格太高，会导致销售量下降，利润总额可能因此而减少。有时，高额利润是通过采用低价策略，待占领市场后再逐步提价来获得的；有时，企业可以采用招徕定价艺术，对部分产品定低价，赔钱销售，以扩大影响，招徕顾客，带动其他产品的销售，进而谋取最大的整体效益。

2) 以获取适度利润为目标

适度利润是指企业在补偿社会平均成本的基础上，适当地加上一定量的利润作为商品价格，以获取正常情况下合理利润的一种定价目标。以最大利润为目标，尽管从理论上讲十分完美，也十分诱人，但实际运用时常常会受到各种限制。所以，很多企业按适度原则确定利润水平，并以此为目标制定价格。采用适度利润目标有各种原因，以适度利润为目标使产品价格不会显得太高，从而可以阻止激烈的市场竞争，或由于某些企业为了协调投资者和消费者的关系，树立良好的企业形象，而以适度利润为其目标。由于以适度利润为目标确定的价格不仅使企业可以避免不必要的竞争，又能获得长期利润，而且由于价格适中，消费者愿意接受，还符合政府的价格指导方针，因此这是一种兼顾企业利益和社会利益的定价目标。需要指出的是，适度利润的实现，必须充分考虑产销量、投资成本、竞争格局和市场接受程度等因素。否则，适度利润只能是一句空话。

2. 销售额目标

这种定价目标是在保证一定利润水平的前提下，谋求销售额的最大化。某种产品在一定时期、一定市场状况下的销售额由该产品的销售量和价格共同决定，因此销售额的最大化既不等于销量最大，也不等于价格最高。对于需求的价格弹性较大的商品，降低价格而导致的损失可以由销量的增加而得到补偿，因此企业宜采用薄利多销策略，保证在总利润不低于企业最低利润的条件下，尽量降低价格，促进销售，扩大盈利；反之，若商品的需求价格弹性较小时，降价会导致收入减少，而提价则使销售额增加，企业应该采用高价、厚利、限销的策略。采用销售额目标时，确保企业的利润水平尤为重要。这是因为销售额的增加，并不必然带来利润的增加。有些企业的销售额上升到一定程度，利润就很难上升，甚至销售额越大，亏损越多。因此，销售额和利润必须同时考虑。在两者发生矛盾时， 除非是特殊情况（ 如为了尽快地回收资金），应以保证最低利润为原则。

3. 市场占有率目标

市场占有率，又称市场份额，它是指企业的销售额占整个行业销售额的百分比，或者是指某企业的某产品在某市场上的销量占同类产品在该市场销售总量的比重。

市场占有率是企业经营状况和企业产品竞争力的直接反映。作为定价目标， 市场占有率与利润的相关性很强，从长期来看，较高的市场占有率必然带来高利润。美国市场营销战略影响利润系统的分析指出： 当市场占有率在 10%以下时，投资收益率大约为 8%；市场占有率在 10%～20%之间时，投资收益率在 14%以上；市场占有率在 20%～30%之间时，投资收益率约为 22%；市场占有率在 30%～40%之间时，投资收益率约为 24%；市场占有率在 40%以上时，投资收益率约为 29%。因此，以市场占有率为定价目标具有获取长期较好利润的可能性。

市场占有率目标在运用时存在着保持和扩大两个互相递进的层次。保持市场占有率的定价目标的特征是根据竞争对手的价格水平不断调整价格，以保证足够的竞争优势，防止竞争对手占有自己的市场份额。扩大市场占有率的定价目标就是从竞争对手那里夺取市场份额，以达到扩大企业销售市场乃至控制整个市场的目的。

在实践中，市场占有率目标被国内外许多企业采用，其方法是以较长时间的低价策略来保持和扩大市场占有率，增强企业竞争力，最终获得最优利润。但是，这一目标的顺利实现至少应具备 3 个条件。

(1) 企业有雄厚的经济实力，可以承受一段时间的亏损，或者企业本身的生产成本本来就低于竞争对手。

(2) 企业对其竞争对手情况有充分了解， 有从其手中夺取市场份额的绝对把握。否则，企业不仅不能达到目的，反而很有可能会受到损失。

(3) 在企业的宏观营销环境中，政府未对市场占有率作出政策和法律的限制。比如美国制定有“反垄断法”，对单个企业的市场占有率进行限制，以防止少数企业垄断市场。在这种情况下，盲目追求高市场占有率，往往会受到政府的干预。

4. 稳定价格目标

稳定的价格通常是大多数企业获得一定目标收益的必要条件，市场价格越稳定，经营风险也就越小。稳定价格目标的实质即通过本企业产品的定价来左右整个市场价格，避免不必要的价格波动。按这种目标定价，可以使市场价格在一个较长的时期内相对稳定，减少企业之间因价格竞争而发生的损失。为达到稳定价格的目的，通常情况下是由那些拥有较高的市场占有率、经营实力较强或较具有竞争力和影响力的领导者先制定一个价格，其他企业的价格则与之保持一定的距离或比例关系。对大企业来说，这是一种稳妥的价格保护政策；对中小企业来说，由于大企业不愿意随便改变价格，竞争性减弱，其利润也可以得到保障。在钢铁、采矿业、石油化工等行业内，稳定价格目标得到最广泛的应用。

5. 竞争目标

竞争是市场的核心，它无情地执行着优胜劣汰的原则。企业在市场中凭自己产品的优劣及价格是否合理，展开竞争，这既为企业提供了种种机会，也对企业造成种种威胁。这就要求企业经营者一方面要善于抓住机遇，具有应付挑战的能力；另一方面还要能够在激烈的竞争中，通过扬长避短，趋利避害，来达到在市场上占有优势。可见，从长远考虑，企业在竞争中不是靠展开短暂的价格战获胜，而是凭优质的产品和合理的价格取胜的。

6. 信誉目标

信誉是企业的生命，一般存在于消费者的心目中。一个企业信誉的好坏，直接影响着产品的销量、市场占有率、利润的高低及竞争能力的强弱。一个有着良好信誉的企业，往往对企业价格的制定也有其特定的要求，比如对其名贵商品的价格要求制定得高一些，而对其一般商品的价格则要求制定得低一些。只有这样，才能显示出其名贵与一般的区别，也才能获取消费者的认可。可见，价格是树立企业信誉的一种有力手段；而信誉又反过来为企业制定价格提供依据，它能为企业带来丰厚的利润，是企业的一项无形财富。

将国际企业产品定价目标分为利润目标、销售额目标、市场占有率目标和稳定价格等目标，只是一种实践经验的总结，它既没有穷尽所有可能的定价目标，又没有限制每个企业只能选用其中的一种。由于资源的约束、企业规模和管理方法的差异，企业可能从不同的角度选择自己的定价目标。不同行业的企业有不同的定价目标，同一行业的不同企业可能有不同的定价目标，同一企业在不同的时期、不同的市场条件下也可能有不同的定价目标，即使采用同一种定价目标，其价格策略、定价方法和技巧也可能不同。企业应根据自身的性质和特点，具体情况具体分析，权衡各种定价目标的利弊，灵活确定自己的定价目标。

8.1.2 国际企业产品定价原则

在国际市场中，企业定价具有很大的自主权，企业生产的产品，除国家规定的个别品种外，都可以自主定价，但自主定价并不等于任意定价。企业在定价时还应遵守以下几个原则。

(1) 以价值为基础的原则。商品价格是商品价值的货币表现，商品价值是商品价格的基础，其含量大小决定着商品价格的高低，它是影响价格变动的本质因素。根据马克思在《资本论》中的论述：商品价值包括不变资本“C”、可变资本“V”和剩余价值“M”三部分。在市场经济体制下，商品价值是由生产过程中已消耗的生产资料价值“C”、劳动者为自己劳动所创造的价值“V”和劳动者为社会劳动所创造的价值“M”三部分构成的。所以，企业在制定产品价格时，应以产品价值为基础，使产品的价格符合其价值，以保证产品在交换时能够按等价交换原则进行。这样，企业的销售收入不但能补偿生产消耗，保证企业简单再生产的顺利进行，而且还能获取合理的利润，以满足企业自我积累和自我发展的需要。

(2) 遵守国家价格政策。价格是国家对国民经济进行宏观调控的重要经济杠杆之一，价格的变动直接关系到国家财政收入和人民生活水平。因此，企业在制定产品价格时，必须严格遵守国家的价格政策，在政策允许的范围内行使定价权力，坚持按质定价，优质优价，劣质低价的原则，以维护国家和消费者的利益，促使企业改善经营管理，提高产品质量。

(3) 以国际市场供求规律为前提。在国际市场中，产品的价格由买卖双方的相互作用来决定，所以决定价格的基本因素有两个，即供给与需求。若供大于求，价格会下降；若供小于求，价格则会上升，这就是市场供求规律。由此看来，市场的一切交易活动的价格的变动都受这一规律的支配。正如西方经济学家亚当·斯密所说的是“看不见的手”在指挥着经济活动。所以，供求关系必然会成为影响价格形成的重要因素，它是制定产品价格的一个重要前提。这里又存在着如下的关系：第一，价格与供给的关系。供给是指在一定时间内，生产者在一定价格条件下愿意并可能出售的产品。当价格上涨时，会刺激生产者增加供给量；价格下跌时，又会引起供给量的减少。所以，供给一般随着价格的升降而增减，即价格与供给之间存在着同方向变动的关系。第二，价格与需求的关系。需求是指消费者在一定价格条件下对某些商品的需要。当价格上涨时，会引起需求量的减少；当价格下跌时，又会导致需求量的增加。可见，需求一般随着价格的上升而减少，随着价格的下跌而增加，即价格与需求之间存在着反方向变动的关系。第三，供求关系与均衡价格。供求双方总是相互联系在一起的。当市场价格偏高时，需求量将会下降，生产者则会因价格上升增加供给量，市场上将会出现供过于求的状况，从而造成出售者之间竞争加剧，结果迫使市场价格下降。但当市场价格偏低时，需求量将会上升，生产者则会由于价格下降而减少供给量，市场上又会出现供不应求的状况，从而造成购买者之间的竞争加剧，结果又必然会导致价格上升。上述两种作用的结果，必然会使供给曲线与需求曲线相互作用在一个交点上，这个交点就是供给与需求相等时的点，称为均衡点，处于均衡点上的价格就称为均衡价格。但供求的这种平衡只是相对的、有条件的，不平衡则是绝对的、经常的。正如马克思所说“供求实际上从来不会一致，如果它们达到一致，那也是偶然现象”。

(4) 供求关系表明价格只能围绕价值上下波动，而价值仍然是确定价格水平及其变动的决定性因素，企业在定价决策时，除以产品价值为基础外，还可以自觉运用供求关系来分析和制定产品的价格。

8.1.3 影响国际市场产品定价的因素

为了作出有效的价格决策，国际企业决策者必须综合考虑各种影响定价的因素。在制定有关定价的战略之前，决策层必须全面分析环境因素——成本、顾客、竞争等因素如何影响产品的定价环境。影响国际企业产品定价的因素很多，有企业内部因素，也有企业外部因素；有主观的因素，也有客观的因素。概括起来，大体上可以有产品成本、市场需求、竞争因素等方面。

1．影响国际企业产品定价的内部因素

1) 企业的营销目标

企业的营销目标主要有：(1) 维持生存。如果市场对企业的能力要求很高，竞争很激烈，消费者的欲望又不断地变化，此时企业往往把生存作为自己的主要目标。为了使工厂运转，企业可以制定较低的价格，以便增加需求。在这种情况下，生存比利润更重要。只要价格能够补偿可变成本和一般固定成本，企业就能继续留在行业中。但是，生存只是一个短期目标。就长期来说，企业必须学会怎样增加价值或者怎样面对倒闭。

(2) 现期利润最大化。许多企业把现期利润最大化作为它们的定价目标。它们估计不同价格所对应的需求和成本，然后选择能够产生最大现期利润、现金流动和投资回报的价格。总之，企业要的是现期财务成果，而不是长期的业绩。

(3) 市场份额。它们相信拥有最大市场份额的企业会享有最低的成本和最高的长期利润。为了成为市场份额的领导者，这些企业把价格尽可能地定低。

(4) 产品质量。企业或许会决定取得产品质量领导地位。这一般要求制定较高的价格来补偿较高的性能质量以及市场调研和开发成本。

此外， 企业还可以用价格来实现其他许多具体目标。它可以定低价格以防止竞争对手进入市场，或者定价与竞争对手保持一致以稳定市场。定价可以保持经销商的忠诚和支持，或者防止政府干预。价格还可以临时调低，以刺激对商品的需求或吸引更多的顾客走进零售商店。一种产品的定价可能有助于企业产品系列中其他产品的销售。因此，在帮助企业实现各级目标的过程中，定价会发挥十分重要的作用。

2) 企业的营销组合策略

价格只是企业用来实现营销目标的营销组合工具中的一种。价格决策必须和产品设计、销售和促销决策相配合，才能形成一个连续有效的营销方案。对其他营销组合变量所作的决策会影响定价决策。例如，靠许多经销商支撑产品销售的生产者，将不得不在价格中设定较大的经销商利润差额。

企业经常先制定定价决策，然后再依据制定的价格来决策其他营销组合。在这里，价格是一个相当重要的产品定位因素，可以用来定义产品的市场、竞争以及设计。许多企业采用一种叫做目标成本设定的有效战略武器来支持这一价格定位战略。通常的价格制定程序是先设计一种新产品，然后决定它的成本，最后问：“我们能够卖多少钱？”目标成本设定则完全反过来做：先设定目标成本，然后再往回走。

因此，营销人员在定价时必须考虑到整个营销组合。如果产品是根据非价格图表来定位的，那么有关质量、促销和销售的决策就会极大地影响价格。如果价格是一个重要的定位因素，那么价格就会极大地影响其他营销组合因素的决策。但是，即使产品以价格为特色，营销人员也需要牢记，顾客很少只依据价格就作出购买行为。相反，顾客寻找能够带给他们最大价值的产品，这些价值的表现形式就是支付价格之后所能得到的利益。

3) 产品成本

商品的价值是构成价格的基础。对企业的定价来说，成本是一个关键因素。企业产品定价以成本为最低界限，产品价格只有高于成本，企业才能补偿生产上的耗费，从而获得一定赢利。但这并不排斥在一段时期在个别产品上，价格低于成本。

在实际工作中，产品的价格是按成本、利润和税金三部分来制定的。成本又可分解为固定成本和变动成本。产品的价格有时是由总成本决定的， 有时又仅由变动成本决定。成本有时又分为社会平均成本和企业个别成本。就社会同类产品市场价格而言， 主要是受社会平均成本影响。在竞争很充分的情况下，企业个别成本高于或低于社会平均成本，对产品价格的影响不大。

一般地讲，成本是构成价格的主要因素，这只是就价格数量比例而言。如果就制定价格时要考虑的重要性而言， 成本无疑也是最重要的因素之一。因为价格如果过分高于成本会有失社会公平，价格过分低于成本，不可能长久维持。企业定价时，不应将成本孤立地对待，而应同产量、销量、资金周转等因素综合起来考虑。成本因素还要与影响价格的其他因素结合起来考虑。

成本是企业能够为其产品设定的底价。企业想设定一种价格，既能够补偿所有生产、分销和直销产品的成本，又能够带来可观的努力和风险收益率。许多企业努力奋斗，为的是成为本行业中的低成本生产商。低成本的企业能设定较低的价格，从而取得较高的销售量和利润额。总成本是指在任何生产水平下固定成本和可变成本之和。固定成本是指那些不随生产或销售水平变化的成本。

管理部门希望制定的价格至少能够补偿在既定生产水平下的生产总成本。企业必须审慎地监督好成本。如果企业生产和销售产品的成本大于竞争对手，那么企业将不得不设定较高的价格或减少利润，从而使自己处于竞争劣势。

2. 影响国际企业产品定价的外部因素

1) 国际市场需求因素

与成本决定价格的下限相反，市场需求决定价格的上限。消费者和工业购买者都会在产品或服务的价格与拥有产品或服务的利益之间，作一番权衡比较。因此，在设定价格之前，营销人员必须理解产品价格与产品需求之间的关系。

定价决策和其他营销组合决策一样，必须是购买者导向型的。当消费者购买产品时，他们用某些有价值的东西(价格)来交换另一些有价值的东西(拥有或使用该产品的利益)。有效的购买者导向型定价包括了解消费者为他们从产品中得到的利益支付多少价值，以及设定与这个价值相适应的价格。

企业经常发现很难衡量顾客会对它的产品设定的价值。例如，在一个高级饭店里计算一餐饭中配料的成本，相对来说还是比较容易的。但是，对其他因素，如口味、环境、娱乐、谈话和地位的满意程度却是很难进行价值评估的。因为这些因素的价值会随着不同的消费者发生变化。但是，消费者还是用这些价值来评价产品的价格。如果顾客认为价格高于产品价值，他们就不会买该产品。如果顾客认为价格低于产品价值，他们就会买该产品。

当商品的市场需求大于供给时，价格应高一些；当商品的市场需求小于供给时，价格应低一些。反过来，价格变动影响市场需求总量，从而影响销售量，进而影响企业目标的实现。一般情况下价格与需求量成反比例关系。当产品是奢侈品、象征地位的产品时价格与需求量变化是：价格较低时，需求量较小，产品不能体现使用者的身家；价格较高时，需求量增加，满足了人们的心理需要；价格过高时，能承受的消费群体减少，需求量反而减少，如香水、高级西装、高档手表、美容产品等。

因此，企业制定价格就必须了解价格变动对市场需求的影响程度。反映这种影响程度的一个指标就是商品的价格需求弹性系数。所谓价格需求弹性系数，它是指由于价格的相对变动而引起的需求相对变动的程度。通常可用下式表示：

需求弹性系数=需求量变动百分比÷价格变动百分比

需求的价格弹性有以下几种表现形式：(1)充分弹性。需求量对价格反映灵敏，对此类产品要增加总收入可实施降价，薄利多销就是充分弹性的商品。(2)缺乏弹性。需求量对价格反映不灵敏，对此类产品要增加总收入可实施涨价，例如稀缺药品、不可替代的产品、生活必需品等。(3)单一弹性。需求量与价格同比例变化。

2) 国际市场竞争因素

国际市场中竞争对手的成本、价格和供应影响企业定价决策。企业要估计竞争对手的成本、价格以及竞争对手对该企业定价可能会作出的反应。此外，企业的定价战略会影响企业所面对的竞争的性质。例如，如果佳能采取高价格、高利润的战略，它就会引来竞争，而低价格、低利润的战略可以阻止竞争对手进入市场或者把它们赶出市场。佳能需要针对竞争对手的成本设定自己的成本基准点以便了解它的经营成本处于优势还是处于劣势。一旦佳能掌握了竞争对手的价格和市场供应，便可以利用它们作为自己定价的起点。如果佳能的照相机类似于尼康照相机，那么佳能将不得不把价格定得接近于尼康，否则就会销售不出去。如果佳能相机不如尼康的好，公司就不能把价格定得一样高。如果佳能的产品比尼康的要好，它就可以定得高些。一般来讲，佳能应参照竞争对手对其产品进行价格定位。

国际市场竞争也是影响价格制定的重要因素。根据竞争的程度不同，国际企业定价策略会有所不同。按照国际市场竞争程度，可以分为完全竞争、不完全竞争与完全垄断 3 种情况。

(1) 完全竞争。市场由众多进行均质商品交易的购买者和销售者组成。没有哪个购买者或销售者有能力来影响现行市场价格。销售者无法将价格定得高于现行价格，因为购买者能以现行价格买到产品，而且要多少有多少。销售者的定价也不能低于市场价格，否则销售者将一无所获。在完全竞争的市场中，市场营销调研、产品开发、定价、广告及促销活动几乎没有什么作用或者根本不发挥作用。因此，在这些市场中的销售者没有必要在营战略上花许多时间。

(2) 不完全竞争。不完全竞争又分为垄断竞争和寡头竞争。其一，垄断竞争。市场由众多按照系列价格而不是单一市场价格进行交易的购买者和销售者组成。系列价格产生的原因是购买者看到销售者产品之间的差异，并且愿意为这些差异支付不同的价格。销售者努力地开发不同的市场供应，以便适合不同顾客细分市场的需要。除了价格之外，销售者还广泛地采用品牌、广告和直销来使他们的市场供应相互区分开来。由于存在众多的竞争对手，因此和少数几个制造商控制的市场相比，在垄断竞争市场中，企业较少受到竞争对手营销战略的影响。

其二，寡头竞争。市场由几个对彼此的定价和营销战略高度敏感的销售者组成。产品可能均质(钢、铝)或非均质(汽车、电脑)。市场中销售者很少，因为新的销售者很难进入。每个销售者对竞争对手的战略和行动都很警觉。如果一家钢铁公司将价格砍掉 10%，购买者很快便会转向这位供应商。其他钢铁生产者必须以降低价格或增加服务来作出反应。寡头垄断者从来也不能确定通过减价它能得到哪些永久性的东西。相反，当一个寡头垄断者抬高价格时它的竞争对手或许并不会跟着抬高价格，该寡头垄断者于是不得不取消涨价，否则便会面临把顾客丢失给竞争对手的风险。

(3) 完全垄断。市场只存在一个销售者。销售者可以是政府垄断者(如美国邮政管理局)，或私人受控垄断者(如能源公司)，或私人非控垄断者(如在开发尼龙时期的杜邦公司)。这 3 种情况下的定价各不相同。政府垄断者可以有各种定价目标。它可以设定低于成本的价格，因为该产品对于无力支付整个成本的购买者很重要，或者设定的价格只用来抵补成本，或者用来创造良好的收益，甚至还可以抬高价格来减少消费。对于受控的垄断者，政府允许企业设定“公平收益率”，并允许企业维持或在必要时候扩展经营。非控垄断者可以自由设定价格，只要市场承受得住即可。但是它们并不总是设定最高限度的价格。这有许多原因，如不想引来竞争，想凭借低价更快地进入市场，或者害怕政府管制等。

3. 影响国际企业产品定价的其他因素

国际企业的定价策略除受成本、需求以及竞争状况的影响外，还受到其他多种因素的影响。这些因素包括政府或行业组织的干预、消费者习惯和心理的影响、企业或产品的形象等。

1) 政府或行业组织干预

政府为了维护经济秩序，或为了其他目的，可能通过立法或者其他途径对企业的价格策略进行干预。政府的干预包括规定毛利率，规定最高、最低限价，限制价格的浮动幅度或者规定价格变动的审批手续，实行价格补贴等。例如， 美国某些州政府通过租金控制法将房租控制在较低的水平上，将牛奶价格控制在较高的水平上；法国政府将宝石的价格控制在低水平，将面包价格控制在高水平；我国某些地方为反暴利对商业毛利率进行限制等。一些贸易协会或行业性垄断组织也会对企业的价格策略进行影响。

2) 消费者的习惯和心理的影响

价格的制定和变动在消费者心理上的反应也是价格策略必须考虑的因素。在现实生活中，很多消费者存在“一分钱一分货” 的观念。面对不太熟悉的商品，消费者常常从价格上判断商品的好坏，从经验上把价格同商品的使用价值挂钩。消费者心理和习惯上的反应是很复杂的，某些情况下会出现完全相反的反应。例如，在一般情况下，涨价会减少购买，但有时涨价会引起抢购，反而会增加购买。因此，在研究消费者心理对定价的影响时， 要持谨慎态度，要仔细了解消费者心理及其变化规律。

3) 企业或产品的形象因素

有时企业根据企业理念和企业形象设计的要求，需要对产品价格做出限制。例如，企业为了树立热心公益事业的形象，会将某些有关公益事业的产品价格定得较低；为了形成高贵的企业形象，将某些产品价格定得较高；等等。

特别提示

顾客要的不是便宜，要的是感到占了便宜。人们都喜欢占便宜，当顾客觉得占了便宜，就会爽快地掏腰包。

营销案例

奇瑞汽车在海湾国家受到的待遇

据商务部的统计，2005 年上半年中国小轿车出口达到创纪录的 9 600 辆，其中，奇瑞汽车出口占其 1/3，为 3 357 辆，金额达 1 645 万美元，同比分别增长 117.8%和 104.4%。出口国家包括叙利亚、沙特、伊拉克、伊朗、埃及、孟加拉、古巴、马来西亚等国家。尤其是海湾国家，奇瑞汽车的专卖店与奔驰、宝马等豪华车相毗邻，销售情况一点也不逊色于这些世界名牌。售价也不低，比国内要高出好几万元，完全不是奇瑞在国内的低端形象。

8.2 国际市场的定价方法

定价方法，是企业在特定的定价目标指导下，依据对成本、需求及竞争等状况的研究，运用价格决策理论，对产品价格进行计算的具体方法。定价方法主要包括成本导向、竞争导向和顾客导向等 3 种类型。国际企业定价方式有 3 个：母公司总部定价；东道国子公司独立定价；总部与子公司共同定价。最常见的方法是第三个选择，如此母公司既可对子公司的定价保持一定的控制，子公司又可有一定的自主权以使价格适应当地市场环境。

国际企业在定价时，其基本方法同国内定价是相同的。即有以成本为导向的定价法，包括总成本加成法、边际成本法、目标收益法、盈亏平衡法；以需求为导向的定价性，包括理解价值法、区分需求法；以竞争为导向定价法，包括随行就市法、产品差别法、密封投标法。

8.2.1 成本导向定价法

成本导向定价是企业定价首先需要考虑的方法。成本是企业生产经营过程中所发生的实际耗费，客观上要求通过商品的销售而得到补偿，并且要获得大于其支出的收入，超出的部分表现为企业利润。以产品单位成本为基本依据，再加上预期利润来确定价格的成本导向定价法，是中外企业最常用、最基本的定价方法。成本导向定价法是指在总成本的基础上，加上一定的利润，来确定产品价格。其基本公式是

$$价格=单位产品加成成本\times(1+成本加成率)$$

式中：单位产品成本=总成本/总产量

$$成本加成率=(总利润额/总成本)\times100\%$$

成本导向定价法又衍生出了总成本加成定价法、目标收益定价法、边际成本定价法、盈亏平衡定价法等几种具体的定价方法。

1. 总成本加成定价法

在这种定价方法下，把所有为生产某种产品而发生的耗费均计入成本的范围，计算单位产品的变动成本，合理分摊相应的固定成本，再按一定的目标利润率来决定价格。其计算公式为

单位产品价格=单位产品总成本×(1+目标利润率)

采用成本加成定价法，确定合理的成本利润率是一个关键问题，而成本利润率的确定，必须考虑市场环境、行业特点等多种因素。某一行业的某一产品在特定市场以相同的价格出售时，成本低的企业能够获得较高的利润率，并且在进行价格竞争时可以拥有更大的回旋空间。

在用成本加成方式计算价格时，对成本的确定是在假设销售量达到某一水平的基础上进行的。因此，若产品销售出现困难，则预期利润很难实现，甚至成本补偿也变得不现实。但是，这种方法也有一些优点：首先，这种方法简化了定价工作，便于企业开展经济核算。其次，若某个行业的所有企业都使用这种定价方法，它们的价格就会趋于相似，因而价格竞争就会减到最少。再次，在成本加成的基础上制定出来的价格对买方和卖方来说都比较公平，卖方能得到正常的利润，买方也不会觉得受到了额外的剥削。成本加成定价法一般在租赁业、建筑业、服务业、科研项目投资以及批发零售企业中得到广泛的应用。即使不用这种方法定价，许多企业也多把用此法制定的价格作为参考价格。

2. 目标收益定价法

目标收益定价法又称投资收益率定价法，是根据企业的投资总额、预期销量和投资回收期等因素来确定价格。假设建设电视机厂的总投资额为8 000万元，投资回收期为5年，总固定成本6 000万元，预期销量20 000台，则采用目标收益定价法确定价格的基本步骤具体如下。

1) 确定目标收益率

目标收益率=1/投资回收期×100%=1/5×100%=20%

2) 确定单位产品目标利润额

单位产品目标利润额=总投资额×目标收益率÷预期销量
=80 000 000×20%÷20 000=800 元

3) 计算单位产品价格

单位产品价格=企业固定成本÷预期销量+单位变动成本+单位产品目标利润额
=60 000 000÷20 000+ 1 000+800=4 800 元

与成本加成定价法相类似，目标收益定价法也是一种生产者导向的产物，很少考虑到市场竞争和需求的实际情况，只是从保证生产者的利益出发制定价格。另外，先确定产品销量，再计算产品价格的做法完全颠倒了价格与销量的因果关系，把销量看成是价格的决定因素，在实际上很难行得通。尤其是对于那些需求的价格弹性较大的产品，用这种方法制定出来的价格，无法保证销量的必然实现，那么，预期的投资回收期、目标收益等也就只能成为一句空话。不过，对于需求比较稳定的大型制造业、供不应求且价格弹性小的商

品、市场占有率高且具有垄断性的商品，以及大型的公用事业、劳务工程和服务项目等，在科学预测价格、销量、成本和利润四要素的基础上，目标收益法仍不失为一种有效的定价方法。

3. 边际成本定价法

边际成本是指每增加或减少单位产品所引起的总成本的变化量。由于边际成本与变动成本比较接近，而变动成本的计算更容易一些，所以在定价实务中多用变动成本代替边际成本，而将边际成本定价法称为变动成本定价法。边际成本定价法所确定的价格表达式为

价格=边际成本+边际贡献

式中，边际成本是每增加或减少一单位产品产量所产生的成本变化量；边际贡献是每增加或减少一单位产品销售量所带来的收益。

采用边际成本定价法时是以单位产品变动成本作为定价依据和可接受价格的最低界限。在价格高于变动成本的情况下，企业出售产品的收入除完全补偿变动成本外，尚可用来补偿一部分固定成本，甚至可能提供利润。

边际成本定价法改变了售价低于总成本便拒绝交易的传统做法，在竞争激烈的市场条件下具有极大的定价灵活性，对于有效地对付竞争者，开拓新市场，调节需求的季节差异，形成最优产品组合可以发挥巨大的作用。但是，过低的成本有可能被指控为从事不正当竞争，并招致竞争者的报复，在国际市场则易被进口国认定为“倾销”，产品价格会因“反倾销税”的征收而畸形上升，失去其最初的意义。

4. 盈亏平衡定价法

在销量既定的条件下，企业产品的价格必须达到一定的水平才能做到盈亏平衡、收支相抵。既定的销量就称为盈亏平衡点，这种制定价格的方法就称为盈亏平衡定价法。科学地预测销量和已知固定成本、变动成本是盈亏平衡定价的前提。

在此方法下，为了确定价格可利用如下公式：

盈亏平衡点价格(P)=固定总成本(FC)÷销量(Q) +单位变动成本(VC)

例如，某企业年固定成本为 100 000 元，单位产品变动成本为 30 元/件，年产量为 2 000 件，则该企业盈亏平衡点价格=100 000÷2 000+30=80(元)。

以盈亏平衡点确定价格只能使企业的生产耗费得以补偿，而不能得到收益。因此，在实际中均将盈亏平衡点价格作为价格的最低限度，通常在加上单位产品目标利润后才作为最终市场价格。有时，为了开展价格竞争或应付供过于求的市场格局，企业采用这种定价方式以取得市场竞争的主动权。

从本质上说，成本导向定价法是一种卖方定价导向。它忽视了市场需求、竞争和价格水平的变化，在有些时候与定价目标相脱节，不能与之很好地配合。此外，运用这一方法制定的价格均是建立在对销量主观预测的基础上，从而降低了价格制定的科学性。因此，在采用成本导向定价法时，还需要充分考虑需求和竞争状况，以此来确定最终的市场价格水平。

8.2.2 竞争导向定价法

在竞争十分激烈的国际市场上，企业通过研究竞争对手的生产条件、服务状况、价格

水平等因素，依据自身的竞争实力，参考成本和供求状况来确定商品价格。这种定价方法就是通常所说的竞争导向定价法。其特点是：价格与商品成本和需求不发生直接关系；商品成本或市场需求变化了，但竞争者的价格未变，就应维持原价；反之，虽然成本或需求都没有变动，但竞争者的价格变动了，则相应地调整其商品价格。当然，为实现企业的定价目标和总体经营战略目标，谋求企业的生存或发展，企业可以在其他营销手段的配合下，将价格定得高于或低于竞争者的价格，并不一定要求和竞争对手的产品价格完全保持一致。竞争导向定价主要包括以下几种具体定价方法。

1. 随行就市定价法

在垄断竞争和完全竞争的市场结构条件下，任何一家企业都无法凭借自己的实力而在市场上取得绝对的优势，为了避免竞争特别是价格竞争带来的损失，大多数企业都采用随行就市定价法，即将本企业某产品价格保持在市场平均价格水平上，利用这样的价格来获得平均报酬。此外，采用随行就市定价法，企业就不必去全面了解消费者对不同价差的反应，从而为营销、定价人员节约了很多时间。

采用随行就市定价法，最重要的就是确定目前的“行市”。在实践中，“行市”的形成有两种途径：第一种途径是在完全竞争的环境里，各个企业都无权决定价格，通过对市场的无数次试探，相互之间取得一种默契而将价格保持在一定的水准上。第二种途径是在垄断竞争的市场条件下，某一部门或行业的少数几个大企业首先定价，其他企业参考定价或追随定价。

2. 产品差别定价法

从根本上来说，随行就市定价法是一种防御性的定价方法，它在避免价格竞争的同时，也抛弃了价格这一竞争的“利器”。产品差别定价法则反其道而行之，它是指企业通过不同的营销努力，使同种同质的产品在消费者心目中树立起不同的产品形象，进而根据自身特点，选取低于或高于竞争者的价格作为本企业产品价格。因此，产品差别定价法是一种进攻性的定价方法。

产品差别定价法的运用，首先要求企业必须具备一定的实力，在某一行业或某一区域市场占有较大的市场份额，消费者能够将企业产品与企业本身联系起来。其次，在质量大体相同的条件下实行差别定价是有限的，尤其对于定位为“质优价高”形象的企业来说，必须支付较大的广告、包装和售后服务方面的费用。因此，从长远来看，企业只有通过提高产品质量，才能真正赢得消费者的信任，才能在竞争中立于不败之地。

3. 密封投标定价法

在国内外，许多大宗商品、原材料、成套设备和建筑工程项目的买卖和承包，以及征招生产经营协作单位、出租出售小型企业等，往往采用发包人招标、承包人投标的方式来选择承包者，确定最终承包价格。一般说来，招标方只有一个，处于相对垄断地位，而投标方有多个，处于相互竞争地位。在买方招标的所有投标者中，报价最低的投标者通常中标，它的报价就是承包价格。这样一种竞争性的定价方法就称为密封投标定价法。

在招标投标方式下，投标价格是企业能否中标的关键性因素。高价格固然能带来较高的利润，但中标机会却相对减少；反之，低价格，利润低，虽然中标机会大，但其机会成本可能大于其他投资方向。那么，企业应该怎样确定投标价格呢？

首先，企业根据自身的成本，确定几个备选的投标价格方案，并依据成本利润率计算出企业可能盈利的各个价格水平。其次，分析竞争对手的实力和可能报价，确定本企业各个备选方案的中标机会。竞争对手的实力包括产销量、市场占有率、信誉、声望、质量、服务水平等项目，其可能报价则在分析历史资料的基础上得出。最后，根据每个方案可能的盈利水平和中标机会，计算每个方案的期望利润。每个方案的期望利润=每个方案可能的盈利水平×中标概率(%)。然后，根据企业的投标目的来选择投标方案。

8.2.3 顾客导向定价法

现代市场营销观念要求，企业的一切生产经营必须以消费者需求为中心，并在产品、价格、分销和促销等方面予以充分体现。只考虑产品成本，而不考虑竞争状况及顾客需求的定价，不符合现代营销观念。根据市场需求状况和消费者对产品的感觉差异来确定价格的方法叫做顾客导向定价法，又称“市场导向定价法”、“需求导向定价法”。其特点是灵活有效地运用价格差异，对平均成本相同的同一产品，价格随市场需求的变化而变化，不与成本因素发生直接关系。需求导向定价法主要包括理解价值定价法、需求差异定价法和逆向定价法。

1. 理解价值定价法

所谓“理解价值”，也称“感受价值”、“认知价值”，它是指消费者对某种商品价值的主观评判。理解价值定价法是指企业以消费者对商品价值的理解度为定价依据，运用各种营销策略和手段，影响消费者对商品价值的认知，形成对企业有利的价值观念，再根据商品在消费者心目中的价值来制定价格。

理解价值定价法的关键和难点，是获得消费者对有关商品价值理解的准确资料。企业如果过高估计消费者的理解价值，其价格就可能过高，难以达到应有的销量；反之，若企业低估了消费者的理解价值，其定价就可能低于应有水平，使企业收入减少。因此，企业必须通过广泛的市场调研，了解消费者的需求偏好，根据产品的性能、用途、质量、品牌、服务等要素，判定消费者对商品的理解价值，制定商品的初始价格。然后，在初始价格条件下，预测可能的销量，分析目标成本和销售收入，在比较成本与收入、销量与价格的基础上，确定该定价方案的可行性，并制定最终价格。

2. 需求差异定价法

需求差异定价法是指产品价格的确定以需求为依据，首先强调适应消费者需求的不同特性，而将成本补偿只放在次要的地位。这种定价方法，对同一商品在同一市场上制定两个或两个以上的价格，或使不同商品价格之间的差额大于其成本之间的差额。其好处是可以使企业定价最大限度地符合市场需求，促进商品销售，有利于企业获取最佳的经济效益。

根据需求特性的不同，需求差异定价法通常有以下几种形式。

(1) 以用户为基础的差别定价。它指对同一产品针对不同的用户或顾客，制定不同的价格。比如，对老客户和新客户、长期客户和短期客户、女性和男性、儿童和成人、残疾人和健康人、工业用户和居民用户等，分别采用不同的价格。

(2) 以地点为基础的差别定价。它随着地点的不同而收取不同的价格，比较典型的例子是影剧院、体育场、飞机等，其座位不同，票价也不一样。例如，体育场的前排可能收费较高，旅馆客房因楼层、朝向、方位的不同而收取不同的费用。这样做的目的是调节客户对不同地点的需求和偏好，平衡市场供求。

(3) 以时间为基础的差别定价。同一种产品，成本相同，而价格随季节、日期，甚至钟点的不同而变化。例如，供电局在用电高峰期和闲暇期制定不同的电费标准；电影院在白天和晚上的票价有别。对于某些时令商品，在销售旺季，人们愿意以稍高的价格购买；而一到淡季，则购买意愿明显减弱，所以这类商品在定价之初就应考虑到淡、旺季的价格差别。

(4) 以产品为基础的差别定价。不同外观、花色、型号、规格、用途的产品，也许成本有所不同，但它们在价格上的差异并不完全反映成本之间的差异，而主要区别在于需求的不同。例如，棉纺织品卖给纺织厂和卖给医院的价格不一样，工业用水、灌溉用水和居民用水的收费往往有别，对于同一型号而仅仅是颜色不同的产品，由于消费者偏好的不同，也可以制定不同的价格。

(5) 以流转环节为基础的差别定价。企业产品出售给批发商、零售商和用户的价格往往不同，通过经销商、代销商和经纪人销售产品，因责任、义务和风险不同，佣金、折扣及价格等都不一样。

(6) 以交易条件为基础的差别定价。交易条件主要指交易量大小、交易方式、购买频率、支付手段等。交易条件不同，企业可能对产品制定不同价格。比如，交易批量大的价格低，零星购买价格高；现金交易价格可适当降低，支票交易、分期付款、以物易物的价格适当提高；预付定金、连续购买的价格一般低于偶尔购买的价格。

需求差异定价法针对不同需求而采用不同的价格，实现顾客的不同满足感，能够为企业谋取更多的利润，因此，在实践中得到广泛的运用。但是，也应该看到，实行区别需求定价必须具备一定的条件，否则，不仅达不到差别定价的目的，甚至会产生负作用。这些条件包括以下内容。

(1) 从购买者方面来说，购买者对产品的需求有明显的差异，需求弹性不同，市场能够细分，不会因差别价格而导致顾客的反感。

(2) 从企业方面来说，实行不同价格的总收入要高于同一价格的收入。因为差别定价不是目的，而是一种获取更高利润的手段，所以企业必须进行供求、成本和盈利分析。

(3) 从产品方面来说，各个市场之间是分割的，低价市场的产品无法向高价市场转移。这种现象可能是由于交通运输状况造成的，也可能是由于产品本身特点造成的。如劳务项目难以通过市场转卖而获取差额利润，所以，适宜采用差别定价方法。

(4) 从竞争状况来说，无法在高价市场上进行价格竞争。这可能是本企业已垄断市场，竞争者极难进入，也可能是产品需求弹性小，低价不会对消费者需求产生较大的影响，还可能是消费者对本企业产品已产生偏好。

3. 逆向定价法

这种定价方法主要不是考虑产品成本，而是重点考虑需求状况。依据消费者能够接受的最终销售价格，逆向推算出中间商的批发价和生产企业的出厂价格。逆向定价法的特点是：价格能反映市场需求情况，有利于加强与中间商的良好关系，保证中间商的正常利润，使产品迅速向市场渗透，并可根据市场供求情况及时调整，定价比较灵活。

8.2.4 国际转移定价及无效定价的原因

1. 国际转移定价

国际转移定价是指跨国公司的母公司与各国的子公司之间， 或各国的子公司之间转移产品和服务时采用的国际定价方法。许多跨国企业都把国际转移价格作为国际市场营销的重要定价策略，实际上都把国际转移价格定得偏离正常的国际市场价格。转移定价策略的最终目的是使企业以最佳方式完成其产品在内部的转让。最常用的转移定价方法有如下 4 种。

(1) 当产品需从 *A* 国向 *B* 国转移时，如果 *B* 国采用从价税，且关税较高，则采用较低的国际转移价格，以减少应纳的关税。

(2) 高进低出的转移价格。当某国的所得税较高时，转移产品到该国则把转移价格定得较低，降低跨国企业在该国的利润，在该国少纳所得税。

(3) 当某国出现较高的通货膨胀率时，应向该国子公司转移产品，也可采用高进低出的转移价格，避免资金在该国大量沉淀。

(4) 在实行外汇管制的国家，跨国公司转移产品进去时采用高定价，而在转移出来时则采用低定价，降低在该国的利润，既可避免利润汇出的麻烦，又可少纳所得税。转移定价策略是企业通过对产品价格的控制操纵，达到其提高企业在低税国家的分公司和子公司的盈利水平，降低企业在高税国家的分公司与子公司的盈利水平，从而使企业税收负担降低到最低限度的一种有效方法。

2. 无效定价的原因

美国许多著名大公司在定价上都犯过错误。例如，领导消费电子产品创新潮流的飞利浦公司(Philips)，在信用卡市场上独占鳌头的花旗银行(Citicorp)，以及几家统治美国航空业市场的航空公司就是如此。虽然它们为消费者创造了巨大价值，但是却往往不如同行业一些小公司那样具有持久和可观的获利性。为什么这些大公司不能从它们创造的巨大价值中获得足够的利润呢？

原因就在于它们未能将创造价值的活动与定价决策有机地结合起来。为了形成较强且持久的获利性，公司必须把定价作为整个经营战略的一个组成部分。作为一个有战略眼光的定价者，他所应该思考的问题不是“我们需要什么样的价格才能收回成本并赚取预期的利润”，而是“在市场可接受的价格下，维持什么样的成本水平才能实现预期的利润目标”；不是“顾客愿意支付的价格是多少”，而是“我们的产品在顾客看来能值多少，以及通过更有效的沟通是否能使顾客确信该产品货真价实”；不是“什么价格才能实现销售额或市场份额目标”，而是“什么样的销售额或市场价格水平才能使公司利润最大化”。当某些顾客认为产品的价格过高时，定价者应当考虑如何进一步细分市场，进而以不同的产品和不同的分销渠道去满足不同价值标准的顾客群体，而不应当只是秘密地给这些顾客折扣。

如果定价着眼于对产品价值的判断，那么进行价格决策的应是市场部或销售部经理，因为他们可能最了解顾客。但是，没有适当的财务指标制约，这种价格就不能持续稳定地创造利润。因此，财务部门必须了解成本与销售量之间的关系，并运用有关知识去发掘营销活动中的激励因素，以便有利可图地实现他们的目标。

营销案例

柯达与富士的中国之战

柯达公司曾是全世界最大感光材料生产厂商，创办于 1880 年，曾占据着世界感光业的霸主地位，占世界市场的 42%左右。富士则是二战后才成立，直到 20 世纪 80 年代才有影响力，占据世界第二位。两家公司在中国市场的竞争一直都是非常激烈的，体现在产品上就是针锋相对的，两家产品结构几乎完全一样。在中国市场上我们可以看到，从 20 世纪 90 年代以来，胶卷业的两强一直在用各种方式争斗着。产品价格的竞争更是激烈，同种类型的胶卷，不是柯达贵一点就是富士高八毛，基本上差不了太多。在广告等促销策略工具上，也是你效我仿，齐头并进。

8.3 国际市场定价策略

国际营销者如果想顺利地进占国际市场，灵活地选择定价策略是一个关键的因素。所谓定价策略是指企业为实现自己的定价目标，对出口商品或劳务制定一个基本的价格幅度和浮动范围，以扩大销售，增加利润。国际企业可选用的国际价格策略有：用以新产品定价的撇脂法和渗透法；用以折让策略的数量折扣法、现金折扣法、职能折扣法和季节折扣法；用以地理定价的区域运送法、补贴运费法；用以心理定价策略的非整数定价法、整数定价法、声望定价法、单位标价法；等等。

8.3.1 国际市场定价策略

1. 新产品定价策略

企业向国际市场推出新产品时，通常采用撇脂定价法和渗透定价法。

1) 撇脂定价法

新产品上市之初，将价格定得较高，在短期内获取厚利，尽快收回投资。就像从牛奶中撇取所含的奶油一样，取其精华，称之为“撇脂定价”法。

这种方法适合需求弹性较小的细分市场，其优点：①新产品上市，顾客对其无理性认识，利用较高价格可以提高身价，适应顾客求新心理，有助于开拓市场；②主动性大，产品进入成熟期后，价格可分阶段逐步下降，有利于吸引新的购买者；③价格高，限制需求量过于迅速增加，使其与生产能力相适应。缺点是：获利大，不利于扩大市场，并很快招来竞争者，会迫使价格下降，好景不长。

例如，美国宝丽来公司开始推出它的新式相机时，就是运用这种定价策略。这种相机在介绍期以高价上市，由于其特有的一次成像的功能，目标市场上许多顾客都争相选购。

但当销售量开始减少时，公司便降低价格，将目标市场扩展到对价格敏感的另一些顾客。运用这种定价法，宝丽来公司从不同的目标市场上多次“撇取”了超额利润。

2) 渗透定价法

在新产品投放市场时，价格定得尽可能低一些，其目的是获得最高销售量和最大市场占有率。

当新产品没有显著特色，竞争激烈，需求弹性较大时宜采用渗透定价法。其优点：①产品能迅速为市场所接受，打开销路，增加产量，使成本随生产发展而下降；②低价薄利，使竞争者望而却步，减缓竞争，获得一定市场优势。

对于企业来说，采取撇脂定价还是渗透定价，需要综合考虑市场需求、竞争、供给、市场潜力、价格弹性、产品特性、企业发展战略等因素。

美国德州仪器制造公司采用的主要是这种策略。它建立了一座大规模的工厂，力图大量生产计算机，使价格尽可能降低，以取得较大的市场份额，从而扩大生产，降低成本，并进一步降低价格。有些产品大量积压的企业和折扣商店，也采用这种定价法。

2. 心理定价策略

略心理定价是根据消费者的消费心理定价，有以下几种。

(1) 尾数定价法。根据一些消费心理学家的调查，消费者从习惯上乐于接收尾数价格，不喜整数价格。例如某商品价格为4.90元或4.95元时，销量远比价格为5.00元时要大。

(2) 分级定价法。由于同类产品生产者多、花色品种各异，如果给同类产品定一个价格，会增加选购的难度，因此，零售商往往把同类产品分为若干档次定价。

(3) 声望定价法。一家商店的店号在消费者心中享有声望，则它出售的商品价格可比一般商店高些。名牌商品可采用“优质高价”策略，既增加了盈利，又让消费者在心理上感到满足。

(4) 招徕定价法。企业可利用节假日，举行“大减价”，采用让利招徕定价法。如美国有一家著名的“99仙”商店，所售商品一律定价99美分，甚至彩电也是99美分一台(每天仅供应10台)，借此招徕顾客。

(5) 需求习惯定价法。有些商品的价格在市场上已为顾客所习惯。例如，卷子糖一向为2角一卷；又如礼品的销售，顾客在购买前已有送50元、100元等金额礼品的打算，对此厂商应充分利用这种习惯心理定价。

(6) 数字定价法。据国外市场调查发现，在生意兴隆的商店超市中商品定价时所用的数字，按其使用的频率排序，先后依次是5、8、0、3、6、9、2、4、7、1。这种现象不是偶然出现的，究其根源是顾客消费心理的作用。那些带有弧形线条的数字如5、8、0、3、6等似乎不带有刺激感，易为顾客接受；而不带有弧形线条的数字如1、7、4等比较而言就不大受欢迎。所以，在商店超市商品销售价格中，8、5等数字最常出现，而1、4、7则出现次数少得多。

在我国，很多人喜欢8这个数字，因它与“发”同音，挺吉利的；6字，因老百姓有六六大顺的说法，所以也比较受欢迎；而4与“死”谐音，极少被用到；7字，一般也不会让人感觉舒心，所以尽量不用或少用。

(7) 小单位定价法。比如茶叶每500克100元定成每50克5元，70元一袋10公斤的优质大米定成每 500 克 3.5 元等。或者用较小单位商品的价格进行比较，如“每天少抽一支烟，每日就可订一份报纸。”“使用这种电冰箱每天只耗半度电，才 2 毛钱！”

3. 折扣定价策略

大多数企业通常都酌情调整其基本价格， 以鼓励顾客及早付清货款、大量购买或增加淡季购买。这种价格调整叫做价格折扣和折让。

(1) 现金折扣是对及时付清账款的购买者的一种价格折扣。例如“2/10 净 30”，表示付款期是 30 天，如果在成交后 10 天内付款，给予 2%的现金折扣。许多行业习惯采用此法以加速资金周转， 减少收账费用和坏账。

(2) 数量折扣是企业给那些大量购买某种产品的顾客的一种折扣，以鼓励顾客购买更多的货物。大量购买能使企业降低生产、销售等环节的成本费用。例如：顾客购买某种商品 100 单位以下，每单位 10 元；购买 100 单位以上，每单位 9 元。

(3) 职能折扣也叫贸易折扣，是制造商给予中间商的一种额外折扣，使中间商可以获得低于目录价格的价格。

(4) 季节折扣是企业鼓励顾客淡季购买的一种减让，使企业的生产和销售一年四季能保持相对稳定。

(5) 推广津贴。为扩大产品销路，生产企业向中间商提供促销津贴。如零售商为企业产品刊登广告或设立橱窗，生产企业除负担部分广告费外，还在产品价格上给予一定优惠。

4. 差别定价策略

企业往往根据不同顾客、不同时间和场所来调整产品价格，实行差别定价，即对同一产品或劳务定出两种或多种价格，但这种差别不反映成本的变化，主要有以下几种形式。

(1) 对不同顾客群定不同的价格。

(2) 不同的花色品种、式样定不同的价格。

(3) 不同的部位定不同的价格。

(4) 不同时间定不同的价格。

实行差别定价的前提条件是：市场必须是可细分的且各个细分市场的需求强度是不同的；商品不可能转手倒卖；高价市场上不可能有竞争者削价竞销；不违法；不引起顾客反感。

8.3.2 国际市场定价策略的依据

1. 根据产品生命周期进行定价

产品生命周期(Product Life Cycle，PLC)分为引入期、成长期、成熟期、衰退期。每一个品牌都随着自己公司的市场策略和产品的成熟而形成自己独特的产品生命周期。以笔记本为例的消费电子产品因为快速的增长和日益剧烈的竞争，产品的生命周期往往很短，有些厂商甚至对于一个型号的产品只生产一两批，生命周期只有一个月到一个半月。

(1) 引入期，第一阶段是让消费者知道、了解产品。为了把信息传播出去，厂商需要花费高额的广告费用，还有选择若干家分销渠道去分销产品。厂商随着对客户需求的了解而频繁地改进产品。首批购买人被称为创新者，因为他们的个性或是因为荷包里的钱允许他们承担购买风险。

(2) 成长期，随着宣传的增多，竞争开始加剧。更多的消费者了解产品，开始研究新型号以决定购买哪款。消费者更多地开始比较性能。对于厂家来说重点在于扩大销售额度，超越竞争对手，以便通过高生产效率和更有效的宣传等手段来降低成本。这将有助于产品在下一个生命周期取得竞争优势。

(3) 成熟期，进入这个阶段，零售市场的晚期消费者开始购买产品。由于消费者已非常熟悉某种产品，而同类产品间的差异又不大，此时品牌的忠诚度便起了主要作用。此阶段是市场的稳定期，价格竞争往往变的十分激烈，因为额外的市场直接来自竞争对手。此时营销的重点放在细分市场上，以满足尚未满足的消费需求，这也是竞争对手正在做的事。

(4) 衰退期，此时竞争对手可能都提供相似产品，就连最胆小的消费者在此时也觉的买这个产品是安全的。消费者对广告不予理会，因为他们知道在此阶段所有的竞争产品都一样。如果竞争对手仍然存在，则应该考虑降低价格。相应地，如果竞争逐渐减少，则应慢慢的提高价格。

例如，笔记本电脑的定价分为两种：剥离式与渗透式。剥离式是早在产品生命周期的引入期，厂商可以依靠其品牌或产品优势虚高价格，吸引早期消费者赚取高额利润。然后在产品的成长期与成熟期慢慢回落到厂商的合理利润水平。最后在衰退期以相对较低的价格清理库存，回收成本。在产品即将被淘汰时可能因为市场断货又有需求的情况下会出现阶段性的涨价。惯用此种策略的品牌有 Thinkpad、HP(商用)、SONY、SAMSUNG、TOSHIBA 等。

渗透式是以低价格来获取市场份额的，其目的首先是大量生产来降低单位成本，其次是提高品牌的知名度。此战略可以在产品的引入期使用，一直到衰退期价格的浮动都不是很明显。惯用厂商为联想、方正、清华同方、神舟、Acer、DELL 等。有些厂商因产品线的定位不同，两种策略都要兼顾，比如 HP 商用机应该常用剥离式；家用部分型号使用渗透式，比如 COMPAQ 3120TU。

2. 根据产品类别分阶段进行定价

不同类别的产品应采取不同的定价策略。如日常生活用品，对于这种购买率高，周转快的产品，适合采用薄利多销的定价策略。而对于周转慢，销售与储运成本较高的特殊品、耐用品，价格可定高些，以保证盈利。在市场竞争中，商家应时时预测供求的变化，以便及时对价格作出调整。好的调整犹如润滑油，能使平销、滞销的商品畅通无阻。

德国韦德蒙德城的奥斯登零售公司，经销商品十分成功。例如，奥斯登刚推出一万套内衣外穿的时装时，定价为超过普通内衣价格的 5～6 倍，但照样销售很旺。这是因为这种时装一反过去内外有别的穿着特色，顾客感到新鲜，有极强的吸引力。可是到 2008 年 5 月，当德国各大城市相继大批推出这种内衣外穿时装时，奥斯登却将价格一下骤降到只略高于普通内衣的价格，同样一销而光。这样，又过了 8 个月，当内衣外穿时装已经不那么吸引人时，奥斯登又以“成本价”出售，每套时装的价格还不到普通内衣的 60%，结果这种过时的衣服在奥斯登还是十分畅销。

3. 根据顾客与中间商进行定价

自古以来，总是卖主开价，买主还价。能否倒过来，先由买主开价呢？例如，餐馆的饭菜价格，从来都是由店主决定的，顾客只能按菜谱点菜，按价计款。但在美国的匹兹堡市却有一家“米利奥家庭餐馆”是由顾客定价的。在餐馆的菜单上，只有菜名，没有菜价，顾客根据自己对饭菜的满足程度付款，无论多少，餐馆都无异议，如顾客不满意，可以分文不付。但事实上，绝大多数顾客都能合理付款，甚至多付款。当然，也有付款少的，甚至在狼吞虎咽一顿之后，分文不给，扬长而去的，但那毕竟只是极少数。另外，企业应充分重视中间商的利益，用各种方法调动他们的积极性，促进销售。

特别提示

价格战只会对中间商有利，对扩大市场容量和提高销售业绩意义不大。

营销案例

苹果公司的定价策略

苹果公司的iPod产品是最近几年来最成功的消费类数码产品，一推出就获得成功，第一款iPod零售价高达399美元，即使对于美国人来说，也是属于高价位产品，但是有很多“苹果迷”既有钱又愿意花钱，所以还是纷纷购买。苹果的撇脂定价取得了成功。但是苹果认为还可以“撇到更多的脂”，于是不到半年又推出了一款容量更大的iPod，当然价格也更高，定价499美元，仍然卖得很好。而苹果公司在采取撇脂定价法取得成功后，根据外部环境的变化，主动改变了定价方法，2004年，推出了iPod shuffle，这是一款大众化的产品，价格降低到99美元一台。之所以在这个时候推出大众化产品，一方面市场容量已经很大，占据低端市场也能获得大量利润。另一方面，索尼等企业也推出了类似的产品，在竞争对手产品的竞争下，苹果急需推出低价格产品来抗衡，但是原来的高价格产品并没有退出市场，而是略微降低了价格而已。苹果公司只是在产品线的结构上形成了“高低搭配”的良好结构，改变了原来只有高端产品的格局。苹果公司iPod产品在几年中的价格变化是撇脂定价和渗透式定价交互运用的典范，体现了苹果公司卓越的价格管理能力。

8.4 国际市场价格调整及其策略

国际企业为某种产品制定出价格以后，并不意味着大功告成。随着国际市场营销环境的变化，国际企业必须对现行价格予以适当的调整。企业调整价格，可采用减价及提价策略。企业产品价格调整的动力既可能来自于内部，也可能来自于外部。倘若企业利用自身的产品或成本优势，主动地对价格予以调整，将价格作为竞争的利器，这称为主动调整价格。有时，价格的调整出于应付竞争的需要，即竞争对手主动调整价格，而企业也相应地被动调整价格。无论是主动调整，还是被动调整，其形式不外乎是削价和提价两种。

8.4.1 国际企业削价和提价策略

1. 国际企业削价及其策略

企业削价的原因很多，有企业外部需求及竞争等因素的变化，也有企业内部的战略转变、成本变化等，还有国家政策、法令的制约和干预等。这些原因具体表现在以下几个方面。

(1) 企业急需回笼大量现金。对现金产生迫切需求的原因既可能是其他产品销售不畅，也可能是为了筹集资金进行某些新活动，而资金借贷来源中断。此时，企业可以通过对某些需求的价格弹性大的产品予以大幅度削价，从而增加销售额，获取现金。

(2) 企业通过削价来开拓新市场。一种产品的潜在顾客往往由于其消费水平的限制而阻碍了其转向现实顾客的可行性。在削价不会对原顾客产生影响的前提下，企业可以通过削价方式来扩大市场份额。不过，为了保证这一策略的成功，有时需要以产品改进策略相配合。

(3) 企业决策者决定排斥现有市场的边际生产者。对于某些产品来说，各个企业的生产条件、生产成本不同，最低价格也会有所差异。那些以目前价格销售产品仅能保本的企业，在别的企业主动削价以后，会因为价格的被迫降低而得不到利润，只好停止生产。这无疑有利于主削价的企业。

(4) 企业生产能力过剩，产品供过于求，但是企业又无法通过产品改进和加强促销等工作来扩大销售。在这种情况下，企业必须考虑削价。

(5) 企业决策者预期削价会扩大销售，由此可望获得更大的生产规模。特别是进入成熟期的产品，削价可以大幅度增进销售，从而在价格和生产规模之间形成良性循环，为企业获取更多的市场份额奠定基础。

(6) 由于成本降低，费用减少，企业削价成为可能。随着科学技术的进步和企业经营管理水平的提高，许多产品的单位产品成本和费用在不断下降，因此，企业拥有条件适当削价。

(7) 企业决策者出于对中间商要求的考虑。以较低的价格购进货物不仅可以减少中间商的资金占用，而且为产品大量销售提供了一定的条件。因此，企业削价有利于同中间商建立较良好的关系。

(8) 政治、法律环境及经济形势的变化，迫使企业降价。政府为了实现物价总水平的下调，保护需求，鼓励消费，遏制垄断利润，往往通过政策和法令，采用规定毛利率和最高价格、限制价格变化方式、参与市场竞争等形式，使企业的价格水平下调。

在紧缩通货的经济形势下或者在市场疲软、经济萧条时期，由于币值上升，价格总水平下降，企业产品价格也应随之降低，以适应消费者的购买力水平。此外，消费者运动的兴起也往往迫使产品价格下调。削价最直截了当的方式是将企业产品的目录价格或标价绝对下降，但企业更多地采用各种折扣形式来降低价格，如之前提到的数量折扣、现金折扣、回扣和津贴等形式。

此外，变相的削价形式有：赠送样品和优惠券，实行有奖销售；给中间商提取推销奖金；允许顾客分期付款；赊销；免费或优惠送货上门、技术培训、维修咨询；提高产品质量，改进产品性能，增加产品用途。由于这些方式具有较强的灵活性，在市场环境变化的时候，即使取消也不会引起消费者太大的反感，同时又是一种促销策略，因此在现代经营活动中运用越来越广泛。

确定何时削价是调价策略的一个难点，通常要综合考虑企业实力、产品在市场生命周期所处的阶段、销售季节、消费者对产品的态度等因素。比如，进入衰退期的产品，由于消费者失去了消费兴趣，需求弹性变大，产品逐渐被市场淘汰，为了吸引对价格比较敏感的购买者和低收入需求者，维持一定的销量，削价就可能是唯一的选择。由于影响削价的因素较多，企业决策者必须审慎分析和判断，并根据削价的原因选择适当的方式和时机，制定最优的削价策略。

2. 国际企业提价及其策略

提价确实能够增加企业的利润率，但却会引起竞争力下降、消费者不满、经销商抱怨，甚至还会受到政府的干预和同行的指责，从而对企业产生不利影响。虽然如此，在实际中仍然存在着较多的提价现象。其主要原因是具体如下。

(1) 应付产品成本增加，减少成本压力。这是所有产品价格上涨的主要原因。成本的增加或者是由于原材料价格上涨，或者是由于生产或管理费用提高而引起的。企业为了保证利润率不致因此而降低，便采取提价策略。

(2) 为了适应通货膨胀，减少企业损失。在通货膨胀条件下，即使企业仍能维持原价，但随着时间的推移，其利润的实际价值也呈下降趋势。为了减少损失，企业只好提价，将通货膨胀的压力转嫁给中间商和消费者。

(3) 产品供不应求，遏制过度消费。对于某些产品来说，在需求旺盛且生产规模又不能及时扩大而出现供不应求的情况下，可以通过提价来遏制需求，同时又可以取得高额利润，在缓解市场压力、使供求趋于平衡的同时，为扩大生产准备了条件。

(4) 利用顾客心理，创造优质效应。作为一种策略，企业可以利用涨价营造名牌形象，使消费者产生价高质优的心理定势，以提高企业知名度和产品声望。对于那些革新产品、贵重商品、生产规模受到限制而难以扩大的产品，这种效应表现得尤为明显。

为了保证提价策略的顺利实现，提价时机可选择在这样几种情况下：产品在市场上处于优势地位；产品进入成长期；季节性商品达到销售旺季；竞争对手产品提价。

此外，在方式选择上，企业应尽可能多采用间接提价，把提价的不利因素减到最低程度，使提价不影响销量和利润，而且能被潜在消费者普遍接受。同时，企业提价时应采取各种渠道向顾客说明提价的原因，配之以产品策略和促销策略，并帮助顾客寻找节约途径，以减少顾客不满，维护企业形象，提高消费者信心，刺激消费者的需求和购买行为。

至于价格调整的幅度，最重要的考虑因素是消费者的反应。因为调整产品价格是为了促进销售，实质上是要促使消费者购买产品。忽视了消费者反应，销售就会受挫，只有根据消费者的反应调价，才能收到好的效果。

8.4.2 消费者与竞争者对国际市场价格变动的反应

1. 消费者对国际市场价格变动的反应

不同市场的消费者对价格变动的反应是不同的，即使处在同一市场的消费者对价格变动的反应也可能不同。从理论上来说，可以通过需求的价格弹性来分析消费者对价格变动的反应，弹性大表明反应强烈，弹性小表明反应微弱。但在实践中，价格弹性的统计和测定非常困难，其状况和准确度常常取决于消费者预期价格、价格原有水平、价格变化趋势、需求期限、竞争格局以及产品生命周期等多种复杂因素，并且会随着时间和地点的改变而处于不断地变化之中，企业难以分析、计算和把握。所以，研究消费者对调价的反应，多是注重分析消费者的价格意识。

价格意识是指消费者对商品价格高低强弱的感觉程度，直接表现为顾客对价格敏感性的强弱，包括知觉速度、清晰度、准确度和知觉内容的充实程度。它是掌握消费者态度的主要方面和重要依据，也是解释市场需求对价格变动反应的关键变量。

价格意识强弱的测定，往往以购买者对商品价格回忆的准确度为指标。研究表明，价格意识和收入呈负相关关系，即收入越低，价格意识越强，价格的变化直接影响购买量；收入越高，价格意识越弱，价格的一般调整不会对需求产生较大的影响。此外，由于广告常使消费者更加注意价格的合理性，同时也给价格对比提供了方便，因而广告对消费者的价格意识也起着促进作用，使他们对价格高低更为敏感。

消费者可接受的产品价格界限是由价格意识决定的。这一界限也就规定了企业可以调价的上下限度。在一定条件下，价格界限是相对稳定的，若条件发生变化，则价格心理界限也会相应改变，因而会影响企业的调价幅度。

依据上面介绍的基本原理，可以将消费者对价格变动的反应归纳为以下内容。

(1) 在一定范围内的价格变动是可以被消费者接受的；提价幅度超过可接受价格的上限，则会引起消费者不满，产生抵触情绪，而不愿购买企业产品；降价幅度低于下限，会导致消费者的种种疑虑，也对实际购买行为产生抑制作用。

(2) 在产品知名度因广告而提高、收入增加、通货膨胀等条件下，消费者可接受价格上限会提高；在消费者对产品质量有明确认识、收入减少、价格连续下跌等条件下，下限会降低。

(3) 消费者对某种产品削价的可能反应是：产品将马上因式样陈旧、质量低劣而被淘汰；企业遇到财务困难，很快将会停产或转产；价格还要进一步下降；产品成本降低了。而对于某种产品的提价则可能这样理解：很多人购买这种产品，我也应赶快购买，以免价格继续上涨；提价意味着产品质量的改进；企业将高价作为一种策略，以树立名牌形象；卖主想尽量取得更多利润；各种商品价格都在上涨，提价很正常。

2. 竞争者对国际市场价格变动的反应

虽然透彻地了解竞争者对价格变动的反应几乎不可能，但为了保证调价策略的成功，主动调价的企业又必须考虑竞争者的价格反应。没有估计竞争者反应的调价，往往难以成功，至少不会取得预期效果。

如果所有的竞争者行为相似，只要对一个典型竞争者作出分析就可以了。如果竞争者在规模、市场份额或政策及经营风格方面有关键性的差异，则各个竞争者将会作出不同的反应，这时，就应该对各个竞争者分别予以分析。分析的方法是尽可能地获得竞争者的决策程序及反应形式等重要情报，模仿竞争者的立场、观点、方法思考问题。最关键的问题是要弄清楚竞争者的营销目标：如果竞争者的目标是实现企业的长期最大利润，那么，本企业价格降低，它往往不会在价格上作相应反应，而在其他方面作出努力，如加强广告宣传、提高产品质量和服务水平等；如果竞争者的目标是提高市场占有率，它就可能跟随本企业的价格变动，而相应调整价格。竞争者对调价的反应有以下几种类型。

1) 相向式反应

你提价，他涨价；你降价，他也降价。这样一致的行为，对企业影响不太大，不会导致严重后果。企业坚持合理营销策略，不会失掉市场和减少市场份额。

2) 逆向式反应

你提价，他降价或维持原价不变；你降价，他提价或维持原价不变。这种相互冲突的行为，影响很严重，竞争者的目的也十分清楚，就是乘机争夺市场。对此，企业要进行调查分析，首先摸清竞争者的具体目的，其次要估计竞争者的实力，第三要了解市场的竞争格局。

3) 交叉式反应

众多竞争者对企业调价反应不一，有相向的，有逆向的，有不变的，情况错综复杂。企业在不得不进行价格调整时应注意提高产品质量，加强广告宣传，保持分销渠道畅通等。

在实践中，为了减少因无法确知竞争者对价格变化的反应而带来的风险，企业在主动调价之前必须明确回答以下问题，在细致分析的基础上，企业方可确定价格调整的幅度和时机。

① 本行业产品有何特点？本企业在行业中处于何种地位？

② 主要竞争者是谁？竞争对手会怎样理解我方的价格调整？

③ 针对本企业的价格调整，竞争者会采取什么对策？这些对策是价格性的还是非价格性的？它们是否会联合作出反应？

④ 针对竞争者可能的反应，企业的对策又是什么？有无几种可行的应对方案？

在国际市场竞争中如何制定具体的价格呢？通常有以下几种策略。

1) 追随领袖企业定价

所谓领袖企业， 即同行业中占据较大市场份额或影响极大的企业。由于领袖企业的寡头垄断者在价格的提高、维持和降低上起着“控制”作用，公司宜采用避免竞争的定价策略。产品质量和领袖企业相同，价格也基本相同。

2) 随行就市

这种定价策略是以本行业平均价格水平为标准，既能保证合理的收益，也易于和同行业其他企业和平相处，减少风险和不必要的竞争。

3) 流行水准定价

有些产品，如洗衣机、电冰箱等，其价格水准已普遍为广大消费者接受，形成了心理价格，在质量没有明显差别、消费者选择性不太强的情况下，宜采用市场流行水准定价。定价高于流行水准，难以使顾客接受；低于流行水准或自行降价，反而会降低产品的等级，被消费者误认为“劣质品”而滞销。

4) 排他型定价法

跨国公司打算抢占某地市场，在让当地消费者心理上接受本公司的产品及售后服务后，可以垄断低价出售产品，排除竞争对手，最终取得竞争市场的份额。在国际市场营销中，只要有可能，便应尽量采用此法，以打开产品的销路。

8.4.3 国际市场价格调整影响因素及企业对策

1. 国际市场价格调整影响因素

1) 税则和税率

各国(地区)的税则和税率差别较大，跨国公司的母公司处于高税率国家，子公司在低税率国家，母公司向子公司出售技术和劳务时，调低转移价格，可以降低子公司的进货成本，提高子公司的利润。子公司向母公司出售商品时，调高转移价格，提高母公司的进货成本，可以降低母公司的利润以使整个公司的税负减少。在“避税港”设立控股公司，低价买进高价卖出，公司可获得大量利润，减少税负。

2) 汇率

为应付汇率风险，许多跨国公司采取在内部支付时间上的变动和调整，即提前付款或错后付款，以此来减少汇率变动带来的损失。

3) 政局或政策的变化

当东道国的政局、政策产生变动，或东道国对外国公司实行不利政策时，跨国公司可利用转移价格，从子公司抽回利润，甚至使子公司陷入财政赤字，从而撤回投资。

4) 市场竞争力

为提高子公司在东道国的信誉，母公司低价供应子公司原料、中间产品和服务，高价买进子公司产品，使其账务上有较高利润。子公司要扩大市场，或遏制强有力的竞争对手时，母公司集中人力、物力和财力，以低价向子公司提供原料、中间产品或劳务，降低子公司成本，增强竞争力，从而占领市场。

2. 国际企业对策

竞争对手在实施价格调整策略之前，一般都要经过长时间的深思熟虑，仔细权衡调价的利害。但是，一旦调价成为现实，则这个过程相当迅速，并且在调价之前大多要采取保密措施，以保证发动价格竞争的突然性。企业在这种情况下，贸然跟进或无动于衷都是不妥的，正确的做法是尽快迅速地对以下问题进行调查研究。

① 竞争者调价的目的是什么?

② 竞争者调价是长期的还是短期的?

③ 竞争者调价将对本企业的市场占有率、销售量、利润、声誉等方面有何影响?

④ 同行业的其他企业对竞争者调价行动有何反应?

⑤ 企业有几种反应方案? 竞争者对企业每一个可能的反应又会有何反应?

在回答以上问题的基础上，企业还必须结合所经营的产品特性确定对策。一般来说，在同质产品市场上，如果竞争者削价，企业必须随之削价，否则大部分顾客将转向价格较低的竞争者；但是，面对竞争者的提价，本企业既可以跟进，也可以暂且观望。如果大多数企业都维持原价，最终迫使竞争者把价格还原，使竞争者涨价失败。

在异质产品市场上，由于每个企业的产品在质量、品牌、服务、包装、消费者偏好等方面有着明显的不同，所以面对竞争者的调价策略，企业有着较大的选择余地。

① 价格不变，任其自然，任顾客随价格变化而变化，靠顾客对产品的偏爱和忠诚度来抵御竞争者的价格进攻，待市场环境发生变化或出现某种有利时机时，企业再作行动。

② 价格不变，加强非价格竞争。比如，企业加强广告攻势，增加销售网点，强化售后服务，提高产品质量，或者在包装、功能、用途等方面对产品进行改进。

③ 部分或完全跟随竞争者的价格变动，采取较稳妥的策略，维持原来的市场格局，巩固取得的市场地位，在价格上与竞争对手一较高低。以优于竞争者的价格跟进，并结合非价格手段进行反击。以比竞争者更大的幅度削价，或比竞争者小的幅度提价，强化非价格

竞争，形成产品差异，利用较强的经济实力或优越的市场地位，居高临下，给竞争者以毁灭性的打击。企业要对竞争者调价作出迅速反应，最好事先制定出反应程序，到时按程序处理，提高反应的灵活性和有效性。

总之，国际企业对其产品在国际市场上销售，是保持其统一价格，还是针对不同国家市场制定差别价格，这是一个非常值得研究的问题。统一价格显然有助于国际企业及其产品在世界市场上建立统一形象，便于企业总部控制企业全球的营销活动；然而各国的制造成本、竞争价格、税率都不尽相同，消费水平更有差异，要在环境差别明显的各国市场统一价格销售产品常常是不切实际的。波音飞机销往全世界各国的价格是统一的，这是因为它在各国市场上的竞争地位一致。香港是世界性消费城市，各国旅游者可在那里购到许多免税商品，烟、酒却不在其列，烟、酒制造商不得不将其产品价格定得很高以谋求盈利，因为香港政府对烟、酒苛以重税。

无论如何，国际企业定价的最终目的还是为了寻求利润的最大化，长期的亏本买卖肯定是不做的。国际企业为了使其整个企业集团利润最大化，还经常采用转移价格策略，这是一种在母公司与各国子公司之间以及子公司相互之间转移产品和劳务时所采用的价格，定价的出发点是为了避税，避免资金在高通胀率、严外汇管制国家滞留。当然有些国家政府针对国际企业的这一策略，制定了相应的法律、法规，以要求国际企业制定内部转移价格时能遵守公平交易的原则，挽回或保护其正当的国家利益。

营销案例

中国摩托车在国际市场的遭遇

20个世纪90年代，和这几年的汽车产业一样，中国摩托车产业迎来了自己的黄金发展阶段。也是在短短数年间，中国的摩托车产量就突破了1 000万辆，一跃成为世界摩托车第一生产大国。产能的快速扩张加之税收、限摩等原因，使得国内摩托车市场很快饱和，供大于求迫使市场选择向外突破，于是各大摩托车企业纷纷杀出国门。到了2000、2001年，摩托车出口的急速增长，使中国成为世界上最大的摩托车出口国。在经济利益驱动下，投身到国际市场搏杀的国内摩托车企业越来越多，不夸张地说，世界上凡有摩托车的地方就有中国制造的摩托车的踪影，2004年中国摩托车总产量达1 700万辆，出口400万辆到世界157个国家，创汇14亿美元；2005年上半年就出口189.4万辆，创汇7.49亿美元。充分而激烈的竞争使得中国摩托车企业以惊人的低价在国际市场打下了半壁江山，但竞相杀价的结果是中国摩托车企业在海外两败俱伤，也导致已占世界产量1/2的中国摩托车工业经过这么多年发展，虽是世界摩托车生产大国，但无法成为摩托车生产强国。以越南市场为例，个别中国摩托车企业刚在该国开拓市场成功，还立足未稳，大批同样来自中国的摩托车企业已蜂拥而至，致使只有60万辆市场规模的越南，短时间内涌入近200万辆中国制造的摩托车。要想在这场价格战中取胜，只能是降低成本，于是一些劣质产品开始出现在越南市场，严重损坏了中国产品的声誉。随后越南政府的反倾销及各种限制措施接踵而至，中国摩托车产品遭受了惨重的打击。从2002年开始，中国摩托车出口越南急速减少，进入2003年已经几乎为零，从而使日本生产的摩托车产品重新占领越南市场。从零到200万辆再到零，这个数字的变迁，成为中国摩托车行业在海外市场恶性竞争惨败而归的血的教训。

本章小结

国际产品定价是国际企业营销组合策略的一个重要内容，在市场经济条件下，大部分产品的价格已经放开，但是定价并不是一项随意的工作，它必须考虑竞争环境、产品成本、供求关系和企业定价目标等因素的影响，实际上，定价是这些因素共同作用的结果。定价有 3 种基本方法：成本导向定价、需求导向定价和竞争导向定价。不同企业应视具体情况确定采取哪种方法及哪种计算类型。国际市场定价是一门科学，定价需要一定的策略和技巧，即从定价目标出发，运用价格手段实现营销目标。国际市场产品定价的影响因素：国际企业产品定价目标；国际企业产品定价原则；影响国际市场产品定价的因素。国际市场的定价方法：成本导向定价法；竞争导向定价法；顾客导向定价法；国际转移定价。国际市场定价策略：新产品定价策略；顾客心理定价策略；折扣定价策略；差别定价策略。国际市场价格调整及其策略：国际企业削价和提价策略；消费者和竞争者对国际市场价格变化的反应。

名人名言

21 世纪的工作，已经从做一份工作、追求一项事业，转变到建立专业品牌。

——汤姆·彼得斯(美国著名营销专家)

如果想法改变，态度就会改变；如果态度改变，行为就会改变；如果行为改变，习惯就会改变；如果习惯改变，人格就会改变；如果命运改变，人生就会改变。只要决心成功，失败永远不会把我击垮！

——奥格·曼狄诺(世界上最伟大的推销员)

肯定的想法不迫使你做任何事情，但它比消极的想法能更好地帮你把任何事情都做好。

——齐格·齐格拉(美国著名营销大师)

我拼命工作不是三餐。人生就是一连串面临克服挑战的过程，克服了一个挑战，再面临另一个新的挑战，再去克服它，在这连续不断克服挑战的过程中，我获得人生最大的快乐！

——原一平(日本推销大师)

没有商品这样的东西。顾客真正购买的不是商品，而是解决问题的办法。

——特德·莱维特(美国著名营销专家)

一个基本的价格定律：是便宜的产品未必好卖，让消费者、销售者觉得占了便宜的产品才好卖。怎么让他们觉得占了便宜？肯定少不了价格设定策略。

——杨永华

习　题

一、复习题

1. 选择题

(1) 随行就市定价法属于(　　)。

A．成本导向定价　　B．需求导向定价
C．竞争导向定价　　D．心理导向定价

(2) 价格低廉、产品差异很小、购买量小而频率高的日常消费品的出口常采用(　　)。

A．集中销售策略　　B．广泛销售策略
C．选择性销售策略　　D．独家销售策略

(3) 胶卷行业的柯达公司因其在行业中的地位可采用的市场竞争战略是(　　)。

A．市场追随者战略　　B．市场后起者战略
C．市场领导者战略　　D．市场挑战者战略

(4) 对于从事国际营销的跨国公司来说，市场领导者宜采用(　　)。

A．创新性促销策略　　B．差异化促销策略
C．选择性促销策略　　D．标准化促销策略

(5) 为了扩大销售量、增加总收入而采取降价策略的产品需求价格弹性 E_D 应满足(　　)。

A．$E_D>1$　　B．$E_D=1$
C．$0<E_D<1$　　D．$E_D=0$

(6) 企业的定价目标的基本类型有(　　)。

A．利润目标、竞争目标、发展目标　　B．利润目标、市场目标、竞争目标
C．利润目标、市场目标、发展目标　　D．利润目标、市场目标、发展目标

2．填空题

(1) 国际市场的定价目标中市场目标主要包括________。

(2) 国际促销组合的 4 种主要方式是________、________、________、________。

(3) 在国际市场营销中，企业通常采用的定价方法主要有________。

3．判断题

(1) 在商品价格构成要素中，最基本、最主要的因素是价值。(　　)

(2) 国际营销的特殊性主要表现在竞争激烈、风险及难度大。(　　)

(3) 开放国内服务市场与拓展国际服务市场相结合的战略的实质是以市场换服务。(　　)

(4) 为了稳定国际市场商品价格，政府间的贸易协定往往通过分割原料市场或制成品市场来制定最低限价。(　　)

4．问答题

(1) 简述影响国际企业定价的因素。

(2) 简述成本导向定价法、顾客导向定价法、竞争导向定价法的具体表现形式及适应条件。

(3) 简述根据产品生命周期的定价技巧。

5．讨论题

(1) 国际市场产品定价的原则有哪些？

(2) 在什么条件下国际企业可以采用提价策略？

二、案例应用分析

宝洁中国市场全面降价抢回市场份额

2002年3月，宝洁公司在中国范围内悄然推出一种大众化包装的“汰渍”，价格从原来的5.9元降到了3.5元。其后，在2003年4月，旗下品牌“汰渍”、“碧浪”开始轮番降价，价格一度跌到3元以下，直逼国产品牌“雕牌”的市场零售价。

第一轮降价初战告捷，“汰渍”销量明显攀升，在某些中等城市甚至因供不应求而断货。与此同时，宝洁旗下另一战壕的旗帜品牌“飘柔”、“潘婷”也含羞遮面开始试探降价水温。

此外，宝洁还在中国7个大型城市刮起一股“沐浴劲歌”旋风，“激爽”品牌沐浴液、香皂辅以中低价格意欲杀入年轻人市场。“激爽”从2003年4月上市以来，销量增长较快。(“激爽”品牌在2005年8月基本退市。)

一贯自视高贵的宝洁品牌为何大幅降价？主要是因为产品竞争。联合利华作为全球500强公司之一，全球零售额超过500亿美元。1993年开始进入中国，开始几年走的路并不平坦。1999年，联合利华第一个在中国启动降价策略，旗下的“奥妙”等家庭洗涤、个人护理产品迅速占领了较大份额。市场反映显示，联合利华的降价不但取代宝洁在中国市场的行业老大的地位，而且对宝洁的市场根基也产生了巨大的震撼。大批顾客(甚至有的经销商)被分流出去，令宝洁公司的销售急转直下。此时摆在宝洁面前的似乎只有两条路，要么紧守高端品牌形象，要么降价反击，夺回失去的顾客份额。

在充分研究中国市场消费者的消费心理基础上，本着利益最大化的原则，宝洁选择了第二条路。毕竟经过了几年的积蓄，宝洁也具备了相当的成本优势。于是宝洁首先从洗衣粉开刀，大幅度降价，矛头直指联合利华的“奥妙”系列。从这次价格战以后，宝洁与联合利华之间的竞争格局即产生质的变化，从过去的品牌竞争为导向转变成为以价格竞争为导向。

宝洁降价的原因除了应对联合利华之外，近几年来，宝洁产品受到中国本土二三线品牌的阻击也是一个重要原因。由于宝洁、联合利华进入中国后一直保持高质高价的高端策略，因此就留下了巨大的市场空间：市场缺乏中低档价格产品。在宝洁一向引以为豪的洗发水领域，遭遇了中国众多新崛起品牌的围追堵截。比如索芙特，2001年异军突起，甚至在美容护肤用品方面，索芙特也全面出击，让宝洁头痛不已。形势逼迫这位日化巨头不得不对当前的战略进行调整，于是宝洁的持续降价启动起来，试图在品牌效应的掩护下，强力渗透中低端市场。

(资料来源：《100个成功的营销管理》，方明编著，机械工业出版社)

问题：

(1) 宝洁公司依据什么策略打败其他同类公司的？

(2) 中国洗涤企业要想走出困境应采取什么策略？

第9章 国际市场分销渠道策略

教学目标

通过本章的学习，了解并掌握国际市场分销渠道、国际市场分销渠道成员类型、国际市场分销渠道设计与管理及国际市场物流决策。

教学要求

知识要点	能力要求	相关知识
国际市场分销渠道	(1) 掌握国际市场分销渠道含义 (2) 掌握国际市场分销渠道流程 (3) 理解国际市场分销渠道功能	(1) 分销渠道 (2) 物流 (3) 信息流 (4) 风险流
国际市场分销渠道成员类型	(1) 理解国际市场分销渠道成员 (2) 理解国际市场分销渠道结构类型	(1) 批发商 (2) 零售商 (3) 直接分销 (4) 间接分销 (5) 双重分销
国际市场分销渠道设计与管理	(1) 掌握国际市场分销渠道设计 (2) 掌握国际市场分销渠道管理	(1) 市场规模 (2) 消费者心理 (3) 中间商因素 (4) 渠道成本 (5) 渠道冲突
国际市场物流决策	(1) 理解国际市场物流含义 (2) 理解国际市场物流模式与选择原则 (3) 理解国际市场物流模式选择策略	(1) 国际市场物流 (2) 国际市场物流要素 (3) 国际市场物流原则

不要过度承诺，但要超值交付。

——迈克尔·戴尔

基本概念

分销　分销渠道　渠道冲突　渠道功能　渠道决策　渠道管理　渠道控制　分销渠道设计　独家分销　密集分销渠道

导入案例

戴尔以直销成就电脑业霸主

我 18 岁的时候，在学校里一边读书一边组装电脑出售，我的父亲专程赶到学校，希望我能把业务课跟上，他说："你到底想怎么过生活"，我说："我想跟 IBM 竞争"。我真的很想做出比 IBM 更好的电脑，并且凭借直接销售为顾客提供更好的价值及服务，成为这一行的佼佼者。

——戴尔公司总裁 迈克尔·戴尔

1984 年，戴尔凭借在大学里卖电脑积攒的 1 000 美元，登记成立了戴尔电脑公司，经营起个人电脑的生意，戴尔电脑成为电脑行业第一家依顾客需求组装电脑的公司，并且不经过批量销售电脑的经销商，直接卖给最终使用者。

1998 年，戴尔电脑成为全世界第二大个人电脑制造及经销商，成长率比电脑业的平均值高出 5 倍，股价升值 200%，是纳斯达克 100 家大公司中股价获利最大的公司。1998 年时，戴尔公司每天通过互联网的销售额就达到 1 200 万美元。戴尔通过自己组装电脑并以邮购方式进行销售，从而使得电脑的生产成本和销售成本都大大低于那些大型制造厂商。

当戴尔凭借其优异的服务质量声名鹊起之后，市场向其敞开了大门，据统计，就销售费用和管理费用占销售额的比率而言，戴尔电脑为 14%，苹果公司为 24%，康柏则为 20%。IBM 公司的直销队伍平均每人每年的费用支出为 15 万美元，而销售额却不足 200 万美元。戴尔公司的电话推销人员每年的花费仅为 4 万美元，但每个销售员的销售业绩为 400 万美元。这已经完全不是什么效率优势了，简直可以说是生产力的飞跃。

点评：渠道为王

国际市场分销渠道是国际市场营销活动必不可少的要件，是商品运动的通道，在商品生产的条件下，企业生产商品，不是为了自己消费，而是为了满足市场的需要，分销渠道担负着分销商品的重要职责。

9.1 国际市场分销渠道概述

企业要使生产的产品顺利地由生产领域向消费领域转移，实现其使用价值，取得一定

的经济效益，必须通过一定的市场营销渠道，在适当的时间、地点，以适当的价格和方式将产品提供给适当的消费者或用户。如何顺利地实现商品从生产者手中向消费者手中的转移，如何科学地、有效地、合理地搞好商品流通这个中间环节，是市场营销分销渠道策略研究的重点。

9.1.1 国际市场分销渠道的概念

分销渠道是指商品从生产企业向消费者或用户转移时所经过的途径，以及相应设置的必要的销售机构等。分销渠道即分销途径，也称为分配通路、分配路线、配销通路等。

国际市场分销渠道是指产品从一个国家的生产者转移到国外最终消费者或用户的过程中所经过的各种通道和市场组织的总称。国际市场分销渠道基本结构是由一系列中介机构组成的，这些中介机构执行着将产品及其所有权从生产者转移到最终消费者或用户的全部功能。出口企业的国际市场分销渠道要经过本国的国内分销渠道、由本国进入进口国的分销渠道、进口国的分销渠道这 3 个环节。

国际市场分销渠道包括以下两方面的内容。

(1) 产品的销售途径，即产品通过哪些渠道销售，以便因地、因时、经济、方便地提供给顾客，满足用户需要，加速产品流通和资金周转，取得好的市场营销效益。

(2) 产品的运输和储存，也就是要通过火车、汽车、飞机、轮船等运输工具，把产品转移到批发商、零售商、用户手里。

9.1.2 国际市场分销渠道的流程

为了不断提高经济效益，增加收入，企业除了开发新产品、提高产品质量和生产效率、降低生产成本外，还应合理地选择分销渠道，这也是企业改善经营的一项重要内容。因为合理的分销渠道，有利于为用户服务，为顾客在购买上带来方便，并有利于生产企业占领和扩大市场。合理地选择产品分销渠道，可以减少销售过程中不必要的中间环节，缩短产品的运输时间，减少运输费用，加速商品流通和流动资金周转，从而促进生产发展；还可以减少商品储运损耗，降低经营费用，这不仅能增加商业和生产企业的盈利，还可以使用户能购买到更为廉价的商品。

产品在从企业转移到消费者的过程中，渠道成员之间会发生各种各样的业务联系，这些业务联系构成了“渠道流程”。正是这些流程，将产品在适当的时间以适当的方式运至适当的地点，交至所需要的人手中，使渠道成员有机地联系在一起。如图 9. 1 所示，物流、所有权流和促销流是前向流程——从企业流向消费者；订货流、支付流是后向流程——从消费者流向企业；洽谈流、融资流、风险流和信息流是双向流。

(1) 物流：指产品实体通过有效的装配、包装、仓储、运输、配送，顺利地到达消费者的一系列活动，最重要的功能是完成产品实体的转移。持续、有效的物流是提高分销效率的关键所在。

(2) 所有权流：产品所有权从一个渠道成员转移到另一个渠道成员手中的流转过程，产品只有交付给消费者，才会完成价值的让渡。

(3) 促销流：企业采用广告、公共关系、营销推广等方式举办的促销活动。

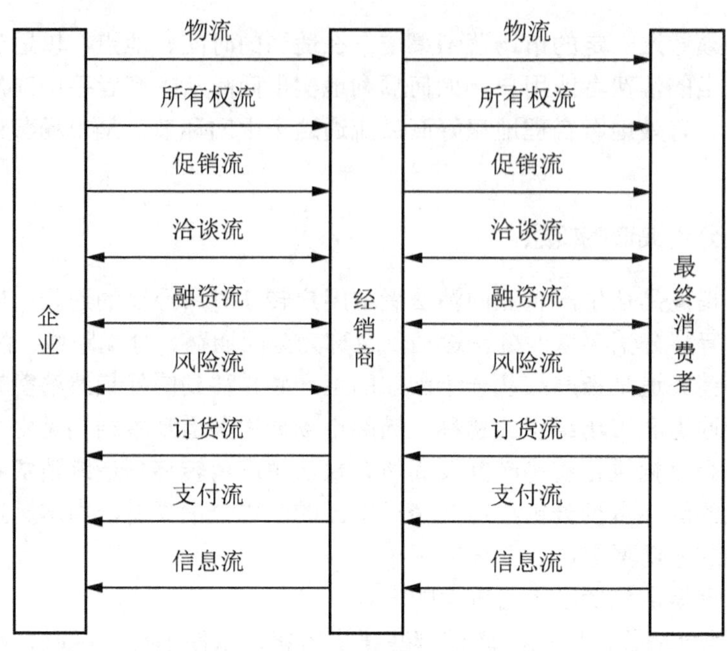

图 9.1　国际市场分销渠道流程

(4) 洽谈流：渠道成员之间就所有权、渠道政策、价格、运输、付款等问题的洽谈和沟通协调。

(5) 融资流：渠道成员之间的融通资金活动流程。

(6) 风险流：分担或转移产品报废、丢失、返修、违约和保险等风险的流程。

(7) 货流：渠道成员定期或不定期向供货机构发出订单形成的流程。

(8) 付流：涉及企业的资金政策以及与商家和消费者的资金往来。

(9) 信息流：市场信息的传递和共享，向消费者施加影响的各种活动。

9.1.3　国际市场分销渠道的功能

在发达的商品经济条件下，生产者与消费者是分离的，这种分离涉及时间、空间、信息和服务等方面，作为连接生产与消费的分销渠道，应当发挥以下基本功能。

(1) 信息收集与传递功能。信息传递是双向的，即渠道成员既要在各自的位置上把企业、产品等信息传递给目标市场，又要有意识地发现、收集消费者及下一级渠道成员对产品的需求反馈，使企业按照市场需求来生产。渠道成员高效的信息沟通可使企业宣传的推力与市场宣传的拉力实现良好结合。

(2) 产品整理功能。由于在社会化大生产条件下生产与消费的联系越来越紧密，为方便消费者购买，分销渠道就必须承担流转性产品储存、分类、分等、集合、组合、再包装、配送等整理功能，通过整理过程可以解决企业单一的批量化生产与消费者多样的少量需求之间的矛盾。

(3) 所有权转移功能。分销渠道作为实物流动的载体，承担的最本质功能就是完成产品或服务从生产到消费的所有权转移，企业通过这一过程完成产品的价值补偿。

(4) 促销功能。一般而言，企业的促销要通过分销商才能有效作用于终端市场。每一条分销渠道均有自己稳定的客源、广泛的市场联系、训练有素的营销队伍以及专业化的促销手段。借助分销渠道的优势，企业可获得分工协作中的好处，提高销售效率。

(5) 实现资金流动功能。主要包括 3 个方面：①付款：货款以各种形式从消费者流向企业，渠道成员使付款形式更加灵活多样；②信用：渠道成员为企业提供的信用缓解了企业的资金压力；③融资：渠道成员凭借自己的实力和信用进行融资，实质上扩大了商品流通的资金来源，便于对产品进行更有效的分销。

(6) 服务功能。分销渠道连接产销，代表企业发挥售前、售中和售后服务功能。随着产品科技含量的不断提高，分销渠道需要提供必要的售前、售中服务，让消费者了解产品的使用及维修保养知识，集中详尽介绍并予以示范。对于技术性能强、使用寿命长的产品，由于企业与消费者空间距离较远，只好由分销渠道代表企业发挥售后服务功能。

(7) 产品定位功能。不同渠道的规模、实力、信誉不同，在消费者心目中的“品位”也有高低之分，企业可借此定位自己的产品。有的产品因为选择了高档店为主渠道而家喻户晓，有的却因选择普通超市为主渠道而名不见经传。因此，分销渠道对产品形象的提升是不容忽视的，这就是所谓“名品进名店”的理由所在。

(8) 企业文化表达功能。随着市场发展和企业实力的扩张，竞争层次由具体产品转向了企业文化，这时渠道就成为企业增强品牌亲和力、表达力的主要阵地。企业往往要求其渠道成员在店面标识、着装、语言习惯和服务宗旨上达到统一，从而塑造出一个有机的文化整体。

国际市场分销渠道除上述功能外，根据其行业特点，还具有咨询、调研、预测、风险承担等功能，它完成了对产品或服务效应的补充，满足消费者的需求，为消费者提供总体的体验。从某种意义上说，分销渠道的上述功能使渠道所涉及的 9 种流程在营销活动中被有效组织并顺畅运行，从而能够从整个价值系统的有机整合中建立整体竞争优势，提高企业竞争力。因此，企业要用心加以完善，使之充分发挥作用。

文化对分销渠道的影响

文化的多元性使得分销方式更具有灵活性。如在美国，西尔斯-罗巴克公司大部分商品都采用自己的品牌销售。而在墨西哥，西尔斯为了满足当地文化的自豪感进行了两项改变：其一，90%的商品从当地生产商处采购；其二，采用墨西哥制造的美国商标，满足以使用美国品牌为荣、生活达到小康水平的群体。

为适应当地环境，分销渠道有时可能需要进行一定改变。雅芳采用上门推销或直销方式在美国取得了巨大成功，美国人珍惜在私宅或工作场所做购买决策的机会。然而，这种分销方式在有些国家却行不通。欧洲女性怀疑雅芳销售代表打来的电话是刺探隐私，销售代表也觉得这样很别扭。该公司在日本也遇到了同样的问题。为了解决这个问题，它不得不把每个销售人员派到其邻居熟悉的群体中去，在这个环境中，销售员对顾客已经有所了解，更易于交流。另一个例子是文化影响了一家在非洲的法国公司划分销售区域。该公司决定根据市场潜力划分销售区域(即当地的行政区)，这种划分方式已经在西欧市场获得了成功。然而，这种区域划分没有考虑拥有许多部落的非洲国家的实际情况——每个部落都有一个人负责采购。这种区域划分与部落势力范围不相符，结果在承担销售责任方面造成了混乱。

9.2 国际市场分销渠道成员类型

国际市场分销渠道基本结构是由一系列渠道成员组成的，这些渠道成员执行着将产品及其所有权从生产者转移到最终消费者或用户的全部功能。

9.2.1 国际市场分销渠道成员构成

国际市场分销渠道成员就是指中间商，中间商一般分为自营中间商和代理中间商两种类型，此外还可分为批发商和零售商。批发商是主要从事批发业务的商业企业和商人，它(他)向生产者或其他批发商购进商品，转卖给零售商或其他生产者、批发商，有批发站、采购供应站、批发商店、批发公司、批发市场、货栈、商品批发集散中心、商品交易所等具体形式。零售商是主要从事零售业务的商业企业和商人，它(他)将商品转卖给最终消费者，用于生活消费和其他非生产性、非商业性消费，有专业店、百货店、超级市场(超市)、便利店、仓储式商店、购物中心等形式。经验证明，拥有一个好的中间商往往比拥有一个好的市场更为重要，善于物色、选择、管理和使用中间商是一个国际企业顺利开展业务的关键。

国际市场分销渠道主要由以下几种主体机构组成。

(1) 经纪人。它是一个中间机构，不拥有商品，主要的工作是联系买卖双方，并参与融资和承担风险。

(2) 服务商。这也是一个中间机构，不拥有商品所有权，不从事采购或销售活动，但参与分销过程。

(3) 制造商代表。它是一个公司。它代表着几家生产商并销售产品，同时受几家公司的雇佣，代表它们的内部销售力量或对它们内部力量的加强。

(4) 经销商。它与以上各个角色不同，它虽然也是一个中间机构，但它拥有商品的所有权，并进行再出售活动。

(5) 零售商。它是商业企业，直接向各种用户和不作为商业用途的最终消费者出售商品或服务。

(6) 代理商。它负责为生产厂商寻找合作伙伴并进行谈判。它维护的是制造商的利益，但不拥有商品所有权。

(7) 销售队伍。这是专门从事销售活动、直接受公司雇佣的一群员工，他们根据企业的要求出售产品和服务。

(8) 批发商(分销商)。它属于商业企业，为了再售而从事商品的购、存、销活动。

9.2.2 国际市场分销渠道结构类型

1. 按照是否有中间商介入分类

1) 直接分销渠道

直接分销渠道简称直销渠道，也叫做零级渠道，是在商品流转过程中没有任何中间商的介入，生产者直接通过自己的销售人员或销售机构将商品销售给消费者的渠道类型。直销的主要形式有厂家网上推销、推销员直接交易、上门推销、订货会、展销会、电话销售、开设直销点、邮寄销售等，或开设门市部等。

直销的优点是：直接沟通，交易快捷，可以直接获得消费者的需求信息。其突出缺点是：精力分散，费用增加，专业化水平不强，人工成本高，效率低。它是分销工业品采用的主要类型，例如大型设备、专用工具及技术复杂、需要提供专门服务的产品，大都采用直销渠道进行分销。有些消费品也采用直销的方法，如高档手表、珠宝和鲜活产品等。图 9.2 中列出了分销渠道的基本类型，图 9.2(a)、图 9.2(b)的零级渠道均为直接渠道类型。

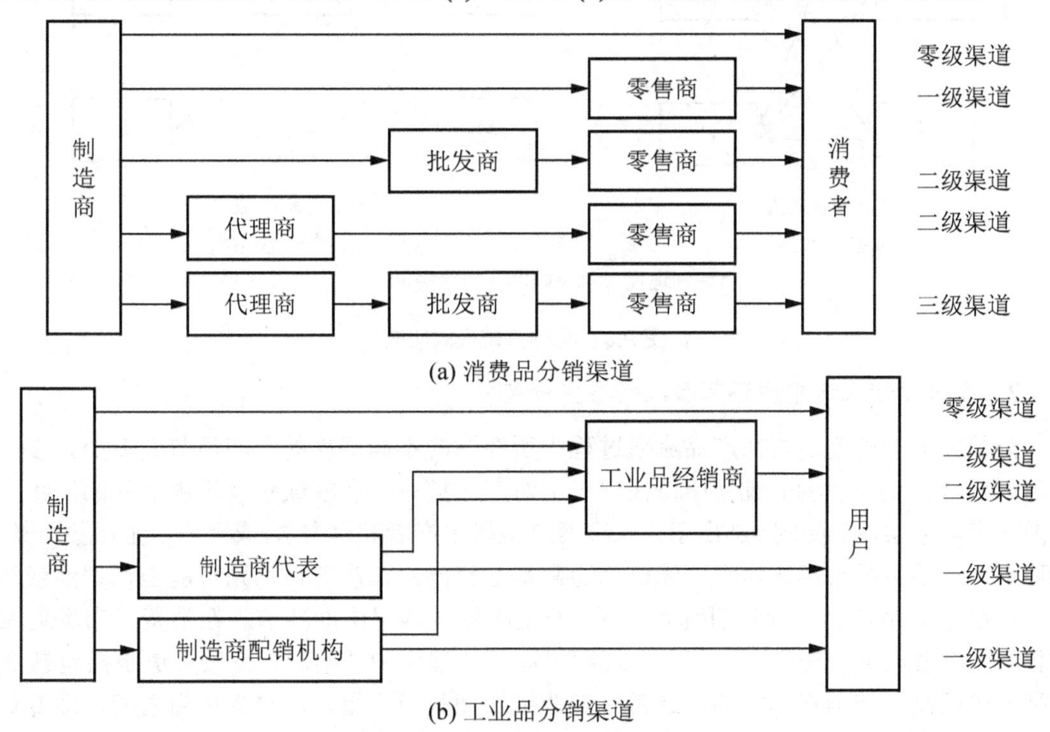

图 9.2　分销渠道的基本类型

2) 间接渠道

它是指有一级或多级中间商参与，产品经由一个或多个商业环节售给消费者(用户)的渠道类型，如图 9.2 所示的一级、二级和三级渠道。

间接渠道是消费品分销采用的主要方式，许多工业品也采用间接渠道分销。采用间接渠道，意味着制造商在某种程度上放弃对如何销售产品和销售给谁等方面的控制，增大了市场风险。然而，制造商之所以做出这种选择，是因为通过有专业化职能的中间商分销产品，能获得更大的比较利益。大多数制造商缺乏直接组织市场销售的财力和经验，而采用间接渠道能发挥中间商在广泛提供产品和进入目标市场方面的最高效率，集中企业资源拓展其主营业务；利用中间商的销售网络、商务关系与经验、专业化水准和规模经济优势，通常会比生产者自营销售更为节约，获得更高利润；另外，中间商承担着协调制造商提供的产品组合与消费者所需组合之间矛盾的功能，包括处理由产品差异、时间差异、地点差异和所有权差异等带来的一系列矛盾，这是制造商难以替代的。图 9.3 所示为使用中间商减少交易次数、节约交易成本的情况，图 9.3(a)表示 3 个制造商直接将产品售予 3 个顾客，需要进行 9 次交易；图 9.3(b)表示在同样条件下，通过一个中间商则只需完成 6 次交易。这说明采用间接渠道，可以减少必须完成的工作量。

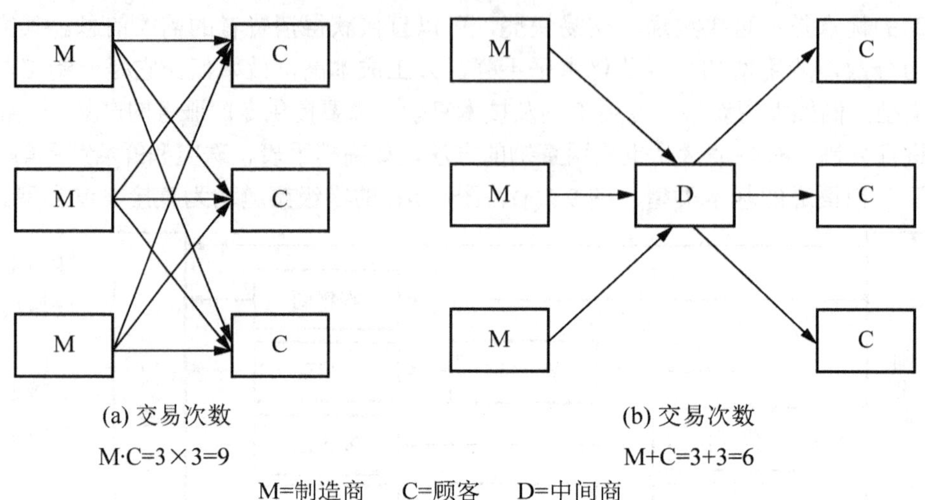

(a) 交易次数

M·C=3×3=9

(b) 交易次数

M+C=3+3=6

M=制造商　C=顾客　D=中间商

图 9.3　两种分销形式比较

2. 按照分销渠道中间环节层次的多少分类

分销渠道的长度是指在产品流通过程中所经过的不同层次的中间环节的多少。在产品从生产者转移到消费者的过程中，任何一个对产品拥有所有权或负有推销责任的组织，就叫做一个渠道层次。如图 9.2 所示，一级渠道是指生产者和消费者(或用户)之间经过一层中间环节。在消费品市场，这个中间机构通常是零售商，在产业市场则可能是代理商或经销商。二级渠道是指生产者和消费者(或用户)之间经过两层中间环节。在消费品市场通常指零售商和批发商或代理商；在产业市场则可能是代理商和经销商。三级渠道是指包括 3 种类型的中间商。在消费品市场上通常有专业批发商处于大批发商与零售商之间，即专业批发商向大批发商进货，再卖给无法直接从大批发商进货的小零售商，或是生产者通过代理商将产品批给批发商、零售商。更多层次的市场分销渠道虽然存在，但很少见。从生产者的角度看，渠道层次越多，越难控制，出现的矛盾和问题也就越多。一般来说，产品流通所经过的中间环节愈多，则渠道愈长；反之，则愈短。

3. 根据分销渠道同一层次中间商的多少分类

分销渠道的宽度是指渠道同一个层次的中间环节使用同种类型中间商数目的多少。一般而言，按照渠道的宽窄，可以将企业的分销渠道分为 3 种模式。

(1) 密集性分销。它是指企业尽可能多地通过许多负责任的批发商、零售商推销其产品。便利品通常采取这种策略。

(2) 选择性分销。它是指制造商在某一地区只通过少数几个精心挑选的中间商推销其产品。一些已建立信誉的公司，或者一些新公司，都利用选择性分销方式来寻找和选择经销商。选择性分销能使生产者获得足够的市场覆盖面，与密集性分销相比既节省费用，又易于控制。

(3) 专营性分销。它是指制造商在某一地区只选择一个中间商推销其产品，通常双方签订独家经销合同，制造商不得在该地区选择其他经销商，经销商也不得再经营竞争者的产品，这样有利于双方建立一种稳固的合作关系，既调动了经营者的积极性，又能够有效占领市场。

4. 根据制造商所选用的渠道类型的多少分类

传统的独立分销渠道是由独立的生产者、批发商和零售商所组成的。他们在保持距离的情况下相互讨价还价，谈判销售条件，各自追求利润的最大化，而不顾整体的利益。传统的独立分销渠道是一个高度松散的销售组织网络。

整合系统分销渠道是指渠道成员实行纵向或横向联合或利用多渠道达到同一目标市场，以取得规模经济效益的组织。该组织包括以下 3 种形式。

1) 垂直渠道系统

即由制造商、批发商和零售商组成的统一联合体，在一个系统内渠道成员之间采取不同程度的一体化经营或联合经营。它包括以下 3 种形式。

(1) 公司渠道系统是由同一所有权下的生产和分销部门组成的渠道系统，通常有一家公司拥有和统一管理若干工厂、批发机构和零售机构，控制渠道的若干层次甚至整个分销渠道。

(2) 管理渠道系统是通过某一规模大、实力强的成员，把不同所有权的生产者和分销商联合起来的营销系统。名牌产品制造商通常以其信誉和实力赢得经销商的有力合作和支持。例如，柯达、吉列、宝洁等公司，无论在商品陈列、柜台位置，还是在定价和促销等方面，都能得到经销商异乎寻常的合作。

(3) 合同渠道系统是不同层次的独立制造商和中间商为了实现单独经营所不能达到的经济效果，而以契约形式为基础形成的联合。如批发商组织的自愿连锁店、零售商合作社、特许经营组织等。

2) 水平渠道系统

即由同一层次、同一类型的两家或两家以上独立企业通过某种形式合作，共同开发新的市场而形成的渠道系统。这些公司缺乏资本、技能、生产或营销资源来独自进行商业冒险，或发现与其他公司联合开发可以产生巨大的协同作用。公司间的联合行动可以是暂时性的，也可以是永久性的，也可以创立一个专门公司，这被称为共生营销。

例如，美国一家有名的食品厂，缺乏销售冷冻甜圈饼的经验，因为此类产品需要特别的冷冻展示柜，但它拥有冷冻甜圈饼产品线(包含有饼干、包子、春卷、小圆饼)的设备资源。另一家食品公司销售乳酪的方法与此相同，而且是地道的专家。因此这两家公司合作，由第一家公司制造和广告其甜圈饼产品线，而由第二家公司来销售与储运。

通用汽车公司和宝洁公司曾联合举办一种汽车赠送活动，消费者如果在宝洁公司的牙膏、洗衣粉或其他产品内找到一把特别的塑料钥匙，就可以获得一辆新的汽车。

3) 多渠道分销系统。

多渠道分销系统也叫做双重分销，即一个企业建立两条或更多的分销渠道以产生一个或多个顾客细分市场。一般有两种类型。

第一种类型的双重分销是指制造商通过两条以上竞争的分销渠道销售一种商标的货物。如剪刀制造商，他把某种商标的剪刀通过杂货批发商和小五金批发商，用不同的毛利卖给许多零售商，再转卖给广大消费者，这就是通过多渠道将相同产品送到相同市场的方式。这样，这些渠道之间就不能不发生竞争。

第二种类型的双重分销是指制造商通过两类竞争的分销网络销售两种商标的基本相同的产品。例如，美国肯塔基州一家大酿酒商通过各种经销商(如超级市场、连锁商店、折扣商店和独立食品商店、小杂货店等)销售许多不同商标的相同威士忌。制造商使用多渠道分销比使用单一渠道能实现更深的市场渗透。

特别提示

以全球化的视角来认知新的机会，对营销经理人变得越来越重要。

知识链接

特 许 经 营

特许经营在国外是一种成熟的经营方式，在我国越来越被企业认同。联想作为国内的著名企业，首先在IT行业运用特许经营模式，并取得了成功。双赢，是特许者与受许者的合作基础。1998年，联想开始进行特许经营模式的第一阶段——试验阶段，它在北京、上海和广州开了6家店，接着又在全国开了10家店，取得了很好的成绩；然后进入了第二个阶段——大规模发展阶段，在1999年，联想用了一年的时间开了100家特许加盟店，覆盖全国33个城市；2000年，又扩大了加盟店的范围，并加进了一部分四级城市(联想根据城市特点把城市分成4个不同级别)，到2001年为止，联想的加盟店已经达到260家，营业额达到40亿元。目前，联想成为全球第一大PC商。

营销案例

同仁堂的国际营销模式

北京同仁堂是中国中药行业的老字号企业，自创业至今已有300多年的历史。其产品素以“配方独特、选料上乘、工艺精湛、疗效显著”驰名中外。1993年，出口自营权的取得为同仁堂的国际化发展创造了更为有利的条件。自此，同仁堂的发展步入了另一个春天。到目前为止，同仁堂产品远销40多个国家和地区。

从同仁堂的发展史中可以看到，该公司的国际经营活动是沿着一条由间接出口到直接出口，再由直接出口走向对外投资的渐进方式展开的。

在传统贸易体制下，同仁堂产品的出口主要是通过专业外贸公司实现的。1993年，自营出口权的取得为同仁堂的国际经营方式由间接出口向直接出口转变创造了条件。为了进一步拓展海外市场，同仁堂先后在香港开设了3家分店、澳大利亚和英国各一家。

为了加强对营销渠道的控制，同仁堂采取了以下措施。

(1) 以品牌作为无形资产投入，在投资总额中占25%以上的股份，并且只负盈利，不负亏损。

(2) 经营服务人员均由同仁堂公司选派，以保证同仁堂的特色和服务水平。

(3) 只从事商务活动，不从事成药生产与制作，以保证同仁堂的生产工艺和技术秘诀不外传，维护自己的核心竞争优势。

在经营方式上，同仁堂根据不同目标市场的特点采取了不同的经营策略。在香港，以坐堂医生咨询服务和零售为主。马来西亚则以批发为主，以解决新产品进入当地市场和向东南亚国家和地区辐射的问题。在澳大利亚则以当地原料——鹿茸销售为主，逐步扩大中成药的销售。在韩国、印度尼西亚、泰国等采取经销商模式进行市场渗透等。

9.3 国际市场分销渠道设计与管理

选择科学、合理的国际市场分销渠道，制定科学的渠道流程与模式，进行科学的分销渠道的设计与管理是企业国际市场营销活动中一项重要的决策。

9.3.1 国际市场分销渠道设计

1. 国际市场分销渠道的目标

渠道目标是指在企业营销总目标下，选择分销渠道应达到的服务产出目标。该目标一般要求设立的分销渠道既达到总体营销规定的服务产出水平，又使全部渠道费用减少到最低程度。

渠道目标的设计是从确定目标市场开始的。企业在认真分析影响销售渠道选择决策的主客观因素基础上，划分出若干分市场，然后决定服务于哪些分市场，并为之选择和使用最佳渠道。最佳渠道是对目标市场的覆盖能力最强，使目标市场的顾客满意程度最高，对生产者能提供较多利润的渠道。最佳渠道是一个相对的概念，它受到市场、产品、企业、中间商、竞争环境等因素的影响。

2. 国际市场分销渠道设计的影响因素

影响国际市场分销渠道的因素很多，制造商在决定选择分销渠道时，要综合考虑企业所要达到的市场目标和各种影响因素。

1) 市场因素

市场因素主要包括以下几个：

(1) 潜在市场的规模。如果潜在市场的规模较小，企业可以考虑使用推销员或邮寄方式直接向消费者或顾客推销；反之，如果潜在市场规模较大，则应采取间接分销方式。

(2) 潜在市场的地理分布情况。如果某产品的潜在顾客分散较广，就应采用较长的分销渠道；反之，宜采用较短的分销渠道。

(3) 消费者的购买习惯。首先，顾客购买数量大，单位分销成本低的产品，尽可能将批量性产品直接出售给顾客。其次，顾客购买频率高，每次购买数量很少，而且产品价值较低的产品，则需要利用中间商进行分销，即采用长渠道与宽渠道；反之，则采用短渠道和窄渠道。最后，对于消费者购买行为投入程度较高的产品，即购买之前需要充分比较研究，购买过程中需要投入较多精力与时间的产品，选用短渠道与窄渠道效果会更好；反之，则可以采用长渠道。

(4) 市场上竞争者的情况。一般来说，制造商要尽量避免和竞争者使用相同的分销渠道。如果竞争者使用和控制着传统的分销渠道，本企业就应当使用其他不同的分销渠道来推销其产品。有时同类产品也采取与竞争者相同的分销渠道，以便让顾客进行产品价格、质量等方面的比较。在北京见到非常可乐的机会要比见到可口可乐的机会少很多，但在我国辽阔的西部和广大农村，则恰恰相反。可口可乐在渠道上的优势就是厂家直接控制的系统销售配送体系，但在十几里不见零售点的西部与农村，却成了可口可乐的“盲区”。而通过掌控经销商实现终端大布局的大流通控制，却是娃哈哈的长处。

2) 产品因素

产品因素主要包括以下内容：

(1) 产品单价。如果产品单价较高，则宜采用短渠道或直接渠道；反之，则应采用间接分销渠道。

(2) 产品的易毁性或易腐性。如果产品易毁或易腐，则宜采用直接或较短的分销渠道。

(3) 产品的体积与重量。体积大而重的产品应选择直接渠道；体积小而轻的产品可采用间接分销渠道。

(4) 产品的技术性。技术复杂，需要安装及维修的产品宜采用直接渠道销售；反之则宜选择间接渠道销售。

3) 企业因素

企业因素主要体现在以下 4 个方面：

(1) 企业实力。如果生产企业本身规模大、财务雄厚、声誉较好，则可以建立自己的销售网点，或选择短渠道策略。

(2) 管理水平。企业渠道管理水平也会影响企业渠道的长度与宽度。一般来说，假如制造商在销售管理、储存安排、零售运作等方面缺乏经验，人员素质不适合自己从事广告、推销、运输和储存等方面的工作，最好选择较长渠道与窄渠道。如果制造商熟悉分销运作，具有一定的产品分销经验，并具有较强的销售力量、储存能力，则不必依赖中间商，可以选择短渠道与宽渠道。

(3) 控制渠道的愿望。如果生产者想有效控制分销渠道，则可以花较高的费用自设分销机构或选择少数分销商作为自己的合作伙伴。

(4) 服务能力。如果生产企业有能力为最终消费者提供很多服务项目，如维修、安装调试、广告宣传等，则可以取消一些中间环节。

4) 中间商因素

中间商因素主要包括以下几个：

(1) 合作的可能性。中间商普遍愿意合作，企业可利用的中间商较多，渠道可长可短、可宽可窄，否则利用较短、较窄的渠道。

(2) 费用。利用中间商分销，要支付一定的费用。若费用较高，企业只能够选择较短、较窄的渠道。

(3) 服务。中间商可以提供较多的高质量服务，企业可选择较长、较短的渠道。倘若中间商无法提供所需要的服务，企业只能够使用较短、较窄的渠道。

5) 环境因素

这是指影响选择分销渠道的外部因素。宏观经济形势对渠道选择有较大的制约作用。如在经济不景气的情况下，生产者要求以最快、最经济的方法把产品推向市场，这就意味着要利用较短的渠道，减少流通环节，以降低商品价格，提高竞争力。另外，政府有关商品流通的政策和法规也会影响分销渠道的选择。如由国家主管部门实行严格控制的专营性的产品，其分销渠道的选择必然受到制约。

总的来说，尽管国际企业逐渐认识到渠道具有应付竞争的价值，但在实施过程中发现，即便拥有了一位出色的渠道成员，要想真正控制它，也非易事。因为渠道的成功，除了依赖于企业本身的努力外，还需依靠渠道成员的合作。这要靠双方的努力，不像产品的开发、价格的制定、促销手段的运用是生产企业单方面可以控制的。

正是因为企业发现渠道成员很难控制，所以许多生产商宁愿将精力集中在产品、定价和促销这三大竞争手段上，而不愿花时间、金钱去培养渠道成员。所以致力于培养或开发渠道的企业，则在竞争中胜人一筹。美国通用汽车公司在对汽车工业市场进行调研的过程中发现，渠道是该行业中最不受重视的领域之一，主要表现为在每一个市场上代理商使用数量过多。这些代理商相互竞争，经营积极性较低，责任心较差，结果一方面顾客不满意，另一方面汽车成本不断增加。有的汽车公司或许已发现了这个问题，但由于种种原因而不愿改变这种现状，这无疑给通用汽车公司提供了一次极佳的市场机会。通用汽车公司首先精选代理商，然后不惜花费时间、人力、物力对这些代理商进行培养，定期考察，对经营业绩好的代理商进行奖励……这些举措大大调动了代理商的积极性。这些代理商积极为顾客提供满意的服务，促进了汽车销售。另外，代理商数量减少，也为公司节省了成本。

3. 国际市场分销渠道方案的选择

1) 确定国际市场分销渠道方案

确定国际市场分销渠道方案包括以下几个阶段。

第一个阶段：直接和间接分销渠道选择。DELL 是渠道改革的一个典范。它通过以二级分销商为代表的渠道中间层实施直销方式，缩短了供应链，从而降低了渠道成本，使得它的产品销售额和利润稳步上升，产品市场一片红火，引得众多商家纷纷效仿。

虽然有了直销成功的案例，但是，不加分辨地采取直销策略又显得有些急功近利。而且，并不是所有的商品都适合直销，如果供应商一味地打破原有的经营体系，越过所有的分销商，直接与经销商打交道，会给自己增加许多负担，到头来非但不能节约成本，而且还可能在售后服务、培训体系等方面也做不好。事实上，对于许多消费面广、市场规模大的商品，任何大企业也不可能把产品全部直接出售给顾客。

直接渠道和间接渠道各有利弊，各有其适用条件和范围。企业在选择时，必须对产品、市场、企业营销能力、控制渠道的要求、财务状况等方面进行综合分析。一般来讲，大多数生产资料产品技术复杂，价格高，需要安装和经常维修服务，用户对产品规格、配套、技术性能有严格要求，交易谈判需较长的时间，宜采用直接渠道销售；有的原材料用户购买量很大，购买次数少，用户数量有限，也宜采用直接渠道销售。生活用品中一些容易变质的产品和时尚产品，以及价格昂贵的高档消费品，也可采用直接渠道销售。除此之外，大多数生活资料以及一部分应用面广、购买量小的生产资料，宜采用间接渠道销售。另外，在进行此类选择时，营销能力、财务、控制渠道的要求也必须考虑在内。通过对商品数量、价格、营销费用等方面的分析，测算各个销售方案实施后给企业带来的经济效益。当企业采用直接分销渠道的获利大于采用间接分销渠道时，则选择直接分销渠道为宜；反之，则选择间接分销渠道为宜。

另外，同一行业中的不同企业也可能采用完全不同的营销渠道策略。如美国的雷维隆公司和爱芳公司都是制造和销售化妆品的著名厂家，雷维隆公司选择了传统的间接渠道，通过较多的批发商和零售商，并做大量广告宣传推销其产品，而爱芳公司则使用自己的推销队伍直接上门向最终消费者边宣传边推销，只选用相对少得多的广告宣传，它们都取得了成功。

第二个阶段：长渠道和短渠道选择。制造商选择长渠道销售策略时，可参考以下条件：①生产与消费在时间上距离长，空间范围较大；②消费者数量多并较为分散；③生产或需求具有明显的季节性；④消费者每次购买数量小，购买频率高，单价较低的商品；⑤商品具有耐久性；⑥技术工艺和标准化程度要求较低的商品；⑦售中和售后不需要技术指导和服务的商品。

制造商选择短渠道销售策略时，可参考以下条件：①生产与消费在时间上距离较短，空间范围较小；②生产者资金雄厚，技术先进，能大批量生产的商品；③消费者集中或大批量购买的商品；④生产与需要保持相对稳定的关系，具有持久性和连续性的商品；⑤消费者购买数量小，单价高的商品；⑥易腐易损的商品；⑦技术工艺和标准化程度要求较高的商品；⑧产品品种多，需求变化大和新上市场的商品。

一般来说，技术性强的产品，需要较高的售前、售后服务水平，保鲜要求高的产品都需要较短的渠道；而单价低、标准化的日用品需要长渠道。从市场状况来看，顾客数量少，而且在地理上比较集中时，宜用短渠道；反之，则宜用长渠道。如果企业自身的规模较大，拥有一定的推销力量，则可以使用较短的渠道；反之，如果企业的规模较小，就有必要使用较多的中间商，则渠道就会较长。

不能简单地说长渠道好还是短渠道好。分销渠道长度决策的关键在于，企业选择的渠道类型应具有较高的分销效率和经营效益。一般情况是，在长渠道中商品分销的职能分散在多个市场营销机构的身上，在短渠道中商品分销的职能相对集中地由少数市场营销机构来承担。

例如，一家服装加工厂决定改由自己的推销机构直接向消费者出售商品，这样一来这家服装加工企业就要把原来由批发商、零售商替自己承担的储存、运输、包装、拼配、资金周转、风险承担等多项职能统揽起来。

因此，企业在选择分销渠道时，关键是要针对自身条件和环境要求，权衡利弊得失，选择出适合本企业和产品的渠道。

第三个阶段：宽渠道和窄渠道选择。分销渠道宽度的选择主要取决于企业希望产品在目标市场上扩散范围的大小。对此，有 3 种可供选择的策略。

一是密集型分销的策略。密集型分销又称为广泛型或普通型。它是一种分销制造商在同一地区内对各类中间商的数目不加限制，越多越好，尽量开拓分销渠道的宽度，密集分销的策略。它一般适用于日用消费品和工业品中标准化、通用化程度较高的产品。因为消费者对日用消费品、标准品、通用品需求量大，适用广泛，购买要求及时、方便，而对厂商、品牌和中间商不大计较。决心采用密集型分销策略的企业必须充分预计到，其所面临的每个中间商可能同时经销几个厂家多种品牌的产品，使得它们不可能为每一产品的促销提供如广告宣传、人员促销等过程中需要的费用，这就要求企业在经济上向其提供一定的支持，使企业的渠道费用增加。从经济角度看密集型分销所产生的费用较大。同时，由于中间商数目众多，企业无法控制渠道行为。这些都是采用密集型分销策略会给企业带来的不利之处。

上海市第一商业局所属百货、文化、针织、纺织、五金、交电6个一级站，担负着全国批发市场近1/6的日用工业品的调拨供应任务。这6个采购供应站同西安、沈阳等200多个地区的商品批发企业和大型零售商店发展了多形式、多层次的“商商联合”。曾先后在北京、天津、沈阳、武汉、西安、福州等20多个大中城市的大型零售商店里设立了上海货专柜，集中陈列和经营上海的某些专业产品。它们还与一些交通方便、信誉良好、经营积极性高的批发企业商定开辟上海产品间，由上海提供货源。

二是有选择的分销策略。在某一目标市场上，生产者仅选择一家批发商或零售商销售自己的产品。通常，制造商与受委托的中间商之间订有书面契约，互相为对方承担义务。在特定的区域内，制造商不得再找其他中间商销售自己的产品，受委托的中间商也不许再经营其他企业生产的竞争产品。这种策略适用于本身技术性强，使用复杂而独特，需要一系列的售后服务和特殊的推销措施相配套的产品。如生产汽车、家用电器、计算机和办公设备、照相器材等产品的许多企业都采用这种策略在世界许多国家或地区建立分销网络。选择这种策略的优点是生产者和销售者利害相关，因此，从双方关心本身利益出发，能增强为对方负责的责任感。

三是独家分销策略。独家分销策略指制造商在一定的市场区域内仅选用一家经验丰富、信誉卓著的中间商销售本企业的产品。在这种情况下，双方一般都签订合同，规定双方的销售权限、利润分配比例、销售费用和广告宣传费用的分担比例等；规定在特定的区域内不准许制造商再找其他中间商经销其产品，也不准许所选定的中间商再经销其他企业生产的同类竞争性产品。独家分销策略的优点是：易于控制市场的营销价格；只有一家专营中间商与生产者签订协议，所以可以提高中间商的积极性和销售效率，更好地服务于市场；有利于产销双方较好地互相支持和合作。其缺点是：在该地区生产者过于依赖该中间商，容易受其支配；在一个地区选择一个理想的中间商是十分困难的，如果选择不当或客观条件发生变化，可能会完全失去市场；一个特定地区只有一家中间商，可能因为推销力量不足而失去许多潜在顾客。这种策略主要适用于顾客挑选水平很高、十分重视品牌商标的特殊品，以及需要现场操作表演和介绍使用方法的机械产品。

随着中国城市经济的迅速发展，美容保健技术业务也正在迅速增长。这种技术在中国将有着广阔、不断发展的市场前景。在此前提下，在美容激光系统开发和商业化行业领先的企业 Candela 和美中互利国际公司——一家在中华人民共和国境内提供西方健康相关产品和服务的领先的独立美国供应商，联合宣布签署一份为期数年的中国(包括香港)独家分销协议。根据该协议的相关条款，美中互利将向中国健康相关产业的皮肤科医生、从事整容手术的外科医生、家庭医生、OB/GYNs和普外及血管外科医生销售Candela公司的美容激光系统系列产品。Candela 公司的产品可用于脱毛、除皱以及治疗血管和色素机能障碍、纹身、粉刺和萎缩性粉刺疤痕。

Candela 和美中互利将组成一个强大的团队。美中互利公司已在北京和睦家医院建立了

Candela 激光临床治疗和培训中心。该中心不仅治疗住院病人，而且还培训 Candela 公司在中国的新客户和潜在的客户，病人和市场的反应非常好。这充分显示了美中互利的产品销售部与医疗服务部之间的协作质量和优势，并奠定了公司对未来激光产品销售的牢固基础。

从战略上看，美中互利公司是在合适的时机选中合适的合作伙伴。Candela 在中国有着极好的营销技巧，无论是在大型医疗设备还是在化妆品方面。通过双方合作，能够极大地扩展激光整容和美容产品的中国市场。

2) 选择国际市场分销渠道成员

如果企业确定的产品销售策略是选择间接渠道进入市场，那么就要做出选择中间商的决策，包括批发中间商和零售中间商。首先要广泛收集有关中间商的业务经营、资信、市场范围、服务水平等方面的信息，确定审核和比较的标准。选择适宜的中间商，有时还要努力说服对方接受自己的产品。在一般情况下，要选择具体的中间商必须考虑以下条件。

(1) 服务对象。不同的企业有不同的目标市场，不同的中间商有不同的服务对象。企业选择分销渠道，应首先考虑中间商的销售对象是否是企业所希望的潜在顾客，这是个最根本的条件。因为企业都希望中间商能打入自己已确定的目标市场，并最终说服消费者购买自己的产品。

(2) 地理位置。中间商的地理位置直接影响到产品能否顺利到达目标顾客手中。因此，选择中间商必须考虑其地理分布情况，如选择零售商最理想的区位应该是顾客流量较大的地点。选择批发商则要考虑其所处的位置是否利于产品的批量储存与运输。

(3) 经营范用。即中间商承销的产品种类及其组合。一要看中间商有多少产品线；二要看各种经销产品的组合关系，是竞争产品还是促销产品。

(4) 促销能力。即考察中间商是否有稳定的、高水平的销售队伍，健全的销售机构，完善的营销网络和丰富的营销经验。许多中间商被规模巨大且有名牌产品的企业选中，往往是因为他们对销售某种产品有专门的经验。

(5) 物质设施与服务条件。现代商业经营服务项目很多，选择中间商要看其物质设施、储运条件及综合服务能力如何，有些产品需要中间商向顾客提供售后服务，有些在销售中要提供技术指导或财务帮助(如赊购或分期付款)，有些产品还需要专门的运输存储设备。合适的中间商所能提供的综合服务项目与服务能力应与企业产品销售所需要的服务要求相一致。

(6) 财务状况。中间商财务状况的好坏，直接关系到是否可以按期付款，甚至预付货款等问题。企业在选择中间商时，必须对此严加考虑。

(7) 合作诚意。中间商有合作诚意，就会积极主动地推销企业的产品。若没有良好的合作诚意，实力强的中间商也不能选择。

3) 确定国际市场分销渠道成员的权利和义务

企业在确定渠道成员之后，需要进一步规定渠道成员彼此的条件和应尽的义务，即制定“贸易关系组合”协议。协议主要涉及价格政策、销售条件、地区权利以及每一方为对方提供的服务及应尽的责任义务。

(1) 价格政策。要求企业制定价目表和折扣比率，企业必须确信这些是公平的和足够的。

(2) 销售条件即付款条件和生产者的担保，对及时付清全部货款的中间商应给予现金折扣。企业也可以向分销商提供有关商品质量不好或价格下跌等方面的担保，有关价格下跌所做出的担保能吸引分销商购买较大数量的商品。

(3) 地区权利。企业对于中间商的地区权利，要相应明确，尤其是在采用特许经营和独家代理等渠道形式时，更应当明确双方的义务和责任。企业在邻近地区或同一地区特许经营人的多少以及企业对特许经营人的特许权的允诺，均会影响中间商的销路，也会影响中间商的积极性。

(4) 双方应提供特定的服务内容。包括广告宣传、资金帮助、人员培训、交换和结算条件、跌价保证等。

4. 评估国际市场分销渠道方案

国际市场分销渠道方案确定后，企业就要根据各种备选方案进行评估，找出最优的渠道路线。评估渠道可根据以下 3 条原则进行：经济性、可控性和适应性，其中最重要的是经济性原则。

1) 经济性原则

经济性原则主要是比较每个方案可能达到的销售额及费用水平。这项原则包括下面几个含义：一是选择的渠道必须是能够保证商品和劳务向消费者的流向是合理的；二是渠道环节应尽可能少，并且渠道组合是合理的；三是选择的渠道能够用最少的消耗、最快的速度、最短的时间、最短的里程转移商品实体；四是选择的渠道要具有相对稳定性，以节省开辟新渠道的费用。总之，要力求成本低，效益高。

2) 可控性原则

可控性原则要求企业对分销渠道的选择不仅考虑经济效益，还应考虑分销渠道的可控性。因为分销渠道稳定与否对企业能否维持并扩大其市场份额，实现长远目标关系重大。企业自销对渠道的控制能力最强，但由于人员推销费用高，市场覆盖面较窄，因此不可能完全自销。利用中间商分销就应充分考虑渠道的可控性。一般来说，建立特约经销或特约代理关系的中间商较容易控制，但在这种情况下，中间商的销售能力对企业的影响又很大，因此应慎重决策。

3) 适应性原则

虽然渠道成员互相之间在一个特定的时间内有某种程度的承诺，但这种承诺往往会影响企业的应变能力，而市场却是不断发展变化的。因此，企业在选择分销渠道时就必须充分考虑其对市场的适应性。首先是地区的适应性，在某一特定地区建立商品的分销渠道，应与该地区的市场环境、消费水平、生活习惯等相适应；其次是时间的适应性，根据不同时间商品的销售状况，应采取不同的分销渠道与之相适应。

9.3.2 国际市场分销渠道管理

国际企业决定销售渠道和分配策略之后，即可进入实施阶段，这时必须选择好渠道成员，让他们在当地市场为自己销售商品。不同的产品在营销流程中有不同的渠道选择。企业的分销渠道选择与企业的产品特征、企业的规模、企业的经营理念等有关。在企业分销渠道既定的情况下，强化营销渠道管理，一方面可以有效地控制企业的营销成本，从而增强企业的竞争力；另一方面可以促进各级渠道之间的相互协调配合，减少不同渠道之间的冲突，实现企业的营销目标。由此可见，企业分销渠道管理应成为企业营销战略决策的重点。渠道管理的主要内容包括渠道成员控制、成本比较管理、冲突处理以及渠道成员的动态调整等内容。

1. 渠道成员的选择

寻找中间商之前，首先要研究目标市场，预设投入该市场的产品结构，确知产品在行业中的差异性和优劣地位等，明确在该市场的销售渠道方式、布点密度的基本方法， 进入该市场的时机、市场期望目标等。确定标准时，企业重点考虑经营额、财力、管理的稳定性和管理能力以及业务性质和信誉，重点放在中间商实际或潜在的营业额上。一般打算在国外发展的企业可利用驻外机构、贸促会、企业名录、航运公司、博览会等途径寻找中间商。企业在寻找中间商的过程中，要注意遵守各国的法律规定。

物色到国外中间商后，选择中间商要考虑多方面因素。在国际市场上企业选择中间商应注意以下问题。

(1) 该中间商的经营范围和区域是否与本企业目标一致。

(2) 中间商的经营能力、经营状况、与代理企业的关系状况、处理与客户间关系的能力和水平。

(3) 中间商的经济实力、品质特征、信誉、资信情况等。

(4) 中间商的市场经验以及开拓市场能力、网络渠道建设能力、对企业政策的执行能力及综合的市场策划能力。

(5) 中间商的硬件设施、人员情况、管理情况等。

选择国内外中间商的标准一般是：与本企业服务对象一致，对本企业产品熟悉，有长期合作的诚意；能对其实行有效的控制；经营多种商品尤其是连带商品，而非单一、竞争性产品；位置适宜，网络健全，经验丰富，实力强，信誉好，能及时提供市场信息。

中间商一经选定，企业应说服中间商经营自己的产品， 并签订一个切实可行的分销协议。一般都先签一年，中间商合同执行令人满意，则考虑合同延期。并且双方可在第一年合作的基础上，订出更为翔实、可行的协议。在运用中间商推销自己产品的过程中，企业要注意渠道的延续性，发展和培养一个得力的渠道成员常常需要几年时间，因此要仔细考察上面所涉及的问题，全面细致地慎重选择。

选定中间商后，一定要有合适、合理的管理方法，应以协议、合同形式明确双方的责、权、利，要制定对中间商监控的标准，设立专门的监督机构，定期或不定期地对中间商的工作绩效进行检查，及时利用定额、报表等多种方式对中间商进行评估、考核。要善于运用激励手段，对中间商“软硬兼施”地持续进行激励。例如，制定的目标要适宜；要考虑中间商中短期利益；对中间商的成果要有必要、合理的精神与物资奖励；帮助中间商培训人员；在广告、公关等方面支持中间商；充分利用中间商的资源，与中间商建立长远的战略伙伴关系。总之，要充分利用中间商的资源，发挥其潜力，要尽量避免激励不足和激励过分两种情况。

要及时、妥善处理同一渠道内纵向、横向的矛盾冲突和不同渠道之间的矛盾冲突，善于对各个中间商进行协调，使它(他)们能一方面开展正当竞争，一方面彼此配合、合作，更好地为实现本企业的目标服务。要争取同中间商建立长期合作的战略伙伴关系，尽量保持分销渠道的相对稳定性和延续性。但是当某个或某些中间商不能合格地履行自己的职责时，或者市场形势发生变化，企业改用别的渠道将更为有利时，企业应着眼于全局与未来，慎重地按法律程序与不适当的中间商中止关系，或对渠道进行适时、适当的修正、调整、改进。

2. 渠道成员的控制

产品的成功销售是企业与多个社会其他组织密切配合、共同努力的结果。按渠道的长度一般把渠道分为零级渠道和多级渠道，处于渠道不同位置，其对产品和服务的要求不同，在营销中所扮演的角色和重要性不同，因此，对零级渠道和多级渠道的管理也是不同的。

争取和控制渠道成员应考虑以下两个问题。

第一个问题是：计算期望利润。良好的中间商是各大制造商争取的目标，他们一般经营着某些竞争性品牌的产品。中间商是否经营一种产品主要考虑期望利润的大小，而期望利润又由以下因素决定：短期利润、预期利润、风险。

(1) 短期利润：主要指经营该产品的毛利，毛利=单位商品的差价×销量。一般来说，制造商刚开始经营目标市场渠道时，必须要给中间商以高的差价，因为这时的销量是不确定的。日后，随着销量的上升，可以逐渐降低单位商品的差价。

(2) 预期利润：当期的利润并不是中间商决定是否加入渠道的唯一因素。中间商还要考虑制造商未来的发展状况，即自己成为该制造商的渠道成员后的预期利润的大小。如果中间商认为未来会有大的销量或高的利润，即使短期利润不高，他也可能会考虑加入。

(3) 风险：这也是中间商主要考虑的因素之一。利润高，但风险高，中间商不一定加入。利润低，但风险低，中间商也有可能加入。因此，可以得到一个公式：

$$期望利润=f(短期利润，预期利润，风险)$$

短期利润、预期利润与期望利润正相关，风险与其负相关。

第二个问题是：影响期望利润的各因素分析。首先，分析短期利润，中间商计算短期利润时主要考虑差价的大小。差价的大小主要由制造商来制定，但应由如下几个因素决定。

① 竞争对手的价差：一般不能低于竞争对手的价差。

② 可能的销量：而可能的销量又要受竞争产品的销量，与竞争产品相比之下的优缺点，包括产品、价格、促销、分销，以及中间商所了解的该产品在其他地方的销量、中间商对销售该产品的信心等因素的影响。可能的销量大，其价差可以小。制造商要确定一个合理的差价。

其次，分析预期利润，预期利润是建立在制造商的经营管理水平、其他产品或该产品在其他市场的盈利能力、对中间商的扶持和优惠政策、信誉以及其业务代表的风貌、业务发展前景等基础之上。当然，预期利润的大小还与中间商的自身条件有关。

最后，分析风险，风险来自两方面：一方面是市场风险，一方面是制造商政策风险和信誉风险。市场风险是指这种产品的盈利如何，是否存在产品向下游客户或消费者传递时的阻塞。制造商的政策风险是指制造商促销政策的设计是否有利于减小市场风险，如饮料制造商怎样处理即期品，如何处理品种不适销路问题。若承诺可以调换货，则无疑降低了客户的风险。制造商的信誉风险是指制造商对中间商的政策承诺能否兑现。市场风险不是由单个制造商所能决定的，而制造商的信誉风险和政策风险却是由其自身决定的。

3. 国际市场分销渠道成本管理

1) 设立成本

企业选择渠道有多种途径，采用不同方式建立的渠道的成本是不同的，在一般情况下，企业建立渠道的方式包括独资设立、兼并收购、控股、参股、租赁设立。因此，企业在选择何种分销渠道时，都要注重分销渠道初期建立成本和运行成本两者之间的比较，决策的基本原则是在同等收益情况下，选择成本最小的分销渠道，或在成本相同时，选择收益最大的分销渠道。

2) 运行成本

显然，企业分销渠道的运行成本与企业的规模大小、产品品种多少、市场范围有关。在经济全球化的市场背景下，企业的市场往往既有国内商场又包括国外市场，分销渠道网络构成遍及各地，营销人员以及营销支持单位人员多，运行成本在产品销售费用中占有相当比例，因此，分销渠道的运行成本管理应是企业分销渠道成本的重要组成部分。

4. 国际市场分销渠道冲突管理

在现代市场经济条件下，企业由于受财力、人力资源的制约，很难采用零级渠道的分销模式。在一般情况下，企业多采用多级渠道营销的分销策略。由于各分销成员分属不同的利益主体，因此，再完善的渠道设计和规范的管理，在渠道成员之间以及渠道成员与企业之间都会存在着市场、价格、供给、付款等方面的矛盾和冲突。冲突处理成为分销渠道管理的日常性管理工作。渠道冲突分为 3 种类型：垂直渠道冲突、水平渠道冲突和多渠道冲突。

1) 国际市场分销垂直渠道冲突的管理

垂直渠道冲突是指同一条渠道中不同层次之间的冲突。例如，分销商凭借自己所拥有的渠道资源的优势，向生产企业讨价还价；下游渠道成员缺乏商业信用；上游企业对其渠道成员的信任度和渠道成员对上游企业的忠诚度下降等。因此生产企业要求中间商做到：一定要执行生产企业制定的渠道策略，执行企业价格策略，拓展产品销售网络，同时还要为终端产品提供服务。

生产企业要有效管理中间商，就要从中间商角度来制定一些策略。

(1) 利益诱导。中间商的利益最大化不仅是确保企业和中间商合作的纽带，也是中间商忠诚度和加大企业产品推广力度的根本。

(2) 目标管理。当企业面临竞争对手时，树立渠道系统目标是团结中间商的根本，包括渠道生存、市场份额、高品质和顾客满意。

(3) 品牌控制。对于中间商来讲，一个品牌响亮的产品意味着利润、销量、形象，更关键的是销售的效率。畅销产品对经销商来说费力小，销售成本比较少，还会带动其他产品的销售。所以，企业只要在消费者层面上建立了自己良好的品牌形象，就可以对渠道施加影响。

(4) 渠道培训。生产企业经营管理一般都比较规范，许多企业都有自己专门的培训部门。企业也必须意识到如何确保自己的中间商能够与自己同步成长，这也是确保企业不断发展和进步的重要因素。

(5) 建立垂直营销系统。建立一套有计划的、实行专业化管理的垂直营销系统，把生产者与中间商的需要结合起来，实现双方的密切合作。生产者可在这一系统中与中间商共同规划销售目标、存货水平、商品陈列、员工培训以及广告宣传计划，使中间商认识到作为这一系统的成员，可以从中获得更大的利益，因而更愿意合作。

2) 国际市场分销水平渠道冲突的管理

水平渠道冲突是指渠道内同一层次成员之间的冲突，如特许经销商之间的区域市场冲突，零售商之间对同一品牌的价格战。其中，大量窜货是危害性最严重的冲突。窜货是指经销商为了获得非正常的利润，蓄意向自己辖区以外的市场倾销产品(即以低于厂家规定的销售价格向非辖区销货)。这种窜货行为会降低营销渠道的运行效率，导致企业渠道价格体系的紊乱，渠道受阻，经销商对所经销产品丧失信心，甚至会导致企业的营销渠道网络毁于一旦。对于危害极大的窜货行为可以采用以下策略进行整治。

(1) 要合理地给中间商制定销售目标。企业的销售目标、销售政策要依据市场的实际情况制定，不可盲目地给中间商制定销售目标。企业不可过度重视硬指标(销售量、回款率、市场占有率)，而忽视了软指标(品牌知名度、客户忠诚度)。

(2) 制定统一价格。严格遵循市场规律，厂商制定严格的全国统一零售价，消除窜货的物质基础，为中间商留下合理的利润空间。即使实行全国统一零售价格有困难，也要在综合考虑运输成本的基础上合理确定各地区之间的价差，使之难以引起窜货。

(3) 合理的销售区域划分。把过去以行政区域划分市场的方式变成以商品流向来划分区域市场，厂商就要保持区域内经销商密度合理，经销能力和经销区域均衡。

(4) 提供售后服务。对于某些商品来说，产品价值的完全实现有赖于专业服务。通常只有在合理的服务半径之内的经销商才能提供专业服务，在这种情况下，厂商可以通过服务手段来控制区域间窜货现象的发生。

(5) 实行产品代码与专卖标识双保险。公司在产品上都打印生产批号和小号(同时在包装里也打上小号)，基本上根据生产日期来编码，每件货一个号码，发货时对产品的去向进行准确的登记与监控，出现窜货时就能查处产品的源头。另外，在各区域贴专卖标识，这种专卖标识有防伪作用，窜货商想要盗用基本不可能。

(6) 实行严格的奖罚制。厂商在招商声明和经销合同中应明确对窜货行为的惩罚规定，通过诸如警告、扣除保证金、取消相应业务优惠政策、罚款、货源减量、停止供货、取消当年返利和取消经销权等措施来惩罚窜货行为，同时奖励举报窜货的中间商，调动大家防窜货积极性。

3) 国际市场分销多渠道冲突的管理

多渠道冲突是指一个生产企业通过两条或两条以上的渠道向同一市场出售其产品而发生的冲突。本质是几种分销渠道在同一个市场内争夺同一种客户群而引起的利益冲突。渠道冲突不仅会直接影响渠道企业，还会以不同的方式影响生产企业。

解决多渠道冲突问题可采用以下方法。

(1) 引导。如果冲突是由不同的渠道同时向相同的市场和客户提供服务而引起，生产企业可以通过引导每个渠道销售不同的产品或品牌来调解冲突。

(2) 帮助和激励。如果冲突使原有渠道商效益下降，而它又对生产企业较为重要时，生产企业可以一边帮助中间商改善管理，一边对个别中间商进行经济方面的激励。例如，可以给予那些承担特定功能要求和提供高附加值服务的中间商回扣优惠，或者依照中间商的服务价值调整其经销企业产品的利润和提供其他综合支持，平衡各类渠道的收益水平，缓解冲突。

(3) 控制和重建。如果渠道重叠不可避免，渠道利润下降，冲突难以调解，企业应迅速加大市场投入，如增加对渠道的激励和支持，或从终端用户入手，增强品牌效应和促销力度，同时采用威胁退出和扶持其对手等强硬措施，提高企业的综合控制力，迫使各渠道接收企业的渠道管理策略，与有利的分销渠道修复关系，达成妥协。在不得已的情况下，退出其中相对不利的渠道，以保全另一分销渠道，或者干脆另起炉灶建立一个全新的渠道在市场上分销产品。

5. 国际市场分销渠道的动态调整

市场环境是变化的，变化的市场环境一方面对渠道成员的经营理念、经营战略、管理水平和人员素质提出了严峻的挑战；另一方面要求企业不断地对渠道成员进行调整。因此，优胜劣汰是渠道成员必须面对的现实选择，而且，这一市场规律客观上要求渠道成员和渠道模式随市场竞争条件的变化而变化。企业应建立一种激励和约束机制，使企业的分销渠道在竞争中改进、修正和重组，保持动态的稳定，充满活力和生机。

由于企业与中间商在国际渠道中所有权分离、地理与文化分离、法规不同等多方面因素，国际营销渠道的控制有很多困难，但是企业还是必须做一些工作以控制营销渠道。无论是内部渠道成员还是外部中间商，都应有一个明确的营销目标。对渠道系统要实施总体控制，重点是定价、毛利率、物流费用。对中间商要加强控制，设立专门的监督机构，健全档案，能及时利用定额、报表等多种方式对中间商进行评估；能对渠道成员进行协调，使他们能彼此配合，更好地为实现渠道目标服务；能及时根据市场环境的变化对渠道系统加以修正及改进。

国际市场分销渠道的动态调整有以下几种形式。

1) 增减分销渠道中的个别中间商

如果个别中间商的经营规模小，运营能力差，终端掌控能力弱，对公司缺乏忠诚度，对渠道策略屡犯不止而造成企业产品市场占有率下降，影响到整个渠道效益，可以考虑对其进行削减，以便集中力量帮助其他中间商搞好工作，同时重新寻找几个中间商替补。但如果市场占有率的下降是由于竞争对手分销渠道扩大而造成的，就需要考虑增加中间商数量。

2) 增减某一个分销渠道

当生产企业通过增减个别中间商不能解决根本问题时，就要考虑增减某一分销渠道。例如，当其他牌子的果汁在超市拼得头破血流的时候，汇源果汁悄悄开辟了酒楼销售渠道，从而成为今天的餐饮果汁饮料市场的领头羊。

3) 调整整个分销渠道

这个策略在渠道调整中最复杂且难度最大，因为它要改变企业的整个分销渠道策略，而不只是在原有基础上进行修补。有一家电器企业，原来实行的是省经销制度，后来随着市场竞争越来越激烈，这种模式的种种弊病开始显露出来。该企业实行渠道变革，首创在各省与经销商合作成立该电器企业的销售公司，把厂家的利益和经销商的利益牢牢捆绑在一起，极大地激发了渠道的积极性。实行这种调整策略不仅是对渠道策略的彻底改变，而且要求对产品策略、价格策略、促销策略进行相应调整。

当中间商不能合格地履行自己的职责，或市场形势发生变化，企业改用另一种渠道方式更有利时，企业面临着与中间商中止关系的难题。企业面临这种情况时，应先向当地的法律界人士咨询，着眼于全局与未来，按法律程序解决问题。

特别提示

终端不只指售点，更是指顾客，顾客也是终端。终端工作的最高境界是：培养一批愿意到终端购买自己产品的顾客。

营销案例

著名跨国公司在中国遭遇的挫折

近年来关于应发展渠道成员间密切关系的观点逐渐得到了人们的重视。通过组织良好的渠道活动和团队合作，生产者和分销商能给消费者提供低成本和差异化的产品和服务，且降低了由于环境的不确定性带来的交易成本。通过确立密切的成员关系，可以对有限资源进行合理配置，提高渠道的经营绩效。这对于在新兴市场的跨国公司来说尤为重要，因为新兴市场营销渠道的内部关系与跨国公司的母国和其他东道国通常有很大不同。那种忽视营销渠道内部关系，只是机械地按照渠道的长度和宽度移植他国的渠道结构的做法，已越来越行不通。

英荷联合利华公司的日化产品早已长驱直入中原大地，有些品牌如“力士”、“旁氏”等已成为众多消费者心目中的时尚名牌。但 1994 年联合利华旗下一个重要的冰淇淋品牌“和路雪”登陆中国市场惨遭挫折。在百事可乐等饮料系列在华的骄人战绩的鼓舞之下，百事集团将其膨化食品系列“奇多”粟米脆引入中国和印度时同样也经历了一段惨淡经营的挫折。究其原因，在很大程度上是由于其不认真考察东道国市场的特殊环境，试图将许多国家的成功模式移植于其他国家造成的，这显现了商业上的种族中心主义思维。“和路雪”和“奇多”的制造商认为他们在东南亚一些发展中国家，以强力推销占领市场为特征的营销渠道，在中国和其他地方也一定能以其击倒竞争对手，于是故伎重演，却陷入泥沼。

9.4 国际市场物流决策

企业进入国际市场时，首先要选择一定的国际间物流渠道，也就是出口企业选定了目标市场后，下一步就要解决运用什么样的物流渠道进入目标市场的问题。企业选择哪一种国际市场物流方式较好，关键要看企业的经营目标、国外市场情况、产品的特征、企业的规模和实力、企业的资源及灵活度等各方面因素，然后选择适合自己的进入国际市场的物流方式。

9.4.1 国际市场物流的含义及职能

1. 国际市场物流的含义

商品流通过程不仅包含商流、货币流、信息流，还包含物流。物流即商品实体(实物)的流转、运动，包括空间位移和内外特性变化(或保持)的过程，它与商流相配合，是实现商流目的的保证。在国际营销中物流管理主要指的是实体分配或者营销后勤管理，它是指计划、执行和控制从起点到消费点的材料、最终产品及相关信息的实体流动，以便在满足顾客要求的同时赚取利润。它主要包括 6 个方面的要素：包装、运输、装卸搬运、仓储、库存管理和订单处理。其中运输、仓储、库存管理这几项的费用最高。

国际商品实体分配由于跨越国界，路程远，时间间隔长，情况复杂，不可测的风险大，管理难度高，国际营销人员应注意利用国际物流的服务组织(运输公司、货运服务公司、报关行、仓储服务公司、出口包装服务公司……)、自由贸易区、现代化的储运技术(集装箱运输、巨型油轮……)等多种方式建立一个高效的物流网络，争取以最少的成本提供目标水准的顾客服务。企业必须为每一个细分市场设定一个合适的服务水准，通常，至少应提供和竞争者一样的服务水准。但是，企业的目标是利润最大化而不是销售最大化，因此，企业必须权衡提供较高水准服务所得的利益与所用的成本孰轻孰重。实体分配合理的目标便是通过有效的选择，适当兼顾最佳顾客服务与最低分配成本。国际市场物流的具体要求如下。

(1) 把各项实体分配费用作为整体，在不降低服务的前提下，力求降低总费用水平。

(2) 把全部的市场营销活动当作一个整体，在处理每一个具体业务时都应注意节约实体分配的费用。

(3) 必须善于权衡各项分配费用及其效果，不能使消费者受益的费用应坚决压缩。

2. 国际市场物流决策的职能

企业在设定好国际市场物流目标的前提下，根据该目标设计一个能实现目标的成本最小化的物流系统。其主要职能包括以下方面。

(1) 订单处理。订货有许多方法，可邮寄、电话约定、通过推销员、用计算机网络方式。总之，企业一收到订单，必须迅速处理。相关仓库收到指令后装货并发运商品。目前，大多数企业都用计算机系统处理订单，加速了订货—发货—结账这个过程。

(2) 仓储。每个企业在货物出售前必须储存货物，企业必须确定需要多少仓库，哪种类型的仓库以及它们应设置在什么地方。企业使用的仓库越多，货物就能越快地交给顾客。但是，较多的仓库意味着较高的仓储成本。因此，企业必须使顾客服务水平和销售成本达到平衡。

(3) 存货。存货水平也会影响顾客的满意程度。存货水平的主要目标是在存货的多与寡之间保持平衡。存货太多会导致不必要的存货管理成本和存货废弃；存货太少会导致脱销、昂贵的紧急运输或生产，以及顾客的不满意。在作存货决策时，管理部门必须在较多存货的成本和由此产生的销售和利润之间做出权衡。

(4) 运输。营销人员需要关心企业的运输决策，选择何种运输工具会影响产品定价、交货情况和货物到达目的地的情况，所有这些都关系到顾客的满意度。目前，常见的运输方式有铁路、汽车、水运、管道、空运等，营销人员要注意根据实际情况做出合理选择。

9.4.2 国际市场物流的模式与选择原则

1. 国际市场物流 4 种基本模式

1) 厂家直销

直销适应于城市运作或公司力量能直接涉及的地区，销售力度大，对价格和物流的控制力强(如图 9.4 所示)。它的优点是渠道最短、反应最迅速、服务最及时、价格最稳定、促销最到位、控制最有效。缺点是局限于交通便利、消费集中的城市，会出现许多销售盲区，或人力、物力投入大，费用高，管理难度大。

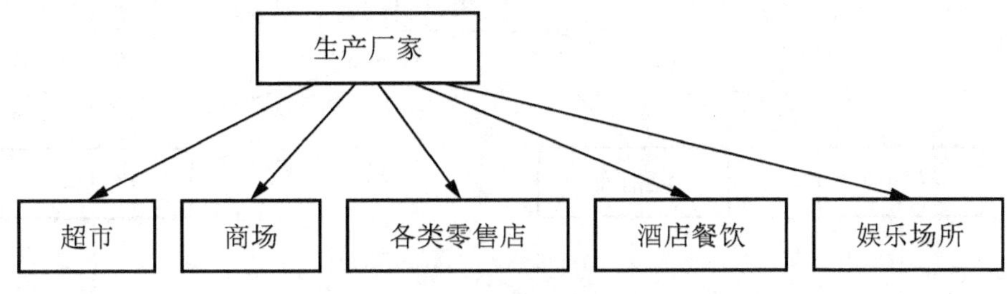

图 9.4 厂家直销模式

2) 网络销售

网络销售适用于大众产品，适用于农村和中小城市市场。它的优点是可节省大量的人力和物力，销售面广，渗透力强，各级权利义务明确，为共同利益可组成价格同盟，借他人之力各得其所。缺点是易造成价格混乱和区域间的冲货，在竞争激烈时反应较迟缓，需要高明的管理者使之密而不乱(如图 9.5 所示)。

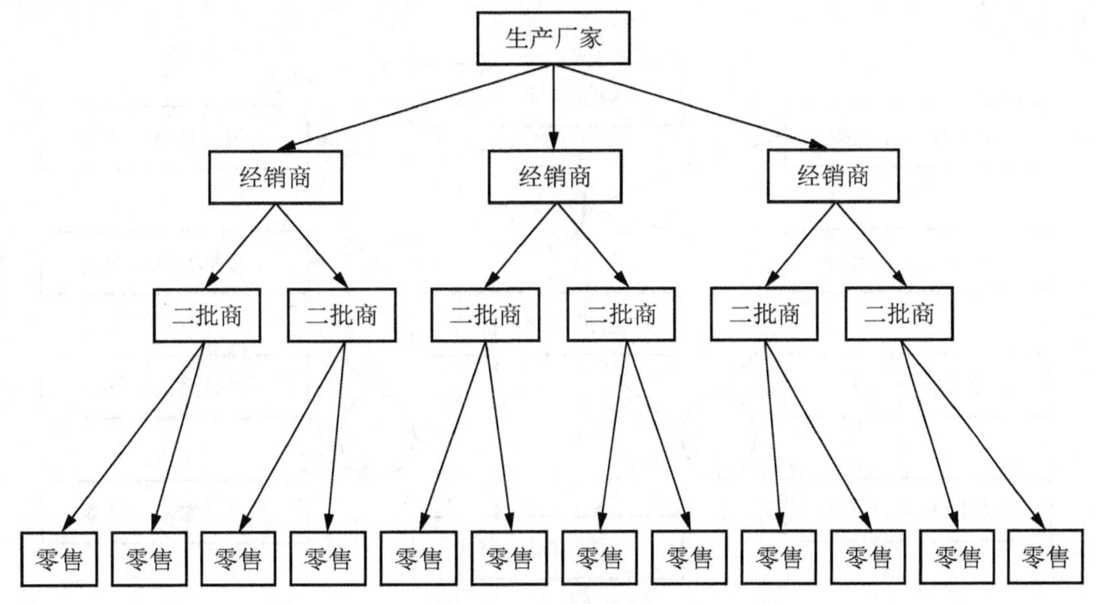

图 9.5 网络销售模式

3) 平台式销售

平台式销售适用于密集型消费的大城市，服务细致，交通便利，观念新颖。如上海市有 580 平方千米，1 300 多万人口，各类零售终端有 4 万多家。一家企业若在上海设置 80 家左右经销商，可形成一个巨大的物流平台，每家经销商管几条街、500 家店，送货上门，可以做到真正意义上的深度分销。它的优点在于责任区域明确而严格服务半径小(3～5km)；送货及时，服务周全，网络稳定，基础扎实；受低价窜货影响小；精耕细作，深度分销。

缺点是受区域市场的条件限制性较强，必经厂家直达送货，需要有较多的人员配合(如图 9.6 所示)。

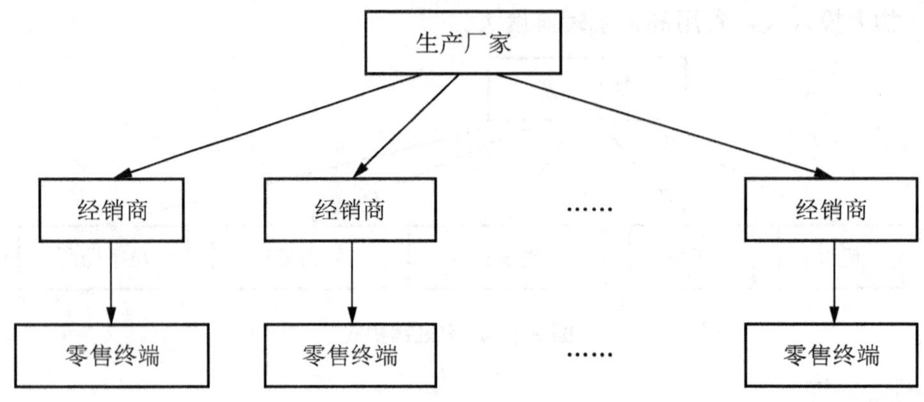

图 9.6　平台销售模式

4) 自然辐射模式

目前，自然辐射模式虽然总体上看有些萎缩，但在部分农村地区，因附近比较落后，交通也不发达，加上政府支持，又有大型批发市场的基础，这种模式至今还很有活力(如图 9.7 所示)。

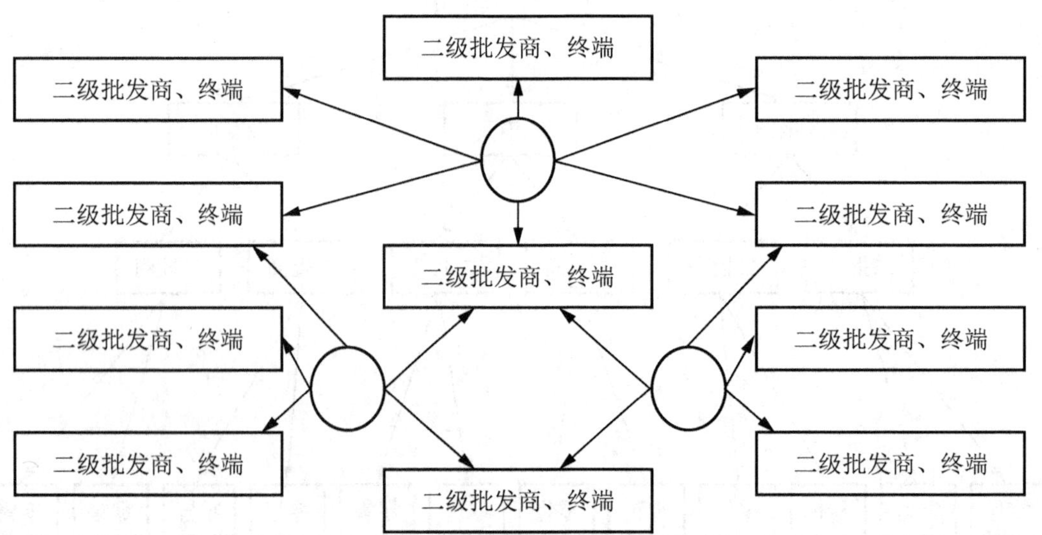

图 9.7　自然辐射的模式

这种模式的优点是：无规则，自由流通，不受行政区域限制，经营灵活，薄利多销，品种繁多，配货方便，辐射力强。缺点是：以松散形式关系为主体，没有固定网络和客户，以价格优势为主要手段吸引顾客，容易导致相互压价、低价冲货，没有深层的服务意识，只做“坐商”。

只要理清国际企业营销物流的基本模式，再根据企业的自身条件、区域市场特点和竞争对手的情况进行科学分析，并不难选定一种行之有效的销售物流模式。

2. 国际市场物流4种主要的复合型模式

在实践中，公司并不一定只采用一种物流模式，可因地制宜根据企业的营销策略和不同的发展阶段，采用以下4种主要的复合型模式。

1) 网络+平台

前提是经销商具备经营实力和忠诚度，且网络健全。平时以网络运作为主，经销商以正常的吞吐量和正常的价格供货，并按公司政策指导二级批发商进行正常的市场运作。但在特殊情况下，如阻止竞争对手给二批优惠送货时，必须及时有力地采取零售点封杀，由经销商直接面向终端，且供货充足，让其无余力再从其他二级批发商处进货。

2) 直销+网络

以直销著称的可口可乐，为了满足农村市场和自己无力直接送达的零售店，就在各地区或农贸批发市场设置为数不多的经销商，通过经销商的网络，努力做到拾遗补漏。这两种模式的结合使用，使可口可乐的销售策略更加本土化，如虎添翼。

3) 批发市场+平台式销售或网络销售

批发商要想改变日益丧失的优势，唯一的出路是进行职能创新，改“坐商”为“做商”，尽快提高服务意识，加强送货功能，具备铺货能力，越过二级批发直接向终端零售店供货，为消费者服务。另外，批发商可选择区域，选择常来进货的二级批发商与其建立长期、稳定的供销关系，形成自己的销售网络，将辐射优势与网络销售、平台式的深度分销优势相结合。

4) 网络销售+直销

在网络迅猛发展的今天，以网络销售为主，辅以一定的直销力量，由厂家直接做大型超市和经销商难以涉及的特殊终端，既可直控重点，又能拾遗补漏，还可对整个市场起到控制、调整的作用。

3. 国际市场物流模式的选择原则

国际市场物流模式的选择，应该在科学的原则指导下来进行，这些原则主要有以下几项。

1) 顾客导向原则

企业要在激烈的市场竞争中生存发展，必须将市场顾客要求放在第一位，建立顾客导向的经营思想。通过周密细致的市场调查研究，不仅要提供符合消费者需求的产品，同时还必须使营销物流渠道为目标消费者的购买提供方便，满足消费者在购买时间、地点以及售后服务上的需求。

2) 最高效率原则

不同的国际市场物流模式针对不同商品的分销过程的效率是有差异的。企业选择合适的国际市场物流模式，能够提高流通的效率，不断降低流通过程中的费用，使分销网络的各个阶段、各个环节、各个流程的费用合理化。这对于企业来讲，能够降低产品成本，取得竞争优势并获得最大化的收益。

3) 发挥企业优势的原则

企业在选择国际市场物流模式时，要注意发挥自己的特长，确保市场竞争中的优势地位。现代市场营销的竞争已经不再是单纯的渠道、价格、促销上的竞争，而是整个规划的综合性网络的整体竞争。企业根据自己的特长，选择合适的国际市场物流网络模式，能够获得最佳的成本效益和良好的顾客反应。同时企业也要注意通过发挥自身优势来保证渠道成员的合作，贯彻企业的战略方针与政策。

4) 合理分配利益原则

除了公司型物流模式外，其他国际市场物流模式都涉及利益在独立网络成员间的分配，即使是产权统一的公司型物流渠道模式，也存在着评价各个成员工作绩效和资源在各个部门分配的问题。合理分配利益是国际市场物流网络组织的关键，利益的分配不公常常是网络组织矛盾冲突的根源。因此企业应该设置一整套利益分配制度，根据渠道成员负担的职能、投入的资源和取得的成绩，合理分配网络化所带来的利益。

5) 协调、合并的原则

国际市场物流渠道成员之间不可避免地存在着竞争，企业在建立、选择国际市场物流分销渠道模式时，要充分考虑竞争的强度。一方面鼓励渠道成员之间的有益竞争，另一方面又要积极引导渠道成员的合作，协调其冲突，加强渠道成员的沟通，努力使各条渠道有序运行，实现既定目标。

9.4.3 国际市场物流渠道选择策略

企业进行国际市场营销时，面临着选择怎样的国际市场物流渠道模式的问题，通常在以下几个方面要做出决策。

1. 国际市场物流渠道模式的标准化与地区化

物流渠道模式的标准化是指企业在国外不同市场上采取相同的渠道模式；地区化则是根据各地区的不同情况，采取不同的物流渠道模式。

国际企业一般喜欢用标准化策略，可产生规模效益，且可吸取以往经验。但事实上由于各国的市场特性，如消费者地理分布、数量、购买习惯不同，各国的物流渠道结构不尽相同，同时由于竞争对手的渠道策略也各不相同，所以企业一般采取地区化物流渠道模式。

2. 国际市场物流渠道的长度选择

物流分销渠道的长短通常按经过的流通环节或层次的多少划分，长短只是相对而言的。物流渠道越短，分销效率及控制程度就越高，可节约中间成本，但是企业的决策必须考虑许多因素，如综合考虑产品特点、市场状况、生产情况等。直接物流渠道最短，相比较而言，间接物流渠道则长一些。

直接物流渠道的好处是销售及时，商品损耗少，资金回收快；便于按需供货、提供各种服务；能直接了解市场信息，密切产需关系，有利于改进经营管理，以需定产；便于控制产品售价，独占销售利润，提高竞争能力。但直接物流渠道需占用较多资金、人力，管理不易，还要承担全部市场风险。间接物流渠道的好处就是能发挥中间商对生产者的帮助作用，它能大大减少生产者的资金、人力占用，分散市场风险；降低交易成本；能缩短产需之间的时空距离，通过中间商的桥梁纽带作用，既有利于消费者寻找、选择商品，也有利于生产者开辟市场，扩大产品销路，调节、平衡市场供求，协调生产与消费。但间接物流渠道延长了产品流通时间，增加了流通费用，提高了产品售价，不便于提供全面、细致的服务，还容易导致工商之间的矛盾冲突。

营销案例

美国雅芳化妆品在中国的营销战略——短宽性渠道

1886 年，“雅芳之父”大卫·麦可尼在美国纽约创立了雅芳化妆品公司。1990 年，雅芳进入中国市场时，同时将这套沿用了 100 多年的单层次直销模式带进了中国。美国雅芳化妆品公司在进入中国市场时，培养了 20 万人直销大军，采用直销方式，“短化”生产商和消费者的距离。1999 年，在中国，雅芳转向批发和零售渠道进行经营。雅芳在中国各大商场已经开设 1 700 个专柜、4 600 家专卖店和 100 多个设在大型超市的专柜，“宽化”了市场的占有。“我们要比其他竞争对手先走一步，在中国内地至少开 5 000 家专卖店。我的理想是让雅芳在中国尽人皆知，成行成市。任何一个中国人站在某条街道上都会发现，前面有雅芳，后面有雅芳，左边有雅芳，右边也有雅芳”。

互联网的出现，第一次使以有限的成本接触到每一个最终客户成为可能，这种全新的、互动的物流模式打破了传统意义的销售物流渠道。传统意义上的直销是指生产厂家直接将产品销售给消费者，如安利化妆品公司、戴尔电脑公司等。而此处的直销是指厂家或经销商绕过一批甚至两批中间环节，直接供货给零售终端，而并非直接向最终消费者销售。网络营销的出现“消除了中间商”，使产品可以直接面向最终消费者。例如，一个传统的钢铁贸易公司如果到互联网上看一下就会发现有一个“电子钢铁”(E-steel)市场，它是一个虚拟的市场，世界上任何地方的钢铁供应商或需求者都可以在上面见面、谈判、签订合同。这样的例子在互联网上层出不穷，互联网的介入为市场创造了透明度，降低了交换成本。现有的企业都应重视互联网的价值并考虑如何利用互联网重新定义自己的业务和自己的销售渠道，使传统的业务能借助网络技术开拓出更广阔的前景。

3. 国际市场物流渠道的宽度选择

物流渠道的宽度取决于在渠道的每个层次(环节)中使用同种类型中间商数目的多少。制造商选择较多的同类型中间商(如批发商或零售商)经销产品，则这种产品的分销物流渠道为宽渠道，反之，则为窄渠道。一般可分为以下 3 种策略。

(1) 密集型分销物流策略。也称为广泛性分销物流、多家分销物流，它是指企业尽可能利用大量的、符合最低信用标准的分销商参与其产品的销售，密集分销物流意味着渠道成员之间的激烈竞争和很高的产品市场覆盖率，最适用于便利品。它通过最大限度地便利消费者而推动销售的提升，产品的分销越密集，销售的潜力也就越大。

在这种情况下，企业往往必须实行广而密的铺货，使产品尽量地接近目标市场的消费者，迅速扩大产品销路，便利购买，及时销售产品。而其不足之处在于，在密集分销中生产企业对经销商提供的服务是有限的，同时在某一市场区域内，经销商之间的竞争会造成销售努力的浪费。由于密集分销物流加剧了经销商之间的竞争，他们对于生产企业的忠诚度便降低了，价格竞争也更加激烈。生产商必须负责对经销商的培训并对分销商支持系统、交易沟通网络等进行评判以便及时发现其中的障碍。

(2) 选择性分销物流策略。生产企业在特定的市场，通过少数几个精心挑选的、最合适的分销商来销售本企业的产品。在这种策略下，其分销机构成员在一家以上，但又不是让所有愿意经销的分销机构都来经营某一种特定产品，一些已建立信誉的企业或一些新兴企业，都利用选择分销战略来吸引分销机构的加入，以期获得足够的市场覆盖面，并与从中挑选出来的分销机构建立起良好的合作关系，与密集分销策略相比，采用这种策略具有较强的控制力，成本也较低，因此这是一种常见的形式。

选择分销物流中的常见问题是如何确定经销商区域重叠、交叉的程度。选择分销物流中区域重叠的量决定着在某一规定区域内选择分销与独家分销和密集分销所接近的程度。虽然市场重叠率高会方便顾客的选购，但也会在零售商之间造成冲突；低重叠率会增加经销商的忠诚度，但也降低了顾客的方便性。

(3) 独家分销物流策略。即生产企业在一定地区、一定时间只选择一家中间商销售自己的产品。独家分销物流的特点是市场覆盖面较小、竞争程度低。在一般情况下，只有当公司想要与中间商建立长久而密切的关系时才会使用独家分销，因为它比其他任何形式的分销更需要企业与经销商之间的联合与合作，其成功是相互依存的。它比较适用于服务要求较高的专业产品。

独家分销物流使经销商们避免了与其他竞争对手作战的风险，还可以使经销商无所顾忌地增加销售开支和人员以扩大自己的业务，不必担心生产企业会另寻合作伙伴。而且，采用这种策略，生产商能对中间商的销售价格、促销活动、信用和各种服务方面有较强的控制力，采用独家分销物流的生产商还期望通过这种形式取得经销商强有力的销售支持。独家分销物流的不足之处主要是由于缺乏竞争会导致经销商力量减弱，而且对顾客来说也不方便。另外独家分销物流会使经销商们认为他们可以支配顾客，因为在市场上他们占据了垄断地位。采用独家分销物流，通常双方要签订协议，在一定的地区、时间内，规定经销商不得再经销其他竞争者的产品；生产商也不得再找其他中间商经销该产品。

4. 国际市场物流渠道的组织形式

国际市场物流渠道的组织形式面临两种选择：一种是独营物流渠道策略，一种是联营物流渠道策略。独营物流渠道是传统的渠道组织形式，生产者与中间商彼此独立、各自经营、松散合作，关系主要是磋商交易条件，生产者虽可利用中间商的仓储条件，得到中间商的资金支持，但难以有效地控制中间商，可能因工商矛盾影响渠道的正常运行。

联营物流渠道是现代发展起来的工商联营、联销的物流渠道组织形式，可对分销全过程负全责，进行事实上的系统控制，比较稳定。其具体形式可分为 3 类：垂直纵向联合组织、水平横向联合组织、集团性联合组织。

其中，垂直联合组织由一个物流渠道成员统一拥有或控制，可细分为以下 3 种。

(1) 法人、公司型——由一个渠道成员拥有和统一管理，或由生产者建立前向一体化的工商联合组织，或由零售商建立后向一体化的工商联合组织。

(2) 契约、合同型——包括制造商特许经营、批发商自愿连锁、零售商合作连锁。

(3) 管理型——业务指导、管理协作，包括厂店挂钩、引厂进店等。

本章小结

本章介绍了国际市场分销渠道的基本概念、分销渠道的流程和功能、国际市场分销渠道成员类型、国际市场分销渠道设计与管理以及不同国际市场物流决策。国际市场分销渠道类型按照是否有中间商介入分为直接分销渠道与间接分销渠道，按照分销渠道中间环节层次的多少分为长渠道与短渠道，根据分销渠道同一层次中间商的多少分为宽渠道与窄渠道，根据制造商所选用的渠道类型的多少分为独立分销渠道与整合系统分销渠道。国际市场分销渠道设计分为：确定渠道目标、分析渠道设计的影响因素、分销渠道方案确定、评估渠道方案4个环节。国际市场分销渠道管理的内容包括：渠道成员的控制、渠道成本管理、渠道冲突管理、渠道的动态调整。

名人名言

你说什么客户不会记多少，但你带给他们的感受，他们却永远忘不了。

——西门·海尔

那些能够赚大钱的人，都是懂得如何让别人赚钱的人。

——宗庆后

一个优秀的企业输出的不仅仅是优质的产品，更有优秀的管理优质产品的方法。

——瓦格(美国通用公司前总裁)

好经销商是培养出来的，而不是找出来的。

——王尚平(唯美陶瓷公司营销总监)

营销只有围绕消费者的注意力转，才能获得市场。

——徐源(小天鹅集团销售公司经理)

具体的问题成千上万，不过绝大多数可以归结为如下一句话：怎样才能赢？

——杰克·韦尔奇(前GE公司CEO)

习　　题

一、复习题

1. 选择题

(1) 公司在制定国际市场促销策略时，最基本的决策是(　　)。

A. 决定促销的强度　　B. 识别/估测目标受众

C. 提出购买建议　　D. 决定最优促销组合

(2) 牛仔裤与青春形象、人头马与“好事”等广告定位策略属于(　　)。

A. 功效定位　　B. 品质定位

C. 市场定位　　D. 心理印象定位

(3) 能够体现及时调整信息、实现信息双向交流等特点的促销手段是(　　)。

A．人员推销　　B．广告

C．营业推广　　D．公共关系

(4) 国外推销人员的类别主要有推销经理、推销员和(　　)。

A．助理推销员　　B．见习推销员

C．采购服务员　　D．服务维修员

(5) 对于在国外开展营业推广活动的公司来说，应重点考查法律限制、中间商的能力和(　　)。

A．竞争者的作法　　B．企业自身能力

C．产品的特点　　D．消费者的购买行为

(6) 公共关系不仅仅是一种促销手段，而且还包含着更为广泛的(　　)。

A．战略职能　　B．计划职能

C．监督职能　　D．管理职能

2．填空题

(1) 促销信息的传播方式主要有________。

(2) 工业广告的职能主要是支持人员推销工作和________。

(3) 对制造商来说，选择中间商的总体要求是________。

3．判断题

(1) 在构成销售渠道的多个流程中，具有双向流动特征的流程是所有权流程。　(　　)

(2) 国际市场销售渠道的纵向联合销售系统的类型有公司系统、管理系统和物流系统。　(　　)

(3) 国际促销的实质是信息沟通的过程，在这个过程中，接收和理解信息的环节是信息渠道。　(　　)

(4) 国内出口中间商类型很多、特点各异，其中不拥有产品所有权的出口中间商是国外设在本国的常驻采购商。　(　　)

4．问答题

(1) 什么是国际市场分销渠道？它承担着哪些功能？

(2) 简述国际市场分销渠道的类型结构，结合实际谈谈对这些结构的理解。

(3) 企业国际市场分销渠道的影响因素有哪些？企业按怎样的标准选择其市场分销渠道？

(4) 分析密集分销、选择分销和独家分销这 3 类分销渠道策略各自的优缺点。

5．讨论题

(1) 如何对国际市场分销渠道成员进行有效的管理与控制？

(2) 现阶段的国际市场物流模式有哪些？

二、案例应用分析

宝洁的权重分销

宝洁进入中国大陆十几年，所做的最成功的事情，就是一直坚持80%的权重分销，并作为公司的第一策略始终没有改变。

1. 甩掉百货站

有人说，宝洁是中国最大的一所营销培训学校，影响并推动了中国企业营销的进步，如果没有宝洁出现，中国的市场行为将很有可能比现在要落后好多年。如今在中国企业营销中已经司空见惯的一些做法，甚至已经成为大家开拓市场必不可少的一些方法、步骤，很多都是由宝洁最先引入并逐步推广的。例如，是宝洁最早引入了市场调研工作；最早开始做终端和渠道的覆盖；最早推出专门针对中国市场而制作的真正意义上的精美广告片；最早的供应链管理；最早的客户管理系统；等等。

在终端与渠道这些方面，这样的评述同样适用于宝洁在中国终端和渠道市场的变革与改造。

20世纪90年代初，刚进入中国市场的宝洁的渠道与终端还非常原始，其主要客户就是分散在部分省市的国有百货站。很多百货站的规模并不小，上有站长、主任，下面还有各科科长。客户都是自己找上门来的，然后就在百货站的大厅里挑选各种商品。而百货站对客户挑选的态度基本上是无所谓的，根本没有主动推荐这一说，并且百货站的商品也全都是根据计划下达的，如百货站的日化类商品，只有宝洁、联合利华以及少数的几个本土品牌能产生实际销售，大部分根本就无法售出，但百货站依旧会进一些这些品牌的商品，用大量空间来摆放它们。在客户要货之后，百货站的送货服务也极其随意，有时候想去送就送，不想送就不送。宝洁意识到绝对不能这样继续下去，因此就自己出钱组建了一支送货的配送队，至少保证自己的产品都能做到送货。

实际上，百货站早就已经资不抵债了，但它依旧保持高高在上的作风。最奇怪的是，它明明已经没钱了，但在请客吃饭时依旧大手大脚。对于经销商品的货款，其作风也是能拖就拖，能赖就赖，所有这一切都使宝洁最终下了决心：一定要另找经销商。

但当时的困难是市场上还没有如今已经遍地都是的成熟的经销商群体，真是连一个都找不到。由于当时国内还没有成熟的经销商体系，而社会上的信用体系也正在面临极大的危机。经销商也是鱼龙混杂。宝洁在寻找地区代理商的过程中就遭遇过许多骗子，很多只是想捞一把就走，货发出去经销商卷款而逃的事件时有发生。但也有许多代理商注重长期与宝洁的合作与发展。宝结在一些试点区域寻找经销商并与之进行了成功的合作，说明了注重合作和长期收益的重要：事业是可以做的，而不只是互相欺骗！

随着越来越多的经销商日渐成熟，宝洁渐渐“冷落”了原先的百货站。如果是机制出了问题，那就不可能形成一个动力来把事情做好。

2. 80%的权重分销

宝洁进入中国大陆十几年，所做的最成功的事情之一，就是其一直坚持80%的权重分销，并作为公司的第一策略始终没有改变。80%的权重分销指的是，宝洁至少要在可产生80%日化产品销售的地点实现全面的终端覆盖。而宝洁市场的所有策略都是为了保证这一目标得以完成。可以说宝洁进入中国的十几年，正是中国市场经济转型中的十几年，这中间国内的渠道模式曾发生了数次大的变化。从最初计划经济色彩浓重的国有百货站渠道，到各大批发经销商的兴起，直到最近，大卖场、超市渠道骤然崛起成为主流。随着这些变化，宝洁也做出了数次调整。虽然每次调整的方法都不相同，但其基本原则是：无论什么样的改变，其最终的结果都一定要最有效率。

随着环境的变化，宝洁的市场部门在不同的时期，为完成这一目标主要做了如下几项重要的创新。

(1) 宝洁在国内市场上第一个建立起了一个完整意义上的分销市场体系，包括如何分销，如何将产品摆上货架，如何助销，海报以及其他终端宣传手段等。

(2) 在经销商的选择上，最初宝洁在一个地区通常会选两个经销商。因为有两个经销商，他们之间就会产生竞争，这样一来在服务终端客户的表现就会更好。同时两个经销商又不致出现过度竞争，导致终端混乱。

(3) 在付款方式上的创新。为了鼓励早付款，宝洁出台了一项政策，如果 7 日之内付款，就可以得到 3 个点的优惠；如果过了 30 日不付款，就将被取消代理宝洁产品的资格。由于 3 个点的优惠比银行的贷款利率还要高，这就使得许多经销商自己贷款都要提前付款。这项政策主要是针对当时社会上大量存在的拖延付款并形成三角债的现象提出的，效果非常突出。

(4) 建立了一套叫做分销商生意系统的网络信息交易平台。这主要是为了提高分销效率。由于当时的客观条件很差，大多数经销商没有电脑，宝洁就亲自派人上门帮助安装并教会经销商怎样使用。同时向经销商解释上这样一套系统的好处，对其生意将有怎样的帮助，可以减少多少无效的库存，提高多大的资金和仓库利用效率等；另一方面，采取一些强制性措施，告之如果不上这套系统，就会将其从宝洁的客户中除名。最终在一年左右的时间里，基本上完成了用这套分销商生意系统管理所有经销商的工作。

在没有这套系统时，宝洁的客户管理是相当落后的，对于一家经销商，其到底有多少库存，库存里又到底是什么样的货物，销售情况怎样，根本无从知晓。许多地方甚至一年也不会盘点一次，只能进行大概的估计，这样无论是销售、要货，还是回款，基本上都是在非常盲目的情况下做出的。而由于有了这样一项从算盘到电脑的巨大革新，宝洁在对经销商的动态管理上一下子就与其他企业拉开了很大的距离。

(5) 将宝洁原先的经销商、供货商转变为服务商的革新，宝洁因为其提供的仓储物流方面的服务而对其支付一定的服务费。这项政策主要是针对当时大卖场崛起导致经销商的利润越来越微薄，其经销积极性受到极大挫伤的情况制定的，是为了给这些经销商一定的物质补偿。

大卖场时代的另一个变化是宝洁开始逐步依靠大分销商，并大力提高分销商的能力，同时开始减少分销商的数量，淘汰那些跟不上形势发展的经销商。在具体的淘汰过程中，最初宝洁采用的是直接砍掉的方式，就是用书面方式告知，宝洁将终止与其合作。

但宝洁很快就发现这种方式过于粗暴，因此遭到了许多反弹。之后宝洁在淘汰经销商时就只采用经济手段了。宝洁会提供一个竞争的机会，如规定一个最低发货量，如达不到就自动被淘汰。

3. 招聘未来能做自己上级的人

宝洁是一家业绩导向的企业，其员工的职位是否提升，也基本上依靠业绩来确定。个人的业绩主要是由许多评估打分来体现的。而给员工打分评估的标准也非常有意思，主要依据两项硬指标：一是个人的工作业绩，根据情况不同，宝洁对此有非常详细的考评系统。二是下属的工作业绩，特别是其进步的情况。也就是说，宝洁永远鼓励任用那些能力最强的人，甚至在招聘时就要求“要招来未来能做你上级的人”。因为有这条标准，假如下属中有人获得了提升，那么自己的评分就会相应增加，而假如下属中有人离职或降级，自己的评分也会有较大幅度的下降。宝洁内部的气氛非常好，虽然内部竞争也非常激烈，但绝不会有相互间的勾心斗角，也不会有相互拆台的现象，因为宝洁对内部员工的品德要求极其严格。从一个例子就可以看出：无论是企业内部还是外部，不允许有任何贿赂行为，而在财务上更是不能容忍一丝腐败。“哪怕有一元钱、一张单据与事实不符，如果查出也会被立即开除！”

但正如任何一家企业一样，宝洁也并非完美，也存在许多弊端，但这些弊端与优点往往是一个事物的两面。例如，在宝洁，凡事都希望行动快，而且看重结果，并且凡事都追求完美，这样就会显得很苛刻，特别是让人感觉缺少耐心。

问题：

(1) 宝洁在刚进入中国市场时，为何要“甩掉”百货站？

(2) 宝洁在中国的分销体系有什么特点？

第10章 国际市场促销策略

教学目标

通过本章的学习，了解国际市场促销组合及其影响因素，掌握国际广告决策的主要内容，了解国际市场人员推销的主要步骤，掌握国际市场营业推广策略的制定。同时，掌握国际公共关系的主要内容。

教学要求

知识要点	能力要求	相关知识
国际市场促销概述	(1) 理解国际市场促销的概念 (2) 掌握国际市场促销的运用和创新	(1) 国际市场促销的含义和作用 (2) 国际促销组合的内容及影响因素
国际广告策略	(1) 理解国际广告策略 (2) 运用国际广告策略	(1) 国际广告的含义和作用 (2) 国际广告的设计及创意原则 (3) 国际广告媒体的选择 (4) 国际广告的预算 (5) 国际广告效果的测评 (6) 国际广告代理制度
国际市场人员推销策略	(1) 理解国际市场人员推销策略 (2) 掌握国际市场人员推销策略的应用和创新	(1) 国际市场人员推销的特点 (2) 国际市场人员推销的任务 (3) 国际市场人员推销的类型 (4) 国际市场人员推销的结构 (5) 国际市场人员推销的步骤 (6) 国际市场推销人员的管理
国际市场销售促进策略	(1) 理解国际市场销售促进策略 (2) 灵活运用国际市场销售促进策略	(1) 国际市场销售促进的特点 (2) 国际市场销售促进的影响因素 (3) 国际市场销售促进的有效形式 (4) 国际市场销售促进策略的制定
国际市场公共关系策略	(1) 理解国际市场公共关系策略 (2) 灵活运用国际市场公共关系策略	(1) 国际市场公共关系的原则 (2) 国际市场公共关系的职能 (3) 国际市场公共关系计划的制订 (4) 国际市场公共关系活动的形式

真正的广告不在于制作一则广告，而在于让媒体讨论你的品牌而达成广告。

——菲利普·科特勒

基本概念

国际促销　促销组合　国际广告　广告媒体　国际市场人员推销　国际销售促进　推广津贴　销售竞赛　展销会　国际公共关系

导入案例

当一个傻瓜

意大利服饰大牌 Diesel 曾经推出了一个名为“傻气大比拼”的竞赛。只要消费者前往指定的 Diesel 连锁店索取一张“变傻”的贴纸贴在额头上，然后拍照上传自己的傻样，写一段不少于 140 字引人发笑的蠢故事就行了，获胜的消费者可以得到意想不到的大礼——与鲨鱼共浴大海、骑摩托横穿欧洲或是享受无重力飞行!

这是令人眼睛一亮的营销创意，将虚拟、实体以及地理定位服务整合起来的行销宣传方案。发傻——是 Diesel 本次活动的沟通诉求，延续“发傻”诉求精神，引领消费者跟着 Diesel 品牌活动一起“犯傻”，到连锁店拿贴纸上传照片，然后召告亲友来投票，争夺绚丽的奖品。

在美国共有 31 家连锁店参与此活动，当你在这些门店 3 个街区范围内的任何一个餐厅或商店，用手机上的 foursquare 登录时，系统就会传一个讯息邀请你去附近的 Diesel 门店“发傻”，同时可以获得一件免费的 T 恤。

点评：虚实整合，促进消费

该活动特点就是紧密的虚实整合，先把消费者请到实体店铺去，增加消费机会，再回到虚拟网络完成活动参与程序，透过社区媒体、foursquare 散布活动讯息以及实体门店资讯给朋友进行投票、拉票。对品牌而言，可以让活动讯息在消费者最接近你的时候通知并提醒他，这有助于提高讯息回馈率，让真正的优惠给真正需要被礼遇的消费者，而不是因为凑巧进来消费的人。

10.1　国际市场促销概述

作为国际市场营销组合的一个重要组成部分，国际市场促销主要是向国际市场上的各类消费者传递企业及其产品的相关信息，劝说并影响他们接受自己的产品，促进商品的销售。

10.1.1　国际促销的含义及作用

国际促销(International Promotion)是指国际型企业通过人员与非人员的方法与手段向消费者宣传报导本企业及其商品或劳务的各种信息，来引起消费者的注意，激发消费者的购买欲望，促进和影响消费者采取购买行为，从而达到扩大产品销售目的的所有活动。国际促销，由于各地风俗习惯不同，文化差异很大，因此其促销的困难程度比国内促销要大得多。

在国际市场上，由于时空的限制及其他因素的影响，企业与消费者之间存在着巨大的沟通障碍。一方面，企业不能够完全了解消费者的各种消费偏好，另一方面，消费者也不完全了解企业及其产品的相关信息。正是由于这种销售障碍的存在，影响着企业在国际市场上的销售，因此，要想在国际市场上取得不俗的业绩，企业必须充分利用各种促销手段，及时传播企业及其产品的相关信息，加强自己的产品在消费者心目中的印象与影响，进而提升产品的销售业绩。由此，促销的作用主要表现在以下几个方面。

1. 传播信息，沟通产销

国际市场营销的核心任务是销售产品，信息传播是促进产品销售的重要保障。企业通过促销活动把企业的产品、价格、服务、销售渠道等信息传播给消费者，使他们对企业的了解从一无所知到知之甚多，从而使消费者在选择产品时，可能会优先选择自己的产品。此外，消费者在购买商品的过程中，也会向企业反馈自己对产品的价格、质量、销售方式是否满意等有关信息，促使企业改进自己的不足，消除产销障碍，更好地满足消费者的需求。

2. 突出特色，促进销售

国际市场的竞争程度远远地高于国内市场，商品的选择面更加宽泛，消费者的眼光更加挑剔，各种商品之间的差别也是微乎其微。在这种情形下，企业要努力通过促销手段宣传自己的产品，突出自己的特色，使消费者意识到购买自己的产品可以为其带来特殊的利益，从而达到促进销售的目的。

3. 引导消费，挖掘需求

消费者在购买商品的过程中，具有一定的盲目性和盲从性。企业通过各种形式的沟通，让消费者不仅了解产品的一般功能特性，而且更深一步地了解产品的最基本的操作、使用、维护方法，对消费者起到一定的指导作用，使消费者或用户能够合理消费、科学消费，避免不必要的浪费。另外，消费者的购买行为受到多重因素的影响，不只是受自身需求的影响，有时候更多地受到外部因素的影响。因此，在促销时，企业可以通过提供额外利益吸引消费者大量购买或重复购买，挖掘潜在的需求。

4. 塑造形象，扩大影响

通常情况下，消费者在购买商品时，都会选择那些市场形象较好的企业的商品。因此。企业要运用多种促销手段，在消费者心目中塑造良好的社会形象，培养和提升消费者对自己产品的正面印象，藉此吸引更多的消费者来购买自己的产品。同时还可以在市场上留下较好的口碑，增加其他消费者对自己产品的关注，为未来更好的拓展市场打下坚实的基础。

10.1.2 国际促销组合的内容及影响因素

在国际市场上，各个企业为了实现自己的销售目标，经常运用多种促销策略，即促销组合策略来应对复杂多变的营销环境。所谓国际促销组合是指企业在国际市场上根据产品特点和营销目标，综合各种影响因素，对广告、公共关系、人员推销和营业推广的综合运用，即促销手段的综合运用。企业在运用促销工具时，应该针对实际的市场环境合理使用，可单独使用，也可以将各种促销方式组合一起，以达到最佳的促销效果。

1. 国际促销组合的内容

(1) 国际广告。国际广告是指企业在国际市场上通过付费的方式，在不同的媒体上发布产品的相关信息，以期达到促进产品销售的促销活动，广告可以迅速传播产品讯息，提升产品的知名度，吸引消费者的眼球。在促销组合中起着不可替代的作用。

知识链接

在演出的舞台上，广告不是一出独角戏。它是以行销领衔下各项活动集体演出中的一员。而且广告必须与其他活动和谐一致，方能有好的演出效果。

(2) 国际市场人员推销。人员推销是指企业在国际市场上委托或派出推销人员直接与现实的或潜在的消费者接洽，向其宣传和介绍自己的商品，以此来促进产品销售的促销手段。这种方式虽然由来已久，但在很多行业的产品销售中依然重要，甚至还是最主要的销售手段，比如机械产品和化妆品等。

(3) 国际营业推广。营业推广又称为销售促进，它是指企业为了刺激消费者购买商品而采取的一系列诱导性促销活动。营业推广是企业重要的促销方式之一，它具有刺激性、短暂性、针对性、效果明显等特点，在企业市场营销活动中广泛运用。营业推广与广告、公共关系不同，不需要较长时间的推广，就可以在短期内大量促销产品。营业推广往往表现为“商业竞争”，用来在短期内对抗竞争对手，具有很强的针对性。

(4) 国际公共关系。国际公共关系是指企业为了提升自己的知名度与美誉度，通过一系列的公关活动获取各种社会公众对自己的认知、理解与支持，籍此树立良好的社会形象和较高的社会声誉。公共关系是一种以长期目标为主的间接促销手段，尽管公共关系不能在短时期带来明显的直接促销效果，但它对于企业的意义在于通过媒介向公众传播企业的使命和价值观，增加公众对企业的产品或服务的公信度，从而在整体上塑造良好的企业形象，而后者的提升，将大大有助于企业的目标的达成。相应地，企业的利润也会随之提高。

2. 国际促销组合的影响因素

企业在国际市场上开展实际的促销活动中，究竟是采用单一促销手段，还是采用两种或两种以上的促销手段，应该视具体情况而定。促销组合包括促销沟通过程的各个要素的选择、搭配及其运用，如何选择、搭配、有效地运用促销组合，如何优化促销组合，是每一个企业需要面临的问题，企业必须综合考虑促销目标、市场环境状况、产品以及生命周期、促销策略、促销费用等因素。

(1) 促销目标。促销目标是影响促销组合策略的最重要的因素，企业在不同的发展时期有不同的促销目标。促销目标不同，所使用的促销方式也就不同。通常要达到知晓目标，最好的是广告，其次是公共关系、营业推广；信任目标，最好的是人员推销，其次是公共关系；订货目标，最好的是人员推销，其次是营业推广、广告；理解目标，最好是公关，其次是广告；提醒目标，最好是广告，其次是营业推广；证明有效目标，最好是人员推销，其次是营业推广。

(2) 市场环境状况。企业所面临的国际环境状况的复杂程度远远高于国内市场，每一个地区的社会文化、风俗习惯、经济状况、政治法律环境都有差异，甚至差别悬殊，针对不同性质的市场环境，企业应采取不同的促销组合。比如在非洲某些国家，媒体的普及率及覆盖率较低，这时就要注意促销媒体的选择；又如目标市场的消费者群文化水平较低，以视听广告为主；文化水平较高，则以说理性强的知识介绍及宣传为主。

(3) 产品类型。不同的产品类型决定了消费者具有不同的消费习惯和消费心理，因此所选择的促销组合策略亦有不同。例如，对于服装及化妆品等时尚类型的商品，消费者比较倾向于购买知名度较高的商品，所以提高产品的知名度是其关键。对于此类商品，适宜使用广告和公关手段。再如价格昂贵及购买风险较大的商品，消费者购买时往往比较谨慎，希望得到比较可靠的商品信息，对于此类商品，人员推销则是其首选手段。

(4) 产品生命周期。在产品生命周期的不同阶段，由于促销目标不同，所选择的促销组合也应有所区别。见表 10-1，在产品的导入期，企业的主要任务是提高产品的知名度，因此，应以广告促销为主，人员推销为辅；在产品的成长期，销售增长迅猛，但竞争者出现并快速增多，这段时期的促销目标是提升产品美誉度，广告依然是主要的促销方式，但广告应转变为劝说型广告，同时辅之以营业推广；在成熟期，销售增长率下降，市场供应量达到高峰值，竞争更趋激烈，应该是广告配合适当的营业推广的同时，还应利用公共关系突出企业声誉，提高企业形象，显示产品魅力，以稳定并扩大市场；产品进入衰退期以后，促销目标是稳定销量，因此应以营业推广为主，辅以提醒式广告，此阶段促销费用不宜过多，以免得不偿失。

表 10-1　产品生命周期各阶段的促销组合策略

产品生命周期阶段	促销目标	促销方式
导入期	认识、了解产品，提高产品知名度	推介型广告为主，人员推销为辅
成长期	提升产品美誉度，增进兴趣与偏爱	劝说型广告为主，营业推广为辅
成熟期	培养忠诚度，造成偏爱	促销组合策略综合运用
衰退期	促成信任购买	营业推广为主，辅以提醒式广告

(5) 促销策略。企业的促销策略对于其促销组合的选择影响较大。促销的基本策略包括“推动式策略”和“拉动式策略”两种，推动式策略是以人员推销为主，辅之以对中间商营业推广，兼顾消费者的营业推广，把产品推向市场的促销策略，其目的是说服中间商与消费者购买企业产品，并层层渗透，最后到达消费者手中。这种方法是通过分销渠道将产品“推”给最终消费者，也就是企业直接对其渠道成员进行营销活动，以诱导他们选购产品并促销给终端消费者。推动式策略主要是运用人员推销和营业推广的手段，重点调动批发商甚至零售商销售产品的积极性，比较适合于生产资料的促销，即生产者市场的促销活动。拉动式策略企业通过广告或其他非人员促销手段，直接诱发消费者的购买欲望，由消费者向零售商、零售商向批发商、批发商向企业求购，由下至上，层层拉动购买，其重点则以调动广大潜在顾客强烈的购买欲望为主，由消费者的购买欲望推动各级各类中间商主动进货。

(6) 促销费用。促销费用是开展促销活动的保证，任何促销活动的实施都需要花费一定的费用。从某种程度上来说，促销费用是影响企业选择促销组合策略的最主要因素。在促销费用既定的情况下，如何在不同促销手段中进行合理分配以达到最佳的促销效果就成为促销组合策略决策的主要问题。不同促销方式于媒体的费用差异很大，企业应全面衡量、综合比较，促使有限的费用发挥出最大效用。企业可以运用一些预算方法来作出促销预算，确定其应该支出多少促销费用，以便筹措资金和进行费用支出控制。

10.2 国际市场广告策略

广告是促销组合中运用得最广泛和最有效的促销方式。在世界各国，不同形式的广告时时刻刻都在冲击着消费者的视觉和听觉。广告既可以让一个企业一夜成名，为其带来滚滚财源，如果使用不当，也可能导致负面效果，让企业陷入困境，甚至倒闭。因此，制定正确的广告策略，显得尤为重要。

10.2.1 国际广告的含义及分类

1. 国际广告的含义

广告，源于拉丁语 Advertising，意为“广而告之”。 国际广告是指由国际市场上的企业以付费的方式，通过各种传播媒体向目标市场的顾客传递商品或服务信息以促进商品销售的活动。20 世纪 80 年代是全球广告业开始腾飞的时期，2004 年，世界广告支出为 3 860 亿美元。据有关机构预测，2011 年全球广告支出将增加 4.1%，支出总额将达到 4 710 亿美元，恢复到 2008 年经济衰退前的峰值水平。广告市场自 2009 年经济衰退后逐步恢复元气，但其增幅因受到经济压力、自然灾害和政治动乱的影响而小幅放低。尽管如此，国际广告市场一直在跌宕起伏中向前发展。

2. 国际广告的分类

纵观世界广告市场，广告种类繁多，不同的广告策划者根据不同的营销目标选择了相应的广告类型，精确地传播广告主题和信息，合理地进行广告安排和组合。依据各国广告的内容、目的、诉求对象等标准，我们可以将广告分为以下几类。

1) 按广告的内容分类

根据广告内容的不同，可以分为商品广告、服务广告、公益广告、公关广告等。

(1) 商品广告。商品广告是针对商品销售所做的广告，主要传递商品的相关信息，以宣传企业的商品为主要目的，它又有开拓性广告、劝导性广告和提醒式广告等种类。

(2) 服务广告。它是宣传在销售商品时所提供的服务项目的广告，比如对消费者购买的大型家电产品，实行免费送货、安装、维修等服务，激发消费者购买自己的产品。

(3) 公益广告。公益广告指不以盈利为直接目的，采用艺术性的表现手法，向社会公众传播对其有益的社会观念的广告活动，以促使其态度和行为上的改变。公益广告的形式活泼短小，表现手法多样，易为受众所接受。它具有社会的效益性、主题的现实性和表现的号召性三大特点。

(4) 公关广告。所谓公关广告就是一种设法增进公众对组织的全面了解，提高组织的知名度和美誉度，从而赢得公众信任和合作的广告。运用公关广告，可以起到塑造组织形象、强化品牌形象、宣传组织宗旨、引导公众观念等作用。

2) 按照广告的诉求方式分类

依此标准，广告可分为感情诉求广告和理性诉求广告。

(1) 感情诉求广告。它是针对想象力丰富、易动感情的消费者所使用的一种广告。感情诉求广告，又称“暗示广告”，它是指依靠图像、音乐、文字的技巧向广告宣传对象进行感觉和情绪诉求，“动之以情”，“以情感人”，引起人们的潜在意识，激起消费者的购买欲望。该策略容易引人注目，但使用时需注意，只有在品牌特性很难明显地用语言表述时和广告主不喜欢明确表现时，诉之于情才会有效，否则就会显得有些牵强、做作，让消费者产生抵触情绪。

(2) 理性诉求广告。理性诉求广告也称为伦理型或逻辑型广告。它是企业针对理智型消费者的特点，在广告宣传中采取的诉诸一定理智的广告诉求方式。也就是说，直接向消费者实事求是地说明产品的功能、特点、好处等，让接收信息的消费者进行理性的思考，做出合乎逻辑的判断与选择，采取这种策略，特别要注意摆事实、讲道理，切忌套话、废话，更不要自吹自擂。

10.2.2 国际广告的设计及创意原则

广告设计是整个广告活动的一个重要环节，它包括了所有的表达方式的设计，如美术、音乐、文字、朗诵、舞蹈、镜头等的设计。广告作品设计是一项操作性、艺术性、服务性很强的工作，它力求以缜密的构思、使人耳目一新的表现、意蕴深沉的内涵以及独特的风格和美感，使消费者在愉悦的心境中接受所传达的信息，产生购买欲望并留下美好的回忆。

现代广告的核心在于创意，其魅力也在于创意。根据广告宣传的商品特性，构思、创作出融艺术品位与感人情节于一体的广告作品，是广告创意的基本任务。创意是广告宣传的生命线。它不仅直接决定了广告宣传活动的品位及由此而形成的市场吸引力，还间接影响着企业形象地塑造。广告创意是一项灵感性、技巧性很强的工作，正确掌握广告创意的内容、创作过程以及思维和技巧，才能取得良好的效果。好的创意格调高雅，蓄意深刻、信息传递准确，锐意创新，能从独特的角度、恰当的表现形式进行最佳创意。让人立即明白其传递广告信息，而且永不忘记，这就是广告创意的真正效果。设计创意，有它的自身规律，也就是创意原则。

1. 目标原则

广告设计及创意必须与广告目标和营销目标相吻合。在创意活动中，广告创意必须是围绕着广告目标和营销目标进行的，必须是从广告服务对象出发的，最终又回到服务对象的创造性行为。广告创意的轨道就是广告主的产品、企业和营销策略，任何艺术范围的营造都是为了刺激人们的消费心理，促成营销目标的实现。广告大师大卫·奥格维说：“我们的目标是销售，否则便不是广告。”这一口号成为广告的源泉。

广告创意的目标原则告诉我们任何创意都必须首先考虑：我的广告创意要达到什么目的，起到什么样的效果。唯有将妙不可言的创意和“步步为营”的营销目标有机融合在一起才是一则成功的广告。

广告要创造出产品的销售最为直接的方式就是以理服人。这种创意手法多注重于在立意上，在表现手法上多采用极具表现力的手法以造成突出鲜明的视觉印象和强烈的第一感觉，让消费者过目不忘。这种创意特别体现了形象思维上的大胆与率直，而且往往是看起来简单的图形和文字，但却体现了设计师较高的概括能力和高超的表现技艺。

2. 原创性原则

原创性是广告的生命。独创性决定广告宣传的个性特征，不拘一格的形式和清冽的视觉冲击，以及浓郁的时代特色，也是广告的生命活力之所在。

这一原则要求设计的立意新颖、巧妙，奇而不怪是广告设计含有目的性的选择。它包括：特殊的设计思路立足于广告形象、文字的主体性表达；特殊的形式——版面图文色彩的构成；特殊的定向、定位——广告受众的选择等几个方向，从而做到广告主题突出、构思完整、形式优美，集生动性、艺术性、趣味性于一体。

特别提示

一个真正的创意，拥有它自己的力量与生命。

营销案例

绝对的创意经典

绝对伏特加酒隶属于 V&S Absolut Sprits，该公司成立于 1917 年。1978 年，美国 Carillon 公司为代理 1879 年瑞典的绝对伏特加，投资 6.5 万美元进行了一场专门调查，结论：如果代理将绝对失败。然而公司总裁却凭直觉果断决定杀入北美市场。他认为，强劲的广告及策划将赋予品牌独特的个性。

绝对的产品——以酒瓶为主，第一则广告是在酒瓶上加光环，标题：绝对的完美。第二则广告：在酒瓶上加一对翅膀，标题：绝对的天堂。

绝对的物品——将各种物品扭曲或修改成酒瓶状：某滑雪场的山坡，从山顶到山脚被滑成一个巨大的酒瓶状，标题：绝对的山顶(意味着酒的品质是绝顶的)，如图 10.1 所示。

图 10.1 绝对的山顶

绝对的城市——1987年，绝对伏特加在加州热销。为此，广告人员特地修建了一个酒瓶状的游泳池——“绝对的洛杉矶”。没想到不少城市纷纷要求来一个该城市的特写——绝对的西雅图、绝对的迈阿密。

绝对的艺术——公司先后与300多位画家签约，为绝对酒瓶作画，并制成广告，树立全新的形象。

绝对的节日、绝对的惊人之举——为营造圣诞气氛，绝对牌平面广告暗藏机密，或一付手套、一双丝袜，或放一块能以四国语言祝贺的芯片。

绝对的口味——蓝色的纯伏特加外，还有柑菊、辣椒等多种口味——绝对吸引人。

几十年以来，广告以标准格式——瓶子加两个词，作了500多种，主题多达12类——产品、物品、城市、艺术、节日、口味、服装、影片与文学、时事新闻等。目前，该品牌在美国市场的占有率已达65%，名列第一。

3. 通俗性

广告是社会经济生活的产物，天生流动着大众文化、通俗文化的血液。广告的文字和图形必须通俗易懂。广告在传达信息过程中必须对受众产生影响，通俗易懂是对其影响的前提，这个前提因素没有了，无所谓对他们产生刺激并引起他们的购买欲望。

因此，广告文字的处理应大众化，浅显易懂。雅俗共赏是它追求的一个境界。一些生僻、拗口的词语对普通的消费者来说，理解就较为艰难，从而使信息沟通产生障碍，降低了广告宣传功效。图形画面的处理要求更加直白、明了。尽量使用生活化、情感化的场面。广告宣传中，需要借助艺术手法来表现日常生活。对广告图形元素的艺术处理、艺术美化是必须的，也是必要的，但要把握一定程度。艺术处理的目的是要突出产品特点，强调商品利益，引起消费者的注意和购买。

特别提示

伟大的创意或平面广告，总是出其不意地单纯，触动人心而不凿斧痕。

4. 关注原则

日本广告心理学家川胜久认为：“捉住大众的眼睛和耳朵是广告的第一步作用。”意思是说，广告设计与创意要千方百计地吸引消费者的注意力，使其关注广告内容。只有这样才能在消费者心中留下印象，才能发挥广告的作用。而“要吸引消费者的注意力，同时让他们来买你的产品，非要有很好的点子(即创意)不可(奥格威语)”。因此，运用各种可能的手段去吸引尽可能多的消费者的注意是广告设计与创意的一个重要原则。

特别提示

好广告不只在传达讯息，它能以信心和希望，穿透大众心灵。

5. 合规原则

合规原则是指广告创意必须符合广告法规和广告的社会责任。随着广告事业的蓬勃发展，广告的商业目标和社会伦理的冲突时有发生，广告主与竞争对手的火药味也愈来愈浓，广告对消费者，尤其是青少年的负面影响越来越大。因此，广告创意的内容必须要受广告法规和社会伦理道德以及各国家各地区风俗习惯的约束，以保证广告文化的正面影响。比如：不能做香烟广告，不能做比较广告和以“性”为诉求点的广告，不能做违反风俗习惯、宗教信仰和价值观念的广告等。

设计与创意绝妙的广告能打破俗套，吸引人们的注意，给人们深刻的印象，增加产品的价值。更重要的是，创意新颖的广告能影响行为，促使消费者去真正购买广告所宣传的产品或其服务。精彩的创意亲切自然，在亲近观众或读者方面达到大多数广告都望尘莫及的程度，扎根于人们的下意识，触及人们的灵魂，使之久久不能忘怀。

知识链接

经典广告词欣赏

雀巢咖啡：味道好极了。

德芙巧克力：牛奶香浓，丝般感受。

可口可乐：永远的可口可乐，独一无二好味道。

百事可乐：新一代的选择。

大众甲克虫汽车：想想还是小的好。

耐克：Just do it(要做就做)。

诺基亚：科技以人为本。

柯达：串起生活每一刻。

舒肤佳：促进健康为全家。

10.2.3 国际广告媒体的选择

广告媒体也称广告媒介，是广告的重要载体，是广告宣传不可缺少的工具。在国际市场上，企业所使用的广告媒体多种多样，但其特点却各有不同。

1. 国际广告媒体的种类

1) 传统媒体

传统的广告媒体主要有报纸、杂志、广播、电视等，被称作四大媒体。

(1) 报纸。报纸是最古老也是最主要的广告媒体之一，最早诞生于17世纪的德国。它与杂志、广播、电视等同被看作是传播广告信息的最佳媒体。报纸广告最主要的优点，是可以准确的定位目标消费者群。由于绝大多数报纸都是覆盖某一地区或某一类型消费者群，所以报纸广告可以针对某一地区或类型的消费者开展促销。报纸广告发行周期短，传播广告信息迅速，报纸广告一到两天就可以刊出，因此对于时机性强、季节性快速反应的产品广告尤其适用。信息容量大，报纸广告版面多且大，可以对产品作详细的介绍，可以登载照片和插图。消费者可以把收集的广告信息认真分析、比较，选择出合适的产品来。而这一点是广播、电视广告无法做到的。这对于购买高档产品的消费者来说，是相当重要的。但是，报纸也有有效时间短、重复性差、关注率低、印刷效果差、吸引力低、感染力不强等缺点。此种媒体适宜于对工业品和各种服务做广告。

世界知名的报纸有美国的《华尔街日报》、《纽约时报》、《华盛顿邮报》，日本的《读卖新闻》、《朝日新闻》，英国的《泰晤士报》等，日本的《读卖新闻》年发行量为 1 400 万份，且读者广泛，来自不同的行业和阶层，在国内外影响巨大。

知识链接

中国发行量最大的报纸是由新华社主办的《参考消息》，年发行量为 318 万份。其他发行量较大的报纸有《人民日报》、《扬子晚报》、《广州日报》、《南方周末》等。

(2) 杂志。杂志是以刊载各种专门知识为主，是各类专业产品的良好的广告媒体。它具有针对性强、易于保管、可信度高、传阅性强等特点，但是也有发行周期长、传播信息慢、灵活性较差、发行范围窄等缺点，因此在国际市场上企业较少使用杂志做广告媒体。杂志媒体适用于对专业性、技术性强的工业品和生活日用品做广告。世界知名的杂志有美国的《时代》、《财富》、《商业周刊》、《科学》，英国的《经济学家》、《旁观者》、《自然》等。它们各自在不同的行业有着巨大的影响力。

(3) 广播。广播是一种通过听觉产生效果的广告媒体。它具有传播迅速及时、方式灵活多样、制作简便、费用低廉等优点。广播广告的缺点主要是时间短促、有声无形，消费者看不到产品，印象不深，不便记忆。这就大大降低了广播广告的实际效果。在实际操作中，广播通常作为一种配合性广告媒介使用，很少作为主打媒介。在教育水平较低或其他媒体普及率不高的欠发达国家和地区，广播是一种传递信息的重要媒体。在发达国家，车载收音机较多，因此，企业可以选择广播投放日常用品广告。

(4) 电视。电视是一种声形兼备、视听结合的广告媒体。因其表现力强，能充分利用语言、声音、动画等各种艺术表现手法全面传播产品信息，受到广告客户的青睐。作为广告媒介，电视具有受众数量多、时效快、表现方式多样化、广告效果好等优点，其缺点是时间短、制作复杂、费用较高，一般情况下，无论是广告的播出费用还是制作费用都较为昂贵，中小企业往往无力负担。世界知名的电视台有 CNN(美国有线电视新闻网)、BBC(英国广播公司)、CBS(哥伦比亚广播公司)、NBC(美国全国广播公司)、NHK(日本放送协会)、CCTV(中国中央电视台)等。

(5) 其他广告媒体。主要包括户外广告和直接邮寄广告，户外广告又被称作“阳光能照射到的广告”，它是广告牌、路牌、霓虹灯等设置在露天里的各类广告的统称。这种媒体形式的地理选择性好，位置优越、巨大醒目，以鲜明的色彩和独特的形式给人以刺激；持续时间长，而且灵活性好。但受到周边环境和自身的条件限制，不易为观众提供仔细浏览的机会，因此尽管巨大醒目，但都是力求简单，有时甚至只有品牌名称。如果没有其他广告媒体的配合使用，其效率往往大大折扣。

直接邮寄广告，简称 DM 广告，是英文 Direct Mail 的缩写。它指的是通过邮局寄给目标消费者的广告宣传品，如产品说明书、产品试用装等。优点是针对性强、反馈信息准确、形式灵活等特点。缺点是覆盖范围窄、广告成本较高等特点。

2) 网络广告

互联网被称电视、报纸、杂志、广播之后的“第五媒体”，近年来，随着数字技术、网络和多媒体技术的飞跃发展，网络以其高速度、大容量、互动式、全息性等特点迅速成为新的广告传播媒体，并对传统旧媒体形成了强有力的冲击。

网络广告的优势为成本低、覆盖范围广、信息容量大、形式多样、易统计、易反馈等。目前网络服务器大都设有访问记录软件，广告主可以随时获得访问者的详细访问记录并且可以随时监测广告的投放效果。另一方面，访问者可以方便地向厂商提出咨询或服务，并向厂商及时反馈信息。网络广告的主要缺点是接触率低，观众存在抵触心理。

随着互联网在全球各国的普及率越来越高，互联网广告的发展空间会随之不断提升，在各种广告媒体中的地位也会不断提高，且有超越其他媒体的潜力。

知识链接

网络广告发源于美国。1994 年 10 月 27 日是网络广告史上的里程碑，美国著名的 Hotwired 杂志推出了网络版的 Hotwired，并首次在网站上推出了网络广告，这立即吸引了 AT&T 等 14 个客户在其主页上发布广告 Banner，这标志着网络广告的正式诞生。更值得一提的是，当时的网络广告点击率高达 40%。

2. 国际广告媒体选择的影响因素

媒体选择是国际广告中非常重要的问题，广告媒体容易受到各种因素的影响。在选择国际广告媒体时，应从以下几个方面考虑。

(1) 产品的性质。不同的产品性质对广告媒体有不同的要求。广告媒体只有适应产品的特点才能取得较好的广告效果。例如依靠外观、颜色、光泽打动消费者购买的产品，最好选择电视、杂志媒体，如服装、化妆品、珠宝首饰等，因为电视、杂志表现外观、色泽的能力强；而对于需要加以详细介绍的产品广告，通常应采用报纸、杂志作为媒介，如轿车广告、机械器材广告等。

(2) 消费者接触媒体的习惯。广告的目的是被目标消费者接受，因此，必须根据目标市场上的消费者的特点来选择媒体。例如，儿童食品的媒体选择只能是电视媒体，且集中在播放动画片的时段最好；对于服装与办公用品则多采用报纸、杂志、网络来进行广告传播，因为它们的消费对象是中青年的消费群体。

(3) 广告媒体的覆盖范围和影响力。广告媒体的覆盖范围直接关系到广告的传播区域、接触频率及作用强度。一般来说，媒体的传播范围应与市场范围一致，就会对目标市场具有最强的影响力。因此，必须了解媒体的发行量、发行地区、顾客类别、视听率等指标。如丰田轿车在美国市场上，丰田公司的促销策略的核心是集中全力直接针对目标市场大量做电视广告。为了树立丰田汽车的形象，在电视中大做广告使丰田家喻户晓。在中国，其广告也主要是投放在中央电视台和各地方电视台的黄金时段。

(4) 媒体的费用。不同广告媒体的收费标准不同，即使是同一种媒体也因传播范围和影响力的大小而有价格差别。在各种广告媒体中，电视是最昂贵的电视媒体，报纸与广播广告相对来讲比较便宜。另外，在考虑媒体费用时，还应该注意其相对费用，常用每千人成本指标衡量。例如，使用电视做广告需支付 100 万元，预计目标市场收视者为 2 000 万人，则每千人成本为 500 元；若选用报纸做广告，总费用为 20 万元，预计目标阅读者为 250 万人，则每千人成本为 800 元。两者相比，选用电视作为广告媒体比较合算。

(5) 营销环境。由于世界各国的社会文化环境和法律环境不同，企业所选择的广告媒体也应有所不同。社会文化环境包括风俗习惯、语言文化、宗教信仰、价值观及审美观等方面，国际企业要注意广告与目标市场国的社会文化环境相适应。另外，各国的法律对广告媒体有不同的限制。在北欧的丹麦和挪威等国，没有商业性广播和电视；在荷兰，每周只许可有 127 分钟的广告节目；在法国，每天只允许有几分钟的广告时间。户外广告的设置、张贴，要遵守当地城市管理机构的规定，不能妨碍交通或影响观瞻。霓虹灯广告的大小和设置地点，要按当地的有关规定。

10.2.4 国际广告的预算

企业在确定了自己的广告目标之后，随后就是广告预算的制定，也就是说在国际广告上的资金投入的数量及分配使用。做广告要支付费用，但也讲究投入产出，不能盲目地投入广告费用，广告费用投入也要科学合理。一般来说，企业制定广告预算的方法主要有：销售百分比法、量力支出法、竞争比对法、目标任务法。

1. 销售百分比法

它是指企业按照自己预定的促销费用占企业(目前或预测)销售额的百分比来确定其促销费用。当百分比一定时，企业销售额越高，其促销费用也会越高。这种方法有不少优点，它可以统筹考虑广告成本与产品销售利润之间的关系。但是它在理论上存在严重缺陷。它错误地把销售额视为促销费用的“因”，这意味着销售状况好时，促销费用投入多，而销售状况差时，反而促销费用投入得少，颠倒了因果关系。

2. 量力支出法

在国际市场上做广告投入巨大，巨大的广告开支有时会影响到企业的正常运转。因此很多企业采用量力支出法。它是指企业根据自己的财力水平来确定其促销预算。这种方法简便易行，但并不合理。它忽视了广告促销活动对销售量的巨大影响作用，将促销活动看成是可有可无的。这种方法存在一定的片面性，致使企业的广告预算具有较大的随机性，在市场竞争激烈的情况下处于被动的局面。

3. 竞争比对法

它是指保持与竞争对手相同支出水平的促销预算。这样的促销预算可以维持市场竞争均势，并有助于防止促销战。美国纳尔逊调查公司的 J.O.派克汉通过对 40 多年的统计资料进行分析，得出结论：要确保新上市的产品达到同行业平均水平，其广告预算必须相当于行业平均水平的 1.5～2 倍，这一法则通常称为派克汉法则。在国际市场上，企业之间的竞争往往是从广告战开始的，如果在广告大战中失守，其结果可想而知。

4. 目标任务法

每一个企业在国际市场上投放广告都有着既定的广告目标，其广告预算也是围绕着广告目标而制定的。目标任务法是指通过确定特定的目标，并估计和测算实现这些目标需要完成的任务以及完成这些任务的成本，以此为依据确定其促销预算的方法。这种方法被认为是最合逻辑的预算方法。此方法比较科学，但没有从成本观点出发来考虑某一广告目标是否值得追求这一问题。

10.2.5 国际广告效果的测评

企业在国际广告上投入巨资，是期望能达到预期的国际市场促销效果。为了对广告投放进行有效的计划和控制，企业还必须对广告的效果进行测定分析。广告效果指的是广告接受者的反应情况。广告效果主要表现为广告的促销效果及广告的沟通效果两个方面。

1. 广告促销效果

广告促销效果指的是广告促进产品销售和利润增加的程度，它反映广告费用与产品销售量(额)之间的比例。广告促销效果的测定，是以产品销售量(额)的增减幅度作为衡量标准的。常用的测定方法有以下几种。

(1) 广告费用占销率。这种方法测定的是计划内广告费用对广告产品销售量(额)的影响。广告费用占销率越小，表明广告促销效果越好，反之则越差。其计算公式为

广告费用占销率=(广告费用/销售量(额))×100%

(2) 广告费用增销率。这种方法可以测出计划期内的广告费用增减对广告产品销售量(额)的影响。广告费用增销率越大，表明广告的促销效果越好，反之越差。其计算公式为

广告费用增销率=(销售量(额)增长率/广告费用增长率)×100%

(3) 单位广告费用促销率。此法可以测出单位广告费用对产品销售量(额)的影响。单位广告费用促销量(额)越大，表明广告效果越好，反之越差。其计算公式为

单位广告费用促销量(额)=产品销售量(额)/广告费用

(4) 单位广告费用增销率。此法可以测出单位广告费用对产品销售量增减程度的影响。单位广告费用增销量(额)越大，表明广告效果越好，反之越差。其计算公式为

单位广告费用增销量(额)=(报告期产品销售量(额)-基期产品销售量(额))/广告费用

2. 广告沟通效果

广告沟通效果指广告对目标市场消费者心理效果的影响程度。可见广告沟通效果并不是以产品销售量的大小为衡量标准的，它反映了消费者对广告本身的反应程度，包括对产品信息的注意、兴趣、情绪、记忆、理解、动机等。因此，对广告心理效果的测定主要表现在知名度、注意度、理解度、记忆度、购买动机等项目上。一般，对广告心理效果测试，通常采用抽样调查的方式进行。具体的实施方法包括以下内容。

(1) 前测法。前测法就是事前邀请专家、消费者等对事先拟定的同一商品的多种设计方案进行评价，然后排序，排在首位的应当是效果最好的，可以作为广告实施方案。

(2) 后测法。后测法又分为回忆测试法和认知测试法。回忆测试法指通过调查对象观看或阅读广告后对广告内容的记忆程度来测定广告效果；认知测试法指测定调查对象是否通过某一媒体接触过某个广告。一般认知测试常将调查结果分为三等：略微认知，即看到过；联想认知，即能记起某一部分内容并能有这一部分内容联想起有关的产品信息；深层认知，即能识别一半以上的广告内容。

(3) 实验室控制法。实验室控制法指利用各种实验室仪器、设备检测调查对象对某一广告产生的生理反应，如心跳、血压等变化，以此来衡量该广告是否具有吸引消费者注意和兴趣的能力。

总之，广告效果的测定是一项复杂的工作，应全面、多角度对广告效果进行研究，从而为企业市场营销战略的准确制定和实施提供重要的依据。

10.2.6 国际广告代理制度

1. 国际市场广告业务的管理体制

国际企业在进入新的目标市场时，出于对政治法律、社会文化等各种因素的综合考虑，经常会选择广告代理商办理广告业务。国际广告业务的管理体制主要有集中管理、分散管理、分散与集中相结合等 3 种形式。集中管理体制是指由总公司负责其全球广告业务，在各地的广告活动亦由总公司统一实施；分散管理体制是指广告方针政策的管理和广告业务的实施全由当地公司直接负责；第三种是指对广告方针政策实行集中管理，但广告业务的实施则由各国当地的机构承担。

很多国际广告公司对于上述 3 种管理体制的各种变型都进行了尝试。广告公司管理体制的实质是集中管理还是分散管理，各派意见不一。赞成集中管理的主要理由是：集中管理可以发挥总公司高级人才的管理才能，通过集中管理开展的广告活动经济上节省，有助于加强总公司对各地广告业务的控制，这些理由都与管理的效力有关。但是在广告活动中发挥这种效力就可能妨碍市场的开发，影响市场开发的效果。集中管理的这些缺陷也就是主张分散管理的主要依据。主张分散管理的主要理由是认为各地的文化多种多样，需要对各个市场的情况有专门的了解，还要对社会文化、各个目标市场国政府法律对广告媒介限制条件及可利用性进行细致的分析。

知识链接

1841 年，美国人沃尔尼·B·帕尔默在费城建立了第一家脱离媒体的广告代办处，专门为他所代理的各家报纸兜售广告版面，充当广告客户的代理人，并从报社收取 25%的佣金。它被视为是现代广告代理的最早萌芽，也是美国和世界上最早的广告代理店。

2. 国际广告代理机构的种类

国际广告代理是指国际企业委托国内外广告公司进行全部或部分的广告代理业务。国际广告代理商主要有两大类型，一是本国的国际广告代理商，二是目标市场国的广告代理商。他们又各自表现为不同的形式。

1) 本国的广告代理商

由于本国的国际广告代理商比国外的广告公司更方便理解企业方的广告意图，寻找本国广告公司更容易、快捷，利用其既有的国际业务网络，可以迅速进入国外媒体。正是这些独特的特点，本国的国际广告代理商受到企业的青睐。本国的国际广告代理商又分为兼营国际广告业务的本国国际广告代理商和本国专业国际广告代理商两种形式。兼营国际广告业务的本国国际广告代理商有的在国外拥有分支机构，有的则没有；本国专业国际广告代理商有的可以代理全部广告业务，有的只能代理部分业务。如果要胜任全面的国际广告业务，一定要拥有雄厚的实力和广泛的业务关系，且需具有丰富的国际广告经验和前瞻性的国际广告理念。

2) 目标市场国的广告代理商

目标市场国的广告代理商可以使广告更有效地传播给东道国的目标消费群体，广告创意也能较好地迎合其消费心理，所以，目标市场国的广告代理商同样也受到了部分企业的钟爱。目标市场国广告代理商有目标市场国当地广告代理商和合作式广告代理商两种，目标市场国当地广告代理商规模较大，设施完善，人才济济，可以为企业提供各种高水准的广告服务。合作式广告代理商既有本国广告代理商与专业广告代理商之间的合作，也有本国广告代理商与进口国广告代理商的合作，还有本国专业广告代理商与进口国代理商的合作。究竟采用哪种形式，要视具体情况而定。

3. 国际广告代理机构的选择

国际广告代理商种类繁多。在进行国际广告委托代理业务时，在选择代理商时，应慎重考虑以下问题。

(1) 企业与国际广告代理商的广告理念是否相符。广告理念是指广告主与广告代理商在广告的创作原则与态度上是否一致，创意是否接近，态度是否诚恳，人际关系是否和谐。如果具备了这些条件，就为国际广告走向成功迈出了第一步。因此，企业要就这些问题与该广告代理商进行全面沟通，详细了解广告代理商的广告理念。

(2) 广告公司的从业经验与业绩状况。口碑较好的广告公司总是有着辉煌的广告业绩。但是，对广告公司只从知名度上了解是远远不够的，因为广告公司虽然能代理一切商品广告，但它也是有不同专长的，所以要知道广告代理商过去的从业经验，如熟悉哪些行业，曾经经营过哪些主要广告。广告公司的经验与业绩是否有利于本公司的广告代理活动。

(3) 国际广告代理商的财务状况。如果国际广告代理商资金匮乏，可能由于先天投资不足，也可能由于后天的经营不善。不管什么原因，如果代理商的规模很小，资金困难很大，也就难以向广告主提供良好的服务。因此，公司应当寻找那些有资金实力、经营管理比较出色的广告代理商为自己的企业做国际广告。

(4) 广告规模的大小。如果广告的项目多，要求高，便需要相当规模的广告代理商方能胜任；如果广告的项目较少，规模不大，那就不一定要找大型代理商。小代理商的重要客户可能会胜于大代理商的一个附加小客户。小商品也不必做大广告。

(5) 广告公司的业务能力是否具备。广告公司的业务能力包括广告设施、广告人才、广告创意与制作、实施和测定等。广告的业务能力是广告公司的立命之本，广告主付出巨额费用所看中的就是其业务能力。对广告代理商业务能力的了解，可以通过多种途径了解，如目前的广告主，当然也可以通过各种广告媒体去了解。

除此之外，也要了解代理商的收费标准和收费方式。不同的广告代理商代办不同业务时，其收费标准与方式也不尽相同，所以必须作出事先调查和比较，从而遴选出适合自己的广告代理商。

10.3 国际市场人员推销策略

人员推销方式是一种非常古老的促销方式，在国际市场上销售产品或服务方面起着非常重要的作用。尤其是对于工业产品、大宗产品或单位购买产品，如工业原料、机器设备、办公用品等，仅仅凭借广告、公共关系、销售推广等促销手段是很难把产品销售出去的，企业必须派出具有专业素质的销售人员向目标消费者或潜在消费者介绍产品、现场示范，解答消费者疑问等，才有可能促成消费者的购买。

10.3.1 国际市场人员推销的特点和任务

人员推销是指企业运用推销人员直接向用户介绍商品和服务的一种促销活动。在人员推销活动中，推销人员、推销对象和推销品构成人员推销的三大要素。推销人员是推销主体，推销对象是服务主体，推销品是推销活动的客体。通过推销员向推销对象实施推销，达到销售商品，满足推销对象需要，实现推销主体价值的目的。

世界上最伟大的推销员

乔·吉拉德，1928年11月1日出生于美国底特律市的一个贫民家庭。9岁时，乔·吉拉德开始给人擦鞋、送报，赚钱补贴家用。乔·吉拉德16岁就离开了学校，成为了一名锅炉工，并在那里感染了严重的气喘病。35岁那年，乔·吉拉德破产了，负债高达6万美元。为了生存下去，他走进了一家汽车经销店，3年之后，乔·吉拉德以年销售1 425辆汽车的成绩，打破了汽车销售的吉尼斯世界纪录。从此，乔·吉拉德就被人们称为“世界上最伟大的营销员”。

1. 人员推销的特点

人员推销是企业重要的促销手段之一。与非人员推销相比，其特点主要表现在以下几个方面。

(1) 信息传递的双向性。成功的传播应该是一个信息双向传递的过程。与其他促销方式不同的是，人员推销是信息在同一时间进行双向传递的传播过程。一方面，销售人员通过向消费者介绍产品的相关信息，如产品质量、功能、特点、价格、服务等情况，来实现促进产品的销售的目的。另一方面，销售人员通过与消费者的直接接触，能及时掌握消费者对企业和产品的评价以及一手的市场情报，为企业制定合理的市场营销策略提供依据。

(2) 推销目的的双重性。推销员的目的不仅仅是推销自己的产品，而是在增进顾客利益的基础上推销商品，为推销产品而推销产品是卖不掉的，要为了满足用户需要而推销产品。售货员推销过程应该是一个“双赢”的过程。

(3) 推销过程的灵活性。销售人员与消费者或用户直接联系，可以掌握消费者或用户的态度变化、行为特点，并依据不同消费者或用户的特点，有针对性地选用适当的工作方法，以适应消费者，诱导其购买。

(4) 友谊协作的长期性。销售人员与消费者或用户直接接触，双方可以建立友好的商务友谊关系。建立长期联系，有助于展开产品销售工作以及培养忠实消费者。所以说人员推销应该是“先交朋友，后做生意”。

尽管人员推销是一种有效的促销方式，但也有其缺点：①成本费用高。选择和培养优秀的销售人员对企业来说耗费较大。人员推销的费用通常高于其他的促销手段。广告、公共关系、营业推广只要花费较低单位成本，就可以接触到一个潜在消费者，但销售人员接触到一个潜在消费者往往要花费高出几十倍、几百倍的费用。②流动性高。销售人员的流失率普遍较高，在美国，平均每年的销售人员流动率为 27%。企业培养销售人员需要花费大量的时间、金钱，一旦销售人员流失，特别是转向竞争对手的企业，往往会给企业带来巨大损失。

2. 人员推销的任务

人员推销的核心任务是推销商品。在推销商品的同时，它还承担了与销售相关的其他任务。

(1) 善于发现市场机会，挖掘潜在客户。推销人员要具有一定的市场开拓能力，熟悉目标市场国消费者的社会文化背景与消费习俗，及时了解本行业国际市场行情与环境的变化；具有较好的外语水平和高超的社会交际能力，能够吃苦耐劳，富于进取精神，适时挖掘潜在的客户。

(2) 及时沟通，传递和反馈产品信息。在与顾客沟通交流的过程中，注意传递企业产品的有关信息，让消费者及时了解企业产品和服务，从而能够树立企业的良好形象和声誉。推销人员在传递产品信息的同时，还要注意开展市场调查和搜集企业所需的各种情报，及时反馈给企业的决策者和相关部门人员，这样有助于企业及时修正错误决策，作出正确的战略部署。

(3) 搞好售后服务，培育顾客忠诚度。消费者在购买商品时，非常关注其售后服务。它主要包括：免费送货上门安装；提供咨询服务；开展技术协助；及时办理交货事宜；搞好产品维修等。这就要求推销人员在推销工作之外，还要具有一定的专业技术水平，以便为客户提供各种售后服务。只有这样，消费者对企业的信任度才会逐渐提高，顾客对企业产品的忠诚度才能增强。

10.3.2 国际市场人员推销的类型

在各个不同的国际市场上，由于其具体情况有所差异，因此，企业所派出的人员类型也不同。

1. 企业经常性派遣的销售人员

他们在国外市场上专门从事推销和贸易谈判业务，或定期到国际市场调研、考察和访问时代为推销，这是国际市场人员推销的一般形式。但由于目标市场存在着巨大的社会文化等方面的差异，现在企业越来越倾向于雇佣当地人员从事销售工作。

2. 企业临时派遣的推销人员和销售服务人员

这种情形一般有 3 种情况：当国际目标市场出现特殊困难和问题时，其他办法不能解决，必须由企业方专业推销人员前往解决；企业突然发现巨大的市场需求，有必要派遣专业推销小组前往推销；企业建立一个后备推销小组和维修服务组织，有业务时，出国执行推销业务兼做维修工作，或在国际市场维修时，开展推销工作。发达国家的部分大公司还专门组织一个专家小组，在国际市场巡回考察、调研、推销，解决与本企业有关的经济、贸易和技术问题。

3. 企业在国外的分支机构(或附属机构)的推销人员

国外许多大公司特别是贸易公司，都在国外设有分支机构(或附属机构)。这些机构一般都有自己的推销人员，专门负责本公司产品在有关地区的推销工作。这些推销人员不仅有本国人，往往还大量雇用当地人或熟悉当地市场的第三国人员。日本和美国的贸易公司，有时甚至委托当地人员管理、领导和指挥推销工作，因为他们更熟悉当地市场的情况，易于接近目标市场的顾客和消费者。

4. 利用国际市场的代理商和经销商进行推销

在许多情况下，企业不是自己派员推销，而是请国外中间商代为推销。比如，企业不熟悉国际市场情况；新产品刚进入国际市场时，风险较大，请国外中间商代为推销，风险小，简便易行；企业也难以找到合适的推销人员；产品出口总量太少或批量太小，不值得派人员到国际市场推销；企业在经济上难以承受国际市场人员推销所需的高费用。但是，请国外代理推销人员，必须有适当的监督和控制，不能单听代理推销人的意见和策略，或者完全交给代理推销人去做。在必要的时候，企业应该直接了解目标市场顾客的有关情况，或派出专业人员陪同代理推销人员去推销，或企业派自己的推销人员，对这些做法企业应慎重选择。此外，企业还可以在主要市场派出常驻贸易代表，协助代理推销人员，在该市场上开展推销工作。

10.3.3 国际市场人员推销的结构

国际市场人员推销结构是指推销人员在国际市场的分布与内部构成。一般来说，它包括以下 4 种类型。

1. 地区性结构

企业把整个产品市场划分为若干个子市场，每个推销人员负责指定地区内各种产品的推销业务。这种结构比较简单，也较常用。因为国际市场销售区域已经划定，目标明确，推销人员的业务成绩容易考核，发挥推销人员的综合能力，这也有利于节约推销费用。但是，如果产品或市场差异较大时，推销人员了解较多的产品和顾客会产生困难，同时也会直接影响推销效果。

2. 产品结构型

它是指企业按照产品类型分派推销人员，每个推销人员负责一种或几种商品的推销工作，不受国家或地区的限制。如果企业的产品种类繁多，分布范围较为广泛，产品之间差异大，技术性能复杂，采用这种类型效果较好，因为对产品的技术特征较熟悉的推销人员，有利于集中推销指定产品，专门服务于该产品的顾客。但它也有缺点，当不同产品的推销人员同时到达一个地区推销时，这就不利于节约推销费用，也不利于制定国际市场促销策略。

3. 顾客结构型

它指按照顾客类型来组织推销人员。由于国际市场顾客类型众多，因而国际市场顾客结构形式也有多种。比如，按服务的产业区分，可以对机电系统、纺织系统、手工业系统等派出不同的推销员；按服务的企业区分，可以让甲推销员负责对 A、B、C 企业推销的任务，而让乙推销员负责对 D、E、F 企业销售产品；按销售渠道区分，批发商、零售商、代理商等，由不同的推销人员包干；按客户的经营规模及其与企业关系区分，可以对大客户和小客户、主要客户和次要客户等，分配不同比例的推销员。采用这种形式的突出优点是，企业与顾客之间的关系密切而又牢固，因而有着良好的公共关系，但若顾客分布地区较分散或销售路线过长时，往往使退休费用过大。

4. 复合结构型

将上述 3 种结构综合运用来组织国际市场推销人员。当企业规模大、产品多、市场范围广和顾客分散时，上述 3 种单一的形式都无法有效地提高推销效率，可以采取复合结构型。比如，美国一些大公司根据产品和市场特点，对东亚、东南亚、西亚、非洲等地区，多采用地区结构推销方式，而对西欧、日本、澳大利亚和拉美地区，则更多地采用产品结构式、顾客结构式和地区结构式相结合的形式组织人员推销。

10.3.4 国际市场人员推销的步骤

1. 寻找顾客

销售活动的第一步就是寻找、确定潜在的目标消费者。寻找潜在的目标消费者，主要有以下途径：个人观察法；个人访问法；会议寻找法；查阅资料；广告搜寻法；同行或朋友介绍等。推销人员对搜集到的客户资料要及时分类、整理，只有这样，自己的客户才会越来越多。

2. 接近准备

找到潜在的目标顾客后，不要急着去接触顾客，应该在接近顾客前进一步了解顾客情况，然后有针对性地接触顾客。俗话说：不打无准备之仗。准备内容一般包括客户的姓名、性别、职业、学历、收入、爱好、家庭状况、风俗习惯、宗教信仰、经历、级别等，同时还要做好精神准备，推销时要有信心、毅力，要不卑不亢，还要注意个人仪容仪表。物质准备方面主要包括推销产品、推销装备、产品鉴定证明、产品说明书、光盘等推销辅助品。总之，准备越充分，推销成功的可能性就越大。

3. 接近顾客

接近顾客是推销洽谈活动的前奏，是推销人员与顾客正式就交易事件接触见面的过程。推销人员接近顾客的方法多种多样，如商品接近法；介绍接近法；社交接近法；馈赠接近法；赞美接近法；反复接近法；服务接近法；利益接近法；好奇接近法；求教接近法等。同时，要注意掌握各种方法并综合运用。

4. 面谈讲解

这是推销工作的一个重要环节。面谈的主要方法有语言说服(提示说服)、非语言说服(演示说服)两种。语言说服(提示说服)是指通过直接或间接、积极或消极的提示，将顾客的购买欲望与商品联系起来，由此促使顾客作出购买决策。非语言说服(演示说服)。通过产品、文字、图片、音响、影视、证明等样品或资料去劝导顾客购买商品。

5. 处理顾客异议

顾客的异议如果处理不好，就会成为交易的障碍。因此在说服过程中要注意处理好顾客异议。顾客异议指顾客针对销售人员提示或演示的商品或劳务提出的反面意见和看法。推销人员必须首先认真分析顾客异议的类型及其主要的根源，然后有针对性地施用处理策略。处理顾客异议的方法有以下几种。

(1) 肯定否定法。推销人员首先附和对方的意见，承认其见解，然后抓住时机表明自己的看法，否定顾客的异议，说服顾客购买。

(2) 询问处理法。推销人员通过直接追问顾客，找出异议根源，并作出相应的答复与处理意见。

(3) 预防处理法。推销人员为了防止顾客提出异议而主动抢先提出顾客可能异议并解释异议，从而预先解除顾客疑虑，促成交易。

(4) 补偿处理法。推销人员利用顾客异议以外的商品其他优点来补偿或抵消有关异议，从而否定无效异议。

(5) 延期处理法。推销人员不直接回答顾客异议，而是先通过示范表演，然后加以解答，从而消除顾客异议。

6. 达成交易

在处理完顾客异议后，推销员要在保持沉着、冷静的基础上尽可能快地达成交易。达成交易的方法主要有以下几种。

(1) 直接请求成交法。如果顾客没有什么问题，就可以直接成交。

(2) 假定成交法。假定顾客已准备购买，然后问其所关心的问题，或谈及其使用某商品的计划，以此促进成交。

(3) 优点汇集成交法。把顾客最感兴趣的商品优点或从中可得到的利益汇集起来，在推销结束前，将其集中再现，促进购买。

(4) 小点成交法。让顾客先小量购买使用，如果产品质量没有问题，再次推销，顾客就会大量购买。

(5) 优惠成交法。通过提供成交保证，如包修包换、定期检查等，克服顾客使用的心理障碍，促成购买。

(6) 保证成交法。就是推销员向顾客提出购买后的承诺，解除顾客的后顾之忧，使其放心大胆地购买。

7. 售后服务

交易完成并不等于销售过程的完成，销售人员需要提供后期的服务，履行销售诺言，维护良好的商誉，为今后的商务往来打下基础。著名推销员乔·吉拉德就说过这么一句名言：“我相信销售真正始于售后。”

售后服务项目主要有：产品免费检查，产品定期保养，产品维修，产品使用指导说明，送给顾客新资料，送给顾客关于行业的商情资料，其他免费服务等。

售后服务的形式主要有：亲自拜访，信函问候，电话致意，也包括处理消费者诉怨。处理技巧主要包括：真诚感谢消费者的反馈，仔细倾听，绝不争辩，找出问题，迅速采取补偿行动，让消费者满意。

10.3.5 国际市场推销人员的管理

推销人员的管理是一项复杂的工作，如果管理不好，将会影响到其销售业绩，一般来说，国际市场推销人员的管理主要有选聘、培训、激励、考评等环节。

1. 推销人员的选聘

国际市场推销人员关系到企业推销工作的成败，优秀的国际市场推销人员除了具备一般推销的特征，如勤奋、机智灵活、有使命感、对产品非常了解、高超的沟通技巧等基本素质外，还要有果断的决策能力、文化适应能力、较好的外语水平等素质。国际市场推销人员一般在目标市场国招聘，因为本土的推销人员对当地的社会文化、消费习俗和商业惯例更为熟知，并在当地有着较好的社会关系。但是在国外招聘推销人员有时会受到人才结构和推销人员社会地位的限制，在部分国家招聘推销人员比较困难。

企业也可以从国内选派人员到国外从事推销工作。当然，企业选派的推销人员要能够较好地适应当地的文化背景、行为准则和价值观念。有时企业也会从第三国选聘推销人员，第三国人员由于具有较丰富的多国工作经验，精通多种语言，熟悉该行业在各个国家的发展状况。所以，有很多企业喜爱选聘第三国人员作为推销人员。

无论何种渠道选聘，企业都要对应聘者进行筛选。一般地，筛选过程包括：填写申请表、笔试、面试、签约录用等。关键环节在于面试。

一句妙语，求职成功

2003 年，巧克力之父弗斯贝里的公司获准进入中国市场，他就发出招聘公告。公告很简单，内容：请你用一句最简单的话，回答下面 4 位著名人士到底在说些什么。

(1) 1954 年 4 月 2 日，苏黎世联邦工业大学建校 100 年，邀请爱因斯坦回母校演讲：“我学习中等，按学校的标准，我算不上是一个好学生，不过后来我发现，能忘掉学校学习的东西，剩下的才是教育。”

(2) 1984 年 6 月 4 日，诺贝尔物理学奖获得者丁肇中回母校清华大学演讲：“据我所知，在获得诺贝尔奖的 90 多名物理学家中，还没有一位在学校里经常考第一的，经常考倒数第一的，倒有几位。”

(3) 1999 年 3 月 27 日，盖茨应邀回母校哈佛大学参加募捐会，有记者问他是否愿意继续学习拿到哈佛大学的毕业证书时，他笑了笑没有回答。

(4) 2001 年 5 月 21 日，美国总统布什回到母校耶鲁大学，接受荣誉博士学位，由于他当时学习平平，在被问到现在有何感想时，他说："对于那些成绩优异的毕业生，我说'干得好'，对于那些成绩较差的毕业生，我说'你可以去当总统'。"

2. 推销人员的培训

为了提高推销员的综合素质和业务能力，更好地完成推销任务，企业在招聘之后都要对推销人员进行一系列的培训。培训地点既可以在目标市场国进行，也可以安排在企业所在地或企业培训中心进行。培训内容主要包括产品知识、企业概况、市场知识及推销技巧等方面，同时还要对本企业外派人员进行东道国的社会文化、消费习俗、营销环境方面的培训。对于高科技产品，可以把推销人员集中起来，在企业培训中心或地区培训中心进行培训，因为高科技产品在各国具有较高的相似性，推销的方法与技巧也较为相似。随着高科技的发展，产品更新的步伐加快，为此，就需要对推销人员进行临时性的短期培训。企业在国际市场营销活动中，经常利用海外经销商推销商品，为他们培训推销人员也是企业要常常承担的任务，且这些培训都是免费的，因为经销商推销人员素质与技能的提高往往会为生产厂家带来丰厚的回报。

促销员"终端制胜"

在刚做促销的时候，有的顾客问促销员小霞这样一个问题："你们的酒是什么香型呀？白酒一般都有哪几个香型呀？有什么特点？"问题也真够刁的，一连几个小霞都不知道该怎么回答了，当然，小霞的促销效果不很理想。于是小霞回去后认真学习，知道白酒按香型一般分为清香、浓香、酱香、兼香、米香、芝麻香等10余个香型。然后她又翻阅资料，知道各香型的特点，系统学习之后，小霞在向顾客推销过程中信心十足，当顾客再问到白酒香型的问题时，她就能以专家的口气给顾客讲解得"晶莹透彻"，顾客自然也非常乐意地喝这个非同一般的小姑娘推销的酒。结果，小霞的促销成绩得到了迅速的提高。

促销员必须对整个市场有所了解，这也需要厂家进行专门的培训。

3. 国际市场推销人员的激励

要调动国际市场推销人员的积极性，就必须对其进行必要的激励。这种激励可以分为物质激励和精神激励两个方面。物质激励通常是指薪金、佣金或者奖金等直接报酬形式，精神激励有进修培训、晋升提拔或特别授权等方式。企业对推销人员的激励，应综合运用物质激励和精神激励两种手段，以最大限度地提升它们的积极性，提高它们的推销业绩。对于那些有突出贡献的推销人员，要给予重奖。

对国际市场推销人员进行奖励时，要考虑到不同的文化因素的影响，因为他们来自不同的国家和地区，有着不同的社会文化背景、行为准则与价值观念，可能会对同样的激励措施作出不同的反应。比如，对于发展中国家的推销人员，可以提供免费的国外度假，因为他们很少有机会到国外度假，这样的机会对他们来讲是一种难得的奖励；对于美国的推销人员，可以直接提供物质激励和晋升机会；日本推销员更关心集体荣誉。

情感激励也是一种较好的激励方式。情感需要是人的基本需要，人们任何认知和行为，都是在一定的情感推动下完成的。推销人员也需要一定的情感激励。情感激励主要包括：关心和帮助推销人员，特别是当雇员遇到困难时；信任激励，信任有时就是最高的奖赏；关心推销人员的家属，做好家属工作。有些时候，情感激励的作用可能会超越物质激励和精神激励。

4. 国际市场推销人员的考核与评价

对国际市场推销人员的考核与评估是对其激励的前提和基础。但是，企业对国际市场推销人员的考核与评估，不只是为了奖励先进，而且还要找出推销业绩不佳的市场与人员，分析其原因，找出症结所在，加以改进。

国际市场人员推销绩效的考评指标可分为两种：一是直接的推销效果，比如所推销的产品数量与价值、推销的成本费用、新客户销量比率；二是间接的推销效果，如访问的顾客人数与频率、产品与企业知名度的提升程度、顾客服务与市场调研任务的完成情况等。企业在对国际市场推销人员的考核与评估时，还应考虑当地市场的特点以及不同社会文化因素的影响。比如，产品在某些地区可能难以销售，则要相应降低推销额度或者提高奖金。若企业同时在多个国外市场进行推销，可按市场特征进行分组，规定小组考核指标，从而更好地分析比对不同市场条件下推销员的推销业绩。

营销故事

魔鬼的魔法

日本的松下公司准备从新招的3名员工中选取出一位做市场策划，于是对他们例行上岗前的“魔鬼训练”予以考核。

公司将他们从东京送往广岛，让他们在那里生活一天，按最低标准给他们每人一天的生活费用 2 000 日元(160 元人民币)，最后看他们谁剩回的钱多。剩是不可能的，这点谁都明白，想要剩回更多的钱，就必须利用自己的智慧让2 000元的生活费用在短短的一天内生出更多的钱来。

做生意是不可能的，一罐乌龙茶的价格是300元，一听可乐的价格是200元，住一夜最便宜的旅馆就需要2 000元……。也就说，他们的钱仅够在旅馆消费一夜的，要不然就别睡觉，要不然就别吃饭，除非他们让这些钱生出更多的钱来。而且他们必须单独生存，不能联手合作，更不能给人打工。

第一位先生非常聪明，他用500元买了一个墨镜，用剩下的钱买了一把二手吉他，来到广岛最繁华的街道——新干线售票厅外的广场上，演起了“瞎子卖艺”，半天下来，他的大琴盒里已经是装满钞票了。

第二位先生也非常聪明，他花500元做了一个大箱子，上写：“将核武器赶出地球——纪念广岛灾难40 周年暨为加快广岛建设大募捐”，也放在最繁华的广场上，然后用剩下的钱雇了两个中学生做现场宣传讲演。还不到中午，他的大募捐箱就满了。

第三位先生到了广岛，他做的第一件事就是在中午找个小餐馆，一杯清酒、一份生鱼、一份米饭，好好地吃了一顿，一下了就消费了1 500元。然后钻进一辆被当作垃圾抛掉的旧丰田汽车里美美地睡了一觉。

广岛的人真不错，两位先生的生意异常红火。一天下来，他们都暗自窃喜自己的聪明和不菲的收入。

谁知，傍晚的时候，厄运降临到他们头上，一位戴着胸卡和袖标、腰挎手枪的城市稽查人员出现在广场上，他扔掉了“瞎子”的墨镜，摔碎了他的吉他，撕破了募捐人的箱子并赶走了他雇的学生，没收了他的“财产”，收缴了他的身份证，并扬言要以欺诈罪起诉他们……，然后扬长而去。

这下可完了，别说赚钱了，连老本都又亏进去了。他们都非常气愤地骂那个稽查人员：“太黑了，简直是个魔鬼。”

当他们想方设法借钱且狼狈不堪地比规定时间晚一天返回公司时——天哪！那个稽查人员正在公司恭候，稽查人员掏出两个身份证递给他们，深鞠一躬：不好意思，请多关照。他就是那个花150元做了个袖标、一枚胸卡，花350元从一个捡废品老人那里买了一把旧玩具手枪和一脸化装用的络腮胡子的人。

这时，松下的国际营销总课长宫地孝满走出来对“瞎子”和募捐人说：“企业要生存要发展，要获得丰厚的利润，不仅仅是会吃市场，最重要的是懂得怎样吃掉市场的人。”

10.4 国际市场销售促进策略

国际市场销售促进(Sale Promotion)即国际市场营业推广，它是指企业运用短期诱因鼓励消费者和中间商购买、经销企业产品或服务的促销活动。它是不经常的、无规则的一种促销活动，其目的主要是诱导消费者消费新产品或新品牌，或者刺激消费者增加商品的购买量。它是和国际市场人员推销、国际广告、国际公共关系并列的4种促销方式之一，在企业的国际市场促销活动中起着不可替代的作用。

10.4.1 国际市场销售促进的特点

国际市场销售促进是企业重要的促销方式之一，它具有刺激性、短暂性、针对性、见效快等特点，在企业国际市场营销活动中被广泛运用。

(1) 刺激性强，以现实的利益诱导为核心。任何一种形式的国际销售促进活动，都包含某种程度的利益诱因。人们参加国际销售促进活动通常也是为了得到现实利益，这是国际销售促进本质的特征。

(2) 效果迅速、明显、直接。国际销售促进与广告、公共关系不同，不需要较长时间的国际销售促进，就可以在短期内大量促销产品。

(3) 针对性强。在实践运用中，国际销售促进往往表现为“商业竞争”，用来在短期内对抗竞争对手，具有很强的针对性。

(4) 辅助性。多数情况下，国际销售促进是非经常性，只能作为企业产品促销的辅助手段，与其他促销方式配合使用。如若经常使用国际销售促进会使消费者对企业及产品质量产生怀疑，破坏企业形象。

10.4.2 国际市场销售促进的影响因素

企业在国际市场上制定国际销售促进策略时，要充分考虑各种因素的影响。不仅要考虑市场状况和产品性质、消费者的购买习俗、产品的国际市场竞争状况等因素外，还要特别关注东道国政府对国际销售促进的限制、经销商的合作态度、当地市场竞争状况等因素。

1. 东道国政府的限制

很多国家的政府部门对企业的销售促进活动进行了一定的限制。有的国家规定，企业要在东道国市场进行销售促进活动要事先得到政府相关部门的允许，有的则限制销售促进活动的规模，还有的国家对销售促进的形式进行限制。如在法国政府规定：禁止抽奖，免费赠送的商品不得超过消费者所购买商品价值的5%。国际广告协会曾就价格折让、礼品赠送和有奖销售在多个发展中国家作过调查，发现这些国家对礼品赠送的限制较少，而有奖销售限制的比较多。

特别提示

企业在跨国经营时，只有遵从东道国的法律及各种规章制度，才能取得较好的销售业绩。

2. 经销商的合作态度

经销商或者中间商的支持与合作在国际销售促进活动中是必不可少的。比如，由经销商代为分发赠品或优惠券，由零售商来负责现场示范或者商品陈列等活动。对于那些零售商数量多、规模小的国家或地区，企业在当地的销售促进活动要想得到零售商的有效支持与合作就比较困难，因为零售商数量多、分布散、联系困难、门店规模小，无法提供必要的营业面积或者示范表演场地，加上销售促进经验缺乏，很难得到比较满意的促销效果。

3. 东道国市场的竞争程度

东道国市场的竞争程度，以及其他竞争对手在促销方面的举措，将会直接影响到企业在当地的销售促进活动。比如，竞争对手推出的新的促销手段吸引消费者，争夺市场，企业若不采取相应的对策，就有失去顾客而丧失市场的危险。同样地，企业在东道国市场的销售促进活动，也可能会遭到当地竞争对手的反对或阻挠，甚至会通过当地商会或政府部门利用法律或法规的形式加以禁止。比如，美国通用电气公司通过与当地企业合资的形式成功地打入日本的空调市场。通用所采取的有效促销措施是：对推销成绩突出的经销商提供免费的海外旅游度假机会，对达到一定购买数量的消费者赠送彩电。但随后，当地电器生产厂商利用贸易协会通过决议，禁止以海外旅游形式作为奖励手段，并限制赠品的最高价值，这些决议得到了日本光盘贸易委员会的许可。

10.4.3 国际市场销售促进的有效形式

在国际市场上，企业可选用的销售促进工具多种多样，一般来说，销售促进可以分为直接对消费者的销售促进和直接对中间商和国际市场推销人员的销售促进。

1. 直接对消费者的销售促进

直接对消费者开展销售促进活动，其目的在于吸引新顾客，留住老顾客，鼓励现有顾客继续购买和使用本企业的商品，培养新顾客对本企业产品的偏爱行为。

(1) 赠送。向消费者赠送样品、代价券、优惠券或礼品等，即可以有选择地赠送，也可以在商店或闹市地带或附在其他商品和广告中无选择地赠送，这是介绍、推广新产品的一种有效方式，但费用较高，不适宜高价值商品的推广。

西门子公司的“150周年金银欢乐送”

1997年，恰逢西门子公司成立150周年，借此喜庆的日子，营销人员策划了一次席卷全国的“西门子150周年金银欢乐送”全国性推广活动。公司限量绝版定制了一批西门子150周年纪念金银币。这些制造精美极具收藏价值的纪念币与设计简洁高贵典雅的西门子洗衣机相映生辉，令人爱不释手，使西门子洗衣机的品质得到充分凸现，于是一场购买西门子洗衣机可获赠纯银币一枚并同时参加金币大抽奖的活动在全国开始推广。

活动开始后在全国受到出乎意料的欢迎，制造精美的纪念币配合高品质的西门子滚筒洗衣机，给国内家电市场带来一股浓郁的欧洲风情，一万枚银币在活动开始不久就伴随洗衣机销售被抢购一空。

(2) 廉价包装，即在商品包装或招贴上注明折价金额或比例，它既可以是一种商品单装，也可以把若干件商品或几件用途相关的商品包装在一起，这种包装可以激发低收入顾客的购买，对短期消费具有一定的刺激作用。

(3) 有奖销售。这是一种利用顾客侥幸心理的促销方法，把中奖标志放在商品包装里或在售货后进行摇奖，对那些已购买商品的顾客中的幸运者进行高额奖励，从而刺激更多的消费者加入到购买者的行列中来。

(4) 现场演示。企业派销售人员在销售现场演示本企业的产品，把一些技术性较强的产品的使用方法介绍给消费者，以增进消费者对高科技产品的认识，吸引那些追求时尚的消费者购买该产品。

(5) 交易印花。当消费者购买某一商品时，企业给予一定数量的赠券或印花，赠券或印花达到一定程度，可换取这种商品、赠品或奖品。

希尔兹商店的生意经

希尔兹商店是美国一家专做绸布生意的商店，位于南部小镇佛蒙特。开业时便想出了一个吸引顾客的方法。

凡在本店购物10美元者，赠一白券；积五张白券，兑换一蓝券；积五张蓝券，兑换一张红券；积五张红券，可在本店挑选价值30美元的商品作为酬谢。

规定一公布，顾客纷纷光临，10年后，希尔兹成为千万富翁。

大家可以算一下，为了得到这30美元的商品，须在该店购买多少商品？

2. 直接对中间商的销售促进

中间商在企业的商品销售中起着不可替代的作用，直接针对中间商的销售促进是为了激发中间商的积极性。提高其经营本企业产品的效率，鼓励他们大量购买，积极推销产品。

(1) 折扣。为了争取中间商大批量地购买本企业产品，对于购买数量较多的中间商给予一定的优惠折扣，数量越大，折扣越多。折扣既可以直接免除现金，也可以用商品冲抵。

(2) 津贴是指企业为中间商提供陈列商品、支付部分运费和部分广告费的补贴。

(3) 销售竞赛。企业根据各个中间商一定时期的销售业绩状况，对那些销售业绩突出的中间商给予不同的奖励。

(4) 交易会或博览会。

3. 直接对国际市场销售人员的销售促进

为了鼓励企业在国际市场上的销售人员积极地推销商品、开拓市场、发展新客户，企业可以视具体情况不同，对于那些表现出色的销售人员给予精神和物质上的奖励。

(1) 销售竞赛。在销售人员开展销售竞赛，对于优胜者进行丰厚的奖励。

(2) 比例提成。对于销售成绩较好的销售人员给予一定比例的提成，销售业绩越好，提成越高。

(3) 免费的人员培训及技术指导。

(4) 高额补助或免费旅游。

(5) 职位晋升。

10.4.4 国际市场销售促进策略的制定

销售促进虽然是一种短期促销策略，但是，要使销售促进活动取得较好的成效，就必须结合产品、市场等方面的情况，慎重确定销售促进的市场范围、鼓励的规模、途径、期限、时机、目标和预算等，在销售促进实施过程中和结束以后，企业还要进行销售促进效果的评价，为以后开展相关的销售促进活动作好准备。

1. 销售促进的鼓励规模

销售促进的范围并不是越大越好，规模必须适当。通常情况下，选择单位销售促进费用效率最高时的规模，低于这个规模，销售促进就不能充分地发挥作用；高于这个规模，或许会使营业额上升，但其促销效率会减弱。国外许多大公司，在用销售促进方式推销老产品时，只要求销售促进收入能大于支出，甚至收支基本平衡就可以了。有时，企业为了销售长期积压的商品，只求通过销售促进把商品卖出去，而不看重收支状况。一个合理的鼓励规模，一般通过销售促进的方法、销售促进的费用和销售额的相互关系来确定。欧美发达国家一些较大的公司都设有销售促进部门，至少有专门负责国际市场销售促进的人员。

2. 销售促进鼓励对象的条件

在国际市场上，销售促进鼓励对象可以是任何人，也可以是部分人，通常是鼓励商品的购买者。但企业有时可以有意识地限制那些不可能成为长期顾客的人或购买量太少的人参加。比如企业可以对目标市场的老客户或有长期往来的中间商提供优惠条件，短期客户则不能享受这些优惠。限制条件不能过宽，也不能过严，否则会影响新客户的增加，排斥潜在客户的加入，达不到应有的效果。

3．销售促进的途径

即企业通过什么途径向目标市场的消费者开展销售促进。比如说，销售促进的形式是发行奖券，那么，这种奖券既可以放在商品的包装中，也可以附在目标市场的广告里面；既可以通过国外进口商、经销商或代理商在进货或购买商品时分发，也可以邮寄赠送给目标市场消费者；此外，在当地市场通过抽签或摇奖的方式解决也可以。销售促进的途径和方式不同，其费用和效益也不一样，企业必须结合自身内部条件、市场状况、竞争状态、消费者需求动机和购买动机进行综合分析，选择比较有利的销售促进途径。

4．销售促进的时机和期限

不同的商品，在不同的国际市场、不同的条件下，销售促进的时机也是不同的，只有选择了适当的时机推出销售促进措施，才能取得理想的结果。市场竞争激烈的产品、质量差别较小的同类产品、老产品、刚进入国际市场的产品及滞销产品等，大多在销售淡季或其他特殊条件下运用销售促进策略。至于销售促进期限，企业应考虑消费的季节性、产品的供需状况及其在国际市场的生命周期、商业习惯等适当确定。期限过短，可能达不到销售促进的预期效果；期限太长，增加了费用，甚至得不偿失，还会给国外消费者造成变相降价的不良印象。比如，在北美地区，每季度搞 3 周左右的销售促进比较好；在西欧国家，销售促进的期限可能有长有短，日常用品以一个月为好；在中东、非洲和亚洲许多地区，城乡市场的销售促进期限有所不同，乡村市场长于城镇市场，城镇市场又长于大城市市场。一般来说，在国际市场开展销售促进活动，其期限大多以消费者的平均购买周期为最佳。

营销案例

肯德基的“新年套餐”

每年的新春佳节期间，肯德基不但给人们送上新颖的“新年套餐”，还会给孩子们带来特别的新春礼物。

在除夕之夜、初一、初二这 3 天，肯德基推出“新年套餐”，使不想因筹备年夜饭而劳碌的人们可以到这里吃年夜饭，轻松、高兴又省事，吃完年夜饭再逛街、购物，其乐融融。2001 年的春节，肯德基带来了风靡全球的卡通人物皮卡丘，得到了孩子们的非常喜爱。

5．销售促进的目标

销售促进的目标是指企业开展销售促进所期望达到的目的。销售促进目标必须根据企业的国际市场营销战略和促销策略来制定。销售促进的目标不同，其方式、期限也都不一样。例如，针对国内外的中间商的销售促进，其目标与方式有以下几种：诱导、吸引国内出口商和国外进口商、中间商等购买新品种和大量购买，可以采用奖金、联营专柜、赠送样品和资料等手段；鼓励国外老客户和新市场的新客户续购、多购产品，可以采用折扣、合作广告、津贴、分期付款等手段；为了建立企业与出口商、国外进口商、经销商的良好关系，培养他们对企业的忠诚和偏爱，除了加强业务往来和物质激励之外，还要重视非业务往来和精神激励。比如，举办联谊会、恳谈会；在主要的节日和喜庆之日，赠送礼品和贺信；在资金上给予融通；邀请中间商来本国旅游观光；等等。

销售促进介于广告和人员推销之间，用来补充广告和人员推销。但是，销售促进在国际市场上不宜经常使用，否则，会引起顾客的观望和疑问，反而不利于产品销售。

10.5 国际市场公共关系策略

20 世纪 80 年代以来，随着世界经济一体化浪潮的推进，各国公司在世界市场上开展的营销活动越来越多，国际公共关系的作用和价值日益凸显。美国是现代公共关系的发源地，公共关系已经深入到美国绝大部分领域，公共关系教育逐渐普及，各种公共关系协会纷纷成立，公共关系职业化程度越来越高，使其成为世界上公共关系事业最发达的国家。20 世纪 20 年代传入欧洲，初期发展很慢，1948 年，伦敦成立了英国第一个公共关系协会。20 世纪 70 年代得到了快速发展，目前几乎所有的欧洲国家都参加了欧洲公共关系联盟(CEPR)。二战后，在美国的影响下，日本的广告关系得到快速发展，1964 年，日本公共关系协会成立。1967 年，亚洲的印度、菲律宾、韩国、新加坡和我国的台湾、香港地区，建立了泛太平洋公共关系协会(PPPRF)。20 世纪 80 年代，公共关系传入了我国大陆地区，然后在我国逐渐得以迅速发展和应用。

10.5.1 国际市场公共关系的原则

国际市场公共关系是指企业为了搞好与国际目标市场社会各方面的关系，树立和改善企业形象，以增进社会公众对企业了解的一系列的营销活动的总称。它与国际广告、国际市场人员推销、销售促进等促销策略相比而言，是一种间接的促销手段，虽然它不会产生立竿见影的效用，但对于企业树立良好的国际市场形象及其未来的发展起着不可或缺的作用。

公共关系是一项长期性的促销活动。在国际市场营销活动中，企业所面临的国外市场环境和国内迥然不同，不仅要处理好与东道国的目标顾客、供应商、中间商、竞争者的关系，还要与当地政府保持良好的关系。企业要通过公共关系与东道国各种公众建立起联系，以期保持企业经营活动的持续性发展。

企业在进入国际市场以后，纷纷开展公关活动，以树立自己的良好形象。但是，企业在国际营销活动中可能会遇到不同的情况，为了实现企业的预期目标，有效地开展公共关系活动，企业在实施公共关系策略时应遵循一定的原则。

1. 真实性原则

真实性原则是指组织在开展公共关系活动时，必须建立在组织良好行为和掌握事实的基础之上，向公众如实传递有关组织的信息，同时向组织决策者如实传递有关公众的信息。公共关系是建立信誉、塑造形象的艺术，但它又不是一种纯粹的艺术或宣传的技术，而是以事实为依据的科学。公共关系不能“制造”，只能“塑造”良好的形象，这种塑造所用的材料就是事实。所以说，真实是公共关系的基本原则，也是对公共关系人员的根本道德要求。隐瞒、歪曲、推诿是公共关系的大敌，坦诚、亲切、负责的态度是公共关系成功的要诀。

宣传的真实性，这是公共关系的生命。在公共关系发展史上，巴纳姆愚弄公众的报刊活动是一种很不光彩的活动。巴纳姆是作为反面典型而载入公共关系史册的。艾维·李是第一个提出说真话的人，他认为一个组织要获得好的声誉，必须把真实情况告诉公众，即使真情暴露，对组织不利，也不能掩饰，而应调整组织的行为，公共关系是同说真话联系在一起的。以艾维·李提出说真话起，公共关系才真正成为一种科学和艺术。

真实性的宣传，还有个特别重要的问题，那就是当企业有过失时，要敢于承认缺点和不足，这是一个企业自信心的表现，也是取得公众谅解的基础。但在现实经济活动中，有些企业不愿老实承认错误，而是企图把过失掩盖起来，或找借口推托，或是隐瞒真相以图蒙混，这种方法实际上是最愚蠢的。千金买名，万金买誉，利润可创，信誉难得。企业要自尊自爱，遵循真实性的原则去赢得良好的声誉。企业公共关系一定要明白这个道理并刻意追求。在优质产品和优良服务的基础上，辅以实事求是的公共关系，让人感到名实相符，企业的信誉就很快树立起来。

2. 平等互惠原则

社会组织在开展公共关系活动中，要注意信守平等互惠原则。平等互惠原则是指公关活动要兼顾组织与公众的双方利益，在平等的地位上使双方互利互惠。公共关系活动必须遵守平等互惠的原则，不能单纯追求组织单方面的利益。只有在公众也同样受惠的前提下，才可能得到公众的支持和合作。事实上，任何一种良好的社会关系要得到维护和发展，都必须对双方有利。公共关系强调主体和客体的平等权利和义务，尊重双方的共同利益和各自独立的利益，谋求本组织利益与相关公众利益的平衡协调并促成组织运作与环境达成自动平衡。公共关系必须信守组织与自己的公众对象共同发展、平等相处、互利互惠、共存共荣的坚定信念。公共关系必须以公众为本，一个失去了公众的组织也就丧失了生存的环境。为了满足公众的合理需求，有时可能要求组织对眼前利益作出必要的“牺牲”。从长远来说，这是对组织生存环境的维护，属于组织的公共关系投资，是形象建设的要求。所以，组织在与公众交往沟通的过程，应从公众利益出发，真诚地对待公众，设身处地为公众着想，以公正平等的态度为人处世。

平等互惠原则不能片面地理解为简单对等的原则，平等互惠原则的基点就是要把公众利益作为首要因素来考虑，把能否满足公众利益作为衡量公关效果的重要尺度。任何组织都要对公众与社会负责。对公众负责，即对由组织行为引起的特殊社会群体负责；对社会负责，就是要为解决人们共同面临的社会问题而分担责任。这就要组织把自身的运行建立在满足公众利益的前提下，关心由组织行为引起的问题以及由此设计的公众利益。满足公众利益和要求，关心社会问题，有时会牺牲组织的眼前利益，但从长远看，这是对组织生存环境的维护，是一种重要的战略性的公关投资。

3. 整体一致原则

整体一致原则是指社会组织在开展公共关系活动时，要站在“社会”的高度，对由活动可能产生的对社会经济效益、社会生态效益等几方面的影响综合起来统一考虑，使诸方面均符合公众的长期利益和根本利益。这种力求使诸因素效益一致的思想和做法我们称其为整体一致原则。一个组织所从事的活动，对社会产生的影响是多方面的。以一个企业为例，企业在为社会提供产品和服务的同时，对社会的政治、文化、教育、道德和生态等方面也会产生积极或消极的影响，所以企业对生产经营活动要进行全面的权衡。不仅要从企业本身而且要从社会角度来评价其经济效益。如有的商业企业为了获取高额利润，竟然经销假冒伪劣商品，严重损害了消费者利益，虽然企业经济效益可观，但其社会效益是十分低下的。有的生产企业只顾生产，而对废气、废水、废渣的排放不认真处理，以致影响附近居民的生活，甚至影响厂区附近农作物的生长，造成了极大的社会危害。这些做法只考虑本企业的经济效益，而对社会效益和生态效益造成了严重的不良后果，违反了公共关系的整体一致性原则，社会蒙受损失，最终企业也必将吞下自己酿成的苦果。

在社会文明不断发展的当今社会，越来越多的社会组织认识到坚持社会整体效益的重要性，主动贯彻整体一致思想，严格按整体一致原则办事，在社会上产生了积极影响。一个社会组织要想生存和发展必须很好地为社会提供服务，并得到社会的信赖和支持。一个企业要生存和发展，为了确保其获得合理的利润就必须为社会提供产品与服务。没有为社会提供产品和服务，企业就不应该也不可能取得利润。没有取得利润，企业就不能继续为社会提供产品和服务，甚至连自身的生存也受到威胁。所以，任何一个企业都需要追求利润，讲求经济效益。既要讲自身的经济效益，更要讲社会经济效益。为此企业必须出色地完成任务，包括既完成企业的生产、经营任务，同时为国家提供资金积累。完成这两项任务就是为整体效益作贡献。就商业企业来说，为顾客提供品种齐全、质量优良的商品，这在多数企业都能做到，但在对顾客的服务方面，各企业之间的层次都不尽一致，有些商店服务项目多，急顾客之所急，除了传统的送货上门、登门维修以外，不断增加新的便民利民服务项目，深受顾客好评；而有些商店服务上没有创新，甚至连起码的柜台服务和售后服务都做不好，消费者投诉率居高不下。这就反映了不同企业之间在坚持整体一致原则方面存在着很大的差距。

从企业经济效益和社会经济效益的角度来考虑，企业的各种经济活动必须自觉地置于社会利益的控制和监督之下。在通常情况下，企业的经济效益与社会经济效益是一致的。但社会经济效益又不是简单地等于各企业的经济效益之和。有利于提高企业经济效益的行为，并不总是能提高整个社会的经济效益。当企业经济效益与社会经济效益发生矛盾时，企业应当明辨是非，服从大局。

4. 全员公关原则

全员公关原则是指一个组织公关工作的开展，不仅要依靠专职公关机构和公关人员的不懈努力，而且有赖于组织内各部门和全体员工的配合，要求组织的全体成员都注意树立公共关系观念，都要关注并参与公共关系工作，都要为公共关系工作作出贡献。只有全员公关，才能建立和维持组织的良好的公关状态。组织形象是通过组织所有人员的集体行为表现出来的，是组织内个人形象的总和。每一个成员与外界发生联系时，其个人形象直接体现组织的整体形象和风貌。因此组织的每位员工在对外交往时都必须注意自己的形象，从而维护甚至扩展组织的形象。对组织负责和对公众负责是每个员工的神圣职责。公共关系必须以公众利益为基准点，每个组织的成员在对本组织负责的同时，要对公众和社会负责。这一点对组织的全体成员，上至领导下至员工，概莫能外。绝不能认为组织公共关系状态如何只是公关人员的事。没有组织各位员工的共同努力，公关宣传只是空中楼阁。因此，强烈的公关意识必须渗透到每位员工的思想之中。

在公关中流传着一句话："公共关系的动力来自上层"。公关要获得真正动力和效果，必须得到最高领导层的支持。因为公关活动作为一种管理活动，渗透于组织工作的各个环节，必须从全局和战略角度加以协调管理。没有领导层的关心和支持，公关活动就难以成功。组织最高领导层必须采取有力措施和行动支持公关工作，包括由最高领导层成员亲自指挥公关工作，经常督促、检查公关机构和人员工作情况，从制定组织政策、方针、计划及其贯彻实施充分考虑公关因素，把组织目标与公关工作联系起来。树立组织形象，依靠全体员工的工作和努力。全体员工的工作都必须与公关工作相结合，团结协作，自觉代表组织向外界传播宣传组织形象，并注意收集有关本组织的信息，提供给公关部门，以自己的实际行动关心、支持、配合公关工作。实践证明，公关工作得到广大员工的支持就获得最可靠的保证，失去广大员工的支持就失去了生命力。要使组织全体成员形成合力推动公关工作，就必须使公关工作本身具有整体协调性。要用系统的观点来安排组织的公关活动，把公关作为一个系统，尽可能地提高公关系统的功能，既要改善单个要素，更要改善整个公关系统的结构，以产生整体效应。公关整体协调性要求公关机构内部人、财、物的最佳组合；公关机构与其他人员的严密配合，协同一致。要使组织的全体成员懂得组织形象是组织的无形资产，良好的组织形象能使一个组织的资产增值，恶劣的组织形象会导致一个组织有形资产的贬值。在组织内部培植浓厚的公共关系观念是全员公关的基础。

10.5.2 国际市场公共关系的职能

公共关系作为国际市场促销组合的一项重要内容，担负着重要的职能，其职能主要表现为以下几个方面。

1. 塑造形象，获取支持

企业形象是指企业的总体表现与特征以及它们在公众心目中的反应与评价。塑造良好的企业形象，是企业开展公共关系活动的根本目的之一，也是企业在日趋激烈的市场竞争中求得生存和发展取得竞争优势的制胜法宝。良好的企业形象，有助于提升企业员工的思想修养和精神境界，增强企业的凝聚力与向心力，增强员工的主人翁意识并自觉为企业目标努力奋斗，还有利于企业间建立睦邻友好的关系，得到社会和消费者的信任与支持，赢得市场和顾客。所以，良好的企业形象是企业一笔巨大的无形财富。

公关人员在塑造企业形象之前，要充分地了解企业的自我期望形象，同时，还要通过分析社会舆论和进行市场调查等形式，分析企业的实际社会形象，找出两者之间的差距，进而明确要塑造什么样的企业形象，怎样塑造良好的企业形象，进而制定相应的公关策略。

2. 传播信息，沟通交流

营造氛围，广泛地收集信息和及时地传播信息，是企业在国际市场开展公关活动的又一重大职能。公共关系作为企业的"喉舌"，可将企业的有关信息及时、有效、准确地传递给特定的社会公众，为企业树立良好形象营造优越的舆论氛围，公关活动能让更多的社会公众全面了解企业、认识企业、支持企业，为企业的更快发展创造有利的环境。企业的发展离不开信息的传播与交流，尤其是那些重要信息，对于一个企业来说，有着荣枯兴衰之力，浮沉成败之功。

最好的产品与服务，如果不被社会公众所认知，就不可能被社会公众所接受，那它就只能是一种无效的、没有市场价值的产品或服务，因而就不可能给公众留下好的印象，其知名度和美誉度也就无从谈起。因此，只有及时地传播信息，才能达到企业与顾客之间的相互理解，真正在消费者心目中建立起良好的公众形象。

特别提示

企业的发展离不开信息的传播与交流，就像鱼儿离不开空气和水一样。

3. 协调关系，化解矛盾

协调关系是指企业在长期开展公共关系活动的基础上，搞好企业内部与外部的各种关系，使企业内部各部门的活动趋向同步化与和谐化，使企业与外部环境相适应，为企业的发展铺平道路。

企业是一个开放系统，不仅内部各要素需要相互联系、相互作用，而且需要与外部环境进行及时地沟通交流。交往沟通是公关的基础，任何公共关系的建立、维护与发展都依赖于主客体的交往沟通。只有交往，才能实现信息沟通，使企业与外部各界达到意见互通、意见协调。公共关系还能适当地控制和纠正对企业不利的公众舆论，及时地将改进措施公诸于众，避免扩大不良影响，从而能够化消极为积极、化被动为主动，尽快恢复企业的良好声誉。

营销案例

可口可乐在比利时的危机公关

1996年6月，比利时的一些中小学生饮用可口可乐后发生中毒事件，一周后，比利时政府颁布禁令，禁止在本国销售所有可口可乐公司生产的各种品牌的饮料，这使拥有113年历史的可口可乐遭受史无前例的危机。在紧要关头，为了挽回声誉，消除不良后果，公司CEO依维斯特专程从美国赶到布鲁塞尔，采取了一系列公关措施。首先召开记者招待会，并在招待会上反复强调可口可乐虽出现这一事件，但仍然是世界上一流的饮料公司并继续为消费者生产一流的饮料。在记者招待会的第二天，在比利时各大报纸上刊登由依维斯特签名的道歉信，详解事故原因，并作出各种保证，同时又向比利时每个家庭赠送一瓶可口可乐。宣布将比利时国内同期上市的可口可乐全部收回，尽快公布调查结果，说明事故影响范围，并向消费者退赔。公司还表示要为所有的中毒顾客报销医疗费用。它还设立电话专线，并通过互联网回答消费者所有的疑问。可口可乐其他国家市场的主管宣布其产品与比利时事件无关，从而稳定了事故地区以外的人心，控制了事故的蔓延。通过这一系列的公关活动，可口可乐的形象开始逐渐恢复，可口可乐又重新出现在比利时各商店的货架上，企业形象重放光芒。

4. 咨询建议，决策参考

它是指公关人员要向企业决策层和各管理部门提供有关公共关系方面的情况和建议，以作为企业决策的依据。公共关系的这一职能是利用所搜集到的各种信息，进行综合分析，考查企业的决策和行为在公众中产生的效应和影响程度，预测企业决策和行为与公众可能意向之间的吻合程度，并及时、准确地向企业决策者提供咨询，提出合理的可行性建议。

公关咨询在企业决策中占有很重要的地位，并且在很大程度上影响决策，是直接关系到公关营销的协调功能是否能实现、能实现到何种程度的关键因素。由于现代社会的的复杂性，决策过程中谋与断的分离变得不可避免，这就决定了决策者在决策过程中必须依赖咨询，如果不依靠咨询，就有可能凭自己的经验来进行决策，企业在决策过程中就易犯主观片面性的错误。因此，现在决策者必须把公关咨询作为科学决策不可分割的组成部分。

10.5.3 国际市场公共关系计划的制定

企业开展公共关系活动，公共关系方案的制定、实施与评价是一个系统工程，其基本包括调查、策划、实施和评估四步骤。

1. 公共关系调查

任何策划都是建立在调查基础之上的。公共关系调查是公共关系活动的起点和基础。通过调查，能了解企业及其产品在市场上的知名度和美誉度，总结经验教训，及时发现问题，从而为今后的公关策划提供依据等。企业既可以自设专门机构从事搜集信息、研究工作，也可以委托公共关系代理机构来完成。西方发达国家都有专门的公共关系咨询公司和市场调查机构，帮助企业在国际市场上调查有关方面的问题。公共关系调查内容主要有企业基本状况、公众意见和社会环境等方面。

2. 明确公共关系目标

合理有效的公共关系目标可以制定企业公共关系活动的实施，避免犯方面性错误。公共关系目标主要包括单项目标、矫正性目标、建设性目标和一般性目标。单项目标是围绕长期目标制定的具体实施的目标。对公关活动有着实际的指导作用，其时间幅度通常在5年以下。较常见的是年度工作目标，它依据每一年度的日常工作定期活动的内容确立年度工作目标和步骤。矫正性目标是改变公众对企业形象的固有看法的目标，主要是针对那些与企业目标、信念、发展以及利益相同或相近的公众的特殊要求而制定的。建设性目标是针对创办、改制、联合时或在经济技术发展过程中的公众，树立企业形象而制定的公关目标。一般性目标是根据各类或几类公众的要求、意图、观念或行为的共性而制定的，是企业总体形象的要素。企业有了明确的公共关系目标，就能够做到有的放矢，提高公关活动的效率。

3. 公共关系方案的确定和实施

以调查为依据，在明确公共关系活动目标的基础上，要设计、制定合适的公关活动方案，包括选择针对性的公关活动目标对象；具体的公关活动项目，如记者招待会、庆典活动、慈善募捐等；整个公关活动的费用预算；等等。

公共关系计划的实施是整个公关活动的核心步骤。在考虑影响公共关系因素(时间、地点、人物、对象、事件等)的基础上实施公关策划活动。公共关系方案实施需要考虑一个重要因素——时机。企业可以利用一些特殊事件或突发事件实施公共关系方案，或者通过巧妙的策划营造有利的公共活动氛围来实施。

4. 公共关系的效果评估

对于公关活动的效果评估，由于其目标的隐藏性、长期性，多是建立长期的良好社会关系，而且公共活动又常常和其他促销手段结合使用，因此很难对公共关系活动的效果进行衡量与评价。一般的评价方法是依据社会公众的评价进行的；或是公共关系活动实施后，消费者对企业或产品品牌知名度、美誉度，以及实际产品销售量等方面的变化。通过这些方面的考察，可以对企业公共关系活动及效果作出比较客观、准确的衡量和评价，并发现其中的问题，为企业未来的公共关系活动提供建议。

10.5.4 国际市场公共关系活动的形式

企业开展公共关系活动，内容丰富，形式多样。常见的形式主要包括 3 个方面。

1. 加强与新闻媒体的关系

新闻媒体承担者传播信息、引导舆论的社会职能，具有着巨大的社会影响力，企业必须充分利用各种新闻媒体为其服务，与各种传媒人员保持密切接触，主动提供信息，建立良好的合作关系，通过各种新闻媒体加强新闻宣传。在具体实践上，新闻宣传主要包括 4 种活动形式：安排和接受新闻界人士的采访；召开新闻发布会或记者招待会；撰写新闻稿；制造新闻。

德国奔驰公司的一次新车新闻发布会

德国奔驰公司的一次新车新闻发布会给各国记者留下了深刻的印象。

(1) 规模与耗资巨大。有 50 多个国家和地区的 1 200 多名记者参加，为记者每天支出的住宿费就至少在 180 万人民币左右。

(2) 材料全。有公司历史沿革、经营状况、首脑简况以及公司总部大楼艺术特色介绍。关于新车的材料，光数据就数不胜数，可供挑选的照片有二三百幅，有专门拍摄的一部专题影片，有介绍情况的 CD 光盘。

(3) 组织严密。第一天上午在公司总部报到，下午一点半举行 30 分钟的会议，介绍日程安排和新车的大致情况，中间穿插两部短片，给人留下了深刻印象。下午 2 点，所有记者二至三人为一组，分别驾驶近百辆不同型号、性能、装饰的新车，从斯图加特市出发，主要沿着乡间公路，向 160 多公里外的乌尔姆市进发，让记者亲自尝试这种新车的创新性、安全性、舒适性等。晚上六点，到达乌尔姆市，先参观新车展览，然后参加由奔驰公司首脑主持的新闻发布会。第二天早上 8 点，记者再驾车从另一条以高速公路为主的道路返回，中午到斯图加特机场解散、回国。

(4) 注意收集记者反映。公司抓住机会同记者交谈。当试车结束后，公司请部分记者座谈。

(5) 服务细致。奔驰公司通过新闻发布会活动，让世界更好地了解奔驰。

2. 改善与东道国消费者的关系

企业通过公共关系活动同消费者进行沟通，增进了解，使东道国消费者对企业形象和它的产品产生良好的感觉，东道国消费者对企业的看法与态度是衡量公共关系活动效果的一个要点。企业应该积极搜集、听取东道国的消费者对本公司政策、产品等方面的意见，及时处理、消除消费者的抱怨情绪。同时提出改进方案，以彻底消除抱怨情绪的根源。企业还可以开展各种教育活动，向顾客介绍本企业产品的用途和功能，并帮助顾客迅速掌握产品的使用方法；对来访、来电、来函热情处理，及时答复。

3. 维护与政府部门的关系

企业在国际市场开展营销活动时，有时会面临来自政府部门的各种要求和压力。因此企业一方面必须及时调整自己的营销策略以适应各国政府政策的变化，另一方面要及时协调可能发生的冲突与矛盾。重视加强与各国政府部门之间的关系，获得其支持具有十分重要的意义，企业要通过公共关系加强与东道国政府官员的联系，了解有关的法律、法规和政策导向。企业不同成长阶段的公共关系任务不一样。初始进入东道国阶段，公共关系任务繁重；进入“营运”阶段时，要关注东道国政局与政策动向，以及公司利润汇回母国的风险问题；最后，在撤出阶段，也要注意与东道国保持良好关系以维护其他方面的利益。为了达到这一目标，企业可以搞些公益活动，如为公用事业捐款，扶持残疾人事业，赞助文化、教育、卫生、环保事业等，树立为目标市场国家社会与经济发展积极作贡献的形象。

本章小结

本章主要介绍了国际市场促销概述、国际市场广告策略、国际市场人员推销策略、国际市场销售促进策略及国际市场公共关系策略。国际市场促销概述主要介绍了国际市场促销的含义、作用、内容及影响因素。国际市场广告策略主要介绍了国际广告的含义及作用、设计及创意原则、国际广告媒体的选择、国际广告的预算、国际广告效果的评价机构及广告代理制度。国际市场人员推销策略主要介绍了国际市场人员推销的特点、任务、类型、结构、步骤及国际市场推销人员的管理。国际市场销售促进策略主要介绍了国际市场销售促进的特点、影响因素、有效形式及国际市场销售促进策略的制定。国际市场公共关系策略主要介绍国际公共关系的原则、职能、国际公共关系计划的制定及国际公共关系活动的形式。

名人名言

销售前的奉承，不如销售后的服务，这是制造永久顾客的不二法门。

——日本松下电器公司原总裁松下幸之助

如果你没有做好准备，你就准备失败。

——美国推销大师乔·甘道夫

我对他们发表演讲，我被他们所激动。

——微软 CEO 史蒂夫·鲍尔默

销售游戏的名称就叫服务，尽量给你的客户最好的服务，让他一想到和别人做生意就有罪恶感。

——乔·吉拉德

想象力远比知识来的重要。

——爱因斯坦

习　题

一、复习题

1. 选择题

(1) 国际市场营销的核心任务是(　　)。

A. 传播信息　　B. 销售产品　　C. 产品定价　　D. 公共关系

(2) 网络广告发源于(　　)。

A. 英国　　B. 德国　　C. 法国　　D. 美国

(3) 世界上第一家广告代理商产生于(　　)。

A. 德国　　B. 美国　　C. 日本　　D. 中国

(4) 现代公共关系的发源地是(　　)。

A. 中国　　B. 法国　　C. 英国　　D. 美国

(5) 销售活动的第一步是(　　)。

A. 寻找顾客　　B. 接近准备　　C. 接近顾客　　D. 面谈讲解

(6) 通过提供成交保证，如包修包换、定期检查等，克服顾客使用的心理障碍，促成购买的成交法是(　　)。

A. 假定成交法　　B. 小点成交法

C. 优惠成交法　　D. 保证成交法

2. 填空题

(1) 国际市场营销的核心任务是________。

(2) ________是指不以营利为直接目的，采用艺术性的表现手法，向社会公众传播对其有益的社会观念的广告活动。

(3) ________是促销组合中运用得最广泛和最有效的促销方式。

3. 判断题

(1) 20 世纪 80 年代是全球广告业开始腾飞的时期。　　(　　)

(2) 报纸最早诞生于17世纪的美国。 ( )

(3) 人员推销是指企业运用推销人员直接向用户介绍商品和服务的一种促销活动。( )

(4) 人员推销是一种有效的促销方式，且费用较低。 ( )

(5) 销售促进虽然是一种短期的促销策略。 ( )

(6) 国际市场公共关系是一种直接的促销手段。 ( )

(7) 20世纪60年代，公共关系传入了我国大陆地区。 ( )

(8) 企业形象是指企业的总体表现与特征以及它们在公众心目中的反应与评价。 ( )

4. 问答题

(1) 国际促销的作用是什么？

(2) 国际促销组合的内容有哪些？

(3) 国际广告的设计与创意原则是什么？

(4) 国际广告媒体的种类有哪些？

(5) 国际广告媒体选择的影响因素有哪些？

(6) 国际市场人员推销的步骤是什么？

(7) 国际市场公共关系活动的形式有哪些？

5. 讨论题

(1) 如何较好地选择国际广告代理机构？

(2) 结合实际，分析我国企业在国际市场上开展公共关系活动的策略。

二、案例应用分析

雀巢的广告策略

雀巢在进入中国之前，对中国主要城市进行了长达5年的调查研究，重点研究中国人的日常生活习惯。因此，他们的广告特别符合中国人的心理。伴随一句“味道好极了”的广告词，使得雀巢咖啡在中国家喻户晓。雀巢咖啡在中国的广告战略可分为3个阶段。

(1) 20世纪80年代开始，首先以“味道好极了”的朴实口号做面市介绍，劝说中国人也品品西方的“茶道”。那时候，特别对于许多年轻人，在中国刚刚开放的时候，他们不仅是品尝雀巢咖啡，也是在悄悄地体验一种渐渐流行的西方文化。“味道好极了”的运动持续了许多年，尽管其间广告片的创意不断翻新，然而口号一直未变，所以它成了那一时代每个广告人津津乐道的成功范例。

(2) 20世纪90年代以后，中国年轻人的生活方式发生了巨大变化，雀巢立即敏锐地感受到了这些变化。因此，它以“好的开始”为口号，在市场上投放了一系列新的广告，广告以长辈对晚辈的关怀与支持为纽带，以刚刚进入社会的职场新人为主角，传达出雀巢咖啡将会帮助他们减轻工作压力的信息。

(3) 进入21世纪，在网络经济迅速发展的今天，雀巢公司也不甘落后，利用网络提高自己的知名度，发展自己的业务。它建立了雀巢中文网，现在是最大的中文咖啡网站，这是一个在网上同样能够“品味咖啡”的好地方，是一个全新的、充满活力和趣味的、绝酷的咖啡网站。雀巢咖啡网由咖啡世界、咖啡一族、咖啡冲调、雀巢咖啡在中国等9个固定栏目，还有促销活动、咖啡新闻等四大活动版块。在这里，有全面和丰富的咖啡内容，让你的咖啡个性绝对独特；在这里，让你游历咖啡的诞生，看到雀巢咖啡百年的时光以及在中国的旅程；在这里，你可以了解到咖啡与健康的关系；在这里，你可以和世界各地的咖啡人比较品味，交流心得；在这里你更准确、快速、全面地知道雀巢咖啡产品的资讯。

雀巢咖啡在中国的广告，为“雀巢”开拓中国市场立下了汗马功劳。

问题：

(1) 试分析雀巢咖啡的广告策略特点。

(2) 雀巢的广告对我国企业有何启示？

(资料来源：封展旗，黄保海．市场营销案例分析[M]．北京：中国电力出版社，2008．)

第11章 国际市场服务营销

教学目标

通过本章的学习，理解服务的性质并对其分类，掌握服务质量管理的最佳实践方法。同时，理解服务公司的营销战略以及如何管理服务品牌。

教学要求

知识要点	能力要求	相关知识
国际市场服务营销概述	(1) 理解服务的性质和分类 (2) 掌握服务的特征	(1) 服务的特性和定义 (2) 服务的组合分类 (3) 服务的4个特征：无形性、不可分离性、差异性和不可储存性
国际市场服务质量管理	(1) 理解顾客的期望 (2) 掌握质量管理的最佳实践模式 (3) 理解如何管理产品附加的服务	(1) 导致高质量服务传递失败的5个差距 (2) 服务质量管理的7种实践方法 (3) 售后服务策略
国际市场服务营销战略	(1) 理解顾客关系的转变 (2) 理解服务业的全方位营销方法 (3) 理解如何管理服务品牌	(1) 导致顾客转换行为的因素 (2) 服务差异化 (3) 服务品牌战略

> 每一项业务都是服务：你的公司不是在经营化学品，而是在经营与化学有关的服务。
>
> ——菲利普·科特勒

基本概念

服务　不可分离性　差异性　内部营销　外部营销　互动营销　服务差异化　形象维度　顾客接触点系统

导入案例

梅奥医院

梅奥医院(Mayo Clinic)是世界上第一家也是最大的整合慈善医疗实践机构。在其坚定的品牌信仰和对病人体验的持久关注的基础上，它已经塑造了最强大的服务品牌之一。该组织行为的核心是两个相关的核心价值，这些价值可以追溯到一个多世纪之前的医院创建者，威廉和查尔斯·梅奥(William 和 Charles Mayo)。这些核心价值是：病人的利益至高无上以及团队协作。病人经历的每个方面都被考虑到了。从公共监察室到实验室，梅奥设施的设计目的，用一位建筑师的话说，是“为了让病人在见医生之前，能够感觉更好一些。”在明尼苏达州罗切斯特的20层的Gonda大楼有非常宽敞的空间，在亚利桑那州斯柯特斯戴尔的梅奥医院里有室内瀑布和可以俯瞰群山的玻璃墙。在小儿科的检查室，抢救设施隐藏在一幅巨大的令人愉悦的图片背后。医院的房间安装了微波炉和能展开成床的椅子，就像一位员工解释的那样：“人们不是自己一个人来医院的。”

点评：服务的差异化

梅奥医院对病人经历的所有方面周到而细致的考虑，为全世界的卫生保健行业设立了新的标准与方向。正因为理解服务的独特本质对营销者有着极其重要的意义，在本章我们将系统地分析服务的性质以及如何最有效地进行服务营销。

11.1　国际市场服务营销概述

服务业对世界经济的推动作用日益增强。而且，当公司发现越来越难以差异化其实体产品时，它们转向了服务差异化。公司试图依靠在准确交货，更好、更快地答复查询以及更快地解决诉讼等方面的出色表现获得商誉。了解服务的特性以及这些对营销者意味着什么是非常重要的，因此本章分析服务以及如何在国际市场中最有效地进行服务营销。

11.1.1　服务的性质

服务业有多种形式。政府部门属于服务业的范畴，包括其下设的法院、就业服务机构、医院、贷款机构、军队、警察和消防部门、邮局、管理机构和学校。私立的非牟利性部门，包括博物馆、慈善团体、教堂、大学、基金会以及医院，也属于服务性行业。很大一部分商业性部门，如航空公司、银行、旅馆、保险公司、律师事务所、管理咨询公司、诊所以及房地产公司，也属于服务性行业。许多在制造行业工作的人，如计算机操作员、会计师和法律人员，本质上也是服务的提供者。事实上，他们组成了所谓的“服务工厂”，为“制造工厂”提供服务。出纳员、办事员、销售人员和顾客服务代表等在零售行业工作的人，也是在提供服务。

服务(Service)是一方向另一方提供的活动或行动，它本质上是无形的，而且不会产生所有权问题。服务的生产可能与实体产品有关，也可能无关。

11.1.2 服务组合分类

一家公司在市场上的整体供应品中通常包括一些服务。供应品的服务组合被分为以下5种。

(1) 纯粹的有形产品。这种供应物由纯粹的有形产品构成(如肥皂)，产品不附带任何服务。

(2) 附带服务的有形产品。这种供应物由附带一项或几项服务的有形产品构成。例如，大众汽车在销售汽车的同时提供修理、担保和其他服务。

(3) 混合产品与服务。这种供应品的一半是服务，一般是产品。例如，餐馆同时提供食品和服务。

(4) 附带很少有形产品和服务的服务。这种供应品主要由服务构成，同时伴有少量的附加服务和辅助性产品。例如，飞机乘客购买的是运输服务，但他们同时可以得到软饮料和航空杂志。

(5) 纯粹的服务。这种供应品主要由一种服务构成，如修剪头发和心理咨询。

服务组合的特性也暗示了消费者是如何评价质量的。在选择服务提供者时，购买者更注重口头评价而不是广告。他们更多地依靠价格、员工和实体线索对服务质量进行评价。而且因为存在转换成本，所以有较大的消费者惯性。

11.1.3 服务的显著特征

服务具有 4 个对营销方案设计有重大影响的主要特点：无形性、不可分离性、差异性和不可储存性。

1. 无形性

与实体产品相反，在购买服务之前，它们是看不见、尝不到、摸不着、听不见和嗅不到的。接受整容服务的客户在购买之前是看不到整容结果的，正如心理诊所的病人无法知道治疗的结果一样。为了降低购买的不确定性，购买者会寻找一些可以作为评价服务质量依据的信号或证据。他们可以根据看到的购买地点、人员、设备、材料、标志和价格等因素，对服务质量作出判断。因此，服务提供者的任务就是“管理各种证据”，并且将无形产品有形化。产品营销者面临的挑战是增加抽象概念。而服务营销者面临的挑战是如何给无形的提供品添加有形的证据，并通过想象力将无形产品有形化。

服务公司可以通过有形证据和介绍来证明自己的服务质量。公司首先必须明确自己希望顾客的预期感觉是怎样的，然后再设计与之一致的绩效和背景线索来支持该体验。以银行为例，出纳员是否查对现金金额属于绩效线索；而背景线索则是出纳员的衣着是否得体。银行中的背景线索是通过人和事物给出的。公司将这些线索总结在反映各种线索的体验蓝图之中。这些线索应尽可能地涉及所有的物种感官。迪士尼在其主题公园中制定的体验蓝图无疑是出神入化、引人入胜的。

2. 不可分离性

一般来说，服务的生产和消费是同时进行的。这与实体产品的情况不同，后者先被制造出来，然后成为存货，通过分销商销售，最后被消费。对于服务来说，提供服务的人本身就是服务的一部分。而且由于服务在生产时，顾客已经存在了，因此提供者与顾客之间的互动关系是服务营销的一个特殊属性。提供者和顾客同时影响服务的结果。

通常情况下，服务的购买者有很强的提供者偏好。可以通过以下几种战略避免这种情况：第一个方法是在该服务提供者的有限时间内提高服务的单位价格；第二个方法是让该服务提供者同时为更多的顾客服务，或者加快工作速度；第三个方法是培训更多的服务提供者，并增强顾客的信心，这正是 H&R Block 公司对其遍布全美的税务咨询师的做法。

3. 差异性

由于服务的生产依赖于提供者以及服务提供的时间和地点，因此服务是非常容易变化的。为了克服这个缺点，服务性公司可以采取三个步骤开展质量培训。

(1) 招聘合适的员工，并为这些员工提供良好的培训。这一点非常关键，无论员工是属于高度熟练的专业人士还是低技能的工人。

(2) 在整个组织内部建立标准化的服务流程。公司可以通过制作蓝图对服务的每个流程和事件进行描述。利用这个流程图，管理者可以发现可能存在失误的地方，并制订改进计划。

(3) 通过顾客建议和投诉系统、顾客调查以及对比购物监控顾客满意度。通用电气每年寄出 70 万张反馈卡，请各个家庭对其服务人员的表现进行评分。公司还可以建立顾客数据库和系统，以便提供更加个性化、定制化的服务，尤其是通过网络。

4. 不可储存性

服务不能被储存。一旦飞机起飞或电影开始，没有销售出去的座位就不能用于未来的销售。当需求稳定时，服务的不可储存性也许不是问题，但是这一性质在需求波动时会引起很多问题。例如，公共交通服务公司不得不根据高峰时间的需求计算应当购买的设备。服务提供者可以通过不同的方法解决服务不可储存的问题。

特别提示

服务的特征决定了服务营销同产品营销具有不同的特征，具体表现在以下几个方面：①借助有形来展示无形；②服务主客体之间的互动性；③要求更高的供需平衡能力；④服务质量评价的差异性；⑤服务产品的难以传输性。

11.2 国际市场服务质量管理

公司在每次提供服务时都接受质量检验。如果零售商店的店员在接待顾客时就显得不耐烦，缺乏必要的商品知识或者过于忙碌，买方会重新考虑是否再次光顾这家商店。

营销案例

海尔的五星级服务

在消费者得到的服务很不充分的中国环境中，海尔率先以服务打动了消费者并树立了品牌。海尔客户服务的成功之处是注重中国人的亲情和细节，从而感动了消费者并获得了其对海尔品牌的良好口碑。

海尔推行真正意义上的服务，改变了把售后服务理解为产品维修或咨询的狭隘观念。海尔提供“五星级”的真正的服务，即满足用户需求，创造用户感动，实现增值的服务。1999 年，海尔集团推出了“由制造业向服务业转移”的战略思想。“随叫随到，一次就好”是海尔每一个服务人员的工作质量标准。所谓“一次就好”，就是在售后服务上做到“用户一个电话，服务人员一次上门，服务一步到位”。海尔为此制定了一套严格的服务标准体系、服务规范标准、服务礼仪标准、服务用语标准、信息派工标准、上门一次就好的服务标准、服务人员上岗资质标准、动态考核政策激励标准、服务商星级升降标准等，一一规范清楚并严格执行。海尔还开展了“售后暗访”活动，提升服务人员的服务意识。

海尔重视建立信息系统支持实现“速度和精准”的终端服务，20 世纪 90 年代在全国各主要城市建立了电话服务中心，开通“9999”用户电话，并建立用户档案。2002 年，海尔实现了与全国 5000 多家专业服务商的联网。2006 年初，海尔信息化网络再次升级，实现电子地图自动定位并选择距离用户最近的海尔专业服务商，提供及时服务。海尔还进一步推广了“终端 PDA 移动顾客服务信息化系统”。

11.2.1 顾客期望

顾客对服务质量的期望来自很多渠道，如过去的经验、口碑和广告。一般情况下，顾客会将所接受的服务与期望的服务进行对比。如果实际服务质量比期望低，顾客就会失望；如果实际服务与期望的服务质量相同或者超过了期望，他们就很有可能再次购买。成功的公司会额外提供不仅能让顾客满意而且能令其感到高兴的好处。让顾客高兴实际上就是要超出顾客的期望。

图 11.1 所示的服务质量模型突出了传递高质量服务的主要要求。它确认了导致高质量服务传递失败的 5 个差距。

(1) 顾客期望和管理者感知的差距。管理者并不能总是正确地感知顾客的要求。例如，医院的管理者认为病人需要好的食品，而病人却更多考虑护士的责任感。

(2) 管理者感知质量和服务质量要求之间的差距。管理者可能正确地理解了客户需求，但不能建立明确的业绩标准。例如，医院管理者可能会告诉护士要提供“快速的”服务，但是没有明确时间标准。

(3) 服务质量要求和实际提供的服务之间的差距。服务人员可能缺乏训练，或者没有能力或不愿意达到标准，或者他们不得不遵守相互矛盾的标准，如耐心倾听顾客意见和提供快速服务。

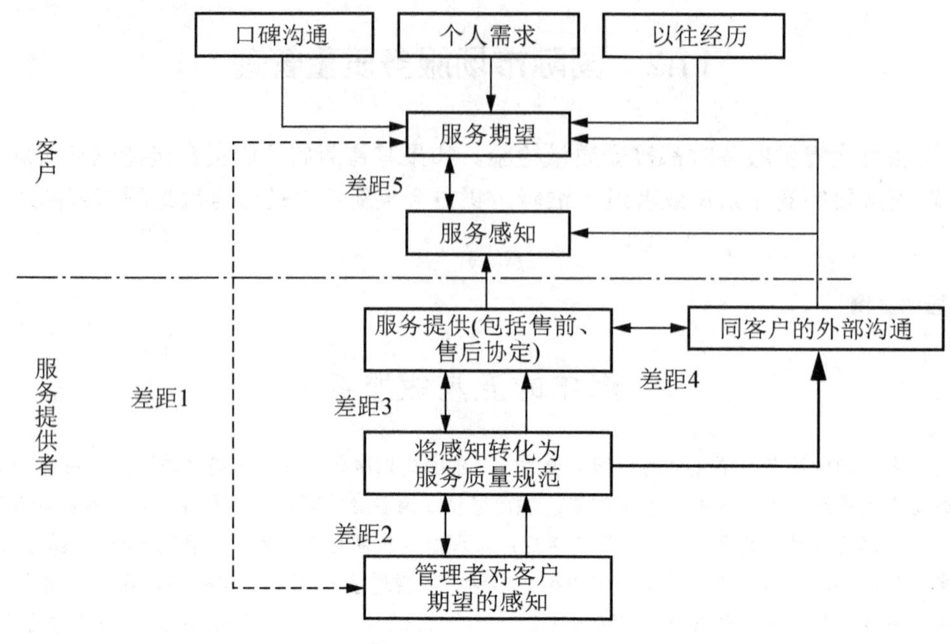

图 11.1 服务质量模型

(4) 实际提供的服务和外部沟通的差距。顾客期望会受到公司代表或广告的影响。如果医院的宣传册上描绘了一个吸引人的病房，但病人却发现面对的是一间普通的房间，这就是外部沟通对顾客期望的扭曲效应。

(5) 顾客接受的服务和期望的服务之间的差距。如果客户对服务质量存在误解，也会产生差距。比如医生为了表示他们对病人的关心而经常去探望病人，但病人可能认为这种行为是由于自己的病情恶化造成的。

研究者根据服务质量模型识别了服务质量的 5 个决定因素。按照重要性排序，他们分别为可靠性、响应性、保证性、关注度和有形资产。此外，还存在一个可容忍范围，在该范围之内，消费者对于服务维度的感知将视为满意的，标准为最低可接受水平与消费者相信可以和应当提供的满意度水平。

11.2.2 服务质量管理的最佳实践

管理水平高的服务公司都拥有下列服务质量管理的最佳实践：战略观念、高层管理者对质量管理的责任感、高标准、自我服务技术、监控系统，以及妥善处理顾客的投诉等。

1. 战略观念

顶级服务公司的信念是“顾客就是上帝”。它们清楚地了解自己的目标顾客及其需求，并且采取与众不同的战略满足客户的需求。20 世纪 60 年代法国的一家跨地区商务连锁旅店企业由于市场竞争加剧，经营业绩已经几年徘徊不前。在明确了不改变主业以及依旧以进行商务旅行的商务人士作为自己的目标消费群的前提下，公司对商务旅行人士的住宿需求进行了多维度的分解分析。经过细致的调查分析，它们了解到，这些商务旅行人士对于住宿需求最关注的竟然依次是：安静、床的质量、交通便利性、服务质量稳定性、价格等。依据这样的事实，他们为各地的连锁旅店用最好的隔音材料进行了重新的装修，配备了最舒适、最宽大的床，在提供稳定的服务水平的同时将价格重新统一定位在中档水平，而在其他方面只满足最低水平，不加重点关注，改革以后，公司业绩取得了年均20%的增长。

2. 高层管理者的责任感

诸如万豪集团、迪士尼和麦当劳之类的市场导向型公司实行彻底的服务质量负责制。管理者每个月不仅要查看财务状况，还要考察服务状况。高层管理者的承诺可以通过多种方法实现。沃尔玛的发起人山姆·沃顿(Sam Walton)要求员工宣誓：“我庄严地宣布，只要在我周围10米之内有一个客户，我就看着他的眼睛微笑，向他问好，这就是在帮助山姆。”

知识链接

万豪国际集团是世界上著名的酒店管理公司和入选财富全球500强名录的企业。万豪国际集团创建于1927年，总部位于美国华盛顿。万豪国际集团目前拥有18个著名酒店品牌，在全球经营的酒店超过2 700家，年营业额近200亿美元，多次被世界著名商界杂志和媒体评为首选的酒店业内最杰出的公司。万豪国际集团在纽约及美国其他证券交易所上市，代号为MAR。万豪国际集团的发展起源于1927年，由已故的威拉德·玛里奥特先生在美国华盛顿创办了公司初期的一个小规模的啤酒店，起名为“热卖店”，以后很快发展成为服务迅速和周到、价格公平、产品质量持之以恒的知名连锁餐厅。其成功经验的关键是自公司成立之日起，就以员工和顾客为企业的经营之重。威拉德·玛里奥特先生创立的经营思想是：你如能使员工树立工作的自豪感，他们就会为顾客提供出色的服务。

3. 高标准

最好的服务提供者一般都会制定很高的服务质量标准。花旗银行的目标是在电话铃响10秒之内必须有人接听电话，或者是顾客来信必须在两天内回复。服务质量标准应该设立在合理的高度。或许98%的精确度听起来已经非常让人满意，但这就意味着联邦快递公司每天丢失6.4万个包裹。书的每一页有10个拼错的单词，每天写错40万份药方，一年中有8天会喝到不安全的水。有的公司提供“最基本”的服务，而有的公司提供“突破性”服务，目标瞄准实现100%的零缺陷服务。

4. 自助服务技术

与产品一样，顾客非常重视服务的便利性。很多面对面的服务互动正在被自助服务技术多取代。一些大公司发现最大的障碍不是技术本身，而是说服顾客去使用该技术，尤其是在第一次使用的时候。顾客必须清楚地了解他们在自助服务技术过程中的作用，必须能明确地认识到自助服务技术的好处，而且必须认为他们有能力进行实际使用。除了传统的自动售货机，还可以列举的例子包括自助取款机(ATM)、自助结账旅馆以及在线的产品自助定制等。虽然这些服务并非都能够提升服务质量，但它们能够让服务过程更加准确、便利和快速。

5. 监控系统

顶级公司通常要定期审计自己与竞争对手的服务业绩。它们收集了顾客声音的测量指标来探测令顾客满意和不满意的因素。它们通过许多衡量绩效的方法进行业绩评价：对比购买、佯装购物、顾客调查、建议和投诉表、服务审计团队和给总裁的信。第一芝加哥银行(First Chicago Bank)采用了一个每周绩效测量项目，根据回复顾客服务电话咨询的速度等顾客关注的大量事项绘制图表。只要绩效表现低于可接受的最低水平，银行就会采取行动。该银行还逐渐提高自己的绩效目标。秘密顾客(即付钱让人着便装购物并向公司报告情况)现在大行其道，被快餐连锁店、大型零售商甚至政府机构用来准确找到必须解决的顾客服务问题。

我们可以用顾客重要性和公司绩效来评估服务。重要性—绩效分析评价了服务的各种要素，并确认什么样的行为是所需的。

6. *妥善处理顾客的投诉*

调查显示，购买商品时，有25%的顾客感到不满意，但其中只有5%的人会投诉。剩余的95%之所以不了了之，或者是因为他们认为投诉所得无法弥补成本，或者是因为他们根本不知道向谁或者如何投诉。而投诉的5%的人中，大概只有一半的人认为自己的问题得到了满意的解决。如何提高顾客满意度是一个亟待解决的问题。平均来说，一个感到满意的顾客可能会告诉其他3个人自己的感觉，而不满意的顾客会告诉11个人。如果他们的听众按照相同的比例继续转告其他人，那么听到坏评价的人数会以指数形式增加。

投诉获得满意结果的顾客，比那些从没有失望过的顾客对公司更加忠诚。提出重大问题投诉的顾客在问题解决后，会有34%的人再次购买公司的产品，而对提出小问题投诉的顾客来说，这一比率是52%。如果投诉能够很快解决，那么发生再次购买的顾客比例将会上升到52%(重大投诉)和95%(小投诉)。

那些鼓励顾客投诉，并且通过授权使员工能够当场解决问题的公司，会比那些没有采取系统办法解决服务问题的公司获得更高的收入和利润。必胜客(Pizza Hut)将免费电话号码印在装披萨的盒子上。一旦顾客投诉，公司就会给连锁店经理发送语音邮件，后者必须在48小时内给顾客打电话并解决顾客投诉的问题。

服务上的失误可能损害客户关系，严重的时候会把原来忠诚的顾客拱手送给竞争对手。然而，通过学习良好的服务补救技巧，营销者可以把紧张的形势转变成加强顾客关系的机会。良好的补救以深入了解和满足顾客需求为出发点，在这种背景下，营销者能够找出存在的潜在问题并在出现问题时确定潜在的解决方案以供实行。在规划服务补救时，应考虑交叉培训和授权，以使员工能够解决问题，而不是把顾客从一个部门推到另一个部门。

仔细倾听和巧妙提问(包括顾客和所涉及员工)的能力将有助于澄清问题。在适当的时候进行道歉，并提出既能被顾客接受，又符合公司目标的解决方案。最后，告知顾客事情的进展状态，然后跟踪下去，确保问题如约解决，使顾客对结果满意。

7. *顾客服务接触点系统*

顾客服务接触点(Customer Service Interface)是公司通过人员、技术或两者的任意组合，设法管理与顾客关系的任何场合。在以下4个维度上，接触点应该表现得出类拔萃。

(1) 展现和外观。有足够的人数出现以及像样的外表。

(2) 认知。能够识别模式，得出明智的结论以及清楚地沟通。

(3) 情绪或态度。有礼貌而且态度关切，展现出与品牌一致的个性特征，准确掌控面对顾客的情绪。

(4) 联系。保持好与顾客体验有重要影响的其他资源的联系。

公司正面临顾客互动和关系管理上的危机。虽然许多公司通过广泛的接触点服务顾客，从零售店的销售员到网站再到语音反应电话系统，但是这些通常只是构成了一个接触点集合，而不是一个真正的接触点系统，因为在提供优质服务和建立强大的顾客关系的能力上，一个集合的整体并没有大于部分之和。更加复杂以及成本的增加会导致顾客的不满意。然而，网络技术，例如网站、电子自助终端、互动语音应答单元、自动售货机和触摸屏让经理们成功地将机器引入了一直以来由人类控制的前台工作。

将技术成功地与人力整合起来需要对前台工作进行全面重新设计，确定什么是人类最擅长的，什么是机器最擅长的，以及如何进行单独和联合部署。经理们在进行服务接触点重新设计时，可以采取以下步骤：理解顾客期望的体验，理解技术的潜力，使接触点类型符合任务需要，合理布局，以及在系统中优化绩效。

8. 使员工和顾客都感到满意

出色的服务公司知道积极的员工态度将增加顾客的忠诚。西尔斯公司发现在顾客满意度、员工满意度和商店盈利状况之间存在很高的相关性。以房地产公司 Re/Max 为例，该公司将营销重点放在经纪人和特许经营店上。一位产业观察人员写道："代理商们视 Re/Max 为最优秀的代理人的云集之地。这传递的信息是非常明确的，对于业内的人来说也是非常强大的。" Re/Max 希望吸引最出色的代理人，而这些代理人又吸引了最好的、最有利可图的顾客，这个方法使得 Re/Max 一跃成为业内年均佣金最高的公司。

然而，培训员工对顾客友好也会带来麻烦。Safeway 连锁超市实施员工友好待客计划。其规则包括：用目光与顾客交流，微笑，并向每位顾客问好。公司雇用了秘密顾客来给员工打分。超市还将表现差的员工送去接受再培训。虽然调查表明顾客非常喜欢这项计划，但是许多员工都承认自己已经无法忍受了，一些员工甚至因为这项计划而辞职。

11.2.3 管理产品附加的服务

以产品制造为基础的行业也可以越来越多地为顾客提供服务。设备制造商(如小家电、计算机、汽车制造商)一般都需要提供产品附加服务。事实上，产品附加服务已经成为竞争优势的一个主要来源。许多设备公司，如约翰·迪尔(John Deere)公司，近 50%的利润来源于服务。在全球市场中，那些产品质量好，但是当地售后服务差的公司面临很大的劣势；提供高品质服务的公司能够击败那些不太注重服务的竞争对手。

1. 识别和满足顾客的需求

为了设计最好的服务支持系统，制造商必须明确顾客最看重的服务。通常，顾客关心 3 件事。第一，他们关注可靠度和故障率。一个农场主可以容忍他的联合收割机每年坏一次，但是不能更多；第二个是检修时间。检修时间越长，成本越高，这就是为什么顾客关注销售商快速修理产品的能力，或者至少是提供替代品的能力；第三个是维护和修理的成本。

当购买者选择零售商时，会考虑以上的全部因素。作为决策过程的一个部分，购买者试着估计产品的生命周期成本，即产品的购置成本加上维修保养成本的现值，再减去残值的现值。此外，购买者可能针对某些零售商寻求进一步的服务。例如，昂贵医疗设备的制造商通常会提供便利服务，如安装、维修和高质量产品的同时，还提供：①5 年内的产品保修；②产品安装后的质量检查；③在规定时间内送货；④系统购买可享受优惠政策；⑤可以在网上轻松订货。

制造商可以用不同的方法提供更进一步的服务并对其计费。例如，一个专业有机化学公司提供一套标准的产品和一个基本的服务水平。如果顾客希望得到其他服务，可以单独购买服务或者增加购买量从而得到更高级的服务。许多公司在基本的服务之外，提供不同时间长度的附加服务合同，这样顾客就可以根据自己的需要选择合适的服务水平。

在开发服务时，产品公司必须理解它们的战略意图和竞争优势。服务单位应该是支持或保护现有产品业务，还是要成长为一个独立的平台？竞争优势的资源是基于规模经济还是技术经济？

2. 售后服务策略

顾客服务部门的质量差别很大。一个极端是部门只是将顾客的电话转给适当的人或部门，极少跟进。另一个极端是部门渴望接到顾客的询问、建议甚至是抱怨，并迅速处理。

1) 顾客服务的演进

制造商开始时通常会建立一个内部的零部件和服务部门，因为它们希望跟踪产品的使用情况，及时了解发生的问题。它们还认为培训其他人是件耗时而且成本很高的工作。通常，公司会发现供应零配件和维修服务是利润很高的业务——如果公司是某些部件的唯一供应商，它们还可以凭借垄断地位索取更高的价格。实际上，许多设备制造商对自己的设备定价很低，并通过提高零配件和服务的价格进行补偿。

随着时间的推移，制造商开始更多地将自己的维修和修理服务授权给分销商和零售商。这些中间商更接近顾客，在当地经营，并能为顾客提供快速服务。然后，出现了独立的服务公司，价格更低或者服务更快捷。大量的汽车服务由独立修理厂和诸如 Midas Muffler 公司、西尔斯公司和彭尼公司之类的连锁修理店完成。独立的服务公司现在可以为计算机产品、电信产品和其他项目提供服务。

2) 顾客服务的压力

随着顾客对服务的选择空间增大，设备制造商如今不得不考虑如何不依靠服务合同而只靠设备赚钱。一些新车的保修里程是 10 万英里，但是随着可随意更换的零件和永不损坏的设备的出现，顾客越来越不愿意为售后服务而每年支付一大笔费用，尤其当服务费用高达购买价格的 2%～10%时。一家公司如果有几百台计算机、打印机和相关设备，可能已发现用自己的服务人员现场服务会更节省费用。

11.3 国际市场服务营销战略

国际服务市场的需求内容是不断变化的，这就要求企业在决策时要不断调查、分析和预测顾客对服务的需求变化，合理地配备企业资源。企业不但要确定自己的服务产品组合，还要根据市场环境的变化对产品组合进行经常性的评价并及时调整，同时还要开发出新的服务产品，淘汰那些处于衰退阶段的产品。表 11-1 是由萨瑟(Sasser)提出的缓解服务业供求矛盾的各种战略。

表 11-1　缓解服务业供求矛盾的各种战略

需求方面的战略	供给方面的战略
差别定价可以把高峰期内的一些需求转移到非高峰期内。例如，电影院降低工作日白天场次的票价	雇用兼职员工满足高峰期的需求。例如，超市在繁忙时会雇用临时性职员
培育非高峰期内的需求以增加非高峰期内的销售。例如，旅馆开展小型的周末度假活动	采用高峰期间提效措施提升在高需求时的工作效率。例如，在工作繁忙的时候，护理人员往往协助医生工作
开发补充性服务，为高峰期内的顾客提供替代服务。例如，许多银行提供自动存取款业务	增加顾客参与度以加速交易的完成。例如，很多超市建立自助结款台，让购物者自己扫描所购物品并打包
采用预约系统可以更好地管理需求。航空公司、饭店都普遍采用这种方法	开发用于未来扩展的设施。例如，游乐园购买周围的土地以在未来需求增大时，扩大服务规模
	与其他服务商合作开展共享服务。例如，多家医院在购买和使用医疗设备时进行合作

例如，Club Med 度假酒店为了培育对其度假业务非高峰时期的需求，给数据库中的顾客发送电子邮件，告知其还未出售的将会打折的房间和机票的信息。顾客提前三四天就可以知道周末有哪些比标准价格低 30%～40%的度假项目。另一个例子是迪士尼的 Fastpass 系统，允许游人保留其在所排队伍中的位置，从而不必在主题公园中耗时等待。迪士尼的一位副总裁说："1955 年以来，我们一直在告诉人们如何排队等待，但现在我们告诉他们，他们不用再排队了。在我们能够做的所有事情以及所能创造的有吸引力的奇迹中，这可能会给整个产业带来深远的影响。"

尽管服务业的公司在营销的应用方面曾经落后于制造业的公司，如今这种状况已经明显改观。然而，并非所有的公司都在提供优质服务方面有所投资，至少是没有针对所有顾客。顾客服务投诉正呈上升趋势，虽然很多投诉最终也没有到达一个活生生的人那里，取得顾客的预期效果。下面的一些统计数据应该能够对服务公司和顾客服务部门有所触动。

(1) 电话方式。约 80%的美国公司不知道如何为顾客提供他们所需的帮助。

(2) 在线方式。Forrester Research 公司估计发给公司的查询电子邮件有 35%未能在 7 日内得到回复，有 25%最终也没能得到回复。

(3) 互动式语音应答。虽然很多美国大公司都安装了互动式语音应答系统，但 90%以上的金融服务顾客都表明自己并不喜欢这一系统。

11.3.1　顾客关系的转变

如何提供能够同时最大化顾客满意度和公司盈利水平的服务可能是非常富有挑战性的。服务公司过去对所有顾客都表现得很热情，不过如今它们拥有足够的个人数据，能[illegible]分清哪些顾客属于盈利组。因此服务并非对所有顾客都很糟糕。航空公司[illegible]对重要顾客宠爱有加。购买量大的顾客能够得到特殊的折扣、[illegible]务。其他顾客则只能接受更高的收费和缩水的服务，最多[illegible]

型金融服务公司备有能够立即识别有利可图的顾客打来的电话的软件，会优先处理有大额支出的顾客的来电。嘉信理财(Charles Schwab)的贵宾客户打来的电话 15 秒内就有人接听，而其他客户则可能要等待 10 分钟以上。然而，提供差异化服务的公司在宣传自己的优质服务时必须十分谨慎，接受了劣质服务的顾客会说公司的坏话，影响公司的声誉。

在客户关系方面也出现了更有利于顾客的趋势。

1. 顾客授权

顾客在购买产品支持服务方面越来越有经验，提出了“非捆绑式服务”要求。他们希望就各服务项目单独定价，并有权选择自己所需的服务项目。顾客还越来越反感与负责不用型号设备的众多服务提供商打交道。最重要的是，互联网让顾客能够发泄对劣质服务的不满，而对优质服务提出表扬。顾客只需要轻点鼠标，就可将自己的评论传遍全球。

2. 合作生产

顾客不只是购买和使用服务，他们在服务传递的每一步都起到了积极的作用。他们的语言和行动影响了自身和他人的服务经历的质量和一线员工的生产率。一项研究估计 1/3 的服务问题是由顾客造成的。随着自助服务技术的转变，我们可以预期这一比例还会增加。

一系列变量影响着服务结果以及顾客是否会对服务提供商保持忠诚。美国学者科温尼(Keaveney)给出了会令顾客改换服务提供商的 800 多种关键行为。这些行为分为八大类(见表 11-2)。

表 11-2 导致顾客转换行为的因素

定　价	对于服务失败的反馈	核心服务失败
• 高价	• 负面反馈	• 服务差错
• 价格上升	• 没有反馈	• 账单差错
• 不公平的定价	• 不情愿的反馈	• 服务灾难
• 欺诈性定价	**竞　争**	
不　便	• 发现更好的服务	
• 地点/时间	**道德问题**	
• 预约等待	• 欺诈	
• 服务等待	• 强行推销	
服务遭遇失败	• 不安全	
• 不关心	• 利益冲突	
• 不礼貌	**非自愿的转换**	
• 没有回应	• 顾客搬家	
• 无知	• 提供商停业	

在对这 800 多种导致顾客转向竞争者的关键事件的调研中发现，失败的服务接触(占比 34%)是仅次于核心服务失误(占比 44%)的第二位原因。

11.3.2 服务业的全方位营销

由于服务接触是复杂的交互过程，受到多种因素的影响，采取全方位营销方法尤其重[illegible]服务的全方位营销要求进行外部营销、内部营销和互动营销。外部营销是指公司为了向顾客提供服务进行的准备、定价、分销和促销等常规工作。内部营销是指培训并激励员工更好地为顾客服务的工作。贝里(Berry)认为，营销部门最重要的贡献是“善于帮助组织内的其他所有成员采取营销活动”。

互动营销是指员工为顾客服务的技能。由于顾客在判断服务质量高低时不仅考察技术质量(例如，手术是否成功)，还会考虑功能质量(如外科医生是否关心并且鼓励病人)。技术可以让服务人员更有效率。加利福尼亚大学圣迭戈医学中心的呼吸科治疗人员随身携带笔记本计算机，以便查阅患者的资料，从而能有更多的时间直接与患者沟通。然而，公司必须避免过于强调生产率，以致降低可察觉的质量。服务必须是“高技术的”，也是“高接触性的”。

11.3.3 管理服务品牌

一些世界上最强大的品牌是服务品牌，财务服务领导者如花旗、美国运通、JP 摩根、汇丰(HSBC)和高盛。与其他品牌一样，服务品牌必须技巧高超地进行差异化和开发适合的品牌战略。

营销案例

创新营销——新加坡航空公司

新加坡航空公司(Singapore Airlines，新航)一直被认为是世界上“最好”的航空公司——它赢得了那么多的奖项，以至于不得不每月更新网站，大部分是由于其在全方位营销上的星级努力。新航不断努力制造“惊喜效应”，超出顾客的预期。它以娇惯顾客著称，是首家将个人视频屏幕放在飞机座位上的航空公司。为了改善它的食品，新航建造了前所未有的百万美元的模拟器来仿效空气中的空气压力和湿度。因为味蕾在空气中的变化，新航发现其中一项要改变的就是减少调味品的使用。新航强调通过它的“转变顾客服务”(TCS)项目来进行培训，包括 5 个关键的操作领域：机舱乘务员、工程师、地面服务、飞机运营和销售支持。这种 TCS 的文化包含在公司范围内的所有的管理培训。在对人、过程和产品的全方位措施中，TCS 也使用了“40-30-30”原则：40%的资源用于培训和激励员工，30%的资源用于检查过程和程序，最后 30%的资源用于创造新产品和服务想法。2007 年，他创新设计的波音 777-300ERS 和空中客车 A380 飞机中，新航为所有级别的服务设定了新的舒适标准，从头等舱的 8 个私人小房间到更宽阔的座位，以及飞机上的交流电源供应器和 USB 接口。

1. 服务差异化

国际市场有形产品策略一般包括标准化和差异化两种策略。而在服务产品当中，最常见的还是差异化策略。因为服务生产与消费同时性的特性决定了服务性企业需要与消费者面对面的接触。

特别提示

消费者的行为习惯存在很大的国别差异。例如：沃尔玛在美国一般都开设在郊区，因为美国汽车非常普及，远程购物便利；而沃尔玛在中国一般在城市里面开设分店，因为中国私家车尚未普及，人们习惯经常就近购物。

服务营销者经常抱怨很难把自己的服务与竞争对手的服务区分开来。价格是一些服务性公司关注的焦点，这类公司一般属于通信、银行、交通和能源等行业，它们在政府管制放松之后经历了残酷的价格战。只要顾客认为服务质量差异不大，他们就会更加关注价格而不是供应商。因此，服务品牌必须精于差异化。

开发差异化服务的途径之一是超出顾客所预期的基本服务，提供独具创新的特色。免发行费的第二大共同基金公司 Vanguard 拥有独特的客户所有权结构，能够降低成本并提供更好的基金收益。与其他大多数竞争对手有很大的不同，该品牌是通过口口相传、公共关系和虚拟营销发展起来的。公司还可以增加次要的服务特色，如捷蓝在其飞机上加装舒适的皮质座椅并在座椅后安装电视屏幕。衣着整洁的空乘人员以及尖端的网站也加强了捷蓝对顾客友好的高端市场形象。

知识链接

先锋基金集团(Vanguard Group)是世界第二大基金管理人，早在 2006 年底，它的旗下囊括了 183 只基金，管理资产 1.1 万亿美元，“基民”2 200 万人，雇员 1.2 万人，管理费率平均 0.21%，不收申购费和赎回费，是全世界费率最低的基金管理人。先锋基金集团最具特色之处就在于，它不是 corporate 公司制，而是 mutual 合作制企业，即全体基金投资人共同拥有的基金管理企业。换句话说，如果该企业所提取的管理费收入减运营管理总成本有盈余，那么全体先锋基金“基民”共同分享这些利润，可以说这是一支真正的共同基金。创始人约翰·博格被同行尊称为圣杰克，得到了很多荣誉，就是因为他所创办的先锋集团最具 fiduciary 信托精神。

其他服务提供商为了与在线公司竞争，加入了人性化因素。例如，当药店注意到来自在线邮购商店的低成本竞争时，它们开始强调其店里的保健顾问作用。Prairie Stone 药店投资引入新式机器，该机器可以自动完成查药丸数量和装瓶等琐碎工作，让药剂师们有更多时间与顾客交流。药房的一位合伙创办人说：“我们对药剂师们说——你们要把工作重点放在照料病人上，而不是放在数药、倒药和粘贴药袋上。”

有时候，公司可以通过其所提供服务的透明度以及成功的交叉销售努力实现差异化。最大的挑战在于大部分服务和创新能够被很容易地仿制。尽管如此，定期引入创新方式的公司相对于竞争对手仍能够获得连续的暂时优势。

2. 制定服务品牌战略

服务供应品的营销者必须特别关注品牌要素的选择、形象维度的确立和品牌战略的设计。

1) 选择品牌要素

服务的无形性对于品牌要素的选择是有影响的。由于服务决策和安排通常不是在实际服务地点(如在家或单位)作出的，品牌回忆就尤为重要，因此容易记忆的名称是很关键的。标志、符号、文字和口号可能辅助名称构建品牌知名度和形象。这些要素试图让服务及其一些关键优点显得更加有形、具体和真实，如中国移动公司神州行品牌的“轻松由我”所发挥的作用。此外，服务提供商的实体设施(环境设计和接待区、外观、附属材料等)尤其重要。注意，服务提供流程的各个环节都可以进行品牌化，这就是为什么 UPS 得以通过其棕色的货车创建了庞大的资产。

2) 确立形象维度

组织联想，如对构成组织的人员及提供服务的人员的感知，很可能是重要的品牌联想，会直接或间接地影响对服务质量的评价。一个至关重要的联想是公司的可靠性和感知的技能、可信性和受喜爱程度。因此服务公司必须设计营销传播和信息项目，让顾客与单纯从服务接触相比能够更多地了解品牌。这种项目可能包括有助于公司创建适宜的品牌个性的营销传播。

3) 设计品牌战略

最后，服务还必须考虑建立允许针对不同的细分市场进行定位及设定目标的品牌分层和品牌组合。各种服务可以根据价格和品质进行垂直品牌化。纵向扩展通常要求制定子品牌战略，将公司的名称与每个品牌名称或修饰语结合起来。酒店和航空服务业通过品牌延伸和引入创建了品牌线和品牌组合。例如，希尔顿酒店拥有的品牌组合包括希尔顿花园旅店，专门针对价格敏感的商务旅客，与万豪连锁集团的 Courtyard 酒店以及 DoubleTree 酒店，还有 Hampton Inn 酒店展开竞争。

太阳剧团通过挣脱马戏团的常规表演方式而成功塑造了自己的品牌。身穿华丽服装的技艺精湛的荡秋千演员、小丑和其他表演者在非传统的马戏团布景、新世纪音乐和壮观的舞台设计的陪衬下表演。每种产品都松散的围绕同一个主题，例如“神秘”。尽管大多数戏剧演出节目都惨遭失败，太阳剧团独具特色的产品仍为其带来了 6.5 亿美元的巨额年收益。如今马戏团的创立者打算对其他服务进行品牌化，除了再造马戏团外，还打算再造温泉水疗、饭店和夜总会。在中国，海尔和万科通过顾客服务让品牌变得更强大。

本 章 小 结

服务是一方向另一方提供的任何在本质上是无形的，并且不会产生所有权问题的活动或行为。服务是无形的、不可分离的、差异的和不可储存的。每种性质都对服务营销提出了挑战，需要特定的战略解决。营销者必须将无形转化为有形，增加服务的标准化程度和质量，并且能够缓解高峰期和非高峰期的供求矛盾。服务营销需要整体性：它既需要外部营销，也需要内部营销来激励员工，以及互动营销来凸显“高技术”和“高接触”的重要性。如何提供能够同时最大化顾客满意度和公司盈利水平的服务可能是非常富有挑战性的。在客户关系方面也出现了更有利于顾客的趋势。顾客的预期在其服务经验和评估中扮演关键的角色。公司必须了解每次服务经历的效果从而对服务质量进行管理。管理水平高的服务公司在以下的实践中表现出色：战略观念、高层管理者对质量承诺的历史、高标准、自我服务技术、服务质量和顾客投诉的监控系统，以及对员工和顾客满意度的重视。公司必须通过基本和次级服务特性对自己的服务品牌进行差异化，并制定适当的品牌战略，即使是以产品制造为主的公司也必须向顾客提供售后服务。为了提供最有力的支持，制造商必须能够识别顾客最重视的服务项目并进行排序。服务组合包括售前服务(便利服务和增值服务)与售后服务(客户服务和维修服务)。

名人名言

成功不是永恒的，很多作为开创者的公司，往往很快就在将要成功的时候消失了，这似乎难以置信，其实关键是忽略了顾客。

——亚马逊集团 CEO 杰夫·贝索斯

衡量成功的方法不一样，它也可以通过你的收入来衡量，也可以通过你的利润来衡量，也可以通过你的投资回报来衡量，也可以通过你的客户的忠诚来衡量。我认为衡量成功最重要的标准是客户的满意度，戴尔公司在客户满意度上一直走在最前面。

——戴尔公司董事会主席迈克尔·戴尔

在购买时，你可以用任何语言；但在销售时，你必须使用购买者的语言。

——前美国教育部长玛格丽特·斯佩林斯

品牌会产生光环效应，只有让人们对品牌产生联想，产品才更容易被接受。

——RolandHansen

营销是没有专家的，唯一的专家就是消费者。所以你只要能打动消费者就行了。

——巨人集团创立人史玉柱

习　题

一、复习题

1. 单项选择题

(1) 第二次世界大战以来，世界经济生活中最显著的变化之一就是企业经济活动的(　　)。

A．公开化　　B．国际化　　C．全球化　　D．多样化

(2) 国际市场营销是指(　　)。

A．各国之间商品交换　　B．向他国出口产品

C．跨国界的市场营销活动　　D．在某国生产产品

(3) 服务商品的交换过程，既是生产过程又是(　　)。

A．消费过程　　B．设计过程　　C．反馈过程　　D．创意过程

(4) 一国人口增长，意味着该国市场规模(　　)。

A．扩大　　B．不变　　C．缩小　　D．不一定扩大

(5) (　　)体现了国际市场服务营销的概念。

A．酒香不怕巷子深　　B．帮助客户就是成功自己

C．己所不欲勿施于人　　D．营销就是推销产品

(6) 病人必须向医生讲明病情，接受医生的检查，医生才能作出诊断，对症下药，这说明服务具有(　　)。

A．无形性　　B．不可分离性　　C．差异性　　D．不可储存性

2. 多项选择题

(1) 理查德·蔡斯(Richard B. Chase)在 1978 年根据顾客对服务推广的参与程度将服务分为(　　)。

A．高接触度服务　　B．较高接触度服务

C．中接触度服务　　D．低接触度服务

(2) G·利恩·肖斯塔克(G.Lynn Shostack)将服务分为(　　)。

A．纯粹的实体产品　　B．附带服务的实体产品

C．伴有产品的服务　　D．纯粹的服务

(3) 服务的基本特征有(　　)。

A．无形性　　B．差异性　　C．不可分离性　　D．不可储存性

(4) 科特勒提出服务具有的特征是(　　)。

A．无形性　　B．不可分离性　　C．易变性　　D．时间性

(5) 服务经济的国际化发展是社会多方面因素综合作用的结果，具体而言可以归纳为(　　)。

A．服务行业从市场运作向政府管制转化

B．社会生产和生活的需要

C．当代科学技术的有效开发和充分运用

D．新型服务行业的兴起

3. 简答题

(1) 如何理解服务的本质？

(2) 怎样对服务进行分类？试举例说明。

二、案例应用分析

万科的客户服务

房地产行业素有设计、工程、营销、物管四大专业之说。2004 年，中国最大的专业住宅开发公司万科明确将客户关系管理列为这 4 个专业之后的第五大专业，且该专业成为万科的核心竞争力之一。万科的服务策略主要体现在以下方面。

1. 客户服务中心

2002 年，万科开始建立客户关系团队。2005 年年底开始，万科将全国已进入城市的小区“物业管理处”统一更名为“物业服务中心”，表明其“服务为本”的态度。万科客户服务中心总经理王金升说：“我们的客户对万科印象最深的并非万科高层，而是一线的员工，是那些保洁、保安和其他服务人员。”

万科物业的服务精髓为“五步一法”：“五步”是指认识客户、了解客户、帮助客户、理解客户、感动客户 5 个关键步骤；“一法”是指以成功满足客户需求为出发点的服务法则。该体系通过贯穿在各个服务步骤当中的客户沟通得到了分析和阐述，既有服务观念，又有服务方法。

2. 客户投诉网站

万科建立开放的客户投诉网站，主张“与客户一起成长，让万科在投诉中更完美”。网上投诉万科论坛要求地方公司在收到批评或投诉 3 小时内汇报总部，12 小时内拿出解决方案并进行反馈。论坛里每天有两三万条客户投诉信息，万科从众多的客户投诉中选择了四五千条非常有价值的信息，有效促进了住宅产品质量和设计的改进，例如晒衣架、内排管等。有人说，网上公开投诉不利于公司形象，而且加大了企业的维护和管理成本。但万科设立客户投诉网站是相当值得的，出现了投诉越多，忠诚客户越多的现象。

问题：

(1) 在中国消费者对房地产行业投诉较多的环境中，你认为万科是如何赢得较好的口碑的？

(2) 有人认为“客户满意度是虚的，销售额才是实在的业绩”，“设立投诉网站是自找麻烦”，你同意吗？为什么？

第12章 国际市场营销管理

教学目标

通过本章的学习，了解国际营销计划的含义、影响国际营销组织结构设计的因素和国际营销控制的含义与内容等，熟悉各国营销组织设计的原则，掌握国际营销计划的制订、国际营销的组织结构类型、国际营销控制的程序和国际营销控制系统等。

教学要求

知识要点	能力要求	相关知识
国际营销计划的制订	(1) 了解国际营销计划的含义 (2) 理解国际营销计划制订的程序	(1) 国际营销计划的含义 (2) 国际营销计划的分类 (3) 国际营销计划制订的程序 (4) 母公司营销计划的制订 (5) 子公司营销计划的制订
国际营销的组织结构类型	(1) 了解国际营销组织的涵义 (2) 了解影响国际营销组织结构设计的因素 (3) 掌握国际营销的组织结构类型	(1) 国际营销组织的含义 (2) 整体营销是企业营销成功的基础 (3) 企业营销组织有机结合体形成的途径 (4) 国际营销组织设计的原则 (5) 影响国际营销组织设计的因素 (6) 国际营销组织结构的主要类型
国际营销控制的程序	(1) 理解国际营销控制的含义 (2) 熟悉国际营销控制的内容 (3) 掌握国际营销控制的程序 (4) 理解国际营销控制系统	(1) 国际营销控制的含义 (2) 国际营销控制的内容 (3) 国际营销控制的程序 (4) 影响国际营销控制的因素 (5) 国际营销控制系统

营销管理是计划和执行关于商品、服务和主意的观念、定价、促销和分销，以创造能符合个人和组织目标的交换的一种过程。

——美国市场营销协会 1985 年

基本概念

营销计划　营销战略　营销目标　目标市场策略　营销组合策略　营销费用策略　战略业务单元　营销组织　本国中心主义　多中心主义　地区中心主义　全球中心主义　集权　分权　营销控制

导入案例

IBM 矩阵式的组织结构

IBM 是一个巨大的公司，很自然地要划分部门。单一地按照区域地域、业务职能、客户群落、产品或产品系列等来划分部门，在企业里是非常普遍的现象，从前的 IBM 也不例外。近七八年以来，IBM 才真正做到了矩阵组织。也就是说，IBM 公司把多种划分部门的方式有机地结合起来，其组织结构形成了“活着的”立体网路——多维矩阵。IBM 既按地域分区，如亚太区、中国区、华南区等，又按产品体系划分事业部，如 PC、伺服器、软体等事业部；既按照银行、电信、中小企业等行业划分，也有销售、渠道、支援等不同的职能划分；等等，所有这些纵横交错的部门划分有机地结合成为一体。

点评：矩阵式结构的优点

矩阵式的组织结构由于具有将企业的横向与纵向关系相结合，针对特定的任务进行人员配置，有利于发挥个体优势，集众家之长等优点，因此企业可采用此结构来完成涉及面广的、临时性的、复杂的重大工程项目或管理改革任务。

12.1 国际市场营销计划

计划、组织与控制是国际营销管理的三大基本内容。在复杂多变的国际市场营销环境中，为了使企业的营销活动不断适应变化的市场，需要建立适当的组织结构来进行管理，同时需要制订营销战略计划和进行有效的控制。

一个目标明确、步骤周详而有效的战略规划和战术计划，能促进企业内部可控要素与外部环境的平衡，指明企业的国际营销目标和营销行为。国际营销控制的目的就是使公司的营销行动达到既定的目标和计划。国际营销组织是计划和控制的基础，计划确定了控制的方向，控制保证了计划的执行和实现。企业通过这些国际营销管理手段，使国际市场营销的各个要素得到整体化和实效化的组合，并使国际营销活动能够有效率地运行。这些是本章将要阐述的问题。

12.1.1 国际营销计划的含义

1. 什么是国际营销计划

国际营销计划是国际企业或跨国公司对未来经营活动的设计与决策。企业通过国际营销计划确定预期的营销目标，并在收集、分析资料及预测成本费用的前提下，规划实现其目标的步骤、措施和具体要求。

国际营销计划在不同的企业居于不同的地位，这是由于不同的企业在经营观念、营销战略、组织体制等方面存在差异。有些企业的营销计划仅是企业整体计划的一个组成部分，而有些企业，尤其是高度贯彻市场导向观念的企业，营销计划本身就是企业的整体计划。

2. 国际营销计划的类别

从期限看国际营销计划可分为短期计划和长期计划。短期计划又称为经营计划，执行期一般为一年；长期计划又称为战略规划，执行期短的为 3～5 年，长的达 10 年、20 年。从制订和执行主体看国际营销计划又可分为总(母)公司计划和分(子)公司计划。一般说来，母公司偏重于战略规划，子公司偏重于经营计划。战略规划与经营计划的区别在于，前者的目的是决定营销目标和基本战略，而后者则是将这些目标和战略付诸实施。前者是创始性的原则计划，后者是从属于前者的具体计划。如果公司在国际上推行的是标准化战略，那么就需要制定出一套统一的营销策略和步骤，然后用以指导各个目标市场的营销活动，如果实行的是差异化战略，则要针对某个具体国家的目标市场制订市场营销的计划和方案。

战略规划是在最高管理层次上进行的一种战略选择的长期计划，力求将外部不可控因素对公司实力、任务和目标的影响纳入管理的轨道，主要涉及公司的长远目标和近期目标。战术规划(即经营计划)则是规划具体措施和资源分配，借以在特定市场上实现战略规划的目标，主要涉及具体的营销策略和方案。

3. 国际营销战略计划

国际营销战略计划是指系统地评估公司本身的资源状况、基本任务和目标，对应不同的、变化的国外环境，采取必要的政策和行动以达到公司目标的一项工作。公司的营销战略计划的内容十分丰富，制定和选择最佳的市场营销组合是战略计划的核心内容，4P 相互配合，以达到最佳化，如图 12.1 所示。任何公司在运用市场营销组合时，营销主管根据各策略的特点，结合营销战略的需要，往往会突出营销组合中某一个或两个因素，兼顾其他的因素。例如，一家仪表制造厂可能特别强调它的产品技术先进；而折扣销售商品的企业，则主要是以价格策略作为自己的竞争手段。这样，一个公司在营销战略中突出什么策略，兼顾什么策略，就要根据公司内外环境做出抉择。这就是营销战略需要讨论的核心内容。以此为核心来制定市场细分策略、目标市场策略、市场定位策略、市场进入方法策略和市场进入时间策略等。

制订并实施科学、严密的营销战略计划，可以使公司利润增加，树立起良好的企业形象，使公司在变幻莫测的市场中维持生存和发展。具体来说，营销战略计划在营销活动中起到的积极作用有以下几方面。

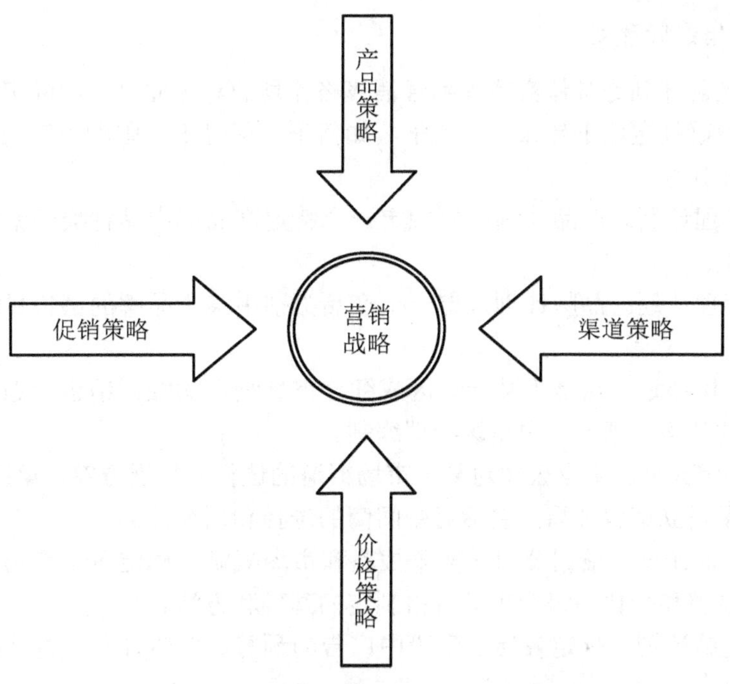

图 12.1　营销战略和 4P 的关系示意图

(1) 增强公司内部各部门工作的协作意识。运用市场营销战略计划，会使各部门增强整体观念，形成一个整体工作系统，彼此相互分工协作，共同满足目标市场的需求，努力实现公司的整体目标。在这个过程中，市场营销战略计划应成为指导和协调各个部门工作的核心。

(2) 为改进管理创造条件。营销战略计划会使高层决策者从整体利益、全局利益出发，高瞻远瞩、细致周全地考虑问题。对公司可能遇到的各种情况进行预测并制定相应措施，这有助于公司对实际发生的变化做出合理的有效的反应。此外，制定营销战略，还可以加强公司内部各部门之间的信息沟通，减少摩擦和矛盾冲突，促进公司整体利益的实现。

(3) 减少管理者的盲目性。营销战略计划促使营销主管必须仔细观察、分析市场动向并对其未来的走向做出评价，从而有利于明确和决定未来的行动方向，大大减小盲目性。

(4) 缓解意外变动的影响。制订营销战略计划，可以对意外事件留有一定余地，减轻或消除预料之外的市场波动对公司的影响，避免可能出现的混乱。例如，近来，温州民间集资环境恶化，一些集资者携款潜逃，致使一些中小民营企业遭受牵连，打乱了许多公司的生产经营活动。如果公司事前有一个考虑周全的战略计划，就不会手足无措而十分被动。

总之，制定营销战略，可以明确任务，统一思想和行动；能够增强营销活动的目的性、预见性、有序性和整体性；可以提高企业竞争能力和应变能力。要求得到生存和发展，就必须善于不断发现良机和及时调整战略计划，使公司的经营管理与不断变化的经营环境相适应。

特别提示

任何公司都要以营销战略为核心，据此来制定市场细分策略、目标市场策略、市场定位策略、市场进入方法策略和市场进入时间策略等。

4. 国际营销经营计划

国际营销经营计划是具体实施国际营销战略计划的。企业进行国际市场营销的经营计划，一般都应明确规定应干什么、由谁干、如何干、何时干。国际营销的经营计划通常包括下列具体作业计划。

(1) 产品管理计划。产品计划主要规定一个特定产品或产品种类的销售目标和指标，由产品经理编制。

(2) 品牌管理计划。品牌计划规定一个产品类别中某个品牌的销售目标和手段，由品牌经理编制。

(3) 细分市场计划。这是为某一地区或细分市场制订的经营销售计划，说明在这一市场公司应采取的战略和战术，由市场经理编制。

(4) 分销渠道计划。确定公司对某一市场渠道的选择及扩展方案，渠道的长度、宽度，经销、代理还是设立销售公司，包括对中间商的选择和训练计划。

(5) 国际定价计划。根据公司的竞争战略和市场战略，确定每个市场是采用高价还是低价，价格的调整和变化，每个市场价格制定的基础和方法。

(6) 国际促销计划。规定各促销手段中广告的预算、广告计划、营业推广计划、人员推销计划等。

12.1.2 国际营销计划的制订流程

1. 分析市场机会

分析、评价和掌握市场机会是营销管理的首要任务，因为企业只有捕捉到适当的市场机会才能使其业务有新的发展，只有在收益较大的市场机会上进行投入，才能获取较高的经济效益。成功的企业往往是由于其善于发现和捕捉各种市场机会，从而才能不断地创造新的产品，开辟新的市场。

1) 识别市场机会

要很好地掌握市场机会，关键是对市场机会要有正确的认识。市场机会应当是一种消费者尚未得到满足的潜在需要。有些企业总是把暂时供不应求的产品作为一种市场机会，而等到它把产品生产出来以后，该产品却已经从供不应求转为供大于求。所以企业更应当关注的是市场中尚未有适当产品予以满足的那些需要，这样才能使企业在市场上居于领先地位并获得较大的收益。

从市场机会的产生和存在形式来看，大体上可以分为以下 4 种。

(1) 显在的市场机会，即已经存在于市场上的、所有企业都能看到的那部分潜在需要，大多表现为一些已有产品的供不应求。如果其存在着较大的供需缺口，那么企业可以将其作为一种市场机会去利用和开发。在一般情况下，显在市场机会的开发成本相对比较低。但由于其能为大多数企业所发现，所以竞争也会十分激烈，企业很难在显在机会的开发上获得很高的经济效益。

(2) 前兆型市场机会，即可通过市场上所存在的某些迹象预示到的未来可能产生的某些潜在需要。如收入水平的变化会导致一些新的消费需要的产生；流行消费的各种诱导因素会预示一些时尚消费需求的出现；政治、经济、文化、自然等各种环境因素的变化都会对消费的发展趋势产生重要的影响。把握前兆机会的关键在于了解有关迹象同其所预示的潜在需要之间的必然联系和影响规律，这样才有可能进行准确预测和把握。

(3) 突发型市场机会，即由于某种环境因素突然变化而引发的潜在需要。社会上的某些突发事件，如战争、灾害、流行疾病等都会使一些意想不到的潜在需要随之产生。如果企业能及时发现，并迅速予以把握，就可能带来很大的收益。而突发机会能否被捕捉，关键取决于营销者的敏感性。若缺乏对环境突发因素的密切关注和高度敏感，往往会使一些蕴藏巨大商机的突发机会擦肩而过。

(4) 诱发型市场机会，即消费者本身不能自觉意识，而必须通过营销者加以启发诱导才能发现的潜在需要。如只有当微波炉出现以后，人们才知道不生火也能煮饭。只有当一种消费观念被人们接受时，人们才会采取相应的消费行为。所以当企业从技术开发或经验借鉴等角度已经形成了产品开发的创意，却发现市场上相应的消费观念和消费需要尚未产生的时候，就应当主动地对潜在的消费需要加以诱导，并使其形成现实的、可利用的市场机会。

对于企业来说，可以通过多种途径和采用多种方法来寻找和识别市场机会。识别市场机会的方法：询问调查法、德尔菲法、召开座谈会、课题招标(承包)法、头脑风暴法等，也可聘用专业人员进行市场机会分析，或建立完善的市场信息系统和进行经常性的市场研究。

2) 市场机会的把握

企业要准确、及时地把握和利用市场机会，一般应具备以下 3 个基本条件。

(1) 对自身资源和能力的正确估价。市场上的潜在需要并不是企业都能加以利用的。企业只有对自身的资源和能力有了清醒的认识，才可能知道应当把哪些市场机会纳入自己的视野。

(2) 对市场情报资料的广泛收集。市场上的潜在需要存在于大量的社会和经济活动中，只有对社会和经济活动的各种影响要素有全面的了解，才能从中分析出可能存在和发展的潜在需要，所以及时全面地掌握市场情报资料是发现市场机会的必要前提。

(3) 具有强烈的进取心和高度的敏感性。能否发现和把握有利的市场机会还取决于营销者的积极进取精神。所谓“有心处处是生意”，若没有主动寻找市场机会的强烈欲望，是很难把握住有利的市场机会的。敏感性产生于对市场机会及其变化因素的敏捷反应，而这种敏感性也是建立在把握市场机会的主动进取精神之上的。

把握互联网商机的马云

在 1994 年的一次美国之旅中，马云“触网”，并立即意识到互联网可能有潜在的巨大的价值。1995 年，马云告别大学讲坛，下海创办了“中国黄页”，这是第一家网上中文商业信息站点，是国内最早的面向企业服务的互联网商业模式。多年以后，马云也因此被称为“中国互联网之父”。1999 年，马云以 50

万元人民币创业，建立阿里巴巴网站(www.alibaba.com)。2007年11月6日，阿里巴巴B2B公司在香港挂牌上市，一举成为中国互联网界首家市值超过200亿美元的公司。

2. 选择目标市场

市场机会的发现使企业知道了它应当去满足什么样的需要，但要建立起企业在其将要进入的市场中的相对优势，还必须知道它应当满足哪些人的需要。这是因为，对同样需要的满足，不同人群所要求的满足形式、程度和成本等是不一样的，企业只有认识了这些对需要满足方式间所存在的差异，才能提供最受欢迎的满足方式，去满足一个或几个消费群体的特定需要，从而在市场中建立起自己的相对优势。这就需要对市场进行细分(Segmenting)，选择目标市场(Targeting)和进行市场定位(Positioning)。

目标市场的营销策略应该根据企业资源情况、产品的特点、市场的特点、产品的寿命周期和竞争对手等来选择，主要有3种营销策略：无差异营销策略、差异性营销策、密集性营销策略。

3. 确定企业国际营销目标

1) 营销战略目标的含义

营销战略目标是指在市场营销战略思想指导下，根据企业营销的战略分析，确定企业营销战略期内所要达到的水平。它是本计划期内所要达到的目标，是营销计划的核心部分，对营销策略和行动方案的拟定具有指导作用。营销目标是在分析营销现状并预测未来的机会和威胁的基础上确定的，一般包括财务目标和营销目标两类。其中财务目标由利润额、销售额、市场占有率、投资收益率等指标组成。市场营销目标由销售额、市场占有率、分销网覆盖面、价格水平等指标组成。

2) 营销目标的制定方式

(1) 成本/利润驱动法：这种方式在目前很多中小企业中十分普遍，即根据每年公司运营所需的所有成本加上对利润的要求，直接换算出公司未来一年的营销目标。这样的模式不能说有错误，因为这是企业得以继续生存下去的必需目标。企业在发展之初还处于生存阶段之时，这样制定目标是可以理解的。但是，如果一个企业永远使用这样一种简单的方法来制定每年的营销目标，那么企业的发展必然要受到限制。这样的目标最多可以保证企业的生存，而无法为企业的再发展提供有力的支持。

(2) 简单类比法：这种方式目前同样被众多国内企业所采用，即在充分考虑了继续经营所需的资源后，同时根据自身行业或同行业的平均增长或平均规律进行简单的类比，进而对未来一年的经营目标进行一个简单的设定。这种方式看似考虑到了市场环境、竞争环境、同业水平、自身以往经营情况等多方面因素，但如果没有对目标的核算方法提供完善、科学的支持，到头来这样的目标仍然避免不了流于形式。因此，虽然它比第一种方式前进了一步，却依然属于主观、拍脑袋的形式范畴。

(3) 分析推导法：这种方式是目前被大多数国际公司普遍认为较为科学并且采用的方法之一。这种方式通常是通过对过去几年中企业在市场上的表现以及对自身资源进行合理评估后，通过有效的调研方法，取得一些相关的参数，进而把这些参数运用到一个通用模型中，进行调整与计算，从而最终得出未来一年营销目标的合理范围的。

3) 国际营销战略目标制定的要求

经过上面的企业外部环境和内部能力的分析，企业可以了解自身在国际市场上的地位，从而为战略目标的制定奠定了基础。有效而科学的营销战略目标应符合以下一些原则。

(1) 以国际市场为导向。企业的战略目标应着眼于国际市场，国际市场需要什么，企业就生产经营什么。有效的目标应以市场为出发点，根据市场需要制定营销战略。

(2) 突出重点。营销企业在确定未来较长时间内要取得的成果时，往往会发现它有不止一个方面的欲求，诸如提高市场占有率、提高盈利能力、提高企业或产品的声誉、扩大企业规模等，这些欲望之间有时可能是相互冲突的，即“鱼和熊掌不可兼得”。因此，企业必须确定一个重点目标，其他方面的目标要服从这一目标的完成，亦即采取“有所得必有所失”的思维方式来解决何者相对优先的问题。

(3) 具有必要的方针措施。企业战略计划不仅要提出明确的目标，而且要列出达到目标而采取的方针和重大措施，以使企业全体员工在重大问题上达成共识，齐心协力为企业的发展而奋斗。

(4) 可行性。战略目标既要对于企业管理人员和职工有一定的挑战性，又要保证它的可行性，不能是“空中楼阁”。企业的战略目标应有鼓励全体职工奋发努力的作用，使职工振奋精神，为企业的发展多做贡献。

(5) 一致性。营销战略目标涉及企业营销活动多方面的要求，这些要求必须互相协调或一致。如果一方面的要求与另一方面的要求相抵触，就无法完成战略目标。例如，若企业确定要使某一产品(或品牌)在 3 年后形成高质量形象，那么就不能再要求这种产品或品牌价格降低，因为降价不论是对现有的还是潜在的顾客，都可能产生质量下降的印象。

(6) 可测量性。营销战略目标应可以有效测量，并尽可能具体化、定量化。目标过于笼统或模糊，既无法判断战略执行情况，又会造成企业内部管理混乱。

特别提示

企业营销目标的定位应该有3个层次：一是企业计划期的直接营销利润，二是未来一定时期企业形象的增值，即通过优质服务、让利和承担社会义务来提高企业的形象，三是探索和积累营销经验，培育造就一支高素质的营销人才队伍，建立完善有效的营销网络体系。

4. 确定具体的营销策略

企业进行了市场的选择和定位后，就必须对有关的营销战略问题做出安排，以使自己在市场营销过程中有明确的指导思想。营销战略直接受公司的业务战略计划所指导，只是在具体产品的开发上，要进行更为具体的策划和落实。对于新产品的开发、品牌的管理与经营、市场的进入、市场的布局以及市场的促销等方面都要做出具有新意和实效的战略策划，以保证企业的营销目标能够顺利实现。国际营销策略常由一系列协调性决策构成，主要包括目标市场策略、营销组合策略和营销费用策略 3 个部分。

1) 目标市场策略

由于不同的国际细分市场在顾客需求、市场对公司营销反应、获利能力以及公司能够提供的市场满足的程度等方面各有特点，公司应从最佳竞争观点出发，在精心选择的目标市场中慎重地分配它的营销力量和精力。每一目标市场的营销策略应具有区域针对性。

2) 营销组合策略

公司针对其选择的国际目标市场，制定产品、价格、分销渠道和促销等营销组合整体策略。通常公司针对某一目标市场确定一种营销组合时，有多种不同水准的方案可供选择，对此，经营人员要辨明主次，选出最优方案，以达到预定的目标。营销组合策略包括如下几种。

(1) 产品策略。根据各个市场的需求，在设计、性能、包装和商标上适应国际市场需求的特点。一般由产品经理制定。

(2) 渠道策略指根据东道国的消费者习惯和要求、中间商的分销网络和组织机构的特点等来制定国际市场分销渠道的方案，包括渠道长度、宽度、代理、设立销售公司以及对中间商的选择和训练。

(3) 定价策略。根据公司的竞争战略、市场战略、成本及市场需求的特性，制定每个国际目标市场价格的策略，并根据市场变化不断调整和修改该方案。

(4) 促销策略。根据企业的产品、销售技术、国外市场特点来制定促销预算和促销活动的方案，包括广告预算、广告计划、营业推广计划和人员推销计划等。

宝洁的多品牌产品策略

多品牌产品策略已经成功地帮助宝洁公司在以下方面获得成功：首先，多品牌产品吸引了不同市场分区的顾客并且满足了顾客的多种需求。以洗发水为例，追求任何一种洗发效果的顾客都能在宝洁产品中找到需要的类型，如祛头屑、柔顺、润泽、营养、二合一等。其次，多品牌产品可以在超市占据更多的货架。由于宝洁的产品拥有多个品牌，其产品的上架率就比其他公司的产品高得多，结果宝洁产品的销量上升很快。最后，在不同市场分区定位不同品牌则有助于公司分散风险，因为一个品牌的失败也不会影响到其他的品牌。

3) 营销费用策略

其目的在于编制能够带来最佳利润前景的销售费用预算。虽然较高的营销费用支出可以带来较高的销售额，但当销售额达到某一水准时，销售额进一步提高可能无法使利润提高，反而会损害利润。所以有必要仔细研究公司执行各种营销策略所需的最适量的营销预算，策划营销战略。

5. 设计营销方案

营销战略的实施必须转化为具体的营销方案。营销方案规定了营销活动的每一个步骤和每一个细节，从而可付诸于实施。营销方案中一般至少应包括以下 3 项内容。

1) 具体的营销活动

它包括产品的开发、价格的制定、渠道的选择、后勤的保障、人员的推销、广告和新闻宣传以及营业推广活动等。营销计划不仅应当对各项活动做出具体的设计和安排，而且还应当强调它们之间的协调与配合，以形成整合效应。

宝洁的定价策略

宝洁进入中国以来一直采用的是市场撇脂的价格策略，也就是高价策略，以高价体现消费者价值，这对宝洁迅速实现在中国的盈利以及 10 多年的高速发展居功至伟。但在进入 1990 年代中后期以后，产品稀缺变成产品供给过于充分，宝洁的高价策略给市场留下了一个巨大的黑洞——市场缺乏中低档价位产品。而这正是众多本土企业成长的空间。面对残酷的竞争局势，为了有效地回应对手，挽留顾客，宝洁陆续对自己各种类的产品进行了降价。

2) 营销的费用预算

对所要达到的营销目标，必然需要相应的营销费用的投入。营销费用的提取与控制，可依据销售额比率，也可依据达到营销目标的实际需要，有时甚至要根据竞争对手的营销费用水平以求在竞争实力上保持均衡。在预算营销费用时，要避免过于考虑同已有的业绩挂钩，因为有时在销售业绩不好的情况下，更需要加大营销的力度，营销费用的预算可能反而要求更高。

3) 营销资源的分配

在具体的营销计划中，应当对营销资源(包括营销费用)在各项具体的营销中进行合理的分配，以形成整合营销的效果。营销资源的分配不仅要考虑在各种策略工具(如产品、定价、分销、促销)中形成合理结构，而且要考虑在不同区域市场(如北方、南方、东部、西部)中的合理分配，有时还要考虑在不同阶段和时期中的适量投入，以形成营销活动的节奏感和持续性。

6. 计划的编制和完成

各种目标和策略确定好以后，计划主要部分就完成了，接下来只要再增加一些“绿叶”——实施中的细节和方法，一份营销计划就编制出来了。当然，一份计划的编制需要无数次征求意见，集思广益，不断完善。

12.1.3 母公司与子公司的营销计划

国际营销计划和战略的制定应涵盖总公司和子公司或分公司两个层次的管理活动，更进一步的计划还应该涉及具体的战略事项和经营业务。当前国际市场的激烈竞争要求跨国公司更系统地制订其营销计划。公司营销计划包括总公司层次的营销计划与分公司或子公司的营销计划。

1. 子公司营销计划的制定

跨国公司海外分支机构营销计划的编制应包括战略计划和短期经营计划两个层次。

1) 子公司的经营计划

国际化程度不同的跨国公司子公司的主要营销计划独立性不同。不同的国际企业，其子公司制订的短期经营计划内容和范围有所不同。海外只有少量投资，海外子公司少且小，未能实现全球一体化经营的国际企业，其海外子公司的经营计划就有较强的独立性。海外已有大量投资，子公司广布世界各地，经营实现全球一体化(包括纵向或横向一体化)的大型跨国公司，由于具有明显的“交易内部化”特征，某一海外子公司在制订经营计划时，必须充分注意与总公司及海外其他子公司在业务方面的衔接。换言之，大型跨国公司的海外子公司无法独立制订和执行经营计划。

总(母)公司的指示在子公司制订经营计划过程中处于十分重要的地位。从经营计划制订的流程看，子公司的经营目标是其经营计划的灵魂或轴心，但子公司的经营目标必须服从总公司的整体经营使命与目标。同时，总公司为实现其总体目标，必须要规定包括全部子公司在内的总体计划制度，及相应的一系列计划指标和衡量标准。子公司的经营计划必须自觉纳入总计划，按照统一标准进行设计，并充分考虑上级下达的指标。此外，总公司还应为子公司经营计划的制订提供大量信息。

销售计划是经营计划的核心。经营计划的制订从回顾、分析过去的销售开始，然后对未来销售做出判断，即预测。销售预测除了以过去的销售实绩为基础外，还应充分注意企业内外部环境的变化。未来销售量的实现取决于实际的策略实施和财务预算的支持。实际策略即营销组合，包括产品、价格、促销与分销渠道。财务预算则包括营业收入、毛利、销售和管理费用开支等内容。财务预算既要用当地货币表示，又要用母国货币表示(以便接受总公司的管理)。因此，销售预测必须由企业会同财务、生产、营销、人事、调研等部门一起进行。

经营计划一旦通过子公司级审查，便得以形成。下一步是将其递交总公司审查。总公司要对各子公司进行全盘考虑。这时海外子公司负责人通常回国参加总经理年度计划会议。对于一些设立地区总部的大型跨国公司，子公司经营计划将递交地区总经理，先在地区进行平衡。总公司在审查子公司经营计划时，将提出一系列修正意见，一旦得到总公司批准，子公司的经营计划就应在下一年度贯彻执行。

在最理想的情况下，子公司短期经营作业计划应由子公司的管理部门提出。这些短期作业计划也应和子公司的战略计划，进一步和整个公司的战略保持协调一致。但是在实践中，由于计划的制订复杂和困难，以及必要的数据信息和适当的管理导向缺乏，这种理想的状态难以达到。

图 12.2 所示为子公司经营计划的编制流程。

2) 子公司的战略计划

在实践中只有很少的跨国公司分支机构制订营销战略计划。造成这种状况的原因有两个：(1)战略规划需要一定的技术，而这种技术在子公司层次是缺乏的；(2)许多跨国公司想当然地认为战略计划是母公司的事，不需要子公司的参与。由公司总部制定的战略计划倾向于认为整个世界是同质的，从而为全球市场设定同样的战略方案。但越来越多的事实表明，各国市场的差异很大，子公司有必要根据当地情况参与本单位战略计划的制订。世界市场是异质和分化的，公司总部无法为每一特定的市场制订适当的战略计划。

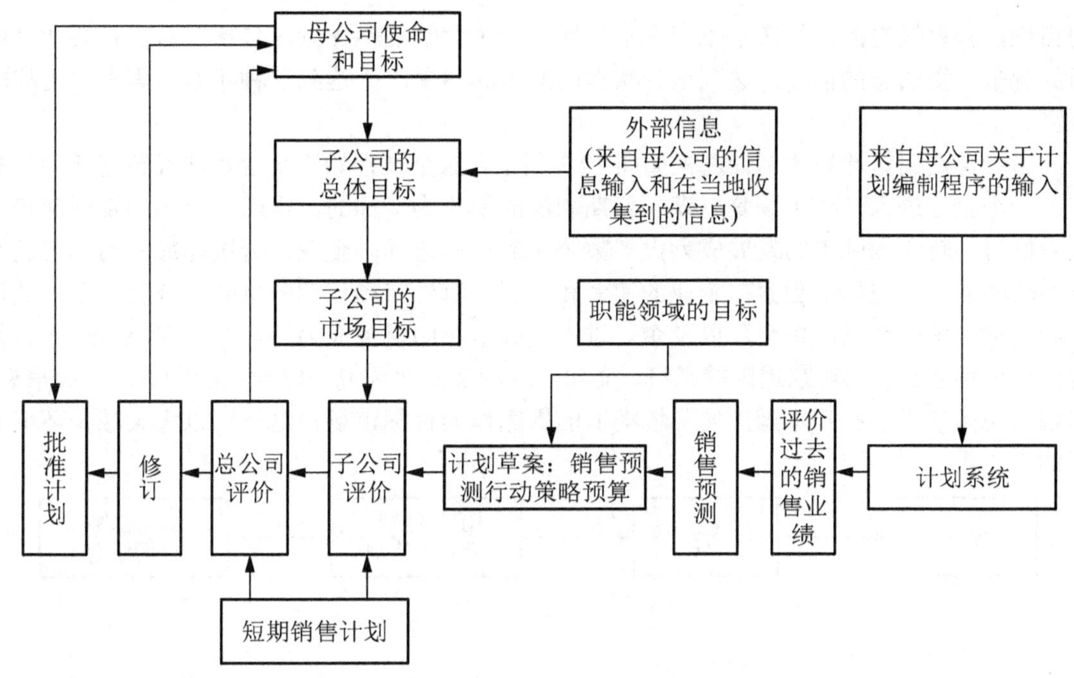

图 12.2　子公司经营计划的编制

制订营销战略计划的两个基本要素是市场和竞争，其他要素包括与各特定市场相联系的社会文化、技术、政治及法律法规等。营销战略计划的制订始于消费者分析，在制订过程中要充分地考虑各环境因素的影响，以制订出不同的营销计划来满足不同购买者的需求。在对消费者需求进行了充分的分析和预测之后，需要制订相应的研究发展计划和新产品营销计划。一旦母公司批准了这一营销战略计划，便进入实施过程。营销战略计划的实施可能需要数年。

子公司要制订有效的营销战略计划，需要设置适当的目标，培训计划专家，建立计划和沟通体系，并在计划制订的参与者中营造合作的气氛。所有这些行动的关键在于母公司和子公司进行充分的合作。

2. *母公司营销计划的制订*

在母公司，营销计划的制订主要包括指导、协调以及批准子公司的营销计划，并制订整个企业的战略计划。子公司的营销计划一般说来是未来 12 个月或 15 个月的短期作业计划，而不涉及长期的战略计划。这种计划通常采取由下至上的方法制订，因而充分地考虑了特定产品/市场所面临的环境因素。母公司在子公司营销计划的制订过程中起到如下的作用：①帮助子公司建立完善的计划作业系统；②为子公司提供指导宗旨和有关环境分析的信息；③帮助子公司设立营销目标；④为子公司提供国际营销战略的战术技巧和诀窍。

母公司的管理层扮演着两个和计划制订有关的角色。首先，它为子公司营销计划的制订提供输入信息，并负责审查和批准他们的营销计划。其次，它制订整个公司范围的战略计划，这个计划可以是一个覆盖国内和国际市场的全球营销战略计划，也可以是为国内和国际市场分别制订的两套不同的战略计划。营销战略计划只是母公司战略计划的一部分。营销战略计划的实质在于以有利于公司的方式对竞争者的行为和市场的演进施加影响。换句话说，营销战略的目的在于改变竞争环境。一个营销战略计划应包括：对于将要达到的新的竞争均衡状态的描述；达到这种状态的原因和后果；为达到这种状态所需采取的战略步骤。

国际营销战略计划的制订过程如图 12.3 所示。这个过程始于企业对国际经营活动的参与。一个企业进入海外市场是以谋求长期利润的增长为目标的。当国内市场的发展前景不被看好时，转向国际市场发展成为大多数公司的战略选择。企业是否选择加入国际市场经营的战略应当考虑以下因素：企业的使命和目标、海外市场长期的机会和威胁、企业的优势和劣势、国内市场的机会，以及企业进入国际市场的财务能力等。企业在决定进入某特定外国市场之前，应对东道国的经济、文化、政治及商业环境进行详细的考察。一般来说，跨国公司倾向于选择和本国市场环境类似的国家作为目标市场，这样可以大大减少环境分析的工作量。

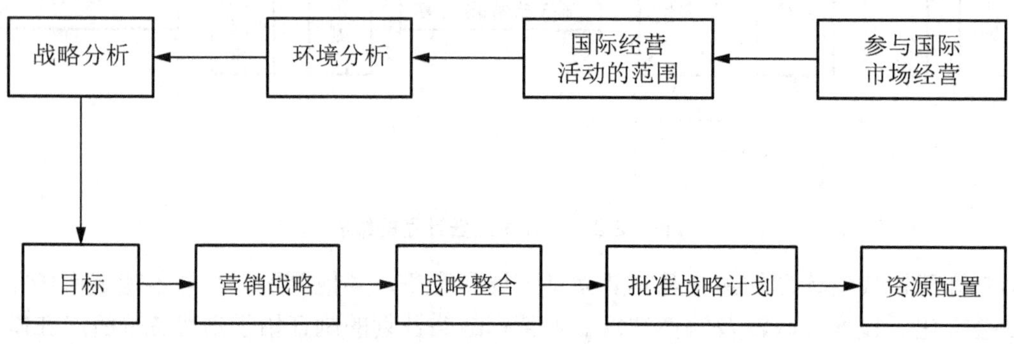

图 12.3　母公司战略计划的制订过程

当确定了海外经营的产品和目标市场之后，下一个步骤就是组织合适的战略中心或战略业务单元(Strategy Business Unit，SBU)来从事国际经营。战略业务单元是一个自成一体的业务单位，它需要满足以下 5 个条件：①该单位有一项具体任务，且是一项或多项相关业务的组合；②该单位可由一个或多个相关单位组成；③该单位的外部竞争者可以明确地定义；④该单位有一位专门负责的管理者，且自主制订和实施本单位的战略规划；⑤该单位的盈利状况可用实际收入，而不是用分支机构间代表转移支付的名义货币来衡量。

而战略业务单元要对其控制范围内的产品/市场组合做机会分析以确定其战略。一旦适当的战略业务单元建立起来，母公司就应任命其主管负责其工作。

以上的战略计划制订步骤都是在公司的高级管理层进行的，更进一步的工作则需在战略业务单元内部完成。

组建 SBU 是实现公司战略目标的有效途径，它可以摆脱公司行政机构的限制，将公司第二层次的战略目标落实到各 SBU，从而可适时调整和灵活管理公司的战略目标。

海尔的 SBU 管理

从 2003 年到现在，海尔着眼于组织中每个人的流程管理与优化。这几年，海尔把流程管理的重点放在了 SBU 上，海尔的每位员工就是一个 SBU。海尔是国内企业中为数不多专门设立流程事业部的企业，它的流程事业部的一项主要工作就是弄清每个 SBU 在整个流程中做了什么、绩效如何，然后根据绩效的横向比较，分析出每个 SBU 的优劣，并帮助其加以改进。然而，海尔在全球的员工超过 5 万人，企业本身的流程也在随着外界的改变快速地变化着，因此不可能把每个 SBU 的流程都做出来。于是，海尔并不规划每个 SBU 的职责和绩效，而是鼓励员工进行自我规划，然后描述出来放在流程管理平台上。海尔流程事业部则是提供一个流程平台，让那些做同样工作的 SBU 能够进行横向与纵向比较，找出差距，以弥补不足。

12.2 国际营销组织

从微观角度来看，市场营销是一个企业通过市场的媒介获取最大效益的各种活动。它包括从分析市场营销机会开始，到选定企业的目标市场，确定具体的营销战略、战术，以及落实整个营销计划的实施和将来采取的各种保证措施等，是一种有序的管理过程。显然，要完成这种科学管理过程，必须确定进行营销活动的具体部门。现代市场营销已经不是企业某个部门单独的行为，而是完善的市场营销组织的整体活动。

12.2.1 整体营销是企业营销组织的核心内容

所谓企业营销组织是为了实现企业的营销目标，而对企业的全部营销活动从整体上进行平衡协调的有机结合体。其能集中所有力量对企业营销战略进行具体的规划与控制，是企业充分利用营销力量的基础。

1. 整体营销是企业营销成功的基础

(1) 实现企业营销目标不能靠单个部门的努力。企业的实际营销活动是一个复杂的系统工程，因为一个企业的正常运行机制并非只是由单个营销部门独立构成，而是由各自承担着不同职能的多部门结构组成的，尤其是大型企业，往往还会由若干个不同的层次所组成。很显然，企业营销目标能否实现，不仅仅依赖于营销部门的努力，同时还取决于企业中其他从事产品开发、生产、财务、后勤以及行政等所有职能部门的通力协作。事实上，企业的营销目标体系最终必然形成若干个专门化的目标，落实到各职能部门以及每个员工的身上。因此，营销并非单个部门的事情，只靠“营销部门”的孤军奋战，是根本无法实现企业营销目标的。

(2) 营销导向是企业职能部门共同努力的方向。事实上，绝大部分企业内部各职能部门的管理人员和员工，都会十分注重本部门决策及具体实施效果。而这种普遍把部门行为中心凝聚于本部门的目标行为，必然会导致疏于从全局角度考虑企业整体利益的不良效果。

例如，当一个营销策划方案问世时，生产部门会为其中生产线的调整而争执，财务部门会为坚持运用某种促销手段时必须更合乎严格的信用标准而争议，运输部门会由新的运货方式造成成本上升而拒绝合作等。一系列部门之间的矛盾，使方案具体的实施显得困难重重，或者完全可能由于某一道环节的强力制约，而最终使该项营销策划方案流产。这种情况产生的根本原因，是企业内各部门都倾向于更强调自身的重要性和本部门的利益。其中，不可否认确实也会存在营销部门策划方案立足点片面的原因。只有当企业各部门的行为建立在营销导向基础上，才能真正使企业全体力量互相配合协调，最终形成以整体营销为核心内容的企业营销组织有机结合体。

2. 企业营销组织有机结合体形成的途径

只有在将顾客作为营销核心和营销作为整体功能的情况下，企业的全部职能才真正围绕使顾客满意的宗旨而展开。这是通过企业营销部门把顾客需求传递给企业，并控制、协调企业的其他职能部门都“为顾客服务”实现的。

企业整体营销文化的建立有以下一些途径。

(1) 引导企业各级主管树立营销导向的经营观念。在企业实际营销活动中，营销部门主管不可能直接要求其他部门把为顾客提供服务作为他们的工作中心，只有在企业最高主管重视营销导向的基础上，给营销部门以发言和决策的重要地位。总经理在为顾客提供良好服务方面做出表率，并说服企业各级主管树立以营销为导向的经营观念。

(2) 明确企业各级主管均对市场营销负有责任。从企业的最高主管到各职能部门主管都要了解市场需求，并参与制定企业营销目标体系，检查计划实施情况。在企业内应该强调对完成战略目标的贡献，提倡部门之间尽可能多地相互了解和共同协作。要经常把各部门在完成企业总目标中所做的贡献通报全体，并定期对成绩优秀的部门和员工进行适当的奖励。

(3) 组建较为完善的营销工作班子。包括总经理，销售副总经理，研究与开发、采购、制造、财务、人事等各部门的副总经理，以及其他一些关键人物在内，形成较为完善的营销工作班子。聘用、提拔能人作为营销部门主管，他们不仅能管理好本部门，而且还能影响企业高层领导，并与其他职能部门保持良好关系。同时还可以寻求外部营销咨询专家的帮助，从而在企业内逐步贯彻、落实营销思想，建立企业营销文化。

(4) 建立现代营销计划体制。这是培养企业各级主管接受营销导向思想的一个有效措施。现代营销计划体制要求主管们必须首先和经常考虑营销环境、营销机会、竞争趋势以及其他营销问题，分析并了解本部门在企业总体营销目标中应该承担的任务和规定的目标。同时结合具体情况，制定本部门的营销计划方案，经确定后严格执行并随时接受相关部门的评价与控制。

(5) 完善企业内部营销培训措施。企业要为包括各级主管、营销人员、制造人员、研究开发人员等在内的管理层和相关员工精心设计相应的营销培训措施。通过这些培训措施，不断向企业员工传播营销知识、营销技术和营销观念。逐渐在企业内树立营销导向的经营观念，从根本上改进企业各部门的行为方式。

总之，即使一个企业已经设置了所谓的现代营销部门，并不意味着它就是以营销导向运行的企业。只有在企业员工认识到了企业所有部门的任务都是“为消费者服务”，“市场营销”不仅仅是企业的某个部门的名称，而是整个企业经营运作的宗旨时，企业才真正形成了以整体营销为核心内容的企业营销组织，这是企业营销活动的合力体现。

12.2.2 国际营销组织设计的原则

任何企业进行国际营销，都会面临应当建立何种组织机构模式的问题。只有建立适应国际营销环境的组织机构，才能有效地实施国际营销战略、执行营销计划、进行营销控制，从而提高营销效率。国际营销管理组织结构设计的首要原则是要与企业的国际化战略相适应。美国学者钱德勒提出的“结构跟紧战略”，说明了组织结构与战略之间的密切关系。当企业国际化及其战略发展和变化时，企业组织结构应随之调整。这种组织结构的调整应贯穿于企业国际化的整个过程。美国管理协会曾于1995年对30家美国国际企业组织情况进行调查，发现其中超过半数企业的组织结构都正在改变之中。

实施国际化战略的企业，根据其国际化的程度、目标和倾向，可分为4种管理导向，即本国中心主义(Ethnocentrism)、多中心主义(Polycentrism)、地区中心主义(Region Centrism)和全球中心主义(Egocentrism)。不同的管理导向，标志着不同的权力重心基础；不同的权力重心，构成了企业国际营销战略的差异；这些不同的国际营销战略决定着企业所适应的国际营销组织结构。

1. 本国中心主义

实行这种管理导向的企业将国内业务放在首位，在母公司的利益和价值判断下做出的经营战略，其目的在于以高度一体化的形象和实力在国际竞争中占据主动，获得竞争优势。这一战略的特点是母公司集中进行产品的设计、开发、生产和销售协调，管理模式高度集中，经营决策权由母公司控制。这种战略的优点是集中管理可以节约大量的成本支出，缺点是产品对东道国当地市场的需求适应能力差。一般来说，实行这种管理导向的企业其国际营销战略的决策权力高度集中于总公司，国际营销的战略和程序与国内基本相同。

2. 多国中心主义

实行这种管理导向模式的企业将海外业务作为不可缺少的部分，在统一的经营原则和目标的指导下，按照各东道国当地的实际情况组织生产和经营。母公司主要承担总体战略的制定和经营目标分解，对海外子公司实施目标控制和财务监督；海外的子公司拥有较大的经营决策权，可以根据当地的市场变化迅速做出的反应。这种战略的优点是对东道国当地市场的需求适应能力好，市场反应速度快，缺点是增加了母公司和子公司之间的协调难度。

海外投资工厂——海尔模式(生产本地化)

成名于电冰箱，继而在家电领域全面开花的海尔在国内站稳脚跟后就开始把战略眼光投向海外，在欧洲，在美洲，海尔从20世纪90年代开始一直摸爬滚打。起初，海尔的策略是出口产品，但是发现国外对来自中国的家电认可度不高，而且各国贸易保护主义对出口有种种限制。屡败屡战的海尔开始在海外投资工厂，以本土化生产、本土化销售为方向，结果不但成功绕过贸易壁垒，而且使海外销售迅速发展起来。根据美国《家电》杂志2003年全球排名，海尔已经超过了日立成为全球家电第9位，2004年销售收入超过了1 000亿元，进入了世界500强的行列。

3. 地区中心主义

采用这种管理导向模式的企业主要根据某地区内各个市场之间存在的共性制订一体化的地区市场计划，从而以地区为基础将母公司的利益与子公司的利益结合起来。英国从事多角化经营的国际企业，有50%都采用这种战略规划体制。这种组织机构比多中心主义管理模式更为复杂。地区经理拥有较大的决策权力，以地区的绩效作为评估与控制标准的基础。

4. 全球中心主义

全球中心战略是将全球视为一个统一的大市场，在全世界的范围内获取最佳的资源并在全世界销售产品。采用全球中心战略的企业通过全球决策系统把各个子公司连接起来，通过全球商务网络实现资源获取和产品销售。这种战略既考虑到东道国的具体需求差异，又可以顾及跨国公司的整体利益，已经成为企业国际化战略的主要发展趋势。但是这种战略也有缺陷，对企业管理水平的要求高，管理资金投入大。实施全球战略的企业，在国外经营活动的规模程度很高，企业内部的分工水平也非常高，企业的组织结构复杂，各个部门的依赖性很强。

营销案例

沃尔玛的全球化和本地化

沃尔玛自1991年开始从美国向海外拓展以来，一直大力推行全球化，沃尔玛首先选择了墨西哥(1991年)、巴西(1994年)、加拿大(1994年)与阿根廷(1995年)作为海外发展的突破口。这固然是因为与欧洲和亚洲相比，这些国家与美国相对较为接近，同时也是因为这些国家还是美洲最大的4个经济体，为零售业提供了巨大的发展前景。沃尔玛在1992年和1993年进入亚洲市场后分别与两家日本零售商Ito-Yokado和Yaohan签订了低价商品的购销协议。作为条件，这两家日本零售企业在日本、新加坡、香港、马来西亚、泰国、印度尼西亚和菲律宾等地销售这些低价商品。

沃尔玛在中国的本土化战略做得比较好。1996年，沃尔玛在深圳开设了亚洲第一家购物广场和山姆会员商店，截至2002年已在中国开设了26家分店。目前沃尔玛中国公司经营的商品95%来自本地，其在中国的采购以每年20%的速度递增，中国已经成为沃尔玛全球最大的供应商之一。管理团队本土化：目前，整个沃尔玛中国总部的外籍管理人员占中国所有员工的1%，并正在向本地化发展。采购本土化：沃尔玛中国公司经营的商品有95%以上是由中国生产的。经营方式本土化：这几年，沃尔玛除了在中国培养人才外，适应中国市场的调整也一直在进行。近来，沃尔玛新开设的分店和最初进入中国开设的店铺已经有不小的变化，调整的范围不仅包括产品结构，还涉及经营方式，沃尔玛在深圳华侨城和大连新开设的店铺都出现了专柜，国外沃尔玛店没有专柜。

上述表明，不同的管理导向决定了企业在国际营销中采用不同的组织结构。国际营销组织的设计要遵循的原则是明确企业实行的管理导向模式，在管理导向模式所确定的战略框架中设计合适的营销组织结构，这是理想的组织形式。但是在实践中，由于环境不断变化，不可控因素较多，企业所制定的国际营销战略往往偏离理论最优战略。因此企业在“结构跟紧战略”的基础上确定企业的国际营销组织之后，还要根据市场等环境的实际状况不断进行调整。

12.2.3 影响国际营销组织结构设计的因素

1. 外部环境

企业组织是一个开放系统，在国际市场营销中从宏观方面要受到不同国家和地区社会、经济、文化、政治、法律和技术等环境因素的影响，从微观方面要受到供应商、中间商、消费者、竞争者和公众等因素的影响。外界环境的差异性、动态性和不稳定性愈大，组织内部的差异性和复杂性也就愈大。例如来自竞争者不断创新的压力，必然迫使企业内部增设新产品开发部门。对于许多国际企业来说，东道国政府为了本国利益往往要对其施加压力，这就迫使这些企业相应地设立游说部门。

2. 企业规模和企业产品的性质

一般来说，企业规模越大，市场营销组织越复杂。如大型跨国公司的组织结构随着其经营的地理范围的增大和业务的多样化而显现出复杂的网络结构。企业经营的产品性质在很大程度上决定了市场营销组织的形式。如原材料工业市场营销的主要职能是存储和运输，而银行的市场营销重点是广告和市场研究。

3. 企业所采取的适应国际市场的发展战略

企业进入国际市场程度的深浅决定着组织结构的变化。间接出口、直接销售、与国外市场相结合、全球经营等战略需要相应的组织结构才能实现其经营目标。同时需要考虑在国际市场上企业所采取的发展战略在整个企业的总战略中的作用，这直接影响着企业的国际营销组织形式。

4. 企业是在同质市场还是在异质市场上经营

企业国际营销活动可在同质市场和差异市场上进行。如果在同质市场上经营，所需要的产品同质化倾向很高，企业的国际营销组织机构的复杂性较低，如可口可乐公司的产品是集中在全球市场上的，市场需求具有趋同性，一般按地理区域来建立认识结构。而当公司为了满足很多差异性细分市场的需求时，其提供的业务就复杂多样，需要内部各个部门相互协调，相互配合，如一些产品和地区多样化的跨国公司的组织结构就采用矩阵形式。

5. 国外子公司的地理位置

企业设在国外子公司的地理位置影响着企业国际营销组织结构。如果企业的子公司设在文化、经济差异不大的地区，例如加拿大与美国，那么在这两个国家设立子公司，地理因素不会成为影响因素。但是如果企业的子公司设在地理位置差异很大的地区如美国和朝鲜，那么在这两个国家设立的子公司的组织结构差异就会则大。

6. 重要地区经济集团的出现

随着世界经济一体化的发展，以及地区经济同盟诸如欧盟(EU)、北美自由贸易区(NAFTAR)、东南亚国家联盟(AFTAR)、安第斯共同市场等经济集团的产生和发展，某些国际企业的总部从原来按国设立改为按地区设立，如布鲁塞尔、纽约、伦敦等已成为很有吸引力的设立地区总部的地方。

12.2.4 国际营销组织结构的类型

企业的国际营销组织是根据其国际市场营销战略规划、国际市场业务的比重、所经营的产品和业务的类型和特点以及海外市场的环境等多种因素而组建的，其结构可以归纳为以下 6 种类型：出口部、国际部、地区性组织、产品组织、矩阵组织和全球性组织等。

1. 出口部

随着企业国际销售业务的展开，需要建立出口部来统一处理其国际业务。出口部与国内销售部同级，它负责与所有海外市场和海外顾客保持联系，解决出口中的问题，履行管理和财务职责，聘任并监督代理商。但在实践中随着销售业务的展开，出口部往往缺乏公司总部和其他职能部门强有力的支持，从而影响其海外业务的扩展。因此，公司的出口部应随着业务量的扩大而扩大。图 12.4 及图 12.5 所示为两种典型的以出口部为基础的国际营销组织机构。

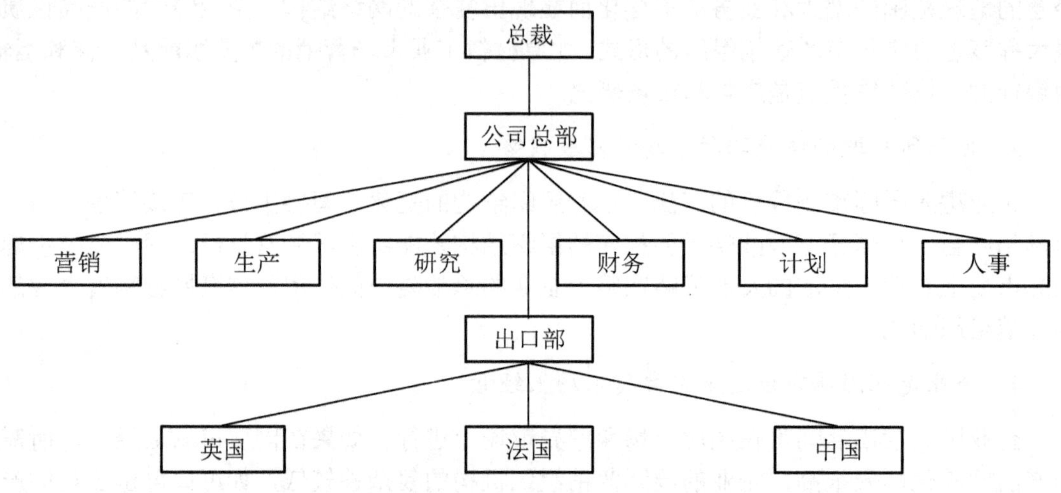

图 12.4 建立国际部之前的职能性公司结构和公司总部

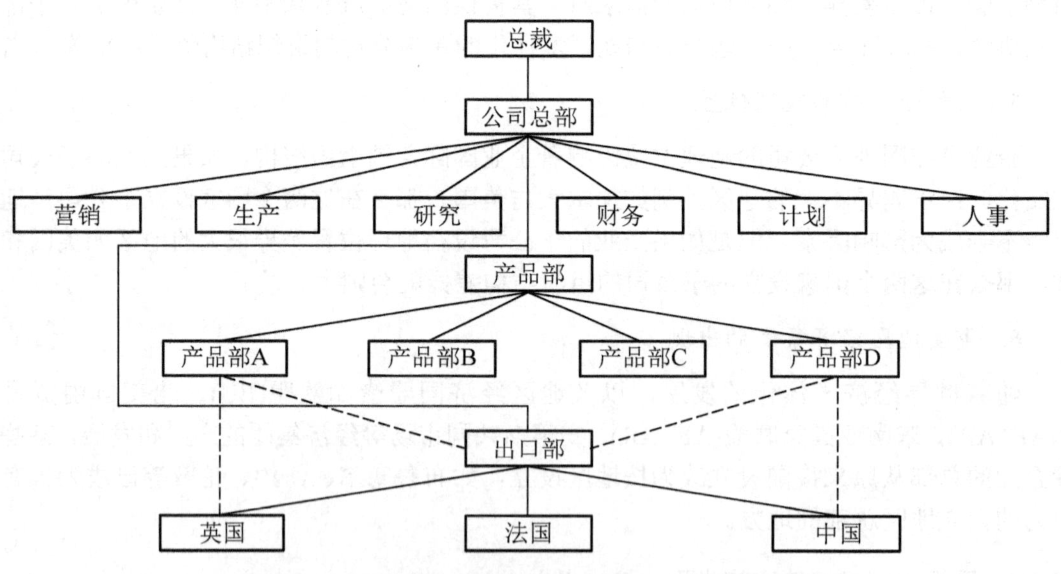

图 12.5 公司部门结构与国内公司总部之间的关系

2. 国际部

当公司的国际业务不断增加时，进入国际市场的方式呈现多样化，诸如许可证贸易、管理合同或直接投资，因而协调国际市场活动的职责已经超出了出口部所能涉及的范围。同时由于出口部在国际业务方面与日俱增的权力会引起与国内业务部门的摩擦，原有的出口部已不足以解决这些问题，而需要通过一个能统一管理及协调生产和财务等各职能部门之间差异的组织机构，这个机构在许多公司里称为国际部。在此结构下，公司活动分为两部分：国内部与国际部。国际部的主要职能是分管公司在国外的业务活动。

国际部与公司其他职能部门平级，它由国际部经理、营销、生产、财务、计划及人事部门组成。国际部与国外的客户保持直接关系，其职能是制订与实施促销计划，向生产部门提供产品信息，为确定财务政策出谋献计。这种组织形式的主要长处在于国际部经理拥有更大的权力，能在更大的程度和范围引导企业拓展国际市场活动。其主要弱点是：首先，国际部仍是从属于公司的一般业务部门，那些国内市场占绝对重要地位的企业就可能限制其在国外市场发展；其次，国际部不可能参与企业总体战略的制定，这就导致用于特殊产品、促销计划和商业渗透的资源的获取能力减弱；随着海外业务的扩张，高层管理者之间的摩擦也将增加。此外，由于企业的研究和开发工作以国内为导向，海外市场的 R&D 往往沦为简单的产品改良。因此，这种组织结构形式不能适应国际业务进一步发展的需要。

国际部的组织结构分为职能性和部门性两类(如图 12.6 和图 12.7 所示)。职能组织的国际部适宜建立在改变出口部组织的初期。部门型组织的国际部与公司内其他直线管理部门平级，在组织资源的配置方面存在着协调困难的缺陷。

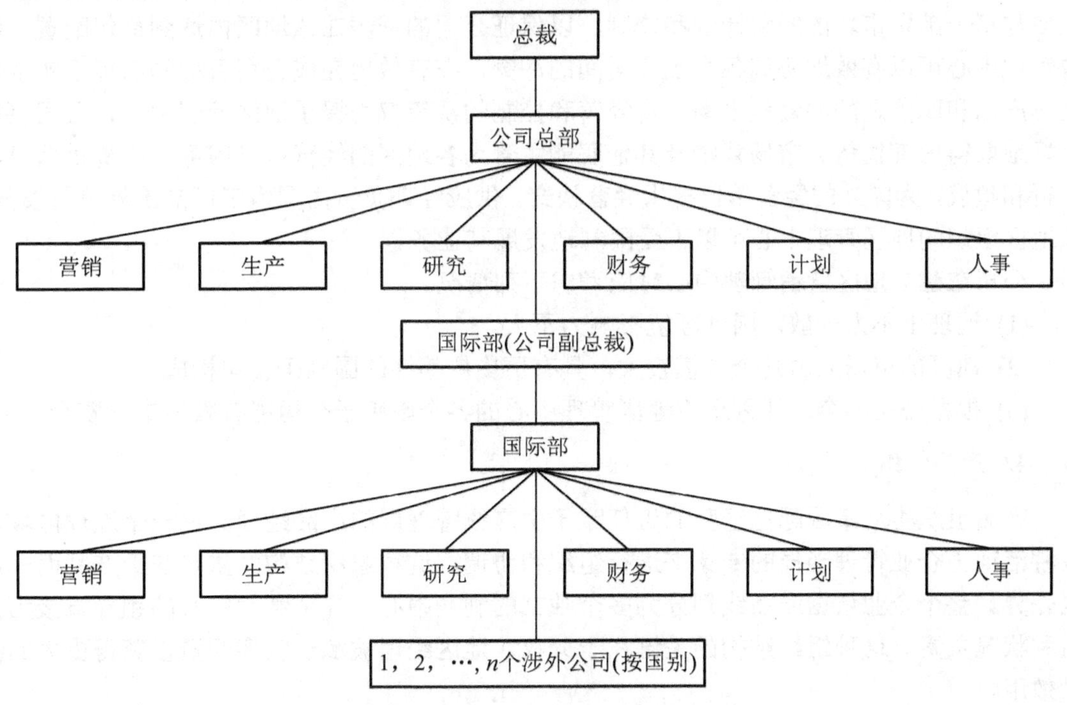

图 12.6　功能性的国际部门组织结构

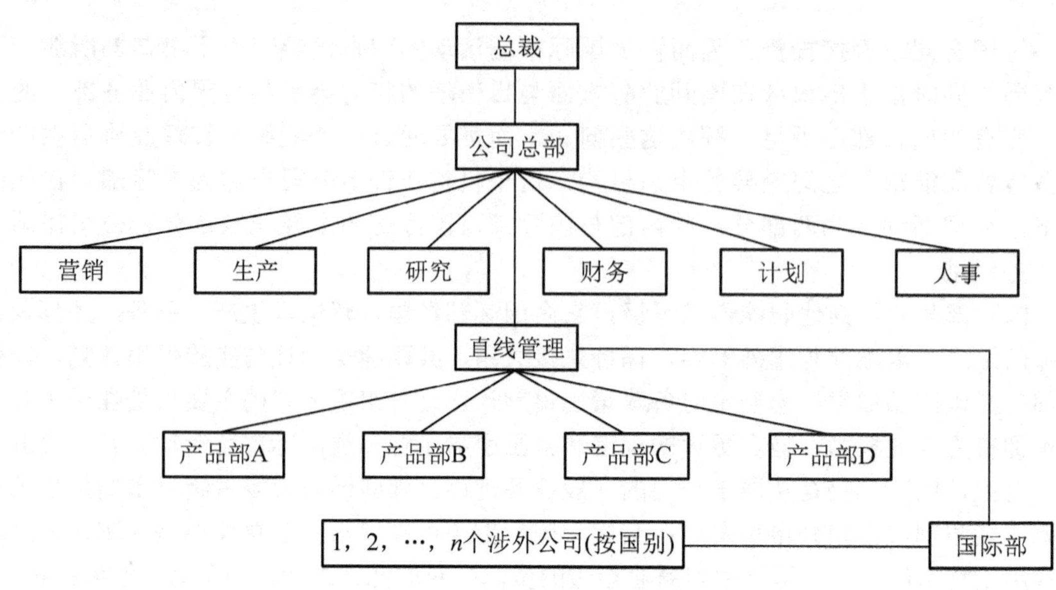

图 12.7 部门型的国际部组织机构

3. 地区性组织

国际营销组织由国际部演变为地区性组织，它介于涉外子公司和总公司的国际部之间，可以克服国际部组织结构存在的问题。当某个地区在经济、社会、地理和政治条件方面具有一定程度的相似性，而且公司在该地区的业务达到一定规模时，就有必要建立一个地区管理中心(Regional Management Center)来进行价格和资源配置的决策，在地区的利益基础上参与每个国别市场的经营计划和控制，以保证公司的资源在该地区内达到最优配置。地区管理中心可以有效地协调各个子公司间的冲突，在有效地完成公司目标的前提下实现地区、产品和职能之间的最佳平衡。将经营和控制的决策权力授予地区管理中心，公司可以较好地取得内部优势。市场营销及其他职能主管为各地区的经营提供服务，如提供信息、分析和建议，为国外的经营单位提供经营诀窍。供应经理负责由国内工厂向国外单位发货。按地区组织的地区管理中心可以不受限制地发展其业务。

公司在建立地区营销管理中心时应考虑下列情况。

(1) 地理上不太分散，国外环境影响力不大。

(2) 地区的市场应由几个规模较大，具有历史依赖性的国别子公司构成。

(3) 根据公司的全球计划组成地区管理中心的各个国别子公司能有效地进行整合。

4. 产品组织

产品组织将从事国际化经营的责任赋予生产线管理层的产品经理。在一个地理区域内各种活动由企业管理当局的专家来进行组织和协调。这种组织结构的重点在于产品而非地区差异。整个企业依据产品线划分为多个独立的利润中心，各个利润中心的领导直接为其盈利状况负责。这种组织结构的关键在于分权，地区经理被赋予较多职责以获得更大的激励效用。

采取这种组织结构的企业一般具有以下特征。

(1) 企业用户的类型多种多样。

(2) 企业的产品线高度多样化，并具有高度的技术能力。

(3) 运输成本、关税及其他成本因素使在当地生产更为有利。

这种结构的主要优点在于权力分散化，对地区经理有较大的激励作用；新产品的添加和老产品的撤出可以相对较低的成本完成；利用产品生命周期对产品进行管理和控制也更为容易。此外，这种结构也能适应跨国公司海外业务不断扩张的要求。这种结构的主要缺点在于各产品分部之间合作与协调困难，因此要求企业高层管理者对各产品分部的情况保持密切关注。而且，由产品分部经理提拔上来的企业首脑可能会对他们从前工作的产品领域有特殊的偏好，于是忽视其他产品领域。许多跨国公司用雇佣某产品领域专家的方法来克服这一缺陷。

5. 矩阵组织

20世纪60年代，一种新型的企业组织结构形式——矩阵组织开始出现，并很快取代地区性组织和产品组织等形式而被大多数跨国公司所接受。矩阵组织较以上讨论的直线职能式组织更为灵活，并将这种灵活性与大型跨国公司所特有的规模优势结合起来。矩阵组织最大的特点在于各产品/市场分部经理要向两个上级——产品管理部门和地区管理部门报告，而非传统直线职能下的一个，即在矩阵组织中有两条命令链。

采用矩阵组织结构(如图12.8所示)的跨国公司一般具有以下特点。

(1) 各分部的经营活动对两方面因素的依赖程度都很大，如产品因素与地区因素。

(2) 企业的经营活动面临很大的不确定性，对信息处理的要求很高。

(3) 企业对资本和人力资源的使用有严格的限制。

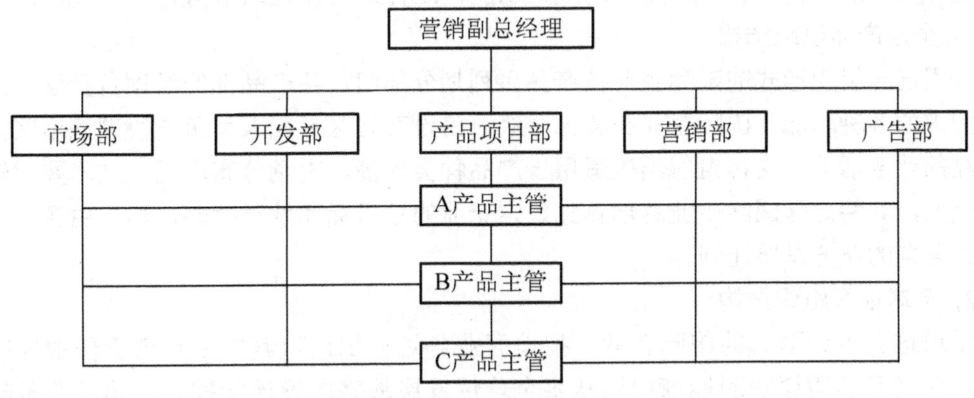

图12.8 营销矩阵型结构

在营销矩阵结构中，特设的产品项目部对其所有产品项目负有完成的责任，其他职能部门则必须为各具体的产品项目配备必要的执行人员，协助该产品主管的工作。各职能部门和产品项目部都直接受负责营销的副总经理领导，职能部门配备的产品项目执行人员则受双重领导，即在执行产品项目方面受产品项目部领导，而在执行其他日常工作方面，仍受其原职能部门领导。由于各职能部门的垂直系统和各产品项目的水平系统组成了一个矩阵，所以这种营销部门结构就称为营销矩阵型结构。

矩阵式组织比直线职能式组织能更好地适应经济和政治环境的变化。采用矩阵组织的跨国公司既有产品管理部门，也有地区管理部门。一个产品管理部门负责某一特定产品线在全世界范围内的经营活动；一个地区管理部门负责在某一特定地区所有产品线的经营活动。因此在某一特定的产品/市场分部中，这两方面的因素都得到了充分的考虑。但从另一方面来看，由于产品部门经理和地区部门经理的工作经验和强调的工作重心有所差异，面对同一经营环境他们可能做出迥异的反应，从而导致冲突。大部分矩阵组织的跨国公司采用两套预算体系、两套人事制度及两套考核控制体系。产品部门经理和地区部门经理都有责任对产品/市场分部的职员进行考核、评估及奖惩。

总的来说，矩阵组织对于那些需要快速适应环境变化的企业来讲具有很大的优越性。企业倾向于随着国际业务的发展逐步过渡到矩阵组织，而非一开始就采用这种形式。除了产品/地区矩阵，企业还可以采用地区/功能矩阵、产品/功能矩阵或其他形式的矩阵式组织。

6. 全球性组织

随着企业国际业务的日益扩展，公司总部需要从全球的角度来组织营销及协调整个公司的生产、财务、计划、人事和营销工作，统一安排资金和利润，使国内经营与国外经营融为一体，强调各个部门都必须服从于全球营销的目标和任务。全球性组织结构具有下面两个显著特点：一是在这种组织结构中，全球范围的经营决策权都集中在总部，而不分国内和国外；二是公司总部的所有部门都是从全球利益的角度按公司在世界范围内的需要而设置的，这样就为国际企业实施全球战略提供了组织条件。全球组织结构往往是大公司，尤其是跨国公司采用的组织结构。

全球性组织结构可分为产品、地区、职能、混合式 4 种组织结构。

1) 全球产品组织结构

采用这一组织形式的国际企业按产品系列划分部门，各产品部的经理负责该产品在全球范围内的各种职能。国际企业在总部一级还另设有地区专职人员负责协调该地区内的各种产品的业务活动。这种组织结构适用于产品种类繁多、市场分布广泛、技术要求较高的国际企业，其特点是国际企业总部首先确定企业的总目标和发展战略，然后由各产品部据以制订各自的业务发展计划。

2) 全球地区组织结构

采用这种组织形式的国际企业，按地区业务划分部门，其主要经营责任由地区总部负责，总部及其所属的职能部门则从事全球性发展战略的设计和控制，地区业务部控制和协调该地区的所有职能。这种组织形式一般适用于产品种类较少，并且市场销售条件、技术基础、生产方式较为接近的国际企业，某些食品加工、医药和石油企业大多具有上述特点。

3) 全球职能组织结构

采用这种组织形式的国际企业按市场、财务、人事、研究开发、生产职能等职能分部，各部由一副总经理负责该方面的全球业务。这种组织形式适用于产品系列不是很多、企业规模不是很大的国际企业，其特点是对各种职能本身控制很紧，但各种职能之间互不联系。由于这类形式的企业对其所属各子公司进行多头控制，因而有些国际企业转向采取按地区划分的组织方式。

4) 全球混合式组织结构

当公司规模庞大，产品线众多，或包括不同行业时，由于不同业务有不同的全球性需求、供给和竞争形态，因而必须根据不同业务需要而采取不同的国际结构。随着产品市场的多元化，混合式结构可能会越来越完善。因为这种结构既弥补了按单项划分的组织结构的不足，又照顾了不同经营活动的特点。

12.2.5 国际营销组织结构的选择

设立国际营销组织的目的是使企业能迅速适应国际市场环境的变化，同时将企业在国内经营活动中获得的知识、经验及诀窍扩散到整个跨国公司的经营体系之中。也就是说，企业的国际营销组织形式必须与其企业使命、技术能力以及外部市场的相关条件相适应。

为了有效地推进国际营销活动，企业必须选择最恰当的国际营销组织形式或结构。这种选择往往是多重复合因素综合的结果。选择适当的国际营销组织形式时，一般要考虑以下因素。

(1) 国际市场业务和国内市场业务所占的比重。如果企业的国际业务在整个公司中占很大比重，就很有必要设置完善的国际业务部门；如果企业的主要市场在国内，其国际业务可通过简单地设立一个出口部来完成。

(2) 企业组织结构的演进。企业从事国际经营业务的初期，其国际部门只需向公司总裁或其代表直接报告。当国际业务进一步扩展，领导和组织协调工作的复杂性增加时，就会要求更复杂的组织管理机构。

(3) 企业经营业务的性质及相关战略。当企业在全球范围内运用类似的分销渠道和促销手段将类似的产品销售给类似的用户时，将国内的职能式组织结构简单地扩展到海外即可满足国际营销的需要。当产品线多样化，或特定市场具有特定的市场要求时，更适宜采用地区性组织形式。

(4) 国际营销管理导向。不同的企业管理导向决定了不同的企业战略发展方向，从而影响企业国际营销组织结构。

(5) 是否能够找到合适的营销经理。如果企业无法找到足够多的受过国际化经营方面训练的营销经理，在短期内，它就不得不采取和能够找到足够多这种人才的企业截然不同的组织结构。

(6) 重要的地区经济集团的出现。欧洲经济共同体及其他地区一体化的经济组织的发展已经有可能使企业的组织结构从在该国设立改为按地区设立。

(7) 国外子公司的地理位置。企业设在国外分支机构的地理位置，也影响企业的营销组织结构。如果企业的子公司设在文化、经济差异不大的地区，例如加拿大与英国，那么在这两个国家设立的子公司，地理因素不会成为影响因素。此外，国与国之间的地理距离也会使企业在设立营销组织时，考虑尽量减少高层经理们出差的时间和费用。

(8) 国际营销综合环境的差异性。环境因素对企业的组织选择也有很大影响。国际营销组织是一个开放系统，必然受到外界环境因素的影响。在企业中，各个职能部门都直接与外界环境的某一因素发生相互作用，外界环境的差异性、动态性和不稳定性愈大，组织内部的差异性和复杂性也就愈大。

(9) 企业的管理模式，即是实行集权还是实行分权管理。集权制就是将公司重大的决策权集中在总部，实行集中化管理；分权制是授权于地区或各职能部门，实行分散化管理。

集权的优点在于公司总部能从企业在国际市场上经营的整体利益出发，综合考虑企业的实力，制定出最优的营销决策方案，同时能高度控制方案的实施，一切记录和信息集中归总。倾向于本国中心的公司大多数实行集权决策。但是集权决策也存在着不足：由于国际营销环境变化多端及管理控制技术的变化，仅仅通过一个具有中心决策职能的管理层来协调各种组织活动和功能几乎是完全不可能的；在信息的传递和沟通方面存在着困难，而且随着组织层次的增多，这种困难不断增大。分权则是让各管理层、海外子公司的负责人具有制定营销决策的权力，能够支配资源，自主解决问题。分权的优点是所制定的营销决策比较符合客观实际，决策过程快，适应能力强，能够提供一种评价各地区、各职能部门工作绩效的方法，使各部门能了解自己所面临的环境和自身的情况。另一方面，分权易于造成多头管理，从而造成公司总部对所属机构业务的领导失控。

鉴于集权和分权各有利弊，公司应结合两者的优点来设计一种新的权力决策机制。倾向于地区中心和全球中心的企业实行集权与分权相结合的办法。公司总部把事关全局的重大决策权和管理权集中于公司董事会和总经理，强化自上而下的统一管理；与此同时，把需要对海外各地市场做出反应的职能和经营业务的权限分散在各子公司，扩大分支机构和子公司的经营自主权，这样既能发挥分权与国外当地市场联系紧密的优点，又能保证集权的控制和集中的全局优势。在具体确定集权和分权的程度时，关键是看是否符合于该公司的国际化程度、产业性质、母公司基地的位置和附属机构的规模。

12.2.6 国际营销组织形式的适应性调整和重新选择

国际营销组织形式必须在环境动态变化中进行适应性的调整和选择。国际营销机构组织是在动态的国际环境中运行的，因此，国际营销组织结构不可能静止不变。随着营销环境的变化，企业营销策略也必须相应地变化，而国际营销组织结构则随着营销策略改变而调整。国际营销组织结构的变化中最有代表性的是重新构建，重新构建是下述的 4 个因素作用的结果：销售增长、不佳的财务绩效、新产品、外部环境变化(例如，东道国政策大的变动)等。这可以通过观察有关组织机构欠佳的标识来监视这些引起重新构建的原因，表 12-1 介绍了一些国际营销组织欠佳的标志。例如，各部门之间的冲突或管理上的重叠表明应当考虑重新构建。重新构建改变了现状和原有的办事形式。国际营销机构组织中的人员也许不能或不愿意对结构性变化进行适应性调整和重新选择，甚至抵制变化，特别是涉及职责和权力变化时，这种抵制会更强烈。为了确保国际营销机构组织的和谐，这种动态变化必须是逐步推进的，而不可以用急变的方式进行，也不能单方面强加结构性的变化。应当在最终确定重新构建之前，具体通过观察某些有关国际营销组织欠佳的标识并同各职能部门人员进行讨论，来减小调整组织机构的阻力，适时地对企业的国际营销组织进行适应性调整和重新构建。

表 12-1　国际营销组织欠佳的标志

序号	标志特征	具体表现
1	国外经营活动没有实现预期目标	主要是针对某一特定区域或某一产品线的综合销售。如果公司的销售额增长了，但公司的市场份额下降了，这一问题会更尖锐
2	对国外经营活动的财务缺乏控制	这与公司关于集权和分权的总体思想有关，也与下放权力给国外经理的程度有关。这类问题因国外税法和会计惯例不同而变得很复杂
3	各部门或分支机构在地域或客户方面的冲突	当一家公司扩展到一个新的地域时，这种冲突非常普遍。这些冲突可能是因为向国外推进新产品或购并造成的
4	国外生产或分销设施的低利用率	当各产品线各自向海外扩展或兼并后不巩固
5	管理人员和服务的重复	当各产品线由国内独立的各部扩大而进入海外市场或出现大规模合并时，这种情况就会发生
6	销售办事处和特殊商品销售人员之间的重复	此类问题在那些销售特种化学品或电子设备等技术产品的公司中很普遍
7	分销商的迅速增生	这会造成市场覆盖面重叠或利益冲突
8	在一国或一个地区的法人实体和营业单位的迅速增生	每当进入一个新的国家市场时，新建立的分支机构常常会衍生出各种功能
9	国外客户对有关服务的抱怨增加	标志着有关的营销人员没有协调服务于共同的客户

(资料来源：Sub bash c Jain．International Marking Managing[M]．Forth Edition．P.804)

12.3　国际营销控制

12.3.1　国际营销控制的含义和内容

1．国际营销控制的含义

营销控制就是指对营销计划执行过程的监督和评估，纠正计划执行过程中的偏差，旨在保证既定营销目标的实现。营销控制是营销管理的一个重要组成部分，有效的控制使企业能够指导、规范和管理企业的国际营销。对国际企业进行营销控制尤为重要，因为从地理区域角度分析，国际企业的总部与子公司或分支机构之间的地理距离较远，各自所处的外部环境不一，需要及时沟通，协调营销策略；从市场角度分析，国际企业的目标市场分散在世界上的不同地区，在执行营销战略的过程中，各分支机构或子公司会出现各种偏差，只有及时了解和纠正这些偏差，才能形成整体营销的合力；从子公司角度分析，各分支机构或子公司之间，无论是在外部环境方面还是在内部实力方面都相差较大，公司总部要正确评价其业绩，必须十分熟悉其各方面的情况，加强对其的控制和管理。国际营销控制就是把企业的国际营销活动维持在营销目标可以允许的范围内。任何国际营销控制都包含 3 个基本环节：设定控制标准，衡量执行情况，纠正偏差。国际营销控制是国际市场营销管理的关键职能。

2. 国际营销控制的内容

1) 销售额控制

销售额控制具有十分重要的意义。由于销售是企业经营活动的中心，销售额的大小反映了企业的经营发展规模，销售额的增长是企业经济效益提高的前提。因此，国际营销控制首先要对销售额进行控制。销售额控制主要是通过将每周、每月或每季度的销售数字汇总，与预期指标进行比较，从而判断出各种因素对销售量的影响。从销售量差异的分析中可以找出什么是造成差异的原因，以便对症下药。从各国市场的销售差异中可以辨别出哪些市场对公司的发展有利。从各类产品的不同销售差异中可以找出公司扩大生产能力的方向。销售额的大小取决于在市场营销方面的努力程度，因此可以根据销售额的大小来确定营销开支和推销程度是否与潜在收益相称。有关销售额的详细报告应当列举大量采购的数字和市场份额的信息，从而使管理部门在实施控制时不仅能够促进本公司的销售，而且也了解本公司相对于竞争对手所处的位置。如果市场份额下降，即使销量增加也说明公司营销不佳。

知识链接

销售额分析之“销售差异分析”

企业销售差异分析，就是分析并确定不同因素对销售绩效的不同作用。例如，假设某企业年度计划要求第一季度销售 4 000 件产品，每件售价 1.0 元，即销售额 4 000 元。在第一季度结束时，只销售了 3 000 件，每件 0.8 元，即实际销售额 2 400 元。那么，销售绩效差异为 1 600 元，或者说完成了计划销售额的 60%。显然，导致销售额差异的，有价格下降的原因，也有销售量下降的原因。问题是，销售绩效的降低有多少归因于价格下降，多少归因于销售数量的下降。可做如下分析。

因价格下降导致销售额的差异为：$(1.0-0.8)\times 3\,000=600$(元)

因销量下降导致销售额的差异为：$1.0\times(4\,000-3\,000)=1\,000$(元)

由此可见，没有完成计划销售量是造成销售额差异的主要原因，企业需进一步分析销售量下降的原因。

2) 价格控制

国际市场产品价格的控制标准较确定，因此，应主要将注意力集中于控制不同国别市场和销售产品的盈利状况，也可以为各子公司规定一个价格范围，要求各子公司根据这一标准来定价或变动价格。

3) 产品控制

产品控制至关重要，因为在竞争空前激烈的今天，产品质量的高低，款式是否新颖，售前售后服务是否周到往往决定着企业的生死存亡。

国际企业的产品控制主要包括如下方面。

(1) 建立统一的产品质量标准，要求企业必须严格参照执行。

(2) 公司总部及地区总部或产品总部必须设立质量控制部门，定期和不定期地对国内外市场的产品进行质量检验。

(3) 监控经销商的服务质量。各特约经销商必须提供完善的售前售后服务，根据需要公司还可增设服务点。

(4) 各控制管理部门必须建立完善的信息反馈系统，及时了解消费者对产品的意见。

营销案例

星巴克的产品控制

星巴克的座右铭是以顾客为本：认真对待每一位顾客，一次只烹调顾客那一杯咖啡。星巴克的咖啡豆都是由美国总公司里的专属部门向全球各地采购的，如中南美洲、非洲、亚洲，所以在主要的咖啡产地都有星巴克的踪影；而咖啡豆的烘培都集中在美国本土(东西岸各有一个烘焙厂，但是仍以西雅图的Kent烘培厂为主)。在研发产品方面，在美国总公司里有专属研究室负责此工作，而各地子公司可视当地情况自行研发，但仍需总公司同意(现可由各区总部处理审核)。在美国总部的紧密控制下，小幅调整每个国家的商品内容，可以吸引更多的消费者，达到“本土化”，例如台湾研发出的“抹茶奶霜星冰乐”，不过调整的程度仍然有限。因为要在品质上做最好的控制，星巴克一直走直营路线，而不开放加盟。例如，星巴克决不会吝啬报废物料，而只是为了为顾客提供最好的咖啡。但是如果开放加盟权，很难说每个加盟店的老板都会舍得一直增加成本报废，只为了为客人提供一杯好咖啡。

4) 促销控制

它主要是控制人员的推销目标、广告目标及其他促销形式的目标，以确保各分公司的业务遵循公司统一的国际营销目标。

5) 分销渠道控制

它主要是对中间商在代理销售、供应订货、售后服务等功能方面的执行情况、渠道的销售额、售后服务的效率进行控制。

6) 人员控制

国际营销的人员控制是指对下属机构的经理人员的控制，人员控制主要包括：对聘任的经理人员必须进行严格的考核，必须定期对下属机构的经理的工作进行考核检查，并做出评价；奖惩严明，对工作积极、业绩较好的经理人员应给予奖励，工作不努力者应给予必要的批评与警告，对不称职者应及时撤换。

7) 投资控制

海外直接投资是跨国经营的基础和基本特征。由于海外投资前景具有很大的不确定性，风险很大，因而必须进行严格控制。一般而言，海外直接投资应采用直接控制的办法，即公司总部高层负责人应直接参与海外直接投资的项目选择、可行性研究和重要的项目谈判。投资项目需经总经理的审查方能执行。项目开始执行后，总公司的高层负责人必须密切注视其进展情况，并及时了解投资回收和投资报酬情况。

8) 利润控制

国际企业的利润控制有两个方面：首先要控制企业的盈利水平。为此，公司要分析各海外分公司的损益表，以便了解它们的成本支出和经营状况及当前的国外市场形势。其次，作为国际企业(主要是跨国经营企业)必须控制利润的来源国别。按照“责任中心”管理制度的要求，各海外企业分别建立各种中心，如成本中心、销售中心、投资中心、利润中心等。为了保证企业利润总水平的提高，各中心必须各司其职，而不能从局部利益出发，片面追求自己的利润水平，当然公司总部必须对各种中心规定不同的考核标准。

9) 销售能力控制

它主要是对不同产品、不同市场的销量、老客户与新客户的比例、新产品与老产品的比例及市场份额等进行控制。

12.3.2 国际营销控制程序

国际营销控制的程序一般分为下面 4 个步骤。

1. 确认目标

在控制程序的开始，应明确公司目标，并将公司目标化解为具体指标，如对某个市场应占多大份额，应实现多少销售额，多少利润，也可包括一些软性指标，如提高产品知名度，开拓分销渠道，改进产品和公司形象等。只有明确公司目标，才能制定公司的规范和标准。

2. 确定控制标准

一般来说，在制订企业计划时就已经把控制标准考虑在内，包括评价或判断营销计划完成的好与坏的标准是什么，而且要事先让营销计划执行者明确了解这些标准，以便于执行者随时随地根据标准对执行过程加以控制。此外，控制标准也是上一级部门对下一级部门或人员检查监督其计划执行情况以及判断其是否完成了营销计划的标准。同时，企业还应选择在特定环境中最有效的协调和控制方法，对国际营销机构的控制有财务类控制方法和非财务类控制方法两类方法可选择。

3. 绩效评估

即将实际执行结果与营销计划中所规定的期望结果进行比较。在国际营销中，公司总部对下属机构进行评估的形式主要有定期和不定期检查两种。有关评估人员在了解和掌握下属单位的经营业绩之后，需要对其进行全面的分析和研究，评估下属单位在哪些方面实现了既定营销目标，在哪些方面背离了目标，与此同时，还应进一步分析产生背离目标现象的主、客观原因并及时制作成报告，并通报有关人员。

4. 纠正偏差

即针对产生问题的原因采取相应措施加以纠正，从而保证营销目标和营销计划的实现。这里包含两个方面，一是因营销规划订得过高或因外部环境突变，导致既定目标无法实现，应该重新修订营销规划； 二是因下属单位执行不力，没能达到预期目标，应协助其寻找原因，及时调整经营策略，尽快实现预期目标。同时，还应运用奖惩制度的激励作用，促使其努力工作。

12.3.3 影响国际营销控制的因素

由于不同企业的条件和所处的环境不同，因此采取的国际营销控制手段也不完全相同。一般说来，影响国际企业营销控制的因素包括以下几个。

1. 国内营销控制方法

大多数国际化经营的企业都是首先在本国市场上取得成功后开始开拓国际市场的，

在国际营销控制中，这些企业便继续沿用那些在国内市场营销中已被证明为行之有效的控制方法。现在许多国际企业已经在传统的国内营销控制方法的基础上建立起了一整套标准化的控制制度，用以控制企业在全球范围内的经营和销售。国际企业的公司总部要求国外子公司定期提交标准格式的有关经营状况的报告，如果国外子公司的规模较小，则定期报告的内容可以简略，报告的周期可以缩短。这种标准化的报告控制制度有利于国际企业在全球范围内比较各子公司的经营状况，有利于国际企业人才和信息在全公司内的流动。

2. 交通和通讯系统

影响国际营销控制的另一个主要因素是交通和通信设施的发展水平。一个世纪以前，由于交通和通信设施很不发达，企业不得不采取高度分权化的管理。今天，交通和通信手段已经得到了飞跃的发展，除了陆上交通和海上交通外，飞机已经成为世界上主要的远距离交通工具，这使得国际企业总部的管理人员能定期和国外子公司管理人员进行面对面的商谈，电话、电传和传真等电子通信手段使公司总部和国外子公司能保持不间断的接触。发达的现代交通和通信系统使国际企业加强国际营销控制成为可能。

3. 母公司和子公司间的距离

在其他条件都一样的情况下，母公司和子公司间的距离越大，母公司对子公司的控制就越小，子公司享受的自主权也就越大。这是因为遥远的距离不仅增加了差旅费用和使用电话、电传和其他电讯设备的费用，而且也可能延误决策的时间，因此，随着子公司与母公司距离的增大，母公司对子公司的授权范围也增大。

4. 产品的性质

产品的性质直接影响国际营销控制的方法。技术复杂的产品由于在世界各地的用途很接近，所以可以由公司总部集中制定统一的控制标准和绩效评估方法，计算机和许多工业产品都是属于对文化环境不敏感的产品，所以可以采取统一的国际营销控制方法。药品和食品以及许多日用商品如衣服等是属于对文化环境敏感的产品，所以对这些产品的控制不能进行统一控制，而是要具体情况具体分析，采取分权式的控制方法。

5. 环境差异

母公司和子公司所处的政治、经济、社会、文化、技术、法律等环境相差越大，母公司对子公司的授权范围就越大，子公司所受的控制也就越小。

例如，由于加拿大和美国在政治、经济、社会、文化等方面很相似，所以许多美国跨国公司对设在加拿大的子公司进行高度集权化的控制。许多国际企业为了加强对国外子公司的控制便采用了地区型的组织结构，成立若干个地区总部，使得各地区之间环境差别较大，而每个地区内各国之间的环境差异较小。

6. 环境的稳定性

子公司所在国环境(尤其是政治和经济环境)越不稳定，母公司对子公司的营销控制就越小。在子公司所在国环境动荡不定时，对母公司来说比较明智的办法是放手让处于第一线的子公司独立决策，自主经营。

7. 子公司的计划效率

当国外子公司能圆满完成母公司制订的营销计划，绩效显著时，母公司对其控制将放松，国外子公司的自主权将加大。相反，当国外子公司完不成计划，屡遭败绩时，母公司对其控制将加紧，国外子公司享受的自主权不可避免地要被削弱。

8. 国际营销业务的比重

国际营销业务的比重越大，公司总部的职能管理人员也就越多，对子公司的控制相应地就越广泛。反之，国际营销业务的比重越小，公司总部所能雇佣的职能管理人员就越少，对子公司的营销控制也就越狭窄。

12.3.4 国际营销控制系统

任何一种营销控制系统要发挥作用，均有两个先决条件：控制计划、控制系统组织结构。国际营销控制过程的第一步是明确预期的目标。因此，必须先有控制计划，然后才能着手建立控制系统，此外，为了实施营销控制，必须有专人负责在营销活动“失控”而需要纠正时采取措施，明确组织内的权限划分和职责分工。

为了确保国际营销控制的有效性，必须建立有效的控制系统以确保各个分支机构按照公司策略计划去实现企业的目标。由于处于海外市场的每个分公司的环境条件不同，不能使用一个完全标准的评估系统。有效的控制系统要全面综合衡量、评价各种不同的因素，以便真实地确定出各海外分公司的国际营销绩效，同时还要能制订和贯彻公司的国际营销策略计划。为了确保对各海外分公司的绩效进行有效的监督和评估，一家跨国公司的营销控制系统应当满足下列要求。

(1) 每一个海外分公司应当具有现实的目标，这些目标应考虑每个分公司的内部和外部环境。

(2) 应当使用财务和非财务资料来分析分支机构的绩效。

(3) 控制系统应当在海外分公司计划发生偏移时或发生偏移之前就能觉察并提出报告。

(4) 评价海外分公司营销绩效的领域应当限于直接控制下的那些领域，应当考虑那些对海外分公司绩效有影响但海外分公司极少能或不能控制的因素。

(5) 控制系统不应当一成不变，而应当按照海外分公司环境变化的需求进行修正和论述。

(6) 各海外分公司的经理应参与控制系统的程序和技术的约定，并能够理解和接受整个控制过程。

(7) 控制系统应当由最高管理层和各海外分公司的经理参与评价过程。

(8) 公司总部必须将报酬与业绩联系在一起，对于突出的业绩，必须给予实质性的奖赏。

(9) 控制系统的购买成本及其他运营成本等，至少应能由该系统产生的利益来平衡。

本章小结

本章主要介绍了国际营销计划、国际营销组织结构和国际营销控制等内容。国际营销计划部分主要介绍了国际营销计划的相关概念、分类和国际营销计划制订的相关内容、程序和步骤，涉及到了营销目标的确定、具体营销策略的选择等。国际营销组织结构部分主要介绍了企业整体营销文化建立的途径，影响国际营销组织结构的因素，几种主要的国际营销组织结构类型：出口部、国际部、地区性组织、产品组织、矩阵组织和全球性组织等，并介绍了国际营销组织的评价指标。国际营销控制部分主要介绍了国际营销控制的含义、国际营销控制的内容、国际营销控制的程序、影响国际营销控制的因素分析和国际营销控制系统。

名人名言

市场营销是一项基础性的工作，不能把它看做是独立的职能部门。整个公司的经营必须以市场营销的最终结果为根据，要根据顾客的需求来进行决策——公司的成功不是取决于生产，而是取决于顾客。

——彼德·德鲁克

学习营销只需要一天的时间，运用营销却需要一辈子的时间。

——菲利普·科特勒

营销是没有专家的，唯一的专家是消费者，就是你只要能打动消费者就行了。

——史玉柱

习　　题

一、复习题

1. 选择题

(1) 计划、组织与(　　)是国际营销管理的三大基本内容。
A. 控制　　B. 策划　　C. 预算　　D. 反馈

(2) 国际营销策略常由一系列协调性决策构成，主要包括的3个部分是(　　)。
A. 目标市场策略　　B. 营销组合策略　　C. 营销组织策略　　D. 营销费用策略

(3) 制订营销战略计划的两个基本要素是(　　)。
A. 市场和竞争　　B. 文化和技术　　C. 政治和法律　　D. 市场和技术

(4) 影响国际营销组织结构设立的因素有外部环境、国外子公司的地理位置，以及(　　)。
A. 企业规模和企业产品的性质
B. 企业所采取的适应国际市场的发展战略
C. 企业是在同质市场还是在异质市场上经营
D. 重要地区经济集团的出现

2. 填空题

(1) 从期限看国际营销计划，可分为短期计划和________。

(2) 国际营销组织的类型主要有________、________、________、产品组织、矩阵组织和全球性组织等。

(3) 国际营销控制的程序分别是确认目标、________、________和纠正偏差。

3. 判断题

(1) 战略规划与经营计划的区别在于，前者的目的是决定营销目标和基本战略，而后者的作用则在于将这些目标和战略付诸实施。 ( )

(2) 突发型市场机会是指可通过市场上所存在的某些迹象预示到的未来可能产生的某些潜在需要。 ( )

(3) 制订营销战略计划的两个基本要素是市场和环境。 ( )

(4) 对于许多国际企业来说，东道国政府为了本国利益往往要对其施加压力，这就迫使这些企业相应地设立游说部门。 这说明环境因素会影响营销组织结构的选择。 ( )

(5) 企业设在国外子公司的地理位置，不会影响企业国际营销组织结构。 ( )

(6) 销售量的大小反映了企业的经营发展规模，销售量的增长是企业经济效益提高的前提。 ( )

(7) 影响国际营销控制的另一个主要因素是交通和通信设施的发展水平。 ( )

4. 问答题

(1) 国际营销的战略计划/规划的具体涵义是什么？

(2) 营销战略目标应符合哪些原则？

(3) 企业整体营销文化的建立有哪些途径？

(4) 如何理解国际区域型组织结构？

(5) 影响国际营销控制的因素有哪些？

5. 讨论题

试通过案例说明跨国公司选择国际营销组织结构时考虑的因素。

二、案例应用分析

IBM 矩阵式的组织结构能为其带来什么好处

IBM 是一个巨大的公司，很自然地要划分部门。单一地按照区域地域、业务职能、客户群落、产品或产品系列等来划分部门，在企业里是非常普遍的现象，从前的 IBM 也不例外。“近七八年以来，IBM 才真正做到了矩阵组织。”这也就是说，IBM 公司把多种划分部门的方式有机地结合起来，其组织结构形成了“活着的”立体网路——多维矩阵。IBM 既按地域分区，如亚太区、中国区、华南区等，又按产品体系划分事业部，如 PC、伺服器、软体等事业部；既按照银行、电信、中小企业等行业划分，也有销售、渠道、支援等不同的职能划分；等等，所有这些纵横交错的部门划分有机地结合成为一体。

IBM 公司这种矩阵式组织结构带来的好处是什么呢？叶成辉先生认为，非常明显的一点就是，矩阵组织能够弥补对企业进行单一划分带来的不足，把各种企业划分的好处充分发挥出来。显然，如果不对企业进行地域上的细分，如只有大中华而没有华南、华东、香港、台湾，就无法针对各地区市场的特点把工作深入下去。而如果只进行地域上的划分，对某一种产品比如AS/400而言，就不会有一个人能够非常了解这个产品在各地表现出来的特点，因为每个地区都会只看重该地区整盘的生意。再比如按照行业划分，就会专门有人来研究各个行业客户对IBM产品的需求，从而更加有效地把握住各种产品的重点市场。

“如果没有这样的矩阵结构，我们要想在某个特定市场推广产品，就会变得非常困难。”叶成辉说。“比如在中国市场推广AS/400这个产品，由于矩阵式组织结构的存在，我们有华南、华东等各大区的队伍，有金融、电信、中小企业等行业队伍，有市场推广、技术支援等各职能部门的队伍，以及专门的AS/400产品的队伍，大家相互协调、配合，就很容易打开局面。”

任何事情都有它的两面性。矩阵组织在增强企业产品或专案推广能力、市场渗透能力的同时，也存在固有的弊端。显然，在矩阵组织当中，每个人都有不止一个老板，上上下下需要更多的沟通协调，所以，“IBM的经理开会的时间，沟通的时间，肯定比许多小企业要长，也可能使得决策的过程放慢。”叶成辉进一步强调，“其实，这也不成为问题，因为在大多数情况下还是好的，IBM的经理们都知道一个好的决定应该是怎样的。”另外，每一位员工都由不同的老板来评估他的业绩，不再是哪一个人说了算，评估的结果也会更加全面，“每个人都会更加用心去做工作，而不是花心思去讨好老板。”同时运用不同的标准划分企业部门，就会形成矩阵式组织。显然，在这样的组织结构内部，考核员工业绩的办法也无法简单。在特定客户看来，IBM公司只有“唯一客户出口”，所有种类的产品都是一个销售员销售的；产品部门、行业部门花大气力进行产品、客户推广，但是，对于每一笔交易而言，往往又是由其所在区域的IBM员工最后完成的；等等。问题是，最后的业绩怎么计算？产品部门算多少贡献，区域、行业部门又分别算多少呢？叶成辉说：“其实，IBM经过多年的探索，早已经解决这个问题了。现在，我们有三层销售——产品、行业和区域，同时，我们也采取三层评估，比如说经过各方共同努力，华南区卖给某银行10套AS/400，那么这个销售额给华南区、AS/400产品部门以及金融行业部门都记上一笔。”当然，无论从哪一个层面来看，其总和都是一致的。比如从大中华区周伟锟的立场来看，下面各分区业绩的总和、大中华区全部行业销售总额，或者大中华区全部产品(服务)销售总额，3个数是一样的，都可以说明他的业绩。

问题：

(1) IBM矩阵式的组织结构能为其带来什么好处？

(2) IBM又是如何克服矩阵式组织结构的不足之处呢？

参 考 文 献

[1] 汤定娜．国际市场营销学[M]．武汉：华中科技大学出版社，2010.

[2] 雷新华．国际市场营销[M]．重庆：重庆大学出版社，2009.

[3] 刘红燕．国际市场营销[M]．重庆：重庆大学出版社，2007.

[4] 姚小远．国际市场营销理论与实务[M]．上海：立信会计出版社，2007.

[5] 刘新．国际市场营销学[M]．北京：中国商务出版社，2006.

[6] 金润圭．国际市场营销[M]．北京：高等教育出版社，2000.

[7] 庞鸿藻．国际市场营销[M]．北京：对外经济贸易大学出版社，2006.

[8] 邢伟．国际市场营销[M]．杭州：浙江大学出版社，2007.

[9] 彭朝林．国际市场营销[M]．北京：高等教育出版社，2005.

[10] 席波，蔡蔚．国际市场营销技术[M]．武汉：武汉大学出版社，2004.

[11] 顾春梅．国际市场营销管理学[M]．杭州：浙江人民出版社，2002.

[12] 梁云．国际市场营销学[M]．重庆：重庆大学出版社，2002.

[13] 甘碧群．国际市场营销学[M]．北京：高等教育出版社，2006.

[14] 高微．市场调查与预测[M]．北京：首都经济贸易大学出版社，2008.

[15] 胡玉立．市场预测与管理决策[M]．北京：中国人民大学出版社，2006.

[16] 郝渊晓．国际市场营销学[M]．广州：中山大学出版社，2009.

[17] 封展旗，黄保海．市场营销案例分析[M]．北京：中国电力出版社，2009.

[18] 闫国庆．国际市场营销学[M]．2 版．北京：清华大学出版社，2007.

[19] 甘碧群．国际市场营销学[M]．2 版．北京：高等教育出版社，2006.

[20] 吴健安．市场营销学[M]．3 版．北京：高等教育出版社，2007.

[21] 成爱武，朱雪芹．国际市场营销学[M]．北京：机械工业出版社，2009.

[22] 吴晓云．国际市场营销学[M]．天津：天津大学出版社，2003.

[23] [美]菲利普·科特勒，加里·阿姆斯特朗，等．市场营销原理(亚洲版)[M]．何志毅，赵占波，等译．北京：机械工业出版社，2010.

[24] [美]菲利普·R·凯特奥拉，等．国际市场营销学[M]．13 版．周祖城，等译．北京：机械工业出版社，2003.

[25] [美]菲利普·科特勒．营销管理[M]．11 版．梅清豪，译．上海：上海人民出版社，2003.

[26] 费明胜，郝渊晓．市场营销学[M]．广州：华南理工大学出版社，2005.

[27] 唐德才．现代市场营销学教程[M]．北京：清华大学出版社，2005.

[28] 张欣瑞等．市场营销管理[M]．北京：清华大学出版社，2005.

[29] [美]小威廉·D·佩罗特，尤金尼·E·麦肯锡．基础营销学(中译本)[M]．梅清豪，译．上海：上海人民出版社，2003.

[30] [美]沃伦·J·基坎，马克·C·格林．全球营销原理[M]．付慧芬，译．北京：中国人民大学出版社，2002.

[31] 徐育斐，孙玮琳．市场营销策划[M]．大连：东北财经大学出版社，2006.

[32] 孙全治．市场营销案例分析[M]．南京：东南大学出版社，2004.

[33] [美]琳达·哥乔斯，等．渠道管理的第一本书[M]．陈瑜清，译．中国财政出版社，2005.
[34] 艾米莉．渠道的革命[M]． 北京：北京工业大学出版社，2006.
[35] 董方累．有效的分销管理[M]． 北京：北京大学出版社，2003.
[36] 吕一林．营销渠道决策与管理[M]．北京：中国人民大学出版社，2005.
[37] 何志毅．战略管理案例[M]．北京：北京大学出版社，2001.
[38] 甘碧群．国际市场营销学[M]．2 版．北京：高等教育出版社，2006.
[39] 李世嘉．国际市场营销理论与实务[M]．2 版．北京：高等教育出版社，2008.
[40] 菲利普·科特勒．营销管理[M]．12 版．梅清豪，译．上海：上海人民出版社，2006.
[41] 胡德华．市场营销经典案例与解读[M]．北京：电子工业出版社，2005.
[42] [美]萨布哈什·C·杰恩．市场营销策划与战略案例[M]．6 版．贾光伟，译．北京：中信出版社，2004.
[43] 冠小萱，王永萍．国际市场营销学[M]．2 版．北京：首都经济贸易大学出版社，2005.
[44] 2007—2008 国际商业发展报告[R]．上海：上海科学技术文献出版社，2008.
[45] 闫国庆．国际商务[M]．2 版．北京：清华大学出版社，2007.
[46] 兰苓．市场营销学[M]．北京：中央广播电视大学出版社，2002.
[47] 潘一禾．文化与国际关系[M]．杭州：浙江大学出版社，2005.
[48] 袁晓莉，等．国际市场营销学[M]．北京：清华大学出版社，2008.
[49] 蔡新春，何永祺．国际市场营销学[M]．3 版．广州：暨南大学出版社，2011.
[50] 崔日明．跨国公司经营与管理[M]．2 版．北京：机械工业出版社，2009.
[51] 李亚雄．国际市场营销学[M]．杭州：浙江大学出版社，2007.
[52] 张德．企业文化与 CI 策划[M]．3 版．北京：清华大学出版社，2008.
[53] 赵伟晶．国际市场营销[M]．北京：北京航空航天大学出版社，2009.
[54] 肖祥鸿．国际市场营销学[M]．广州：中山大学出版社，2009.
[55] 李世嘉．国际市场营销理论与实务[M]．2 版．北京：高等教育出版社，2008.
[56] 汤定娜．国际市场营销学[M]．北京：高等教育出版社，2006.
[57] 胡德华．市场营销经典案例与解读[M]．北京：电子工业出版社，2005.
[58] 李文陆．国际市场营销学[M]．杭州：浙江大学出版社，2011.
[59] 宋先道，马颖．国际市场营销学[M]．武汉：武汉理工大学出版社，2008.
[60] 张明．国际市场营销学[M]．济南：山东人民出版社，2011.
[61] 郭国庆．国际营销学[M]．北京：中国人民大学出版社，2008.
[62] 李尔华．国际营销实务[M]．2 版．北京：中国人民大学出版社，2010.
[63] 闫国庆．国际市场营销学[M]．2 版．北京：清华大学出版社，2007.
[64] 李强．市场营销学教程[M]．大连：东北财经大学出版社，2004.
[65] 王朝辉．国际市场营销学[M]．大连：东北财经大学出版社，2009.
[66] 陈启杰．现代国际市场营销学[M]．2 版．上海：上海财经大学出版社，2008.
[67] 张晋光，黄国辉．市场营销[M]．北京：机械工业出版社，2005.
[68] 李健．国际市场营销理论与实务[M]．2 版．大连：东北财经大学出版社，2009.
[69] 逯宇铎．国际市场营销学[M]．2 版．北京：机械工业出版社，2009.
[70] 晁钢令．市场营销学[M]．2 版．上海：上海财经大学出版社，2003.

[71] 吴健安．市场营销学[M]．2 版．北京：高等教育出版社，2003.
[72] 朱立．市场营销经典案例[M]．北京：高等教育出版社，2004.
[73] 纪宝成．市场营销学教程[M]．北京：中国人民大学出版社，2003.
[74] 刘文纲．国际营销管理[M]．北京：经济科学出版社，2009.
[75] 张景智．国际营销学教程[M]．2 版．北京：对外经济贸易大学出版社，2004.
[76] 徐子健，朱明侠．国际营销学[M]．2 版．北京：对外经济贸易大学出版社，2007.
[77] 赵伟晶．国际市场营销学教程[M]．北京：北京航空航天大学出版社，2009.
[78] 韩庆祥．创新营销学[M]．北京：中国大地出版社，2002.
[79] 秦波编．国际市场营销学教程[M]．北京：清华大学出版社，北京交通大学出版社，2007.
[80] 向才亮，曾名全．现代市场营销学[M]．北京：化学工业出版社，2009.
[81] 甘碧群．市场营销学[M]．武汉：武汉大学出版社，2003.
[82] 王长征．消费者行为学[M]．武汉：武汉大学出版社，2003.
[83] 景奉杰．营销调研[M]．武汉：武汉大学出版社，2004.
[84] 李飞．分销渠道设计与管理[M]．北京：清华大学出版社，2003.
[85] 刘金花．市场营销学[M]．北京：清华大学出版社，2003.
[86] 黄桂芝．零售营销[M]．北京：清华大学出版社，2003.
[87] 吕一林．现代市场营销学[M]．北京：清华大学出版社，2003.
[88] 李冬，杨文静．市场营销[M]．北京：中国人民大学出版社，2004.
[89] 陈春宝，杨德林．市场营销学[M]．北京：中国经济出版社，2004.
[90] 海琼．市场营销实训教程[M]．北京：清华大学出版社，2005.
[91] 闫毅．市场营销理论与实务[M]．北京：科学出版社，2005.
[92] 梅晓红．我国企业跨国经营营销策略研究[J]．中国商贸，2010(23).
[93] 张峰．企业国际营销模式选择：标准化或者适应性？[J]．软科学，2010(08).
[94] 杨建成．新飞的国际市场营销策略探析[J]．内江科技，2010(10).
[95] 孙慧敏．经济全球化背景下中国企业国际营销战略[J]．经济视角(下)，2010(11).
[96] 汤筱晓．基于文化禁忌视角的企业营销对策研究[J]．科技情报开发与经济，2010(32).
[97] 辛燕．从管理、营销视角浅析青岛国际啤酒节的可持续发展[J]．财经界(学术版)，2010(07).
[98] 陈钦兰．新技术革命与国际营销[J]．中国商贸，2010(12).
[99] 张桂华．基于文化差异的内部营销策略[J]．经济研究导刊，2010(03).
[100] 张雪昆．我国企业在国际市场上的合作竞争策略[J]．市场研究，2009(11).
[101] 吴仲源．经济全球化下的跨文化营销管理策略[J]．中国集体经济，2009(01).
[102] 陈转青．跨文化营销管理策略[J]．企业研究，2007(01).
[103] 王林竹．论现代市场营销理念[J]．现代营销(学苑版)，2009(11).
[104] 肖代柏．新经济时代市场营销发展新趋势及其应对策略[J]．商业时代，2009(28).
[105] 贾伟锋．市场营销的趋势变革[J]．市场研究，2009(10).

[106] Mittal, Vikas Ross, William，Baldasare, Patrick．“*The Asymmetric Impact of Negative and Positive Attribute-Level Performance on Overall Satisfaction and Repurchase Intentions*．”[J]．Journal of Marketing, 1998.

[107] Hillson David．*Extending the risk process to man opportunities*[J]．International Journal of Project Management,2002.

[108] Seiders, Kathleen Glenn B.，Voss Dhruv Grewal，Andrea odfrey. "*Do Satisfied Customers Buy More? Examining Moderating Influences in a Retailing Context*" [J]. Journal of Marketing, 2005.

[109] Timothy W Ruefli, James M Collins. *Risk measures strategic management research: auld lang syne*[J]. Strategic Management Journal. 1999.

[110] Philip R. Cateora, John L. Graham. *International Marketing*[M]. (Twelfth Edition). 北京：中国人民大学出版社，2005.

[111] Michael R. Czinkota, Ilkka A. Ronkainen. *International Marketing*[M]. (Eighth Edition). 北京：北京大学出版社，2007.

[112] Michael R. Czinkota, Ilkka A. Ronkainen, Michael H. Moffett. *International Business*[M]. (Fifth Edition). 北京：机械工业出版社，2003.

[113] Warren J. Keegan. *Global Marketing Management*[M]. (Seventh Edition). 北京：清华大学出版社，2007.

[114] Roger Bennett, Jim Blythe. *International Marketing: Strategy Planning, Market Entry & Implementation*[M]. 北京：高等教育出版社，2003.

[115] Philip Kotler，Gary Armstrong. *Principles of Marketing*[M]. (Eleventh Edition). 北京：清华大学出版社，2007.

[116] Philip Kotler. *Marketing Management*[M]. (Eleventh Edition). 北京：清华大学出版社，2007.

[117] [美]查尔斯・W・L・希尔. 国际商务：全球市场竞争[M]. 3 版. 周健临，译. 北京：中国人民大学出版社，2002.

[118] 萨布哈什・C・杰恩著. 市场营销策划与战略案例[M]. 6 版. 贾光伟，译. 北京：中信出版社，2004.

[119] Kenneth D.Weiss. *Building An Import/Export Business*[M]. (Third Edition). John Wiley &Sons, Inc. New York, 2002.

[120] Ricky W. Griffin, Ronald J. Ebert. *Business*[M] . (Sixth Edition). 北京：北京大学出版社，2002.

[121] Kitty O. Locker. *Business and Administrative Communication*[M]. (Fifth Edition). 北京：机械工业出版社，2002

[122] Lillian H. Chaney, Jeanette S. Martin. *Intercultural Business Communication*[M]. (Second Edition) 影印版，2002.

[123] Richard M. Hodgetts, Fred Luthans. *International Management —Culture, Strategy, and Behavior*[M]. (Fourth Edition). 北京：清华大学出版社，2003.

[124] Gary Armstrong, Philip Kotler，*Marketing: An Introduction*[M]. (6th Edition) 俞利军，译. (Paperback). 北京：华夏出版社，2004.

[125] Frank Bradley. *International Marketing Strategy*[M]. 4th ed. Pearson Education Limited, 2002.

[126] Gerald Albaum, Jesper Strandskov, Edwin Duerr. *International Marketing and Export Management* [M]. Pearson Education Limited, 2002.

[127] Michael R. Czinkota, Ilkka A. Ronkainen. *International Marketing*[M]. Harcourt, Inc. ,2002.

[128] Subhas Jain. *International Marketing*[M], 6th ed. South-western, a division of Thomson Learning, 2001.

[129] Sak Onkvisit, John J. Shaw. *International Marketing-Analysis and Strategy*[M]. 3rd ed. New Jersey : Prentice Hall, 2000.

[130] Syed H．AKHTER. *Global Marketings*[M]. South Western College Publishing, 1995.

[131] Philip Kotler. *Principles of Marketing*[M]. 12th ed. New Jersey : Prentice Hall, 2007.

[132] Philip Kotler, Kevin Lane Keller. *Marketing Management*[M]. 12th ed. New Jersey: Prentice Hall, 2006.

[133] Forsyth, Patrick. *Marketing & Selling Professional Services*[M]. Kogan Page Ltd, 2004.

[134] Philip Kotler, Hermawan Kartajaya，Iwan Setiawan. *Marketing 3.0: From Products to Customers to the Human Spirit*[M]. New Jersey:John Wiley & Sons, 2010.

[135] Philip Kotler. *Marketing Insights from A to Z: 80 Concepts Every Manager Needs to Know*[M]. John Wiley & Sons, 2010.

[136] Philip Kotler，Joel Shalowitz，Robert J. Stevens. *Strategic Marketing for Health Care Organizations*[M]. New Jersey: John Wiley & Sons, 2008.

[137] Philip Kotler, Nancy Lee. *Corporate Social Responsibility*[M]. New Jersey:John Wiley & Sons, 2004.

[138] Subhash C. Jain. *Marketing, planning & strategy*[M]. South-Western Publishing, 1990.

[139] Colin Gilligan, Richard Malcolm Sano Wilson. *Strategic marketing planning*[M]. Butterworth-Heinemann, 2003.

[140] Richard Malcolm Sano Wilson, Colin Gilligan, David J. Pearson. *Strategic marketing management*[M]. Butterworth-Heinemann, 1992.

[141] Graeme Drummond, John Ensor. *Strategic marketing: planning and control*[M]. Butterworth-Heinemann, 2001.

[142] Guy Callender. *Efficiency and Management*[M]. New York: Routledge, 2009.

[143] Gerald Albaum, Jesper Strandskov, Edwin Duerr . *International Marketing and Export Management*[M]. Pearson Education Limited, 2002.

[144] Michael R. Czinkota and Ilkka A. Ronkainen, *International Marketing*[M]. Harcourt, Inc. ,2002.

[145] Subhas Jain. *International Marketing*[M], 6th ed., South-western, a division of Thomson Learning, 2001.

[146] Sak Onkvisit and John J. Shaw. *International Marketing-Analysis and Strategy*[M]. 3rd ed. Prentice Hall, 2000.

[147] Kenneth D. Weiss. *Building An Import/Export Business*[M]. John Wiley &Sons, Inc. New York, 2002.

[148] arren. J. Keegan, Mark C. Green. *Global Marketing*[M].4th Ed. Pearson Education, 2005.

北京大学出版社本科财经管理类实用规划教材（已出版）

财务会计类

序号	书　名	标准书号	主　编	定价	序号	书　名	标准书号	主　编	定价
1	基础会计（第2版）	7-301-17478-4	李秀莲	38.00	20	初级财务管理	7-301-20019-3	胡淑姣	42.00
2	基础会计学	7-301-19403-4	窦亚芹	33.00	21	财务管理学	7-5038-4897-1	盛均全	34.00
3	会计学	7-81117-533-2	马丽莹	44.00	22	财务管理学实用教程（第2版）	7-301-21060-4	骆永菊	42.00
4	会计学原理（第2版）	7-301-18515-5	刘爱香	30.00	23	基础会计学学习指导与习题集	7-301-16309-2	裴　玉	28.00
5	会计学原理习题与实验（第2版）	7-301-19449-2	王保忠	30.00	24	财务管理理论与实务	7-301-20042-1	成　兵	40.00
6	会计学原理与实务（第2版）	7-301-18653-4	周慧滨	33.00	25	财务管理学原理与实务	7-81117-544-8	严复海	40.00
7	会计学原理与实务模拟实验教程	7-5038-5013-4	周慧滨	20.00	26	财务管理理论与实务（第2版）	7-301-20407-8	张思强	42.00
8	会计实务	7-81117-677-3	王远利	40.00	27	公司理财原理与实务	7-81117-800-5	廖东声	36.00
9	高级财务会计	7-81117-545-5	程明娥	46.00	28	审计学	7-81117-828-9	王翠琳	46.00
10	高级财务会计	7-5655-0061-9	王奇杰	44.00	29	审计理论与实务	7-81117-955-2	宋传联	36.00
11	成本会计学	7-301-19400-3	杨尚军	38.00	30	会计综合实训模拟教程	7-301-20730-7	章洁倩	33.00
12	成本会计学	7-5655-0482-2	张红漫	30.00	31	财务分析学	7-301-20275-3	张献英	30.00
13	成本会计学	7-301-20473-3	刘建中	38.00	32	银行会计	7-301-21155-7	宗国恩	40.00
14	管理会计	7-81117-943-9	齐殿伟	27.00	33	税收筹划	7-301-21238-7	都新英	38.00
15	管理会计	7-301-21057-4	彤芳珍	36.00	34	基础会计学	7-301-16308-5	晋晓琴	39.00
16	会计规范专题	7-81117-887-6	谢万健	35.00	35	公司财务管理	7-301-21423-7	胡振兴	48.00
17	企业财务会计模拟实习教程	7-5655-0404-4	董晓平	25.00	36	税法与税务会计实用教程（第2版）	7-301-21422-0	张巧良	45.00
18	税法与税务会计	7-81117-497-7	吕孝侠	45.00	37	政府与非营利组织会计	7-301-21504-3	张　丹	40.00
19	税法与税务会计实用教程	7-81117-598-1	张巧良	38.00					

工商管理、市场营销、人力资源管理、服务营销类

序号	书　名	标准书号	主　编	定价	序号	书　名	标准书号	主　编	定价
1	管理学基础	7-5038-4872-8	于干千	35.00	19	市场营销学	7-81117-676-6	戴秀英	32.00
2	管理学基础学习指南与习题集	7-5038-4891-9	王　珍	26.00	20	市场营销学（第2版）	7-301-19855-1	陈　阳	45.00
3	管理学	7-81117-494-6	曾　旗	44.00	21	市场营销学新论	7-5038-4879-7	郑玉香	40.00
4	管理学原理	7-5655-0078-7	尹少华	42.00	22	国际市场营销学	7-5038-5021-9	范应仁	38.00
5	管理学原理与实务（第2版）	7-301-18536-0	陈嘉莉	42.00	23	市场营销理论与实务（第2版）	7-301-20628-7	那　薇	40.00
6	管理学实用教程	7-5655-0063-3	邵喜武	37.00	24	现代市场营销学	7-81117-599-8	邓德胜	40.00
7	管理学实用教程	7-301-21059-8	高爱霞	42.00	25	消费者行为学	7-81117-824-1	甘瑁琴	35.00
8	通用管理知识概论	7-5038-4997-8	王丽平	36.00	26	商务谈判（第2版）	7-301-20048-3	郭秀君	49.00
9	现代企业管理理论与应用	7-5038-5024-0	邸彦彪	40.00	27	商务谈判实用教程	7-81117-597-4	陈建明	24.00
10	管理运筹学（第2版）	7-301-19351-8	关文忠	39.00	28	消费者行为学	7-5655-0057-2	肖　立	37.00
11	统计学原理	7-301-21061-1	韩　宇	38.00	29	客户关系管理实务	7-301-09956-8	周贺来	44.00
12	统计学原理	7-5038-4888-9	刘晓利	28.00	30	公共关系学	7-5038-5022-6	于朝晖	40.00
13	统计学	7-5038-4898-8	曲　岩	42.00	31	公共关系理论与实务	7-5038-4889-6	王　玫	32.00
14	应用统计学（第2版）	7-301-19295-5	王淑芬	48.00	32	公共关系学实用教程	7-81117-660-5	周　华	35.00
15	管理定量分析方法	7-301-13552-5	赵光华	28.00	33	公共关系理论与实务	7-5655-0155-5	李泓欣	45.00
16	新编市场营销学	7-81117-972-9	刘丽霞	30.00	34	跨国公司管理	7-5038-4999-2	冯雷鸣	28.00
17	市场营销学	7-5655-0064-0	王槐林	33.00	35	质量管理	7-5655-0069-5	陈国华	36.00
18	市场营销学实用教程	7-5655-0081-7	李晨耘	40.00	36	跨文化管理	7-301-20027-8	晏　雄	35.00

序号	书　名	标准书号	主　编	定价	序号	书　名	标准书号	主　编	定价
37	企业战略管理	7-5655-0370-2	代海涛	36.00	53	人力资源管理：理论、实务与艺术	7-5655-0193-7	李长江	48.00
38	企业文化理论与实务	7-81117-663-6	王水嫩	30.00	54	员工招聘	7-301-20089-6	王　挺	30.00
39	企业战略管理	7-81117-801-2	陈英梅	34.00	55	服务营销理论与实务	7-81117-826-5	杨丽华	39.00
40	企业战略管理实用教程	7-81117-853-1	刘松先	35.00	56	服务企业经营管理学	7-5038-4890-2	于干千	36.00
41	产品与品牌管理	7-81117-492-2	胡　梅	35.00	57	服务营销	7-301-15834-0	周　明	40.00
42	东方哲学与企业文化	7-5655-0433-4	刘峰涛	34.00	58	会展服务管理	7-301-16661-1	许传宏	36.00
43	运营管理	7-5038-4878-0	冯根尧	35.00	59	现代服务业管理原理、方法与案例	7-301-17817-1	马　勇	49.00
44	生产运作管理（第2版）	7-301-18934-4	李全喜	48.00	60	服务性企业战略管理	7-301-20043-8	黄其新	28.00
45	运作管理	7-5655-0472-3	周建亨	25.00	61	服务型政府管理概论	7-301-20099-5	于干千	32.00
46	组织行为学	7-5038-5014-1	安世民	33.00	62	新编现代企业管理	7-301-21121-2	姚丽娜	48.00
47	组织行为学实用教程	7-301-20466-5	冀　鸿	32.00	63	创业学	7-301-15915-6	刘沁玲	38.00
48	流程型组织的构建研究	7-81117-519-6	岳　澎	35.00	64	管理学	7-301-17452-4	王慧娟	42.00
49	人力资源管理（第2版）	7-301-19098-2	颜爱民	60.00	65	公共关系学实用教程	7-301-17472-2	任焕琴	42.00
50	人力资源管理经济分析	7-301-16084-8	颜爱民	38.00	66	现场管理	7-301-21528-9	陈国华	38.00
51	人力资源管理原理与实务	7-81117-496-0	邹　华	32.00	67	现代企业管理理论与应用（第2版）	7-301-21603-3	邸彦彪	38.00
52	人力资源管理实用教程（第2版）	7-301-20281-4	吴宝华	45.00	68	服务营销	7-301-21889-1	熊　凯	45.00

经济、国贸、金融类

序号	书　名	标准书号	主　编	定价	序号	书　名	标准书号	主　编	定价
1	政治经济学原理与实务	7-81117-498-4	沈爱华	28.00	21	国际商务	7-5655-0093-0	安占然	30.00
2	宏观经济学原理与实务（第2版）	7-301-18787-6	崔东红	57.00	22	金融市场学	7-81117-595-0	黄解宇	24.00
3	宏观经济学	7-5038-4882-7	蹇令香	32.00	23	金融工程学理论与实务	7-81117-546-2	谭春枝	35.00
4	微观经济学原理与实务	7-81117-818-0	崔东红	48.00	24	财政学	7-5038-4965-7	盖　锐	34.00
5	微观经济学	7-81117-568-4	梁瑞华	35.00	25	保险学原理与实务	7-5038-4871-1	曹时军	37.00
6	西方经济学实用教程	7-5038-4886-5	陈孝胜	40.00	26	东南亚南亚商务环境概论	7-81117-956-9	韩　越	38.00
7	西方经济学实用教程	7-5655-0302-3	杨仁发	49.00	27	证券投资学	7-301-19967-1	陈汉平	45.00
8	西方经济学	7-81117-851-7	于丽敏	40.00	28	金融学理论与实务	7-5655-0405-1	战玉峰	42.00
9	现代经济学基础	7-81117-549-3	张士军	25.00	29	货币银行学	7-301-15062-7	杜小伟	38.00
10	国际经济学	7-81117-594-3	吴红梅	39.00	30	国际结算（第2版）	7-301-17420-3	张晓芬	35.00
11	发展经济学	7-81117-674-2	赵邦宏	48.00	31	国际贸易规则与进出口业务操作实务（第2版）	7-301-19384-6	李　平	54.00
12	管理经济学	7-81117-536-3	姜保雨	34.00	32	金融风险管理	7-301-20090-2	朱淑珍	38.00
13	计量经济学	7-5038-3915-3	刘艳春	28.00	33	国际贸易实务	7-301-20919-6	张　肃	28.00
14	外贸函电	7-5038-4884-1	王　妍	20.00	34	国际贸易理论、政策与案例分析	7-301-20978-3	冯　跃	42.00
15	国际贸易理论与实务（第2版）	7-301-18798-2	缪东玲	54.00	35	国际结算	7-301-21092-5	张　慧	42.00
16	国际贸易（第2版）	7-301-19404-1	朱廷珺	45.00	36	金融工程学	7-301-18273-4	李淑锦	30.00
17	国际贸易实务（第2版）	7-301-20486-3	夏合群	45.00	37	证券投资学	7-301-21236-3	王　毅	45.00
18	国际贸易结算及其单证实务	7-5655-0268-2	卓乃坚	35.00	38	金融工程学理论与实务（第2版）	7-301-21280-6	谭春枝	42.00
19	国际金融	7-5038-4893-3	韩博印	30.00	39	跨国公司经营与管理	7-301-21333-9	冯雷鸣	35.00
20	国际金融实用教程	7-81117-593-6	周　影	32.00	40	货币银行学	7-301-21345-2	李　冰	42.00

法律类

序号	书　名	标准书号	主　编	定价	序号	书　名	标准书号	主　编	定价
1	经济法原理与实务(第2版)	7-301-21527-2	杨士富	39.00	5	劳动法学	7-81117-495-3	李　瑞	32.00
2	经济法实用教程	7-81117-547-9	陈亚平	44.00	6	金融法学理论与实务	7-81117-958-3	战玉锋	34.00
3	国际商法理论与实务	7-81117-852-4	杨士富	38.00	7	国际商法	7-301-20071-1	丁孟春	37.00
4	商法总论	7-5038-4887-2	任先行	40.00	8	商法学	7-301-21478-7	周龙杰	43.00

电子商务与信息管理类

序号	书　名	标准书号	主　编	定价	序号	书　名	标准书号	主　编	定价
1	网络营销	7-301-12349-2	谷宝华	30.00	3	电子商务概论（第2版）	7-301-17475-3	庞大莲	42.00
2	数据库技术及应用教程（SQL Server版）	7-301-12351-5	郭建校	34.00	4	网络营销	7-301-16556-0	王宏伟	26.00

序号	书　名	标 准 书 号	主　编	定价	序号	书　名	标 准 书 号	主　编	定价
5	网络信息采集与编辑	7-301-16557-7	范生万	24.00	20	电子商务概论	7-301-16717-5	杨雪雁	32.00
6	电子商务案例分析	7-301-16596-6	曹彩杰	28.00	21	电子商务英语	7-301-05364-5	覃　正	30.00
7	管理信息系统	7-301-12348-5	张彩虹	36.00	22	网络支付与结算	7-301-16911-7	徐　勇	34.00
8	电子商务概论	7-301-13633-1	李洪心	30.00	23	网上支付与安全	7-301-17044-1	帅青红	32.00
9	管理信息系统实用教程	7-301-12323-2	李　松	35.00	24	企业信息化实务	7-301-16621-5	张志荣	42.00
10	电子商务法	7-301-14306-3	李　瑞	26.00	25	电子化国际贸易	7-301-17246-9	李辉作	28.00
11	数据仓库与数据挖掘	7-301-14313-1	廖开际	28.00	26	商务智能与数据挖掘	7-301-17671-9	张公让	38.00
12	电子商务模拟与实验	7-301-12350-8	喻光继	22.00	27	管理信息系统教程	7-301-19472-0	赵天唯	42.00
13	ERP 原理与应用教程	7-301-14455-8	温雅丽	34.00	28	电子政务	7-301-15163-1	原忠虎	38.00
14	电子商务原理及应用	7-301-14080-2	孙　睿	36.00	29	商务智能	7-301-19899-5	汪　楠	40.00
15	管理信息系统理论与应用	7-301-15212-6	吴　忠	30.00	30	电子商务与现代企业管理	7-301-19978-7	吴菊华	40.00
16	网络营销实务	7-301-15284-3	李蔚田	42.00	31	电子商务物流管理	7-301-20098-8	王小宁	42.00
17	电子商务实务	7-301-15474-8	仲　岩	28.00	32	管理信息系统实用教程	7-301-20485-6	周贺来	42.00
18	电子商务网站建设	7-301-15480-9	臧良运	32.00	33	电子商务概论	7-301-21044-4	苗　森	28.00
19	网络金融与电子支付	7-301-15694-0	李蔚田	30.00	34	管理信息系统实务教程	7-301-21245-5	魏厚清	34.00

物流管理与工程类

序号	书　名	标 准 书 号	主　编	定价	序号	书　名	标 准 书 号	主　编	定价
1	物流工程	7-301-15045-0	林丽华	30.00	25	营销物流管理	7-301-18658-9	李学工	45.00
2	现代物流决策技术	7-301-15868-5	王道平	30.00	26	物流信息技术概论	7-301-18670-1	张　磊	28.00
3	物流管理信息系统	7-301-16564-5	杜彦华	33.00	27	物流配送中心运作管理	7-301-18671-8	陈　虎	40.00
4	物流信息管理	7-301-16699-4	王汉新	38.00	28	物流项目管理	7-301-18801-9	周晓晔	35.00
5	现代物流学	7-301-16662-8	吴　健	42.00	29	物流工程与管理	7-301-18960-3	高举红	39.00
6	物流英语	7-301-16807-3	阚功俭	28.00	30	交通运输工程学	7-301-19405-8	于　英	43.00
7	第三方物流	7-301-16663-5	张旭辉	35.00	31	国际物流管理	7-301-19431-7	柴庆春	40.00
8	物流运作管理	7-301-16913-1	董千里	28.00	32	商品检验与质量认证	7-301-10563-4	陈红丽	32.00
9	采购管理与库存控制	7-301-16921-6	张　浩	30.00	33	供应链管理	7-301-19734-9	刘永胜	49.00
10	物流管理基础	7-301-16906-3	李蔚田	36.00	34	现代企业物流管理实用教程	7-301-17612-2	乔志强	40.00
11	供应链管理	7-301-16714-4	曹翠珍	40.00	35	供应链设计理论与方法	7-301-20018-6	王道平	32.00
12	物流技术装备	7-301-16808-0	于　英	38.00	36	物流管理概论	7-301-20095-7	李传荣	44.00
13	现代物流信息技术	7-301-16049-7	王道平	30.00	37	供应链管理	7-301-20094-0	高举红	38.00
14	现代物流仿真技术	7-301-17571-2	王道平	34.00	38	企业物流管理	7-301-20818-2	孔继利	45.00
15	物流信息系统应用实例教程	7-301-17581-1	徐　琪	32.00	39	物流项目管理	7-301-20851-9	王道平	30.00
16	物流项目招投标管理	7-301-17615-3	孟祥茹	30.00	40	供应链管理	7-301-20901-1	王道平	35.00
17	物流运筹学实用教程	7-301-17610-8	赵丽君	33.00	41	现代仓储管理与实务	7-301-21043-7	周兴建	45.00
18	现代物流基础	7-301-17611-5	王　侃	37.00	42	物流系统仿真案例	7-301-21072-7	赵　宁	25.00
19	逆向物流	7-301-19809-4	甘卫华	33.00	43	物流管理实验教程	7-301-21094-9	李晓龙	25.00
20	现代物流管理学	7-301-17672-6	丁小龙	42.00	44	物流学概论	7-301-21098-7	李　创	44.00
21	物流运筹学	7-301-17674-0	郝　海	36.00	45	物流信息系统	7-301-20989-9	王道平	28.00
22	供应链库存管理与控制	7-301-17929-1	王道平	28.00	46	物流与供应链金融	7-301-21135-9	李向文	30.00
23	物流信息系统	7-301-18500-1	修桂华	32.00	47	物流信息系统	7-301-20989-9	王道平	28.00
24	城市物流	7-301-18523-0	张　潜	24.00	48	物料学	7-301-17476-0	肖生苓	44.00

相关教学资源如电子课件、电子教材、习题答案等可以登录 www.pup6.com 下载或在线阅读。

扑六知识网(www.pup6.com)有海量的相关教学资源和电子教材供阅读及下载(包括北京大学出版社第六事业部的相关资源)，同时欢迎您将教学课件、视频、教案、素材、习题、试卷、辅导材料、课改成果、设计作品、论文等教学资源上传到 pup6.com，与全国高校师生分享您的教学成就与经验，并可自由设定价格，知识也能创造财富。具体情况请登录网站查询。

如您需要免费纸质样书用于教学，欢迎登陆第六事业部门户网(www.pup6.cn)填表申请，并欢迎在线登记选题以到北京大学出版社来出版您的大作，也可下载相关表格填写后发到我们的邮箱，我们将及时与您取得联系并做好全方位的服务。

扑六知识网将打造成全国最大的教育资源共享平台，欢迎您的加入——让知识有价值，让教学无界限，让学习更轻松。联系方式：010-62750667，wangxc02@163.com，lihu80@163.com，欢迎来电来信。